数据分析与应用丛书

Statistics

基于 MINITAB 的
现代实用统计（第3版）

马逢时　吴诚鸥　蔡　霞　编著

THE ADVANCED APPLIED
STATISTICS USING MINITAB

中国人民大学出版社
·北京·

图书在版编目（CIP）数据

基于 MINITAB 的现代实用统计/马逢时，吴诚鸥，蔡霞编著. -- 3 版. -- 北京：中国人民大学出版社，2022.10
（数据分析与应用丛书）
ISBN 978-7-300-30995-8

Ⅰ.①基… Ⅱ.①马…②吴…③蔡… Ⅲ.①统计分析-应用软件 Ⅳ.①C819

中国版本图书馆 CIP 数据核字（2022）第 168640 号

数据分析与应用丛书
基于 MINITAB 的现代实用统计（第 3 版）
马逢时　吴诚鸥　蔡　霞　编著
Jiyu MINITAB de Xiandai Shiyong Tongji

出版发行	中国人民大学出版社			
社　　址	北京中关村大街 31 号		**邮政编码**	100080
电　　话	010 – 62511242（总编室）		010 – 62511770（质管部）	
	010 – 82501766（邮购部）		010 – 62514148（门市部）	
	010 – 62515195（发行公司）		010 – 62515275（盗版举报）	
网　　址	http://www.crup.com.cn			
经　　销	新华书店			
印　　刷	天津鑫丰华印务有限公司		**版　　次**	2009 年 4 月第 1 版
规　　格	185 mm×260 mm　16 开本			2022 年 10 月第 3 版
印　　张	33.75 插页 1		**印　　次**	2022 年 10 月第 1 次印刷
字　　数	785 000		**定　　价**	89.00 元

序 言

　　随着生产和科学技术的发展,各式各样受随机干扰的数据呈现在人们面前,需要进行处理,人们从中提取有用信息,并寻找隐藏在随机性背后的统计规律,以达到解决实际问题的目的。在这一过程中必然要使用各种统计方法,因此学习、使用统计学已在中国形成一种时尚,各类统计书籍的编写、出版和销售也都随之兴旺起来。马逢时教授等三人编著的《基于 MINITAB 的现代实用统计》一书完成了,我很愿意在此书出版之际谈谈自己的看法。

　　这本书包含三个方面的内容:多元统计分析、可靠性与生存分析及时间序列分析。这三个方面的知识在实际工作中有着非常广泛的应用,其统计思想丰富,统计方法涉及面广,理论及计算都相当复杂。不论初学者还是专业人士使用这三类方法都很不容易,对缺乏高深统计基础的广大工程技术人员来说就更困难了,加上解决这类问题时一定会涉及大量的数据,因此没有统计软件是很难完成计算与分析的。广大读者迫切需要读到这样一本书,一眼就能看穿这些学科中所包含的统计问题的实际含义,当自己遇见实际问题时能知道此问题属于哪种类型,怎样使用计算机软件去计算,看到计算结果后能准确理解计算结果的含义。总之,读者需要这样的参考书,它是你身边最好的帮手,会帮助你少走弯路,较快达到你的要求。据我了解,在国内将这些相关内容用本书这样的方式编写出版甚为罕见,尚属首次。它的顺利出版的确是因时代需要应运而生的。

　　这本书是特别为我国广大工程技术人员和社会科学工作者而编写的。它告诉读者如何从数据出发,寻找适当的统计方法,使用相应的统计软件,解释计算机输出的结果,指明进一步研究的新途径。本书不是从理论到理论,而是要把统计方法变为生产力,为创造财富服务,是将统计的学习应用到实践的好书。

　　这本书起点较低,用很少的篇幅介绍一些必要的概念与符号,随后就转入对一连串实际问题的研究和对数据处理方法的探讨,在计算机软件的对话框中将问题逐步引向深入。因此,这本书特别适合广大工程技术人员阅读,也是入门的好向导。以第 2 篇为例,该篇先用很少的篇幅介绍可靠性的基本概念,然后转入对一连串问题的研究。第一个问题就是寿命分布的识别，这是可靠性研究中首先要解决的问题，利用 MINITAB 软件可以很快地识别一个样本来自 11 个常用寿命分布中的哪一个。假如书中所列的 11 个分布都不合适，那就要用非参数方法处理；若有一个寿命分布适合，就可选用各种参数方法。因为这些常用寿命的参数方法较为成熟，所以将其他寿命分布归于非参数分布族内并不过狭。这一部分的编写在国内外可靠性书籍中都很少涉及，可是本书却对这个问题作了大量陈述并提供了软件使用指导，这是很好的，很难得的。

本书案例丰富。每类实际问题都至少配有一个含有实际数据的案例，详细说明这些数据的类型和操作程序，直到结果输出，并对输出也作出详尽的说明和解释。如果读者对前面的相关内容尚有一些不明之处，通过案例也都能弄明白。如果需要了解更严谨的理论分析及公式细节，还可以参考网上资源。这些富于启发性的案例对学习和使用统计方法起到了指导的作用，本书能做到这一点是难能可贵的。

一本书不可能解决所有问题，本书末尾所列的参考文献正是读者进一步深入研究需要阅读的指南。

本书特别适合广大工程技术人员和大学生、研究生阅读，在学科内容方面，适用于非统计专业的各理工科工程技术、医药卫生、生命科学、环境工程、管理、经济、体育、考古、教育和各社会科学领域。本书既可供上述领域科技工作者学习使用，也可作为上述各领域本科生和研究生的教学参考书。

我相信，本书的出版一定会受到广大读者的热烈欢迎。它的出版将会帮助广大工程技术人员掌握统计方法，并把统计方法变为生产力，在推动我国生产发展和科学技术进步方面起到积极、显著的作用。我预祝他们获得更大成功！

茆诗松[*]
于上海华东师范大学

---

* 华东师范大学金融与统计学院终身教授，博士生导师，上海现场统计研究会理事长，上海质量管理科学研究院终身研究员，中国质量协会六西格玛管理推进工作委员会专家委员会顾问。曾任中国概率统计学会副理事长。

第3版前言

自2013年10月本书出了第2版后，前后共印刷了3次，现在已经售罄。为满足广大读者学习这些较高级的统计知识之需求，我们对第2版进行了较大规模的修订。这次修订在内容上主要是增补了准备知识，读者可以更直观更顺畅地理解那些较为艰深的内容，扩充了原有的知识体系，增加了处理问题的手段，同时在使用的统计分析软件方面，扩大了使用宏指令的范围，更新了计算机的操作界面及输出图形。

本书的内容包括现代实用统计的三个方面，即多元统计分析、可靠性与生存分析和时间序列分析。学习现代实用统计，读者要有一定的概率统计基础知识，同时在矩阵方面要有相当深的储备。为此，在第1篇中介绍多元统计分析之前，我们专门在第1章前安排了"准备知识"一章，系统地介绍了在多元统计分析中需要的有关矩阵的预备知识，特别补充了一般线性代数中很少介绍到的矩阵特征分解知识和在计算机上的实现方法，这为以后学习多元统计分析里的主成分分析、因子分析等内容做了必要的准备。另外，在学习多元统计分析时首先要理解多元正态分布的定义，本书增加了介绍多元正态分布密度矩阵表达式的细节，给出了多元正态分布的计算仿真方法，且在介绍计算机生成多元正态分布随机数后，还给出了直观的图形解释。

这次修订的重点是第2篇可靠性与生存分析部分。我们介绍了可靠性统计中的重要概念、统计方法等知识，同时结合实例系统地介绍了使用计算机处理含各种删失数据的统计分析方法，包括可靠性统计中常用的各种分布及其识别步骤，在寿命分析中根据实际情况分别使用参数模型分析方法和非参数模型分析方法。我们在本次修订中，特别强调了在可靠性统计分析中应该重视各种元器件的失效机理，根据这些机理了解它们失效的过程，基于实测的退化数据，使用适当的回归分析方法找出元器件的失效规律，预测元器件的寿命，因此特别增加了实际工作中非常有用的"退化模型的寿命分析"一节，即用回归模型得到的伪寿命数据的处理方法，提供了可靠性统计中另一种分析方法。另外，根据若干年来给工程师培训的经验，我们在本书中增补了可靠性统计中相应的例题。

在第3篇时间序列分析中，我们基本上维持了原貌，只是提供了一些可以进一步学习的参考书目。

MINITAB 公司自 1972 年成立以来，不断推出 MINITAB 的更新版本，现在已经有 MINITAB R21 可以使用了。本书第 2 版是按照 R16 的软件功能及计算机界面予以介绍的。现在虽然已有计算机新版本面世，但我们不以追赶最新版本软件为主要目标，考虑到软件在国内的使用情况，鉴于 R18 的使用仍然有相当普遍的代表性，因此本书第 3 版的操作界面全部更新为 R18 的界面。为了弥补 MINITAB 软件功能上的缺失，本书中多处使用了宏指令，而这些不同版本之宏指令也有差别，现在把本书所使用的所有宏指令更新为可以适用于不同版本的情况。为了使广大读者能顺利使用宏指令，第 3 版在 1.2 节中专门对其加以说明。

为方便读者学习和掌握有关内容，本书的全部数据文件都用 MINITAB R16 数据格式以及 Excel 文件格式同时给出，读者可以登录中国人民大学出版社网站（www.crup.com.cn）下载这些数据文件。

《六西格玛管理统计指南——MINITAB 使用指导》和《基于 MINITAB 的现代实用统计》是学习应用统计学科专业参考书的姊妹篇。掌握和运用先进的统计知识是迈入科技新时代所需要的最重要知识，让广大科技工作者尽快深入地学习、熟悉、掌握有关知识是非常有意义的工作。为了充分利用现有的互联网技术以及使用新的信息传播工具，为方便读者随时随地进行学习，在出版上述两本图书的同时，还创建了"统计应用指南"微信公众号，为两本书的读者提供有效的服务。开办这个公众号一方面是为广大统计爱好者搭建一个学习交流的平台，为读者学习高级应用统计知识提供服务和支持，同时也介绍推广普及这些统计知识的广泛应用，发布统计应用实践、专业案例、经验分享等文章，供大家获得更广泛的有益信息。在辅导传授知识方面，为读者克服学习有关知识所遇到的困难，公众号提供了马逢时教授在中国质量俱乐部应用统计骨干培训中多元统计分析、可靠性统计、时间序列分析三部分内容共计几十段的录音（附录有全部讲稿的 PDF 文件）。对于这些音频文件，可以通过点击公众号里提供的链接直接在手机上收听，也可以下载这些音频文件到电脑，边看讲稿边收听较高质量的音频文件，这样就可以使得知识的学习更深入更系统。关于辅导传授知识方面，我们以后还会根据读者的需求及时补充丰富内容，开设更多网络课程等。"统计应用指南"微信公众号二维码见本书封底，大家可以扫描二维码关注微信公众号。在创建公众号的同时，我们还创建了若干"现代实用统计"微信群，用于大家交流讨论学习中的问题、困惑、心得体会、感悟、实战案例等，大家可以畅所欲言，发表意见、建议和评论，相互交流学习经验体会，提出问题征求高手解答和帮助。这样，我们的"现代实用统计"微信群就能真正成为促进大家学习的理想园地。公众号设两名管理员，微信号分别是"taolin_li"和"liu13683510628"，希望加入微信群的读者可以搜索微信号，添加管理员为好友，由管理员邀请加入微信群。

虽然编著者和参与修订的人员尽了最大的努力，但限于各方面的条件，难免仍有错误或疏漏。热烈欢迎并敬请广大读者和各位朋友批评指正。

编著者

第 2 版前言

本书于 2009 年 4 月出版后，共印刷两次。现在，MINITAB 软件 R15 中文版已经被 2010 年 6 月发布的 MINITAB R16 所代替，其中对 R15 版的功能有些更新，而且更正了 R15 中文版中的一些翻译错误。本书第 1 版出版后，马逢时教授等专家依据此书的内容进行了多次专业培训，根据学员们的反馈及培训的需求，对第 1 版内容做了很多增补与完善的工作。

为了能适合更广泛的读者的需求，编著者对本书第 1 版进行了全面的修订。除改正第 1 版中一些叙述不够准确的地方，更换全部计算机界面为 R16 的输出界面（这些不影响 MINITAB 的 R15 及更早版本的使用）外，主要是进行了大量实例的增补。尤其是在第 2 篇可靠性与生存分析中，增加了大量在实用统计工作中常常遇到的例题，对各种例题进行了更详细的解释与分析；另外增加了 12.5 节，专门分析对抽样验收和可靠性统计中需要的样本量的计算；增加了 6.5 节及 12.6 节，分别对多元统计分析及可靠性与生存分析中各种问题的联系及数据模式进行了归纳整理，这对读者全面掌握本书内容会有一定的帮助。为了方便更多的读者（特别是使用其他计算机软件的读者）使用本书，我们对所有数据文件都补充给出了易于摘编的 Excel 格式。所有网上资源及相应数据都可以从网上免费下载。为了帮助更多读者学习本书内容，编著者还提供了培训所使用的讲稿及培训中的音频资料，这些资料的免费下载地址提供如下：多元统计教材及录音，https：//pan. baidu. com/s/1Ck-T-aJEHRGYx6CpY9MY9A，提取码：bo4t；可靠性统计分析教材及录音，http：//pan. baidu. com/s/1geaQgnh；时间序列分析教材及录音，http：//pan. baidu. com/s/1o7xC43o；本书的数据文件及网上资源，https：//pan. baidu. com/s/1LLzP0H FSSployxIKM-Wgm. w，提取码：35lm。

金海木先生热心参加了本书第 2 版的修订工作，提出了很多有益的建议，编著者向他表示衷心感谢。虽然本书第 2 版比第 1 版有了很多改进，但难免还有错误或疏漏，恳请各位专家及读者不吝批评指正。

第 1 版前言

目前我国正处于经济蓬勃发展的时期，现代化科学技术的发展也进入了知识爆炸年代。在各项科学理论及技术开发的研究工作中，新知识、新概念、新方法不断产生，这些都给各项事业的发展提供了基础。而新成果的涌现很多都是面对大量数据，利用统计方法予以分析而获得有意义的信息的结果，因此可以说，应用统计学是各项实际工作中必不可少的支撑工具。特别是近几十年来，与计算机密切结合的统计学发展更加快速，统计学的应用领域越来越广泛和深入，使用的人也越来越多。但是对于非统计专业出身的广大科技、医药卫生、管理、经济和社会科学工作者来说，理解统计思想并掌握现代统计计算工具并不是一件易事。目前在我国已经出版了大量有关统计学的书籍，其中不少是为这些非统计专业人士而编写的，受到普遍欢迎，这说明了广大读者对于学习应用统计的迫切需要。

一般介绍应用统计的书籍（例如马逢时、周暐、刘传冰编著的《六西格玛管理统计指南——MINITAB 使用指导（第 2 版）》等）通常只讨论在实际工作中遇到的最简单的情况，即只考虑单个变量，所有观测数据是相互独立的，大多数情况下它们来自正态分布，等等。但仔细观察可以发现，现实问题是复杂的，有时需要同时考虑多个变量，有时数据间不一定是相互独立的，分布可以多种多样。很多人会认为，在多个变量问题中，如果对每个变量都分析清楚，那么多个变量问题自然就可以分析清楚了。可事实并不是这样。我们不能将多个变量简单地分别加以分析讨论，例如，获得的连续 300 天的温度数据以及 200 天的股市行情不能当作相互独立的数据用普通的统计分析方法来处理，因为各个数据间明显是有相关性的。此外，在实际工作中为了进行可靠性测试，常常会遇到各种"删失"数据（例如，只知某零件的失效是在 500～600 小时发生的，并不能得到准确的数据记录），寿命为 Weibull 分布等非正态的情况，处理这些数据时，不能忽视其特点而只使用一般的统计方法。本书就是分三篇分别讨论这三大类更复杂的问题。

第 1 篇多元统计分析介绍的是多变量数据分析方法。除了与单个变量统计分析相平行的单总体、多总体的参数估计及假设检验问题之外，还介绍了多变量所特有的判别分析、聚类分析、主成分分析、因子分析和对应分析等方法，用这些方法可以得到很多很有价值的结论。第 2 篇可靠性与生存分析介绍的是工程技术领域中的可靠性问题及生命科学中的生存分析问题所用的数据统计分析方法，适用于多种常见的寿命分布及多种类型的删失数据，包括参数方法和非参数方法。第 3 篇时间序列分析介绍的是对不能看成独立数据的时间序列的趋势分析、平滑方法以及目前应用最广泛的 ARIMA 模型，它不但能提供对实际生活中常见的各种类型时间序列的规律性认识，而且可以提供预测结果，这些在实际工作中都是非常有用的。

本书系统地介绍了上述三个领域中涉及的有关统计学背景知识及其统计思想，把各方面统计内容的介绍与计算机 MINITAB 软件的操作使用结合起来，使广大读者在学完本书后，对上述三个领域常用的统计学内容有更深入的理解与认识，能更广泛、更方便地使用。这三个领域的统计内容几乎是相互无关的，学习时并没有固定的先后顺序要求。

本书的编著者将本书的特点定位于下列几个方面：

（1）统计方法的应用指南。与一般的统计教材不同，本书大大增加了实际应用方法的介绍。从统计学科内容来说，这三个领域中所使用的统计和数学工具比单变量统计复杂得多，理解起来也困难得多。介绍多元统计分析、可靠性与生存分析及时间序列分析的统计书籍有很多，但广大工程技术人员和大学生很少能读懂，更不知如何使用。本书并不强调公式与理论的推导（最多给出公式），但要求学会理解统计思想和基本方法并使用统计工具，结合计算机软件 MINITAB 直接解决具体问题。本书的阅读对象是一般工程技术人员和非统计专业的大学生，起点低，易学习，只要求读者有大专水平，具备简单的应用统计基础。

（2）统计软件 MINITAB 操作的实际应用的全程指导。与一般的软件使用说明书或软件附带的帮助文件不同，本书不只讲操作，还特别强调通过统计方法的背景和统计思想、统计概念的介绍，说明有关计算的统计含义。如果实际问题同时有多种统计方法可以处理，本书还会介绍各种方法的共同点及其差异，使读者明白如何进行统计方法的选择。因此，本书一方面强调在理解统计概念的基础上运用计算机软件最终获得实际问题的具体分析结果，避免纸上谈兵；另一方面强调对分析结果要有比较深入的统计解释，要在理论上达到足够的高度和深度，避免只讲操作，不讲道理。

（3）特别强调在学习统计知识方面的可读性。在介绍统计知识时，本书尽量避免使用专业的数学语言，努力做到叙述通俗化，例题生动、具体、多样，稍微深入的或不常见的内容都给予解释，从而使一般的工程技术人员和非统计专业大学生都能看得懂、学得会。本书力求打破一般读者对统计学特别是高深统计学的神秘感、惧怕心，把多元统计分析、可靠性与生存分析以及时间序列分析这些复杂的统计内容变得易于理解掌握，让读者在学习后能顺利地将这些知识应用于各自的领域。

（4）强调统计方法应用的广泛性和实用性。多元统计分析、可靠性与生存分析以及时间序列分析这三类统计方法的应用范围非常广，不但在工程技术领域有深入的应用，在医药卫生、生命科学、环境工程、管理、经济、体育、艺术、考古、股市、保险、教育、社会工作等领域也都有出色应用的范例。本书在例题的选择上力求有更广泛的代表性，使读者容易举一反三。不论你遇到的问题属于哪个领域，都可以从本书所介绍的例题中找到可借鉴的思路，通过自己的学习探索实践，最终能解决相应问题。

（5）使用的是 MINITAB 最新版全中文软件。任何与统计有关的工作离开计算机都是不可能的。目前全世界通用的统计软件不下百种，但 MINITAB 是在各高等院校及工程技术人员中使用最多的、最普及的统计软件。统计学应用的现代化当然离不开统计软件的现代化。2007 年 1 月 MINITAB 软件公司推出 R15 版，不但增加了功能，而且增加了简体中文版界面。中文版界面的出现将使广大的中国读者更易于接受、使用，有了问题也能更容易地查到相关的详细的中文帮助信息，这将大大推动应用统计及计算机软件在中国的普及应用。本书力图使统计的应用达到现代化的水平，例如，本书使用的最新的 R15 版软件中，包含有多元质量控制图、用 Logistic 回归进行判别分析、主成分回归等一些新成果，还增补了该软件中尚未解决的一些重要问题的宏指令。我们在全部使用中文版操作说明的同时，在说明之后用括号注明英文原文的内容，这给使用英文原版或早期其他版本的读者提供了方便。当然，任何软件都会不断更新，但这些基本模式会适用相当长的时期。限于篇幅，本书在输出结果的界面内只给出了中文输出结果，使用英文原版界面的读者对照两种输出不难理解其含义。为了便于两种文本的对照，在本书的网上资源中还包括带计算机检索功能的英汉、汉英统计词汇对照表。

总之，本书力图使统计学的应用和普及达到实用程度，实现现代化水平。

为了充分利用网上资源并便于不同水平、不同需求读者的学习使用，本书对各项内容做了细致安排：基本内容及全部操作都列在书中，一般读者能够顺利阅读及使用；全部数据文件及新增宏指令列为网上资源，可以免费下载供所有读者学习时使用，这些数据文件在给出原始数据的同时还列出了一些关键的计算结果供大家参考；所有例题的全部原始数据也列在网上资源中相同编号的例题中；如果读者对于某些章节内容希望了解更详细的推导或理解更深入的统计知识，可以参考网上资源中关于理论知识和计算方法的介绍；如果初学者希望对于 MINITAB 的操作有更详细的界面显示，也可以参考网上资源中相应的界面图示；如果需要英汉或汉英统计词汇的转换查询或需要对照查看统计用表等，也可以在网上资源中找到相应文件。网上资源中的所有章、节、例、公式、图表等编号皆与正文保持相同（因而不一定连续），其特有部分内容需要编号时才另给编号。读者可以登录中国人民大学出版社网站或本前言末提供的资源有效地址免费下载数据文件及全部网上资源。

本书的编著历时三年，五易其稿。2006 年初，马逢时在主持 MINITAB 软件 R15 的中文翻译工作时，就组织了天津大学数学系研究生贺广婷、蔡霞及辛凌雯开始编写本书的草稿。2007 年 1 月 MINITAB 软件 R15 正式发布后，为适应读者日益提高的需求，编著者决定大幅度增加实例及统计解释，重新撰写本书初稿。其中，吴诚鸥负责第 1 篇；蔡霞负责第 2 篇；马逢时负责第 3 篇。初稿完成后，大家互相讨论，反复修改了多次，最后由马逢时负责完成全书的修改稿。修改稿的审定分别邀请国内各领域权威专家完成，其中第 1 篇审稿人是云南大学王学仁教授，第 2 篇审稿人是华东师范大学茆诗松教授，第 3 篇审稿人是北京大学程乾生教授。根据审稿者的宝贵意见，编著者再次进行了修改。为更充分利用现代网络技术手段以满足不同读者的要求，在出版前再次修订调整，安排了网上资源部分，这使得本书能以更加精练易读的面貌出现在读者面前。在最后阶段，金海木参加了全书的校核工作。

　　本书的编写得到了中国质量协会全国六西格玛管理推进工作委员会的关怀与支持，得到了 MINITAB 软件公司及其在中国的上海泰珂玛信息技术有限公司的支持，本书的草稿提供者、校核者以及三位专家为书稿的出版花费了很多心血，编著者在此对他们表示诚挚谢意。

　　虽然编著者尽了自己的最大努力，但限于各方面的条件和水平，难免会有错误或疏漏，恳请读者批评指正。

　　编著者联系电子信箱：fengshima@vip. sina. com，chengou _ wu@163. com 和 caixiatju@126. com；数据文件及网上资源存放地址：https：//pan. baidu. com/s/1LLzP0HFSSployxIKMWgm-w，提取码：35lm。

目 录

第 1 篇　多元统计分析

第 2 篇　可靠性与生存分析

第1篇

多元统计分析

在一般的应用统计教材中，我们可以学习很多统计方法，但这些统计方法仅限于单个随机变量的情况，统称为**一元统计分析**。而我们在实际问题中通常会同时涉及多个随机变量，例如生产一颗螺钉，要同时兼顾螺纹长度、直径、深度等多个指标，一元统计分析却只能取单个指标进行研究。很多人认为，如果分别对每个指标都研究清楚，不就等于把整个情况研究清楚了吗？事实并不是这样。例如，大学新生报到时，一位男学生的身高为 182 厘米，这不值得奇怪，一位男学生的体重仅为 55 千克，这也不值得奇怪，因为在这两项指标上，这些数值虽然与平均值有些偏离，但幅度并不大。但如果同一个人身高为 182 厘米，体重为 55 千克，则这样又高又瘦的人会让人十分奇怪。这就说明，我们在考虑问题时，如果把多个变量拆分为多个一元变量分别研究分析，常常不能对全局得出准确结论。这种情况之所以发生，是因为多个变量间通常是相关的，必须将所有变量看成一个整体才行。

在一元统计的基础上我们学习了很多实际工作中常用的工具，例如各种控制图、过程能力指数、变异源分析、测量系统分析、回归分析等，但这些工具在高科技情况下已经有很大的发展。例如，普通的控制图原来只限于单指标控制，现在已经发展为多变量控制图以适应现代化自动生产同时监控多个变量的需求。衡量一个现代化生产企业的过程能力指数也包含更复杂的情况，这里指标必须包含多项，多个变量之公差范围可能是多维非简单的矩形（或椭圆形区域）而是一般的 p 维区域，多项指标也可能有相关因而服从一般 p 元正态分布的情形，这时要定义相应的过程能力指数和新的评估体系。除了要考虑多个变量服从多元正态分布的参数估计和检验外，还发展了多元统计分析的多种应用方法（例如判别分析、聚类分析、因子分析、对应分析等），这些工具在多项自然科学（例如天文、地震、水文气象等）以及社会科学、医药卫生、财经金融、体育文化领域也都有非常广泛的应用，各领域都有成功研究的成果。多元统计分析经历近百年的发展，在理论和应用两方面都有极大的发展。在理论和工具的研究方面已经有了较为完整的体系，有很多书介绍这些专供统计专业的研究者使用的统计专业课题（例如书后参考文献 [1] ～ [6]），这些内容可能较为艰深，我们对这些理论内容也不准备深入讨论。本书只是着眼于对多元统计的理解和应用，在这方面也有很多参考书是适合大家阅读的（例如参考文献 [55] 和 [56] 等），我们将介绍多元统计分析的基本概念、方法和在应用中应该注意的问题。

本书的第 1 篇就讨论多元统计分析的一些应用课题，共包含准备知识和 6 章。其中第 1 章介绍多元正态分布及其统计分析；第 2 章介绍判别分析；第 3 章介绍聚类分析；第 4 章介绍主成分分析；第 5 章介绍因子分析；第 6 章介绍对应分析。

由于多元统计分析的应用问题通常计算都非常繁杂，概念全新，公式复杂，且只能靠计算机完成计算，我们不但要学好统计概念，还必须学会门类繁多的计算方法，而学习这一切要比掌握一般的一元统计要难很多。特别是，多元统计分析所用到的数学工具一定会大量使用矩阵概念和与矩阵运算有关的知识，表达式也要抽象得多，对于这些读者应该有所准备。为了使读者能顺利学习，本书专门在第 1 章前安排了"准备知识"一章，把本书所需要的线性代数中有关矩阵的知识挑选出来，结合使用计算机完成的计算方法列举出来，以便读者学习参考。

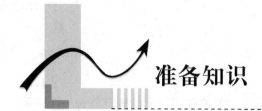

准备知识

矩阵运算是多元统计分析和时间序列分析的基本工具，为了更好地理解多元统计的概念、计算与分析，必须掌握矩阵知识，本部分简单介绍矩阵知识。想了解更多有关矩阵知识的读者，可以参考线性代数教科书。

MINITAB 在多元分析过程中大量使用矩阵运算，这些运算过程一般不显示。但使用 MINITAB 解决某些多元分析问题时，可能需要预先对矩阵作某些矩阵运算，本部分在介绍有关概念的同时，也介绍 MINITAB 用"矩阵运算"对话框实施某些矩阵运算的操作方法。

0.1 矩阵概念

0.1.1 矩阵的定义及其命名

矩阵（Matrix）是长方形的数表，它可以用字母表示，数表中的数称为矩阵的**元素**。例如

$$M = \begin{bmatrix} 1 & 2 \\ 3 & 4 \\ 5 & 6 \end{bmatrix}$$

就是一个矩阵，1，2，3，4，5，6 就是矩阵 M 的元素。数表中有若干行和若干列，例如"3"处于 M 的第 2 行第 1 列。M 共有 3 行 2 列，有时为了特别标明矩阵的大小，将行数和列数标于大写字母下方，例如上述矩阵 M 可写为 $M_{3 \times 2}$。

行数和列数都等于 m 的矩阵称为（m 阶）**方阵**。除对角线外，其他元素全是 0 的方阵称为**对角矩阵**，如下的矩阵就是 4 阶对角矩阵。

$$\begin{bmatrix} 1.5 & 0 & 0 & 0 \\ 0 & 0 & 0 & 0 \\ 0 & 0 & -2.2 & 0 \\ 0 & 0 & 0 & 3.1 \end{bmatrix}$$

对角线上元素全是 1，其他元素全是 0 的方阵称为**单位阵**，如下的矩阵就是一个 4 阶单位阵。

$$\begin{bmatrix} 1 & 0 & 0 & 0 \\ 0 & 1 & 0 & 0 \\ 0 & 0 & 1 & 0 \\ 0 & 0 & 0 & 1 \end{bmatrix}$$

单位阵记为 I。元素全是 0 的矩阵称为**零矩阵**，记为 O。

如果矩阵只有一行，此矩阵常称为**行向量**；如果矩阵只有一列，此矩阵常称为**列向量**；这种特例在以后的讨论中常常遇到。

MINITAB 的矩阵运算不能在工作表内直接进行，必须给它专门取一个名字（大写字母开头），但不许为 C，因为 C 固定代表"列"，计算机默认矩阵名以"M"开头，然后就可以对名字运算。给矩阵命名可以通过"复制列到矩阵"框进行。如要把下列矩阵

$$\begin{bmatrix} 1 & 2 \\ 3 & 4 \\ 5 & 6 \end{bmatrix}$$

命名为 M1 并存储起来以便将来运算，可进行如下操作：首先将该矩阵输入某个工作表，即通过键盘输入或从其他软件的表格中复制过来，在工作表 C1，C2 列分别填入 1，3，5 和 2，4，6（见图 0-1 左上角）；然后从"数据＞复制＞列到矩阵（Data＞Copy＞Columns to Matrix）"进入"复制列到矩阵"对话框（见图 0-1 下），指定"从列复制（Copy from columns）"为"C1 C2"，指定"存储复制的数据，在当前工作表中，在矩阵中（Store copied data in current worksheet, in matrix）"为"M1"，点击"确定（OK）"。这样就得到矩阵 M1，操作过程见图 0-1。

0.1.2 显示矩阵

当计算进行到某一阶段，需要读出矩阵时，可以用显示数据对话框指示 MINITAB 显示出矩阵。例如想知道矩阵 M1 的内容，可采用如下指令：从"数据＞显示数据（Data＞Display Data）"进入显示数据框，在"要显示的列、常量和矩阵（Columns, constants and matrices to display）"下空格中填"M1"，点击"确定（OK）"。这样即可在会话区得到该矩阵的内容，全部操作过程见图 0-2。

显示矩阵也可以采用"复制矩阵到列"的办法进行。例如矩阵 M1 有 2 列，将该矩阵复制到工作表内，则可以在工作表中显示出该矩阵。从"数据＞复制＞矩阵到列（Data＞Copy＞Matrix to Columns）"进入"复制矩阵到列"对话框，指定"从矩阵复制（Copy from columns）"为"M1"，指定"存储复制的数据，在当前工作表中，在列中（Store copied data in current worksheet, in columns)"为"C3 C4",点击"确定(OK)"。这样就将矩阵 M1 复制到工作表中的 C3 和 C4 两列。这里要注意,指定的列数一定要与原矩阵相同,否则会有出错信息警告。

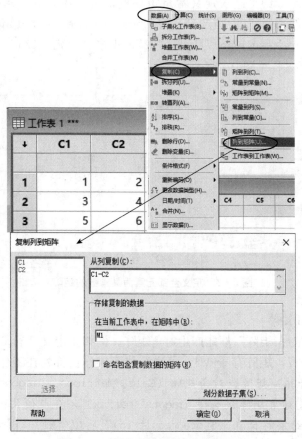

图 0-1 复制(或输入)矩阵操作图

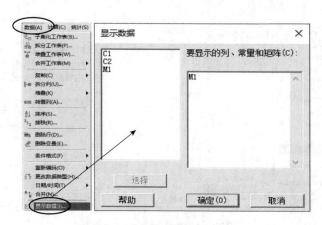

图 0-2 显示矩阵数据操作过程

0.1.3 生成元素全相同的矩阵

有时需要生成一个矩阵，它的元素全是同一数值。直接从键盘输入很不方便，MINI-TAB 的"定义常量矩阵"框能方便地求出这样的矩阵。例如要定义 5 行 3 列矩阵，它的 15 个元素都是 3.2，矩阵命名为 M2；可用指令：从"计算＞矩阵＞定义常量矩阵（Calc＞Matrices＞Define Constant)"进入定义常量矩阵框，然后在"值（Value)"后填"3.2"，在"行数（Number of rows)"后填"5"，在"列数（Number of columns)"后填"3"，在"将结果存储在（Store result in)"后填"M2"，点击"确定（OK)"，则 M2 就是元素全是 3.2 的矩阵，全部过程见图 0-3。

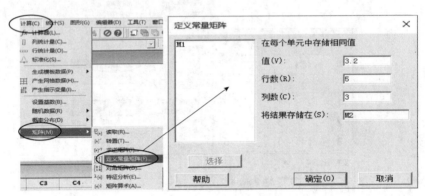

图 0-3　定义全部元素为某常数的矩阵

0.1.4 生成对角矩阵

MINITAB 的"对角矩阵"框能产生对角矩阵。例如要定义 3 行 3 列矩阵，它的对角线上元素为 5，8，-7，矩阵存于 M1。可进行如下操作：首先在工作表的 C1 列填入 5，8，-7；然后从"计算＞矩阵＞对角矩阵（Calc＞Matrices＞Diagonal)"进入"对角矩阵"框，选择"生成对角矩阵（Make diagonal matrix)"，在"使用列（Using column)"后填"C1"，在"将结果存储在（Store result in)"后填"M1"，再点击"确定（OK)"，即可得到对角矩阵 M1，全过程见图 0-4。

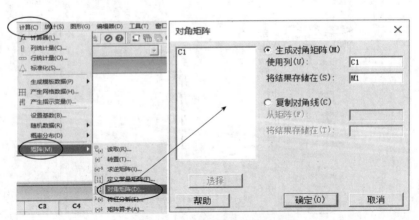

图 0-4　生成对角矩阵过程

对角阵常用符号 diag（a，b，c，…）表示，其中 a，b，c，…是对角线上的元素。例如上述 MINITAB 产生的矩阵可以记为 diag（5，8，−7）。

0.2　矩阵简单运算

对矩阵可以进行很多运算，包括：简单的算术运算，如矩阵加法（减法）、矩阵乘积、矩阵数乘；矩阵转置；矩阵求逆；矩阵的行列式和迹等。

0.2.1　矩阵加法（减法）

设矩阵 $M1$ 和 $M2$ 的行数相同，列数也相同，将这两个矩阵处于同一行同一列的元素加起来，放在原来的位置上，所得的矩阵称为 $M1$ 与 $M2$ 的**和**，这种运算称为**矩阵加法**。例如

$$M1=\begin{pmatrix}1&2\\3&4\\5&6\end{pmatrix},\ M2=\begin{pmatrix}1&2\\0&-3\\-4&-1\end{pmatrix}$$

则

$$M1+M2=\begin{pmatrix}2&4\\3&1\\1&5\end{pmatrix}$$

在 MINITAB 中，为了求 2 个矩阵的和，可用"矩阵算术"框，例如要求 $M1+M2$，可用指令：从"计算＞矩阵＞矩阵算术（Calc＞Matrices＞Arithmetic）"，进入"矩阵算术"框，在"加（Add）"后的空格填上"M1"和"M2"，在"将结果存储在（Store result in）"后的空格内填上"M3"，点击"确定（OK）"。$M3$ 中的值就是 $M1+M2$，操作过程见图 0−5。

矩阵减法类似于矩阵加法。

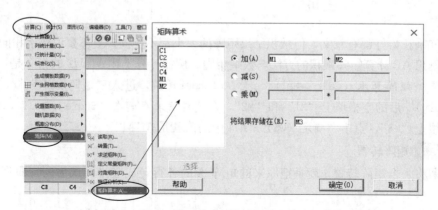

图 0−5　矩阵加法操作过程图

0.2.2　矩阵数乘

设 M 是矩阵，a 是常数，将矩阵的每个元素乘以 a，放在原来的行和列，所得的矩阵

称为 M 与 a 的积，这种运算称为**矩阵数乘**，记为 aM。例如

$$M=\begin{pmatrix} 1 & 2 \\ 0 & -3 \\ -4 & -1 \end{pmatrix}, \ a=3$$

则

$$aM=\begin{pmatrix} 3 & 6 \\ 0 & -9 \\ -12 & -3 \end{pmatrix}$$

MINITAB 计算数乘的方法与加法相同。例如计算上述 aM 的指令是：从"计算＞矩阵＞矩阵算术（Calc＞Matrices＞Arithmetic)"，进入"矩阵算术"框，在"乘（Multiply)"后的空格填上"M"和"3"，在"将结果存储在（Store result in)"后的空格内填上"M4"，点击"确定（OK)"。M4 中的值就是 $3M$。

0.2.3 矩阵乘积

设 $M1$ 是 m 行 n 列矩阵，$M2$ 是 n 行 k 列矩阵，建立 m 行 k 列新矩阵：它的第 i 行第 j 列元素是 $M1$ 第 i 行与 $M2$ 第 j 列元素对应相乘之和，这个矩阵称为 $M1$ 与 $M2$ 的**积**，记为 $M1M2$，这种运算称为**矩阵乘积**。注意两个矩阵可以相乘是有条件的：$M1$ 的列数必须与 $M2$ 的行数相等。另外还要注意，矩阵运算一般不满足交换率：$M1M2 \neq M2M1$，例如

$$M1=\begin{pmatrix} 1 & 0 & -1 \\ -2 & 2 & 0 \end{pmatrix}, \ M2=\begin{pmatrix} 1 & 2 \\ 0 & -3 \\ -4 & -1 \end{pmatrix}$$

则

$$M1M2=\begin{pmatrix} 5 & 3 \\ -2 & -10 \end{pmatrix}, \ M2M1=\begin{pmatrix} -3 & 4 & -1 \\ 6 & -6 & 0 \\ -2 & -2 & 4 \end{pmatrix}$$

两个矩阵乘积恰好都有意义，但乘积结果矩阵的大小都不相同，更不要说数字相同了。

MINITAB 计算矩阵乘积的方法与数乘相同。例如计算上述 $M1M2$ 的指令是：从"计算＞矩阵＞矩阵算术（Calc＞Matrices＞Arithmetic)"，进入"矩阵算术"框，在"乘（Multiply)"后的空格填上"M1"和"M2"，在"将结果存储在（Store result in)"后的空格内填上"M4"，点击"确定（OK)"。M4 中的值就是 $M1M2$。

0.2.4 矩阵转置

所谓将一个矩阵**转置**，就是把原来的矩阵 A 的各行转成竖排而成为列，而将 A 的各列转成横排而成为行，记为 A' 或 A^{T}。例如 $M=\begin{pmatrix} 1 & 2 \\ 0 & -3 \\ -4 & -1 \end{pmatrix}$，则 $M'=\begin{pmatrix} 1 & 0 & -4 \\ 2 & -3 & -1 \end{pmatrix}$。

若 A 转置后仍是 A，则称 A 是**对称矩阵**。

如要将矩阵 $M1$ 转置后存入 $M3$，其指令是：从"计算＞矩阵＞转置（Calc＞Matrices＞Transpose）"进入"矩阵转置"框，在"转置自（Transpose from）"后的空格中填"M1"，在"将结果存储在（Store result in）"后的空格中填"M3"，点击"确定（OK）"即可。操作过程见图0-6。

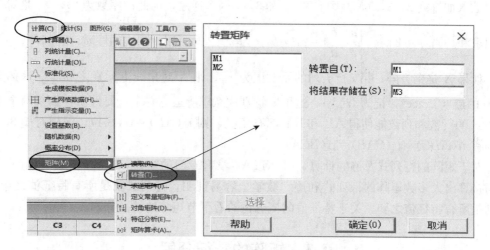

图0-6　矩阵转置操作过程图

矩阵转置最重要的性质有两项：

1. A 的转置矩阵 A' 再转置，则必为原矩阵，即 $(A')'=A$。
2. 若两矩阵的乘积 AB 有意义，则 $(AB)'=B'A'$。

0.2.5　矩阵求逆

对方阵求逆，就是要求一个方阵，使它和原方阵的积是单位矩阵。例如

$$M=\begin{pmatrix}1 & 2 \\ 3 & 4\end{pmatrix},\ N=\begin{pmatrix}-2 & 1 \\ 1.5 & -0.5\end{pmatrix}$$

则

$$MN=NM=\begin{pmatrix}1 & 0 \\ 0 & 1\end{pmatrix}$$

N 就是 M 的**逆矩阵**，记为 $N=M^{-1}$。MINITAB 中求矩阵逆的方法类似矩阵转置，例如求矩阵 $M1$ 的逆矩阵可用下列指令：从"计算＞矩阵＞求逆矩阵（Calc＞Matrices＞Inverse）"进入"求逆矩阵"框，在"求逆自（Invert from）"后的空格中填"M1"，在"将结果存储在（Store result in）"后的空格中填"M3"，点击"确定（OK）"，即可将 $M1$ 的逆矩阵存于 $M3$。

逆矩阵最重要的性质有三项：

1. A 的逆矩阵 A^{-1} 再求逆，则必为原矩阵，即 $(A^{-1})^{-1}=A$。
2. 若两个同阶的方阵 A 及 B 都有逆矩阵，则 $(AB)^{-1}=B^{-1}A^{-1}$。
3. 若 A 的逆矩阵 A^{-1} 存在，则 $(A^{-1})'=(A')^{-1}$。

0.2.6 矩阵的行列式和迹

如果 X 是个 n 阶方阵，第 i 行第 j 列的元素记为 x_{ij}，则 $\sum(-1)^{\tau} x_{1j_1} x_{2j_2} \cdots x_{nj_n}$ 称为矩阵 X 的**行列式**，记为 $|X|$ 或 $\det(X)$，其中 j_1，j_2，$\cdots$，j_n 是 1 至 n 的排列，τ 为排列的逆序数（如排列 2，3，1，其中有 2，1 和 3，1 两个逆序，因此逆序数为 2），$\sum$ 是对一切排列求和。当 $n=2$ 时，$\begin{vmatrix} a & b \\ c & d \end{vmatrix} = ad-bc$，当 $n>2$ 时可用行列式的性质计算 $|X|$。

如果 X 是个方阵，第 i 行 j 列的元素记为 x_{ij}，则 X 对角线上元素之和 $\sum x_{ii}$ 称为矩阵 X 的**迹**（Trace），记为 $\mathrm{tr}(X)$。这里要特别注意求迹运算有个重要性质：如果两个矩阵 A 和 B 的行数和列数能使得 AB 和 BA 都有意义，则 $\mathrm{tr}(AB)=\mathrm{tr}(BA)$；同样对于 3 个矩阵则有 $\mathrm{tr}(ABC)=\mathrm{tr}(CAB)=\mathrm{tr}(BCA)$。

对于矩阵的行列式及迹的计算，MINITAB 没有专门的窗口，但我们可以利用下列性质间接算出大多数矩阵的行列式和迹。数学上容易证明，**行列式就是所有特征值之乘积；迹则是所有特征值之和**。关于特征值的概念请参看下节矩阵的特征分解。

0.3 矩阵的特征分解

如果 X 是 n 阶方阵，特别地，如果它是对称矩阵，则它有很多重要的性质，我们常常将原矩阵写成（分解为）几个矩阵相乘的形式，这样可以得到原矩阵的很多非常重要的信息。本节着重介绍下面四个内容：0.3.1 小节介绍矩阵的特征值和特征向量；0.3.2 小节介绍对称矩阵的特征分解；0.3.3 小节介绍正定矩阵和半正定矩阵；0.3.4 小节介绍求矩阵平方根。

0.3.1 矩阵的特征值和特征向量

设 A 是方阵，若向量 X 满足 $AX=\lambda X$，其中 λ 是一个数，则称 λ 是 A 的一个**特征值**，X 是（相应于）λ 的**特征向量**。

例如：

$$A=\begin{bmatrix} 2 & 0 & 0 \\ 1 & 2 & -1 \\ 1 & 0 & 1 \end{bmatrix}, \quad a_1=\begin{bmatrix} 0 \\ 1 \\ 1 \end{bmatrix}, \quad a_2=\begin{bmatrix} 0 \\ 1 \\ 0 \end{bmatrix}, \quad a_3=\begin{bmatrix} 1 \\ 0 \\ 1 \end{bmatrix}$$

则 $Aa_1=a_1$，$Aa_2=2a_2$，$Aa_3=2a_3$。这里的 3 个系数 1，2，2 就是 A 的 3 个特征值；相应的特征向量是

$$a_1=\begin{bmatrix} 0 \\ 1 \\ 1 \end{bmatrix}, \quad a_2=\begin{bmatrix} 0 \\ 1 \\ 0 \end{bmatrix}, \quad a_3=\begin{bmatrix} 1 \\ 0 \\ 1 \end{bmatrix}$$

注意，这里 n 阶方阵的特征值其实是解一个 n 次代数方程 $|A-\lambda I|=0$ 得到的，此方程有 n 个根（可能含有重根，如上述例题中，特征值 2 就是 2 重根），其值可能为实数也可能是复数，特征向量的个数也可能少于 n，限于篇幅我们这里不详细讨论并具体

准备知识

给出例子了。

MINITAB 能计算实对称矩阵的特征值和彼此正交且单位化的特征向量（"单位化"的定义是其向量的长度为 1）。

【例 0-1】 求矩阵 $\begin{pmatrix} 1 & 3 \\ 3 & 4 \end{pmatrix}$ 的特征值和特征向量。

先将该矩阵存于 MINITAB 的 $M1$，可用指令从"计算＞矩阵＞特征分析（Calc＞Matrices＞ Eigen Analysis）"进入"特征分析"框（界面见图 0-7 中），在"分析矩阵（Analyze matrix）"后的空格中填"M1"，在"特征值列（Column of eigenvalues）"后的空格中填"特征值"，在"特征向量矩阵（Matrix of eigenvectors）"后的空格中填"特征向量"，点击"确定（OK）"，即可将特征值和单位特征向量存在相应的列和矩阵中。操作过程见图 0-7。

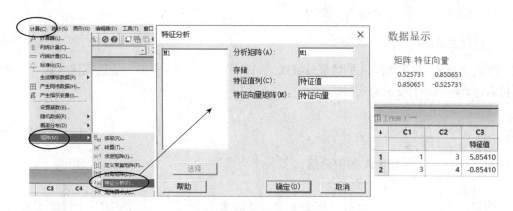

图 0-7 求特征值和特征向量的操作过程图

用 0.1.2 小节的方法显示数据后可见：在 C3 列就得到特征值 5.854 10 和 −0.854 10，由命名为"特征向量"的矩阵 $M2$ 的显示可知 $M2 = \begin{pmatrix} 0.525\ 731 & 0.850\ 651 \\ 0.850\ 651 & -0.525\ 731 \end{pmatrix}$，对应特征值 5.854 10 和 −0.854 10 的特征向量分别是 $\begin{pmatrix} 0.525\ 731 \\ 0.850\ 651 \end{pmatrix}$ 及 $\begin{pmatrix} 0.850\ 651 \\ -0.525\ 731 \end{pmatrix}$，它们都是单位化的向量。

0.3.2 对称矩阵的特征分解

对于一般的 n 阶方阵来说，其特征值可能为实数也可能是复数值，但对于 n 阶对称矩阵来说，它的 n 个特征值一定全部为实数，而且一定有 n 个彼此正交的单位特征向量。

设 n 阶对称矩阵 A 的 n 个特征值为 λ_1，λ_2，$\cdots$，λ_n，相应的 n 个彼此正交的单位特征向量（注意全都是列向量）为 γ_1，γ_2，$\cdots$，γ_n。如果我们把 γ_1，γ_2，$\cdots$，γ_n 按列排成矩阵：

$$\Gamma = (\gamma_1, \gamma_2, \cdots, \gamma_n) \tag{0-1}$$

则可以把 $A\gamma_1 = \lambda_1\gamma_1$，$A\gamma_2 = \lambda_2\gamma_2$，$\cdots$，$A\gamma_n = \lambda_n\gamma_n$ 写成下面这个形式：

$$A(\gamma_1,\gamma_2,\dots,\gamma_n)=(\gamma_1,\gamma_2,\dots,\gamma_n)\begin{pmatrix}\lambda_1 & & & \\ & \lambda_2 & & \\ & & \ddots & \\ & & & \lambda_n\end{pmatrix} \qquad (0-2)$$

令对角矩阵 $\Lambda=\begin{pmatrix}\lambda_1 & & & \\ & \lambda_2 & & \\ & & \ddots & \\ & & & \lambda_n\end{pmatrix}$，则式（0-2）可以写成

$$A\Gamma=\Gamma\Lambda \qquad (0-3)$$

Γ 一定是正交矩阵，即 $\Gamma'\Gamma=\Gamma\Gamma'=I$，也就是说矩阵 Γ 的转置与其逆矩阵相等，因此，式（0-2）两端同右乘 Γ' 就可以写成

$$A=\Gamma\Lambda\Gamma' \qquad (0-4)$$

我们将式（0-4）称为矩阵 A 的**特征分解式**。如果把式（0-1）中 Γ 的表达式代入式（0-4），则可以将矩阵 A 的特征分解式写成

$$A=\sum_{i=1}^{n}\lambda_i\gamma_i\gamma_i' \qquad (0-5)$$

一般称式（0-5）为矩阵 A 的**谱分解**。

例如 $A=\begin{bmatrix}2 & -2 & 0 \\ -2 & 1 & -2 \\ 0 & -2 & 0\end{bmatrix}$，它的 3 个特征值为 4，$-2$，1，相应的 3 个彼此正交的单位特征向量为：

$$\gamma_1=\begin{bmatrix}-2/3 \\ 2/3 \\ -1/3\end{bmatrix},\ \gamma_2=\begin{bmatrix}1/3 \\ 2/3 \\ 2/3\end{bmatrix},\ \gamma_3=\begin{bmatrix}2/3 \\ 1/3 \\ -2/3\end{bmatrix}$$

令对角矩阵 $\Lambda=\begin{bmatrix}4 & 0 & 0 \\ 0 & -2 & 0 \\ 0 & 0 & 1\end{bmatrix}$，$\Gamma=\begin{bmatrix}-2/3 & 1/3 & 2/3 \\ 2/3 & 2/3 & 1/3 \\ -1/3 & 2/3 & -2/3\end{bmatrix}$，则 A 的特征分解式为 $A=\Gamma\Lambda\Gamma'$，

谱分解为 $A=\sum_{i=1}^{n}\lambda_i\gamma_i\gamma_i'$。即

$$\begin{bmatrix}2 & -2 & 0 \\ -2 & 1 & -2 \\ 0 & -2 & 0\end{bmatrix}=\begin{bmatrix}-2/3 & 1/3 & 2/3 \\ 2/3 & 2/3 & 1/3 \\ -1/3 & 2/3 & -2/3\end{bmatrix}\begin{bmatrix}4 & 0 & 0 \\ 0 & -2 & 0 \\ 0 & 0 & 1\end{bmatrix}\begin{bmatrix}-2/3 & 2/3 & -1/3 \\ 1/3 & 2/3 & 2/3 \\ 2/3 & 1/3 & -2/3\end{bmatrix}$$

$$=4\begin{bmatrix}-2/3 \\ 2/3 \\ -1/3\end{bmatrix}(-2/3,2/3,-1/3)-2\begin{bmatrix}1/3 \\ 2/3 \\ 2/3\end{bmatrix}(1/3,2/3,2/3)+\begin{bmatrix}2/3 \\ 1/3 \\ -2/3\end{bmatrix}(2/3,1/3,-2/3)$$

在 MINITAB 中有专门的窗口可以求得特征分解式，下面就给出一例。

【例 0-2】 设 $M1 = \begin{pmatrix} 1 & 3 \\ 3 & 4 \end{pmatrix}$，求出它的特征值和特征向量，并写出它的特征分解式。

由例 0-1 中 MINITAB 计算结果可知，第 1 个特征值是 5.854 10，相应特征向量是 $(0.525\ 731,\ 0.850\ 651)'$，第 2 个特征值是 $-0.854\ 10$，相应特征向量是 $(0.850\ 651,\ -0.525\ 731)'$，而且这两个特征向量已经正交化，故正交阵 Γ 为：

$$\Gamma = \begin{pmatrix} 0.525\ 731 & 0.850\ 651 \\ 0.850\ 651 & -0.525\ 731 \end{pmatrix}$$

因此，$M1$ 的特征分解式为：

$$M1 = \begin{pmatrix} 1 & 3 \\ 3 & 4 \end{pmatrix}$$

$$= \begin{pmatrix} 0.525\ 731 & 0.850\ 651 \\ 0.850\ 651 & -0.525\ 731 \end{pmatrix} \begin{pmatrix} 5.854\ 1 & 0 \\ 0 & -0.854\ 1 \end{pmatrix} \begin{pmatrix} 0.525\ 731 & 0.850\ 651 \\ 0.850\ 651 & -0.525\ 731 \end{pmatrix}$$

【例 0-3】 在本书 1.5 节"多元正态随机数的产生"中例 1-16 所给的协方差阵 Σ，求出它的特征值和特征向量，并写出它的特征分解式。

$$\Sigma = \begin{bmatrix} 1 & 2 & 0.5 \\ 2 & 5 & -0.2 \\ 0.5 & -0.2 & 10 \end{bmatrix}$$

由 MINITAB，Σ 的特征分解式为：

$$\begin{bmatrix} 1 & 2 & 0 \\ 2 & 5 & -0.2 \\ 0.5 & -0.2 & 10 \end{bmatrix}$$

$$= \begin{bmatrix} 0.05 & 0.38 & 0.92 \\ -0.02 & 0.92 & -0.38 \\ 1.00 & -0.00 & -0.05 \end{bmatrix} \begin{bmatrix} 10.03 & 0 & 0 \\ 0 & 5.83 & 0 \\ 0 & 0 & 0.14 \end{bmatrix} \begin{bmatrix} 0.05 & -0.02 & 1.00 \\ 0.38 & 0.92 & -0.00 \\ 0.92 & -0.38 & -0.05 \end{bmatrix}$$

$$= 10.03 \begin{bmatrix} 0.05 \\ -0.02 \\ 1.00 \end{bmatrix} (0.05, -0.02, 1.00) + 5.83 \begin{bmatrix} 0.38 \\ 0.92 \\ -0.00 \end{bmatrix} (0.38, 0.92, -0.00)$$

$$+ 0.14 \begin{bmatrix} 0.92 \\ -0.38 \\ -0.05 \end{bmatrix} (0.92, -0.38, -0.05) \tag{0-6}$$

这是化为式（0-5）的样子，也可以称为谱分解。它是把整个矩阵分解为每个特征值（通常是按由大到小的顺序排列）作为系数，每一项所给出的是相应特征向量当作基底所张成的空间形成的，这在以后解释主成分的含义时有非常直观的意义。

0.3.3 正定矩阵及半正定矩阵

在多元统计分析中，很多地方会用到正定矩阵及半正定矩阵，下面给出正定矩阵、半正定矩阵的定义。

定义：若 A 是 n 阶对称矩阵，且对于任意 1 行 n 列非零矩阵 X（即行向量），有 $XAX' > 0$，则称 A 是**正定矩阵**；若 A 是 n 阶对称矩阵，且对于任意 1 行 n 列非零矩阵 X（即行向量），有 $XAX' \geqslant 0$，则称 A 是**半正定矩阵**。正定矩阵一定是半正定矩阵，反之不成立。

仔细分析上述定义，可以看出，如果矩阵的阶数 n 为 1（这时，矩阵就变成了普通的数），那么当 A 为正数时，它是正定的；当 A 为非负数时（它可以为 0），它是半正定的。正定矩阵、半正定矩阵只不过是将正数、非负数推广到矩阵情况罢了。有些性质也是相似的，例如，A 与 B 都是同阶的正定矩阵，则 $A+B$ 一定是正定矩阵；A 是正定矩阵，k 是正常数，则 kA 一定是正定矩阵；但若 A 与 B 都是同阶的正定矩阵，则 AB 不一定是正定矩阵，因为矩阵乘积没有交换律，矩阵乘积的性质不能直接与矩阵数乘相提并论。

大家知道在一维随机变量分析中，随机变量的方差一定是非负数。特别地，如果随机变量恒为常数时，则此随机变量的方差为 0。在多元统计分析中与之相对应的结论就是：**随机向量的协方差矩阵是半正定矩阵**。因此我们对半正定矩阵还要进行更细致的讨论。

性质 1：正定矩阵的所有特征值一定全为正数；半正定矩阵的所有特征值一定为非负数。

性质 2：正定矩阵的行列式一定为正数；半正定矩阵的行列式一定为非负数。

（注：由于行列式的值等于所有特征值的乘积，所以性质 2 很容易从性质 1 推出。）

这两条性质的逆否命题也很有用，即：若一个矩阵的行列式为负数，则它不可能是半正定矩阵或正定矩阵；若一个矩阵的行列式为 0，则它不可能是正定矩阵。

这两个性质的任意一个都可以用于判断一个对称矩阵是否为正定矩阵。

根据性质 1 可知，$\begin{pmatrix} 1 & 2 \\ 2 & 5 \end{pmatrix}$ 是正定矩阵，因其特征值是 5.83 和 0.17；$\begin{pmatrix} 1 & 2 \\ 2 & 4 \end{pmatrix}$ 是半正定矩阵，而不是正定矩阵，因其特征值是 5 和 0。

根据性质 2，例 0-1 中的矩阵 $M1 = \begin{pmatrix} 1 & 3 \\ 3 & 4 \end{pmatrix}$，容易看出它不是正定矩阵，也不是半正定矩阵，因为 $M1$ 的行列式为 -5。

0.3.4 求矩阵平方根

设 A 和 B 是两个正定矩阵，而且 $BB = A$，则称矩阵 B 是矩阵 A 的**平方根**。求矩阵平方根在多元分析中很有用。直接用 MINITAB 求矩阵平方根是项很复杂的工作，我们可以使用宏命令得到它。求矩阵平方根的主要原理是：在式（0-3）中，对角矩阵 Λ 中的元素（特征值）一定是正数，求出其平方根后组成新的对角矩阵（命名为 $\Lambda^{\frac{1}{2}}$），然后将 $\Lambda^{\frac{1}{2}}$ 替换掉式（0-3）中的对角矩阵 Λ，则可以得到矩阵 A 的平方根。即若正定矩阵 A 的特征分解式为 $A = \Gamma \Lambda \Gamma'$，则 $A^{\frac{1}{2}}$ 的特征分解式为：

$$A^{\frac{1}{2}} = \Gamma \Lambda^{\frac{1}{2}} \Gamma' \tag{0-7}$$

我们可以编写宏命令求出平方根矩阵，下面举例说明调用此宏指令的一般操作方法。宏指令命令的格式为：

% sqrtmat M1 M2

其中，"M1"指的是原矩阵数据存放处；"M2"是其平方根矩阵存放处。具体调用方法请参看下例。

【例 0-4】 设正定矩阵 $A = \begin{pmatrix} 1 & 2 \\ 2 & 6 \end{pmatrix}$，求其平方根矩阵。

1. 先将此矩阵数据存入工作表，命名为 M1。其步骤已在 0.1.1 小节介绍过：从"数据＞复制＞列到矩阵（Data＞Copy＞Columns to Matrix）"入口（界面见图 0-1 上），进入"复制列到矩阵"对话框（界面见图 0-1 下），指定"从列复制（Copy from columns）"为"C1 C2"，指定"存储复制的数据，在当前工作表中，在矩阵中（Store copied data in current worksheet，in matrix）"为"M1"，点击"确定（OK）"。

2. 调用宏指令"sqrtmat"求出其平方根。具体到本例，由于原始矩阵数据存于 M1，希望求出其平方根矩阵存放于 M2，故调用宏指令要写成这样：

% sqrtmat M1 M2

其调用方式是从"编辑＞命令行编辑器（Edit＞Line Command Editor）"入口（其界面见 0-8 左），在"命令行编辑器"窗内填写上述命令（界面见图 0-8 右），点击"提交命令（Submit）"后就可以执行命令了。

注意：使用宏命令时需事先指定宏所在文件夹，否则 MINITAB 会提示错误。设置方法为："工具＞选项（Tools＞Options）"，在弹出的对话框右侧第二个空格"宏位置"中填入宏所在的文件夹即可。

图 0-8　调用宏指令求正定矩阵平方根的操作过程图

执行命令后，平方根矩阵已存入 M2，想查看 M2 内容，按 0.1.2 小节介绍的方法，从"数据＞显示数据（Data＞Display Data）"入口，即可在运行窗中显示数据。也可以采用"复制矩阵到列"的办法进行：从"数据＞复制＞矩阵到列（Data＞Copy＞Matrix to Columns）"进入"复制矩阵到列"对话框，指定"从矩阵复制（Copy from columns）"为"M2"，指定"存储复制的数据，在当前工作表中，在列中（Store copied data in current worksheet，in columns）"为"C3 C4"，点击"确定（OK）"。下面是存放后的工作表内容（见图 0-9）。

↓	C1	C2	C3	C4
1	1	2	0.770076	0.63795
2	2	6	0.637952	2.36496

图 0 - 9　调用宏指令求正定矩阵平方根的结果图

如果希望验证平方根结果的正确性，可以使用矩阵乘法（见 0.2.3 小节）验证确实有 $M2M2 = M1$。

0.4　矩阵分块

设 A 是一个矩阵，也是一个数表；用若干条竖线和横线把这个大数表分成许多小数表，每一个小数表就是一个小矩阵，称为**子块**，以这些子块为元素的形式上的矩阵称为**分块矩阵**。例如

$$A = \begin{pmatrix} -3 & 4 & -1 \\ 6 & -2 & 0 \\ -2 & -2 & 4 \end{pmatrix}$$

从第 2 行和第 2 列分别插入一条横线和竖线

$$A = \left(\begin{array}{cc|c} -3 & 4 & -1 \\ 6 & -2 & 0 \\ \hline -2 & -2 & 4 \end{array} \right)$$

得到 4 个小矩阵

$$A_{11} = \begin{pmatrix} -3 & 4 \\ 6 & -2 \end{pmatrix}, \ A_{12} = \begin{pmatrix} -1 \\ 0 \end{pmatrix}, \ A_{21} = (-2 \quad -2), \ A_{22} = 4$$

这时，$A = \begin{pmatrix} A_{11} & A_{12} \\ A_{21} & A_{22} \end{pmatrix}$ 就是分块矩阵。

当矩阵进行加、数乘、乘积时，可以把分块矩阵的每个小块作为数来计算。例如

$$A = \begin{pmatrix} A_{11} & A_{12} \\ A_{21} & A_{22} \end{pmatrix}, \ B = \begin{pmatrix} B_{11} & B_{12} \\ B_{21} & B_{22} \end{pmatrix}$$

如果 A，B 所有小矩阵行数和列数都对应相同，则

$$A + B = \begin{pmatrix} A_{11} + B_{11} & A_{12} + B_{12} \\ A_{21} + B_{21} & A_{22} + B_{22} \end{pmatrix}$$

如果 B 所有小矩阵行数和 A 列数都满足矩阵相乘条件，则

$$AB = \begin{bmatrix} A_{11}B_{11} + A_{12}B_{21} & A_{11}B_{12} + A_{12}B_{22} \\ A_{21}B_{11} + A_{22}B_{21} & A_{21}B_{12} + A_{22}B_{22} \end{bmatrix}$$

下面介绍多元统计分析中几种特有的矩阵运算。多元统计分析主要处理的是随机向量，但有时会遇到随机矩阵的情况，即每个元素都是随机变量的矩阵。对于随机矩阵我们不希望再用一套新办法来处理，因此希望把矩阵拉直成一个向量。这就是下面介绍的拉直运算。设 X 是 n 行 p 列矩阵，用 X 的列向量 $X_j = (x_{1j}, x_{2j}, \cdots, x_{nj})' (j = 1, 2, \cdots, p)$ 组成一个 np 维向量，这种将 n 行 p 列矩阵拉成 np 维列向量的运算称为**拉直运算**，记为：

$$Vec(X) = \begin{bmatrix} X_1 \\ X_2 \\ \vdots \\ X_p \end{bmatrix} = (x_{11}, x_{21}, \cdots, x_{n1}, x_{12}, x_{22}, x_{n2}, \cdots, x_{1p}, x_{2p}, \cdots, x_{np})'$$

符号 "Vec" 称为**拉直算子**。例如 $A = \begin{pmatrix} 1 & 3 & 5 \\ 2 & 4 & 6 \end{pmatrix}$，则

$$Vec(A) = \begin{bmatrix} 1 \\ 2 \\ 3 \\ 4 \\ 5 \\ 6 \end{bmatrix} = (1, 2, 3, 4, 5, 6)'$$

与拉直运算有关的还有矩阵的另一种乘积。设 $A = (a_{ij})$ 和 B 分别为 $n \times p$ 和 $m \times q$ 矩阵，A 和 B 的**矩阵直积** $A \otimes B$ 定义为：

$$A \otimes B = (a_{ij}B) = \begin{bmatrix} a_{11}B & a_{12}B & \cdots & a_{1p}B \\ a_{21}B & a_{22}B & \cdots & a_{2p}B \\ \vdots & \vdots & \ddots & \vdots \\ a_{n1}B & a_{n2}B & \cdots & a_{np}B \end{bmatrix}$$

它是 $nm \times pq$ 矩阵。

例如，$A = \begin{pmatrix} -1 & 0 & 1 \\ 0 & 2 & 3 \end{pmatrix}$，$B = \begin{pmatrix} 1 & 2 \\ 3 & 4 \end{pmatrix}$，则

$$A \otimes B = \begin{bmatrix} -1 & -2 & 0 & 0 & 1 & 2 \\ -3 & -4 & 0 & 0 & 3 & 4 \\ 0 & 0 & 2 & 4 & 3 & 6 \\ 0 & 0 & 6 & 8 & 9 & 12 \end{bmatrix}$$

这些运算在以后各章讨论中都会遇到。

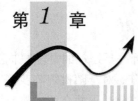

第 1 章

多元正态分布及其统计分析

在多元统计分析中，多元正态分布占有相当重要的地位，它是多元统计分析的基础。实际上，许多应用问题涉及的随机向量服从正态分布或近似服从正态分布，或者虽然本身不服从正态分布，但是它的样本均值近似服从正态分布，因此我们以多元正态分布为主要研究对象。此外，对于多元正态分布，其理论与实践都比较成熟，已有一整套行之有效的统计推断方法；而对于不服从多元正态分布的随机向量，其研究往往需要用到专门的数学理论，限于篇幅本书不作论述。我们在介绍多元统计分析的具体方法之前，首先介绍多元正态分布的概念和性质。本章讨论多元正态分布的概念及其统计分析。其中，1.1 节介绍多元正态分布的概念及其参数估计；1.2 节介绍多元正态总体的参数检验，包括单个多元正态总体及双多元正态总体的均值向量的检验，单个及多个多元正态总体协方差阵的检验；1.3 节介绍多元方差分析（MANOVA）；1.4 节介绍多元质量控制图；1.5 节介绍多元正态随机数的产生方法。

我们在一元统计学习中，有时也讨论多个变量的情形（例如回归分析中就讨论了多个变量间的相关关系），也提出了两个变量间的相关系数 ρ 的概念，但始终未引入一般的多元正态分布概念。实际上，二元正态分布（参看式（1-16））早在 1846 年就被引入使用，但这个表达式已经比较复杂了，而推广到更多变量，则是过了大约 50 年，由于引用了矩阵运算才得以解决的（参看式（1-14））。我们要理解此表达式也必须经过由一般数字过渡到矩阵概念才行，本书就在 1.1 节中详细描述了这个提高过程。为了使读者对多元正态分布有更直观形象的理解，我们在 1.5 节"多元正态随机数的产生"中增加了对于多元正态分布仿真计算后对其分布形态的三维展示，希望有助于读者的进一步学习和理解。

从上述提要中大家可以看到，在第 1 章中所讨论的实际上包含了与整个一元统计分析相平行的全部内容。在 1.1 节中，1.1.3.2 小节至 1.1.4.3 小节的内容是为进行理论分析而准备的，有关内容都要运用相当深的统计知识才能完全理解，初学者可以跳过这些段落，直接从 1.2 节的具体应用部分开始学习。

1.1 多元正态分布的概念及其参数估计

多元正态分布是我们在生产实践及科学研究中最常见的一类随机向量的分布。本节先介绍多元正态分布的概念。

1.1.1 随机向量

在一元统计分析中，我们首先引入了随机变量的概念。在多元统计分析中，我们要同时考虑多个随机变量，这就是随机向量。

1.1.1.1 随机向量的定义

假设有一个焊接技术培训项目，这个项目提供了三门课程：基础焊接技术（BWT），焊接技术提高（AWT）和焊接车间实践（PWW）。每位参加这个培训项目的学生都学习这三门课程，并在课程结束时得到一个 $0 \sim 100$ 之间的分数。分别用 X_1，X_2，X_3 表示 BWT，AWT 和 PWW 这三门课程的分数。未参加考试时，X_1，X_2，X_3 的值是不确定的，它们都是随机变量。把每个学生参加这三门课程将要得到的分数排列成一个列向量的形式：

$$X = \begin{bmatrix} X_1 \\ X_2 \\ X_3 \end{bmatrix} = (X_1, X_2, X_3)'$$

这个列向量记为 X，X 就是一个随机向量。写成行向量转置的形式 $(X_1, X_2, X_3)'$ 是为了书写方便，以后常常使用这种写法。

在这个例子中，如果一个学生在基础焊接技术（BWT）课程中得到了很高的分数，那么他很可能在另外两门课程中也得到较高的分数，但一门课的成绩又不能完全决定另一门课的成绩：可能有的学员理论成绩好，而动手能力不强，只有把三门课的成绩合在一起才能全面反映学员的理论和动手能力。由此可见，把三门课的分数合在一起作为随机向量来研究是很必要的。

一般地，为了同时考虑 p 个随机变量 X_1，X_2，$\cdots$，X_p，把这 p 个随机变量放到一起得到列向量 $X = (X_1, X_2, \cdots, X_p)'$，则称 X 为一个 p 维**随机向量**。

1.1.1.2 随机向量的样本（样本资料阵）

和一元统计一样，多元统计也有总体和样本的概念。例如当你一天生产了许多螺钉时，全体螺钉的三个指标——长度、直径、深度称为总体，我们把总体抽象为随机向量 $(X_1, X_2, X_3)'$。以后本篇所说的总体是指随机向量。当我们随机抽取 1 个螺钉时，它的三个指标观测值称为**样品**。当一次抽取若干个样品时，称这些观测值为**样本**。多元统计的样本一般记为**样本资料阵**。下面用一个例子说明样品和样本资料阵的关系。

【**例 1 - 1**】 焊接技术培训班有 10 名学生，其基础焊接技术（BWT，X_1）、焊接技术提高（AWT，X_2）和焊接车间实践（PWW，X_3）的成绩如表 1 - 1 所示，数据文件：MV_焊接成绩.MTW。

表 1-1　10 名学生的焊接成绩

X_1	X_2	X_3
96	92	91
85	91	80
⋮	⋮	⋮
79	73	80

它们可以看成是随机向量的 10 次观测值：$(96，92，91)'$，$(85，91，80)'$，…，$(79，73，80)'$，每个观测值向量称为一个**样品**，10 个样品合在一起称为一个**样本**。

一般地，如果对 p 维随机向量作第 i 次观测，得 $X_{(i)}=(X_{i1}，X_{i2}，…，X_{ip})'$，称它是第 i 个**样品**，观测 n 次所得到的 n 个样品就构成一个**样本**。

在多元统计中，通常把 n 个样品的观测值像表 1-1 那样排成一个 $n×p$ 矩阵，把随机向量的每个分量放在同一列，这样的矩阵称为**样本资料阵**，记为：

$$X=\begin{pmatrix} x_{11} & x_{12} & \cdots & x_{1p} \\ x_{21} & x_{22} & \cdots & x_{2p} \\ \vdots & \vdots & \ddots & \vdots \\ x_{n1} & x_{n2} & \cdots & x_{np} \end{pmatrix}=\begin{pmatrix} X'_{(1)} \\ X'_{(2)} \\ \vdots \\ X'_{(n)} \end{pmatrix}=(X_1,X_2,\cdots,X_p)$$

矩阵 X 的第 i 行：$X_{(i)}=(x_{i1}，x_{i2}，…，x_{ip})$ $(i=1，2，…，n)$ 表示第 i 个样品的 p 维观测值。矩阵 X 的第 j 列：

$$X_j=\begin{pmatrix} x_{1j} \\ x_{2j} \\ \vdots \\ x_{nj} \end{pmatrix} \quad (j=1,2,\cdots,p)$$

表示对第 j 个变量的 n 次观测值。

例 1-1 的样本资料阵为：

$$\begin{pmatrix} 96 & 92 & 91 \\ 85 & 91 & 80 \\ \vdots & \vdots & \vdots \\ 79 & 73 & 80 \end{pmatrix}$$

请注意，样本资料阵在形式上与在 MINITAB 数据文件中的工作表是完全一致的，工作表的第 i 行表示第 i 个样品，工作表的第 j 列表示对第 j 个变量的观测值，变量名称常列在表头。

和一元统计一样，由样本资料阵可以计算出来的不包含未知参数的量称为**统计量**。

随机向量的样品、样本资料阵和统计量都是数值。和一元随机变量一样，这些量都具有两面性：当给出随机变量的观测值时，它们都是数值；当分析和表述统计量的性质时，没有给出它们的值，它们都是随机的。

1.1.1.3　随机向量的联合分布、边缘分布、条件分布

1. 联合分布

设 $X=(X_1，X_2，…，X_p)'$ 是一随机向量，它的**多元分布函数**是：

$$F(x_1,x_2,\cdots,x_p)=P\{X_1{\leqslant}x_1,X_2{\leqslant}x_2,\cdots,X_p{\leqslant}x_p\} \qquad (1-1)$$

若存在非负函数 $f(x_1,x_2,\cdots,x_p)$，使得随机向量 X 的多元分布函数对一切 $(x_1,x_2,\cdots,x_p)\in R^p$ 均可表示为：

$$F(x_1,x_2,\cdots,x_p)=\int_{-\infty}^{x_1}\int_{-\infty}^{x_2}\cdots\int_{-\infty}^{x_p}f(x_1,x_2,\cdots,x_p)\mathrm{d}x_1\mathrm{d}x_2\cdots\mathrm{d}x_p \qquad (1-2)$$

则称 X 有**密度函数** $f(x_1,x_2,\cdots,x_p)$，并称 X 为连续型随机向量。

2. 边缘分布

p 维随机向量 X 的一些分量（例如 r 个）合在一起也是随机向量，经常要考虑它的分布与 X 分布的关系。通过交换 X 中各分量的次序，我们总可以假定所关心的 r 个分量都恰好处在最前面，即 $X^{(1)}$ 由 X 的前 r 个分量组成，$X^{(2)}$ 由 X 其余的 $p-r$ 个分量组成，这样就有 $X=\begin{bmatrix}X^{(1)}\\X^{(2)}\end{bmatrix}$。$p$ 维随机向量 X 的前 $r(<p)$ 个分量组成的随机向量 $X^{(1)}$ 的分布称为 X 的**边缘分布**。

边缘分布的意义是，在多个随机变量中只选择其中若干个来考虑，对于剩下的那些变量取什么值根本不关心，这时就形成了边缘分布。在例 1-1 中，本来有 3 个变量要考虑：基础焊接技术（X_1）、焊接技术提高（X_2）和焊接车间实践（X_3）。如果 3 门课同时考虑，则分布称为 3 维联合分布；如果只考虑基础焊接技术（X_1）和焊接技术提高（X_2）两门课，则其分布（只有 X_1 和 X_2 这两个随机变量，是个 2 维分布）相对于原来的 3 维分布而言称为其边缘分布。当然，如果只考虑基础焊接技术（X_1）一门课，则其分布（只有 X_1 这一个随机变量，是个 1 维分布）也是其边缘分布。容易证明，联合分布一旦确定，其任何边缘分布都可以按下面的公式确定。

若 X 的分布函数为 $F(X)$，则 $X^{(1)}$ 的分布函数为：

$$\begin{aligned}P\{X^{(1)}{\leqslant}u\}&=P\{X_1{\leqslant}u_1,\cdots,X_r{\leqslant}u_r\}\\&=P\{X_1{\leqslant}u_1,\cdots,X_r{\leqslant}u_r,X_{r+1}{\leqslant}+\infty,\cdots,X_p{\leqslant}+\infty\}\\&=F(u_1,\cdots,u_r,+\infty,\cdots,+\infty)\end{aligned}$$

若 X 有密度函数 $f(x_1,\cdots,x_p)$，则 $X^{(1)}$ 的边缘分布为：

$$\begin{aligned}&F(x_1,\cdots,x_r,+\infty,\cdots,+\infty)\\&=\int_{-\infty}^{x_1}\cdots\int_{-\infty}^{x_r}\int_{-\infty}^{+\infty}\cdots\int_{-\infty}^{+\infty}f(t_1,\cdots,t_p)\mathrm{d}t_1\cdots\mathrm{d}t_p\end{aligned} \qquad (1-3)$$

$X^{(1)}$ 的边缘密度函数为：

$$f^{(1)}(x_1,\cdots,x_r)=\int_{-\infty}^{+\infty}\cdots\int_{-\infty}^{+\infty}f(x_1,\cdots,x_r,t_{r+1},\cdots,t_p)\mathrm{d}t_{r+1}\cdots\mathrm{d}t_p \qquad (1-4)$$

3. 条件分布

设 $X^{(1)}$ 为 r 维随机向量，$X^{(2)}$ 为 $p-r$ 维随机向量。若 p 维随机向量写成 $X=\begin{bmatrix}X^{(1)}\\X^{(2)}\end{bmatrix}$，则当给定 $X^{(2)}$ 时，称 $X^{(1)}$ 的分布为**条件分布**。可以证明，当 X 的密度函数为 $f(x^{(1)},x^{(2)})$

时，给定 $X^{(2)}$ 的条件下 $X^{(1)}$ 的条件密度函数为：

$$f_{1.2}(x^{(1)} \mid x^{(2)}) = f(x^{(1)}, x^{(2)}) / f_2(x^{(2)}) \qquad (1-5)$$

式中，$f_2(x^{(2)})$ 是 $X^{(2)}$ 的边缘密度函数。

条件分布的意义是，在多个随机变量中已有若干个随机变量值已知，在此条件下其余那些变量的分布就是条件分布。例如在例 1-1 中，本来有 3 个变量要考虑：基础焊接技术（X_1）、焊接技术提高（X_2）和焊接车间实践（X_3）。若已知基础焊接技术（X_1）的取值，在此条件下焊接技术提高（X_2）和焊接车间实践（X_3）两门课的分布就称为条件分布 $f_{23.1}(x_2, x_3 \mid x_1)$（虽然这里讨论分布的只有 X_2 和 X_3 这两个随机变量，但它不是个普通 2 维分布，而是在 X_1 已知条件下的分布），显然这个分布受到 X_1 的影响。X_1 取值不同时，其分布是不同的，因此在条件分布 $f_{23.1}(x_2, x_3 \mid x_1)$ 中包含了 3 个变量。同样，若已知基础焊接技术（X_1）及焊接技术提高（X_2）的取值，在此条件下焊接车间实践（X_3）这门课的分布就称为条件分布 $f_{3.12}(x_3 \mid x_1, x_2)$。联合分布一旦确定，则其任何条件分布也都随之确定。

4．独立性

设 X_1，X_2，$\cdots$，X_p 是 p 个随机变量，X_i 的分布函数为 $F_i(x_i)$（$i = 1, 2, \cdots, p$）；$F(x_1, x_2, \cdots, x_p)$ 是 $(X_1, X_2, \cdots, X_p)'$ 的分布函数。若对一切实数 x_1，x_2，$\cdots$，x_p，有

$$F(x_1, x_2, \cdots, x_p) = F_1(x_1) F_2(x_2) \cdots F_p(x_p) \qquad (1-6)$$

都成立，那么称 X_1，X_2，$\cdots$，X_p 是**相互独立**的。在连续随机变量的情况下，X_1，X_2，$\cdots$，X_p 相互独立，当且仅当 $f(x_1, x_2, \cdots, x_p)$ 满足

$$f(x_1, x_2, \cdots, x_p) = f_1(x_1) f_2(x_2) \cdots f_p(x_p) \qquad (1-7)$$

对一切实数 x_1，x_2，$\cdots$，x_p 均成立，其中 $f_i(x_i)$ 是 X_i 的边缘密度函数（$i = 1, 2, \cdots, p$）。一元统计中，当进行理论推导时，实际上使用的就是 n 个随机变量独立的假定。本篇中的各次观测值（样品）则是作为相互独立的随机向量来考虑的，内容请参见 1.1.2.5 小节的矩阵分布。

1.1.1.4 随机向量的数字特征

在一元统计中，我们学习过随机变量的数字特征，例如均值、方差、标准差等；对于两个随机变量还有协方差、相关系数等。下面讨论的随机向量的数字特征则是将上述随机变量的数字特征加以推广而得到的。

设 $X = (X_1, X_2, \cdots, X_p)'$ 是随机向量，若 $E(X_i) = \mu_i$ 全存在，则称

$$E(X) = (E(X_1), E(X_2), \cdots, E(X_p))' = (\mu_1, \mu_2, \cdots, \mu_p)' \qquad (1-8)$$

为随机向量 X 的**均值向量**。

若 X_i 和 X_j 的协方差 $\mathrm{Cov}(X_i, X_j) = \sigma_{ij}$（$i, j = 1, 2, \cdots, p$）存在，则称

$$
\begin{aligned}
V(X) &= E[(X - E(X))(X - E(X))'] \\
&= \begin{pmatrix} \mathrm{Cov}(X_1, X_1) & \cdots & \mathrm{Cov}(X_1, X_p) \\ \vdots & \ddots & \vdots \\ \mathrm{Cov}(X_p, X_1) & \cdots & \mathrm{Cov}(X_p, X_p) \end{pmatrix} \\
&= (\sigma_{ij})_{p \times p}
\end{aligned}
\qquad (1-9)
$$

为随机向量 X 的**协方差阵**（或简称**方差阵**），记为 Σ。

注意，这里的矩阵 Σ 是个 $p \times p$ 阶的方阵，其主对角元素是该随机向量中每个分量的方差，非主对角元素则是两个随机分量之间的协方差。

根据统计学计算两变量间相关系数的公式，就可计算出该随机向量中任意两个随机变量之间的相关系数：

$$\rho_{ij} = \frac{\text{Cov}(X_i, X_j)}{\sqrt{\text{Var}(X_i)\text{Var}(X_j)}} = \frac{\sigma_{ij}}{\sqrt{\sigma_{ii}\sigma_{jj}}} \tag{1-10}$$

将这些相关系数按照与协方差阵同样的顺序排列，就给出了该随机向量的**相关矩阵**：

$$R = (\rho_{ij})_{p \times p} = \begin{pmatrix} 1 & \rho_{12} & \cdots & \rho_{1p} \\ \rho_{21} & 1 & \cdots & \rho_{2p} \\ \vdots & \vdots & \ddots & \vdots \\ \rho_{p1} & \rho_{p2} & \cdots & 1 \end{pmatrix} \tag{1-11}$$

令 $D = \text{diag}(\sqrt{\sigma_{11}}, \sqrt{\sigma_{22}}, \cdots, \sqrt{\sigma_{pp}})$ 为随机向量中各个分量的标准差所组成的对角矩阵，那么

$$\Sigma = DRD \tag{1-12}$$

给出了随机向量的协方差阵与相关阵之间的联系。

设 $X = (X_1, X_2, \cdots, X_p)'$，$Y = (Y_1, Y_2, \cdots, Y_q)'$ 是两个随机向量，若 X_i 和 Y_j 的协方差 $\text{Cov}(X_i, Y_j)$ $(i = 1, 2, \cdots, p; j = 1, 2, \cdots, q)$ 存在，则称

$$
\begin{aligned}
\text{Cov}(X, Y) &= E[(X - E(X))(Y - E(Y))'] \\
&= \begin{pmatrix} \text{Cov}(X_1, Y_1) & \text{Cov}(X_1, Y_2) & \cdots & \text{Cov}(X_1, Y_q) \\ \text{Cov}(X_2, Y_1) & \text{Cov}(X_2, Y_2) & \cdots & \text{Cov}(X_2, Y_q) \\ \vdots & \vdots & \ddots & \vdots \\ \text{Cov}(X_p, Y_1) & \text{Cov}(X_p, Y_2) & \cdots & \text{Cov}(X_p, Y_q) \end{pmatrix}
\end{aligned} \tag{1-13}
$$

为随机向量 X 和 Y 的**协方差阵**（此协方差阵阶数为 $p \times q$，即 p 行 q 列）。显然，随机向量 X 的协方差阵 $\Sigma = \text{Cov}(X, X)$。若 $\text{Cov}(X, Y) = O$，这里 O 表示零矩阵，则称 X 与 Y **不相关**。

可以证明，若 X 与 Y 独立，则 X 与 Y 不相关；若 X 与 Y 不相关，则 X 与 Y 不一定独立。但如果知道 X 与 Y 的联合分布是正态的，若 X 与 Y 不相关，则必然有 X 与 Y 相互独立。

1.1.2　多元正态分布的定义与基本性质

1.1.2.1　多元正态分布的定义

在一元统计中，正态分布起了非常重要的作用。大家都知道，一般正态分布 $X \sim N(\mu, \sigma^2)$ 的定义是直接用密度给出的，这里 μ 是总体均值，σ^2 是总体方差。类似地，我们也可以用密度来定义多元正态分布：若 μ 是 p 维常数向量，p 阶方阵 $\Sigma > 0$（是正定矩阵），若 p 维随机向量 X 的密度函数可写为：

$$f(x)=(2\pi)^{-p/2}\,|\Sigma|^{-1/2}\exp\left\{-\frac{1}{2}(x-\mu)'\Sigma^{-1}(x-\mu)\right\} \tag{1-14}$$

则称 X 服从 p 维正态分布，记为 $X\sim N_p(\mu,\Sigma)$。

对于多元正态分布的密度表达式（1-14）中的协方差阵 Σ 以及 Σ 的逆矩阵等项必须仔细加以体会。实际上，一元正态分布是由 Gauss 在 1809 年首次给出的：

$$f(x)=\frac{1}{\sigma\sqrt{2\pi}}\mathrm{e}^{-\frac{(x-\mu)^2}{2\sigma^2}} \tag{1-15}$$

这里分布的参数有两个，总体均值 μ 以及总体方差 σ^2。到了 1846 年，就得到了二维正态分布的密度表达式：

$$f(x_1,x_2)=\frac{1}{2\pi\sigma_1\sigma_2\sqrt{1-\rho^2}}\exp\left\{-\frac{1}{2(1-\rho^2)}\left[\frac{(x_1-\mu_1)^2}{\sigma_1^2}-2\rho\frac{(x_1-\mu_1)(x_2-\mu_2)}{\sigma_1\sigma_2}+\frac{(x_2-\mu_2)^2}{\sigma_2^2}\right]\right\} \tag{1-16}$$

这里参数有 5 个，其中参数 μ_1，μ_2 分别为 x_1，x_2 的均值，参数 σ_1^2，σ_2^2 分别为 x_1，x_2 的方差，ρ 为 x_1，x_2 间的相关系数。有了二元正态分布密度的表达式后，如何能进一步推广到更高维的正态分布密度表达式呢？二元正态分布密度已经这样复杂，更高维的正态分布肯定更复杂，直接推广起来很困难。经过统计学家的努力，半个世纪以后，到了 1896 年，伟大的统计学家 K. Pearson 给出一般的密度表达式（1-14），这是统计学历史上有划时代意义的伟大贡献，这里是由于引入了矩阵工具后才得以完成的。

我们不可能重复历史进程详细展示这个进展的细节，下面只倒过来理解一下二元正态分布密度的代数表达式（1-16）是如何成为式（1-14）二维矩阵形式的，从而更深刻地理解式（1-14）中各项矩阵表达式的具体含义。

我们称 p 元正态分布 $X\sim N_p(\mu,\Sigma)$，其中向量 μ 是 p 元正态分布均值向量，Σ 是 $p\times p$ 阶协方差阵（对称 p 阶方阵）：

$$\mu=\begin{bmatrix}\mu_1\\\mu_2\\\vdots\\\mu_p\end{bmatrix},\Sigma=\begin{bmatrix}\sigma_1^2 & \rho_{12}\sigma_1\sigma_2 & \cdots & \rho_{1p}\sigma_1\sigma_p\\\rho_{21}\sigma_1\sigma_2 & \sigma_2^2 & \cdots & \rho_{2p}\sigma_2\sigma_p\\\vdots & \vdots & \ddots & \vdots\\\rho_{p1}\sigma_1\sigma_p & \rho_{p2}\sigma_2\sigma_p & \cdots & \sigma_p^2\end{bmatrix}$$

因此，在 $\rho=2$ 时，$x=\begin{pmatrix}x_1\\x_2\end{pmatrix}$，$\mu=\begin{pmatrix}\mu_1\\\mu_2\end{pmatrix}$，$\Sigma=\begin{bmatrix}\sigma_1^2 & \rho\sigma_1\sigma_2\\\rho\sigma_1\sigma_2 & \sigma_2^2\end{bmatrix}$。我们化简式（1-14）

$$f(x)=(2\pi)^{-p/2}\,|\Sigma|^{-1/2}\exp\left\{-\frac{1}{2}(x-\mu)'\Sigma^{-1}(x-\mu)\right\}$$

时，首先要把式（1-14）的各项内容具体写出来。由于这里包含有协方差阵 Σ 的逆矩阵、此逆矩阵二次型、Σ 的行列式等等。我们知道，求一般 p 阶方阵的逆矩阵是很困难的（没有一般的明显表达式），可是含有 4 个元素的二阶方阵之逆矩阵有简洁的表达式：

$$\begin{pmatrix} a & b \\ c & d \end{pmatrix}^{-1} = \frac{1}{ad-bc} \begin{pmatrix} d & -b \\ -c & a \end{pmatrix}$$

故此，二阶的 Σ 逆矩阵为：

$$\Sigma^{-1} = \begin{bmatrix} \sigma_1^2 & \rho\sigma_1\sigma_2 \\ \rho\sigma_1\sigma_2 & \sigma_2^2 \end{bmatrix}^{-1} = \frac{1}{\sigma_1^2\sigma_2^2 - \rho^2\sigma_1^2\sigma_2^2} \begin{bmatrix} \sigma_2^2 & -\rho\sigma_1\sigma_2 \\ -\rho\sigma_1\sigma_2 & \sigma_1^2 \end{bmatrix}$$

$$= \frac{1}{(1-\rho^2)\sigma_1^2\sigma_2^2} \begin{bmatrix} \sigma_2^2 & -\rho\sigma_1\sigma_2 \\ -\rho\sigma_1\sigma_2 & \sigma_1^2 \end{bmatrix} = \frac{1}{1-\rho^2} \begin{bmatrix} \dfrac{1}{\sigma_1^2} & \dfrac{-\rho}{\sigma_1\sigma_2} \\ \dfrac{-\rho}{\sigma_1\sigma_2} & \dfrac{1}{\sigma_2^2} \end{bmatrix}$$

Σ 逆矩阵的二次型为：

$$(x-\mu)'\Sigma^{-1}(x-\mu) = \frac{1}{1-\rho^2}(x_1-\mu_1, x_2-\mu_2)\begin{bmatrix} \dfrac{1}{\sigma_1^2} & \dfrac{-\rho}{\sigma_1\sigma_2} \\ \dfrac{-\rho}{\sigma_1\sigma_2} & \dfrac{1}{\sigma_2^2} \end{bmatrix}\begin{pmatrix} x_1-\mu_1 \\ x_2-\mu_2 \end{pmatrix}$$

$$= \frac{1}{1-\rho^2}\left\{\left[\left(\frac{x_1-\mu_1}{\sigma_1}\right)^2 - 2\rho\left(\frac{x_1-\mu_1}{\sigma_1}\right)\left(\frac{x_2-\mu_2}{\sigma_2}\right) + \left(\frac{x_2-\mu_2}{\sigma_2}\right)^2\right]\right\}$$

式（1-14）内，还有协方差阵 Σ 的行列式的项。一般矩阵的行列式的定义是复杂的，而二阶矩阵的行列式的计算有简单公式

$$\begin{vmatrix} a & b \\ c & d \end{vmatrix} = ad-bc$$

因此

$$|\Sigma| = \begin{vmatrix} \sigma_1^2 & \rho\sigma_1\sigma_2 \\ \rho\sigma_1\sigma_2 & \sigma_2^2 \end{vmatrix} = \sigma_1^2\sigma_2^2 - \rho^2\sigma_1^2\sigma_2^2 = (1-\rho^2)\sigma_1^2\sigma_2^2$$

$$|\Sigma|^{\frac{1}{2}} = \sqrt{1-\rho^2}\,\sigma_1\sigma_2$$

故式（1-14）的常数是这样的：$(2\pi)^{-p/2}|\Sigma|^{-1/2} = \dfrac{1}{2\pi}\dfrac{1}{\sqrt{1-\rho^2}\,\sigma_1\sigma_2}$

因此可以得到式（1-14）的表达式是

$$f(x) = (2\pi)^{-p/2}|\Sigma|^{-1/2}\exp\left\{-\frac{1}{2}(x-\mu)'\Sigma^{-1}(x-\mu)\right\}$$

$$= \frac{1}{2\pi\sqrt{1-\rho^2}\,\sigma_1\sigma_2}\exp\left\{-\frac{1}{2(1-\rho^2)}\left[\begin{array}{l}\left(\dfrac{x_1-\mu_1}{\sigma_1}\right)^2 - 2\rho\left(\dfrac{x_1-\mu_1}{\sigma_1}\right)\left(\dfrac{x_2-\mu_2}{\sigma_2}\right) \\ + \left(\dfrac{x_2-\mu_2}{\sigma_2}\right)^2\end{array}\right]\right\}$$

$$f(x_1,x_2)=\frac{1}{2\pi\sigma_1\sigma_2\sqrt{1-\rho^2}}\exp\left\{-\frac{1}{2(1-\rho^2)}\left[\begin{array}{c}\dfrac{(x_1-\mu_1)^2}{\sigma_1^2}\\[2mm]-2\rho\dfrac{(x_1-\mu_1)(x_2-\mu_2)}{\sigma_1\sigma_2}\\[2mm]+\dfrac{(x_2-\mu_2)^2}{\sigma_2^2}\end{array}\right]\right\}$$

这样一来，我们就得到了二元正态分布密度的表达式。

可以看出，由于密度的指数部分的含义是协方差阵的逆矩阵，因此展开后就出现了复杂的表达式形式。可以想象，3 元正态分布的密度表达式中用到了 3 阶协方差阵的逆矩阵，因而实在太复杂而一般不可能列出来了。

多元正态分布同样在多元统计分析中起了关键作用，本篇的叙述中在未特别说明时，多元随机向量的分布总被认为是多元正态分布。

1.1.2.2　多元正态分布的性质

可以证明，$X\sim N_p(\mu,\Sigma)$ 的均值向量和协方差阵分别为：

$$E(X)=\mu \tag{1-17}$$
$$V(X)=\Sigma \tag{1-18}$$

也就是说，多元正态分布的密度函数中的参数 μ 和 Σ 正好就是其均值向量和协方差阵。

大家知道，一元正态分布有一个重要的性质：正态随机变量的任何线性函数仍为正态随机变量。具体来说，如果 $X\sim N(\mu,\sigma^2)$，令 $Y=aX+b$，则 $Y\sim N(a\mu+b,a^2\sigma^2)$。多元正态分布有类似的结果：多元正态随机向量的任何线性变换仍为正态随机向量。具体来说，若 $X\sim N_p(\mu,\Sigma)$，令 $Z=BX+d$，其中，B 为 $m\times p$ 阶常数阵，d 为 m 维常数向量，则有

$$Z\sim N_m(B\mu+d,B\Sigma B') \tag{1-19}$$

式中，Z 变成一个 m 维正态分布，m 是任意正整数。

1.1.2.3　多元正态分布的边缘分布

考虑正态随机向量 $X=(X_1,X_2,\cdots,X_p)'$ 的部分分量所组成的子向量的边缘分布。$X\sim N_p(\mu,\Sigma)$，现将 X，μ 和 Σ 按前 r 个分量和后 $(p-r)$ 个分量分块，记为：

$$X=\begin{bmatrix}X^{(1)}\\X^{(2)}\end{bmatrix},\ \mu=\begin{bmatrix}\mu^{(1)}\\\mu^{(2)}\end{bmatrix},\ \Sigma=\begin{bmatrix}\Sigma_{11}&\Sigma_{12}\\\Sigma_{21}&\Sigma_{22}\end{bmatrix}$$

由多元正态分布的上述性质易得：

$$X^{(1)}\sim N_r(\mu^{(1)},\Sigma_{11}) \tag{1-20}$$
$$X^{(2)}\sim N_{p-r}(\mu^{(2)},\Sigma_{22}) \tag{1-21}$$

这表明，多元正态分布的任何边缘分布仍为正态分布。

1.1.2.4　多元正态分布的条件分布

在给定 $X^{(2)}$ 的条件下，$X^{(1)}$ 的条件密度函数为：

$$f(x^{(1)} \mid x^{(2)}) = \frac{1}{(2\pi)^{r/2} \mid \Sigma^{(1|2)} \mid^{1/2}} \exp\left\{-\frac{1}{2}(x^{(1)} - \mu^{(1|2)})' \Sigma^{(1|2)-1} (x^{(1)} - \mu^{(1|2)})\right\}$$

式中：

$$\Sigma^{(1|2)} = \Sigma_{11} - \Sigma_{12}\Sigma_{22}^{-1}\Sigma_{21}, \ \mu^{(1|2)} = \mu^{(1)} + \Sigma_{12}\Sigma_{22}^{-1}(x^{(2)} - \mu^{(2)})$$

在给定 $X^{(2)}$ 的条件下，由 $X^{(1)}$ 的条件密度函数可以得到 $X^{(1)}$ 的条件均值和条件协方差分别为：

$$E(X^{(1)} \mid X^{(2)}) = \mu^{(1|2)} = \mu^{(1)} + \Sigma_{12}\Sigma_{22}^{-1}(x^{(2)} - \mu^{(2)})$$
$$V(X^{(1)} \mid X^{(2)}) = \Sigma^{(1|2)} = \Sigma_{11} - \Sigma_{12}\Sigma_{22}^{-1}\Sigma_{21}$$

由此可见，如果 $\Sigma_{12} = 0$，即随机子向量 $X^{(1)}$ 和 $X^{(2)}$ 之间的协方差阵为零矩阵，则 $X^{(1)}$ 和 $X^{(2)}$ 不相关，因此就有 $X^{(1)}$ 和 $X^{(2)}$ 独立。从而可知，对于多元正态分布来说，随机子向量之间的不相关与独立是等价的。

1.1.2.5　矩阵分布

这里顺便介绍一下有关随机矩阵的分布问题。在讨论多元统计分析课题时，由于不同样品是不同的随机向量，因此必须同时考虑它们，即要考虑相互独立的随机向量。对 p 元正态总体抽取 n 个样品形成样本资料阵时，就形成了随机矩阵。讨论多元分布中的样本分布理论时，需要讨论随机矩阵的分布，这就是随机矩阵的分布问题。如同我们在一元统计中对于样本分布不过分强调推导一样，这里只是简单介绍一下有关概念及其少量理论，供进一步学习参考，初学者可以跳过这部分，不会影响对后面内容的理解。

设 $k \times m$ 维的随机矩阵

$$\boldsymbol{Y} = \begin{bmatrix} y_{11} & y_{12} & \cdots & y_{1m} \\ y_{21} & y_{22} & \cdots & y_{2m} \\ \vdots & \vdots & \ddots & \vdots \\ y_{k1} & y_{k2} & \cdots & y_{km} \end{bmatrix}$$

这里 $\boldsymbol{Y}$ 的每一列是一个 k 维随机向量，共有 m 个这样的 k 维列向量。我们这样来定义 $\boldsymbol{Y}$ 的分布：把这 m 个 k 维随机向量依次首尾相接，构成 km 维随机向量，则随机矩阵 $\boldsymbol{Y}$ 的分布就是这个 km 维随机向量的分布。也就是说，将矩阵 $\boldsymbol{Y}$ 按列"拉直"形成一个向量，这个拉直向量的分布就称作矩阵 $\boldsymbol{Y}$ 的分布。

考虑 p 元正态总体 $N(\mu, \Sigma)$，设 $X_{(i)} = (x_{i1}, x_{i2}, \cdots, x_{ip})' \ (i = 1, 2, \cdots, n)$ 为 p 元正态总体 X 的简单随机样本（独立同分布），此时样本资料阵

$$\boldsymbol{X} = \begin{bmatrix} x_{11} & x_{12} & \cdots & x_{1p} \\ x_{21} & x_{22} & \cdots & x_{2p} \\ \vdots & \vdots & \ddots & \vdots \\ x_{n1} & x_{n2} & \cdots & x_{np} \end{bmatrix} = \begin{bmatrix} X'_{(1)} \\ X'_{(2)} \\ \vdots \\ X'_{(n)} \end{bmatrix} = (X_1, X_2, \cdots, X_p) = (x_{ij})_{n \times p}$$

是一个 $n \times p$ 维随机矩阵。我们考察 $\boldsymbol{X}$ 的转置 $\boldsymbol{X}'$ 的分布，即将矩阵 $\boldsymbol{X}'$ 按列"拉直"。$\boldsymbol{X}'$ 的每一列是一个样品，每列服从 $N(\mu, \Sigma)$，相互独立。这时，$\boldsymbol{X}'$ 服从 np 维多元正态分

布，均值向量 M 是一个 np 维列向量，所含 n 小段皆为 p 维均值向量 μ：

$$M=(\mu,\mu,\cdots,\mu)'$$

X' 的协方差阵是个 $np \times np$ 方阵，它由 $n \times n$ 个小方阵组成，其对角线上的小方阵就是原来的协方差阵 Σ，其他部分皆为零方阵 O：

$$\begin{pmatrix} \Sigma & O & O & \cdots & O \\ O & \Sigma & O & \cdots & O \\ O & O & \Sigma & \cdots & O \\ \vdots & \vdots & \vdots & \ddots & \vdots \\ O & O & O & \cdots & \Sigma \end{pmatrix} = I_n \otimes \Sigma$$

这里的符号"$\otimes$"是矩阵直积，有了这个记号，将使分块矩阵的表达变得简洁清晰。

1.1.3 多元正态分布的参数估计

1.1.3.1 多元正态总体的重要统计量

设 p 元正态总体 $X \sim N_p(\mu, \Sigma)$，其中的参数向量 μ 和方阵 Σ 通常是未知的，我们的一个重要任务就是估计这两组参数。通常对这个 p 元正态总体抽取 n 个样品，形成一个样本资料阵

$$X = \begin{pmatrix} x_{11} & x_{12} & \cdots & x_{1p} \\ x_{21} & x_{22} & \cdots & x_{2p} \\ \vdots & \vdots & \ddots & \vdots \\ x_{n1} & x_{n2} & \cdots & x_{np} \end{pmatrix}$$

μ 和 Σ 的估计就是以 X 为基础得到的。X 具有两重性，当给出观测值时，它是数值矩阵，当未给出观测值时，它是一个随机阵。在估计参数时，以下的统计量特别有用。

1. 样本均值向量 $\overline{X}$

令

$$\overline{x}_j = \frac{1}{n}\sum_{i=1}^{n} x_{ij}, \; j=1,2,\cdots,p$$

则

$$\overline{X} = \frac{1}{n}\sum_{i=1}^{n} X_{(i)} = (\overline{x}_1, \overline{x}_2, \cdots, \overline{x}_p)' \tag{1-22}$$

称为**样本均值向量**。

式（1-22）的含义很直观。在一元统计中，样本均值就是样本观测值的算术平均值。在多元情况下，当样本资料阵已经给定时，p 列中的每一列都是相应变量列的 n 次观测值，因此，将各列分别求均值就可以得到样本均值了，但是要把这些均值排成列向量。

使用 MINITAB 软件来计算样本均值也很简单。例 1-1 的样本均值向量的 MINITAB

操作过程是：先将样本资料阵填入工作表，变量名分别取为"x1"，"x2"和"x3"，再用 MINITAB 指令：从"统计＞基本统计＞显示描述性统计量（Stat＞Basic Statistics＞ Display Descriptive Statistics）"进入"显示描述性统计量"框，在"变量（Variables）"空格中填入"x1　x2　x3"，点击"统计量（Statistics）"弹出"显示描述性统计量：统计量"框，选择"均值（Means）"，各框点击"确定（OK）"。上述 MINITAB 详细操作过程界面可以参见网上资源。经过上述操作，在会话窗口可得下列结果。

描述性统计量：x1，x2，x3

变量	均值
x1	88.20
x2	85.00
x3	89.70

由此可见 $\overline{X} = \begin{bmatrix} 88.2 \\ 85.0 \\ 89.7 \end{bmatrix}$

2. 样本协方差阵 S（简称样本方差阵）

类似于一元统计，有

$$S = (s_{ij}) = \frac{1}{n-1} \sum_{i=1}^{n} (X_{(i)} - \overline{X})(X_{(i)} - \overline{X})' \tag{1-23}$$

称为**样本协方差阵**，其中 S 的 i 行 j 列元素为：

$$s_{ij} = \frac{1}{n-1} \sum_{k=1}^{n} (x_{ki} - \overline{x}_i)(x_{kj} - \overline{x}_j)$$

是随机变量 X_i 与 X_j 的**样本协方差**，特别是对角线上元素

$$s_{ii} = \sum_{a=1}^{n} (x_{ai} - \overline{x}_i)^2 / (n-1), \ i = 1, 2, \cdots, p$$

是变量 X_i 的**样本方差**。注意在一元统计中，方差是用 S^2 表示的，但在多元统计中，样本方差阵（即样本协方差阵）用的是记号 S。

3. 样本离差阵 A

将样本协方差阵乘以 $n-1$ 就可以得到**样本离差阵 A**。样本离差阵的概念在以后的统计分析中非常重要。

$$A = (a_{ij}) = \sum_{i=1}^{n} (X_{(i)} - \overline{X})(X_{(i)} - \overline{X})' \tag{1-24}$$

将 A 记为 $(a_{ij})_{p \times p}$，则 A 的元素为：

$$a_{ij} = \sum_{k=1}^{n} (x_{ki} - \overline{x}_i)(x_{kj} - \overline{x}_j), i, j = 1, 2, \cdots, p$$

在 MINITAB 软件中，没有专门的窗口求出样本离差阵 A，但有专门的窗口计算样本协方差阵 S。对于例 1-1，求样本协方差阵可以如下操作：先将样本资料阵填入工作表，

变量名分别取为"x1"，"x2"和"x3"，再用指令：从"统计＞基本统计＞协方差（Stat＞Basic Statistics＞Covariance)"进入"协方差"框，在"变量（Variables）"空格中填入"x1 x2 x3"，点击"确定（OK）"。上述操作过程界面见网上资源。经过上述操作，在会话窗口就可得到下列结果。

协方差：x1，x2，x3

	x1	x2	x3
x1	74.6222		
x2	62.7778	70.2222	
x3	24.4000	15.3333	34.9000

会话窗口结果中只显示了协方差阵的下三角部分，由于样本协方差阵是对称的，整个样本协方差阵全部写出应是：

$$S = \begin{bmatrix} 74.622\,2 & 62.777\,8 & 24.400\,0 \\ 62.777\,8 & 70.222\,2 & 15.333\,3 \\ 24.400\,0 & 15.333\,3 & 34.900\,0 \end{bmatrix}$$

如果在 MINITAB 操作中采用存储功能，则存储的样本协方差阵就是整个方阵而不是三角阵，这个矩阵对角线上的三个数 74.622 2，70.222 2，34.900 0，分别是基础焊接技术（BWT）、焊接技术提高（AWT）和焊接车间实践（PWW）三门课成绩的样本方差。

再利用"准备知识"中介绍的 MINITAB 计算矩阵数乘的方法，得到例 1-1 的样本离差阵

$$A = (10-1) \times \begin{bmatrix} 74.622\,2 & 62.777\,8 & 24.400\,0 \\ 62.777\,8 & 70.222\,2 & 15.333\,3 \\ 24.400\,0 & 15.333\,3 & 34.900\,0 \end{bmatrix} = \begin{bmatrix} 671.6 & 565.0 & 219.6 \\ 565.0 & 632.0 & 138.0 \\ 219.6 & 138.0 & 314.1 \end{bmatrix}$$

4. 样本相关阵 R

令

$$r_{ij} = \frac{s_{ij}}{\sqrt{s_{ii}}\sqrt{s_{jj}}} = \frac{a_{ij}}{\sqrt{a_{ii}}\sqrt{a_{jj}}}, \quad i,j = 1,2,\cdots,p$$

则 r_{ij} 代表的是 X_i 与 X_j 这两个分量间的样本相关系数。矩阵

$$R = (r_{ij})_{p \times p} \tag{1-25}$$

称为随机向量 X 的**样本相关阵**。

用 MINITAB 可以直接计算出样本相关阵，其不仅给出样本相关阵，即给出任意一对变量的相关系数，而且还可以给出相关系数是否为 0 的检验（$H_0：\rho_{ij}=0$，$H_1：\rho_{ij}\neq0$)，输出中包含的是此检验的 p 值，当 $p<0.05$ 时，则有理由拒绝原假设，也就是说，X_i 与 X_j 这两个分量间一定是相关的；当 $p\geqslant0.05$ 时，则没有足够的理由拒绝原假设，也就是说，无法断言 X_i 与 X_j 这两个分量间是相关的，也就可以认为 X_i 与 X_j 这两个分量间是不相关的。

求例 1-1 的样本相关阵，可以如下操作：先将样本资料阵填入工作表，变量名分别取为"x1"，"x2"和"x3"，再用 MINITAB 指令：从"统计＞基本统计＞相关（Stat＞Basic Statistics＞Correlation)"进入"相关"框，在"变量（Variables)"空格中填入"x1 x2 x3"，选择"显示 p 值（Display p-value)"，点击"确定（OK)"。经过上述操作，在会话窗口可得下列结果。

相关：x1，x2，x3

	x1	x2
x2	0.867	
	0.001	
x3	0.478	0.310
	0.162	0.384

单元格内容：Pearson 相关系数
　　　　　　P 值

由于样本相关阵是对称的，对角线上全是 1，会话窗口结果中只显示了下三角部分，还扣除了对角线，所以整个样本相关阵全部写出应是：

$$R = \begin{bmatrix} 1.000 & 0.867 & 0.478 \\ 0.867 & 1.000 & 0.310 \\ 0.478 & 0.310 & 1.000 \end{bmatrix}$$

如果在 MINITAB 操作中使用存储功能，则存储的样本相关阵就是方阵而不是三角矩阵。

由样本相关阵可见，基础焊接技术（BWT）和焊接技术提高（AWT）的成绩相关系数是 0.867，是正数而且很接近 1，说明这两门课的成绩联系紧密（相关的显著性检验结果中，p 值为 0.001），显示一门课成绩高，另一门课成绩多半也较高；基础焊接技术（BWT）和焊接车间实践（PWW）的成绩相关系数是 0.478；焊接技术提高（AWT）和焊接车间实践（PWW）的成绩相关系数是 0.310，说明这两门课的成绩联系不紧密（MINITAB 输出的相关的显著性检验结果中，p 值都大于 0.05），即一门课成绩高，不能说另一门课成绩多半也高。

上面讨论的随机向量来自某个总体，它的均值、协方差阵、相关阵都是总体的参数值，通常是未知的，但它们都是常数，是固定值，不会变化。而样品和样本都是观测出的；样本均值、样本离差阵、样本协方差阵、样本相关阵是由观测出的样本算出来的统计量，这里所有计算出来的统计量都是随机变量，随样本的不同可能取不同的值。我们计算样本均值、样本协方差阵、样本相关阵这些统计量的目的是估计总体均值、总体协方差阵、总体相关阵这些参数，同时也可以对参数进行假设检验。

1.1.3.2 多元正态总体样本的联合分布密度

来自多元正态分布总体的一个容量为 n 的独立随机样本 $X_{(1)}$，$X_{(2)}$，$\cdots$，$X_{(n)}$ 的联合密度函数为：

$$f(X) = f(x_{(1)}, x_{(2)}, \cdots, x_{(n)}) = \prod_{i=1}^{n} f(x_{(i)})$$

$$= \prod_{i=1}^{n} \frac{1}{(2\pi)^{p/2} |\Sigma|^{1/2}} \exp \left\{ -\frac{1}{2} (x_{(i)} - \mu)' \Sigma^{-1} (x_{(i)} - \mu) \right\}$$

$$= \frac{1}{(2\pi)^{np/2} |\Sigma|^{n/2}} \exp \left\{ -\frac{1}{2} \sum_{i=1}^{n} (x_{(i)} - \mu)' \Sigma^{-1} (x_{(i)} - \mu) \right\} \tag{1-26}$$

1.1.3.3 μ，Σ 的极大似然估计

在实际问题中，常常可以假定总体 X 服从多元正态分布，但它的参数 μ 和 Σ 一般都是未知的，需要通过样本 $X_{(1)}$，$X_{(2)}$，$\cdots$，$X_{(n)}$ 来进行估计。参数估计一般有许多不同的方法，各有其适用的场合。极大似然估计具有许多优点，下面简单介绍其含义。

极大似然估计是通过似然函数求得的，如果 $X \sim N_p(\mu, \Sigma)$，则来自该总体的一个容量为 n 的独立随机样本 $X_{(1)}$，$X_{(2)}$，$\cdots$，$X_{(n)}$ 的**似然函数**为：

$$L(\mu, \Sigma) = \frac{1}{(2\pi)^{np/2} |\Sigma|^{n/2}} \exp \left\{ -\frac{1}{2} \sum_{i=1}^{n} (x_{(i)} - \mu)' \Sigma^{-1} (x_{(i)} - \mu) \right\} \tag{1-27}$$

式（1-26）和式（1-27）等号右边相同，但左边 $L(\mu, \Sigma)$ 和 $f(X)$ 的理解角度有所不同：$f(X)$ 可看作 $x_{(1)}$，$x_{(2)}$，$\cdots$，$x_{(n)}$ 的函数，将 μ 和 Σ 看作固定的值；与此相反，$L(\mu, \Sigma)$ 把 $x_{(1)}$，$x_{(2)}$，$\cdots$，$x_{(n)}$ 视为固定观测值，而将 μ 和 Σ 视为变量。所谓 μ 和 Σ 的**极大似然估计**（也称**最大似然估计**），是指满足如下条件的 $\hat{\mu}$ 和 $\hat{\Sigma}$：

$$L(\hat{\mu}, \hat{\Sigma}) = \max_{\mu, \Sigma} L(\mu, \Sigma) \tag{1-28}$$

"极大似然"的意思就是估计值 $\hat{\mu}$ 和 $\hat{\Sigma}$ "最像"真值 μ 和 Σ。

根据微分学的极值原理，可得 μ 和 Σ 的极大似然估计分别为：

$$\hat{\mu} = \frac{1}{n} \sum_{i=1}^{n} X_{(i)} = \overline{X} \tag{1-29}$$

$$\hat{\Sigma} = \frac{1}{n} \sum_{i=1}^{n} (X_{(i)} - \overline{X})(X_{(i)} - \overline{X})' = \frac{1}{n} A \tag{1-30}$$

即总体均值的极大似然估计是样本均值，总体协方差阵的极大似然估计并不是样本协方差阵，而是将样本协方差阵乘以系数 $(n-1)/n$。

和一元统计一样，为了保持无偏性，实际工作中仍然采用样本协方差阵作为总体协方差阵的估计。另外，容易得到样本均值的分布：

$$\overline{X} \sim N_p(\mu, \frac{1}{n} \Sigma) \tag{1-31}$$

式（1-31）在今后的统计分析中是很有用的。

1.1.4 多元抽样分布

样本统计量的分布是统计理论的一个重要内容，它是进行区间估计和假设检验的基础。本小节将介绍一些基本的统计量分布。

1.1.4.1 维希特（Wishart）分布

在一元统计分析中，如果样本 $(X_1, X_2, \cdots, X_n)$ 来自一维正态分布 $N(\mu, \sigma^2)$，

则可由此得出：当总体均值 μ 已知时，$\dfrac{1}{\sigma^2}\sum (X_i-\mu)^2\sim\chi^2(n)$；当总体均值 μ 未知时，$\dfrac{1}{\sigma^2}\sum (X_i-\overline{X})^2\sim\chi^2(n-1)$，即 $\dfrac{(n-1)S^2}{\sigma^2}\sim\chi^2(n-1)$。总之，样本方差与卡方分布密切相关。对应于多元分布有类似的结果，假设随机矩阵 $X\sim N_{n\times p}(M, I_n\otimes\Sigma)$，若 $M=0$，令 $W=X'X$，则称 W 服从**中心 Wishart 分布**，记作：$W\sim W_p(n, \Sigma)$。当 $n>p$，$\Sigma>0$ 时，$W_p(n, \Sigma)$ 有密度函数存在，其表达式为：

$$f(W)=\begin{cases}\dfrac{|W|^{\frac{1}{2}(n-p-1)}\exp\left\{-\dfrac{1}{2}\mathrm{tr}\Sigma^{-1}W\right\}}{2^{np/2}\pi^{p(p-1)/4}|\Sigma|^{n/2}\prod\limits_{j=1}^{p}\Gamma\left(\dfrac{n-j+1}{2}\right)}, & W>0\\[4mm]0, & \text{其余}\end{cases}\qquad(1-32)$$

显然，当 $p=1$ 时，Wishart 分布退化为 χ^2 分布，故 Wishart 分布是 χ^2 分布推广到多元的结果。Wishart 分布在多元统计推断中的地位和作用就相当于 χ^2 分布在一元统计推断中的地位和作用。Wishart 分布如此重要，以至于多元统计分析常以统计学家 Wishart 于 1928 年发现 Wishart 分布作为多元分析这门学科诞生的里程碑。

设 $X_{(i)}\sim N_p(\mu, \Sigma)$（$i=1, 2, \cdots, n$）相互独立，通过证明可得出样本离差阵 A 服从 Wishart 分布，即

$$A=\sum_{i=1}^{n}(X_{(i)}-\overline{X})(X_{(i)}-\overline{X})'\sim W_p(n-1,\Sigma)\qquad(1-33)$$

1.1.4.2　霍特林（Hotelling）T^2 分布

设 $X\sim N(0, \Sigma)$，随机矩阵 $W\sim W_p(n, \Sigma)$（$\Sigma>0$，$n\geqslant p$），且 X 与 W 相互独立，则称 $T^2=nX'W^{-1}X$ 为 **Hotelling T^2 统计量**，它服从**中心 Hotelling T^2 分布**，记为 $T^2\sim T^2(p, n)$。

T^2 分布与 F 分布有如下关系：设 $T^2\sim T^2(p, n)$，则

$$\frac{n-p+1}{np}T^2\sim F(p,n-p+1)\qquad(1-34)$$

式（1-34）说明将 T^2 统计量乘上一个适当的常数后，便成为 F 统计量，从而可利用 F 分布来进行推断。实践中，常用式（1-34）给出的 F 统计量来代替 T^2 统计量进行推断。

1.1.4.3　威尔克斯（Wilks）Λ 分布

设 $X\sim N_p(\mu, \Sigma)$，则称协方差阵的行列式 $|\Sigma|$ 为 X 的**广义方差**。若 $X_{(i)}(i=1, 2, \cdots, n)$ 为 p 元正态总体 X 的随机样本，A 为样本离差阵，则称 $\left|\dfrac{1}{n}A\right|$ 或 $\left|\dfrac{1}{n-1}A\right|$ 为**样本广义方差**。

假设随机矩阵 A 和 B 都服从 Wishart 分布，有 $A\sim W_p(n, \Sigma)$ 和 $B\sim W_p(m, \Sigma)$，且二者相互独立，$n>p$，$m>p$，$\Sigma>0$，则称广义方差之比 $\Lambda=\dfrac{|A|}{|A+B|}$ 服从 **Wilks Λ 分布**，

记作 $\Lambda \sim \Lambda(p, n, m)$，此统计量就称为 **Wilks Λ 统计量**。

当 $n > p$ 时，Wilks Λ 统计量和 Hotelling T^2 统计量有如下关系：

$$\Lambda(p, n, 1) = \frac{1}{1 + \frac{1}{n} T^2(p, n)} \qquad (1-35)$$

$$T^2(p, n) = n \frac{1 - \Lambda(p, n, 1)}{\Lambda(p, n, 1)} \qquad (1-36)$$

由式（1-34）所述 T^2 分布与 F 分布的关系，就有

$$F = \frac{n - p + 1}{p} \frac{1 - \Lambda(p, n, 1)}{\Lambda(p, n, 1)} \sim F(p, n - p + 1) \qquad (1-37)$$

由式（1-37）可知，$m = 1$ 时（即要求第二组的样本量为 1），Wilks Λ 统计量也可用 F 统计量代替。但在实践中，$m = 1$ 一般不成立。类似于 Hotelling T^2 统计量，Wilks Λ 统计量也常用 F 统计量或者 χ^2 统计量来近似。

1.2 多元正态总体的参数检验

与一元正态分布的单总体、双总体及多总体的均值和方差的检验问题一样，多元正态分布也有单总体、双总体及多总体的均值与协方差阵的检验问题。1.2.1 小节介绍单个多元正态分布总体均值向量的检验；1.2.2 小节介绍双多元正态分布总体均值向量相等性的检验；1.2.3 小节介绍单个多元正态总体协方差阵的检验；1.2.4 小节介绍多总体协方差阵相等性的检验。

1.2.1 单个多元正态总体均值的检验

均值向量是描述随机向量平均位置的数字特征，因此对均值向量的假设检验是多元统计推断的一个重要内容。本节讨论的是多元正态分布总体均值向量的检验问题。

先看一个实际问题。

【例 1-2】 对我国某个民族的 21 位同胞测量了其血液中 4 种成分的含量，数据见网上资源表 1-W1，数据文件：MV_血液检验.MTW。已知对于血液中这 4 种成分含量的全国调查结果平均值（见表 1-W1 最后一行），问此民族的血液成分是否与全国均值有显著差别？

这个问题中假设某个民族的血液成分 $X = (X_1, X_2, X_3, X_4)' \sim N(\mu, \Sigma)$，讨论它与全国均值是否有显著差别，就是要求检验 $\mu = (17.5, 27.5, 5, 35)'$ 是否成立，这是一个典型的多元总体的均值检验问题。

能否对这 4 个指标分别进行检验而得到结论呢？由于多元分布中各个指标间很可能有相关关系，因此把它们当作独立的变量来对待容易出错。我们必须把多个指标看成一个整体而使用多元统计的分析方法来处理。下面先介绍一般的理论结果。

一般地，设总体 $X \sim N_p(\mu, \Sigma)$，已知随机样本 $X_{(i)}(i=1, 2, \cdots, n)$。检验

$$H_0 : \mu = \mu_0 (\mu_0 \text{为已知向量}), H_1 : \mu \neq \mu_0 \tag{1-38}$$

这就是多元总体均值等于某个常向量的检验问题。

若总体协方差阵 $\Sigma = \Sigma_0$ 已知，则

$$\overline{X} \sim N_p\left(\mu, \frac{1}{n}\Sigma_0\right), \sqrt{n}(\overline{X} - \mu) \sim N_p(0, \Sigma_0) \tag{1-39}$$

当 H_0 为真时，利用二次型分布的结论，可知：

$$(\overline{X} - \mu_0)'\left(\frac{1}{n}\Sigma_0\right)^{-1}(\overline{X} - \mu_0) \sim \chi^2(p) \tag{1-40}$$

取检验统计量为：

$$U^2 = (\overline{X} - \mu_0)'\left(\frac{1}{n}\Sigma_0\right)^{-1}(\overline{X} - \mu_0) \sim \chi^2(p) \tag{1-41}$$

对给定的显著性水平 α，可得原假设 H_0 的拒绝域为 $\{U^2 > \chi^2_{1-\alpha}(p)\}$。

当总体协方差阵 Σ 未知时，可用 Hotelling T^2 统计量。因为

$$\overline{X} \sim N_p\left(\mu, \frac{1}{n}\Sigma\right), \sqrt{n}(\overline{X} - \mu) \sim N_p(0, \Sigma) \tag{1-42}$$

样本离差阵

$$A = \sum_{i=1}^{n}(X_{(i)} - \overline{X})(X_{(i)} - \overline{X})' \sim W_p(n-1, \Sigma) \tag{1-43}$$

当 H_0 为真时，按照 Hotelling T^2 统计量的定义，可知：

$$\begin{aligned} T^2 &= (n-1)(\sqrt{n}(\overline{X} - \mu_0))'A^{-1}(\sqrt{n}(\overline{X} - \mu_0)) \\ &= n(\overline{X} - \mu_0)'S^{-1}(\overline{X} - \mu_0) \sim T^2(p, n-1) \end{aligned} \tag{1-44}$$

由于 T^2 分布表不易查到，一般利用 T^2 与 F 分布的关系来进行检验。当原假设 H_0 为真时，有

$$F = \frac{n-p}{(n-1)p}T^2 \sim F(p, n-p) \tag{1-45}$$

故原假设 H_0 的拒绝域为 $\left\{\frac{n-p}{(n-1)p}T^2 > F_{1-\alpha}(p, n-p)\right\}$。

具体到本问题，我们应按照上述步骤将有关统计量都计算出来，可以按式（1-45）计算出 F 统计量的值，从而最终得出有关结论。

对例 1-2，我们按所叙述的步骤逐项计算。先求出样本均值：

$$\overline{X} = \begin{pmatrix} 18.219 \\ 27.867 \\ 4.476 \\ 33.767 \end{pmatrix}$$

进入协方差框，可算出

$$S = \begin{pmatrix} 3.508\,62 & 2.707\,17 & 0.917\,98 & 1.265\,67 \\ 2.707\,17 & 3.559\,33 & 1.140\,67 & 1.289\,33 \\ 0.917\,98 & 1.140\,67 & 1.961\,90 & 1.729\,67 \\ 1.265\,67 & 1.289\,33 & 1.729\,67 & 4.032\,33 \end{pmatrix}$$

进入矩阵算术框，可算出

$$T^2 = 21(\overline{X} - \mu_0)'S^{-1}(\overline{X} - \mu_0) = 16.483$$

对于显著性水平为 0.05，可得

$$F = (21-4) \times T^2 / (20 \times 4) = 3.503 > F_{0.95}(4,17) = 2.96$$

因而在显著性水平为 0.05 时拒绝 H_0，即可判断此民族的血液成分与全国均值确实有系统差异。

由于上述计算实在太麻烦，而 MINITAB 又未直接给出此检验功能，我们可以利用 MINITAB 编写的宏指令"multm18"来完成有关计算。以下介绍例 1-2 的计算过程。

首先，数据存放要按照这样的形式：首先将各变量数据存放在若干列（本例存放在 C2～C5 列）；再安排专门的一列存放给定的均值向量（本例存放在 C6 列）。例 1-2 中的数据存放为下列形式（见图 1-1）。

	C1	C2	C3	C4	C5	C6
	编号	x1	x2	x3	x4	Test-mean
1	1	18.8	28.1	5.1	35.1	17.5
2	2	17.4	25.6	4.9	33.9	27.5
3	3	16.0	27.4	5.0	32.2	5.0
4	4	19.3	29.5	1.7	29.1	35.0
5	5	17.4	27.4	4.5	35.6	
6	6	15.3	25.3	3.6	32.2	
7	7	16.7	25.8	4.4	33.0	
8	8	17.4	26.7	4.4	33.0	
9	9	16.2	25.7	2.3	33.9	
10	10	16.7	26.7	6.4	35.0	
11	11	18.2	28.0	3.2	29.7	
12	12	16.7	26.7	2.1	34.9	

MV_血液检验.MTW ***

图 1-1 某个民族血液数据图

计算时可以直接调用宏指令。本例只要这样书写即可：

% multm18 C2-C5;（数据存放于 C2~C5，将所有列号都列出即可，不一定连续排列）

means C6;（欲检验的均值存放于 C6，此列不可缺）

mstore C7;（样本均值存放于 C7，此列可缺，这时结果只在会话窗口中给出）

fstore C8;（检验结果 F 值存放于 C8，此列可缺，这时结果只在会话窗口中给出）

pstore C9.（检验结果 p 值存放于 C9，此列可缺，这时结果只在会话窗口中给出）

注意书写格式要严格按上述形式给出（大小写任意）。各行结尾要用分号"；"，宏指令最后结尾要用圆点"."，专用名词"means""mstore""fstore""pstore"不能有拼写错误，且各句都要换行。最后 3 行可有可无，但"means"一行，即指定待检验的总体均值位置不能缺少。

在 MINITAB 中宏指令操作是这样进行的。从"编辑＞命令行编辑器（Edit＞Command Line Editor)"入口（界面见图 1-2 左）进入"命令行编辑器"对话框（见图 1-2 中），然后在对话框内填写宏指令，点击"提交命令（Submit commands)"，就可以得到结果（见图 1-2 右）。

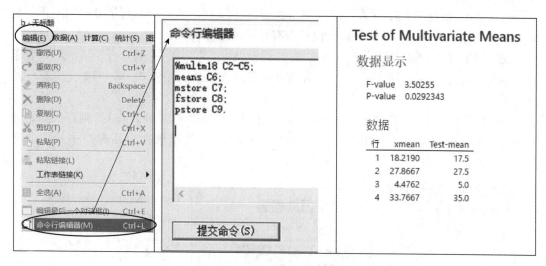

图 1-2 多元总体均值检验宏指令操作及结果图

与此同时，在工作表中后续列 C7，C8，C9 中分别存放着样本均值向量，F 值和检验的 p 值。如果在宏指令中只保留前两行：

% multm18 C2-C5;

means C6.

则样本均值向量，F 值，p 值的计算结果只在会话窗口中显示。

从本例结果的 $p=0.0292343<0.05$ 可以看出，应该拒绝原假设，即可以断言，此民族的血液成分与全国的均值确实有显著差异。这与不用宏指令的手算结果是一致的。

由于 MINITAB 版本的更新，旧版的宏在 R18 版软件中无法正常执行，请使用本次改版后修改后的宏。新的宏有 multm18 和 multS18 这两个，其他宏可以正常执行。若不小心执行了旧版的宏，任何分析结果都不会显示出来，且再次执行宏会出现这样的提示："＊错误＊MTITLE 已处于活动状态。请使用 ENDMTITLE"。这时的解决方法是：点击"编辑器＞显示命令行"，在会话框右侧弹出的命令行中输入 endmtitle，回车后即可退出 MTITLE。执行此操作后宏就可以正常执行了。

在多元统计分析中，如果出现了显著性结果，一般都要进行进一步的统计分析，到底是什么原因导致差异显著？在本例中，到底是 4 项指标中某一项或几项有重大差异还是 4 项整体来说有差异？这要做些更细致的检验。对各指标的检验应该使用单样本（1-Sample）T 检验，其详细过程可参阅马逢时等编著的《六西格玛管理统计指南——MINITAB 使用指导》（见参考文献［15］）第 5 章，这里从略。经过对 4 个指标分别进行单样本 T 检验，可以发现，只有指标 x_4 与全国均值有显著差异，其 p 值为 0.011，x_4 的样本均值 33.766 7 比全国均值 35 明显偏低。工作中当然也会出现另外一种情况：单独看任何一个变量都没有显著差异，但多元综合起来则有显著差异。请看下面一个例题。

【例 1-3】 测量 20 名从事蓝领工作的健康成年女性的汗液数据，其中 3 项指标是：排汗量 X_1，钠含量 X_2，钾含量 X_3，数据见网上资源表 1-W2，数据文件：MV_汗液.MTW。已知一般健康女性的 X_1，X_2，X_3 的均值分别是 4，50，10。问从事蓝领工作的健康成年女性的排汗指标与一般健康女性是否有显著差异？

该问题中有 3 个随机变量 X_1，X_2，X_3。假设 $X=(X_1, X_2, X_3)'\sim N(\mu, \Sigma)$，要求检验：$H_0$：$\mu_1=4$，$\mu_2=50$，$\mu_3=10$ 同时成立；H_1：$\mu_1=4$，$\mu_2=50$，$\mu_3=10$ 至少有一式不成立。

先将数据按图 1-3 左存入工作表，样本资料阵存入 C2～C4 列，在 C5 列存入给定的均值向量 4，50，10，然后调用宏指令（见图 1-3 中），其结果在会话窗口中给出（见图 1-3 右）。

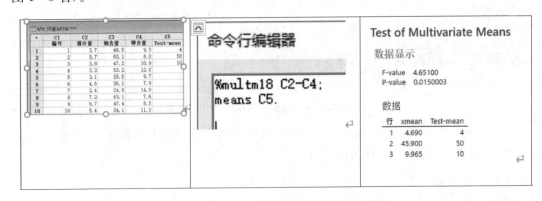

图 1-3 例 1-3 女性汗液检验操作及结果图

由于 p 值为 0.015，应该拒绝原假设，即从事蓝领工作的健康成年女性的排汗指标与一般健康女性的结果有显著差异。但如果分别对 3 个指标进行单样本 T 检验，可以发现，3 个指标的 p 值分别为 0.071，0.181 及 0.935，3 项指标皆无显著差异（取检验显著性水平为 0.05），这就是说：单独看任何一个变量都没有显著差异，但多元综合起来则有显著差异。

下面讨论给定显著性水平后均值向量的置信区域问题。

在实际工作中通常要这样来考虑：若已知一组观测（一个样本），这时均值向量 μ 可能是在什么范围？与一元统计一样，这就是求 μ 的置信区域问题。

由 Hotelling T^2 分布可得：

$$P\{n(\overline{X}-\mu)'S^{-1}(\overline{X}-\mu)\leqslant T_\alpha^2(p,n-1)\}=1-\alpha \tag{1-46}$$

从而在给定的显著性水平 α 下，可求出 μ 的置信区域为：

$$\{\mu:n(\overline{X}-\mu)'S^{-1}(\overline{X}-\mu)\leqslant T_\alpha^2(p,n-1)\} \tag{1-47}$$

当 $p=1$ 时，它是一个区间；当 $p=2$ 时，它是一个椭圆，这时可将其区域在二维坐标平面上画出；当 $p=3$ 时，它是一个椭球；当 $p>3$ 时，它是一个超椭球。

和一元统计中置信区间与假设检验的关系一样，多元分布的置信区域与假设检验之间也有同样的密切关系。一般来说，μ_0 包含在式（1-47）的置信区域外，完全等价于在显著性水平 α 下拒绝原假设 $H_0:\mu=\mu_0$。

1.2.2　双多元正态总体均值向量相等性的检验

同一元统计中的应用一样，双总体的均值相等性的检验是非常重要的应用课题。我们先看一个实际问题。

【例 1-4】　为了研究美日两国在华企业对中国经营环境的评价是否存在差异，收集了两国各 10 个在华企业对中国各方面经营环境的打分结果，分为 X_1, X_2, X_3, X_4 共计 4 个指标，数据见网上资源表 1-W3，数据文件：MV_美日比较.MTW。试分析美日两国在华企业对中国经营环境的评价是否存在差异。

这个问题涉及 4 个项目同时比较：要检验美日两国企业 4 个评价指标是否相同。把美日两国企业 4 个评价指标看成 2 个总体（随机向量），这 4 个均值的比较就是 2 个总体随机向量均值的比较。

一般地，设有两个 p 维正态总体 $X\sim N_p(\mu^{(1)}, \Sigma_1)$ 和 $Y\sim N_p(\mu^{(2)}, \Sigma_2)$，$X_{(1)}$, $X_{(2)}$, …, $X_{(n)}$ 和 $Y_{(1)}$, $Y_{(2)}$, …, $Y_{(m)}$ 分别是来自这两个正态总体的随机样本。要对两总体均值向量进行比较，也就是要检验如下的原假设和备择假设：

$$H_0:\mu^{(1)}=\mu^{(2)}, \quad H_1:\mu^{(1)}\neq\mu^{(2)} \tag{1-48}$$

这就是双多元正态分布总体均值向量相等性的检验问题。我们可以回想，在一元正态分布情况下讨论此问题时，要分别讨论两总体方差是否相等的不同情况。这里，对于多元总体，同样要视两总体协方差阵是否相等而采用不同的检验统计量。

1.2.2.1　当协方差阵相等时

当 $\Sigma_1=\Sigma_2$ 时，检验原假设 $H_0:\mu^{(1)}=\mu^{(2)}$ 是否成立比较容易进行。两个样本的均值向量可分别记为：

$$\overline{X}=\frac{1}{n}\sum_{i=1}^{n}X_{(i)}, \quad \overline{Y}=\frac{1}{m}\sum_{i=1}^{m}Y_{(i)}$$

若两总体的共同协方差阵已知，即 $\Sigma_1=\Sigma_2=\Sigma$，那么在原假设 $H_0:\mu^{(1)}=\mu^{(2)}$ 成立的条件下，两样本均值向量之差仍服从多元正态分布：

$$\overline{X}-\overline{Y}\sim N_p\left(0,\left(\frac{1}{n}+\frac{1}{m}\right)\Sigma\right)=N_p\left(0,\frac{n+m}{nm}\Sigma\right) \tag{1-49}$$

那么

$$\sqrt{\frac{nm}{n+m}}\Sigma^{-\frac{1}{2}}(\overline{X}-\overline{Y})\sim N_p(0,I_p) \tag{1-50}$$

计算该标准正态向量的各个分量的平方和，就得到了 U^2 统计量，此 U^2 统计量服从 χ^2 分布：

$$U^2=\frac{nm}{n+m}(\overline{X}-\overline{Y})'\Sigma^{-1}(\overline{X}-\overline{Y})\sim\chi^2(p) \tag{1-51}$$

故在给定的显著性水平 α 下，可得原假设 H_0 的拒绝域为 $\{U^2>\chi^2_{1-\alpha}(p)\}$。

通常，在两总体的协方差阵未知但可以假定它们相等的条件下，可用

$$S=\frac{(n-1)S_1+(m-1)S_2}{n+m-2}=\frac{A_1+A_2}{n+m-2} \tag{1-52}$$

替换上述 U^2 统计量中的总体协方差阵 Σ，得到 T^2 统计量为：

$$T^2=\frac{nm}{n+m}(\overline{X}-\overline{Y})'S^{-1}(\overline{X}-\overline{Y}) \tag{1-53}$$

式中，S_1 和 S_2 分别为两个样本的协方差阵；A_1 和 A_2 分别为两个样本的离差阵。

当原假设 H_0：$\mu^{(1)}=\mu^{(2)}$ 为真时，有 $(\overline{X}-\overline{Y})\sim N_p(0,\frac{n+m}{nm}\Sigma)$，$A_1\sim W_p(n-1,\Sigma)$，$A_2\sim W_p(m-1,\Sigma)$，且 A_1 与 A_2 相互独立。由 Wishart 分布的性质可知：

$$A_1+A_2\sim W_p(n+m-2,\Sigma) \tag{1-54}$$

由于 $\overline{X}$ 与 A_1，A_2 独立，$\overline{Y}$ 与 A_1，A_2 独立，所以 $(\overline{X}-\overline{Y})$ 与 (A_1+A_2) 独立。故由 Hotelling T^2 分布的定义可知上述 T^2 统计量服从 Hotelling T^2 分布，即有

$$T^2=\frac{nm}{n+m}(\overline{X}-\overline{Y})'S^{-1}(\overline{X}-\overline{Y})\sim T^2(p,n+m-2) \tag{1-55}$$

从而在给定的显著性水平 α 下，得到原假设 H_0 的拒绝域为 $\{T^2>T^2_{1-\alpha}(p,n+m-2)\}$。

由 Hotelling T^2 分布与 F 分布的关系可知，上述两个正态总体均值向量是否有差别的假设检验也可使用 F 检验。由于

$$F=\frac{n+m-p-1}{(n+m-2)p}T^2\sim F(p,n+m-p-1) \tag{1-56}$$

所以在给定的显著性水平 α 下，原假设 H_0 的拒绝域又可写为 $\{F>F_{1-\alpha}(p,n+m-p-1)\}$。

用式（1-55）及式（1-56）来直接计算 F 统计量很复杂，我们采取另一方法。大家知道，在一元统计中，当两总体（或多总体）方差相等时，两总体（或多总体）的均值相等性检验可以用方差分析来实现。在多元统计中，当两总体协方差阵相等时，双总

体均值相等性检验也可以用多元方差分析解决。以例 1-4 为例，通常这样操作：先将"政治、经济、法律、文化"的值存入工作表，再增加一列"国家"作为分组变量，所在的行是"美国"时设定为"1"，是"日本"时设定为"2"（不写数字，直接写国家名称也可以）。从"统计＞方差分析＞一般多元方差分析（Stat＞ANOVA＞General MANOVA）"进入对话框后，将"响应（Responses）"指定为"政治、经济、法律、文化"，将"模型（Model）"指定为"国家"，点击"确定（OK）"。MINITAB 操作全过程的详细界面可以参见网上资源。计算后，MINITAB 在会话窗口中给出下列结果。

一般线性模型：政治，经济，法律，文化与国家

国家的多元方差分析检验

准则	检验统计量	F	自由度 分子	自由度 分母	P
Wilks'	0.37161	6.341	4	15	0.003
Lawley-Hotelling	1.69103	6.341	4	15	0.003
Pillai's	0.62839	6.341	4	15	0.003
Roy	1.69103				

s=1　m=1.0　n=6.5

这里的输出结果内容很多，详细描述见 1.3 节。现在只要注意到这里前 3 行中的结果都是：F 统计量的值 $=6.341$，p 值 $=0.003$，小于 0.05，所以拒绝两个总体均值相等的原假设，也就是说，两国企业对中国经营环境的评价是不同的。又由于 0.003 小于 0.01，即对于 $\alpha = 0.01$ 也是拒绝的，因而可以得到进一步结论：这种不同是**高度显著**的。

在实际应用中，两个总体的方差不太可能完全相等，我们需要关心的是，两个总体的方差之间是否存在明显的差异。我们可以通过 1.2.4 小节的方法，检验两个总体的方差之间是否存在明显的差异。若没有明显的差异，通常可以假设两个总体的方差相等，使用上述多元方差分析方法。若两个总体的方差有显著差异，则用下列方法。

1.2.2.2　当协方差阵不等时

这是著名的贝伦斯-费希尔（Behrens-Fisher）问题，也是统计分析实践中常出现的情形。

当 Σ_1 和 Σ_2 相差较大的时候，有一个近似的检验方法。仍记两样本的协方差阵为 S_1 和 S_2，它们分别由 n，m 次观测得到，将这两个协方差阵加权平均得到一个共同的样本协方差阵：

$$S=\frac{1}{n}S_1+\frac{1}{m}S_2 \tag{1-57}$$

构造出一个类似的 T^2 统计量为：

$$T^2=(\overline{X}-\overline{Y})'S^{-1}(\overline{X}-\overline{Y}) \tag{1-58}$$

该 T^2 统计量的极限分布是 χ^2 分布，即有

$$\lim_{n,m\to\infty} T^2 \sim \sigma\chi^2(p) \tag{1-59}$$

我们使用式（1-59）的极限结果来检验，其中

$$\sigma = 1 + \frac{1}{2}\left[\frac{a}{2} + \frac{b\chi^2(p)}{p(p+2)}\right] \tag{1-60}$$

式中：

$$a = \frac{1}{n}\left[\mathrm{tr}S^{-1}\left(\frac{S_1}{n}\right)\right]^2 + \frac{1}{m}\left[\mathrm{tr}S^{-1}\left(\frac{S_2}{m}\right)\right]^2 \tag{1-61}$$

$$b = a + \frac{2}{n}\mathrm{tr}\left[S^{-1}\left(\frac{S_1}{n}\right)S^{-1}\left(\frac{S_1}{n}\right)\right] + \frac{2}{m}\mathrm{tr}\left[S^{-1}\left(\frac{S_2}{m}\right)S^{-1}\left(\frac{S_2}{m}\right)\right] \tag{1-62}$$

1.2.3 单个多元正态总体协方差阵的检验

在多元统计分析中，不仅需要经常对总体的均值向量进行检验，有时还需要对总体的协方差阵进行检验。例如，在例 1-4 中对双多元总体的均值向量进行检验时，我们采用"一般多元方差分析对话框"进行检验，使用该对话框需要"两个总体协方差阵相同"的条件。如果该条件不成立，就不能使用"一般多元方差分析对话框"进行检验，而要用其他方法。因此，在均值假设检验之前，我们首先应当知道两个总体的协方差阵是否相同，再根据两总体协方差阵的异同而采用不同的检验统计量和检验方法。因此，多元统计分析除了需要讨论均值向量的检验之外，还必须讨论协方差阵的检验问题。本节先讨论单个多元正态总体协方差阵的检验，下一节再讨论多个多元正态总体协方差阵是否相等的检验。

1.2.3.1 检验总体协方差阵是否等于给定矩阵

下面介绍总体协方差阵 Σ 是否与某个给定矩阵 Σ_0 相等的检验。

假设 $X_{(1)}, \cdots, X_{(n)}$ 来自 p 维正态总体 $N_p(\mu, \Sigma)$ 的一个随机样本，Σ_0 是一个已知的常数矩阵。所要检验的原假设和备择假设分别为：

$$H_0: \Sigma = \Sigma_0, \quad H_1: \Sigma \neq \Sigma_0 \tag{1-63}$$

这个问题很常见，例如 Σ_0 是过去长期数据确定的协方差阵，需要检验现在数据的协方差阵是否有了变化，即与过去的协方差阵是否相同。

利用**似然比方法**可构造出检验的统计量为：

$$\lambda_1 = \left(\frac{\mathrm{e}}{n}\right)^{np/2} |A\Sigma_0^{-1}|^{n/2} \exp\left\{\mathrm{tr}\left(-\frac{1}{2}A\Sigma_0^{-1}\right)\right\} \tag{1-64}$$

式中，A 是样本离差阵；$\mathrm{tr}(X)$ 是矩阵 X 的迹：X 对角线上元素之和。

统计量 λ_1 的精确分布不易确定，一般用其近似分布或极限分布。当 n 较大时，$-2\ln\lambda_1$ 的分布近似 χ^2 分布。即当原假设 H_0 成立时，有

$$-2\ln\lambda_1 \sim \chi^2[p(p+1)/2] \tag{1-65}$$

将 $A = (n-1)S$ 代入 λ_1 的上述表达式，然后取对数，适当修正以满足无偏性，就得到 $-2\ln\lambda_1$ 的近似表达式为：

$$-2\ln\lambda_1 \approx (n-1)\left[\ln|\Sigma_0| - p - \ln|S| + \mathrm{tr}(S\Sigma_0^{-1})\right] \tag{1-66}$$

近年来已有人导出了 $-2\ln\lambda_1$ 的近似分布和极限分布，并计算出了上述近似分布的检验临界值表。只要样本的 $-2\ln\lambda_1$ 的值大于临界值，就拒绝原假设，认为总体协方差阵不等于给定的已知矩阵。我们按式（1-66）编写了宏指令用来进行此卡方检验。具体步骤是：先将观测资料阵存放在工作表，再用一个矩阵存放给定 Σ_0，然后调用宏指令。

【例 1-5】　（续例 1-2）对例 1-2 血液检验数据检验 $H_0 : \Sigma = \Sigma_0$，$H_1 : \Sigma \neq \Sigma_0$。其中：

$$\Sigma_0 = M2 = \begin{bmatrix} 3 & 2 & 1 & 1 \\ 2 & 3 & 1 & 1 \\ 1 & 1 & 2 & 2 \\ 1 & 1 & 2 & 4 \end{bmatrix}$$

将血液检验数据存放在 C2～C5 共 4 列，待检验的协方差阵 Σ_0 已命名为 M2 并存入数据文件 MV_血液检验.MTW 中。将数据存为矩阵的方法见图 0-1 或本章例 1-16。从"编辑＞命令行编辑器（Edit＞Command Line Editor）"入口进入"命令行编辑器"对话框，然后在对话框内填写下列宏指令：

%mults18 C2-C5;（数据存放处，将所有列号都列出即可，不一定连续排列）

sigmas M2.（欲检验的协方差阵存放处，此行不可缺）

要注意的是，书写格式要严格按上述形式给出（大小写任意）。第 1 行结尾要用分号";"，宏指令最后结尾要用圆点"."，专用名词"sigmas"不能有拼写错误，此句不能缺少，两句间要换行。同时要注意，给定的待检验的协方差阵一定要对称而且必须是正定阵。

点击"提交命令（Submit commands）"，就可以在对话框中得到结果：

Test of Multivariate Sigma

chi	2.79446
DF of Chi-square	10.0000
P-value	0.985856

这里输出的第 1 行，"chi"为按式（1-66）计算出来的卡方统计量：2.794 46。第 2 行"DF of Chi-square"是卡方分布的自由度：$10 = 4 \times (4+1)/2$。第 3 行"P-value"是检验式（1-63）的结果之 p 值：0.985 856。由于这里 p 值超过 0.05，因此无法拒绝原假设，即认为本数据的协方差阵与给定的 M2（即 Σ_0）并无显著差异。

1.2.3.2　检验总体协方差阵形状是否等于给定形状

下面讨论总体协方差阵形状是否等于给定形状。在有些实际问题中，协方差阵的形状一般不变，只是数值的大小可能会随时间有所变化。因此这种问题实际上是要检验协方差阵的形状是否已经变化，这时，需要检验的原假设和备择假设分别为：

$$H_0 : \Sigma = \sigma^2\Sigma_0, \quad H_1 : \Sigma \neq \sigma^2\Sigma_0 \tag{1-67}$$

式中，Σ_0 为已知的正定矩阵，且 σ^2 未知。当 $\Sigma_0 = I_p$ 时，此检验称为**球性检验**，其检验方法参见网上资源。

1.2.4 多总体协方差阵相等性的检验

假设有 k 个正态总体 $N_p(\mu^{(i)}, \Sigma_i)$ $(i=1, 2, \cdots, k)$，$X_{(\alpha)}^{(i)}$ $(i=1, 2, \cdots, k; \alpha=1, 2, \cdots, n_i)$ 为来自第 i 个总体 $N_p(\mu^{(i)}, \Sigma_i)$ 的随机样本，记 $n = \sum_{i=1}^{k} n_i$。要根据这些样本对这些总体的协方差阵是否相同进行检验。检验的原假设和备择假设分别为：

$$H_0 : \Sigma_1 = \Sigma_2 = \cdots = \Sigma_k, \quad H_1 : \Sigma_1, \Sigma_2, \cdots, \Sigma_k \text{不全相等} \tag{1-68}$$

记各样本的均值向量为：

$$\overline{X}^{(i)} = \frac{1}{n_i} \sum_{\alpha=1}^{n_i} X_{(\alpha)}^{(i)}, \quad i = 1, 2, \cdots, k \tag{1-69}$$

再记各样本的离差阵和全部样本离差矩阵的总和分别为：

$$A_i = \sum_{\alpha=1}^{n_i} (X_{(\alpha)}^{(i)} - \overline{X}^{(i)})(X_{(\alpha)}^{(i)} - \overline{X}^{(i)})', \quad i = 1, 2, \cdots, k \tag{1-70}$$

$$A = \sum_{i=1}^{k} A_i \tag{1-71}$$

使用似然比方法，可以得到检验统计量：

$$M = (n-k)\ln \frac{|A|}{n-k} - \sum_{i=1}^{k} (n_i-1)\ln\left(\frac{|A_i|}{n_i-1}\right) \tag{1-72}$$

令
$$C = 1 - \left[\left(\sum_{i=1}^{k} \frac{1}{n_i-1}\right) - \frac{1}{n-k}\right]\frac{2p^2+3p-1}{6(p+1)(k-1)}$$

可以证明近似地有 $CM \sim \chi^2(0.5(k-1)p(p+1))$。

由样本观测数据，按照式（1-72）计算出检验统计量的数值。对于给定的显著性水平，如果算出的数值大于该统计量的分布的临界值，就拒绝原假设，认为各总体的协方差阵不完全相等。这里要注意，式（1-72）计算中使用的是各协方差阵的行列式（称为"广义方差"）而并非协方差阵本身，因此我们实际上检验的是各广义方差是否有显著差异。

【例 1-6】 卫星对种植农作物情况进行遥感测量，对地面 36 个地块测量微波值，4 个通道 X_1，X_2，X_3，X_4 各有 1 个值。被测地块分别种有玉米、大豆、棉花、甜菜和牧草，成为 5 个总体，样本量分别是 $n_1 = 7$，$n_2 = 6$，$n_3 = 6$，$n_4 = 6$，$n_5 = 11$。数据见网上资源表 1-W4，数据文件：MV_卫星数据.MTW。试由 5 个总体的观测值出发，检验 5 个总体协方差阵是否相等。本例将作为判别分析的数据在第 2 章中使用，但这里先解决协方差阵是否相等的检验问题。

总体数 $k = 5$，随机向量分量数 $p = 4$。可以算出 5 个总体样本协方差阵行列式的对数分别是 11.134 72，12.452 63，13.235 69，17.762 93 和 23.646 18；联合样本协方差阵行列式的对数是 21.301 88。代入式（1-72），得

$$M = (36-5) \times 21.301\,88 - (6 \times 11.134\,72 + 5 \times 12.452\,63 + 5 \times 13.235\,69$$
$$\qquad + 5 \times 17.762\,93 + 10 \times 23.646\,18)$$
$$\qquad = 139.832\,19$$

$$C = 1 - \left(\frac{1}{6} + \frac{3}{5} + \frac{1}{10} - \frac{1}{31}\right)\left(\frac{2 \times 16 + 12 - 1}{6 \times 5 \times 4}\right) = 0.701\,003\,584$$

$CM = 98.022\,9$，自由度 $DF = 0.5 \times 4 \times 4 \times 5 = 40$，查得 $\chi^2_{0.99}(40) = 63.69$ ，由于 98.022\,9 大于 63.69，可知在显著性水平 $\alpha = 0.01$ 上拒绝原假设，即 5 个总体协方差阵确实存在显著差异，不能认为是相同的。

用 1.1.3.1 小节的方法算出样本协方差阵，再用"准备知识"部分所介绍的矩阵运算方法可以完成上述计算，但是很麻烦。下面我们利用广义方差和判别分析对话框编写了宏指令，可以较简便地完成有关计算。整个过程分为四步完成。

（1）将数据整理成标准形式（见图 1-4 中表的前 5 列，第 5 列以后暂时没有数据）。

↓	C1-T	C2	C3	C4	C5	C6	C7
	分类	x1	x2	x3	x4	绘制的点1	子组大小1
1	玉米	16	27	31	33	6.85090E+04	7
2	玉米	15	23	30	30	2.55922E+05	6
3	玉米	16	27	27	26	5.60000E+05	6
4	玉米	18	20	25	23	5.18015E+07	6
5	玉米	15	15	31	32	1.85954E+10	11
6	玉米	15	32	32	15		
7	玉米	12	15	16	73		
8	大豆	20	23	23	25		
9	大豆	24	24	25	32		
10	大豆	21	25	23	24		
11	大豆	27	45	24	12		
12	大豆	12	13	15	42		
13	大豆	22	32	31	43		
14	棉花	31	32	33	34		
15	棉花	29	24	26	28		

图 1-4　比较多个正态总体协方差阵的原始数据图

（2）计算各组广义方差。使用 MINITAB 软件，从"统计＞控制图＞多变量控制图＞广义方差（Stat＞Control Charts＞Multivariate Charts＞Generalized Variance）"入口进入"广义方差控制图"对话框（界面从略，可以参见网上资源）。这里使用广义方差控制图并不是真的要绘制控制图，主要是借用"广义方差就是协方差阵的行列式"的概念（关于广义方差控制图的详细介绍请参见本章 1.4.2 小节），而在绘制控制图的过程中计算机会自动求出各协方差阵的行列式来。在"变量（Variables）"中指定"x1-x4"，在"子组大小（Subgroup sizes）"中填写"分类"。打开"广义方差选项（Gen var options）"，进一步选定"存储（Storage）"后，在"存储每个点的下列值（Store these values for each point）"中选定"绘制的点（Point plotted）"及"子组大小（Subgroup sizes）"。各窗皆点击"确定（OK）"（界面见网上资源），即可在工作表中输出各组广义方差计算结果及样本量（见图 1-4 中 C6 及 C7 两列）。新建工作表 MV_比较协方差阵.MTW，再将 C6 及 C7 这两列复制到新工作表的 C1，C2 两列（见图 1-5），在第 3 列填写向量维数"4"，其余各列暂时空白。

↓	C1	C2	C3	C4	C5	C6	C7	C8-T	C9	C10	C11	C12
	绘制的点1	子组大小1	p	logΔ	chi	DF	p-value					
1	6.85090E+04	7	4	11.13472	98.0227	40	0.0000009	x1	259.08	33.48	90.05	43.18
2	2.55922E+05	6		12.45263				x2	33.48	160.65	80.60	-50.24
3	5.60000E+05	6		13.23569				x3	90.05	80.60	226.93	-94.96
4	5.18015E+07	6		17.76293				x4	43.18	-50.24	-94.96	337.78
5	1.85954E+10	11		23.64618								
6				21.30188								

图 1-5　工作表 MV＿比较协方差阵.MTW

（3）求出联合协方差阵并存储成为矩阵 $M1$。协方差阵是由全部样本离差矩阵的总和除以 $n-k$ 得到的，为此还要借用 MINITAB 软件的判别分析功能（判别分析的详细内容见第 2 章，这里只是使用其结果）。回到工作表 MV＿卫星数据.MTW，从"统计＞多变量＞判别分析（Stat＞Multivariate＞Discriminant Analysis）"入口进入"判别分析"对话框，然后指定"组（Groups）"为"分类"，指定"预测变量（Predictors）"为"x1-x4"。点击"选项（Options）"，弹出"判别分析:选项"框，在"结果显示（Display of results）"下方选择"以上加均值、标准差和协方差汇总（Above plus mean, std. dev. and covariance summary）"，各框点击"确定（OK）"（操作过程图从略，可参见网上资源）。执行此判别分析程序后，在 MINITAB 会话窗口给出的表中有下列一段。

合并协方差矩阵

	x1	x2	x3	x4
x1	259.08			
x2	33.48	160.65		
x3	90.05	80.60	226.93	
x4	43.18	-50.24	-94.96	337.78

（4）调用宏指令。调用宏指令除了要将工作表 MV＿比较协方差阵.MTW 中前 3 列填写完整外，还要将总协方差阵数据复制到此工作表的一个命名的矩阵中。为此，先回到工作表 MV＿比较协方差阵.MTW，再将会话窗口的协方差阵数据复制到工作表 MV＿比较协方差阵.MTW 中（由于宏指令的输出是在固定的 C5～C7 中，因而协方差阵数据应该复制到此表中 C8 之后），并根据协方差阵是对称阵的规则，复制若干缺失数据使之成为完整的 4 阶方阵数据（见图 1-5 中 C9～C12），然后将这几列复制成矩阵并以 $M1$ 名称存储：从"数据＞复制＞从列到矩阵（Data＞Copy＞From Columns to Matrix）"入口进入"复制列到矩阵"对话框，指定"从列复制（Copy from columns）"为"C9-C12"，指定"存储复制的数据，在当前工作表中，在矩阵中（Store copied data in current worksheet, in matrix）"为"$M1$"，点击"确定（OK）"。这样就得到矩阵 $M1$，操作过程界面可参见图 0-1。

从"编辑＞命令行编辑器（Edit＞Command line editor）"入口进入"命令行编辑器"对话框，然后在对话框内填写宏指令"% comps"，点击"提交命令（Submit commands）"，就可以得到比较结果，这些结果自动存在了 MV＿比较协方差阵.MTW 文件中（见图 1-5 中的 C4～C7）。

在计算后的 MV＿比较协方差阵.MTW 文件中，给出各协方差阵行列式的对数值（C4 列），卡方统计量 chi（C5 列）为 98.022 7，自由度 DF（C6 列）为 40，相应于检验式(1-68) 的 p 值（C7）为 0.000 000 9，因此应该拒绝原假设，即 5 个总体协方差阵确实存在显著差异，不能认为各协方差阵是相同的。

这里补充说明一下对本节检验结果的正确理解问题。从统计理论的角度而言，比较多个正态总体协方差阵的检验与其他检验一样，该拒绝原假设时就判定"各正态总体协方差阵有显著差异"，无法拒绝原假设时就判定"各正态总体协方差阵无显著差异"。但从实际工作角度而言，不同的检验目的会导致采用不同的态度。如果检验的最终目的是判断各正态总体协方差阵是否相等，这时就应严格按有关检验法则予以准确判断。如果检验的最终目的是判断各正态总体均值是否相等，这时判断各正态总体协方差阵是否有显著差异的目的是验证多元方差分析的条件（详见 1.3 节）是否满足，这时则应适当放宽检验标准（实际上，单变量为进行 ANOVA 而验证方差相等性条件时，其检验水平最好放宽取为 $\alpha=$ 0.01）。如果需要根据正态总体协方差阵是否相等来选择不同的统计方法，当然应该注意选择最合适的方法。这些在使用本节所介绍的方法时应予注意。

1.3　多元方差分析

本节将介绍多指标的方差分析方法，多元方差分析记为 MANOVA。旧版的 MINI-TAB中进行多元方差分析，分为"平衡多元方差分析"和"一般多元方差分析"两个对话框，"平衡多元方差分析"适用于各总体观测次数全部相同的情形；"一般多元方差分析"则可以考虑各总体观测次数不同的情形。新版的 MINITAB 取消了"平衡多元方差分析"，只保留了"一般多元方差分析"。虽然本节仍保留了"平衡多元方差分析"和"一般多元方差分析"两种类型的案例，但其操作入口及步骤都是一致的。考虑到本书版本的延续性，仍保留这两种类型的案例。在 1.3.1 小节中介绍有关多元方差分析原理；在 1.3.2 小节中介绍一般多元方差分析的操作方法；在 1.3.3 小节中介绍实例的算法，其中对"平衡多元方差分析"及"一般多元方差分析"将各举一例。

1.3.1 多元方差分析的原理

首先我们看两个例子。

【例 1-7】　为了研究不同年龄及性别人群的血脂分布状况，对 3 组人群测量每人的 4 个指标：β 脂蛋白（x1），甘油三酯（x2），α 脂蛋白（x3），前 β 脂蛋白（x4）。这 3 组人分别为：20~35 岁女性，20~25 岁男性，30~55 岁男性，各检查 20 人，测量结果见网上资源表 1-W5，数据文件：MV_血脂研究.MTW。问 3 组人的血脂指标间是否有显著差异？

这个问题涉及 4 个指标：β 脂蛋白（x1），甘油三酯（x2），α 脂蛋白（x3），前 β 脂蛋白（x4），要求回答：来自不同年龄和性别的 3 个组之间有无显著差异？对于一元统计问题而言，马逢时等编著的《六西格玛管理统计指南》第 5 章已有讨论，即使用单指标 ANOVA（方差分析）就可以了。这里的问题与此类似，但单指标 ANOVA 只考虑一个指标，这里要同时考虑 4 个指标。把多个指标看成一个随机向量，再用分类因子的不同取值，将不同的总体区分开来。一般地，设有 k 个总体 $N_p(\mu^{(t)}, \Sigma)(t=1, 2, \cdots, k)$，$X_{(\alpha)}^{(t)}(t=1, 2, \cdots, k; \alpha=1, 2, \cdots, n_t)$ 是来自 $N_p(\mu^{(t)})$ 的随机样本，检验

$$H_0: \mu^{(1)} = \mu^{(2)} = \cdots = \mu^{(k)}, \quad H_1: \text{至少存在 } i \neq j \text{ 使得 } \mu^{(i)} \neq \mu^{(j)} \qquad (1-73)$$

这就是多元方差分析（MANOVA）问题。

我们先在这一部分和 1.3.2 小节讨论 MANOVA 的一般处理方法，然后到 1.3.3 小节再来解决例 1－7 这个问题。

【例 1－8】 在 4 个古窑遗址出土的陶器中，各选几件测量其中铝、铁、镁、钙、钠氧化物含量（y1－y5），4 个古窑选择的样本量分别为 14，2，5，5，数据见网上资源表 1－W6，数据文件：MV＿古陶器.MTW。试分析 4 个古窑遗址出土的陶器中 5 种氧化物含量是否相同。

这个问题涉及 5 个指标，要求回答：对于 4 个古窑遗址出土的陶器，这 5 个指标有无显著差异？

应当注意：在上述模型的叙述中，同样应该满足 MANOVA 的 3 个使用条件（这些条件与一元方差分析的要求是相同的）：随机样本要求数据相互独立；各总体的分布皆为多元正态分布；各总体的协方差阵全都相等。实际应用中，这 3 个条件大体满足就行了，除非出现了十分严重的不符合条件要另行解决外（例如例 1－6 卫星数据），一般不过分追究，通常也只是用残差分析直观地进行粗略判断罢了。

下面介绍多元方差分析的理论。其统计思想与一元方差分析完全相同：将总变差分解为"组间差"与"组内差"两部分，其中组内差代表随机误差，如果组间差显著大于组内差，则可以拒绝原假设，即断言各组之间的差异是显著的。多元方差分析方法的具体理论根据如下：

记第 i 个 p 元总体的数据阵为：

$$X^{(i)} = \begin{pmatrix} x_{11}^{(i)} & x_{12}^{(i)} & \cdots & x_{1p}^{(i)} \\ x_{21}^{(i)} & x_{22}^{(i)} & \cdots & x_{2p}^{(i)} \\ \vdots & \vdots & \ddots & \vdots \\ x_{n_i 1}^{(i)} & x_{n_i 2}^{(i)} & \cdots & x_{n_i p}^{(i)} \end{pmatrix} = \begin{pmatrix} X_{(1)}^{(i)'} \\ X_{(2)}^{(i)'} \\ \vdots \\ X_{(n_i)}^{(i)'} \end{pmatrix}, \quad i = 1, 2, \cdots, k \qquad (1-74)$$

对**总离差阵** $T = \sum_{i=1}^{k} \sum_{j=1}^{n_i} (X_{(j)}^{(i)} - \overline{X})(X_{(j)}^{(i)} - \overline{X})'$ 进行分解：

$$T = \sum_{i=1}^{k} \sum_{j=1}^{n_i} (X_{(j)}^{(i)} - \overline{X})(X_{(j)}^{(i)} - \overline{X})' = W + B$$

式中：

$$W = \sum_{i=1}^{k} W_i = \sum_{i=1}^{k} \sum_{j=1}^{n_i} (X_{(j)}^{(i)} - \overline{X}^{(i)})(X_{(j)}^{(i)} - \overline{X}^{(i)})'$$

$$B = \sum_{i=1}^{k} n_i (\overline{X}^{(i)} - \overline{X})(\overline{X}^{(i)} - \overline{X})'$$

分别称为**组内离差阵**和**组间离差阵**。

运用似然比原理得到检验统计量为：

$$\Lambda = \frac{|W|}{|W+B|} = \frac{|W|}{|T|} \qquad (1-75)$$

结合多元方差分析的知识，易见：

(1) 在 H_0 下，$W \sim W_p(n-k, \Sigma)$，$B \sim W_p(k-1, \Sigma)$，且 B 与 W 相互独立。

$$(1-76)$$

(2) 根据 Λ 分布的定义，可知当 H_0 成立时：

$$\Lambda = \frac{|W|}{|W+B|} \sim \Lambda(p, n-k, k-1) \qquad (1-77)$$

(3) 给定显著性水平 α，假设检验的拒绝域为 $W = \{\Lambda < \lambda_\alpha\}$，其中临界值 λ_α 满足 $P(\Lambda < \lambda_\alpha) = \alpha$。这里要注意，$\Lambda$ 所反映的是组内差占总离差和的比率，其值越小则反映组间差越大于组内差，因此 Λ 值越小，越有充分的理由拒绝原假设。

1.3.2 多元方差分析的操作方法

1.3.2.1 多元方差分析的操作方法

在 MINITAB 软件中，对于多元方差分析的操作是很简单的。

进行多元方差分析的步骤是：先将所有随机变量观测值存入工作表，再增加一列作为"分组变量"，它的值在第 1 个总体取 1，第 2 个总体取 2，…，第 k 个总体取 k，或者用不同字符标明这 k 个总体名称，如图 1-6 左图 C1 列所示。然后从"统计＞方差分析＞一般多元方差分析（Stat＞ANOVA＞General MANOVA）"进入"一般多元方差分析"对话框，只要在"响应（Responses）"中指定全部随机变量名称，"模型（Model）"中选择指明"分组变量"，点击"确定（OK）"，就能在会话窗口内得到有关结果。

MINITAB 在此对话框中有广泛的功能，其详细介绍请参见网上资源。

1.3.2.2 多元方差分析的检验结果

利用 MINITAB 进行多元方差分析，会在会话窗口输出这 4 种多元检验方法的结果：Wilks λ 值，Lawley-Hotelling 迹，Pillai 轨迹，Roy 最大根。这 4 个统计量的详细含义及计算公式参见网上资源。

当计算结果给出的 p 值很小时拒绝 H_0，显著性水平一般是 0.05，有时是 0.1。在相当多的情况下，这 4 种方法的 p 值相差不大，检验结果是相同的；如果不同，则以第二种 Lawley-Hotelling 迹方法为准。这 4 种方法的 F 统计量都是近似的。前 3 种方法给出统计量和 p 值，第 4 个值化为 F 统计量时误差较大，有时不列出 p 值。

1.3.3 多元方差分析的实例

例 1-7 的计算。3 组（即 3 个总体）样品数相同，都是 20，这属于平衡多元方差分析。在使用 MINITAB 计算前，先要指定一个变量，取名为"组别"，分别取 1，2，3（见图 1-6 左）。

使用 MINITAB 软件，其操作过程如下：从"统计＞方差分析＞一般多元方差分析（Stat＞ANOVA＞General MANOVA）"进入"一般多元方差分析"对话框（界面见图 1-6 右），在"响应（Responses）"中指定"X1-X4"，在"模型（Model）"中选择"组别"。点击"确定（OK）"即可在会话窗口中输出有关计算结果。

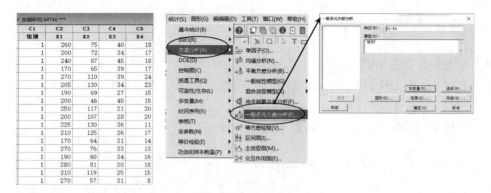

图 1-6 多元方差分析计算操作过程图

一般线性模型：X1，X2，X3，X4 与组别

组别的多元方差分析检验

| 标准 | 检验统计量 | F | 自由度 | | P |
			分子	分母	
Wilks'	0.66212	3.091	8	108	0.004
Lawley-Hotelling	0.46870	3.105	8	106	0.003
Pillai's	0.36542	3.074	8	110	0.004
Roy	0.34976				

s = 2 m = 0.5 n = 26.0

输出结果说明：从会话窗口结果可以看出，前 3 个值变换的 F 检验均有显著性：p 值为 0.004 或 0.003，小于 0.01（第 4 个值（Roy）化为 F 统计量时误差较大，未列出检验结果，可以不管它）。由此可以得出结论：3 组人群各血脂指标之间有显著差异。当然，接着应再进一步分析，这些差异是怎样产生的。在本例中，由对 4 个指标的单独分析可知，差异主要出现在 X1（即 β 脂蛋白）上。这里当然也要注意，在使用多元方差分析前还是应该先进行协方差阵相等性的检验（在例 1-6 中有详细介绍，本例的检验步骤参见网上资源），本例的检验结果见图 1-7，确实可以认为各协方差阵是相等的。如果协方差阵出现了显著差异，我们应该考虑到此差异的可能影响，也要注意协方差阵差异产生之具体原因（其中还可能源自抽样的缺陷），但我们通常更强调 MANOVA 的最终结果的含义。

	C1	C2	C3	C4	C5	C6	C7	C8-T	C9	C10	C11	C12
	绘制的点1	子组大小1	p	logΔ	chi	DF	p-value					
1	791325317	20	4	20.4892	20.3305	20	0.437433	X1	2200.15	408.39	-69.31	30.67
2	145821806	20		18.7979				X2	408.39	709.95	-34.00	38.01
3	1081163178	20		20.8013				X3	-69.31	-34.00	36.54	-0.47
4				20.4260				X4	30.67	38.01	-0.47	17.97

图 1-7 血脂研究中的协方差阵检验结果图

例 1-8 的解。这个问题中要分析 4 个古窑遗址出土的陶器中 5 种氧化物含量是否相同。这是多元方差分析问题，但每个总体样品数不同，分别是 14，2，5，5，因而不属于平衡多元方差分析。采用一般多元方差分析，得到以下分析结果。

具体步骤是：从"统计＞方差分析＞一般多元方差分析（Stat＞ANOVA＞General MANOVA)"进入"一般多元方差分析"对话框，在"响应（Responses）"中指定"y1-y5"，在"模型（Model）"中选择"地区"。点击"确定（OK）"。界面图可以参见网上资源。

执行后，在会话窗口得到以下结果。

一般线性模型：$y1$，$y2$，$y3$，$y4$，$y5$ 与地区
地区的多元方差分析检验

标准	检验统计量	近似 F	自由度 分子	自由度 分母	P
Wilks'	0.01230	13.089	15	50	0.000
Lawley-Hotelling	35.43875	39.376	15	50	0.000
Pillai's	1.55394	4.298	15	60	0.000
Roy	34.16111				

$s=3$　$m=0.5$　$n=8.0$

从会话窗口输出结果可以看出，前 3 个值变换的 F 检验均有高度显著性：p 值很小，近似为 0，小于 0.001（第 4 个值（Roy）化为 F 统计量时误差较大，未列出检验结果）。由此可以得出结论：4 个古窑遗址出土的陶器中 5 种氧化物含量确实有显著差异。

1.4　多元质量控制图

统计过程控制（statistical process control，SPC）是个非常有用的工具。马逢时等在《六西格玛管理统计指南——MINIAB 使用指导》第 12 章中详细介绍了单个重要特征（一个指标）的质量控制图，即一元控制图。但是，如果生产过程的关键质量特征多于一个，则不能对每一个指标分别画一元控制图，因为多个指标间可能存在相关性。这时需要用多元的方法来监控过程的稳定性。张公绪、孙静主编的《质量工程师手册》中举了一个例子（详见本节例 1-9），说明只画一元控制图不行，必须画多元质量控制图。多元质量控制图的目的同普通的质量控制图一样，也是使偶然波动和异常波动可视化，因而有利于我们区分引起变动的一般原因和特殊原因。多元控制图的构造和一元控制图相同，一般由按时间顺序标绘的数据点子链和两条水平线组成，这两条水平线称为控制限。本节介绍 T^2 控制图（MINITAB 称为 T 方控制图）、广义方差控制图和 MEWMA 控制图（多元 EWMA 控制图）。

【例 1-9】　设某过程有 2 个主要指标 X 和 Y，每个批次抽 4 个子样，总计 20 批次的子样，数据见网上资源表 1-W7，数据文件：MV _ 过程指标.MTW。讨论质量监控方法。

分别画出 X 和 Y 的一元控制图（见图 1-8），从两张控制图中都没有看到异常波动。

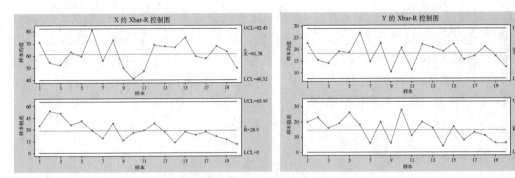

图 1-8　20 批产品的指标 X（左）及 Y（右）的一元 $\overline{X}$-R 控制图

通过散点图（见图 1-9）分析数据发现，本批数据中，X 与 Y 是明显正相关的。而第 10 批数据中有两点明显偏离正相关规律，这是异常现象。这种异常在任何一个单指标的控制图中是查不出来的，而在多元控制图中就能查出。此例的多元控制图将在例 1-11 中给出。

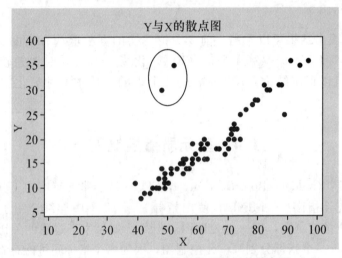

图 1-9　20 批产品的指标 X 及 Y 的散点图

1.4.1　T^2 控制图

1.4.1.1　T^2 控制图的原理

最常见的多元控制图是 T^2 控制图，它对多个指标的均值（或位置）状态实施综合控制。T^2 控制图的点子链是按照时间顺序画出的，这样我们从图上可以看到均值是否受到特殊因素影响。一般情况下，总体均值向量 μ_0 和协方差阵 Σ_0 是未知的，也不能任意假定。当数据按组出现时，人们一般分别用各子组均值向量的平均向量 $\overline{\overline{X}}$ 和各子组协方差阵的平均阵 S_p 来代替，即第 i 批 T^2 统计量为：

$$T_i^2 = n(\overline{X}_i - \overline{\overline{X}})'S_p^{-1}(\overline{X}_i - \overline{\overline{X}}) \tag{1-78}$$

式中，n 是子组样品的个数。

$$\overline{\overline{X}} = \frac{1}{m}\sum_{i=1}^{m}\overline{X}_i, \quad S_p = \frac{1}{m}\sum_{i=1}^{m}S_i$$

式中，$\overline{X}_i$ 是第 i 批抽样子组的均值向量；S_i 是第 i 批抽样子组的协方差阵；m 是可以利用的合理子组数目。

控制上限（UCL）为：

$$\frac{p(m-1)(n-1)}{mn-m-p+1}F_{1-\alpha/2}(p,mn-m-p+1) \tag{1-79}*$$

式中，n 是每个子样本的样本量；m 是批数；p 是指标变量的个数。

控制下限（LCL）为 0。

当观测值是单个的，每批只有一次观测时，T^2 统计量为：

$$T_i^2=(X_i-\overline{X})'S^{-1}(X_i-\overline{X}) \tag{1-80}$$

式中，X_i 是单个的观测点向量；$\overline{X}$ 是样本均值向量。

$$S=\frac{1}{2(m-1)}\sum_{i=1}^{m-1}v_{(i)}v_{(i)}' \tag{1-81}$$

式中，m 是观测值的组数；$v_{(i)}=X_{(i+1)}-X_{(i)}$。

控制下限（LCL）为 0。

通常参数（诸如均值、协方差阵）的值由样本算出，这时控制上限（UCL）为：

$$\frac{(m-1)^2}{m}B_{1-\alpha/2}(p/2,(m-p-1)/2) \tag{1-82}*$$

式中，m 是观测值的个数；p 是指标变量的个数；$B(p/2,(m-p-1)/2)$ 是 Beta 分布。

如果指定一些参数（诸如均值、协方差阵）的值，例如让它们等于历史值，这时控制上限（UCL）为：

$$\frac{p(m+1)(m-1)}{m^2-mp}F_{1-\alpha/2}(p,m-p) \tag{1-83}*$$

式中，m 是观测值的个数；p 是指标变量的个数。

1.4.1.2　T^2 控制图的计算

绘制 T^2 控制图的方法与绘制单指标控制图基本上是相同的，这些内容不再重复。T^2 控制图的对话框的详细介绍参见网上资源。

1.4.1.3　T^2 控制图的实例

下面我们分别举例说明这两种情况的使用方法。

1. 子样数为 1 的例子

【例 1-10】　美国某州的一个警察局把对自身行为的定期监测作为其管理质量改进计划的一部分，收集了两种加班小时数，数据见网上资源表 1-W8，数据文件：MV_警察加班.MTW，每一个观测值代表 12 个工资支付期（大约为半年）内加班小时数之和。试画出两种加班小时数的 T^2 控制图并加以分析。

先将数据分成两列存入工作表，分别在 C1，C2 列。然后从"统计＞控制图＞多变量

---

　　* 式（1-79）、式（1-82）、式（1-83）来自 MINITAB 软件的方法和公式，但由于控制下限为 0，因此这里似应将 $1-\alpha/2$ 换成 $1-\alpha$。

控制图＞T 方（Stat＞Control Charts＞Multivariate Charts＞Tsquared Chart）"进入"T 方控制图"对话框，指定"变量（Variables）"为"C1 C2"，"子组大小（Subgroup sizes）"中输入"1"，点击"确定（OK）"（操作过程见网上资源）。得到如图 1-10 所示的 T 方控制图。

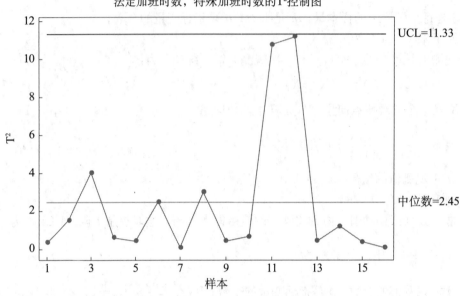

图 1-10 警察加班时数的 T 方控制图

从图 1-10 中可以看出，在样本 11 及 12 两处都有异常出现（几乎超出控制限）。调查后发现这两个样本所处时段该城学生因为某事进行抗议，于是警察的特殊加班时间和法定加班时间增多，因而出现异常波动。如果分别对这两个变量绘制控制图（见图 1-11），则分别只有一个异常点，而 T 方控制图则可以将两个（或多个）变量的异常状况综合反映出来。

2. 子样数大于 1 的例子

当子样数超过 1 时，可以假定子组内只有随机误差，而组间可能有非随机的异常因素出现。我们完成例 1-9 的控制图。

【例 1-11】 （续例 1-9）设某过程有 2 个主要指标 X 和 Y，每个批次抽 4 个子样，总计 20 个批次的子样，数据文件：MV_过程指标.MTW。试绘制多元质量控制图。

由于要监控的指标有两个，因而要绘制 T 方控制图。操作过程是：先将数据分成 3 列输入工作表：第 1 列为批次变量，命名为"批次"；第 2，3 列是观测值，分别命名为"x"及"y"，然后从"统计＞控制图＞多变量控制图＞T 方（Stat＞Control Charts＞Multivariate Charts＞Tsquared Chart）"进入"T 方控制图"对话框，指定"变量（Variables）"为"x y"。在"子组大小（Subgroup sizes）"中输入"批次"，点击"确定（OK）"。得到如图 1-12 所示的 T 方控制图。

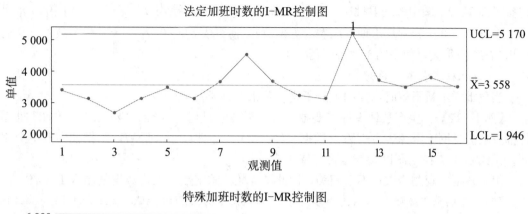

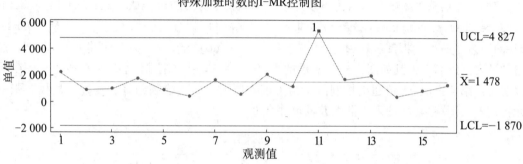

图 1 – 11 法定加班时数和特殊加班时数的一元控制图

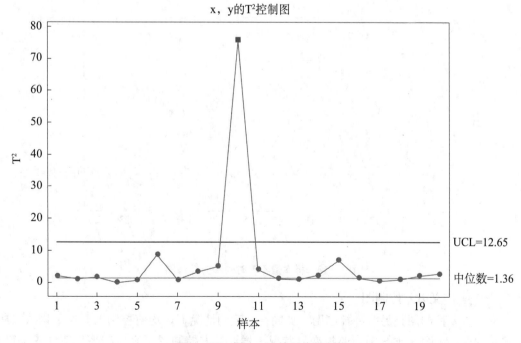

图 1 – 12 例 1 – 11 的 T 方控制图

从图 1 – 12 可见,第 10 个批次出现异常。仔细寻求第 10 个批次 T^2 特别大的原因,请参见图 1 - 9。图中的一般批次，$\overline{Y}_i$ 与 $\overline{X}_i$ 都是正相关的，导致 T^2 值很小；而第 10 批次内 4 个点中有 2 个异常点出现（向左上方偏离），使得 $\overline{Y}_{10}$ 与 $\overline{X}_{10}$ 不符合正相关条件，从而算出的 T^2 值很大，使得第 10 批次异常。

3. 每批样本量不等的例子

当每批样本量不等时，控制上限不是一条水平直线。

【例 1 - 12】 生产某种零件需要抽查 3 个数据：凸缘、孔径、鼓径。3 月份 25 批零件抽查数据见网上资源表 1 - W9，数据文件：MV _ 零件尺寸.MTW，每批抽样量不全相同。试绘制 T 方控制图以检查是否有特殊波动。

由于各批次观测值数目不全相等，因此子样数非固定数。先将数据复制入工作表（排成 4 列），然后从"统计＞控制图＞多变量控制图＞T 方（Stat＞Control Charts＞Multivariate Charts＞Tsquared Chart）"进入"T 方控制图"对话框，指定"变量（Variables）"为"凸缘　孔径　鼓径"。在"子组大小（Subgroup sizes）"中输入"批次"，点击"确定（OK）"。得到如图 1 - 13 所示的 T 方控制图，图中控制上限是折线。从图中可以看出：第 4 批次 T^2 值超出控制限。为了细查原因，单独绘制凸缘、孔径、鼓径 3 张一元控制图（图略），可见第 4 批次鼓径尺寸太大。

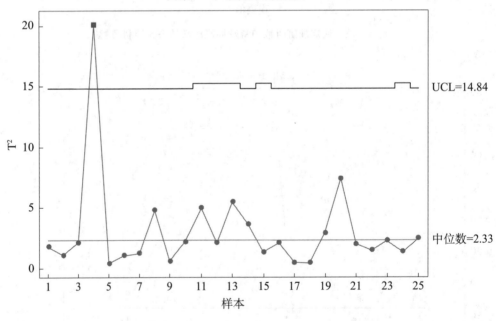

图 1 - 13　样本量不等时的 T 方控制图

1.4.2 广义方差控制图

广义方差控制图是另一种控制图。如同在一元的情况下，均值控制图监控平均值（或位置）状况，R 图（或 S 图）监控变异状况一样，T 方控制图用来监控平均值（或位置）状况，广义方差控制图则用来监控变量的变异是否受到特殊因素影响。

1.4.2.1　广义方差控制图的原理

由于协方差是个矩阵，对协方差阵直接监控比较困难，我们采用协方差阵的行列式（即广义方差）来监控。广义方差控制图监控各子样本的广义方差统计量，即协方差阵的行列式 $|S_i|(i=1, 2, \cdots, m)$，m 是子样本的个数，记 $|S_i|$ 的平均值为 $|S|$。

控制下限（LCL）为：

$$\frac{|S|}{b_1}(b_1 - 3b_2^{1/2}) \tag{1-84}$$

控制上限（UCL）为：

$$\frac{|S|}{b_1}(b_1 + 3b_2^{1/2}) \tag{1-85}$$

这里

$$b_1 = \frac{1}{(n-1)^p}\prod_i^p (n-i)$$

式中，p 是变量的个数；n 是每个子样本中观测值的个数。

$$b_2 = \frac{1}{(n-1)^{2p}}\prod_{i=1}^p (n-i)\left[\prod_{j=1}^p (n-j+2) - \prod_{j=1}^p (n-j)\right]$$

式中，p 是变量的个数；n 是每个子样本中观测值的个数。

当由式（1-84）算出的 LCL 小于 0 时，取 LCL＝0。

当每个批次只抽一个样本时，控制图的画法比较复杂，可参见 Montgomery 的书，详见书后参考文献 [47]。

1.4.2.2　广义方差控制图的计算

绘制广义方差控制图的方法与 T^2 控制图基本上是相同的，这些内容不多重复。

1.4.2.3　广义方差控制图的实例

下面我们对原有例题增加绘制广义方差控制图。

1. 无子组的情况

如同单变量数据情况那样，如果每个批次只抽一个样本，称为无子组存在，数据的波动只能靠相邻两组数据之间的差异来度量（相当于移动极差控制图）。

【例1-13】　（续例1-10）对警察加班数据绘制广义方差控制图。

由于每个批次只有1次观测，子组大小应当是1。可以采用如下操作步骤：

从"统计＞控制图＞多变量控制图＞广义方差（Stat＞Control Charts＞Multivariate Charts＞Generalized Variance）"进入"广义方差控制图"对话框。指定"变量（Variables）"为"C1 C2"，在"子组大小（Subgroup sizes）"中输入"1"，点击"确定（OK）"。执行后得到如图1-14所示的广义方差控制图。

会话窗口得到的输出结果如下：

法定加班时数，特殊加班时数的广义方差控制图检验结果

检验。一个点超出控制限。

检验出下列点不合格：11

警告 ＊ 如果使用新数据更新图形，以上结果可能不再正确。

　　结果分析：样本 10～11 所处时段由于学生抗议活动，变异异常增大。

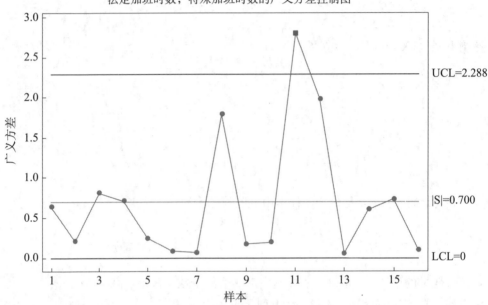

图 1-14　警察加班时数的广义方差控制图

　　图 1-14 也表明，样本 11 的数据波动（即样本 10～11 间差异）异常。

　　2. 子样数大于 p 的实例

　　当子样数大于 1 时，每批的子样数必须大于随机向量维数 p，才能计算广义方差。

　　【例 1-14】　（续例 1-12）3 月份对零件抽查凸缘、孔径、鼓径 3 个指标，25 批零件抽查数据见网上资源表 1-W9，数据文件：MV_零件尺寸.MTW。试绘制广义方差控制图以检查是否有特殊波动。

　　因为每个时段都有若干个样品，需要说明每个样品所属时段。为此采用如下步骤：首先将数据输入工作表，第 1 列表示批次，第 2～4 列表示凸缘、孔径、鼓径的观测值，分别命名为凸缘、孔径、鼓径。然后从"统计＞控制图＞多变量控制图＞广义方差（Stat＞Control Charts＞Multivariate Charts＞Generalized Variance)"进入"广义方差控制图"对话框，指定"变量（Variables)"为"凸缘　孔径　鼓径"。在"子组大小（Subgroup sizes)"中输入"批次"，点击"确定（OK)"。得到如图 1-15 所示的广义方差控制图。

　　从图中可见广义方差基本正常。注意，由于每批样本量有差别，因而控制上限非水平直线。

　　在 MINITAB 多元控制图中，T 方和广义方差两张控制图其实可以同时绘制出来。只要从"统计＞控制图＞多变量控制图＞T 方广义方差（Stat＞Control Charts＞Multivariate Charts＞Tsquared-Generalized Variance)"进入"T 方广义方差控制图"对话框即

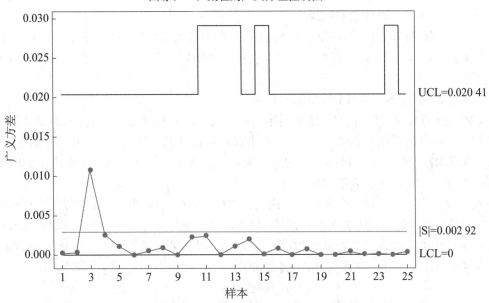

凸缘，…，鼓径的广义方差控制图

图 1 - 15 样本量不等时的广义方差控制图

可。其余操作我们在前面已经介绍过了。

1.4.3 多变量 EWMA 控制图

在单变量控制图中有一种情形很值得注意，在均值（或单值）控制图中，如果总体的均值有微小的系统漂移，则使用一般的控制图不容易判断出异常来，换用 EWMA（指数加权移动平均）控制图则灵敏得多。对于多元数据情况是类似的，这就是多变量 EWMA 控制图（MEWMA 控制图）。

1.4.3.1 多变量 EWMA 控制图的原理

MEWMA 控制图是由 EWMA 控制图扩展得到的。MEWMA 统计量是：

$$T_i^2 = Z_i \Sigma_{Z_i}^{-1} Z_i \tag{1-86}$$

式中，Z_i 是 MEWMA 向量，定义为：

$$Z_i = r X_i + (1-r) Z_{i-1} \tag{1-87}$$

式中，X_i 是第 i 个子组的均值向量。

$$\Sigma_{Z_i} = \left\{ \frac{r \left[1-(1-r)^{2i} \right]}{2-r} \right\} S$$

式中，S 为样本协方差阵。权重 r 的取值为 $0 \sim 1$。同单变量的 EWMA 一样，权重 r 的取值越小（越接近 0），则平滑效果越好（与此同时保真效果越差）；反之，权重 r 的取值越大（越接近 1），则保真效果越好（与此同时平滑效果越差）。MINITAB 软件的缺省默认值为 0.1。

1.4.3.2 多变量 EWMA 控制图的计算

绘制多变量 EWMA 控制图与绘制 T^2 控制图和广义方差控制图的操作说明基本是一样

的，凡重复部分这里从略。在多变量 EWMA 控制图中较特殊的要求是在 EWMA 控制图入口的界面中出现的两处参数选择：

"平均游程（ARL）"：输入平均游程长度。所能允许的最小的平均游程为 1。

"权重（Weight）"：指定在多元指数加权移动平均数中所使用的权重 r，必须是 0～1 之间的值。

1.4.3.3 多变量 EWMA 控制图的实例

【例 1-15】 某汽车轮箍铸造车间生产汽车轮箍，其关键尺寸是厚度和外径。每个班次抽取一个样品测量相应数值，共计 27 个班次，数据见网上资源表 1-W10，数据文件：MV_汽车轮箍.MTW。要监测生产过程中是否有异常状况。我们把 27 个班次的厚度和外径分别存入 2 列，命名为厚度和外径。

按一般程序，应该对厚度和外径分别进行监控，为此绘制两张单值移动极差控制图。

从"统计＞控制图＞单值的变量控制图＞I-MR（Stat＞Control Charts＞Variable Charts for Individual＞I-MR）"进入"单值变量控制图"对话框（界面略），先后指定"变量（Variables）"为"厚度 外径"，点击"确定（OK）"。得到如图 1-16 所示的两张 I-MR 控制图。

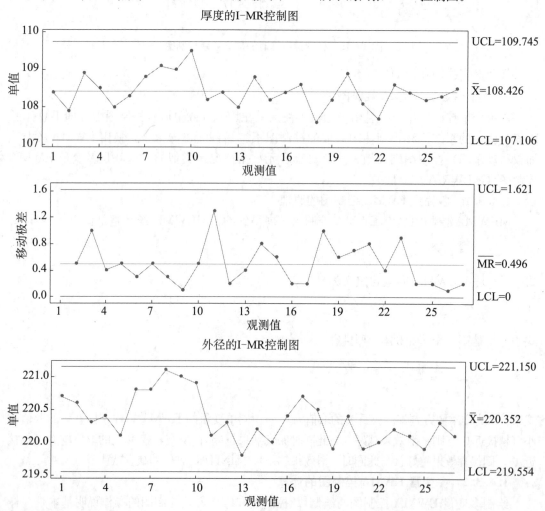

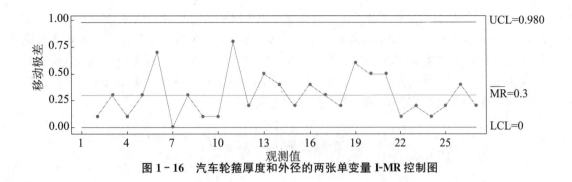

图 1 - 16　汽车轮箍厚度和外径的两张单变量 I-MR 控制图

从图 1 - 16 中可以看出，厚度和外径基本正常，都处于受控状态。

两个单元变量正常不能断言两个变量的联合状况也正常，为此绘制多元的 T 方广义方差控制。从"统计＞控制图＞多变量控制图＞T 方 广 义 方 差 (Stat＞Control Charts＞Multivariate Charts＞Tsquare-Generalized Variance)"进入"T 方广义方差控制图"对话框，指定"变量 (Variables)"为"厚度-外径"，在"子组大小 (Subgroup sizes)"中输入"1"。多变量的 T 方广义方差控制图如图 1 - 17 所示。

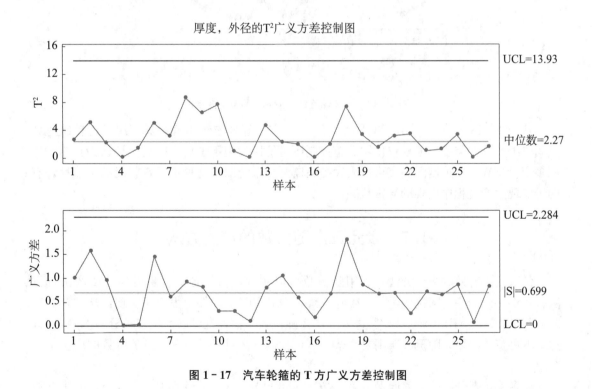

图 1 - 17　汽车轮箍的 T 方广义方差控制图

从图 1 - 17 中可以看出，厚度和外径作为二维数据，其 T 方及广义方差基本正常，都处于受控状态。但这里不能排除厚度和外径这两个变量有系统的微小漂移，为此绘制多变量 EWMA 控制图。

从"统计＞控制图＞多变量控制图＞多变量 EWMA（Stat＞Control Charts＞Multi-variate Charts＞Multivariate EWMA)"进入"多变量 EWMA 控制图"对话框（界面参见网上资源），指定"变量（Variables)"为"厚度-外径"。在"子组大小（Subgroup si-zes)"中输入"1"，在"ARL"和"权重"中使用默认数值，点击"确定（OK)"。得到如图 1-18 所示的多变量 EWMA 控制图。操作全过程见网上资源。

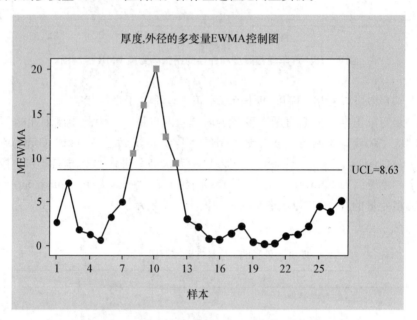

图 1-18　汽车轮箍的多变量 EWMA 控制图

从图 1-18 中可以看出，第 8，9，10，11，12 等处连续出现超界情况。这反映这些点间二维数据的突变，如果仅使用简单控制图可能因发现不了任何问题而被认为正常。使用多变量 EWMA 控制图确实可以大大提高监测出系统漂移这种不正常状况的可能性，有助于发现生产过程中出现的异常状况。

1.5　多元正态随机数的产生方法

仿真是很有效的分析方法，利用随机数可以实现随机模拟，这是极为重要的仿真方法。对于一般的一元随机变量，产生随机数在 MINITAB 软件中很容易实现：从"计算＞随机数据（Calc＞Random Data)"进入"产生随机数"框，就可以产生多种分布的随机数，这里不再赘述。多元随机分布则要复杂得多，我们下面对多元正态分布随机数的产生予以介绍。

设多元正态分布的均值向量 μ 和协方差阵 Σ 已知，要求产生服从 $N(\mu, \Sigma)$ 的正态随机数，也就是要产生观测资料阵，它来自 $N(\mu, \Sigma)$ 总体。这可用"多元正态分布"框生成。

【例 1-16】　希望生成三元正态分布的 20 次观测随机数，它的均值向量 $\mu=\begin{pmatrix}3\\8\\7\end{pmatrix}$，协

方差阵 $\Sigma=\begin{pmatrix}1 & 2 & 0.5\\2 & 5 & -0.2\\0.5 & -0.2 & 10\end{pmatrix}$。

这里的准备工作是先将相应参数输入计算机。本例将协方差阵 Σ 及均值向量 μ 存入工作表中（数据文件：MV_多元正态随机数.MTW），其中协方差阵 Σ 存入 C1~C3，均值向量 μ 存入 C4，形成一个均值列。对于协方差阵 Σ，我们先要将其复制形成矩阵 M1（参见图 0-1），为此要这样操作：从"数据＞复制＞从列到矩阵(Data＞Copy＞From Columns To Matrix)"入口进入"复制列到矩阵"对话框，指定"从列复制 (Copy from columns)"为"C1-C3"，指定"存储复制的数据，在当前工作表中，在矩阵中 (Store copied data in current worksheet, in matrix)"为"M1"，点击"确定 (OK)"，这样就将协方差阵 Σ 以"M1"的名称存入文件"MV_多元正态随机数.MTW"中了。

然后从"计算＞随机数据＞多元正态 (Calc＞Random Data＞Multivariate Normal)"进入"多元正态分布"随机数生成框，在"要生成的数据行数 (Generate rows of data)"后填"20"，在"存储于列(Store column(s) in)"下填"C5-C7"（注意列数必须与原设定的维数一致），在"均值列 (Mean column)"后填"C4"，在"方差-协方差 (Variance-Covariance matrix)"后填"M1"，点击"确定 (OK)"（界面参见网上资源），即可在 C5~C7 列得到随机数矩阵。存有随机数的工作表见图 1-19。

	C1	C2	C3	C4	C5	C6	C7
				MU			
1	1.0	2.0	0.5	3	2.65262	6.88990	4.0710
2	2.0	5.0	-0.2	8	3.20073	7.97117	11.7841
3	0.5	-0.2	10.0	7	1.30625	3.50584	9.9527
4					2.23682	6.09517	4.6472
5					1.45555	4.06026	8.0463
6					3.06440	8.23789	8.7813
7					3.66131	7.94044	8.9296
8					2.03656	5.08832	12.7091
9					1.73709	4.57116	7.4671
10					3.92789	9.25746	8.4236

图 1-19　存有多元正态随机数的工作表

由于 MINITAB 产生随机数的过程在不同时间、不同电脑上是不同的，所以读者生成的随机数可能和图 1-19 不同，这是正常的。

多元正态分布在维数超过 3 维时，是不易展示为直观图形的。但如果维数不超过 3 时，则可以展示为空间可视图形。例 1-16 是我们自己形成的三维（或称三元）正态分布，其均值及协方差阵是我们指定的，我们下面展示并分析这样形成的随机数分布图形的

特点。三维数据，通常可以用空间散点图来展示。为了更直观地看到图形特点，还常常让三个坐标轴分别适当地旋转一下，以便更清晰地观察其图形特征。其操作步骤如下：从"图形＞3D 散点图＞简单（Graph＞3D Scatterplot＞Simple)"入口，分别选 C7，C6 和 C5 为 X，Y，Z 变量，然后单击"确定（OK）"，就得到一张 3D 散点图。适当地旋转 X，Y，Z 三个轴，得出多种直观图形。图 1-20 是我们选择的一幅有特点的图。

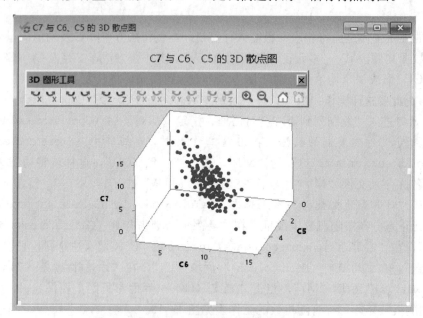

图 1-20　三维正态分布的散点图

此散点图的图形是一个类似于椭圆状的铁饼，其长轴：短轴：厚度大约是 2∶1∶0.2。更精确的结果要从协方差阵的特征分解中获得。本协方差阵的特征分解结果列在式（0-6）中，三个特征值的比例是 10.03∶5.83∶0.14，$\sqrt{10.03} = 3.167$∶$\sqrt{5.83} = 2.415$∶$\sqrt{0.14} = 0.374$，这就是长轴：短轴：厚度之间的比值，厚度特别小，因而"椭球"几乎退化为一个薄薄的椭圆形薄饼，其长短轴方向非常重要，要具体地分析其各分量的含义，这些就是第 4 章主成分分析中所能够展示出来的结果。看得出来，这里对协方差阵的分析是关键，而其特征分解非常有助于解释多元随机变量的结构信息，这可以帮助我们找出多元变量内部的变化规律。

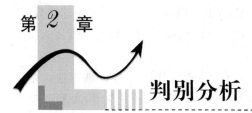

第2章

判别分析

在科技、社会、经济、管理等领域的研究中,人们经常要对某一研究现象的归属作出判断。例如在经济学中,根据人均国民收入、人均工业产值、人均消费水平等多种指标来判断一个国家的经济发展程度所属类型;又如,企业为了有效地制定对某地区的销售策略,就需要根据该地区居民的收入水平、文化传统、消费习惯等各方面来判断该地区居民所属的消费模式;再如,医生为了给病人治病,先要根据病人描述的各种症状及各种化验结果判断病人患病的类型等。这些都属于判别分析可解决的问题。本章介绍常用的多元统计判别方法。2.1 节通过引入的 3 个实际例子介绍有关判别分析的基本概念;2.2 节从统计思想的角度介绍有关判别分析的原理;2.3 节介绍有关 MINITAB 软件实现判别分析的具体操作及 4 个实际例题的最终解答;2.4 节介绍用 Logistic 回归作判别的方法。

2.1 判别分析的概念

为了介绍判别分析的概念,我们先看下面 3 个例子。

【例 2-1】 某割草机制造商为预测最佳销售策略,想把该市家庭分为准备买割草机的家庭(包括已购买割草机的家庭)"A"类和不准备买割草机的家庭"B"类,所依据的判别变量是:X_1=收入和 X_2=草坪面积。现有准备买割草机的 n_A=12 个家庭和不准备买割草机的 n_B=12 个家庭的数据,见网上资源表 2-W1,数据文件:MV_割草机.MTW。试给出用 X_1 和 X_2 的值划分家庭的办法。如果某家庭 X_1=100.0 千美元,X_2=20 千平方英尺,那么该家庭属于准备买割草机的一类,还是属于不准备买割草机的一类?

【例 2-2】 准备用卫星 4 个通道的遥感数据确定地面植物的类型。已知 36 块土地 4 个通道的遥感数据 $X_1 \sim X_4$ 及该块土地上种植庄稼的品种(玉米、大豆、棉花、甜菜及牧草 5 种之一），见网上资源表 1-W4，数据文件：MV_卫星数据.MTW。如何建立公式，从而根据 $X_1 \sim X_4$ 的值判断一块地种什么？如果有块土地的 $X_1 \sim X_4$ 值是 20，25，30，30，请判断该块地种植的是什么庄稼。

【例 2-3】 对 A 型血友病基因携带者的判断问题。希望构造一种判别方法，用来判断一个疑似带有 A 型血友病基因者是确实带 A 型血友病基因者还是未带 A 型血友病基因者。研究者分析两组疑似带有 A 型血友病基因者女性的血样数据，见网上资源表 2-W2，数据文件：MV_血友病.MTW，其中未带 A 型血友病基因者记为 $Y=1$，带 A 型血友病基因者记为 $Y=2$。所用判别变量是：X_1 表示 $\log_{10}$（AHF 活性），X_2 表示 $\log_{10}$（AHF 抗原）。如果通过调查表明：疑似带 A 型血友病基因者人群中，未带 A 型血友病基因者与带 A 型血友病基因者的比例是 4:6，试建立判别公式。如果某个疑似带有 A 型血友病基因者测出 $X_1=-0.2$，$X_2=-0.1$，那么预测她是否带有 A 型血友病基因。

上面 3 个例子有 4 个共同特点。

（1）涉及的事物分为若干类（或称为组）：例 2-1 中有 2 类，准备买割草机的家庭和不准备买割草机的家庭；例 2-2 中有 5 类，玉米、大豆、棉花、甜菜和牧草；例 2-3 中有两类，未带 A 型血友病基因者和带 A 型血友病基因者。

（2）为了区分事物属于哪一类，观测若干个变量：例 2-1 中变量有 $X_1=$ 收入和 $X_2=$ 草坪面积；例 2-2 中变量有卫星 4 个通道的遥感数据 $X_1 \sim X_4$；例 2-3 中变量有 $X_1=\log_{10}$（AHF 活性），$X_2=\log_{10}$（AHF 抗原）。这些变量称为**自变量**或**预报变量**，也称为**判别变量**。

（3）为了给出分类规律，各类有一些样品（观测），例 2-1 中每类都有 12 个样品；例 2-2 中各类分别有 7，6，6，6，11 个样品；例 2-3 中各类分别有 30 和 45 个样品。这些已知分类的数据称为**训练数据**或**训练样本**，单个观测值称为**训练样品**。

（4）给出一些样品，其判别变量值已知，但不知属于哪一类，需要判定它们属于哪一类（MINITAB 称为预报），这样的样品称为**待判样品**。例如，例 2-1 中的待判样品 $X_1=100.0$ 千美元，$X_2=20$ 千平方英尺；例 2-2 中的待判样品 $X_1 \sim X_4$ 值是 20，25，30，30；例 2-3 中的待判样品 $X_1=-0.2$，$X_2=-0.1$。我们的任务是找出方法：从训练数据出发，建立判别变量的函数，称为**判别函数**。由判别函数值的比较判定待判样品属于哪一类。

例 2-3 与其他两个例子不同的是：判别过程还要考虑到各类间的比例，这个比例是通过大量调查得到的。当不知道任何预测变量数值时，就可以由这个比例算出属于某个类的概率，这些概率称为**先验概率**（也称为验前概率）。例 2-3 中一个疑似带有 A 型血友病基因者，当不作检测时，她不带有 A 型血友病基因的先验概率是 $4/(4+6)$，带有 A 型血友病基因的先验概率是 $6/(4+6)$。她作了检测后，测定了两个指标：$X_1=-0.2$，$X_2=-0.1$，于是对先验概率进行修正，从而获得属于每类的概率。由此可见先验概率是非常重要的信息，有助于判定她是否带有 A 型血友病基因。根据待判样品观测数据，对先验概率进行修正而获得的最终的判断概率称为**后验概率**。

2.2　判别分析的原理

2.2.1　判别分析的数学模型

判别分析的数学模型是：样品的判别变量作为随机变量，p 个判别变量联合起来作为 p 维随机向量；每类的变量作为一个总体，不同总体（类）的变量分布不同。判别分析问题中如果给定的类数是 k，将其写为 k 个 p 维总体 G_1，G_2，$\cdots$，G_k（例 2-1、例 2-2、例 2-3 中 p 分别是 2，4，2；k 分别是 2，5，2）。这些总体均值向量 $\mu_i(i=1,2,\cdots,k)$ 一般是未知的而且不等，且协方差阵 $\Sigma_i(i=1,2,\cdots,k)$ 一般也未知（但可以假设它们彼此相等或不全相等）。观测数据中包括了若干样品的观测值并已知它们的归类。我们要建立一个判别法则，使得对给定的任意一个待判样品 X，都能根据此法则判断它来自哪个总体。

判别分析的几何意义是：把 p 维欧氏空间划分为 k 个部分，如果待判样品的值处于第 i 部分，就判定待判样品属于第 i 类。对于例 2-1，$p=2$，可以通过平面图形给出直观解释。图 2-2 是例 2-1 数据的散点图。这里是以 X_1 为横轴，X_2 为纵轴把训练数据（24 个样品）画在散点图中的。

为了使不熟悉 MINITAB 软件的读者学会绘制散点图，现将操作步骤介绍如下：

先将数据存入工作表，C1 存收入值，变量名为"收入"；C2 存草坪面积，变量名为"草坪大小"；C3 存是否购买，变量名为"类别"。准备购买割草机的家庭，"类别"变量值取 1；不准备购买割草机的家庭，"类别"变量值取 2。然后从"图形＞散点图（Graph＞Scatter Plot）"入口（界面见图 2-1），选择"含组（With groups）"，点

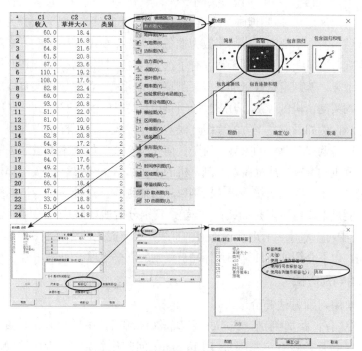

图 2-1　绘制散点图的操作过程

击"确定（OK）"，弹出"散点图-含组"对话框，在"Y变量（Y variable）"中填写"草坪大小"，在"X变量（X variable）"中填写"收入"，在"用于分组的类别变量（Categorical variables for grouping）"中填写"类别"。打开"标签（Labels）"窗口，选中"数据标签（Data label）"项，选中"使用右列值作标签（Use labels from column）"，并在行中填写"类别"。各框都点击"确定（OK）"，就可以得到数据的散点图，而且每个散点旁都标注了其所属类别（见图2-2）。

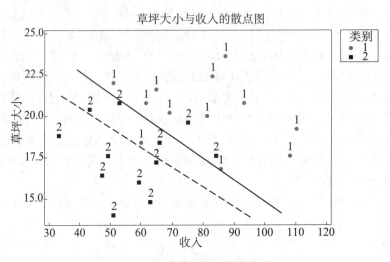

图 2-2　割草机数据的散点图

从图2-2中可以看到，一般来说，买割草机的（用"1"代表）大多是收入较高且草坪较大的家庭（即右上角区域）。适当地画一条直线（右上方实直线），把平面分为两半，训练样品被分在这两个区域：右上半部训练样品多数为准备购买割草机的家庭，左下半部多数为不准备购买割草机的家庭，这条线就是判别函数。有了这条线后，把待判样品画在此散点图上，若它位于实直线的右上方，就判定它属于准备购买割草机的家庭；若它位于实直线的左下方，就判定它属于不准备购买割草机的家庭。用来划分平面的线要适当，应当把训练样品尽可能分开；如果划分得不适当，例如画成左下方的虚线，误差就比较大，训练样本中许多不准备购买割草机的家庭被判为准备购买割草机的家庭。对于任何一条直线，如果不准备购买割草机的家庭被判为准备购买割草机的家庭，或准备购买割草机的家庭被判为不准备购买割草机的家庭，这样的家庭就被"错判"了。我们当然希望"错判"尽可能地少。选择一条合适的线（相当于判别结果之界限，可能是直线也可能是曲线），这就是判别分析所要解决的关键问题——选择判别函数。从图2-2中可以看出：有时无论如何画直线，也不能把训练样本的两类完全分开，本书不讨论这类问题，也不介绍如何计算待判样品被错判的概率等理论问题。

2.2.2　常用判别方法

2.2.2.1　常用判别方法简介

常用判别方法有：距离判别，Fisher（费希尔）判别，主成分判别，逐步判别，Bayes（贝叶斯）判别（最大后验概率判别），用Logistic回归作判别等。限于篇幅，本书仅介绍距离判别、Bayes（贝叶斯）判别和用Logistic回归作判别。

以下设来自第 i 个总体 G_i 的 n_i 个训练样本为 $X_{(t)}^{(i)}$ ($t=1$, 2, $\cdots$, n_i)，这时 G_i 的均值向量 $\mu^{(i)}$ 的估计量为：

$$\overline{X}^{(i)} = \frac{1}{n_i} \sum_{t=1}^{n_i} X_{(t)}^{(i)}, \ i=1,2,\cdots,k \tag{2-1}$$

总体 G_i 的协方差阵 Σ_i 的估计 S_i（称为**组内协方差阵**）为：

$$S_i = \frac{1}{n_i-1} \sum_{t=1}^{n_i} (X_{(t)}^{(i)} - \overline{X}^{(i)})(X_{(t)}^{(i)} - \overline{X}^{(i)})', \ i=1,2,\cdots,k \tag{2-2}$$

当 $\Sigma_1 = \Sigma_2 = \cdots = \Sigma_k = \Sigma$ 时，Σ 的联合无偏估计为：

$$S = \frac{1}{n-k} \sum_{i=1}^{k} (n_i-1)S_i \tag{2-3}$$

式中，$n = n_1 + n_2 + \cdots + n_k$。

2.2.2.2 距离判别

距离判别的基本思想是：按照一定规则建立"距离"的定义，样品到哪个总体距离最近，就判断它属于哪个总体。

1. 欧氏距离判别

最简单的距离定义是欧氏距离（Euclidean distance），其定义就是"坐标差平方和的平方根"，例如用勾股定理可以求出平面上任意两点间的"距离"，更高维时要把所有坐标差的平方都求和再开方，简略地可以用"范数"的记号，把 x 与 y 的距离写成 $\|x-y\|$。有了这样的记号，样本 X 到总体 G_i 的平方欧氏距离定义为：

$$d^2(X,G_i) = \|X-\mu_i\|^2, \ i=1,2,\cdots,k \tag{2-4}$$

判别规则为，把待判样品 X 判到距离最近的类，即

$$X \in G_l, \ \text{若} \ d^2(X,G_l) = \min_{1\leqslant i\leqslant k} d^2(X,G_i)$$

但欧氏距离有一大缺点：单位的选取会影响判别的结果。例如，例 2-1 中把面积单位由千平方英尺改为平方码，则面积的数值扩大 111 倍（1 平方码折合 9 平方英尺），面积对判别的影响就变得很大，收入的影响就变小。为避免这个缺点，常采用马氏距离判别。

2. 马氏距离判别

设有 k 个总体 G_1, G_2, $\cdots$, G_k，它们的均值向量分别是 μ_1, μ_2, $\cdots$, μ_k，协方差矩阵分别是正定矩阵 Σ_i ($i=1$, 2, $\cdots$, k)，样本 X 到总体 G_i 的平方马氏距离（Mahalanobis distance）为：

$$d^2(X,G_i) = (X-\mu_i)' \Sigma_i^{-1} (X-\mu_i), \ i=1,2,\cdots,k \tag{2-5}$$

由于式（2-5）中引入了各协方差阵的逆矩阵，马氏距离与各变量的量纲选择无关。判别规则为，把待判样品 X 判到距离最近的类，即

$$X \in G_l, \ \text{若} \ d^2(X,G_l) = \min_{1\leqslant i\leqslant k} d^2(X,G_i) \tag{2-6}$$

在实践中，μ_1, μ_2, $\cdots$, μ_k 和 Σ_1, Σ_2, $\cdots$, Σ_k 一般都是未知的，它们的值可由相应的估

计值式（2-1）、式（2-2）或式（2-3）代替。在实际应用中，必须先解决参数如何估计的问题。由于 Σ_1，Σ_2，…，Σ_k 不太可能完全相等，我们需要关心的是 Σ_1，Σ_2，…，Σ_k 之间是否存在显著差异。若没有显著差异，则通常可以假设 $\Sigma_1 = \Sigma_2 = \cdots = \Sigma_k = \Sigma$。

（1）协方差阵相等情形。若 $\Sigma_1 = \Sigma_2 = \cdots = \Sigma_k = \Sigma$，上述判别规则可进一步简化为：

$$X \in G_l，若\ I_l'X + C_l = \max_{1 \leqslant i \leqslant k}(I_i'X + C_i) \tag{2-7}$$

式中，$I_i = \Sigma^{-1}\mu_i$ 称为**判别系数向量**，$C_i = -\dfrac{1}{2}\mu_i'\Sigma^{-1}\mu_i$ 称为**常数项**，$i = 1$，2，…，k，$I_i'X + C_i$ 称为**线性判别函数**；判别函数中只有自变量一次项。这里当然要注意到，上述结论只是一种理论叙述，因为在式（2-5）中用到的都是总体参数，实际上这些参数都是未知的。

实际使用的判别规则为：

$$X \in G_l，若\ \hat{I}_l'X + \hat{C}_l = \max_{1 \leqslant i \leqslant k}(\hat{I}_i'X + \hat{C}_i) \tag{2-8}$$

式中，$\hat{I}_i = S^{-1}\overline{X}^{(i)}$；$\hat{C}_i = -\dfrac{1}{2}\overline{X}^{(i)'}S^{-1}\overline{X}^{(i)}$（$i = 1$，$2$，…，$k$）。

协方差阵相等的好处是：判别规则中就只涉及样品的线性函数，避免了二次项。更为重要的是，对 Σ 的估计可以采用联合估计量 S，这点对各组都是小样本的情形尤为有利，因为它可以将分散在各组样本中的关于协方差阵的少量信息集中起来使用，从而得到一个较为精确、稳定的 Σ 估计值，这比对每一组分别进行单一的估计要好。

（2）协方差阵不等情形。如果可以证明 Σ_1，Σ_2，…，Σ_k 不全相等，就只能分别估计它们，这时使用的具体判别规则是：

$$X \in G_l，若\ \hat{d}^2(X, G_l) = \min_{1 \leqslant i \leqslant k} \hat{d}^2(X, G_i) \tag{2-9}$$

式中：

$$\hat{d}^2(X, G_i) = (X - \overline{X}^{(i)})'S_i^{-1}(X - \overline{X}^{(i)})，i = 1, 2, \cdots, k$$

这种判别方法的缺点是：对于每个总体，样本量减少后协方差阵估计误差增大了。马氏距离判别的式（2-9）将转化为二次判别：判别函数是自变量二次函数。因此，只要不是协方差阵特别不相等的情形，一般尽量使用协方差阵相等的式（2-8）来计算。

2.2.2.3 Bayes 判别

Bayes 判别也称为最大后验概率判别，它也是常用的判别方法。MINITAB 中采用 Bayes 判别，可以在选项框中输入先验概率值，在结果中输出后验概率值。

1. Bayes 判别的基本原理

首先，默认各个总体服从多元正态分布（若不服从正态可作适当变换，例如，可以通过 Box-Cox 变换，将训练数据化为正态分布）。若已经对所研究的各类比例有一定的认识，则这种认识可用**先验概率**来描述，设这 k 个总体各自出现的概率（验前概率）为 q_1，q_2，…，q_k（显然 $q_i > 0$，$q_1 + q_2 \cdots + q_k = 1$）。如例 2-3 中第 1 类和第 2 类的先验概率是 0.4 和 0.6。MINITAB 采用 Bayes 观点：当没有给出先验概率时，设各类先验概率相等。例 2-1 中 2 个类的先验概率都是 0.5；例 2-2 中 5 个类的先验概率都是 0.2。Bayes 判别的基本思想是：从先验概率和已知自变量值出发，计算出后验概率，判样品属于后验概率最大的类。例如，例 2-3 中由 $X_1=-0.2$，$X_2=-0.1$ 和先验概率 0.4：0.6 出发，计算判为第 1，2 类的后验概率。若第 1 类的后验概率较大，第 2 类的后验概率较小，则应当判为第 1 类。实现 Bayes 判别的计算原理是：设第 i 个总体的先验概率为 q_i，则由 Bayes 定理，样品 X 属于第 j 个总体的后验概率为：

$$P(j \mid X) = q_j f_j(X) / \sum_{i=1}^{k} q_i f_i(X) \tag{2-10}$$

式中：

$$f_i(X) = (2\pi)^{-p/2} |S_i|^{-1/2} \exp\left\{-\frac{1}{2}(X-\overline{X}^{(i)})'S_i^{-1}(X-\overline{X}^{(i)})\right\}$$

若 $P(i \mid X)$ 最大，则判定 X 属于第 i 个总体。

2. 协方差阵相等情形

当假设 $\Sigma_1=\Sigma_2=\cdots=\Sigma_k=\Sigma$ 时，Bayes 判别可简化为下列函数的比较：

$$g_i(X) = (2\pi)^{-p/2} |S|^{-1/2} q_i \exp\left\{-\frac{1}{2}(X-\overline{X}^{(i)})'S^{-1}(X-\overline{X}^{(i)})\right\}$$

判别规则就是：判样品 X 属于能使 $g_i(X)$ 达到最大的类。将 $g_i(X)$ 取对数并乘以 -2，舍去共同的 $-2\ln\left[(2\pi)^{-p/2}|S|^{-1/2}\right]$，则可以得到：

$$h_i(X) = (X-\overline{X}^{(i)})'S^{-1}(X-\overline{X}^{(i)}) - 2\ln(q_i) \tag{2-11}$$

它称为**广义平方距离**。这时，Bayes 判别规则可以归纳为：判 X 属于广义平方距离**最小**的类。判别方法还可以进一步简化为线性判别：

$$X \in G_i，若\ \hat{I}_i'X+\hat{C}_i+\ln(q_i) = \max_{1 \leqslant j \leqslant k} \hat{I}_j'X+\hat{C}_j+\ln(q_j)$$

式中，$\hat{I}_i=S^{-1}\overline{X}^{(i)}$，$\hat{C}_i=-\frac{1}{2}\overline{X}^{(i)'}S^{-1}\overline{X}^{(i)}$ $(i=1, 2, \cdots, k)$。即**线性判别函数**是：

$$\hat{I}_i'X+\hat{C}_i+\ln(q_i) \tag{2-12}$$

对每个待判样品，判它属于判别函数**最大**的类。

当先验概率相等时，由于先验概率与比较无关，故可以略去，广义平方距离的比较等价于平方马氏距离的比较，这可以进一步简化为线性判别式 (2-8)，这时，线性判别函数是：

$$\hat{I}_i'X+\hat{C}_i \tag{2-13}$$

当只有 2 类时，可用 $F(X)=(\hat{I}_1'X+\hat{C}_1)-(\hat{I}_2'X+\hat{C}_2)$ 是否大于 0 来判别：当 $F(X)$ 为正时，则判 X 归第 1 类；当 $F(X)$ 为负时，判 X 归第 2 类。

3. 协方差阵不等情形

当假设 $\Sigma_1=\Sigma_2=\cdots=\Sigma_k=\Sigma$ 不成立时，Bayes 判别可简化为 $g_i(X)$ 的比较：

$$g_i(X) = (2\pi)^{-p/2} |S_i|^{-1/2} q_i \exp\left\{-\frac{1}{2}(X-\overline{X}^{(i)})'S_i^{-1}(X-\overline{X}^{(i)})\right\}$$

判别规则为：判样品 X 属于 $g_i(X)$ 最大的类。将 $g_i(X)$ 取对数并乘以 -2，去掉与比较无关的共同常数得到：

$$h_i(X) = (X - \overline{X}^{(i)})'S_i^{-1}(X - \overline{X}^{(i)}) + \ln|S_i| - 2\ln q_i \tag{2-14}$$

它称为**广义平方距离**。虽然称为平方距离，但它的值可能是负的。Bayes 判别规则变为：判 X 属于广义平方距离 $h_i(X)$ 最小的类。这时二次项不等，不能略去，因此属于二次判别。

当先验概率相等时，先验概率与比较无关，可以略去，广义平方距离简化为：

$$h_i(X) = (X - \overline{X}^{(i)})'S_i^{-1}(X - \overline{X}^{(i)}) + \ln|S_i| \tag{2-15}$$

判 X 属于广义平方距离 $h_i(X)$ 最小的类，也是二次判别。

2.2.3 判别分析准确性的评价

实际问题中，使用判别分析总会出现"误判"的情况，使用不同的判别方法也可能得到不同的判别结果。产生这种情况的原因可能有很多：训练样本的值带有随机性而选得不具代表性；判别变量选得不合理；变量原来不一定服从 p 维正态分布（这时可以通过 Box-Cox 变换将它们变成正态分布再进行判别）；各总体方差阵有显著差异；应当采用二次判别函数，却误用了线性判别；先验概率取得不合理等。

那么如何评价某一判别函数的优劣呢？使用这一判别函数后，观察训练样品判别的正确程度就能说明判别函数的效果。MINITAB 提供两种评估判别函数效果的方法。

（1）回代检验法。要检验判别函数的正确性，最常用的方法是回代，即由全体训练数据生成判别函数，从而得到产生广义平方距离或后验概率的公式，将训练数据的变量值代入广义平方距离或后验概率公式进行判别；检查有多少判别结果与原有分类相同，计算回代正确率和误判率（二者之和应恰好为 1）。MINITAB 在作判别时会自动给出各类回代的正确率和回代的总正确率：来自 G_i 而回代不判为 G_i 的样品称为误判样品，误判样品数记为 n_i^*，第 i 类**正确率**为 $1 - n_i^* / n_i$；**总正确率**为 $1 - (\sum n_i^*)/n$。回代正确率越高，说明判别函数越好。MINITAB 在作判别时还能把回代误判样品挑出来，给出回代误判样品的广义平方距离和后验概率等信息，供进一步分析使用。但是用回代正确率来评估判别函数的效率有缺陷：由于判别函数是由样本产生的，再用样本回代检验，正确率往往偏高，不能反映该判别函数的真正效率。用交叉验证法计算的正确率较合理。

（2）交叉验证法。MINITAB 提供的"交叉验证"方法，是比较好的用以评估判别函数效率的一种检验方法。其原理是：从 G_i 类的训练样本中取出 $X_{(t)}^{(i)}$，用该组的其余 $n_i - 1$ 个观测值和其余组的全部观测值构造判别函数，然后对 $X_{(t)}^{(i)}$ 进行判别，如果它不属于 G_i 类，$X_{(t)}^{(i)}$ 就是误判样品，对 $t = 1, 2, \cdots, n_i$；$i = 1, 2, \cdots, k$ 实施上述判别。来自 G_i 而回代不判为 G_i 的误判样品数记为 n_i^*，第 i 类**正确率**为 $1 - n_i^* / n_i$，**总正确率**为 $1 - (\sum n_i^*)/n$。如果让 MINITAB 进行交叉验证，则 MINITAB 在作判别时同样能给出交叉验证的误判率，挑出误判样品，还给出交叉验证的广义平方距离和后验概率等信息，供进一步分析使用。但是交叉验证也有缺点：如果训练样本的样本量不大，从中删去一个样品后，剩下的样本所得判别函数与未删去样品的判别函数差异较大，因而得到的正确率会失真。

2.3 判别分析的计算与实例

2.3.1 用 MINITAB 实现判别分析

MINITAB 的"判别分析"对话框采用 Bayes 判别，可以很方便地进行各种类型的判别分析，其入口是："统计＞多变量＞判别分析（Stat＞Multivariate＞Discriminant Analysis)"。在 MINITAB 软件的"判别分析"对话框内，可供选择的功能非常丰富，我们给出的例题或实际使用时可能范围很窄，为了让大家对 MINITAB 软件中的判别分析功能有更多的了解，网上资源详细介绍了判别分析各对话框的内容。

在遇到实际问题需要进行判别分析时，关键是根据条件选择适用的判别方法：当可以假设所有组的协方差阵相同时，在"判别分析"对话框中选用**线性**（linear）判别函数；当通过 1.2.4 小节的检验判定各类协方差阵确实有显著差异时，只能选用**二次**（quadratic）判别函数。"判别分析：选项"对话框还具有输入先验概率和预报功能。

2.3.2 计算实例

2.3.2.1 线性判别计算实例

例 2－1 的计算。此问题中自变量是 X_1＝收入和 X_2＝草坪大小；分为 2 类。

（1）线性判别基本步骤。对本例采用线性判别（假定协方差阵相同），计算步骤如下。

准备工作：首先将每个判别变量（MINITAB 称为自变量）的观测值在工作表中排成一列，外加一列说明每个样品属于哪类（MINITAB 称此变量为分组变量或分类变量），类别变量的值可以是数，也可以取成字符串。对于例 2－1：工作表中"收入"和"草坪大小"的观测值分别输入 C1 和 C2，变量分别命名为"收入"和"草坪大小"；说明每个家庭的类别的值输入 C3：准备买割草机的家庭取"1"，不准备买割草机的家庭取"2"，该列变量命名为"类别"；对于待判样品，则将其自变量的值输入 C4 和 C5 列，变量分别命名为"x10 x20"。数据文件：MV_割草机.MTW。

操作步骤：从"统计＞多变量＞判别分析（Stat＞Multivariate＞Discriminant Analysis)"进入"判别分析"对话框，指定"组（Groups）"为"类别"，指定"预测变量（Predictors）"为"收入 草坪大小"。在判别函数中选"线性（Linear）"，点击"确定（OK)"（界面见图 2－3），即可得到最基本的判别结果。

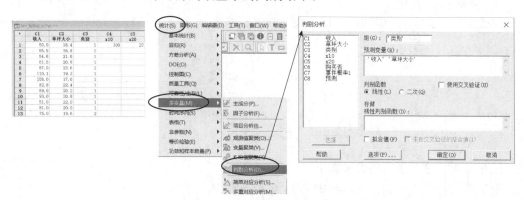

图 2－3 例 2－1 判别分析操作图

基本结果：执行后 MINITAB 给出下列输出结果（5 张表）。

判别分析：类别与收入，草坪大小

响应的响应的线性判别法：类别
预测变量：收入，草坪大小
组

组	1	2
计数	12	12

表 1：训练数据汇总

分类汇总

	实际组	
置入组	1	2
1	11	2
2	1	10
合计 N	12	12
正确 N	11	10
比率	0.917	0.833

表 2：分类汇总

正确分类

N	正确数	比率
24	21	0.875

组之间的平方距离

	1	2
1	0.00000	4.32361
2	4.32361	0.00000

表 3：组间平方距离

组的线性判别函数

	1	2
常量	−72.831	−50.911
收入	0.432	0.331
草坪大小	5.489	4.696

表 4：线性判别函数

误分类观测值的汇总

观测值	实际组	预测组	组	平方距离	概率
1**	1	2	1	2.7800	0.215
			2	0.1955	0.785
13**	2	1	1	0.2299	0.763
			2	2.5689	0.237
17**	2	1	1	1.686	0.620
			2	2.667	0.380

表 5：误分类观测值的汇总

结果分析：这 5 张表的含义如下。

第 1 张表是训练数据汇总，其中第 1，2 类各有 12 个样品。

第 2 张表是分类汇总，是回代验证的结果：训练数据第 1 类回代结果是 11 个样品分到第 1 类，1 个样品错分到第 2 类；第 2 类回代结果是 10 个样品分到第 2 类，2 个样品错分到第 1 类。两类判别正确比率分别是 0.917 和 0.833。总正确比率为 0.875。

第 3 张表是组间平方距离。经计算可得，第 1 类 12 个样品均值向量是（79.475，20.283），第 2 类 12 个样品均值向量是（57.4，17.633）（表中未列出样品均值），两类的平方马氏距离就是这两个均值向量按照

$$d^2(X,Y)=(\overline{X}-\overline{Y})'\Sigma^{-1}(\overline{X}-\overline{Y})$$

计算的马氏距离，等于 4.323 61。组之间平方马氏距离大，则可能分得好，否则不可能分得好。

第 4 张表是线性判别函数。由它可见，按照式（2-13）的计算，属于第 1 类的判别函数是：

$$h_1(X)=-72.831\ 0+0.432\times 收入+5.489\times 草坪大小$$

属于第 2 类的判别函数是：

$$h_2(X)=-50.911+0.331\times 收入+4.696\times 草坪大小$$

第 5 张表是误分类观测值的汇总。由它可见以下几种误分情况：

1）原始数据属于第 1 类的第 1 号家庭，用"收入"和"草坪大小"实际值代入式（2-11）和式（2-10）后，它与第 1 类的平方马氏距离等于 2.78，与第 2 类的平方马氏距离等于 0.195 5；它属于第 1 类的后验概率等于 0.215，属于第 2 类的后验概率等于 0.785；因为它距离第 2 类更近、后验概率更大，因而错判为第 2 类，由于 0.785 概率大，这种误判较严重。

2）原始数据属于第 2 类的第 13 号家庭，用"收入"和"草坪大小"实际值代入式（2-11）和式（2-10）后，它与第 1 类的平方马氏距离等于 0.229 9，与第 2 类的平方马氏距离等于 2.568 9；它属于第 1 类的后验概率等于 0.763，属于第 2 类的后验概率等于 0.237，因而错判为第 1 类。

3）原始数据属于第 2 类的第 17 号家庭，用"收入"和"草坪大小"实际值代入式（2-11）和式（2-10）后，它与第 1 类的平方马氏距离等于 1.686，与第 2 类的平方马氏距离等于 2.667；它属于第 1 类的后验概率等于 0.62，属于第 2 类的后验概率等于 0.38，因而错判为第 1 类。

这里的错判率为 3/24，不算太高，线性判别函数 $h_1(x)$，$h_2(x)$ 是较好的。再回顾图 2-2，确实有 3 个家庭分类较特别，不大可能再减小错判率了。

（2）交叉验证。为了实施交叉检验，在"判别分析"对话框中（见图 2-3 右），增选"使用交叉验证（Use cross validation）"（见图 2-4），执行后会话窗口输出 6 张表，详见网上资源，前 5 张表与回代检验构造相同，下面仅列出第 6 张表——误分类观测值的汇总。

误分类观测值的汇总

观测值	实际组	预测组	X 值组	组	平方距离		概率	
					预测	X 值	预测	X 值
1**	1	2	2	1	2.7800	3.6630	0.22	0.15
				2	0.1955	0.2116	0.78	0.85
2**	1	1	2	1	2.842	3.757	0.50	0.38

					2	2.856	2.752	0.50	0.62
13**	2	1	1	1	0.2299	0.2510	0.76	0.82
					2	2.5689	3.3442	0.24	0.18
14**	2	2	1	1	2.580	2.468	0.47	0.57
					2	2.351	3.023	0.53	0.43
17**	2	1	1	1	1.686	1.610	0.62	0.72
					2	2.667	3.491	0.38	0.28

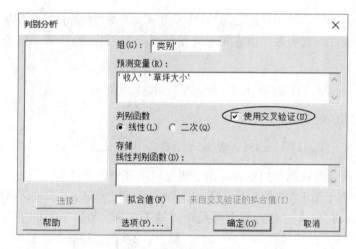

图 2-4　指示交叉验证的判别分析对话框

结果分析：前 5 张表说明，通过交叉验证，发现训练数据第 1 组有 2 个样品错分为第 2 组；第 2 组有 3 个样品错分为第 1 组，即误判率为 5/24＝0.21，正确率是 0.79。可见这种线性判别是较好的。

第 6 张表为按交叉验证计算出的误分类观测值的汇总，它说明交叉验证法下误判增加到 5 个样品。回代和交叉验证法判定的区分是：表中交互检验结果增加了 X 值。例如，第 1 行给出第 1 个家庭的误判情况：回代与第 1，2 类平方距离分别是 2.78 和 0.195 5；但是交互检验（删去第 1 个样品后）与第 1，2 类平方距离分别是 3.663 0 和 0.211 6。第 1 个家庭回代预测为第 1，2 个组的概率分别是 0.22 和 0.78，交互检验预测为第 1，2 个组的概率分别是 0.15 和 0.85，所以回代和交互检验都误判为第 2 类。第 2，13，14，17 个家庭同样作了误判分析。

（3）预报。对于需要判别的样品，即待判样品，可以根据所给判别函数，计算判别函数的值，判它属于判别函数最大的类。对于本例，待判样品 $X_1＝100.0$，$X_2＝20$，于是它属于第 1 类的判别函数值是：

$$h_1(X)＝-72.831\,0＋0.432×100＋5.489×20＝80.149$$

属于第 2 类的判别函数值是：

$$h_2(X)＝-50.911＋0.331×100＋4.696×20＝76.109$$

从而判它属于第 1 类，即该家庭准备买割草机。

使用 MINITAB 的预测功能可以直接得到上述预测结果，即可以明确判定待判样品属于哪一类。当判别函数是二次函数时，代入公式较麻烦，这种功能显得尤其方便。具体步骤是：先将预测变量的值存入 C4，C5 两列，变量名为 x10，x20。再使用指令：从"统计＞多变量＞判别分析（Stat＞Multivariate＞Discriminant Analysis）"进入"判别分析"对话框（界面见图 2-3 右），指定"组（Groups）"为"类别"，指定"自变量（Predictors）"为"收入　草坪大小"，在判别函数中选"线性（Linear）"，点击"选项（Options）"，弹出"判别分析：选项"框（界面见图 2-5），在"预测组成员（Predict group membership）"中填写"x10　x20"，点击"确定（OK）"。

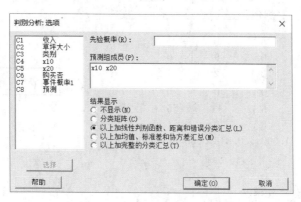

图 2-5　判别分析选项操作图

可在会话窗口增加如下预测结果表。

检验观测值的检验

观测值	预测组	源组	平方距离	概率
1	1			
		1	1.539	0.982
		2	9.547	0.018

可见该家庭与第 1 类（准备买割草机）的平方马氏距离等于 1.539，与第 2 类（不准备买割草机）的平方马氏距离等于 9.547；它属于第 1 类的后验概率等于 0.982，属于第 2 类的后验概率等于 0.018。从计算结果来看，它应判为第 1 类，即准备买割草机的家庭。

2.3.2.2　二次判别计算实例

例 2-2 的计算。此问题中自变量是 $X_1 \sim X_4$，默认它们服从 4 元正态分布；分为 5 类。

先采用线性判别试算（与例 2-1 的做法相同），结果效果很不好，输出的回代误判率达到 0.5。细查原因，发现各类协方差阵不等（理由见第 1 章例 1-6），于是改为使用二次判别。

采用指令：从"统计＞多变量＞判别分析（Stat＞Multivariate＞Discriminant Analysis）"进入"判别分析"对话框，然后指定"组（Groups）"为"分类"，指定"预测变量（Predictors）"为"x1-x4"。在判别函数中选"二次（Quadratic）"，点击"选项（Options）"，弹出"判别分析：选项"框，在"结果显示（Display of results）"下方选择"以上加均值、标准差和协方差汇总（Above plus mean, std. dev. and covariance summary）"，各框点击"确定（OK）"。这时 MINITAB 在会话窗口给出 8 张表。

判别分析：分类 与 x1, x2, x3, x4

响应的二次法：分类
预测变量：x1，x2，x3，x4
组

组	大豆	棉花	牧草	甜菜	玉米
计数	6	6	11	6	7

表1：训练数据汇总

分类汇总

实际组

置入组	大豆	棉花	牧草	甜菜	玉米
大豆	6	0	0	1	0
棉花	0	6	0	1	0
牧草	0	0	9	0	0
甜菜	0	0	2	4	0
玉米	0	0	0	0	7
合计 N	6	6	11	6	7
正确 N	6	6	9	4	7
比率	1.000	1.000	0.818	0.667	1.000

表2：分类汇总

正确分类

N	正确数	比率
36	32	0.889

从广义平方距离到组

组	大豆	棉花	牧草	甜菜	玉米
大豆	12.45	37.43	24.70	19.58	43.15
棉花	48.45	13.24	24.01	33.57	585.59
牧草	190.52	100.60	23.65	27.82	1316.55
甜菜	104.37	40.40	24.43	17.76	328.84
玉米	34.78	146.92	25.37	21.97	11.13

表3：组间广义平方距离

组均值

		组的均值			
变量	合并均值	大豆	棉花	牧草	甜菜	玉米
x1	31.556	21.000	34.500	46.364	31.000	15.286
x2	29.694	27.000	32.667	32.636	32.167	22.714
x3	28.861	23.500	35.000	34.182	20.000	27.429
x4	35.861	29.667	39.167	36.636	40.500	33.143

表4：每组变量的样本均值

组标准差

		组的标准差			
变量	合并标准差	大豆	棉花	牧草	甜菜	玉米
x1	16.10	5.06	9.57	25.90	11.97	1.80
x2	12.67	10.71	8.66	17.08	13.15	6.45
x3	15.06	5.13	19.89	20.52	10.26	5.62

表5：每组变量的样本标准差

x4　　　18.38　　11.84　　20.48　　20.57　　16.49　　18.63

合并协方差矩阵

	x1	x2	x3	x4
x1	259.08			
x2	33.48	160.65		
x3	90.05	80.60	226.93	
x4	43.18	−50.24	−94.96	337.78

表 6：联合样本协方差阵

组　大豆的协方差矩阵

	x1	x2	x3	x4
x1	25.60			
x2	46.80	114.80		
x3	18.40	32.80	26.30	
x4	−38.40	−80.20	−1.00	140.27

表 7：各组样本协方差阵

组　棉花的协方差矩阵

	x1	x2	x3	x4
x1	91.50			
x2	79.60	75.07		
x3	181.40	153.20	395.60	
x4	−11.50	20.27	−132.60	419.37

组　牧草的协方差矩阵

	x1	x2	x3	x4
x1	671.055			
x2	66.345	291.655		
x3	180.227	176.273	420.964	
x4	124.145	−68.845	−112.027	423.055

组　甜菜的协方差矩阵

	x1	x2	x3	x4
x1	143.20			
x2	−56.20	172.97		
x3	−8.00	−63.60	105.20	
x4	100.80	−19.50	−126.40	271.90

组　玉米的协方差矩阵

	x1	x2	x3	x4
x1	3.24			
x2	3.93	41.57		
x3	5.02	20.64	31.62	

x4 　　　　　 −26.21 　　 −78.62 　　 −87.24 　　 347.14

误分类观测值的汇总

观测值	实际组	预测组	组	平方距离	概率
20**	甜菜	大豆	大豆	17.97	0.823
			棉花	64.41	0.000
			牧草	24.92	0.025
			甜菜	21.35	0.152
			玉米	77.61	0.000
21**	甜菜	棉花	大豆	17.34	0.437
			棉花	17.07	0.501
			牧草	24.66	0.011
			甜菜	21.65	0.051
			玉米	96.70	0.000
32**	牧草	甜菜	大豆	1165.09	0.000
			棉花	560.69	0.000
			牧草	27.27	0.161
			甜菜	23.97	0.839
			玉米	2142.03	0.000
33**	牧草	甜菜	大豆	71.59	0.000
			棉花	120.62	0.000
			牧草	25.35	0.189
			甜菜	22.43	0.811
			玉米	303.34	0.000

> 表 8：误分类观测值的汇总

这 8 张表的含义如下。

第 1 张表是训练数据汇总，给出训练数据情况：大豆、棉花、牧草、甜菜、玉米分别有 6，6，11，6，7 个样品。

第 2 张表是分类汇总，其中说明回代结果是：大豆类 6 个样品全分回大豆类，棉花类 6 个样品全分回棉花类，玉米类 7 个样品全分回玉米类，牧草类 11 个样品 9 个分回牧草类，2 个样品错分到甜菜类；甜菜类 6 个样品 4 个分回甜菜类，1 个样品错分到大豆类，1 个样品错分到棉花类。5 类判别正确率分别是 1.000，1.000，0.818，0.667，1.000。总正确率为 0.889。

第 3 张表是组间广义平方距离。5 类组与组间的广义平方距离是按照式（2-15）计算的。对角线上的数 12.45，13.24，23.65，17.76，11.13 是 $\ln|S_i|$ 的值。

第 4 张表给出每组变量的样本均值；第 5 张表给出每组变量的样本标准差；第 6 张表给出联合样本协方差阵；第 7 张表给出各组样本协方差阵。由各组样本协方差阵、第 4 张表样本均值以及第 3 张表 $\ln|S_i|$ 的值，可以按式（2-15）计算二次判别函数，从而计算待判样品到每组的广义平方距离。

第 8 张表误分类观测值的汇总是回代误判情况：第 20，21，32，33 块地错判了。表中给出错判理由。例如第 20 块地，根据训练样品的值，种植的是甜菜，按照式(2-15)，它和大豆、棉花、牧草、甜菜、玉米的广义平方距离分别是 17.97，64.41，24.92，21.35，77.61，由于和大豆距离最小，因而判为大豆；而由式（2-10）算出的后验概率中，由于大豆后验概率最大，因而判为大豆。

对于待判样品可以按式（2-15）先计算广义平方距离，再来比较就可以得到预测结果。但这样计算很麻烦，可以采用和例 2-1 同样的步骤，利用 MINITAB 判别分析的预测功能作预测。具体操作是：工作表中增加 4 列，变量名分别为 x10，x20，x30，x40，数据填 20，25，30，30；在"判别分析"对话框中点击"选项（Options）"，弹出"判别分析：选项"框，在"预测组成员（Predict group membership）"中填写"x10　x20　x30　x40"，各框点击"确定（OK）"，则会话窗口最后一张表如下所示。

检验观测值的检验

观测值	预测组	源组	平方距离	概率
1	甜菜			
		大豆	25.975	0.057
		棉花	84.884	0.000
		牧草	24.889	0.098
		甜菜	20.569	0.846
		玉米	39.235	0.000

由表中结果可见预测组为"甜菜"，后几列则进一步说明比较的细节，该块地属于甜菜的平方距离 20.569 在各项作物中最小，后验概率 0.846 最大，故判定该块地种的是甜菜。

例 2-2 训练样本中，每类的样品数太少，用样本协方差阵和样本均值估计各总体协方差阵和均值，准确性较差。实际作二次判别时，每类的样品数应该更多些才好。

除了各总体协方差阵不等的情况需要采用二次判别外，如果各自变量间有明显相关的状况，一般用线性判别效果同样不好，也应考虑使用二次判别（各总体使用不同的协方差阵），效果会有所改进。下面就是一个例子。

【例 2-4】　当病人胃部不适时，常需要经过化验然后鉴别是胃癌、萎缩性胃炎或非胃病者。为了研究三种状况的特征，每个总体抽 5 位病人，每人化验 4 项生化指标：青铜蓝蛋白（X_1），蓝色反应（X_2），尿吲哚乙酸（X_3），中性硫化物（X_4），数据见网上资源表 2-W3，数据文件：MV_胃癌诊断.MTW，试用不同方法进行判别并比较。以下萎缩性胃炎用"萎胃"代称，非胃病者用"非胃"代称，同时为了不至于使不同版本的 MINITAB 软件在类别排序上不一致，这里对 3 种病症在"病症"列内排了固定顺序。

此问题中自变量是 $X_1 \sim X_4$，默认这三类患者的 4 项指标服从 4 元正态分布，分为 3 类。

对此批数据先采用线性判别试算（与例 2-1 做法相同），输出的主要结果如下：

判别分析：病症 与 x1，x2，x3，x4
响应的响应的线性判别法：病症
预测变量：x1, x2, x3, x4
组

组	1非胃	2萎胃	3胃癌
计数	5	5	5

分类汇总

置入组	实际组		
	1 胃癌	2 萎胃	3 非胃
1 胃癌	4	0	0
2 萎胃	0	4	1
3 非胃	1	1	4
合计 N	5	5	5
正确 N	4	4	4
比率	0.800	0.800	0.800

正确分类

N	正确数	比率
15	12	0.800

组之间的平方距离

	1 胃癌	2 萎胃	3 非胃
1 胃癌	0.0000	9.2993	11.6582
2 萎胃	9.2993	0.0000	1.1113
3 非胃	11.6582	1.1113	0.0000

组的线性判别函数

	1 胃癌	2 萎胃	3 非胃
常量	-71.482	-42.045	-44.206
x_1	0.122	0.100	0.097
x_2	0.715	0.567	0.607
x_3	0.711	0.269	0.045
x_4	0.126	0.051	-0.016

误分类观测值的汇总

观测值	实际组	预测组	组	平方距离	概率
4**	1 胃癌	3 非胃	1 胃癌	6.158	0.235
			2 萎胃	6.699	0.179
			3 非胃	4.328	0.586
8**	2 萎胃	3 非胃	1 胃癌	11.0744	0.003
			2 萎胃	0.6448	0.481
			3 非胃	0.5305	0.516
11**	3 非胃	2 萎胃	1 胃癌	9.8414	0.006
			2 萎胃	0.5696	0.626
			3 非胃	1.6362	0.367

回代有 3 个样品误判。

为什么会有这样大的误判率呢？首先怀疑三个总体协差阵可能并不相等。但经过协方差阵相等性检验（参见 1.2.4 小节），先在 MV _ 比较协差阵.MTW 中存入本例有关信息（比较协差阵的步骤在网上资源中就例 1-7 详细介绍过，操作界面参见图 1-7A 至图 1-7E），然后调用宏指令"%comps"就可以得到下列结果（见图 2-6）。

	C1 绘制的点	C2 子组大小	C3 p	C4	C5	C6	C7	C8-T	C9	C10	C11	C12
1	1245497689	5	4	20.9428	22.7985		20 0.298794	x1	2434.1	-133.9	-44.9	145.3
2	579276	5		13.2695				x2	-133.9	220.4	14.2	-7.0
3	4477537	5		15.3146				x3	-44.9	14.2	14.1	-6.8
4				20.1470				x4	145.3	-7.0	-6.8	95.9

图 2-6 例 2-4 胃癌诊断数据协方差阵相等性检验结果图

由于 p 值为 $0.298\,794$，对于检验水平 $\alpha=0.05$ 而言，无法拒绝原假设，即看不出三个总体协方差阵有不相等的情况。看来样本协方差阵虽有差别，但不是导致线性判别效果不好的主要原因。我们再仔细分析一下，在计算 $X_1 \sim X_4$ 各变量间相关系数并进行显著性检验时，发现自变量间是高度相关的。相关系数计算（从"统计＞基本统计＞相关（Stat＞Basic Statistics＞Correlation)"进入相关框）结果为：

相关: x1, x2, x3, x4

	x1	x2	x3
x2	0.111		
	0.692		
x3	0.097	0.634	
	0.731	0.011	
x4	0.409	0.266	0.244
	0.131	0.338	0.381

单元格内容：Pearson 相关系数
　　　　　　P 值

可见，X_2 与 X_3 间高度相关（相关系数虽只有 0.634，但 p 值为 0.011）。一般来说，当多个自变量有明显相关关系时，通常应该选用二次判别。下面我们对于此例使用二次判别来进行判别分析。

从"统计＞多变量＞判别分析（Stat＞Multivariate＞Discriminant Analysis)"进入"判别分析"对话框，然后指定"组（Groups)"为"病症"，指定"自变量（Predictors)"为"x1-x4"。在判别函数中选"二次（Quadratic)"，点击"选项（Options)"，弹出"判别分析：选项"框，在"结果显示（Display of results)"下方选择"以上加均值、标准差和协方差汇总（Above plus mean, std. dev. and covariance summary)"，各框点击"确定（OK)"则可以得到下列结果。

分类汇总

	实际组		
置入组	1 胃癌	2 萎胃	3 非胃
1 胃癌	5	0	0
2 萎胃	0	5	0
3 非胃	0	0	5
合计 N	5	5	5
正确 N	5	5	5
比率	1.000	1.000	1.000

正确分类

N	正确数	比率
15	15	1.000

可以看出，这时回代错判率已降为 0，二次判别结果大大优于线性判别结果。历史上，

在多元统计分析发展早期，由于强调线性判别计算简单及容易理解，常常尽量推荐使用线性判别，但实际上主要是由于手算方法的局限。现在计算机软件如此发达，计算的复杂性及计算量已不必过多考虑，因此，在总体协方差阵可能并不相等，或多个自变量有明显相关关系时，通常应该选用二次判别。

2.3.2.3 带先验概率的判别计算实例

【例 2-5】 续例 2-3 的计算。

由于自变量只有两个，因此可以先绘制出散点图来观察数据状况。绘制散点图的操作界面见图 2-1，绘制散点图的示例见图 2-2，本例结果见图 2-7。

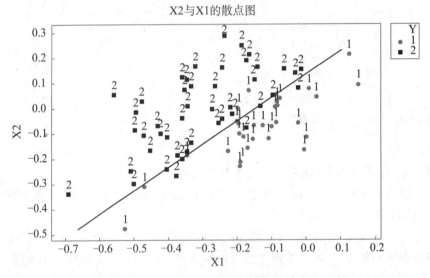

图 2-7 例 2-3 血友病数据散点图

此问题中已有 2 个类：未带 A 型血友病基因者（用"1"表示）和带 A 型血友病基因者（用"2"表示）。它们在图 2-7 中大体呈现线性分区，左上角区域为"2"类（带 A 型血友病基因者），因此用线性判别就可以了。

又由于数据中补充给出先验概率信息：先验概率分别是 0.4，0.6，这些先验概率信息可在"选项"中填写。

具体操作：同例 2-1 一样将数据输入工作表，病人序号填在 C1，变量命名为"编号"；是否有血友病的记录填在 C2，命名变量为"Y"；X_1，X_2 的观测值分别填在 C3，C4，变量命名为"X1，X2"；待判样品 X_1，X_2 的观测值分别填在 C5，C6，变量命名为"X10，X20"。

从"统计＞多变量＞判别分析（Stat＞Multivariate＞Discriminant Analysis）"进入"判别分析"对话框，然后指定"组（Groups）"为"Y"，在"自变量（Predictors）"中填入"X1 X2"；选择"线性（Linear）"。在点击"选项（Options）"后，弹出"判别分析：选项"框。在"先验概率（Prior probabilities）"中填上先验概率"0.4 0.6"（见图 2-8 右）；在"预测组成员（Predict group membership）"内填写"X10 X20"，各窗口点击"确定（OK）"，就能在会话窗口得到计算结果（详细输出结果见网上资源）。

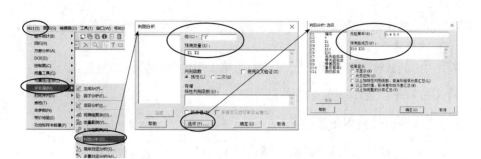

图 2-8 例 2-5 血友病数据带先验信息的判别分析操作图

考虑以下主要计算结果。

判别分析：Y 与 X1，X2

响应的响应的线性判别法：Y

预测变量：X1，X2
组

组	1	2
计数	30	45
先验	0.400	0.600

分类汇总

	实际组	
置入组	1	2
1	26	7
2	4	38
合计 N	30	45
正确 N	26	38
比率	0.867	0.844

正确分类

N	正确数	比率
75	64	0.853

组之间的平方距离

	1	2
1	1.833	5.596
2	6.407	1.022

组的线性判别函数

	1	2
常量	−1.327	−4.481
X1	−6.824	−26.143
X2	1.270	18.394

检验观测值的检验

观测值	预测组	源组	平方距离	概率
1	1			
		1	2.065	0.732
		2	4.070	0.268

结果分析：每张表的含义类似例 2-1 的分析，不再细述。回代验证，75 个样品中正确 64 个，正确比率 ＝0.853。

由其中"组的线性判别函数"可见，判为第 1 类的线性判别函数是：

$$l_1(x)=-1.327-6.824X_1+1.270X_2$$

判为第 2 类的线性判别函数是：

$$l_2(x)=-4.481-26.143X_1+18.394X_2$$

当 $X_1=-0.2$，$X_2=-0.1$ 时：

$$l_1(x)=-1.327-6.824(-0.2)+1.270(-0.1)=-0.089\,2$$
$$l_2(x)=-4.481-26.143(-0.2)+18.394(-0.1)=-1.091\,8$$

因为第 1 个判别函数大，所以判为第 1 类（未带 A 型血友病基因者）。

仿例 2-1，直接使用 MINITAB 预测得到的结果列在检验观测值的检验中，待判样品距第 1 类（未带 A 型血友病基因者）为 2.065，后验概率为 0.732；距第 2 类（带 A 型血友病基因者）为 4.070，后验概率为 0.268，因此同样判为第 1 类（未带 A 型血友病基因者）。

先验信息的输入有什么好处？如果考虑已知的先验概率信息，将在判断中加上某种倾向性，因而会使得判断结果出现的概率更符合先验信息（没有特别的证据，就应该倾向于判为先验概率大的组），从而更合理些；如果不考虑先验概率信息，则两种可能性等同看待，无法在判断中加上某种倾向性。总之，如果已知先验概率信息，最好加选"选项"，对此信息加以利用。对于例 2-3 来说，虽然表面上并未提高判断正确的比率，但在细节上二者是有差别的，考虑了先验信息并让此信息参加计算确实能提高判别的准确性和合理性。

2.4　用 Logistic 回归作判别分析

Logistic 回归是以类别变量为因变量的回归，有关 Logistic 回归请参考《六西格玛管理统计指南》第 9 章，本节只介绍二值 Logistic 回归的应用。Logistic 回归的基本思想是：对于事件"发生"或"不发生"两种结果的类别型数据，记"发生"的概率为 p，定义：

$$y=\ln\frac{p}{1-p} \tag{2-16}$$

建立 y 与 x 的线性回归方程：

$$y=\ln\frac{p}{1-p}=a+bx \tag{2-17}$$

将回归方程（2-17）中的 p 解出来，则式（2-17）可以变成：

$$p=\frac{e^y}{1+e^y}=\frac{e^{a+bx}}{1+e^{a+bx}} \tag{2-18}$$

称式（2-18）为 Logistic 函数，此回归称为 **Logistic 回归**。用 Logistic 回归进行判别分析的基本原理是：用 Logistic 回归方程计算待判样品属于各类的概率，当预测概率大于

0.5 时，判定该事件发生，否则判定该事件不发生。

2.4.1 汇总数据 Logistic 回归判别方法

由于统计数据是汇总数据，从工作表输入数据有两种方法：响应/频率格式和事件/试验格式。通常采取事件/试验格式：统计调查总数和某事件发生的次数，将它们存入工作表。在"二值 Logistic 回归"对话框中将调查总数填入"试验数"，将某事件发生的次数填入"事件数"，再在选项对话框中选择"事件概率"，就能方便地得到预测概率。

【例 2-6】 研究肥胖是否与患心血管疾病有关的问题。上海某高校对 3 983 名参加体检者记录了体重超重者（BWI 大于等于 25）患有心血管疾病的人数，见网上资源表 2-W4，数据文件：MV_心血管疾病.MTW。试分析体重指数（BWI）与心血管疾病发病率的关系。另外，知道一位教师 BWI＝25，判定他是否患有心血管疾病。

这里分为两类：有心血管疾病和无心血管疾病，可建立二值 Logistic 回归模型，然后进行预测。本问题虽然只有一个自变量 BWI，但本方法对于多自变量仍然适用。

本例需要先算出调查人数，即"有心血管疾病人数"与"无心血管疾病人数"之和。我们把 BWI 放在 C1 列；有心血管疾病人数放在 C2 列；无心血管疾病人数放在 C3 列；调查人数放在 C4 列（见图 2-9 前 4 列）。

MV_心血管疾病.MTW ***

	C1	C2	C3	C4	C5	C6
	BWI	有心血管疾病	无心血管疾病	调查人数	患病率	预测概率
1	25	68	42	110	0.618	0.597
2	26	55	38	93	0.591	0.657
3	27	66	20	86	0.767	0.712
4	28	32	10	42	0.762	0.762
5	29	21	7	28	0.750	0.805
6	30	25	4	29	0.862	0.843

图 2-9 例 2-6 二值 Logistic 回归判别工作表

从"统计＞回归＞二值 Logistic 回归＞拟合二值 Logistic 模型（Stat＞Regression＞Binary Logistic Regression＞Fit Binary Logistic Model）"入口（界面见图 2-10 左）进入"二值 Logistic 回归"对话框（界面见图 2-10 中），选择"事件/试验格式的响应（Response in event/trial format）"，"事件数（Number of events）"填写"有心血管疾病"，"试验数（Number of trials）"填写"调查人数"；"连续预测变量（Continuous predictors）"填写"BWI"；为了预测 BWI 取各不同值的概率，再选"存储（Storage）"（界面见图 2-10 右），打开后，选"拟合值（事件概率）（Fits（Event probability））"。各窗口点击"确定（OK）"。

图 2-10 二值 Logistic 回归判别操作图

计算后可得结果如下。

二值 Logistic 回归：有心血管疾病 与 BWI

方法

链接函数	Logit
已使用的行数	6

响应信息

变量	值	计数	事件名称
有心血管疾病	事件	267	事件
	非事件	121	
调查人数	合计	388	

偏差表

来源	自由度	调整后偏差	调整后均值	卡方	P 值
回归	1	11.465	11.4651	11.47	0.001
BWI	1	11.465	11.4651	11.47	0.001
误差	4	3.865	0.9663		
合计	5	15.330			

模型汇总

偏差 R-Sq	偏差 R-Sq（调整）	AIC
74.79%	68.27%	474.10

系数

项	系数	系数标准误	方差膨胀因子
常量	−6.03	2.09	
BWI	0.2570	0.0789	1.00

连续预测变量的优势比

	优势比	95% 置信区间
BWI	1.2930	(1.1077, 1.5094)

回归方程

P（事件）=exp（Y'）/(1+exp（Y'）)

Y'=−6.03+0.2570BWI

拟合优度检验

检验	自由度	卡方	P 值
偏差	4	3.87	0.425
Pearson	4	3.89	0.422
Hosmer-Lemeshow	3	3.37	0.338

由以上输出可见：在偏差表中，得知回归模型的偏差值为 11.465，自由度（自变量个数）DF=1，P 值=0.001。说明整个回归模型效果是高度显著的。设 BWI 为某值的人 "有心血管疾病" 的概率为 p，则 p 的回归方程是：

$$\ln \frac{p}{1-p} = -6.03 + 0.2570BWI \tag{2—19}$$

即

$$p = e^{-6.03+0.2570BWI}/(1+e^{-6.03+0.2570BWI}) \tag{2-20}$$

对于已知 BWI 的人，可以由式（2-20）求出患心血管疾病的概率。对于本题中待判定的教师，将 BWI=25 代入式（2-20），可得 $p=0.597$。手工计算十分复杂，MINITAB 在工作表中（见图 2-9 中 C6 列第 1 行）给出的预测概率结果也是 0.597。由于患有心血管疾病的比率 p 大于 0.5，可以断定该位教师属于有心血管疾病的类。

2.4.2　原始数据 Logistic 回归判别方法

【例 2-7】　（续例 2-1）割草机销售预测问题。

这是数据未汇总的例子。我们通常按思维习惯把"类别"改为"购买否"，购买者为"1"，否则为"0"（见图 2-11 中 C6 列），这时可以自动得到回代概率的结果。计算步骤如下。

	C1 收入	C2 草坪大小	C3 类别	C4 x10	C5 x20	C6 购买否	C7 事件概率1	C8 预测
1	60.0	18.4	1	100	20	1	0.171804	0
2	85.5	16.8	1			1	0.427715	0
3	64.8	21.6	1			1	0.886613	1
4	61.5	20.8	1			1	0.714260	1
5	87.0	23.6	1			1	0.998431	1
6	110.1	19.2	1			1	0.991521	1
7	108.0	17.6	1			1	0.951670	1
8	82.8	22.4	1			1	0.992065	1
9	69.0	20.2	1			1	0.762766	1
10	93.0	20.8	1			1	0.988017	1
11	51.0	22.0	1			1	0.713434	1
12	81.0	20.0	1			1	0.909386	1
13	75.0	19.6	2			0	0.777847	1
14	52.8	20.8	2			0	0.487653	0

图 2-11　例 2-7 二值 Logistic 回归判别工作表

从"统计＞回归＞二值 Logistic 回归＞拟合二值 Logistic 模型（Stat＞Regression＞Binary Logistic Regression＞Fit Binary Logistic Model）"入口进入"二值 Logistic 回归"对话框，选择"二值响应/频率格式的响应（Response in binary response/frequency format）"，在"响应（Response）"项内填写"购买否"；在"响应事件（Response events）"项内选"1"；在"连续预测变量（Continuous predictors）"项内填写"收入草坪大小"；点击"存储（Storage）"，弹出"二值 Logistic 回归：存储"对话框，选定存储"拟合值（事件概率）（Fits（Event probability））"。各窗口皆点击"确认（OK）"（操作界面与图 2-10 相同），则可以得到计算结果。

二值 Logistic 回归：购买否 与 收入，草坪大小

方法

链接函数	Logit
已使用的行数	24

响应信息

变量	值	计数
购买否	1	12（事件）
	0	12
	合计	24

偏差表

来源	自由度	调整后偏差	调整后均值	卡方	P 值
回归	2	18.046	9.0230	18.05	0.000
收入	1	9.409	9.4085	9.41	0.002
草坪大小	1	8.759	8.7593	8.76	0.003
误差	21	15.225	0.7250		
合计	23	33.271			

模型汇总

偏差 R-Sq	偏差 R-Sq（调整）	AIC
54.24%	48.23%	21.23

系数

项	系数	系数标准误	方差膨胀因子
常量	−26.0	11.5	
收入	0.1110	0.0543	1.52
草坪大小	0.968	0.462	1.52

连续预测变量的优势比

优势比	95% 置信区间
收入	1.1174 (1.0046, 1.2428)
草坪大小	2.6320 (1.0644, 6.5080)

回归方程

$P(1) = \exp(Y') / (1 + \exp(Y'))$

$Y' = -26.0 + 0.1110$ 收入 $+ 0.968$ 草坪大小

拟合优度检验

检验	自由度	卡方	P 值
偏差	21	15.23	0.811
Pearson	21	14.22	0.860
Hosmer-Lemeshow	8	3.55	0.895

异常观测值的拟合和诊断

观测值	观测到的概率	拟合值	残差	标准化残差
1	1.000	0.172	1.877	2.02

R 残差大

Logistic 回归计算的结果说明，我们取"收入"和"草坪大小"作为自变量总效果是显著的（p 值为 0.000），且两个变量各自的回归效应也是显著的（p 值分别为 0.002，0.003）。属于准备买割草机类的概率记为 p，p 的回归方程结果为：

$$\ln \frac{p}{1-p}=-26.0+0.111\ 0\times 收入+0.968\times 草坪大小$$

准备买割草机的概率存至 C7 列，如图 2-11 所示。

下面我们手工计算给出对于待判样品的判别结果：如果 $X_1=100.0$ 千美元，$X_2=20$ 千平方英尺，则代入回归方程

$$y=\ln \frac{p}{1-p}=-26.0+0.111\ 0\times 收入+0.968\times 草坪大小$$

可得：

$$y=-26.0+0.111\ 0\times 100+0.968\times 20=4.46$$

$$p=\frac{\mathrm{e}^y}{1+\mathrm{e}^y}=\frac{\mathrm{e}^{4.46}}{1+\mathrm{e}^{4.46}}=\frac{86.487\ 5}{1+86.487\ 5}=0.988\ 6$$

此概率值远高于 0.5，因而此待判样品应该判为属于准备买割草机类。

同样可以检验回代效果，以图 2-11 中 C7 所列出的"事件概率 1"为基础，从"计算＞计算器（Calc＞Calculator）"入口。在"表达式（Expression）"中填写下列计算公式：

IF（事件概率＞0.5，1，0）

就可以得到图 2-11 中 C8 预测结果（上述操作界面图可参见网上资源）。对于本例来说，用二值 Logistic 回归分析来判别时，错判有 4 个样品，反而比用多元判别分析的结果要差一些。

在 MINITAB 中，可以采用"预测（Predict）"对话框计算这个概率。

在确定拟合模型后，从"统计＞回归＞二值 Logistic 回归＞预测（Stat＞Regression＞Binary Logistic Regression＞Predict）"入口进入"预测（Predict）"对话框，见图 2-12，选择"输入单值（Enter individual values）"，在"收入"项内填写"100"，在"草坪大小"项内填写"20"。点击"确认（OK）"，则可以得到计算结果。

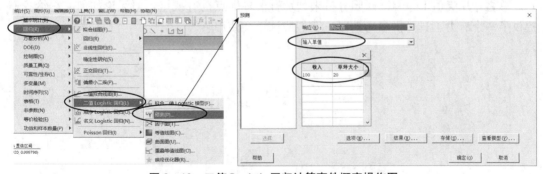

图 2-12 二值 Logistic 回归计算事件概率操作图

计算后可得到如下结果：

购买否 的预测
回归方程
P (1) ＝exp (Y′) / (1 ＋ exp (Y′))
Y′＝－26.0＋0.1110 收入＋0.968 草坪大小

设置

变量	设置
收入	100
草坪大小	20

预测

拟合概率	拟合值标准误	95％置信区间
0.988048	0.0245825	(0.582920，0.999796)

计算出的购买概率为 0.988 048。因计算精度不同，这个值与手工计算的结果略有差异。

【例 2 - 8】　（续例 2 - 3）对于是否带有 A 型血友病基因的判别。

舍去先验信息后，用 Logistic 回归拟合（方法与例 2 - 7 同，详细步骤参见网上资源）得到的误判结果是：将"未带 A 型血友病基因者"判为"带 A 型血友病基因者"有 3，5，7，17，20（共 5 个）；将"带 A 型血友病基因者"判为"未带 A 型血友病基因者"有 35，58，64，69（共 4 个）。而用多元判别分析方法（不考虑先验概率）的结果是：将"未带 A 型血友病基因者"判为"带 A 型血友病基因者"有 5，7，17（共 3 个）；将"带 A 型血友病基因者"判为"未带 A 型血友病基因者"有 32，35，58，62，63，64，67，69（共 8 个）。用 Logistic 回归判别效果好一些。

很多统计学家认为，对于仅有两类的判别问题用二值 Logistic 回归判别效果要好些，可以容许只有一个自变量的情况，容许含有离散变量作为其因子，可以选择多种变量，可以选择其他连接函数。当然它也有局限，例如，我们不能再增加使用先验概率的信息。

总之，用二值 Logistic 回归分析来判别有很多优点也有缺点，但无论如何，它给我们提供了一个有力工具可供参考选择，我们应该学会使用它。

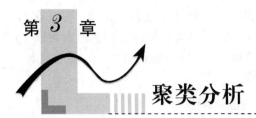

第 *3* 章

聚类分析

聚类分析是根据研究对象的特征将其进行聚类的数学方法的总称。在实际工作中，经常遇到各种聚类问题。例如，在评价公司的客户时，根据回头率、信誉率、经济实力等将公司的客户分为若干类；在经济学中，根据公司的经营状况把公司分成若干类；对公司员工按照电脑使用能力、操作能力、交际能力、推理能力、记忆能力等分成几组；对人体测量几十个部位的尺寸，按人的高矮、胖瘦及是否畸形等分为几类意义相近的变量组；等等。随着生产技术和科学的发展，人们的需求更加多样化，在更多领域中都将遇到聚类问题。聚类分析与判别分析的区别是：判别分析问题中事先已有分好的若干类供你选择，而聚类分析问题中事先并没有分好的类可供选用，甚至连该分几类也没有定论。

本章介绍一些常用的聚类分析方法。3.1 节引入 6 个实际例子介绍有关聚类分析的基本概念；3.2 节介绍聚类分析的基本原理——距离和相似系数；3.3 节介绍观测值系统聚类的原理及其 MINITAB 软件实现；3.4 节介绍观测值动态聚类的原理及其 MINITAB 软件实现；3.5 节介绍变量聚类。

3.1　聚类分析的概念

为了进一步了解聚类分析的概念，我们先看下面的 6 个实际例子。

【例 3-1】　设某零件标准长度为 18。检验 4 家供货商提供的产品，得到的数据见表 3-1，数据文件：MV_零件聚类.MTW。试对这 4 家供货商提供的产品进行聚类。

表 3-1　4 家供货商提供的产品数据

供货商	样本均值	样本标准差
甲	18.002	0.003
乙	17.997	0.004
丙	18.05	0.002
丁	18.2	0.5

【例 3-2】 对 5 名女顾客调查她们对某服装的看法。第 1 个变量是式样：喜欢取 1，不喜欢取 0。第 2 个变量是图案：喜欢取 1，不喜欢取 0。第 3 个变量是颜色：喜欢取 1，不喜欢取 0。第 4 个变量是材料：喜欢取 1，不喜欢取 0。所得数据见表 3-2，数据文件：MV_服装顾客.MTW。试根据表 3-2 将她们分类。

表 3-2 5 名女顾客对某服装的看法

顾客	式样	图案	颜色	材料
1	0	1	0	1
2	1	1	1	1
3	1	1	0	0
4	1	0	1	1
5	1	0	1	0

【例 3-3】 某公司 50 名销售人员业绩（包括销售增长、销售利润及新客户销售额 3 项指标）数据见网上资源表 3-W1，数据文件：MV_业绩.MTW。试根据业绩将这 50 人分为 3 类。

【例 3-4】 97 个国家和地区的出生率、死亡率和婴儿死亡率数据见网上资源表 3-W2，数据文件：MV_出生死亡率.MTW。按照这 3 个指标把 97 个国家和地区分成 3 类。

【例 3-5】 要研究环境变化对血压等的长期影响，对 39 个年龄均在 21 岁以上的从安第斯山脉移居到海拔相对低的大城镇的秘鲁男性进行调查研究，共调查 10 个项目：年龄、移居年数、体重、海拔高度、下颚皮襞、前臂皮襞、小腿皮肤皱襞、脉搏、收缩压、舒张压，收集的数据见网上资源表 3-W3，数据文件：MV_秘鲁移民.MTW。试将这 10 个项目分类，以便通过合并类似性质的项目来减少变量的数目。

【例 3-6】 测量成年女子的上体长、手臂长、胸围、颈围、总肩宽、前胸围、后背宽、前胸节高、后腰节高、总体高、身高、下体长、腰围和臂围等 14 个变量，得到变量 X_1，X_2，X_3，…，X_{14}。测量 3 454 名成年女子的数据，所得数据协方差阵见网上资源表 3-W4，数据文件：MV_成年女子.MTW。试将这些变量分成几类，以便考虑能否合并或简化一些变量。

这 6 个问题都是聚类问题，它们的共同点是：

（1）有若干个变量（或指标），例 3-1 的变量是样本均值和样本标准差；例 3-2 的变量是对式样、图案、颜色、材料的态度；例 3-3 的变量是销售增长、销售利润和新客户销售额；例 3-4 的变量是出生率、死亡率和婴儿死亡率……这些变量称为**自变量**或**聚类变量**。

（2）有若干次观测，每次观测值由若干个数值组成，每次观测值称为 1 个个体或 1 个样品。例 3-1 的观测次数共有 4 次（甲、乙、丙、丁），其观测值都由 2 个值组成：第 1 次观测值（第 1 个样品）是向量（18.002 0.003），第 2 次观测值（第 2 个样品）是（17.997 0.004），…。例 3-2 有 5 次观测（5 位顾客），每人 4 项指标。例 3-3、例 3-4、例 3-5 的变量分别有 50，97，39 次观测值。而例 3-6 将许多次原始观测整理为协方差阵，并未提供原始观测数据。

（3）要求分类（或分组）：例 3-3、例 3-4 要求把观测值分为 3 类，而例 3-1 和例 3-2 则不限定观测值分为几类；例 3-1、例 3-2、例 3-3、例 3-4 要求按观测值分类，而例 3-5 和例 3-6 要求按变量分类。因为是把大量的样品分为少量的类，所以通常将这种分类称为**聚类**。

　　这里的分类与第 2 章的判别不同，第 2 章中已知若干类和各类的训练样本（用以表示各类的特征），要将另一些未知类别的个体（待判样品）尽可能正确地归属于其中某一类。本章所研究的聚类问题则事先不知道研究的对象应分为几类，称为什么类，更不知道各类的特征（例如，分布规律或各类含哪些训练样本）。我们的任务是：需要通过对观测数据所进行的分析处理，选定一种统计量，它能度量个体或变量彼此接近的程度；确定分类数目；建立一种分类方法，并按接近程度对观测对象给出合理的分类。这样的过程称为**聚类分析**。

　　为了说明聚类的概念，我们可以对根据例 3-1 画出的散点图（见图 3-1）进行一些分析。

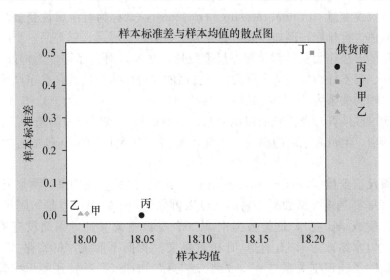

图 3-1　4 家供货商产品的散点图

　　从图 3-1 中可以看出，甲、乙 2 家产品很接近，可以聚成一类。甲、乙所组成的类与丙也相距不远，如果 4 家分为两大类，应该是：甲、乙、丙 3 个样品同归一类，丁为另一类。但这只是直观分析，能否通过定量分析得到合适的聚类需要做聚类分析。

　　聚类分析根据分类对象不同，分为 **Q 型聚类分析**和 **R 型聚类分析**。Q 型聚类分析是指对观测值（样品）进行聚类，如例 3-1、例 3-2、例 3-3、例 3-4；R 型聚类分析是指对变量进行聚类，如例 3-5 和例 3-6。在 MINITAB 中，根据聚类任务的不同编制一些过程（以对话框形式出现），Q 型聚类分析用"观测值聚类"或"K 均值聚类"对话框来实现，而 R 型聚类分析则用"变量聚类"对话框来实现。

3.2　距离和相似系数

　　要对样品（或变量）进行分类，就必须研究它们之间的关系。目前用得最多的描述样品间亲疏相似程度的统计量是**距离**和**相似系数**，前者常用来度量样品之间的差异性，数值越小越接近，后者常用来度量变量之间的相似性，数值越大越接近。

3.2.1 测量尺度的类型及标准化变换

样品之间的距离和相似系数有各种不同的定义，而这些定义与变量的类型有着非常密切的关系。通常，变量按照测量尺度的不同可以分为以下四类。

（1）**名义尺度变量**（nominal measurement scale），又称为**无序属性变量**。这种测量尺度只有名义值，也可以用数字作代表以指示所属的类别。例如，变量 X 表示物体的颜色，X 可取白色、黑色、其余色 3 个值，也可以用 $X=1$ 表示白色，$X=2$ 表示黑色，$X=3$ 表示其余色。通常，性别、职业、产品的品牌、地区等都是名义尺度变量。名义尺度是测量形式中最简单的一种，名义尺度变量的值之间既无等级关系也无数量关系。以名义尺度收集的数据称为**属性数据**，能识别的关系只有"＝"（表示具有相同属性）或者"≠"。能允许的变换（或换算）为任意的单值 1-1 函数。

（2）**有序尺度变量**（ordinal measurement scale），又称为**有序属性变量**。有序尺度变量对可能的取值进行排序，例如，某产品分为一等品、二等品、三等品，产品的等级有次序关系，产品的等级作为变量就是有序尺度变量；又如，对食品评价为特好、很好、好、还可以、不好、很不好、特差 7 个等级，对食品的评价作为变量就是有序尺度变量。有序变量取的值之间的关系为"＝"（相等）、"≠"（不等）、"＞"（大于）和"＜"（小于）。能允许的变换（或换算）为任意的单调函数。对有序尺度数据所做的统计工作有"计数"和"排序"两项，但没有距离的概念，因而不能对有序尺度数据（包括名次）进行算术平均。

（3）**间隔尺度变量**（interval measurement scale）。通常，我们进行测量所得到的数据如温度、时间等都是连续型数据，它们又可以再分为两类。第一类是间隔尺度数据，例如温度（摄氏度或华氏度），这类数据中，"0"是没有意义的，因而没有倍数的概念。摄氏度的 0 度以水结冰为标志，它只有相对意义，我们不能说"60℃ 是 20℃ 的 3 倍"。间隔尺度变量除了能识别关系"＝"、"≠"、"＞"和"＜"外，还能识别差距的大小，因此，间隔尺度数据可以使用算术平均，也可以使用其他一些统计量，但没有"比值""比率"的概念。能允许的变换（换算）只能为线性函数 $y=a+bx$，而且要求 $b>0$。例如，摄氏度与华氏度间可以换算，换算前后得到的统计结论一定是相同的，不受变换影响。

（4）**定比尺度变量**（ratio measurement scale）。连续型数据的第二类是定比尺度数据，它比间隔尺度数据高了一个层次。例如，绝对温度、长度、质量、电流强度、压力、断裂强度等。这类数据中，"0"是有意义的，同一个事物的两个不同测量结果之间的比值是有意义的，可以讨论它们的比值。定比尺度数据不但能识别差距的大小，而且可以识别和比较比值的大小，不但可以进行算术平均，使用各统计量，而且可以用除法求出倍数。对定比数据，能允许的变换（换算）只能为正比函数 $y=kx$（$k>0$），换算前后得到的统计结论一定是相同的，不会受变换的影响。在定比尺度数据中，还有一种以其对数形式出现的测量结果，例如噪声（以分贝为单位）、星等、地震震级、亮度、能量级等，这种数据已经对定比尺度数据取了对数，因而它不再是定比尺度数据，也不能进行算术平均。

以上四类变量中前两类属于类别变量，其观测值是属性数据；后两类属于连续变量，属于定量的连续型数据。这两大类间的差异是很大的，在使用中不能混淆。但在一般应用中，对于连续型数据内的间隔尺度数据和定比尺度数据则常常不加区分。

不同类型的变量在定义距离或作相似性测度时有很大差异，在实际应用中最常遇到的是连续型变量的样品聚类分析问题，如例 3-1、例 3-3、例 3-4 等，例 3-2 则是名义尺度变量的聚类。

在对连续型变量的样品聚类分析过程中，常需要对原始数据矩阵（观测值所形成的矩阵）进行变换处理。由于样本数据矩阵往往由多个指标即变量构成，不同指标一般都有不同的量纲，并且有不同的数量级单位，为了使不同量纲、不同数量级的数据能够在一起比较，通常需要对数据进行变换处理。

所谓数据变换，就是将原始观测资料矩阵中的每个元素，按照某种特定的运算把它变成一个新值，而且数值的变化不依赖于原始观测资料集合中其他数据的新值。常用的数据变换有中心变换、规格化变换、标准化变换和对数变换等。MINITAB 中常用的变换方法是标准化变换，其定义如下：

设有 n 个样品，每个样品测量 m 项指标（变量），得观测数据 $x_{ij}(i=1, 2, \cdots, n; j=1, 2, \cdots, m)$，从而可得：

$$\text{样本均值}: \overline{x}_j = \frac{1}{n} \sum_{i=1}^{n} x_{ij}, j=1,2,\cdots,m$$

$$\text{样本标准差}: s_j = \sqrt{\frac{1}{n-1} \sum_{i=1}^{n} (x_{ij} - \overline{x}_j)^2}, j=1,2,\cdots,m$$

称变换

$$x_{ij}^* = \frac{x_{ij} - \overline{x}_j}{s_j}, i=1,2,\cdots,n; j=1,2,\cdots,m \tag{3-1}$$

为**标准化变换**。变换后的数据，每个变量的样本均值为 0，样本标准差为 1，而且标准化变换后的数据 $\{x_{ij}^*\}$ 与变量的量纲无关，便于不同变量间的比较。

3.2.2 样品间的距离

描述样品间的亲疏程度最常用的标准是**距离**。

1. 定义距离的准则

定义距离的方法有很多，但不论用什么方法来定义距离，都必须遵守一定的规则。用 d_{ij} 表示样品 $X_{(i)}$ 和 $X_{(j)}$ 之间的距离，一般要求：

(1) $d_{ij} \geqslant 0$，对一切 i，j；当 $d_{ij}=0 \Leftrightarrow X_{(i)}=X_{(j)}$（即要求任意两点间的距离为非负数）。

(2) $d_{ij}=d_{ji}$，对一切 i，j（即要求 A 与 B 的距离一定和 B 与 A 的距离相等）。

(3) $d_{ij} \leqslant d_{ik} + d_{kj}$，对一切 i，j，k（三角不等式）（即要求两边之和大于第三边）。

本章中的距离都满足这三个条件。而第 2 章中的广义马氏距离则是将距离概念推广而得到的，它可能不满足条件 (1) 和 (3)。

2. 常用距离

下面介绍 MINITAB 中常用的几种距离的定义和算法。

设第 i 个样品 $x_{(i)} = \begin{bmatrix} x_{i1} \\ x_{i2} \\ \vdots \\ x_{im} \end{bmatrix}$，第 j 个样品 $x_{(j)} = \begin{bmatrix} x_{j1} \\ x_{j2} \\ \vdots \\ x_{jm} \end{bmatrix}$，记 $x_{(i)}$ 和 $x_{(j)}$ 的距离为 d_{ij}。

（1）欧氏距离。欧氏（Euclidean）距离定义为：

$$d_{ij} = \sqrt{\sum_{k=1}^{m} (x_{ik} - x_{jk})^2}, i, j = 1, 2, \cdots, n \qquad (3-2)$$

欧氏距离是聚类分析中使用最广泛的距离，上式也称为**简单欧氏距离**。另外一种常用的形式是**平方欧氏距离**，即取上式的平方，记为 d_{ij}^2。平方欧氏距离的优点是，因为不再计算平方根，不仅理论上简单，而且提高了运算速度。

（2）Pearson 距离。欧氏距离虽然使用最为广泛，但该距离是有量纲的，而且它与各变量的量纲有关，因而从数值上说，各维之间可能因单位而相差悬殊。此外，它也没有考虑各变量方差的不同。从欧氏距离的定义中易见，方差大的变量在距离中的作用（贡献）就大。为此我们引入了 **Pearson 距离**的概念。

$$d_{ij} = \sqrt{\sum_{k=1}^{m} (x_{ik} - x_{jk})^2 / V_k}, i, j = 1, 2, \cdots, n \qquad (3-3)$$

式中，V_k 是第 k 个变量的方差。这个距离考虑到了各个变量的不同标准差，但未考虑各变量间可能存在的相关。对上式取平方，就得到 **Pearson 平方距离**。

（3）绝对值距离（又称为 Manhattan distance）。绝对值距离定义为：

$$d_{ij} = \sum_{k=1}^{m} |x_{ik} - x_{jk}|, i, j = 1, 2, \cdots, n \qquad (3-4)$$

绝对值距离是一个应用很广泛的距离，它具有稳健性：离群点的影响较小。**平方绝对值距离**是对上式取平方。

（4）马氏距离（Mahalanobis distance）。欧氏距离、Pearson 距离和绝对值距离都没有考虑变量间的相关性：当变量之间不相关时，效果较好；如果变量之间相关，则聚类结果往往不够好，为此考虑马氏距离。

设样本方差阵为 S，设 X_i，X_j 是两个样品所成向量。则 X_i，X_j 的**马氏距离**是

$$\sqrt{(X_i - X_j)' S^{-1} (X_i - X_j)} \qquad (3-5)$$

有时为了避免开平方，称 $(X_i - X_j)' S^{-1} (X_i - X_j)$ 为**平方马氏距离**。严格地说，由于样品属于多个类，样本总协方差阵 S 应当按第 2 章式（2-3）即各样本协方差阵 S_i 的加权平均计算，但由于聚类过程结束前真正分类无法知道，通常按式（3-5）计算，即按全体样本合为一类计算样本协方差阵。马氏距离的优点是，能消除变量间的相关性带来的不利影响。

（5）配合距离。以上几种距离的定义均要求变量是连续型的，如果使用的是有序尺度或名义尺度变量，则要有相应的一些定义距离的方法。下例说明如何对一类向量定义距离，这类向量的分量为名义尺度变量。

设有两个向量：

$$X_{(1)}=(P,A,G,V,H)',\ X_{(2)}=(Q,B,G,V,H)'$$

它们的 5 个分量均为名义尺度变量：第 1 个分量分别取值 P 和 Q，称第 1 个变量值**不配合**；第 2 个分量分别取值 A 和 B，称第 2 个变量值**不配合**；第 3 个分量取相同值 G，第 4 个分量取相同值 V，第 5 个分量取相同值 H，称第 3，4，5 个变量值**配合**。定义两个向量之间的**配合距离**为 $2/(2+3)$。

一般地，设 m_1 为两个向量样品配合的分量数，m_2 为不配合的分量数，则可定义两个样品之间的**配合距离**为：

$$d_{12}=\frac{m_2}{m_1+m_2}$$

例 3-2 中 5 名顾客间的不配合数形成矩阵，列在表 3-3 中。

表 3-3　例 3-2 不配合数矩阵

	顾客 1	顾客 2	顾客 3	顾客 4	顾客 5
顾客 1	0	2	2	3	4
顾客 2	2	0	2	1	2
顾客 3	2	2	0	3	2
顾客 4	3	1	3	0	1
顾客 5	4	2	2	1	0

因为例 3-2 配合数与不配合数之和为 4，所以例 3-2 顾客间的**配合距离矩阵**如表 3-4 所示（原始数据见表 3-2，数据文件：MV_服装顾客.MTW）。

表 3-4　例 3-2 配合距离矩阵

	顾客 1	顾客 2	顾客 3	顾客 4	顾客 5
顾客 1	0	0.5	0.5	0.75	1
顾客 2	0.5	0	0.5	0.25	0.5
顾客 3	0.5	0.5	0	0.75	0.5
顾客 4	0.75	0.25	0.75	0	0.25
顾客 5	1	0.5	0.5	0.25	0

3.2.3　变量间的相似系数

在聚类分析中不仅需要将样品分类，有时还需要对变量进行分类。在变量之间也可以定义距离，但更常用和更容易理解的是相似系数，有时也把相似系数转化为距离。

3.2.3.1　定义相似系数的准则

设 C_{ij} 表示变量 X_i 和 X_j 间的相似系数，一般要求：

(1) $C_{ij}=\pm 1 \Leftrightarrow X_i=aX_j$（$a\neq 0$ 为常数）（两变量成比例时，则相似系数绝对值为 1，即"完全相似"）。

(2) $|C_{ij}|\leqslant 1$，对一切 i,j 成立（相似系数绝对值不超过 1）。

(3) $C_{ij}=C_{ji}$，对一切 i,j 成立（X_i 与 X_j 的相似系数和 X_j 与 X_i 的相似系数相等）。

3.2.3.2 常用相似系数的算法

我们通常采用的相似系数有 X_i 和 X_j 间的夹角余弦和相关系数两种。

1. 夹角余弦

变量 X_i 和 X_j 间的夹角余弦定义为：

$$C_{ij}(1) = \cos\alpha_{ij} = \frac{\sum_{t=1}^{n} x_{ti} x_{tj}}{\sqrt{\sum_{t=1}^{n} x_{ti}^2} \sqrt{\sum_{t=1}^{n} x_{tj}^2}}, i,j = 1,2,\cdots,m \tag{3-6}$$

当 X_i 和 X_j 平行时，其夹角 $\alpha_{ij} = 0°$ 或 $\alpha_{ij} = 180°$，$C_{ij}(1) = \pm 1$，说明这两个观测向量成比例从而变量相关；当 X_i 和 X_j 正交时，其夹角 $\alpha_{ij} = 90°$，$C_{ij}(1) = 0$，却不能完全肯定这两个向量不相关。

2. 相关系数

变量 X_i 和 X_j 间的**相关系数**定义为：

$$C_{ij}(2) = \frac{\sum_{t=1}^{n} (x_{ti} - \bar{x}_i)(x_{tj} - \bar{x}_j)}{\sqrt{\sum_{t=1}^{n} (x_{ti} - \bar{x}_i)^2} \sqrt{\sum_{t=1}^{n} (x_{tj} - \bar{x}_j)^2}}, i,j = 1,2,\cdots,m \tag{3-7}$$

当 $C_{ij}(2) = \pm 1$ 时，表示两变量线性相关；当 $C_{ij}(2) = 0$ 时，表示两变量不线性相关。

3. 列联表决定的尺度变量间的相似系数

设变量 X_i 的 p 种取值记为 r_1，r_2，$\cdots$，r_p（或称项目 X_i 有 p 个类目）；X_j 的 q 种取值记为 t_1，t_2，$\cdots$，t_q。用 n_{kl} 表示 n 个样品中变量 X_i 取 r_k，且变量 X_j 取 t_l 的样品数。通常列成表 3-5 的形式，称为**列联表**。

表 3-5 列联表

变量 X_i ＼ 变量 X_j	t_1	$\cdots$	t_q	求列和
r_1	n_{11}	$\cdots$	n_{1q}	$n_{1+} = \sum_l n_{1l}$
$\vdots$	$\vdots$	$\ddots$	$\vdots$	$\vdots$
r_p	n_{p1}	$\cdots$	n_{pq}	$n_{p+} = \sum_l n_{pl}$
求列和	n_{+1} $\cdots$ n_{+q} $\left(n_{+l} = \sum_k n_{kl}\right)(l=1,2,\cdots,q)$			总和 $n_{++} = \sum_i \sum_j n_{ij}$

先求出第 k 行的和 n_{k+}，再求出第 l 列的和 n_{+l}。

在列联表的独立性检验中常用到 χ^2 统计量：

$$\chi^2 = n_{++}\left(\sum_{k=1}^{p} \sum_{l=1}^{q} \frac{n_{kl}^2}{n_{k+}n_{+l}} - 1\right) \tag{3-8}$$

X_i 和 X_j 的相似系数基于列联表，建立在 χ^2 统计量基础上的主要有：

（1）卡方相似系数：

$$\Phi = \sqrt{\chi^2 / n} \tag{3-9}$$

（2）列联系数（contingency coefficient）：

$$U = \sqrt{\chi^2 / (n + \chi^2)} \tag{3-10}$$

（3）Cramer 的 V 统计量：

$$V = \sqrt{\frac{\chi^2}{n \cdot \max(p-1, q-1)}} \tag{3-11}$$

一般来说，同一批数据采用不同的相似性度量，会得到不同的分类结果。在进行聚类分析的过程中，应根据实际情况选取合适的相似性度量。如果无法从机理上进行选取，则可以都试验一下，再根据结果的合理性来选取。

3.2.3.3　相关性转化为距离

MINITAB 的变量聚类借助于变量间的相关系数来定义变量间的距离：

$$d_{ij} = 1 - C_{ij}(2) \quad 或 \quad d_{ij} = 1 - |C_{ij}(2)| \tag{3-12}$$

使用前者时称为**相关性**（correlation）方法，使用后者时称为**绝对相关性**（absolute correlation）方法。至于使用相关性方法还是绝对相关性方法，要根据实际问题的需要来选择。例如，当两个变量的相关系数是-1，如果此时两个变量的距离被认为是 0，则用绝对相关性方法；当相关系数为-1，如果此时两变量的距离被认为最大，则用相关性方法。

3.2.4　类间距离

聚类的过程大体是这样的：先定义样品间距离（即**点间距离**），初始每个样品算一类，类间距离就是样品间距离；然后将类间距离最近的类合并为一类；新的类形成后则同时形成了新的类间距离，再将最近的类合并成更加新的类；不断合并下去，直至聚类（合并）过程结束。因此必须定义**类间距离**，MINITAB 称类间距离为"联结法"。由于各种实际问题的情况不同，可以使用不同方法定义类间距离。本节介绍七种类间距离的定义方法。其中 3.2.4.1 小节至 3.2.4.4 小节介绍的是直接由样品间的距离决定类间距离，这样定义的距离与聚类过程无关。3.2.4.5 小节至 3.2.4.7 小节介绍的是由已有的类合并成一类后，按照原有的类间距离计算得出的新的类与其他类间的距离，未合并的类间距离保持合并前的距离不变，这样定义的距离与聚类过程有关。以下用 d_{ij} 表示样品 $X_{(i)}$ 与 $X_{(j)}$ 间的距离，用 D_{ij} 表示类 G_i 与 G_j 间的距离。

3.2.4.1　最短距离法

类与类之间的距离定义为两类内最近样品间的距离，即

$$D_{pq} = \min_{i \in G_p, j \in G_q} d_{ij} （这里 i \in G_p 表示 X_{(i)} \in G_p，下同） \tag{3-13}$$

称这种系统聚类法为**最短距离法**（single linkage）。

3.2.4.2　最长距离法

类与类之间的距离定义为两类内相距最远的样品间的距离，即

$$D_{pq} = \max_{i \in G_p, j \in G_q} d_{ij} \tag{3-14}$$

称这种系统聚类法为**最长距离法**（complete method）。

3.2.4.3 重心法或质心法

每一类的重心就是属于该类的所有样品的均值向量。将两类间的距离定义为两类重心间的距离，这种距离定义方法称为**重心法**（centroid method）。重心法一般采用欧氏距离定义样品间的距离。

重心法比其他系统聚类方法考虑得更全面。其主要缺点是在聚类过程中，不能保证合并的类之间的距离值呈单调增加的趋势，即本次合并的两类之间的距离可能小于上一次合并的两类之间的距离，在树状图上会出现图形逆转；也不能保证相似性水平呈单调减少的趋势。

3.2.4.4 类平均法

类平均法（average linkage）有两种定义。一种定义方法是把类与类之间的距离定义为所有样品对之间的平均距离，即

$$D_{pq} = \frac{1}{n_p n_q} \sum_{i \in G_p, j \in G_q} d_{ij} \tag{3-15}$$

式中，n_p，n_q 分别为类 G_p 和类 G_q 的样品个数。这种方法简称为**平均法**。

另一种定义方法是定义类与类之间的平方距离为样品对之间平方距离的平均值，即

$$D_{pq}^2 = \frac{1}{n_p n_q} \sum_{i \in G_p, j \in G_q} d_{ij}^2 \tag{3-16}$$

MINITAB 使用第一种距离定义方法即式（3-15）来进行**类平均聚类**。

3.2.4.5 中间距离法

当某步骤将类 G_p 和 G_q 合并成 G_r 后，按中间距离法计算新类 G_r 与其他类 G_k 的类间距离，其递推公式为：

$$D_{rk}^2 = \frac{1}{2}(D_{pk}^2 + D_{qk}^2) + \beta D_{pq}^2, \quad -1/4 \leqslant \beta \leqslant 0, k \neq p, q \tag{3-17}$$

常取 $\beta = -1/4$。这种方法称为**中间距离法**（median method），其实应当译为**中线距离法**，因为式（3-17）是按照三角形中线公式计算的。

3.2.4.6 离差平方和法

假设已经将 n 个样品分为 k 类，$\overline{X}^{(t)}$ 表示 G_t 的重心，$X_{(i)}^{(t)}$ 表示 G_t 中第 i 个样品（$i=1, 2, \cdots, n_t$），则 G_t 中样品的**离差平方和**为：

$$W_t = \sum_{i=1}^{n_t} (X_{(i)}^{(t)} - \overline{X}^{(t)})'(X_{(i)}^{(t)} - \overline{X}^{(t)}) \tag{3-18}$$

式中，$X_{(i)}^{(t)}$，$\overline{X}^{(t)}$ 为 m 维向量；W_t 为一数值（$t=1, 2, \cdots, k$），代表 G_t 类内的分散程度。

k 个类的**总离差平方和**为：

$$W = \sum_{t=1}^{k} W_t = \sum_{t=1}^{k} \sum_{i=1}^{n_t} (X_{(i)}^{(t)} - \overline{X}^{(t)})'(X_{(i)}^{(t)} - \overline{X}^{(t)}) \tag{3-19}$$

它反映了各类中样品的分散程度的总和。设某一步将类 G_p 和 G_q 合并成 G_r，而 G_p，G_q 和 G_r 类中样品的离差平方和分别为 W_p，W_q 和 W_r。如果 G_p 和 G_q 这两类相距较近，则合并之后所增加的离差平方和 $W_r-W_p-W_q$ 应较小；否则，增加的离差平方和应较大。于是我们定义 G_p 和 G_q 之间的平方距离为：

$$D_{pq}^2 = W_r - (W_p + W_q) \tag{3-20}$$

按照把增加离差平方和最小的两类合并之原则实施系统聚类的方法称为**离差平方和法**（Ward）。可以验证，式（3-20）满足通常定义距离所需的三个条件（见 3.2.2 小节）。

重心法的类间距离与两类的样品数无关，而离差平方和法的类间距离与两类的样品数有较大的关系，两个大的类倾向于有较大的距离，因而不宜合并，这往往符合我们对聚类的实际要求。离差平方和法在许多场合下优于重心法，是比较好的一种系统聚类法，但它对离群值较敏感。

3.2.4.7　McQuitty 相似分析法

当某一步将类 G_p 和 G_q 合并成 G_r 后，**McQuitty 相似分析法**把 G_r 与其他类 G_k 的距离定义为：

$$D_{rk}^2 = (D_{pk}^2 + D_{qk}^2)/2 \tag{3-21}$$

该方法又称为**简单平均法**。

按照某种方法定义类间距离后，通常用定义类间距离的方法定义聚类方法。例如，用离差平方和法定义类间距离，用这种距离所作的聚类称为离差平方和法聚类。在进行聚类分析的过程中，上述七种类间距离的定义方法各有优缺点，很难说哪种定义方法一定最优，因此应根据实际情况选取合适的类间距离定义。

3.3　观测值系统聚类法

3.3.1　系统聚类法的原理

对于样品聚类问题，系统聚类法是目前在实际应用中使用最广泛的一类方法，它是将类由多变少的一种方法，例如，许多动物聚成哺乳动物**纲**，哺乳动物和鱼类、两栖类、爬行类和鸟类等纲聚成脊椎动物门，最后再与原生动物门、腔肠动物门等聚成整个动物界。这种由多类逐渐聚成少类乃至一类的聚类方法称为系统聚类，它能清晰地说明各类间的关系。多元统计系统聚类的基本思想是：先将 n 个样品（或变量）各自看成一类，并规定样品与样品之间的距离和类与类之间的距离。最开始时，因每个样品自成一类，类与类之间的距离就是样品之间的距离。然后，在所有的类中，选择距离最小的一对合并成一个新类，并计算出所得新类和其他各类之间的距离，接着再将所得的 $n-1$ 类中距离最近的两类合并……这样每次合并两类为一类，直至将所有的样品都合并成一类为止。这种系统聚类方法同样适用于变量之间，其细节将在 3.5 节介绍。这样一种连续的并类过程可用一种类似于树状结构的图形，即**聚类谱系图**（或树状图）表示出来，由聚类谱系图可清楚地看出全部样品的聚集情况，从而可作出对全部样品（或变量）的分类。

系统聚类树状图像一棵倒置的树，最上边一层叫树根，此根往下有两个树枝，每个树枝又分出两个树枝，依此类推，其形状可参见图 3-5。树状图反映了变量之间或样品之间的逐步聚类过程，分类数目从 1 至 n。但是通常分成 1 类或 n 类都没有太大意义，那么最终要分成多少类才最合适？要得到最合适的分类数，MINITAB 介绍了三种方法。

（1）考虑输出结果和树状图中的距离以及合并时的相似性水平。定义类 G_p 与 G_q 之间的相似性 $S_{pq} = 100\left(1 - \dfrac{D_{pq}}{D_{\max}}\right)$，其中，$D_{pq}$ 是 G_p 与 G_q 之间的距离，$D_{\max}$ 是原始距离矩阵里最大的距离。观察聚类过程中相邻每步之间距离或相似性水平的变化程度，如果在某一步距离或相似性水平变化比较急剧，就表明上一步的聚类效果是比较好的。

（2）指定聚类数。指定不同聚类数 k，对 $k = 2$，3，…的聚类结果进行分析，找出其中最符合实际的分类数。

（3）指定相似水平。通过指定希望达到的相似性水平来确定最终聚类的个数。

3.3.2 用 MINITAB 实现观测值聚类

3.3.2.1 观测值聚类主对话框内容

在 MINITAB 软件的三个"聚类分析"对话框内，可供选择的功能都非常丰富，在实际工作中用得最多的是观测值聚类。在 MINITAB 软件中，由指令"统计＞多变量＞观测值聚类（Stat＞Multivariate＞Cluster Observations）"就可以进入观测值聚类窗口以实施观测值的系统聚类。我们给出的例题或实际使用时可能范围很窄，但为了让大家对 MINITAB 软件的聚类分析功能有更多的了解，关于观测值聚类的主要对话框的介绍请参见网上资源。这些内容不一定经常用到，但了解这些内容对今后在实际应用中扩充软件的功能还是很有好处的。

3.3.2.2 观测值聚类对话框可选内容

关于观测值聚类的内容除了主要对话框功能很丰富外，可选的内容也很多。对这些可选内容的介绍请参见网上资源。

系统聚类法的聚类实现结果取决于**样品间距离**（或相似系数）以及**类间距离**这两方面的定义。这两方面距离的不同定义将产生不同的系统聚类分析结果。下面用几个实际例子来介绍 MINITAB 观测值聚类的基本方法。

3.3.3 观测值聚类分析的实例

根据在实际工作中常见的几种类型，我们分别举例介绍。

3.3.3.1 对原始观测值的聚类

如果数据文件中包含的是原始观测值，聚类最为直接。当样品个数很少时，可以采用例 3-1 的系统聚类方法；样品个数较多时，可以采用例 3-7 的系统聚类方法。

例 3-1 的解。样品数仅为 4。

本题变量是"样本均值"和"样本标准差"，要求把 4 次观测值聚类，但未确定聚为多少类。由于观测样品数少，采用系统聚类为宜。只要画出树状图，系统聚类结果就清楚了。为了醒目，规定图的标题为"零件聚类树状图"。由于样品间距离和类间距离［即联结法（linkage method）］有多种定义方法，不妨先设定常用方法：先把样品数据标准化，样品间距离采用绝对值距离，类间距离采用最短距离法。如果聚类效果不好，再改用其他距离和联结法。

具体步骤是：先将表 3-1 给出的数据输入工作表；然后采用指令：从"统计＞多变

量＞观测值聚类（Stat＞Multivariate＞Cluster Observations）"进入"观测值聚类"对话框，在"变量或距离矩阵（Variables or distance matrix）"中填入"样本均值　样本标准差"，在"联结法（Linkage method）"中选择"最短距离（Single）"，在"距离度量（Distance measure）"中选择"Manhattan"。选中"标准化变量（Standardize variables）"，在"最终分割指定依据（Specify final partition by）"中选择"点群数（Number of clusters）"，并且指定为"1"，选中"显示树状图（Show dendrogram）"。点击"自定义（Customize）"，弹出"观测值聚类树状图：自定义"对话框，在"标题（Title）"一栏里填入"零件聚类树状图"，在"大小写标签（Case labels）"一栏里填入"供货商"，在"使用以下项标记Y轴（Label Y axis with）"中选择"相似性（Similarity）"，在"显示树状图（Show dendrogram in）"中选择"一个图形（One graph）"，各框点击"确定（OK）"（界面见图3-2）。

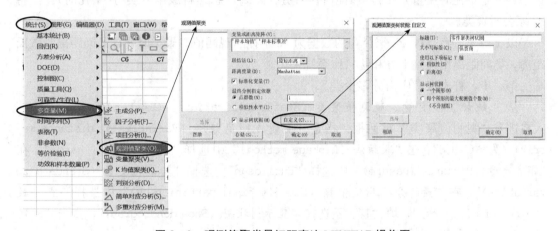

图 3-2　观测值聚类最短距离法 MINITAB 操作图

由以上运行结果得到最短距离法树状图（见图3-3）。

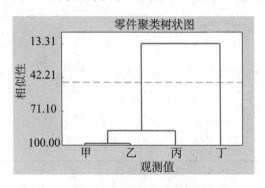

图 3-3　最短距离法树状图

从图3-3可见，未聚类前有4类，各家产品自成一类：甲是第1类，样本均值有小的正偏差，精度高；乙是第2类，样本均值有小的负偏差，精度高；丙是第3类，样本均值有较大的正偏差，精度高；丁是第4类，样本均值有大的正偏差，精度差。聚类第一步，甲、乙两家聚成一类，即样本均值误差小、精度高的类，其余两家各成一类。聚类第二步，甲、乙、丙三家（精度高的类）聚成一类，丁自成一类。聚类第三步，甲、乙、丙、丁聚成一类，即全部产品。

当观测值较多时，仅仅看树状图就不方便了，需要确定聚成多少类最合适，同时还应该有最终的分类结果输出。确定聚成多少类最合适的办法是：观测会话窗口中的合并步骤表，如果在第 k 步到第 $k+1$ 步距离或相似性水平变化比较急剧，就表明第 k 步的聚类效果是比较好的。给出最终分类结果输出的办法是：使用 MINITAB 的"聚类分析：存储"框，指示 MINITAB 把聚为 k 类的分组情况显示于工作表。例 3-7 就是这样的例子。

【例 3-7】 美国 22 家公用事业公司 1975 年数据见网上资源表 3-W5，数据文件：MV_公用事业.MTW。其中，x_1，固定费用周转比（收入/债务）；x_2，资本回报率；x_3，每千瓦容量成本；x_4，年载荷因子；x_5，1974—1975 年高峰期千瓦时需求增长；x_6，销售量（年千瓦时用量）；x_7，核能所占百分比；x_8，总燃料成本（美分/千瓦时）。试将 22 家公司聚类。

以 $x_1 \sim x_8$ 为变量，22 家公司的数据为 22 个样品观测值。聚类时，样品间距离为欧氏距离，类间距离用离差平方和法，作系统聚类。

第一步，首先探索应当分多少类。

从"统计>多变量>观测值聚类（Stat>Multivariate>Cluster Observations）"入口进入"观测值聚类"对话框，指定"变量或距离矩阵（Variables or distance matrix）"为"C1-C8"，在"联结法（Linkage method）"中选择"离差平方和（Ward）"，在"距离度量（Distance measure）"中选择"Euclidean"。选择"标准化变量（Standardize variables）"，在"最终分割指定依据（Specify final partition by）"中选择"点群数（Number of clusters）"，填"1"。不选择"显示树状图（Show dendrogram）"，点击"确定（OK）"，在会话窗口中得到计算结果如下。

观测值的聚类分析：x1, x2, x3, x4, x5, x6, x7, x8

标准化变量，Euclidean 距离，离差平方和法
合并步骤

步骤	点群数	相似性水平	距离水平	已合并的点群号		新聚类号	新聚类号中的观测值个数
1	21	78.5772	1.3841	12	21	12	2
2	20	78.2226	1.4070	10	13	10	2
⋮	⋮	⋮	⋮	⋮	⋮	⋮	⋮
17	5	29.1606	4.5769	1	3	1	7
18	4	16.4263	5.3997	5	7	5	6
19	3	−40.7418	9.0933	1	2	1	13
20	2	−46.9147	9.4921	1	8	1	16
21	1	−65.6582	10.7032	1	5	1	22

最终分割

	观测值个数	类内平方和	到质心的平均距离	到质心的最大距离
聚类 1	22	168	2.66902	3.95942

从第 1 张表可见，从第 18 步到第 19 步，相似性水平减少了 16.426 3-(-40.741 8) = 57.168 1，减少幅度最大，所以应当考虑将聚类停在第 18 步，即聚为 4 类较好。

第二步，按选定类数来具体分类。

为了记录聚类的最终结果，我们在 MINITAB 工作表中增加一列，它的值表示每个样品所属的类，给这列起个变量名，例如"类别"。为了看清聚类情况，最后仍应画出聚类树。

从"统计>多变量>观测值聚类（Stat>Multivariate>Cluster Observations）"入口进入"观测值聚类"对话框，指定"变量或距离矩阵（Variables or distance matrix）"为"C1-C8"，在"联结法（Linkage method）"中选择"离差平方和（Ward）"，在"距离度量（Distance measure）"中选择"Euclidean"。选中"标准化变量（Standardize variables）"，在"最终分割指定依据（Specify final partition by）"中选择"点群数（Number of clusters）"，填"4"（这时主要是在工作表中输出了按 4 类分类的最终分类结果，树状图上最后仍然聚合为一类）。仍选择"显示树状图（Show dendrogram）"，点击"自定义（Customize）"，弹出"观测值聚类树状图：自定义"框，在"使用以下项标记 Y 轴（Label Y axis with）"中选择"距离（Distance）"，在"显示树状图（Show dendrogram in）"中选择"一个图形（One graph）"，各窗口皆点击"确定（OK）"，回到"观测值聚类"对话框。打开"存储（Storage）"窗，弹出"观测值聚类：存储"框，在"聚类成员列（Cluster membership column）"中填"类别"，在"距离矩阵（Distance matrix）"中填写"M3"（距离矩阵存入 M3）。各对话框都点击"确定（OK）"（界面见网上资源），则可在会话窗口中得到计算结果。其中包含两张表和一幅树状图，最终结果列表如下。

最终分割

	观测值个数	类内平方和	到质心的平均距离	到质心的最大距离
聚类 1	7	26.5078	1.90765	2.47626
聚类 2	6	14.9228	1.54552	1.98867
聚类 3	6	30.2899	2.04550	3.33895
聚类 4	3	9.5335	1.75778	2.17720

聚类质心

变量	聚类 1	聚类 2	聚类 3	聚类 4	总质心
x1	0.504316	-0.21186	-0.07637	-0.60028	0.0000000
x2	0.779551	0.24374	-0.73663	-0.83318	0.0000000
x3	-0.985896	0.31928	0.16148	1.33891	-0.0000000
x4	-0.337546	-0.26389	0.89799	-0.48058	0.0000000
x5	-0.489577	0.08309	-0.00777	0.99172	-0.0000000
x6	0.351860	-0.51452	-0.82424	1.85652	-0.0000000
x7	-0.523211	1.43621	-0.46848	-0.71463	0.0000000
x8	-0.410537	-0.36066	1.32250	-0.96577	-0.0000000

聚类质心之间的距离

	聚类1	聚类2	聚类3	聚类4
聚类1	0.00000	2.72567	3.17817	3.74825
聚类2	2.72567	0.00000	2.98653	3.71980
聚类3	3.17817	2.98653	0.00000	4.12951
聚类4	3.74825	3.71980	4.12951	0.00000

工作表将增补C10"类别"列，如图3-4所示。树状图如图3-5所示。

	C1 x1	C2 x2	C3 x3	C4 x4	C5 x5	C6 x6	C7 x7	C8 x8	C9-T 名称	C10 类别
1	1.06	9.2	151	54.4	1.6	9077	0.0	0.628	Arizona	1
2	0.89	10.3	202	57.9	2.2	5088	25.3	1.555	Boston	2
3	1.43	15.4	113	53.0	3.4	9212	0.0	1.058	Central	1
4	1.02	11.2	168	56.0	0.3	6423	34.3	0.700	Common	2
5	1.49	8.8	192	51.2	1.0	3300	15.6	2.044	Consolid	3
6	1.32	13.5	111	60.0	-2.2	11127	22.5	1.241	Florida	1
7	1.22	12.2	175	67.6	2.2	7642	0.0	1.652	Hawaiian	3
8	1.10	9.2	245	57.0	3.3	13082	0.0	0.309	Idaho	4
9	1.34	13.0	168	60.4	7.2	8406	0.0	0.862	Kentucky	1
10	1.12	12.4	197	53.0	2.7	6455	39.2	0.623	Madison	2
11	0.75	7.5	173	51.5	6.5	17441	0.0	0.768	Nevada	4
12	1.13	10.9	178	62.0	3.7	6154	0.0	1.897	NewEngla	3
13	1.15	12.7	199	53.7	6.4	7179	50.2	0.527	Northern	2
14	1.09	12.0	96	49.8	1.4	9673	0.0	0.588	Oklahoma	1
15	0.96	7.6	164	62.2	-0.1	6468	0.9	1.400	Pacific	3
16	1.16	9.9	252	56.0	9.2	15991	0.0	0.620	Puget	4
17	0.76	6.4	136	61.9	9.0	5714	8.3	1.920	SanDiego	3
18	1.05	12.6	150	56.7	2.7	10140	0.0	1.108	Southern	1
19	1.16	11.7	104	54.0	-2.1	13507	0.0	0.636	Texas	1
20	1.20	11.8	148	59.9	3.5	7287	41.1	0.702	Wisconsin	2
21	1.04	8.6	204	61.0	3.5	6650	0.0	2.116	United	3
22	1.07	9.3	174	54.3	5.9	10093	26.6	1.306	Virginia	2

图3-4 例3-7美国公用事业公司工作表（计算后）

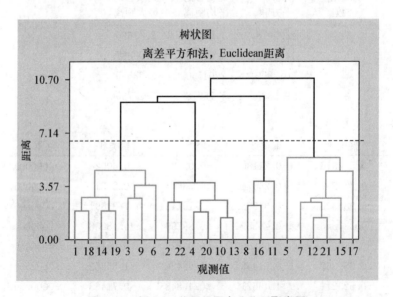

图3-5 例3-7美国公用事业公司聚类图

从图 3-5 中可以清楚看到，确实是分 4 类更合理（水平的虚线代表分类的界限）。具体的分类结果可以在工作表中看到。为了方便看出各类所包含的各公司名称，可以采用排序过程将所有样品按类号从小到大依次排好。具体操作如下：从"数据＞排序(Data＞Sort)"进入"排序"对话框（界面见图 3-6 中）。在"要作为排序的列（Columns to sort by）"中选择"类别"，顺序为"增大（Increasing）"，在"要排序的列（Columns to sort）"中选择"所有列（All columns）"，在"已排序列的存储位置（Storage location for the sorted columns）"中选择"在新工作表中（in a new worksheet）"，点击"确定（OK）"，即在工作表中可得到显示更清楚的分类结果（见图 3-6 右）。第一类是〔Arizona, Central, Florida, Kentucky, Oklahoma, Southern, Texas〕；第 2 类是〔Boston, Common, Madison, Northern, Wisconsin, Virginia〕，第 3 类是〔Consolid, Hawaiian, NewEngland, Pacific, SanDiego, United〕，第 4 类是〔Idaho, Nevada, Puget〕。

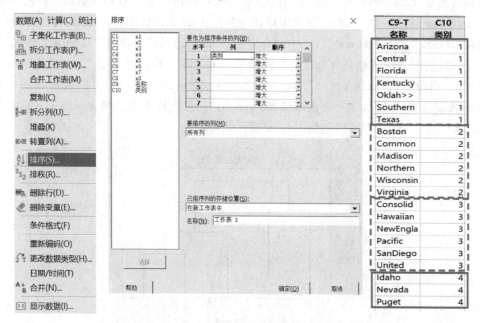

图 3-6　例 3-7 美国公用事业公司聚类结果排序操作及结果图

细心的读者可能发现，在定义点间距离、确定类间距离（联结法）、是否标准化等方面采用不同选择时，聚类的结果会有较大的差别，这是很自然、很正常的事。对于某个实际问题究竟选用什么方法去分析，以哪种方法的结论为准，不同方法的说服力会有很大差别。我们通常是全都试验一下，然后在多个聚类结果中选取那个能获得最直观解释的为最终结果。

3.3.3.2　对已给距离矩阵的聚类

有时原始数据不能直接用来聚类，要经过整理得到距离矩阵后再聚类。MINITAB 也可以对所给距离矩阵进行系统聚类。以下介绍对距离矩阵实行聚类分析的方法。

例 3-2 的解。这个问题中有 5 个变量——5 名顾客的评分，但不能像例 3-1 或例 3-7 那样直接聚类，因为每个顾客的看法是属性变量。表 3-4 是原始数据化成的配合距离矩阵。操作步骤分为两步：先将距离矩阵在工作表中的这种存储转存为矩阵格式；然后再进行聚类，类间距离可以采用类平均法。

（1）将存于文件中的距离矩阵复制为矩阵格式并命名。首先将表 3-4 的距离矩阵存入工作表。再从"数据＞复制＞从列到矩阵（Data＞Copy＞From Columns To Matrix）"入口进入"复制列到矩阵"对话框，指定"从列复制（Copy from columns）"为"C7-C11"，在"存储复制的数据，在当前工作表中，在矩阵中（Store copied data in current worksheet，in matrix）"内指定此阵名为"M1"，点击"确定（OK）"后（界面见网上资源图 3-7A），就完成了距离矩阵的输入工作。可以从"数据＞显示数据（Data＞Display data）"中查看矩阵 M1 是否输入，也可以看见此矩阵的内容。

（2）从"统计＞多变量＞观测值聚类（Stat＞Multivariate＞Cluster Observations）"入口进入"观测值聚类"对话框，在"变量或距离矩阵（Variables or distance matrix）"中指定为"M1"，在"联结法（Linkage method）"中选择"平均（Average）"，在"距离度量（Distance measure）"中选择"Euclidean"，在"最终分割指定依据（Specify final partition by）"内选择"点群数（Number of clusters）"，并填"1"。选择"显示树状图（Show dendrogram）"。点击"自定义（Customize）"，弹出"观测值聚类树状图：自定义"对话框，在"标题（Title）"一栏里填入"类平均法树状图"，在"使用以下项标记 Y 轴（Label Y axis with）"中选择"距离（Distance）"，在"显示树状图（Show dendrogram in）"中选择"一个图形（One graph）"，各框皆点击"确定（OK）"（界面参见网上资源图 3-7B），即可得到如图 3-7 所示的树状图。

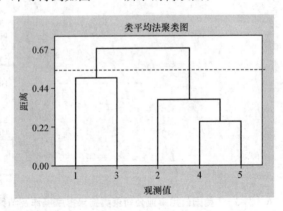

图 3-7　例 3-2 中 5 名顾客评价树状图

得到的 MINITAB 输出结果如下。

观测值的聚类分析：M1

类平均法
合并步骤

步骤	点群数	相似性水平	距离水平	已合并的点群号		新聚类号	新聚类号中的观测值个数
1	4	75.0000	0.250000	4	5	4	2
2	3	62.5000	0.375000	2	4	2	3
3	2	50.0000	0.500000	1	3	1	2
4	1	33.3333	0.666667	1	2	1	5

输出结果说明：第 3 步与第 4 步之间的相似性水平变化最大（50－33.333 3＝16.666 7），因此可以把第 3 步（分 2 类）的结果作为一个比较合理的分类。仿照例 3－7 的排序方法可将样品聚为 2 类，分类的结果是 {1, 3}, {4, 5, 2}。参照原始数据可知：第 4, 5 名顾客只有 1 个指标不同，他们归为一类（观点最接近）；第 1, 3 名顾客只有 2 个指标不同，他们也归为一类（观点比较接近）；第 2 名顾客和第 4, 5 名顾客的观点比较接近，应当列入第 4, 5 名顾客所归的类。

3.4　动态聚类法

3.4.1　动态聚类法的基本原理

系统聚类法有两个缺点：（1）每个样品一旦并入某些样品所归的类后，就不能和这些样品再分开了，这就要求每一次聚类都比较准确，从而对聚类的方法提出较高的要求。由于数据具有随机性，这很难做到。（2）系统聚类的计算量比较大。在 Q 型系统聚类法（即对观测值的聚类）中，当样品的个数 n 很大，例如 $n \geq 30$ 时，仅考虑距离矩阵的计算量和存储量就非常大，这要占据大量的计算机内存空间并耗费较多的计算时间，在计算机发展早期，甚至会因计算机内存或计算时间的限制而无法进行。因此当 n 很大时，我们自然需要一种相对系统聚类法而言计算量少得多，以使计算机运行时只需占用较少内存空间和耗费较短计算时间的聚类方法。基于这种情况，产生了**动态聚类法**。

动态聚类法又称为**逐步聚类法**，其基本思想是：（1）选择一批初始凝聚点（相当于各类的标志点）；（2）让每个样品按某种距离定义向凝聚点凝聚，如果与原有各类皆距离太远（大于各类间距离），则另成一新类；（3）对凝聚后的类选择新凝聚点；（4）从（2）开始再次计算并反复迭代，直至分类比较合理或迭代稳定为止。类的个数 k 可以事先指定，也可以在聚类过程中确定。选择初始凝聚点（或给出初始分类）的一种简单方法是随机抽选（或随机分割）样品，即从样品中随机抽取若干个作为初始凝聚点。

动态聚类法包含许多种方法，MINITAB 使用的是比较流行的一种方法——**K 均值聚类法**。

3.4.2　K 均值聚类法的基本步骤

K 均值聚类法的基本步骤是：

（1）选择 k 个样品作为初始凝聚点；或者将所有样品分成 k 个初始类，然后将这 k 个类的重心（均值）作为初始凝聚点。如果未给出初始凝聚点或初始分类，MINITAB 会从变量观测值中自动产生凝聚点。

（2）对除凝聚点之外的所有样品逐个归类，将每个样品归入凝聚点离它最近的那个类（MINITAB 采用欧氏距离或标准化后的欧氏距离，类间距离采用质心法），直至所有样品都归了类。

（3）每有一个新样品被归类，则此类会变化，求出此类的重心当作新凝聚点。

（4）重复步骤（2）和（3），直至所有的重心都不再改变为止。

最终的聚类结果在一定程度上依赖于初始凝聚点或初始分类的选择。经验表明，聚类过程中的绝大多数重要变化均发生在第一次调整分类计算中。

3.4.3 用 MINITAB 实现 K 均值聚类

在 MINITAB 软件中，K 均值法的基本操作是：从"统计＞多变量＞K 均值聚类（Stat＞Multivariate＞Cluster K-Means）"入口进入"K 均值聚类"对话框，在对话框中补充填写必要信息，详细内容参见网上资源。

3.4.4 K 均值聚类法的实例

3.4.4.1 K 均值聚类法计算实例

下面给出例 3-4 的计算过程。

例 3-4 的计算。本例含 97 个国家和地区的出生率、死亡率和婴儿死亡率，样本量远超过 30，因此要用 K 均值聚类法，且已知希望分为 3 类，我们指定 C6 记录分类结果，命名为"分类"。

从"统计＞多变量＞K 均值聚类（Stat＞Multivariate＞Cluster K-Means）"入口进入"K 均值聚类"对话框，在"变量（Variables）"中填入"出生率 死亡率 婴儿死亡率"，在"点群数（Number of clusters）"中填"3"，由于本例各变量的量纲都一致，因此不必进行标准化。点击"存储（Storage）"，弹出"K 均值聚类：存储"对话框，在"聚类成员列（Cluster membership column）"中填写"分类"，各窗口点击"确定（OK）"（界面见图 3-8）即可得到结果。

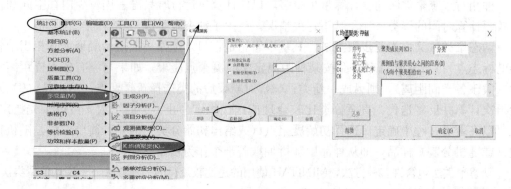

图 3-8 K 均值聚类法操作步骤图

最后计算结果的汇总部分如下。

K 均值聚类分析：出生率，死亡率，婴儿死亡率

方法

点群数　　3
标准化变量　否

最终分割

	观测值个数	类内平方和	到质心的平均距离	到质心的最大距离
聚类 1	22	9277.814	17.542	56.905
聚类 2	46	5285.595	9.743	27.519
聚类 3	29	7927.463	14.905	27.476

聚类质心

变量	聚类 1	聚类 2	聚类 3	总质心
出生率	44.3955	16.8109	37.4241	29.2299
死亡率	16.5136	8.6978	9.9207	10.8361
婴儿死亡率	124.8773	14.7326	65.5310	54.9010

聚类质心之间的距离

	聚类 1	聚类 2	聚类 3
聚类 1	0.0000	113.8150	60.1169
聚类 2	113.8150	0.0000	54.8350
聚类 3	60.1169	54.8350	0.0000

这些结果可供比较分析时使用，例如，我们可以从聚类质心的数据中看出 3 个类型的主要特点：第 1 类是出生率、死亡率、婴儿死亡率都高的国家或地区（多半是极贫困型的）；第 2 类是出生率、死亡率、婴儿死亡率都低的国家或地区（多半是较富裕型的）；第 3 类是介于中间状态的国家或地区（多半是一般发达的）。样本量太大，因而绘制树状图不易看清，聚类结果还是用列表法显示较好。这些结果已经体现在工作表（见图 3-9）中，其中"分类"（C6）列上的数字 1，2，3 代表该国家或地区属于哪一类。例如，Afghanistan 属于第 1 类，Albania 属于第 2 类，Algeria 属于第 3 类。

	C1 序号	C2 出生率	C3 死亡率	C4 婴儿死亡率	C5-T 国家或地区	C6 分类
1	1	40.4	18.7	181.6	Afghanistan	1
2	2	24.7	5.7	30.8	Albania	2
3	3	35.5	8.3	74.0	Algeria	3
4	4	47.2	20.2	137.0	Angola	1
5	5	20.7	8.4	25.7	Argentina	2

图 3-9 97 个国家和地区出生率、死亡率、婴儿死亡率分类结果工作表

为了更清楚地显示分类结果，可以将上述工作表排序，即按"分类"的值从小到大排序。排序的操作见例 3-7（参考图 3-6）。排序后结果如图 3-10 所示，工作表中得到更清楚的分类结果（完整工作表见网上资源图 3-10A）。

	C1 序号	C2 出生率	C3 死亡率	C4 婴儿死亡率	C5-T 国家或地	C6 分类
1	1	40.4	18.7	181.6	Afghanis	1
2	4	47.2	20.2	137.0	Angola	1
3	8	42.2	15.5	119.0	Banglade	1
4	10	46.6	18.0	111.0	Bolivia	1
5	15	41.4	16.6	130.0	Cambodia	1
6	25	48.6	20.7	137.0	Ethiopia	1

图 3-10 97 个国家和地区出生率、死亡率、婴儿死亡率分类结果排序结果图

3.4.4.2　系统聚类与动态聚类的比较

对于观测值的聚类我们可以采用系统聚类和动态聚类两种方法进行。

例 3 - 3 的计算。我们对例 3 - 3 的 50 名销售人员的数据分别使用两种方法计算，样品间距离都采用"Euclidean"，类间距离都采用"平均（Average）"，不进行变量标准化。请对聚类效果加以比较。

首先用系统方法聚类。得到计算结果：第 1 类为 {1，2，16，21，23，29，32，34，44，47，48}，销售人员共 11 人；第 2 类为 {3，4，5，6，7，9，11，12，14，15，17，18，19，20，22，26，33，37，38，41，42，45，49}，销售人员共 23 人；其余 16 名销售人员为第 3 类。从会话窗口输出的聚类质心可以看出：第 1 类销售业绩最差，第 2 类次之，第 3 类最好。动态聚类也得到 3 类。类别"1"是最好，类别"2"是中等，类别"3"是最差。为了便于与系统聚类结果相比较，我们将动态聚类所得结果中类别"1"与类别"3"交换，形成一列新编动态，动态聚类结果为：第 1 类（最差）有号为 {1，2，16，21，23，29，32，34，44，47，48} 的销售人员，共 11 人；第 2 类（中等）有号为 {3，4，5，6，7，9，12，14，15，17，19，20，26，33，37，38，41，42，45} 的销售人员，共 19 人；其余 20 名销售人员为第 3 类。

两种聚类法的结果比较：第 11，18，22，49 号销售人员在系统聚类法中属于业绩中等类，而在动态聚类中属于业绩最好类；其余工作人员分类相同。实际上这 4 人划为业绩中等类与业绩最好类都有理由，所以两种方法的效果基本上是一致的（详细比较结果参见网上资源）。

这里所说的理由都比较抽象，如何能直观看出两种分类方法相差不大？当变量个数不超过 2 时，可以用散点图来显示，但对于更多变量的情况就必须使用主成分聚类才能解释得更充分，这些内容我们将在第 4 章介绍。

动态聚类法特别适用于样品个数较多的情形。系统聚类法具有更多优点：能估计聚为多少类最合适，而且多次计算结果一定是相同的，其结果与样品编号顺序无关，有多种样品间距离及多种类间距离（联结法）可供选择，当样品数不是太多时，系统聚类法是最好的；而当样品个数太多时，只好选择动态聚类法。动态聚类法的分类结果与样品编号顺序可能有关；指定不同的初始凝聚点时，可能有不同的分类结果；另外，动态聚类法的可选性较少，例如样品间距离必须是欧氏距离或标准化后的欧氏距离。由于现在计算机功能强大，计算量和存储量都不成问题，两种方法都可以很快计算出结果。我们通常可以将两种方法都试验一下，然后再比较。

3.5　变量聚类方法

3.5.1　变量聚类的原理

前面已经提到，聚类分析根据分类对象的不同可分为对样品观测值的聚类（称为 Q 型聚类）和对变量的聚类（称为 R 型聚类）。前两节我们讨论的内容都是 Q 型聚类问题，也就是对样品进行聚类分析。在实际工作中，有时对所考察的一些变量进行分类也是十分重要的。在统计分析中，为了避免遗漏重要因素，人们在初始选取所考察的变量时，总是尽可能多地考虑所有相关的因素。而这样做的结果则是需要考察的变量过多，变量间的相关性也较大，给统计分析带来很大的不便。因此人们常常希望研究变量间的相似关系，按照变量的相关关系把它们聚合为若干类，然后观察和说明影响系统特性的主要特征。例如，例3-7中记录了美国 22 家公用事业公司的 8 项数据，我们既可以将 22 家公司分成若干类，也可以将这 8 个变量按变量聚类的办法分成若干类，关键是看你所关心的问题是什么。

MINITAB 采用的变量聚类方法是：首先将相似关系转化为距离，然后用所得距离以类似于 Q 型聚类分析中最常用的系统聚类法的思路和基本步骤对变量进行聚类。

系统聚类树状图最外边一层叫树根，在此根上有两个树枝，每个树枝上又分出两个树枝，依此类推。树状图反映了变量之间或样品之间的亲疏关系，但它本身并不是分类。要得到样本或变量的分类，就需要规定一个反映亲疏程度的临界值，用以分割树状图（见图 3-5，那里用了一条水平线将树状图分为上下两部分），从而得到所需要的分类。这就要考虑相似性水平的度量。

具体的办法是观察每步之间距离或相似性水平的变化程度，如果在某一步距离或相似性水平变化比较急剧，就表明上一步的聚类效果是比较好的。

3.5.2　用 MINITAB 实现变量聚类

MINITAB 对于变量聚类的分析操作基本上与样品聚类相同。从"统计＞多变量＞变量聚类（Stat＞Multivariate＞Cluster Variables)"入口进入"变量聚类"对话框，填写有关信息就可以进行计算了。有关 MINITAB 对于变量聚类分析操作的详细介绍见网上资源。

3.5.3　变量聚类计算实例

我们将用 3 个例题来说明变量聚类过程。3.5.3.1 小节讨论例 3-7，说明最基本的变量聚类过程，以聚类树为最终输出结果形式；3.5.3.2 小节讨论例 3-5，增加输出变量分类结果的表格；3.5.3.3 小节讨论例 3-6，说明只输入相关阵时的变量聚类过程。

3.5.3.1　变量聚类的基本方法

首先我们以例 3-7 说明最基本的变量聚类过程。

将例 3-7 的变量聚类。美国 22 家公用事业公司 1975 年数据见网上资源表 3-W5，数据文件：MV_公用事业.MTW。其中，x_1，固定费用周转比（收入/债务）；x_2，资本回报率；x_3，每千瓦容量成本；x_4，年载荷因子；x_5，1974—1975 年高峰期千瓦时需求增长；x_6，销售量（年千瓦时用量）；x_7，核能所占百分比；x_8，总燃料成本（美分/千瓦时）。试将 8 个自变量聚类。

本题共有 8 个变量：$x_1 \sim x_8$。由于经济分析的需要，两对变量相似系数绝对值相同，符号相反时，认为距离不同，应当以"相关性"来度量两个变量的接近程度，记相关系数为 $C_{ij}(2)$，参见式（3-7），我们定义距离为 $d_{ij} = 1 - C_{ij}(2)$。这里 d_{ij} 取值在 [0，2] 范围内，$d_{ij} = 0$ 表示 x_i 与 x_j 完全相关，因而距离最近；d_{ij} 数值越大表示 x_i 与 x_j 相关越小，因而距离越远；$d_{ij} = 2$ 表示 x_i 与 x_j 完全负相关，因而距离最远。

操作步骤是：先将数据存入工作表，然后从"统计＞多变量＞变量聚类（Stat＞Multivariate＞Cluster Variables)"入口进入"变量聚类"对话框，指定"变量或距离矩阵（Variables or distance matrix)"为"x1-x8"，在"联结法（Linkage method)"中选择

"最长距离（Complete）"，在"距离度量（Distance measure）"中选"相关性（Correlation）"，在"最终分割指定依据（Specify final partition by）"中选择"点群数（Number of clusters）"，默认"1"。选择"显示树状图（Show dendrogram）"，点击"自定义（Customize）"，弹出"变量聚类树状图：自定义"对话框，在"使用以下项标记 Y 轴（Label Y axis with）"中选择"距离（Distance）"，点击"确定（OK）"（界面见图 3-11）则可以得到计算结果。

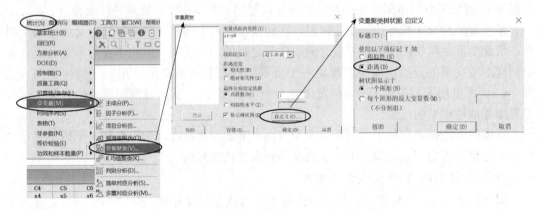

图 3-11　例 3-7 美国公用事业公司变量聚类操作图

MINITAB 的输出是一张表和聚类树（见图 3-12）。

变量的聚类分析：x1, x2, x3, x4, x5, x6, x7, x8

相关系数距离，最长距离法
合并步骤

步骤	点群数	相似性水平	距离水平	已合并的点群号		新聚类号	新聚类号中的观测值个数
1	7	82.1372	0.35726	1	2	1	2
2	6	74.2750	0.51450	4	8	4	2
3	5	71.7684	0.56463	3	5	3	2
4	4	52.2401	0.95520	1	7	1	3
5	3	51.3994	0.97201	3	6	3	3
6	2	33.6172	1.32766	1	4	1	5
7	1	21.9737	1.56053	1	3	1	8

结果分析：由聚类第 3 步到第 4 步，相似性水平减少 71.768 4−52.240 1＝19.528 3，变化最大，因而聚为 5 类是合适的。这时由图 3-12 可见，x_1 和 x_2（固定费用周转比和资本回报率），x_4 和 x_8（年载荷因子和总燃料成本），以及 x_3 和 x_5（每千瓦容量成本和 1974—1975 年高峰期千瓦时需求增长），分别聚成一类。x_7（核能所占百分比）和 x_6（销售量）单独成一类。

3.5.3.2　显示变量聚类的其他方法

当变量个数较多时，从聚类树不易看出分类状况，例如研究社会的和谐性时，要将 35 个有关变量聚类，从聚类树很难看清聚类过程。在 MINITAB 的变量聚类框中，将分类数

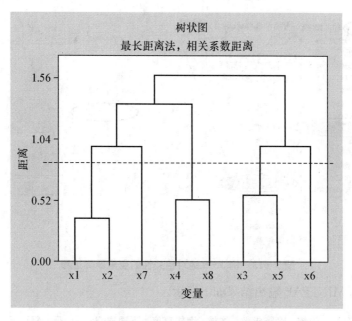

图 3-12 例 3-7 美国公用事业公司 8 个变量聚类树

填在"聚类数（Number of clusters）"后的空格中，MINITAB 就能在会话窗口自动给出每个变量所属类别。和观测值系统聚类不一样的是：变量聚类不需要规定分类变量名。例 3-5 就介绍这种显示聚类情况的方法。

例 3-5 秘鲁男性数据分析。对 39 个移居的秘鲁男性进行调查研究，共调查 10 个项目：年龄、移居年数、体重、海拔高度、下颚皮襞、前臂皮襞、小腿皮肤皱襞、脉搏、收缩压、舒张压，收集的数据见网上资源表 3-W3，数据文件：MV_秘鲁移民.MTW。试将这 10 个项目分类，以便通过合并类似性质的项目来减少变量的数目。

这是一个变量聚类问题。有 10 个变量：年龄、移居年数、体重、海拔高度、下颚皮襞、前臂皮襞、小腿皮肤皱襞、脉搏、收缩压、舒张压，需要把它们聚类。但是考虑到人体的聚类，可用相似系数的变化来确定，度量变量间距离则以"绝对相关性（Absolute correlation）"来度量两个变量的接近程度（相似系数绝对值相同的，认为距离相同），即 $d_{ij}=1-|C_{ij}(2)|$。类间距离尝试采用最长距离法（如果聚类效果不好，再换别的距离），利用 MINITAB 软件进行变量聚类分析的步骤如下：先将数据存入工作表，然后从"统计＞多变量＞变量聚类（Stat＞Multivariate＞Cluster Variables）"入口进入"变量聚类"对话框，指定"变量或距离矩阵（Variables or distance matrix）"为"C2-C11"，在"联结法（Linkage method）"中选择"最长距离（Complete）"，在"距离度量（Distance measure）"中选"绝对相关性（Absolute correlation）"，在"最终分割指定依据（Specify final partition by）"中选择"点群数（Number of clusters）"，默认"1"。不选择"显示树状图（Show dendrogram）"（因为选几类尚未确定），点击"确定（OK）"（界面见图 3-13）。

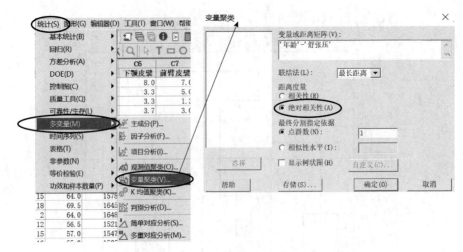

图 3-13　例 3-5 绝对相关性的变量聚类过程

得到的 MINITAB 输出结果如下所示。

变量的聚类分析：年龄，移居年数，体重，海拔高度，下颚皮襞，… 压，舒张压

绝对相关系数距离，最长距离法
合并步骤

步骤	点群数	相似性水平	距离水平	已合并的点群号		新聚类号	新聚类号中的观测值个数
1	9	73.5526	0.264474	6	7	6	2
2	8	58.8213	0.411787	1	2	1	2
3	7	56.1749	0.438251	3	5	3	2
4	6	47.5191	0.524809	9	10	9	2
5	5	39.1865	0.608135	3	6	3	4
6	4	21.9115	0.780885	4	9	4	3
7	3	20.8715	0.791285	3	8	3	5
8	2	0.5845	0.994155	1	4	1	5
9	1	0.1099	0.998901	3	1	1	10

从输出的表中可见：从第 5 步到第 6 步，相似性水平减少 39.186 5 − 21.911 5 = 17.275，变化最大，可以考虑取 5 类。于是仍采用上述指令，只是在"**最终分割指定依据 (Specify final partition by)**"中，在选择"**点群数 (Number of clusters)**"处改填 "5"，并选择"**显示树状图 (Show dendrogram)**"。得到的输出是两张表和聚类树（见图 3-14）。

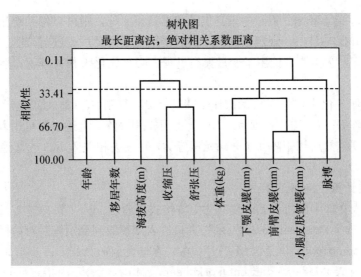

图 3-14　例 3-5 秘鲁移民变量聚类树

变量的聚类分析：年龄，移居年数，体重，海拔高度，下颚皮襞，... 压，舒张压

绝对相关系数距离，最长距离法
合并步骤

步骤	点群数	相似性水平	距离水平	已合并的点群号		新聚类号	新聚类号中的观测值个数
1	9	73.5526	0.264474	6	7	6	2
2	8	58.8213	0.411787	1	2	1	2
3	7	56.1749	0.438251	3	5	3	2
4	6	47.5191	0.524809	9	10	9	2
5	5	39.1865	0.608135	3	6	3	4
6	4	21.9115	0.780885	4	9	4	3
7	3	20.8715	0.791285	3	8	3	5
8	2	0.5845	0.994155	1	4	1	5
9	1	0.1099	0.998901	1	3	1	10

最终分割

	变量			
聚类 1	年龄　移居年数			
聚类 2	体重（kg）	下颚皮襞（mm）	前臂皮襞（mm）	小腿皮肤皱襞（mm）
聚类 3	海拔高度（m）			
聚类 4	脉搏			
聚类 5	收缩压　舒张压			

结果分析：由第 2 张表"最终分割"和聚类树可见：第 1 类是｛年龄，移居年数｝；第 2 类是｛体重，下颚皮襞，前臂皮襞，小腿皮肤皱襞｝；第 3 类是｛海拔高度｝；第 4 类是｛脉搏｝；第 5 类是｛收缩压，舒张压｝。

3.5.3.3　对于相关阵或协方差阵的变量聚类方法

当统计数据未提供原始数据，而只提供整理好的相关阵或协方差阵时，同观测值聚类一样，可以进行变量聚类分析。如果提供的数据是相关阵，则可以像系统聚类那样，把相关阵复制到 MINITAB 中，规定矩阵名，然后调用变量聚类过程进行聚类。如果提供的数据是协方差阵 S，它不能直接用于变量聚类过程，必须先化为相关阵 R，然后再用变量聚类过程进行聚类。

将协方差阵 S 化为相关阵 R 的操作步骤是：（1）复制 S；（2）将 S 对角线上元素开平方，构成对角阵 L；3）用公式 $R = L^{-1}SL^{-1}$ 即可得相关阵。上述步骤可用 MINITAB 的矩阵运算功能实现。然后用矩阵 1（全部元素皆为 1）减去相关阵 R（或其绝对值）就可以得到距离矩阵 D。

例 3-6 的计算。 准备工作：

（1）将存入文件中的协方差阵复制为矩阵格式并命名。从"数据＞复制＞从列到矩阵（Data＞Copy＞From Columns To Matrix）"入口进入"复制列到矩阵"对话框，指定"从列复制（Copy from columns）"为"C1-C14"，在"存储复制的数据，在当前工作表中，在矩阵中（Store copied data in current worksheet, in matrix）"内指定此矩阵名为"MS"（由于此工作表中尚未有矩阵存入，因此自动编号为"M1"），点击"确定（OK）"后，就完成了距离矩阵的输入工作。

（2）将协方差阵 S（本例记为 MS）的对角线上之元素开平方取倒数，构成对角阵 L。首先将矩阵 MS 中的对角线提取出来。点击"计算＞矩阵＞对角矩阵（Calc＞Matrices＞Diagonal）"，将对角线上的数据拷贝到数据列中，操作界面如下左图。形成对角阵列 diag 后，将 diag 列开方，得到 sqrtD 列。进一步求 sqrtD 列的倒数，得到 INVD 列，此列为变量标准差的倒数。将此列转换成对角矩阵即可得到 L^{-1}，将 L^{-1} 存储在 M10 中，操作界面如图 3-15 所示。

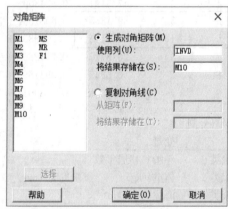

图 3-15 例 3-6 的计算的操作界面（一）

（3）用公式 $R = L^{-1}SL^{-1}$ 即可得相关阵 MR。对于上述三个矩阵的乘法，从"计算＞矩阵＞矩阵算术（Calc＞Matrices＞Arithmetic）"，进入"矩阵算术"框，先用 L^{-1}（本例为 M10）乘协方差阵 S（本例记为 MS）得到矩阵 M11，再用 M11 乘 L^{-1}（本例为 M10）即可得到相关阵 MR（存储编号是 M2）。操作界面如图 3-16 所示。

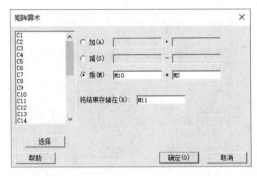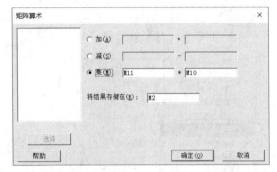

图 3-16　例 3-6 的计算的操作界面（二）

（4）按 0.1.3 小节中介绍的方法定义一个 14 阶方阵 $M3$，它的元素全是 1。操作是：从"计算＞矩阵＞定义常量矩阵（Calc＞Matrices＞Define Constant）"入口，指定"值（Value）"为"1"，指定"行数（Number of rows）"为"14"，指定"列数（Number of columns）"为"14"，在"将结果存储在（Store result in）"中将此矩阵命名为"F1"（存储编号是 $M3$）。

（5）按照矩阵算术方法计算 $M3-M2$，将结果存储在 $M4$。操作是：从"计算＞矩阵＞矩阵算术（Calc＞Matrices＞Arithmetic）"入口，选择"减法（Subtract）"，指定"$M3$"—"$M2$"，在"将结果存储在（Store result in）"中将此矩阵命名为"$M4$"，则矩阵 $M4$ 就是我们所要求的距离矩阵 D，$M4$ 中元素即 $d_{ij}=1-C_{ij}(2)$。以 $M4$ 为距离进行变量聚类即可。为方便大家计算，我们已经将其结果 $M1$（MS），$M2$（MR），$M3$（F1）及 $M4$（距离矩阵 D）都存入数据文件 MV_成年女子.MTW 中，注意这些矩阵并不能直接看到，要用"数据＞显示数据（Data＞Display Data）"并指定名称才能看到。

由于计算步骤中（2）至（5）都很烦琐，本书提供可直接计算的宏指令，其调用格式如下：

　　% TransSRD　MS　MR　MD

这里，宏指令 % TransSRD 后有三个矩阵，MS 代表输入的协方差阵，MR 代表输出的相关阵，MD 代表输出的距离矩阵。在本例中，由于协方差阵已存入 $M1$，因此我们可以这样调用宏指令：

　　% TransSRD　M1　M5　M6

这时，相关阵将存放于 $M5$，距离矩阵将存放于 $M6$。矩阵结果可以显示出，这样计算出来的距离矩阵 $M6$ 与原来手工计算的结果 $M4$ 完全相同，以下我们用 $M4$ 进行变量聚类。

下面是以变量距离矩阵 D 进行变量聚类的操作过程：

从"统计＞多变量＞变量聚类（Stat＞Multivariate＞Cluster Variables）"入口进入"变量聚类"对话框，指定"变量或距离矩阵（Variables or distance matrix）"为"$M4$"，在"联结法（Linkage method）"中选择"离差平方和（Ward）"，在"距离度量（Distance measure）"中选择"相关性（Correlation）"，在"最终分割指定依据（Specify final partition by）"中选择"点群数（Number of clusters）"，填入"1"。选中"显示树状图（Show dendrogram）"，点击"确定（OK）"（界面见图 3-17），则可以得到计算结果。

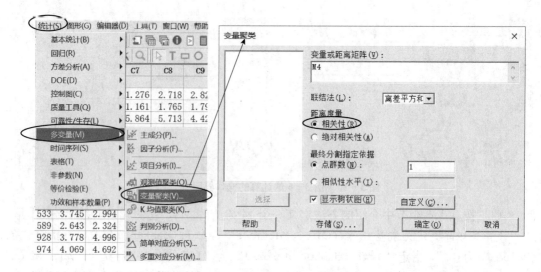

图 3 - 17　例 3 - 6 成年女子的变量聚类操作过程

得到的输出是一张表和聚类树（见图 3 - 18）。

变量的聚类分析：M4

离差平方和法
合并步骤

步骤	点群数	相似性水平	距离水平	已合并的点群号		新聚类号	新聚类号中的观测值个数
1	13	95.464	0.04292	10	11	10	2
2	12	81.030	0.17951	8	9	8	2
3	11	80.960	0.18017	10	12	10	3
4	10	71.682	0.26797	3	13	3	2
5	9	64.379	0.33707	6	7	6	2
6	8	60.311	0.37557	3	14	3	3
7	7	51.968	0.45452	2	10	2	4
8	6	45.573	0.51503	3	4	3	4
9	5	40.490	0.56313	5	6	5	3
10	4	37.336	0.59298	1	2	1	5
11	3	7.283	0.87736	3	5	3	7
12	2	−10.619	1.04676	1	8	1	7
13	1	−138.425	2.25617	1	1	1	14

从表中可见从第 12 步到第 13 步，相似性水平减少了 −10.619 −（−138.425）＝127.806，变化最大，可以考虑分为两类。从图 3 - 18 可以看出每类有哪些变量；也可以采用指令将分类结果输出。在操作上其他步骤不变，只要在"最终分割指定依据（Specify final partition by）"中将"点群数（Number of clusters）"原来填入的"1"改成"2"即可。得到的输出的前半部分与前面完全相同，只是在最后增加了以下 4 行。

最终分割

	变量						
聚类 1	1	2	8	9	10	11	12
聚类 2	3	4	5	6	7	13	14

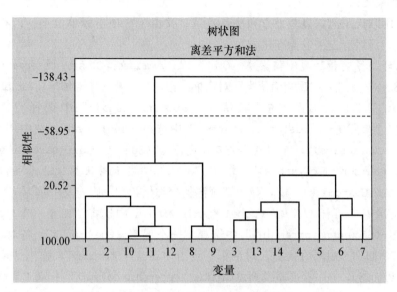

图 3-18　例 3-6 成年女子的变量聚类树

　　从第 2 张表（最终分割）和聚类树可见，聚为两类：第 1 类是 {1，2，8，9，10，11，12}，也就是说 {上体长，手臂长，前胸节高，后腰节高，总体高，身高，下体长}，即身体"纵向"数据；其余为第 2 类 {3，4，5，6，7，13，14}，也就是说 {胸围，颈围，总肩宽，前胸围，后背宽，腰围，臂围}，即身体"横向"数据。聚类结果的含义很直观且有明确意义，与日常经验是完全一致的。

3.5.4　聚类分析综合实例

　　本章的前几节分别讨论了观测值的聚类和变量的聚类。在观测值聚类问题中，样本量较小时可以采用系统聚类方法；样本量较大时则最好采用 K 均值聚类法。在实际计算过程中，又可以有多种选择方式：距离（或相似系数）的定义可以有多种，距离有欧氏距离、平方欧氏距离、Pearson 距离、Pearson 平方距离、绝对值距离、平方绝对值距离、马氏距离等；相似系数有相关性方法及绝对相关性方法。对于类与类间距离的定义（联结法）也有多种方法：类平均法、质心（或重心）法、最长距离法、最短距离法、中间距离法、简单平均法和离差平方和法。这样组合下来，供选择的实在有很多种可能。

　　由于实际问题的 $n \times p$ 阶观测数据阵一定同时有两种属性：有 n 个样品，有 p 个变量，对于聚类问题，我们既可以考虑观测值的聚类，也可以考虑变量的聚类。为了全面分析数据中包含的信息，两方面的聚类分析都应该进行。

　　下面举例说明解决实际聚类问题的一般方法。我们讨论例 3-8 的综合解答。由于各种方法的具体操作都详细介绍过了，因此此处的重点是讨论可能的思路及方法的比较。

　　【例 3-8】　抓捕了 23 只黑熊，麻醉之后对它们的一些指标进行测量，分别为身高、头部长度、体重、头部重量、颈围、胸围 6 项指标，数据见网上资源表 3-W6，数据文件：MV_黑熊.MTW。研究这些熊的体型状况。

这里有 23 只黑熊，首先可以考虑对于观测值的聚类。这里可以用系统聚类法，也可以用 K 均值聚类法。然后再考虑对于黑熊 6 项指标的变量聚类。

1. 系统聚类法

这里采用欧氏距离、离差平方和法是首选。又由于 6 项指标单位不一，有的是长度，有的是重量，显然应先采取标准化方法。

从"统计＞多变量＞观测值聚类（Stat＞Multivariate＞Cluster Observations）"入口（界面见图 3-2 左）进入"观测值聚类"对话框，指定"变量或距离矩阵（Variables or distance matrix）"为"C2-C7"，在"联结法（Linkage method）"中选择"离差平方和（Ward）"，在"距离度量（Distance measure）"中选择"Euclidean"。选中"标准化变量（Standardize variables）"，在"最终分割指定依据（Specify final partition by）"中选择"点群数（Number of clusters）"，填"3"。选择"显示树状图（Show dendrogram）"，点击"自定义（Customize）"窗，弹出"观测值聚类树状图：自定义"框（界面见图 3-2 右），在"使用以下项标记 Y 轴（Label Y axis with）"中选择"距离（Distance）"，在"显示树状图（Show dendrogram in）"中选择"一个图形（One graph）"，各对话框皆点击"确定（OK）"，回到"观测值聚类"对话框，点击"存储（Storage）"，弹出"观测值聚类：存储"框（界面略），在"聚类成员列（Cluster membership column）"中填"系统类"。各对话框都点击"确定（OK）"，则可在会话窗口中得到计算结果及系统聚类图（见图 3-19）。

观测值的聚类分析：头部长度，头部重量，颈围，身高，胸围，体重

标准化变量，Euclidean 距离，离差平方和法

最终分割

	观测值 个数	类内 平方和	到质心的 平均距离	到质心的 最大距离
聚类 1	10	7.5996	0.85480	1.13603
聚类 2	9	11.8704	1.04950	1.73236
聚类 3	4	4.0077	0.89959	1.49446

聚类质心

变量	聚类 1	聚类 2	聚类 3	总质心
头部长度	0.561202	0.201503	−1.85639	−0.0000000
头部重量	0.717720	0.000000	−1.79430	−0.0000000
颈围	0.821370	−0.131406	−1.75776	−0.0000000
身高	0.591432	0.167854	−1.85625	0.0000000
胸围	0.816645	−0.169131	−1.66107	−0.0000000
体重	0.886070	−0.287415	−1.56849	−0.0000000

聚类质心之间的距离

	聚类 1	聚类 2	聚类 3
聚类 1	0.00000	2.02003	6.07964

聚类 2	2.02003	0.00000	4.25012
聚类 3	6.07964	4.25012	0.00000

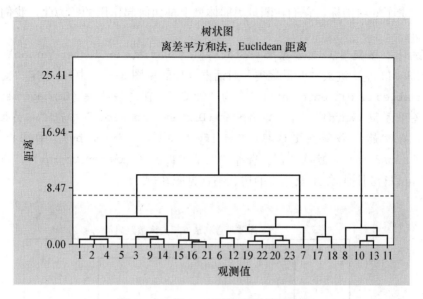

图 3-19 例 3-8 黑熊的系统聚类图

从计算结果及系统聚类图中，都可以看出聚为 3 类是最合适的。现在的分类中，分别包含 10，9，4 只熊。根据聚类质心的坐标可以看出，分类的结果大体上是这样的：1 类各项指标都最大（即身材高大魁梧、体重较重）；2 类各项指标都居中；3 类各项指标都最小（即身材矮小、较瘦、体重较轻）。

系统聚类法还有多种可能结果，但多数明显不好甚至不合理。例如，用最短距离法，聚类结果较乱，分 5 类合适，但有两类只含有 1 只熊，显然不大好；中间距离法还出现"距离倒挂"现象（即合并类后距离反而缩短了），显然也不大好；质心法结果也不好解释；类平均法将 3 类只数定为 17，2，4，居中者只有两只；而最长距离法、简单平均法与离差平方和法结果相似，因此我们还是以离差平方和法的结果为最后结果。换用别的距离定义后，其结果基本不变。

2. K 均值聚类法

本例样品量虽不太大，但也可以使用 K 均值聚类法。

从"统计＞多变量＞K 均值聚类（Stat＞Multivariate＞Cluster K-Means）"入口（界面见图 3-8 左）进入"K 均值聚类"对话框（界面见图 3-8 中），在"变量（Variables）"中填入"C2-C7"，在"点群数（Number of clusters）"中填"3"，选定"标准化变量（Standardize variables）"。点击"存储（Storage）"，弹出"K 均值聚类：存储"对话框（界面见图 3-8 右），在"聚类成员列（Cluster membership column）"中填写"K 均值类"，各对话框点击"确定（OK）"即可得到结果。

仔细分析后可知，K 均值聚类法结果与系统聚类法结果完全一致（类号不同只是表面现象）。一般来说，K 均值聚类法结果与系统聚类法结果常常大体一致、稍有差别。

现在看来，分为 3 类较好。但仅仅根据体型分为大、中、小 3 型，似乎太简单了些，黑熊身体状况的特征未能清楚揭示出来。为此，我们进一步进行变量的聚类分析。

3. 变量聚类分析

我们测量了 6 项指标，它们在测量黑熊体型上是如何起作用的？为此，我们进行变量的聚类分析。

从"统计＞多变量＞变量聚类（Stat＞Multivariate＞Cluster Variables）"入口（界面见图 3-11 左）进入"变量聚类"对话框（界面见图 3-11 中），指定"变量或距离矩阵（Variables or distance matrix）"为"C2-C7"，在"联结法（Linkage method）"中选择"离差平方和（Ward）"，在"距离度量（Distance measure）"中选"相关性（Correlation）"，在"最终分割指定依据（Specify final partition by）"中选择"点群数（Number of clusters）"，默认"1"。选择"显示树状图（Show dendrogram）"，点击"确定（OK）"，则可以得到计算结果及输出的树状图（见图 3-20）。

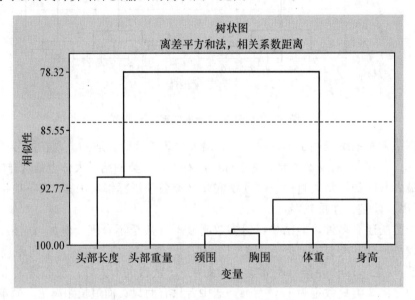

图 3-20 例 3-8 黑熊变量聚类图

从图 3-18 中可以清楚看出，6 个变量实际上分为两大类，一类是一般的身高、体重、颈围和胸围，另一类则是头部长度和头部重量。各黑熊个体间的差异应该分两方面反映，一方面是体型高大或体型瘦小之分，另一方面是头大或头小之分。我们的聚类结果反映了体型特征，是很有意义的，但是仍不够直观，也可能不够全面，比如未考虑头的大小。对于聚类分析这样的课题仅有本章就事论事的讨论是不够的，还有必要更深入地进行讨论。为此，我们在第 4 章和第 5 章中会再次分析黑熊实例，按主成分得分或因子得分聚类提出更深入的见解，详细内容可参见 4.4.1 小节主成分聚类中的例 4-6 及 5.4.4 小节因子分析中的例 5-7。

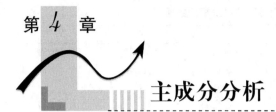

第 4 章

主成分分析

在有关数据分析的实际问题中，多变量问题是经常遇到的。然而，多数情况下，不同的指标之间有一定的相关性。指标的增多往往会增加分析问题的复杂性。因此，从统计分析或统计推断的角度来说，人们总希望能把大量的原始指标组合成较少的几个综合指标，从而使分析简化。这几个综合指标的变化要能大体上反映样本全部指标的变化，而不丧失或者只丧失很小一部分原始指标所提供的信息。这种将多个指标化为少数相互无关的综合指标的统计方法叫做**主成分分析**。例如，对一个公司经济上的考察涉及数十个（原始）指标，将数十个指标综合成少数的综合指标使人们更容易考察公司的经济状况。这种综合指标称为原始指标的主成分。本章将介绍如何进行主成分分析。

本章在 4.1 节引入 3 个实际例子，然后介绍有关主成分分析的基本概念；在 4.2 节从统计理论的角度介绍有关主成分分析的原理；在 4.3 节介绍有关 MINITAB 进行主成分分析的计算与实例；在 4.4 节介绍以主成分分析为基础的很有意义的主成分聚类和主成分回归。

4.1 主成分分析的概念

4.1.1 主成分分析的实例

在本节最开始，我们先介绍 3 个实际例子。

【例 4-1】 全国 18 个特大城市 1996 年的 6 个经济指标 $X_1 \sim X_6$ 的数据列在表 4-1 内，数据文件：MV_城市96. MTW。其中，X_1，国内生产总值（亿元）；X_2，固定资产投资（亿元）；X_3，货运总量（万吨）；X_4，社会消费品零售额（亿元）；X_5，外贸出口额（亿美元）；X_6，拥有电话机数（万部）。试将该资料综合成几个指标，以反映城市经济实力的状况。

表 4-1   全国 18 个特大城市的经济指标数据

城市	X_1	X_2	X_3	X_4	X_5	X_6
北京	1 615.73	876.87	32 905	969.66	20.862	72.902 2
天津	1 102.40	435.93	24 133	470.04	122.890	25.697 8
⋮	⋮	⋮	⋮	⋮	⋮	⋮
重庆	1 175.00	320.73	26 002	445.48	2.814	15.800 0
西安	410.43	114.38	10 505	223.03	2.729	10.600 5

【例 4-2】   我们对某市 15 个大中型工业企业进行效益分析。经过研究确定，从有关经济效益指标中选取 7 个指标作分析：固定资产率 X_1，固定资产利率 X_2，资金利率 X_3，资金利税率 X_4，流动资金周转天数 X_5，销售收入利税率 X_6，全员劳动生产率 X_7。对这 15 个大中型企业同时按这 7 个变量收集数据（见表 4-2，数据文件：MV_企业效益.MTW）。试将 7 个指标综合成少数几个综合指标，作为研究该市大中型工业企业经济效益的依据，并依据这些综合指标对 15 个企业进行分析。

表 4-2   企业经济效益指标数据

企业编号	固定资产率（%）	固定资产利率（%）	资金利率（%）	资金利税率（%）	流动资金周转天数（天）	销售收入利税率（%）	全员劳动生产率（万元/人·年）
1	53.25	16.68	18.40	26.75	55	31.84	1.75
2	59.82	19.70	19.20	27.56	55	32.94	2.87
⋮	⋮	⋮	⋮	⋮	⋮	⋮	⋮
14	67.95	22.24	37.00	54.59	63	31.05	1.57
15	51.07	12.92	12.54	20.82	66	25.12	1.83

【例 4-3】   显影液质量分析问题。为了测量显影液的质量，将每卷胶卷通过红、绿、蓝滤色片，并在高、中、低三种密度下进行测量，得到 9 个指标。由 108 卷胶卷所得数据产生的样本协方差阵如表 4-3 所示，数据文件：MV_显影液.MTW。试找出 9 个变量的综合指标来衡量显影液质量的变化。

表 4-3   显影液协方差阵

高红	高绿	高蓝	中红	中绿	中蓝	低红	低绿	低蓝
177	179	95	96	53	32	—7	—4	—3
179	419	245	131	181	127	—2	1	4
⋮	⋮	⋮	⋮	⋮	⋮	⋮	⋮	⋮
—4	1	4	3	1	2	31	39	89
—3	4	11	2	6	8	33	89	48

4.1.2 主成分的概念

从以上这 3 个例子可以看出，实际问题往往有许多指标：例 4-1 有 6 个，例 4-2 有 7 个，例 4-3 有 9 个，使用太多的指标无法看出事物的特征，也不容易得到直观的显示。把这些指标综合成少数几个互不相关的综合指标（每个都是原来多个指标的线性组合），使这些综合指标能反映事物的主要特征（不同样品的差异），这就是主成分分析的目的。例如对于例 4-1，就是要找 k 个综合指标：

$$\begin{cases} Z_1 = a_{11}X_1 + a_{21}X_2 + \cdots + a_{61}X_6 \\ \cdots\cdots \\ Z_k = a_{1k}X_1 + a_{2k}X_2 + \cdots + a_{6k}X_6 \end{cases}$$

式中，a_{ij} 是常数，使 Z_1，$\cdots$，Z_k 最能反映各城市间的差异，这 k 个综合指标称为 k 个**主成分**。

不应当从字面上简单理解主成分，从字面上看，主成分容易被理解成"最重要的成分"或"占比最大的成分"，这是误解。多元统计分析中的"主成分"是指"差异最大的"成分，或"最能区分各个观测样品"的成分。主成分不能由各指标的实际重要性决定，例如例 4-1 中，按一般理解，"国内生产总值"最重要，主成分就应该是"国内生产总值"，但实际上不是这样，反映经济实力的应该是反映城市间差别最大的一些综合指标，我们可以根据这些综合指标值的大小进行排序、回归或归纳出聚类的结构。

变量聚类分析也可以用来减少指标，但变量聚类分析只能选中某些变量成为一组，另一些变量成为另一组，它们之间不能交叉，也不能求出综合指标，因而只是挑出少数指标作为代表，其他变量略去，这就减少了信息；而主成分分析则是全部指标的综合，通过分析相关阵或协方差阵，考虑到所有变量的相关性，保留了更多的信息。

对每个实际问题，选多少个主成分合适？如何选择主成分？这些主成分有什么含义？这些正是主成分分析所要解决的问题，我们将在以后各节详细讨论。

4.2 主成分分析的原理

主成分分析是怎样工作的？它的理论基础和算法原理我们将逐一介绍。4.2.1 小节讨论总体主成分分析的数学模型；4.2.2 小节讨论总体主成分分析的计算；4.2.3 小节介绍由相关阵数据进行的主成分分析；4.2.4 小节讨论样本主成分分析；4.2.5 小节介绍样本主成分得分的概念。初学者可以先阅读 4.2.4 小节和 4.2.5 小节，跳过其他部分，接着阅读 4.3 节，初步掌握主成分分析方法，然后再回过头来阅读 4.2.1 小节至 4.2.3 小节，这样也许更容易理解主成分分析的原理。

4.2.1 总体主成分的数学模型

为了从理论上分析，我们把所讨论的指标作为随机向量，观测值作为随机向量的观测值（样品），且假设样品间相互独立。

设 p 个指标 $X=(X_1,X_2,\cdots,X_p)'$ 是 p 维随机向量，并假定二阶矩存在，均值 $E(X)=\mu$，协方差阵 $D(X)=\Sigma=(\sigma_{ij})$。考虑如下的线性变换（即 p 个综合指标）：

$$\begin{cases} Z_1 = a_{11}X_1 + a_{21}X_2 + \cdots + a_{p1}X_p = a_1'X \\ \cdots\cdots \\ Z_p = a_{1p}X_1 + a_{2p}X_2 + \cdots + a_{pp}X_p = a_p'X \end{cases} \tag{4-1}$$

易见：

$$\mathrm{Var}(Z_i) = a_i'\Sigma a_i, i=1,2,\cdots,p \tag{4-2}$$
$$\mathrm{Cov}(Z_i,Z_j) = a_i'\Sigma a_j, i,j=1,2,\cdots,p \tag{4-3}$$

我们希望 Z_1 是 $X_1, X_2, \cdots, X_p$ 的一切线性函数中方差最大的，$\mathrm{Var}(Z_1)$ 越大，表示 Z_1 包含的信息越多。但由于对任意的常数 k，有 $\mathrm{Var}(ka_1'X) = k^2\mathrm{Var}(a_1'X)$，所以如果不对 a_1 加以限制，就会使问题变得没有什么意义。于是我们限制 a_1 为单位向量，即 $a_1'a_1 = 1$，希望在此约束条件下寻求向量 a_1，使得 $\mathrm{Var}(Z_1)$ 达到最大，Z_1 就称为**第 1 主成分**。如果第 1 主成分不足以代表原来 p 个变量的绝大部分信息，就要考虑 X 的第二个线性组合 Z_2。为了有效地代表原始变量的信息，Z_1 已体现的信息不希望在 Z_2 中出现，就是要求：

$$\mathrm{Cov}(Z_2, Z_1) = a_2'\Sigma a_1 = 0 \tag{4-4}$$

于是求 Z_2，就是在约束条件 $a_2'a_2 = 1$ 和 $\mathrm{Cov}(Z_2, Z_1) = 0$ 下，求 a_2 使 $\mathrm{Var}(Z_2)$ 达到最大。所求的 Z_2 称为第 2 主成分，类似地可求得第 3 主成分、第 4 主成分等。

4.2.2 总体主成分的计算

一般来说，X 的**第 i 主成分** $Z_i = a_i'X$ 是指在约束条件

$$a_i'a_i = 1 \tag{4-5}$$

下寻求 a_i，使得 $\mathrm{Var}(Z_i) = a_i'\Sigma a_i$ 达到最大，且 $Z_i = a_i'X$ 与 $Z_1, Z_2, \cdots, Z_{i-1}$ 不相关。通过推导可以得出主成分的求法如下：

设 X 的协方差阵 Σ 的特征值为 $\lambda_1 \geqslant \lambda_2 \geqslant \cdots \geqslant \lambda_p \geqslant 0$，$a_1, a_2, \cdots, a_p$ 为相应的单位正交特征向量（主成分系数），记正交矩阵 $A = (a_1, a_2, \cdots, a_p)$。则 X 的第 i 主成分为：

$$Z_i = a_i'X, \quad i = 1, 2, \cdots, p \tag{4-6}$$

记全体主成分 $Z = (Z_1, Z_2, \cdots, Z_p)' = A'X$。

全体主成分 Z 的均值和协方差阵分别为：

$$E(Z) = E(A'X) = A'\mu \tag{4-7}$$

$$D(Z) = D(A'X) = A'D(X)A = A'\Sigma A = \Lambda = \mathrm{diag}(\lambda_1, \lambda_2 \cdots, \lambda_p) \tag{4-8}$$

由此可以看出 p 个主成分的方差分别为：$\mathrm{Var}(Z_i) = \lambda_i (i = 1, 2, \cdots, p)$，且各主成分互不相关。

原总体 X 的总方差定义为 $\sum\limits_{i=1}^{p} \sigma_{ii}$，可以推导出 $\sum\limits_{i=1}^{p} \sigma_{ii} = \sum\limits_{i=1}^{p} \lambda_i$，$\sum\limits_{i=1}^{p} \lambda_i$ 为主成分的总方差，即原总体 X 的总方差可分解为不相关的主成分的方差之和。处理实际问题时，一般选取 $m(m < p)$，使 $\sum\limits_{i=1}^{p} \sigma_{ii} \approx \sum\limits_{i=1}^{m} \lambda_i$，即 p 个原始变量所提供的总信息（总方差）的绝大部分只需用前 m 个主成分来代替。

主成分 Z_k 与原始变量 X_i 的相关系数 $\rho(Z_k, X_i)$ 为：

$$\rho(Z_k, X_i) = \sqrt{\lambda_k} a_{ik} / \sqrt{\sigma_{ii}}, \quad k, i = 1, 2, \cdots, p \tag{4-9}$$

称其为**因子负荷量**。

主成分分析的目的之一是简化数据结构，故在实际应用中一般不用 p 个主成分，而选用 $m(m < p)$ 个主成分。m 取多大，这是一个很实际的问题，需要借助贡献率这个概念。

称总方差中属于第 k 主成分 Z_k 的比例 $\lambda_k \Big/ \sum\limits_{i=1}^{p} \lambda_i$ 为主成分 Z_k 的**贡献率**；又称 $\sum\limits_{k=1}^{m} \lambda_k \Big/ \sum\limits_{i=1}^{p} \lambda_i$ 为主成分 $Z_1, Z_2, \cdots, Z_m (m < p)$ 的**累积贡献率**，它反映了前 m 个主成分解释全部随机向量变化的比例。

累积贡献率的大小表达了 m 个主成分提取了 $X_1, X_2, \cdots, X_p$ 的多少信息。通常取 m 的原则是，使累积贡献率达到 70% 或 80% 以上就够了。

将前 m 个主成分 $Z_1, Z_2, \cdots, Z_m$ 对原始变量 X_i 的贡献率 $v_i^{(m)}$ 定义为 X_i 与 $Z_1, Z_2, \cdots, Z_m$ 的相关系数的平方和，即 $v_i^{(m)} = \sum\limits_{k=1}^{m} \lambda_k a_{ik}^2 / \sigma_{ii}$ ，它表达了单个变量 X_i 被主成分 $Z_1, Z_2, \cdots, Z_m$ 提取的信息的多少。

4.2.3 相关阵生成的主成分

在 4.2.2 小节中讨论的总体主成分分析的计算实际上是以原始数据形成的协方差阵为基础而进行的。但在实际问题中，不同的变量往往有不同的量纲，协方差阵也是有量纲的，为了消除由于量纲的不同可能带来的一些不合理的影响，常采用将变量标准化的方法，也就是求相关阵的办法，即令

$$X_i^* = \frac{X_i - E(X_i)}{\sqrt{\mathrm{Var}(X_i)}} = \frac{X_i - \mu_i}{\sigma_i}, i = 1, 2, \cdots, p \tag{4-10}$$

标准化后的随机向量 $X^* = (X_1^*, X_2^*, \cdots, X_p^*)'$ 的协方差阵 Σ^* 就是原随机向量 X 的相关阵 R。从相关阵 R 出发同样可以求主成分，记全体主成分向量为 $Z^* = (Z_1^*, Z_2^*, \cdots, Z_p^*)'$，称它们为相关阵 R 生成的全体主成分。因此可以说，用相关阵进行主成分分析就相当于将各变量标准化后用协方差阵进行主成分分析。

相关阵 R 生成的 Z^* 有与协方差阵生成的主成分相应的性质。

(1) $D(Z^*) = \Lambda^* = \mathrm{diag}(\lambda_1^*, \lambda_2^*, \cdots, \lambda_p^*)$ ，其中，$\lambda_1^* \geqslant \lambda_2^* \geqslant \cdots \geqslant \lambda_p^*$ 为相关阵 R 的特征值。

(2) $\sum\limits_{i=1}^{p} \lambda_i^* = p$ 。

(3) 主成分 Z_k^* 与标准化变量 X_i^* 的相关系数 $\rho(Z_k^*, X_i^*)$ 为：

$$\rho(Z_k^*, X_i^*) = \sqrt{\lambda_k^*} \, a_{ik}^*, k, i = 1, 2, \cdots, p \tag{4-11}$$

式中，$a_k^* = (a_{1k}^*, a_{2k}^*, \cdots, a_{pk}^*)'$ 是 R 对应于 λ_k^* 的单位正交特征向量。

(4) 主成分 $Z_1^*, Z_2^*, \cdots, Z_m^*$ 对变量 X_i^* 的贡献率为：

$$v_i^{(m)*} = \sum\limits_{k=1}^{m} \lambda_k^* a_{ik}^{*2} \tag{4-12}$$

同样的总体，用协方差阵和相关阵两种方法所产生的主成分一般是不一样的。不同变量的方差间相差悬殊时，则两种方法会有较大差别，变量方差较大者在主成分分析中会不合理地占有更突出的位置；不同变量的方差间相差不大时，两种方法基本相同。

4.2.4 样本的主成分

在实际问题中，一般协方差阵 Σ 未知，需要通过样本来估计。设样本资料阵为：

$$\boldsymbol{X} = \begin{bmatrix} x_{11} & x_{12} & \cdots & x_{1p} \\ x_{21} & x_{22} & \cdots & x_{2p} \\ \vdots & \vdots & \ddots & \vdots \\ x_{n1} & x_{n2} & \cdots & x_{np} \end{bmatrix} = \begin{bmatrix} X_{(1)}' \\ X_{(2)}' \\ \vdots \\ X_{(n)}' \end{bmatrix}$$

则样本协方差阵和样本相关阵分别为：

$$S = \frac{1}{n-1} \sum_{i=1}^{n} (X_{(i)} - \overline{X})(X_{(i)} - \overline{X})' = (s_{ij})_{p \times p}$$

$$R = (r_{ij})_{p \times p}, \ r_{ij} = \frac{s_{ij}}{\sqrt{s_{ii}} \ \sqrt{s_{jj}}}$$

式中，$\overline{X} = \frac{1}{n} \sum_{i=1}^{n} X_{(i)}$ 为样本均值。用样本协方差阵 S 作为 Σ 的估计或用样本相关阵 R 作为总体相关阵的估计，得出的原始观测变量的各主成分称为样本协方差阵生成的或样本相关阵生成的**样本主成分**，简称为协方差阵生成的或相关阵生成的**主成分**。

可以证明：协方差阵生成的主成分和相关阵生成的主成分是不同的。当各指标的单位（量纲）相同或各指标方差相差不大时，一般可以用协方差阵计算主成分；当各指标的单位（量纲）不同或各指标方差相差悬殊时，一般用相关阵计算主成分。在使用 MINITAB 时，通过选取"协方差（Covariance）"或"相关（Correlation）"，分别得到协方差阵生成的或相关阵生成的主成分。而默认的选择是相关阵生成的主成分。与总体主成分分析一样，将各变量标准化后用协方差阵作主成分分析，就是用相关阵进行样本主成分分析。

同总体主成分一样，样本主成分也有方差贡献率、累积方差贡献率等概念。通常要求累积方差贡献率大于 70%，以此决定样本主成分的个数。也可以通过碎石图决定样本主成分的个数。碎石图是以协方差阵（或相关阵）的各特征根为纵轴，以主成分个数为横轴将特征根由大到小排序的一张递减曲线图。某个特征根显著不为 0 时，所对应的主成分应该予以保留；某个特征根近似为 0 时，所对应的那些主成分可以删掉。

4.2.5 样本的主成分得分

对于每次观测，主成分的值有多大？这很有意义，特别是在主成分聚类和主成分回归中很有用。所以计算出各样本主成分的表达式以后，需要将样本中个体的观测值代入主成分表达式中，计算出每一个体在每个主成分上的数值，称为**主成分得分**。主成分构成坐标系，主成分得分相当于各次观测的坐标。这对于解释和理解样本结构（特征及分类等）都有很直观的意义。甚至可以这样说，主成分分析的最重要结果就是得到了这些得分，使我们可以更好地解释各种数据的意义。

若根据样本协方差阵计算出的主成分公式是：

$$\begin{cases} Z_1 = a_{11}X_1 + a_{21}X_2 + \cdots + a_{p1}X_p \\ \cdots\cdots \\ Z_k = a_{1k}X_1 + a_{2k}X_2 + \cdots + a_{pk}X_p \end{cases} \tag{4-13}$$

则将某次观测值代入式（4-13），可以算出该次观测的主成分得分 $\{Z_i\}$。

若根据样本相关阵计算出的主成分公式是：

$$\begin{cases} Z_1^* = a_{11}^* X_1^* + a_{21}^* X_2^* + \cdots + a_{p1}^* X_p^* \\ \cdots\cdots \\ Z_k^* = a_{1k}^* X_1^* + a_{2k}^* X_2^* + \cdots + a_{pk}^* X_p^* \end{cases} \tag{4-14}$$

则将某次观测值的标准化值 $X_1^*, X_2^*, \cdots, X_p^*$ 代入式（4-14），其中：

$$X_i^* = \frac{X_i - \overline{X}_i}{S_i}, i = 1, 2, \cdots, p \tag{4-15}$$

就可以算出该次观测的主成分得分 $\{Z_i^*\}$。

同一个实际问题，用样本协方差阵和样本相关阵计算出的主成分得分是不一样的，通常选择用样本相关阵来计算。

4.3　主成分分析的计算与实例

使用 MINITAB 主成分分析框可以方便地进行主成分分析。4.3.1 小节主要介绍在 MINITAB 软件中进行主成分分析的一般方法，4.3.2 小节通过实例对分析方法作更详细的介绍。

4.3.1　用 MINITAB 计算主成分

用 MINITAB 计算主成分时，先计算样本协方差阵或样本相关阵，求出它的特征值和单位特征向量，将特征值从大到小排列为 $\lambda_1 \geqslant \lambda_2 \geqslant \cdots \geqslant \lambda_p \geqslant 0$，按顺序排列的 $a_1, a_2, \cdots, a_p$ 为对应特征值的单位正交特征向量，则可得到 X 的第 i 主成分为：

$$Z_i = a_i'X, i = 1, 2, \cdots, p \tag{4-16}$$

接着就能计算主成分得分。

使用 MINITAB 软件作主成分分析操作时，从"统计＞多变量＞主成分（Stat＞Multivariate＞Principal Components）"入口进入"主成分分析"对话框（见图 4-1），将求主成分的各自变量名称填入"变量（Variables）"空格，就能计算主成分系数。MINITAB 自动将特征值和特征向量（主成分系数）存在会话窗口；当你需要图形时，进入"图形"窗，就能得到碎石图等图形；当你需要主成分得分时，可以打开"存储"窗，MINITAB 就会把主成分得分填入原有工作表。主成分分析的基本操作见例 4-1 的计算过程。有关主成分对话框更详细的介绍见网上资源。

4.3.2　主成分分析计算实例

主成分分析中，计算主成分重要，但是分析主成分的实际意义更重要，这需要学习和思考。我们以 3 个实例说明 MINITAB 主成分分析的两方面，希望读者对这两方面都予以关注。

4.3.2.1　以原始数据进行主成分分析的计算

例 4-1 的计算与分析。由于各指标单位不同，采用相关阵计算主成分；因为事先不知需要多少个主成分，所以要计算全部主成分；画出"碎石图"以决定主成分的合适个数。MINITAB的计算步骤是：先将表4-1存入工作表，然后采用指令计算。首先要选定计算的分量数。

从"统计＞多变量＞主成分（Stat＞Multivariate＞Principal Components）"入口进入"主成分分析"对话框，指定"变量（Variables）"为"X1-X6"，在"矩阵类型（Type of matrix）"中选定"相关（Correlation）"。在"要计算的分量数（Number of components to compute）"中先选定变量的个数"6"。打开"图形（Graphs）"窗，选定"碎石图（Scree plot）"（界面见图4-1），则可以得到计算结果。

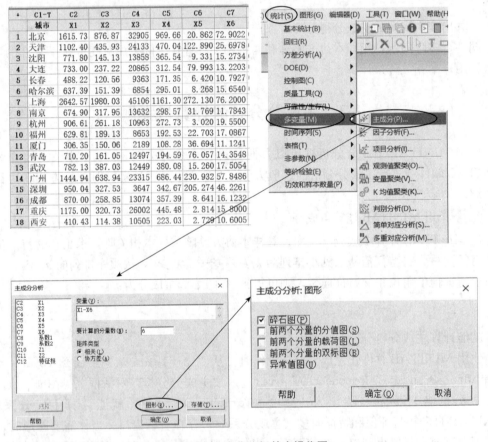

图4-1　主成分分析基本操作图

会话窗口得到的MINITAB输出结果如下所示。

主成分分析：X1，X2，X3，X4，X5，X6

相关矩阵的特征分析

特征值	5.0086	0.6131	0.2275	0.1053	0.0318	0.0136
比率	0.835	0.102	0.038	0.018	0.005	0.002
累积	0.835	0.937	0.975	0.992	0.998	1.000

特征向量

变量	PC1	PC2	PC3	PC4	PC5	PC6
X1	0.439	−0.094	−0.093	0.124	−0.876	−0.087
X2	0.429	−0.051	−0.142	0.805	0.362	−0.122
X3	0.397	−0.456	−0.483	−0.490	0.260	−0.305
X4	0.434	−0.231	0.254	−0.129	0.116	0.815
X5	0.328	0.835	−0.365	−0.198	0.072	0.134
X6	0.412	0.172	0.735	−0.204	0.126	−0.450

输出结果说明：MINITAB 的会话窗口中给出了两张表。第一张表给出了每个主成分的方差、贡献率以及前 k 个主成分的累积贡献率；第二张表给出了各主成分的系数。

从第一张表可以看出，变量相关阵的最大特征值为 5.008 6，即第 1 主成分的方差为 5.008 6。第 1 主成分的方差占总方差的比率为 0.835，也就是说，第 1 主成分的贡献率为 83.5%。第 2 主成分的方差为 0.613 1，第 2 主成分的贡献率为 10.2%。前两个主成分的累积贡献率达到了 93.7%，这说明前两个主成分已经提供了原始数据的足够信息。

从碎石图（见图 4-2）中可以看出，从第 3 主成分开始变化，呈水平状态，几乎达到 0，这也说明只要两个主成分就够了。

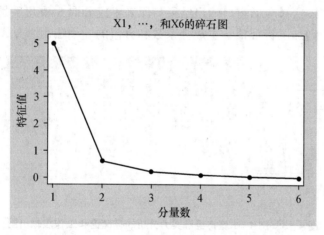

图 4-2　例 4-1 城市经济实力分析的碎石图

从会话窗口第 2 张表中可以看出，第 2 列是第 1 主成分的系数（0.439，0.429，0.397，0.434，0.328，0.412），第 3 列是第 2 主成分的系数（−0.094，−0.051，−0.456，−0.231，0.835，0.172）。因此第 1 主成分与标准化变量的关系可用下列线性组合表示：

$$PC1 = 0.439X_1 + 0.429X_2 + 0.397X_3 + 0.434X_4 + 0.328X_5 + 0.412X_6$$

这里 6 个系数都是正数，而且数值相差不大，表明这 6 个变量对第 1 主成分都有贡献而且贡献都差不多。这第 1 主成分项正是代表各项指标的综合状况，6 项指标皆大者将使第 1 主成分变大，因此这项有明确的意义，我们命名第 1 主成分为"综合经济实力"。注意：这里各变量本来应该都是标准化后的变量，X_1 实际上应该是 X_1^*，等等，但为了书写简单，我们省略了上方的"＊"，以下都是这样，不再重复说明，但到了本章的 4.4.2 小节主成分回归时，我们将再次强调这一点。

第 2 主成分与标准化变量的关系可用下列线性组合表示：

$$PC2 = -0.094X_1 - 0.051X_2 - 0.456X_3 - 0.231X_4 + 0.835X_5 + 0.172X_6$$

这里 X_5（外贸出口额投资）的系数 0.835 为正且数值最大，X_3（货运总量）的系数 -0.456 为负且绝对值较大，X_4（社会消费品零售额）的系数 -0.231 为负且绝对值也较大。可以看出，能使第 2 主成分的值变得较大应该是这样的情况：外贸出口额较大，而且是在货运总量及社会消费品零售额都较小的情况下完成的，这显然应该是代表外向型经济及高科技成果普遍的状况，可以认为第 2 主成分是"新型经济实力"。

为了分析这 18 个城市的特点，需要求出各个城市前两个主成分得分，可以通过存储窗的功能将数据填入工作表。我们计划把"特征值"填入工作表"C8"列，"主成分系数"填入"C9-C10"列，把主成分得分"分值"填入"C11-C12"列。为此，重新进行一遍主成分分析，只是在进入"主成分分析"对话框后，在"要计算的分量数（Number of components to compute）"中将变量的个数改成"2"；还要点击"存储（Storage）"，在"特征值（Eigenvalue）"一栏里填入"C8"，在"系数（Coefficient）"一栏里填入两列位置"C9-C10"，在"分值（Score）"一栏里也填入两列位置"C11-C12"，各栏皆点击"确定（OK）"。这样会话窗口输出结果与原来主成分取 6 项几乎是一样的（从略），但在原始工作表中增加了特征值、主成分系数和分值的 3 项输出（见图 4-3 右）。

	C1-T	C2	C3	C4	C5	C6	C7	C8	C9	C10	C11	C12
	城市	X1	X2	X3	X4	X5	X6	特征根	系数1	系数2	Z1	Z2
1	北京	1615.73	876.87	32905	969.66	20.862	72.9022	5.00865	0.439286	-0.093829	3.25490	-1.40010
2	天津	1102.40	435.93	24133	470.04	122.890	25.6978	0.61315	0.428879	-0.051175	0.79342	0.13829
3	沈阳	771.80	145.13	13858	365.54	9.331	15.2734		0.397281	-0.456464	-0.92739	-0.43370
4	大连	733.00	237.22	20865	312.54	79.993	13.2203		0.433547	-0.230839	-0.46659	-0.02039
5	长春	488.22	120.56	9363	171.35	6.420	10.7927		0.327645	0.835027	-1.74686	-0.09428
6	哈尔滨	637.39	151.39	6854	295.01	8.268	15.6540		0.412244	0.172222	-1.39422	-0.06478
7	上海	2642.57	1980.03	45106	1161.30	272.130	76.2000				6.92363	0.08003
8	南京	674.90	317.95	13632	298.57	31.769	11.7843				-0.93271	-0.18202
9	杭州	906.61	261.18	10963	272.73	3.020	19.5500				-0.89946	-0.29821

图 4-3 例 4-1 城市经济实力分析的存储窗和工作表输出图

将 C11，C12 分别填上变量名"Z1"及"Z2"，仿照 2.2.1 例 2-1 画散点图的方法，以 Z1 及 Z2 作为坐标绘制散点图，在"标签（Labels）"的"数据标签（Data labels）"选项中，在"使用右列值做标签（Use labels from columns）"中填入"城市"，就可以绘制出下列主成分得分图（见图 4-4）。在图 4-1 右下图的"图形"对话框中选定"前两个分量的分值图（Score plot for first 2 components）"，也能得到类似图形，但所得图中未标记"城市"名称，看起来不大方便。

由于横轴 Z_1 代表"城市的综合经济实力"，因此可以看出，在图中越靠右的点代表城市的综合经济实力越强。很明显，上海位居全国第一，北京第二，广州第三，天津第四，深圳第五（注意这是 1996 年的数据，后来深圳很快名列前三）。当然为了更清楚地了解所有 18 个城市排序的情况，也可以将工作表重新按 Z_1 的数值大小（按递减顺序）排序，得出全国各城市综合经济实力的排名表（请参见网上资源图 4-4A，这里略）。由于纵轴 Z_2

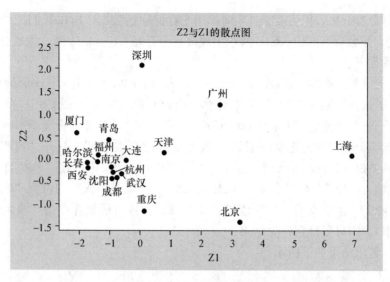

图 4-4　例 4-1 城市经济实力分析中的前两个主成分得分输出图

代表"新型经济实力",因此可以看出,在图中越靠上的点代表城市的新型经济实力越强。很明显,深圳位居全国第一,广州第二。至于为何北京名列最后,这是由于我们选用的指标 X_5 是"外贸出口额投资",而北京是内陆城市,不像上海、广州、天津那样有大港口,因而北京的 X_5 数值明显偏低。重庆处在内陆,其新型经济实力位于倒数第二还是容易理解的。这里说明本例的指标体系仍不够好,较好的办法应该是将"外贸出口额投资"换成"出口创汇总值",这就会好得多,但是目前各种年鉴尚没有此类指标。我们限于资料也只能分析至此。

这里特别要指出,如果对主成分的含义和结果能有这样明确的解释,则说明主成分分析是成功的;如果无法得到合理的有意义的解释,则说明主成分分析是无意义的、不成功的。本例中对综合经济实力的排序与各变量总的顺序大体保持一致,但与其中任何单独一项并不总是保持完全一致。这说明综合经济实力不能只用任何一个指标完全代替,即使采用最有代表性的国内生产总值 X_1 也不行,例如重庆在 X_1 上名列第四,但在综合经济实力指标 Z_1 上它排在第六位,列在天津、深圳之后。这证明第 1 主成分确实是考虑了多项指标的综合情况而得到的。事实上,很多国际经济组织都是用主成分分析法来确定各国综合经济实力的,而且也是按照主成分的各项系数来规定各项指标的权重的,这就避免了人为规定权重可能带有的主观性,因而更科学合理,从这里也可以看出主成分分析在各项经济分析中的重要作用。

对于任何含有多个变量的数据集,我们都可以进行主成分分析,但关键在于主成分含义的解释是否合理、确切。只有主成分含义的解释合理、确切,主成分分析才是有意义的,否则没有任何意义。

4.3.2.2　以原始数据进行主成分分析的计算第二例

我们再举一个例子,说明如何分析输出结果。

例 4-2 的计算与分析。由于各经济效益指标单位不同,必须用相关阵计算。将表 4-2 存入工作表的 C1～C8 列。由于我们还需要将企业按主成分得分排名,这就需用存储框将主成分得分存起来，因为 C2～C8 列都用于存储原始数据，所以我们把计算出的特征值存在 C9 列，系数存在 C10～C16 列，主成分得分存在 C17～C23 列。主成分和主成分得分的计算步骤如下。

从"统计＞多变量＞主成分（Stat＞Multivariate＞Principal Components）"入口进入"主成分分析"对话框，指定"变量（Variables）"为"C2-C8"，在"矩阵类型（Type of matrix）"中选定"相关（Correlation）"。在"要计算的分量数（Number of components to compute）"中先选定缺省默认值为变量的个数"7"。打开"图形（Graphs）"窗，选定"碎石图（Scree plot）"。打开"存储（Storage）"窗，在"特征值（Eigenvalue）"一栏里填入"C9"，在"系数（Coefficient）"一栏里填入 7 列位置"C10-C16"，在"分值（Score）"一栏里也填入 7 列位置"C17-C23"，各对话框皆点击"确定（OK）"（界面见网上资源），则可以得到计算结果。

会话窗口输出结果如下所示。

主成分分析：固定资产率，固定资产利率，资金利率，… 率，全员劳动生产率
相关矩阵的特征分析

特征值	4.6382	1.2852	0.5865	0.3880	0.0873	0.0126	0.0023
比率	0.663	0.184	0.084	0.055	0.012	0.002	0.000
累积	0.663	0.846	0.930	0.985	0.998	1.000	1.000

特征向量

变量	PC1	PC2	PC3	PC4	PC5	PC6	PC7
固定资产率	0.413	−0.188	0.288	0.454	0.638	0.305	−0.080
固定资产利率	0.457	0.025	0.036	−0.201	0.246	−0.821	0.122
资金利率	0.438	−0.240	−0.180	0.077	−0.409	−0.023	−0.738
资金利税率	0.422	−0.278	−0.229	0.270	−0.420	0.121	0.654
流动资金周转天数	−0.132	−0.734	0.543	−0.368	−0.105	−0.006	0.049
销售收入利税率	0.400	0.123	−0.200	−0.734	0.178	0.459	0.057
全员劳动生产率	0.272	0.524	0.705	0.008	−0.382	0.086	0.029

输出结果说明：MINITAB 的会话框中给出了两张表。

从第 1 张表可以看出，变量相关阵的最大特征值为 4.638 2，即第 1 主成分的方差为 4.638 2，第 1 主成分的方差占总方差的贡献率为 66.3％。第 2 主成分的方差为 1.285 2，第 2 主成分的贡献率为 18.4％，第 1 和第 2 主成分的累积贡献率达到了 84.7％，这说明前两个主成分已提供了原始数据的足够信息。

由第 2 张表可见，第 1 主成分与标准化变量的关系可用下列线性组合表示。

$$PC1 = 0.413X_1 + 0.457X_2 + 0.438X_3 + 0.422X_4 - 0.132X_5 + 0.400X_6 + 0.272X_7$$

从上式中可以看出，第 1 主成分中 X_1，X_2，X_3，X_4，X_6，X_7 的系数是较大的正数，

X_5（流动资金周转天数）为负数，这说明当 X_1，X_2，X_3，X_4，X_6，X_7 也就是固定资产率、固定资产利率、资金利率、资金利税率、销售收入利税率、全员劳动生产率这 6 项越大，X_5（流动资金周转天数）这项越小时，则第 1 主成分越大。因为这 7 项在式中的系数彼此差异不大，故第 1 主成分 Z_1 是这 7 项指标的综合反映，而这 7 项都反映企业经济效益方面的状况，进而说明第 1 主成分反映企业总的经济效益方面的状况。

第 2 主成分与标准化变量的关系可以用下式表示：

$$PC2 = -0.188X_1 + 0.025X_2 - 0.240X_3 - 0.278X_4 - 0.734X_5 + 0.123X_6 + 0.524X_7$$

从上式可以看出，第 2 主成分主要依赖于流动资金周转天数 X_5、全员劳动生产率 X_7 这两个指标，流动资金周转天数 X_5 的系数 -0.734 是负的，说明流动资金周转天数越小，第 2 主成分越大；全员劳动生产率 X_7 的系数 0.524 是正的，说明全员劳动生产率越大，第 2 主成分越大。这标志着第 2 主成分 Z_2 反映的是企业资金和人力的利用水平。

这两个主成分从影响经济效益的两个主要方面刻画分析企业经济效益，用它们来考核企业经济效益具有接近 85% 的可靠性。

在工作表中，我们看见特征值存在 C9 列，系数存在 C10～C16 列，主成分得分存在 C17～C23 列。虽然我们只需要前两个主成分的系数和得分，但不必再次输出，只要从中选取就行了，这主要是因为各主成分是相互正交的，增加或删除若干项并不会影响其他项的结果。将两个主成分的得分图画出后（见图 4-5，以企业编号为标签），各项解释就更一目了然了。

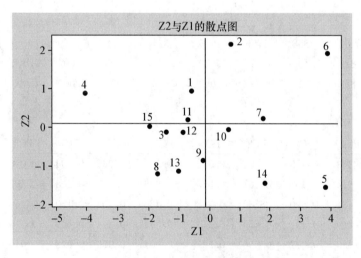

图 4-5 例 4-2 企业效益分析主成分得分图

从图 4-5 可见，横坐标第 1 主成分 Z_1 反映的是企业总的经济效益方面的状况，其值越大（越靠右）表示企业总的经济效益方面的状况越好。纵坐标第 2 主成分 Z_2 反映的是企业资金和人力的利用水平，其值越大（越靠上）表示企业资金和人力的利用水平越高。这里 6 号企业位于右上角，企业经济效益盈利状况最好（Z_1 得分 3.885 88），资金和人力的利用水平也位居第二，是各方面都很好的企业。4 号企业经济效益盈利状况最差（Z_1 得分 $-4.064\,13$）。2 号企业资金和人力的利用水平最高（Z_2 得分 2.160 53），但企业总的经济效益方面的状况并不太好。5 号企业总的经济效益方面的状况很好 (第 2 名)，但资金和人力的利用水平最低 (Z_2 得分 -1.54194)。

4.3.2.3 以协方差阵或相关阵进行主成分分析的计算

许多实际问题并未提供原始数据，只有协方差阵或相关阵，这时同样可以进行主成分分析。把数据拷入工作表。当输入数据是普通变量的观测数据时，一般列数 (变量数) 要小于行数 (观测值个数)。如果二者相等而且对称，则必然是相关阵或协方差阵。计算机会按此原则自动区别数据是原始数据还是协方差阵或相关阵。如果相关阵或协方差阵是以矩阵形式存储的，则要先将矩阵复制到工作表中才行。下面我们对例 4-3 进行分析。

例 4-3 显影液质量分析问题。

这里应该进行主成分分析，但数据文件中没有原始观测数据，而只有协方差阵。数据中 9 个变量单位相同，因而本例题可以直接用样本协方差阵进行主成分分析。先将表 4-3 存入工作表 C1~C9 列，再使用如下指令：从 "统计＞多变量＞主成分 (Stat＞Multivariate＞Principal Components)" 入口进入 "主成分分析" 对话框，指定 "变量 (Variables)" 为 "C1-C9"，在 "矩阵类型 (Type of matrix)" 中选定 "协方差 (Covariance)"。在 "要计算的分量数(Number of components to compute)" 中先选定缺省默认值为变量的个数 "9"。点击 "确定 (OK)"，则在会话窗口可以得到计算结果。

主成分分析：高红，高绿，高蓝，中红，中绿，中蓝，低红，低绿，低蓝

协方差矩阵的特征分析

特征值	40187	4838	1799	1045	324	259	99	5	0
比率	0.828	0.100	0.037	0.022	0.007	0.005	0.002	0.000	0.000
累积	0.828	0.927	0.964	0.986	0.993	0.998	1.000	1.000	1.000

特征向量

变量	PC1	PC2	PC3	PC4	PC5	PC6	PC7	PC8	PC9
高红	0.303	0.479	0.504	0.322	-0.091	-0.068	0.394	0.096	0.378
高绿	0.675	0.138	0.167	-0.560	-0.206	-0.020	-0.208	-0.192	-0.249
高蓝	0.484	-0.590	0.230	0.348	0.426	0.104	-0.159	0.160	0.004
中红	0.210	0.492	-0.420	0.211	0.585	0.144	0.009	-0.316	-0.174
中绿	0.293	0.037	-0.556	-0.226	-0.004	0.006	0.078	0.610	0.417
中蓝	0.247	-0.370	-0.355	0.146	-0.298	-0.148	0.547	-0.488	0.075
低红	-0.069	-0.059	0.046	-0.185	0.149	0.026	-0.363	-0.466	0.764
低绿	-0.107	-0.082	0.153	-0.401	0.524	-0.637	0.340	0.029	-0.023
低蓝	-0.107	-0.110	0.166	-0.388	0.201	0.731	0.472	-0.019	0.027

结果分析：从第 1 张表可见，只需两个主成分，累积方差贡献率就已经达到 0.927。从第 2 张表可见，第 1 主成分是：

$$PC1 = 0.303 \times 高红 + 0.675 \times 高绿 + 0.484 \times 高蓝 + 0.210 \times 中红 + 0.293 \times 中绿$$

$$+0.247 \times 中蓝 - 0.069 \times 低红 - 0.107 \times 低绿 - 0.107 \times 低蓝$$

其高中密度的系数较大，低密度系数绝对值较小，因而反映高中密度的变化。第 2 主成分是：

$$PC2 = 0.479 \times 高红 + 0.138 \times 高绿 - 0.590 \times 高蓝 + 0.492 \times 中红 + 0.037 \times 中绿$$
$$- 0.370 \times 中蓝 - 0.059 \times 低红 - 0.082 \times 低绿 - 0.110 \times 低蓝$$

其高中密度的红色系数较大；高中密度的蓝色系数为负，绝对值较大；其他系数绝对值较小，因而反映高中密度红色与蓝色的反差。

有时主成分可能没有明确的实际含义（如下节将介绍的例 4-4 的第 2 主成分），这时也要重视这个综合指标，只是解释起来比较困难而已。

4.3.2.4 补充例题：南京雨量的计算与分析

限于篇幅，我们将补充介绍的一个例题列在网上资源中。

【例 4 - W1】 南京 1951—2000 年逐月降雨资料见网上资源表 4 - W1，数据文件：MV_南京雨量.MTW。试将该资料综合成几个指标，以反映南京降雨历年间的差异（作主成分分析）。

4.4 主成分聚类和主成分回归

多元统计分析的应用最常见的是求变量间关系（例如回归分析）或者是找出分类的特征（例如判别分析或聚类分析）。许多情况下，如果求出所有样品前几个主成分的得分，并由这些得分进行回归分析或聚类，会得到良好的效果。特别是只取第 1，2 主成分得分，用它们来聚类，具有图形直观的优点。本节将介绍如何用主成分来聚类和回归。

4.4.1 主成分聚类

由于主成分能把多个指标简化为少数主要的综合指标，而且这些综合指标互不相关，因此用这些少数综合指标来聚类是很好的方法，这就是主成分聚类。主成分聚类的特点是：当只用两个主成分就能概括足够多的信息时，可以用图解法直观给出聚类结果。例如，在例 4-1 城市经济实力的分析中，我们根据图 4-4 给出的前两个主成分得分直接进行聚类，把结果与用全部 6 个指标聚类相比，两者效果相差不多但前者能用图形显示。下面再举 3 个例子说明，用全部变量直接聚类效果并不好，而用主成分聚类则比较合理。

【例 4 - 4】 对 10 个 9 岁男生进行 6 个智力测试项目，得分数据如表 4-4 所示，数据文件：MV_男生智力.MTW。试对学生智力状况进行分类。

表 4-4 9 岁男生智力测验结果数据

学生编号	常识	算术	理解	填图	积木	译码
1	14	13	28	14	22	39
2	10	14	15	14	34	35
⋮	⋮	⋮	⋮	⋮	⋮	⋮
9	9	8	15	13	14	46
10	9	9	12	10	23	46

直接使用 6 项指标对观测值进行聚类，效果不好（大家可以自己试算）。用主成分聚类法则可以有较好的解释。为此，下面分两步进行：先作主成分分析，并分析图形；再作聚类分析。具体步骤如下：

（1）求出前两个主成分，并把每个样本的主成分得分画在同一直角坐标系上。因为每项目的满分值不等，差距较大，所以用相关阵计算。

MINITAB 实施这一分析的具体步骤是：将表 4-4 存入 C1—C7 列。然后从"统计＞多变量＞主成分（Stat＞Multivariate＞Principal Components）"入口进入"主成分分析"对话框，指定"变量（Variables）"为"C2-C7"，在"矩阵类型（Type of matrix）"中选定"相关（Correlation）"。在"要计算的分量数（Number of components to compute）"中先选定变量的个数为"2"。打开"图形（Graphs）"窗，选定"前两个分量的分值图（Score plot for first 2 components）"。打开"存储（Storage）"窗，在"分值（Score）"一栏里填入"C8-C9"作为存储主成分得分的列，各对话框皆点击"确定（OK）"，则可以得到计算结果。

主成分分析：常识，算术，理解，填图，积木，译码

相关矩阵的特征分析

特征值	4.1470	0.8621	0.6021	0.2569	0.1068	0.0252
比率	0.691	0.144	0.100	0.043	0.018	0.004
累积	0.691	0.835	0.935	0.978	0.996	1.000

特征向量

变量	PC1	PC2
常识	0.450	−0.289
算术	0.458	0.005
理解	0.408	−0.448
填图	0.453	−0.119
积木	0.315	0.747
译码	0.341	0.379

第 1 张表是各主成分的贡献率表，从中可见只要取两个主成分就够了（累积贡献率已达 83.5%）。第 2 张表是各主成分系数表，从中可见第 1 主成分在各种成绩上的系数都是正的，大体相同，可见第 1 主成分代表"总学习能力"。第 2 主成分"积木成绩"的系数最大，"理解成绩"的系数为负，绝对值很大，因此第 2 主成分代表形象思维与理解能力的反差，可认为是"形象思维能力"。

在所得工作表中填上变量名"Z1"和"Z2"（见图 4-6），在 C8 和 C9 两列存储了主成分得分 Z_1 及 Z_2 值。

↓	C1	C2	C3	C4	C5	C6	C7	C8	C9	C10
	学生编号	常识	算术	理解	填图	积木	译码	Z1	Z2	类别
1	1	14	13	28	14	22	39	0.90010	-1.26486	1
2	2	10	14	15	14	34	35	0.27969	1.00533	2
3	3	11	12	19	13	24	39	-0.14590	-0.22610	3

图 4-6 例 4-4 男生智力测试主成分得分数据图

下面可以用两个主成分得分作为坐标绘制散点图（见图 4-7），其画法见第 2 章 2.2.1 小节。

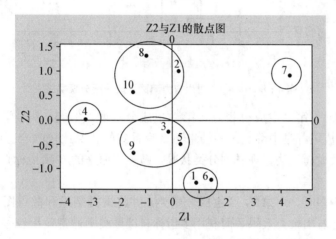

图 4-7 例 4-4 男生智力测试主成分得分坐标图

从图 4-7 可见，数据相当分散，为概括全面情况，看来应当分为 5 类才好。第 1，2 类只有 1 个点，分别在最左边的 4 号和最右边的 7 号；2 个点（1 号，6 号）在正中最下方；3 个点（2 号，8 号，10 号）在正中偏上方；3 个点（3 号，5 号，9 号）在正中偏下方。大体上可以认定应分 5 类。

（2）用上面得到的第 1，2 主成分得分进行聚类分析：采用观测值聚类；距离量度选择欧氏距离；联结法选择"最长距离"。可用下列指令：

从"统计＞多变量＞观测值聚类（Stat＞Multivariate＞Cluster Observations）"进入"观测值聚类"对话框，在"变量或距离矩阵（Variables or distance matrix）"中填入"C8 C9"，在"联结法（Linkage method）"中选择"最长距离（Complete）"，在"距离度量（Distance measure）"中选择"Euclidean"。选中"标准化变量（Standardize variables）"，在"最终分割指定依据（Specify final partition by）"中，选择"点群数（Number of clusters）"，填"5"，选中"显示树状图（Show dendrogram）"。打开"存储（Storage）"窗，在"聚类成员列（Cluster membership）"一栏里填入"类别"，各对话框点击"确定（OK）"。得到最长距离法树状图（见图 4-8），同时在原工作表中增加了新的一列"类别"（见图 4-6 中 C10）。

由图 4-7 和图 4-8 可见，7 号学生自成一类（第 5 类），他第 1 主成分最大，各种课程成绩都好，智力出众。4 号学生自成一类（第 4 类），他第 1 主成分最小，各种课程成绩都差。1，6 号学生成一类（第 1 类），第 2 主成分很差，第 1 主成分一般。2，8，10 号学

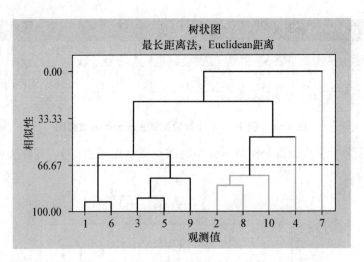

图 4 - 8 例 4 - 4 男生智力测试主成分得分聚类图

生成一类（第 2 类），第 2 主成分很好，第 1 主成分一般。3，5，9 号学生成一类（第 3 类），两个主成分成绩都是中等。这些结果与直观看到的状况比较吻合。而用原来的 6 项指标，由于维数较大而无法直观看到分类状况，勉强用原来的 6 项指标直接聚类也得不到合理的结果。

当观测指标较多时，用第 1，2 主成分聚类，并将聚类结果和散点图（含组）结合起来，可以更直观地看出聚类效果，而利用多指标直接聚类则通常效果较差。下面我们举一个样本量较大的美国犯罪率分析的例子。

【例 4 - 5】 统计了美国各州 7 种犯罪率情况：谋杀、强奸、抢劫、斗殴、夜盗、偷窃、汽车犯罪的 10 万人中犯罪人数，见表 4 - 5，数据文件：MV _ 美国犯罪率.MTW。试根据犯罪率情况将美国各州分为 4 类。

表 4 - 5 美国各州犯罪率（10 万人中犯罪人数）

编号	州名	谋杀	强奸	抢劫	斗殴	夜盗	偷窃	汽车犯罪
1	Alabama	14.2	25.2	96.8	278.3	1 135.5	1 881.9	280.7
2	Alaska	10.8	51.6	96.8	284.0	1 331.7	3 369.8	753.3
⋮	⋮	⋮	⋮	⋮	⋮	⋮	⋮	⋮
49	Wisconsin	2.8	12.9	52.2	63.7	846.9	2 614.2	220.7
50	Wyoming	5.4	21.9	39.7	173.9	811.6	2 772.2	282.0

直接用观测值的 7 项指标进行观测值聚类或 K 均值聚类，效果都不好。利用主成分分析后再聚类效果就好得多。先将表 4 - 5 存入 C1~C9 列，然后采取两大步。

（1）先作主成分分析。因为犯罪性质不同，犯罪人数差异大：夜盗和偷窃犯罪人数相对其他犯罪太多，如果用协方差阵计算主成分将会突出这两种犯罪，所以应当用相关阵计算。存储前两个主成分得分，因为 C1~C9 列已被观测数据占用，所以应当将第 1，2 主成分得分存于 C10，C11 列。其操作步骤是：从"统计＞多变量＞主成分（Stat＞Multivariate＞Principal Components）"入口进入"主成分分析"对话框，指定"变量（Variables)"为"C3-C9",在"矩阵类型(Type of matrix)"中选定"相关(Correlation)"。在"要计算的分量数(Number of components to compute)"中先选定变量的个数为"2"(如果前两个主成分的累积贡献率实在太低,再考虑选用更多的分量数)。打开"存储(Storage)"窗,在"分值(Score)"一栏里填入两列位置"C10-C11",各对话框皆点击"确定(OK)",则可以得到计算结果。

会话窗口内有两张表。

主成分分析:谋杀,强奸,抢劫,斗殴,夜盗,偷窃,汽车犯罪

相关矩阵的特征分析

特征值	4.0988	1.2126	0.7616	0.3134	0.2614	0.2431	0.1090
比率	0.586	0.173	0.109	0.045	0.037	0.035	0.016
累积	0.586	0.759	0.868	0.912	0.950	0.984	1.000

特征向量

变量	PC1	PC2
谋杀	0.303	−0.634
强奸	0.433	−0.167
抢劫	0.391	0.019
斗殴	0.401	−0.336
夜盗	0.434	0.238
偷窃	0.361	0.392
汽车犯罪	0.296	0.497

从第1张表可见,前两个主成分的累积贡献率达到75.9%,说明取两个主成分是合适的。实际上,第3主成分以及以后的主成分很难解释出具体含义,因此没有必要再取更多主成分。

从第2张表可见,第1主成分是:

$$PC1 = 0.303 \times 谋杀 + 0.433 \times 强奸 + 0.391 \times 抢劫 + 0.401 \times 斗殴 + 0.434 \times 夜盗 + 0.361 \times 偷窃 + 0.296 \times 汽车犯罪$$

由于在此等式中,每种犯罪项的系数都是正的,而且相差不多,第1主成分表示"犯罪严重程度",其值越大表示犯罪越严重。第2主成分是:

$$PC2 = -0.634 \times 谋杀 - 0.167 \times 强奸 + 0.019 \times 抢劫 - 0.336 \times 斗殴 + 0.238 \times 夜盗 + 0.392 \times 偷窃 + 0.497 \times 汽车犯罪$$

由于在此等式中,有关财产方面的犯罪项"抢劫、夜盗、偷窃、汽车犯罪"的系数都是正的,而暴力性很强且与财产无关的犯罪项"谋杀、强奸、斗殴"的系数是负的,因而第2主成分可以代表犯罪是财产犯罪还是暴力犯罪的"掠财性质",其值越大表示犯罪越倾向于掠财性强而暴力性差。

工作表C10及C11列存储第1,2主成分得分,分别命名为"Z1"和"Z2";C12存放分类结果,命名为"类别";以Z_1及Z_2为坐标绘制散点图;在"标签(Labels)"的选项中，要求以 C1"编号"为标签，得到"前两个分量的分值图"（见图 4-9 上），可以直观看出美国各州犯罪的大体状况。

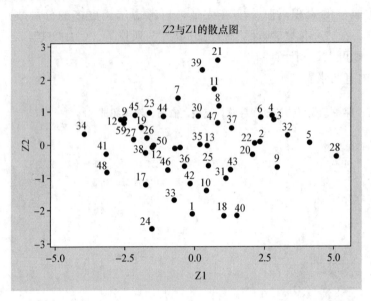

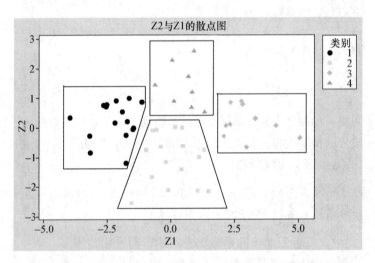

图 4-9　美国犯罪率的主成分得分及聚类图（号码是数据表中州的编号）

在图 4-9 中上图内，横轴 Z_1 代表总的犯罪状况，越靠右代表总的犯罪状况越严重，越靠左代表总的犯罪状况越轻微，社会越安定。其中最右的是 28 号（Nevada，内华达州，赌城拉斯韦加斯所在州），总犯罪率最高；最左的是 34 号（North Dakota，北达科他州，最北部偏远州），总犯罪率最低。纵轴 Z_2 代表犯罪性质，越靠上代表财产犯罪越严重，暴力犯罪较少；越靠下代表暴力犯罪较严重，目标并非针对财产。其中最靠上的是 21 号（Massachusetts，马萨诸塞州，新英格兰地区最富有的州之一），犯罪率中等且主要针对财产；最靠下的是 24 号（Mississippi，密西西比州，美国中部），犯罪率中等但暴力犯罪较多，原因可能是经济较落后、黑人白人对立、种族歧视严重。按照这样的解释，我们有理由将美国分为 4 大类，分别以上述 4 州为典型代表。

（2）主成分聚类。按照前两个主成分得分来聚类将会有较好的代表性。前两个主成分得分存在 C10 和 C11 列，主成分聚类就以它们为变量。由于总样本量高达 50，因此应该采用 K 均值聚类（如果以观测值聚类，则结果会稍有不同）。

从"统计＞多变量＞K 均值聚类（Stat＞Multivariate＞Cluster K-Means）"入口进入"K 均值聚类"对话框，指定"变量（Variables）"为"C10-C11"，点群数填"4"。点击"存储（Storage）"，弹出"K 均值聚类：存储"对话框，在"聚类成员列（Cluster membership）"一栏里填入"类别"，各项皆点击"确定（OK）"。在窗口中找到工作表，如图 4-10 所示，其中"类别"列存有各州所属的类。

州名	谋杀 C2	强奸 C3	抢劫 C4	斗殴 C5	夜盗 C6	偷窃 C7	汽车犯罪 C8	Z1 C9	Z2 C10	类别 C11
1 Albama	14.2	25.2	96.8	278.3	1135.5	1881.9	280.7	-0.10375	-2.11591	2
2 Alaska	10.8	51.6	96.8	284.0	1331.7	3369.8	753.3	2.33091	0.10947	3
3 Arirona	9.5	34.2	138.2	312.3	2346.1	4467.4	439.5	2.82224	0.78283	3
4 Arkansas	8.8	34.2	138.2	312.3	2346.1	4467.4	439.5	2.76733	0.89762	3
5 California	11.5	49.4	287.0	358.0	2139.4	3499.8	663.5	4.11999	0.07656	3

图 4-10　例 4-5 美国犯罪率的主成分得分及聚类工作表（部分）

还可以补充绘制出分类散点图，其横轴是第 1 主成分，纵轴是第 2 主成分。绘图操作步骤如下：

从"图形＞散点图（Graph＞Scatter Plot）"入口，选择"含组（With groups）"，弹出"散点图-含组"对话框，然后在"Y 变量（Y variable）"中填写"C11"，在"X 变量（X variable）"中填写"C10"，在"用于分组的类别变量（Categorical variables for grouping）"中填写"类别"，点击"确定（OK）"，则可得到聚类的散点图（见图 4-9 下）。

主成分聚类分析的解释。由图 4-9 下可见：第 1 类在左侧，犯罪率低，掠财性中等；第 2 类在中部下侧，犯罪率中等，但暴力倾向强；第 3 类在右侧，犯罪率高，掠财性中等；第 4 类在上侧，犯罪率中等，以财产犯罪为主。图 4-10 的工作表排序后可见具体的分类结果（详细结果见网上资源）。这样的分类结果对我们了解美国各州犯罪状况有很大的帮助。

【例 4-6】 （续例 3-8）黑熊分类问题。对于 23 只黑熊的一些指标进行测量，分别为身高、头部长度、体重、头部重量、颈围、胸围，数据文件：MV_黑熊.MTW。将这 23 只熊按体型分类。

在第 3 章中我们用这 6 个变量进行了系统聚类分析（K 均值结果相同），其分类结果列在 C8"系统类"中。但是明显可以看到，这三类只是按体型的大、中、小分类的，效果并不好。下面我们用主成分得分进行聚类分析。

（1）先作主成分分析，存储前两个主成分得分。因为 6 项指标单位不同且数量相差悬殊，所以应当用相关阵计算。考虑到 C1—C7 已被观测数据占用，C8，C9 已被分类数占用，将第 1，2 主成分系数存于 C10，C11，将第 1，2 主成分得分存于 C12，C13。其操作步骤是：从"统计＞多变量＞主成分（Stat＞Multivariate＞Principal Components）"入口进入"主成分分析"对话框，指定"变量（Variables）"为"C2-C7"，在"矩阵类型（Type of matrix）"

中选定"相关（Correlation）"。在"要计算的分量数（Number of components to compute）"中先选定变量的个数为"2"（如果前两个主成分的累积贡献率实在太低，再考虑选用更多的分量数）。打开"存储（Storage）"窗，在"系数（Coefficients）"一栏里填入两列位置"C10-C11"，在"分值（Score）"一栏里填入两列位置"C12-C13"，各对话框皆点击"确定（OK）"，则可以得到计算结果。

会话窗口内有两张表。

主成分分析：头部长度，头部重量，颈围，身高，胸围，体重

相关矩阵的特征分析

特征值	5.2284	0.4499	0.2010	0.0864	0.0252	0.0092
比率	0.871	0.075	0.033	0.014	0.004	0.002
累积	0.871	0.946	0.980	0.994	0.998	1.000

特征向量

变量	PC1	PC2
头部长度	0.394	0.456
头部重量	0.370	0.693
颈围	0.428	−0.211
身高	0.417	−0.126
胸围	0.424	−0.305
体重	0.412	−0.398

从第 1 张表可见，前两个主成分的累积贡献率高达 94.6%，因此取两个主成分已经足够。从第 2 张表可见，第 1 主成分是：

$$PC1 = 0.394 \times 头部长度 + 0.370 \times 头部重量 + 0.428 \times 颈围 + 0.417 \times 身高 + 0.424 \times 胸围 + 0.412 \times 体重$$

由于在此等式中，每种测量指标的系数都是正的，而且相差不多，第 1 主成分表示"体型指数"，数值越大表示黑熊越高大粗壮。第 2 主成分是：

$$PC2 = 0.456 \times 头部长度 + 0.693 \times 头部重量 − 0.211 \times 颈围 − 0.126 \times 身高 − 0.305 \times 胸围 − 0.398 \times 体重$$

由于在此等式中，有关头部长度、头部重量方面的指标的系数是正的且较大，而一般的身高、体重、颈围、胸围的系数是负的，因而第 2 主成分可以代表黑熊"头型指数"，第 2 主成分越大，表示相对于其体型而言黑熊的头部偏大。这两个主成分系数存储于 C10 及 C11 列（即"CZ1"及"CZ2"），每只黑熊的两个主成分得分列在数据工作表中的 C12 及 C13 列，分别命名为"Z1"及"Z2"（见图 4 - 11）。

C1	C2	C3	C4	C5	C6	C7	C8	C9	C10	C11	C12	C13	C14	C15
序号	头部长	头部重量	颈围	身高	胸围	体重	系统类	K均值类	CZ1	CZ2	Z1	Z2	主成分类	主最长类
1	15.5	8.0	31.0	72.0	54.0	416	1	2	0.394	0.456	1.76	-0.71	1	1
2	16.0	8.0	32.0	77.0	52.0	432	1	2	0.370	0.693	2.07	-0.70	1	1
3	17.0	10.0	31.5	72.0	49.0	348	1	2	0.428	-0.211	2.05	0.74	2	2
4	15.5	7.5	32.0	75.0	54.5	476	1	2	0.417	-0.126	2.05	-1.18	1	1
5	17.5	9.0	32.0	75.0	55.0	478	1	2	0.424	-0.305	2.51	-0.62	1	1
6	15.0	6.5	28.0	78.0	45.0	334	2	3	0.412	-0.398	0.72	-0.86	1	1
7	18.5	8.5	23.5	67.5	42.0	204	2	3			0.47	1.39	2	2
8	9.0	4.5	12.0	36.0	19.0	26	3	1			-5.59	-0.03	3	3
9	16.0	9.5	30.0	72.0	48.0	436	1	2			1.90	0.17	4	1

图 4 - 11　例 4 - 6 黑熊的主成分系数及得分结果图（C10—C13）

按照第 2 章 2.2.1 小节中的方法画出"前两个分量的分值图"（见图 4 - 12），标签选为"序号"，可以直观看出这 23 只黑熊的体型状况。

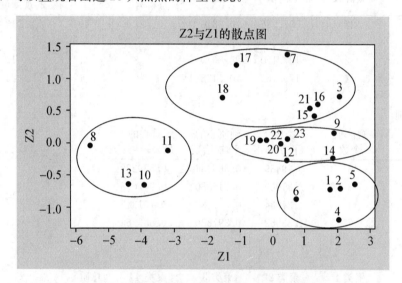

图 4 - 12　黑熊的主成分得分图（号码是黑熊编号）

图中横轴 Z_1 代表"体型指数"状况，越靠右代表黑熊越高大粗壮，越靠左代表黑熊越矮小瘦弱。靠右部的都是"大熊"，靠左部的都是"小熊"。纵轴 Z_2 代表"头型指数"，越靠上代表熊的头越大，越靠下代表熊的头越小。这样一来，我们就可以得知，靠右上方的是"大头大熊"，靠右中间的是"中头大熊"，靠右下方的是"小头大熊"，靠左方的是"小熊"。大体上应该这样分成 4 类才更合理。

（2）主成分聚类。按照前两个主成分得分来聚类将会有较好的代表性。前两个主成分得分存在 C12，C13 列，主成分聚类就以它们为变量，我们下面进行系统聚类：采用观测值聚类，距离量度采用欧氏距离，联结法选择"离差平方和"。

指令是：从"统计＞多变量＞观测值聚类（Stat＞Multivariate＞Cluster Observations）"入口进入"观测值聚类"对话框，指定"变量或距离矩阵（Variables or distance matrix）"为"C12-C13"，在"联结法（Linkage method）"中选择"离差平方和（Ward）"，在"距离度量（Distance measure）"中选择"Euclidean"。选中"标准化变量（Standardize variables）"，在"最终分割指定依据（Specify final partition by）"中选择"点群数（Number of clusters)"，填"4"。选择"显示树状图（Show dendrogram)"，打开"自定义（Customize)"窗，弹出"观测值聚类树状图：自定义"框，在"使用以下项标记 Y 轴（Label Y axis with)"中选择"距离（Distance)"，在"显示树状图（Show dendrogram in)"中选择"一个图形（One graph)"。回到"观测值聚类"对话框。打开"存储（Storage)"窗，弹出"观测值聚类：存储"框，在"聚类成员列（Cluster membership column)"中填"主成分分类"。各对话框都点击"确定（OK)"，则可在会话窗口中得到计算结果。

观测值的聚类分析：Z1，Z2

标准化变量，Euclidean 距离，离差平方和法
合并步骤

步骤	点群数	相似性水平	距离水平	已合并的点群号		新聚类号	新聚类号中的观测值个数
1	22	97.926	0.0810	19	22	19	2
⋮	⋮	⋮	⋮	⋮	⋮	⋮	⋮
21	2	−127.120	8.8649	1	3	1	19
22	1	−170.262	10.5488	1	8	1	23

最终分割

	观测值个数	类内平方和	到质心的平均距离	到质心的最大距离
聚类 1	5	0.79439	0.366334	0.559228
聚类 2	7	3.81989	0.715380	0.947673
聚类 3	4	1.31034	0.557435	0.751345
聚类 4	7	1.33562	0.397336	0.633764

聚类质心

变量	聚类 1	聚类 2	聚类 3	聚类 4	总质心
Z1	0.79693	0.22881	−1.86959	0.270296	0.0000000
Z2	−1.21620	1.20625	−0.52794	−0.035861	0.0000000

聚类质心之间的距离

	聚类 1	聚类 2	聚类 3	聚类 4
聚类 1	0.00000	2.48818	2.75391	1.29249
聚类 2	2.48818	0.00000	2.72226	1.24281
聚类 3	2.75391	2.72226	0.00000	2.19574
聚类 4	1.29249	1.24281	2.19574	0.00000

从结果中可以得知，这些熊按两方面指标 Z_1 及 Z_2 分为 4 类，各含有 5，7，4，7 只熊。

由于指标只有两项，因而可以在图形上显示分类状况。下面在散点图（见图 4 - 13 上）中显示上述分类结果，并以黑熊编号为标签。这里可以清楚地看出，第一类（右下角，5 只）是"小头大熊"；第二类（右上角，7 只）是"大头大熊"；第三类（左半部，4 只）是"小熊"；第四类（右中部，7 只）是"中头大熊"。

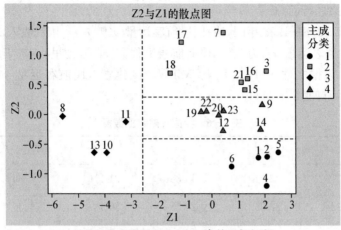

黑熊的主成分得分分类图（离差平方和法）

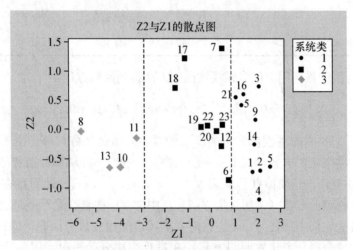

系统聚类结果在主成分得分图中的显示

图 4 - 13　黑熊的主成分得分分类图

　　如果按照第 3 章的聚类方法，使用原始的 6 项指标，直接采用系统聚类法和 K 均值聚类法结果相同，只知道是按体型分为大、中、小 3 类（见图 4 - 13 下），用原来的 6 项指标进行系统聚类的结果，其实相当于用第 1 主成分得分（即体型指数）来分类，含义其实是很明确的，但分类没有抓住关键含义。仅用一个主成分得分当然不如用前两个主成分得分来进行聚类分析能得到更全面合理的结果。总之，用主成分得分进行主成分聚类是很有意义的，具有广泛的应用价值。如果前两个主成分所占的贡献率还不够大，这时可以多取几个主成分，聚类分析仍然可以继续进行，这比简单使用原来的观测值结果要好，美中不足的是维数超过 2 时就不再有这样直观的图形显示了。

4.4.2　主成分回归

　　实际问题中自变量可能很多，作多元回归时，由于自变量间存在相关关系，因此回归效果不好，甚至回归方程不能得到合理解释（见例 4 - 7）。而这些自变量对因变量都有用，不宜剔除，从而逐步回归法也不能使用。这时可以考虑主成分回归，即以几个重要的主成分分量为自变量来进行回归。

【例 4-7】 1978—1993 年间，我国民航客运量 y（万人），国民收入 x_1（亿元），消费额 x_2（亿元），铁路客运量 x_3（万人），民航航线里程数 x_4（万公里），来华旅游人数 x_5（万人）见表 4-6，数据文件：MV_民航.MTW。试建立以民航客运量 y 为因变量，x_1，x_2，x_3，x_4，x_5 为自变量的回归方程。

表 4-6 我国民航事业数据

年份	y	x_1	x_2	x_3	x_4	x_5
1978	231	3 010	1 888	81 491	14.89	180.92
1979	298	3 350	2 195	86 389	16.00	420.39
⋮	⋮	⋮	⋮	⋮	⋮	⋮
1992	2 886	20 223	12 985	99 693	83.66	3 311.50
1993	3 383	24 882	15 949	105 458	96.08	4 152.70

直接以 y 为因变量，用一般多元线性回归方法得到回归方程：

$$\hat{y} = 622 + 0.134x_1 - 0.157x_2 - 0.009\,74x_3 + 18.4x_4 + 0.293x_5$$

这样一来，x_3 和 x_2 的系数都是负的。x_3 的系数是负的还好解释：由于出行的人数中乘火车的多了，乘飞机的人数会减少。x_2 的系数是负的则不好解释：消费额多了，乘飞机的人也应当增多才对。仔细检查会发现原因：x_1，x_2，x_3，x_4，x_5 间存在密切的相关关系。能否用选择模型的方法（例如逐步回归）从中选出一些自变量？但是这 5 个自变量都很重要，不愿舍去它们中的任何一个。这时我们可以采用主成分回归，即用 x_1，x_2，x_3，x_4，x_5 的少量主成分得分来建立回归方程。在进行主成分分析时，因各变量数据相差悬殊，所以采用相关阵求主成分为宜。本例具体操作如下：

（1）进行主成分分析。从"统计＞多变量＞主成分（Stat＞Multivariate＞Principal Components）"入口进入"主成分分析"对话框，指定"变量（Variables）"为"C3-C7"，在"矩阵类型（Type of matrix）"中选定"相关（Correlation）"。在"要计算的分量数（Number of components to compute）"中先选定缺省默认值为变量的个数"5"。打开"存储（Storage）"窗，在"分值（Score）"一栏里填入 5 列位置"C8-C12"，各对话框皆点击"确定（OK）"，则可以得到两张表。

主成分分析：x1，x2，x3，x4，x5

相关矩阵的特征分析

特征值	3.9679	0.9471	0.0653	0.0194	0.0003
比率	0.794	0.189	0.013	0.004	0.000
累积	0.794	0.983	0.996	1.000	1.000

特征向量

变量	PC1	PC2	PC3	PC4	PC5
x1	0.493	−0.187	0.130	0.389	−0.744
x2	0.495	−0.153	0.108	0.531	0.662
x3	0.214	0.926	0.310	0.030	−0.021
x4	0.483	−0.235	0.444	−0.713	0.083
x5	0.483	0.172	−0.824	−0.241	0.007

由第 1 张表可见，前两个特征值所占的比率分别是 0.794 和 0.189，它们的和是 0.983，因而只要两个主成分就够了。从第 2 张表可见，第 1，2 主成分是：

$$PC1 = 0.493x_1^* + 0.495x_2^* + 0.214x_3^* + 0.483x_4^* + 0.483x_5^* \qquad (4-17)$$

$$PC2 = -0.187x_1^* - 0.153x_2^* + 0.926x_3^* - 0.235x_4^* + 0.172x_5^* \qquad (4-18)$$

请注意：由于我们使用相关阵来进行主成分分析，其实就是将各自变量先进行了标准化，因此这里的 x_1^*，x_2^*，x_3^*，x_4^*，x_5^* 是 x_1，x_2，x_3，x_4，x_5 的标准化值，这一点我们在式（4-15）中已经明确给出了。标准化变换公式的具体结果是这样的（对于各变量分别求出样本均值及样本标准差就可得到）：

$$x_1^* = (x_1 - 9\,611.69)/6\,643.54 \qquad (4-19)$$

$$x_2^* = (x_2 - 6\,447.25)/4\,251.95 \qquad (4-20)$$

$$x_3^* = (x_3 - 102\,326.06)/11\,010.57 \qquad (4-21)$$

$$x_4^* = (x_4 - 38.4)/23.620\,176\,7 \qquad (4-22)$$

$$x_5^* = (x_5 - 1\,868.42)/1\,225.29 \qquad (4-23)$$

本章前面各例之所以并未强调这一点，是因为当时的主要目的是分析这些标准化后的系数的含义，并不需要直接计算出它们的值；我们使用较多的是各主成分的得分值，而得分值已经由计算机计算好了。总之，那时不需要关心主成分的计算公式的细节，而现在要进行主成分回归，MINITAB 又未提供主成分回归分析的窗口，我们只好自己动手直接计算。主要是先求出主成分得分，再以这些得分为自变量求出回归方程，最后将原始自变量代入回归方程。

在得到上述计算结果式（4-17）及式（4-18）的同时，我们还可以在工作表的 C8～C12 列得到主成分得分表，如图 4-14 所示。

↓	C1 年份	C2 y	C3 x1	C4 x2	C5 x3	C6 x4	C7 x5	C8 Z1	C9 Z2	C10 Z3	C11 Z4	C12 Z5
1	1978	231	3010	1888	81491	14.89	180.92	−2.57163	−1.40413	−0.138241	0.029020	−0.0230653
2	1979	298	3350	2195	86389	16.00	420.39	−2.29823	−0.99047	−0.126151	0.019986	−0.0173971
3	1980	343	3688	2531	92204	19.53	570.25	−1.98964	−0.53736	0.018147	−0.038376	−0.0007074
4	1981	401	3941	2799	95300	21.82	776.71	−1.75120	−0.28771	0.021220	−0.091400	0.0160391
5	1982	445	4258	3054	99922	23.27	792.43	−1.57223	0.07052	0.180590	−0.075187	0.0166360
6	1983	391	4736	3358	106044	22.91	947.70	−1.32838	0.58613	0.258717	−0.012221	0.0016211
7	1984	554	5652	3905	110353	26.02	1285.22	−0.91625	0.91927	0.243249	−0.038835	−0.0143944
8	1985	744	7020	4879	112110	27.72	1783.30	−0.43610	1.04631	0.041259	0.018222	−0.0105358
9	1986	997	7859	5552	108579	32.43	2281.95	−0.07136	0.72464	−0.271300	−0.098671	0.0264131
10	1987	1310	9313	6386	112429	38.91	2690.23	0.50190	0.97008	−0.266126	−0.174818	0.0112050
11	1988	1442	11738	8038	122645	37.38	3169.48	1.23052	1.78361	−0.240297	0.153090	−0.0254034
12	1989	1283	13176	9005	113807	47.19	2450.14	1.19446	0.76682	0.231723	0.179635	0.0113382
13	1990	1660	14384	9663	95712	50.68	1746.20	0.80212	−0.94551	0.301897	0.316407	0.0211383
14	1991	2178	16557	10969	95081	55.91	3335.65	1.83670	−0.93597	−0.610514	0.133929	0.0097032
15	1992	2886	20223	12985	99693	83.66	3311.50	2.99056	−1.00366	0.179716	−0.219469	0.0017853
16	1993	3383	24882	15949	105458	96.08	4152.70	4.37875	−0.76256	0.176111	−0.101314	−0.0211335

图 4-14 例 4-7 我国民航事业带有主成分得分的工作表

（2）先求出以第 1，2 主成分得分为自变量的回归方程，然后再代回原自变量的值。

具体操作步骤是：从"统计＞回归＞回归（Stat＞Regression＞Regression）"进入"拟合回归模型"对话框。输入变量："响应（Response）"为"Y"，"连续预测变量（Continuous predicators）"为"Z1　Z2"，点击"确定（OK）"后，从会话窗口得到回归方程为：

$$\hat{y} = 1\,159.1 + 469.7Z_1 - 204.6Z_2 \tag{4-24}$$

将式（4-17）及式（4-18）代入式（4-24），得

$$\hat{y} = 1\,159 + 270x_1^* + 264x_2^* - 89.3x_3^* + 275.2x_4^* + 191.8x_5^* \tag{4-25}$$

将标准化变换公式（4-19）至式（4-23）代入式（4-25），则可以得到最终的回归方程：

$$\hat{y} = 457.6 + 0.040\,6x_1 + 0.062\,1x_2 - 0.008\,106x_3 + 11.65x_4 + 0.156\,5x_5$$
$$\tag{4-26}$$

这就是主成分回归得到的回归方程，其中 x_2 的系数就是正的了。

本例的前两个主成分的贡献率已经高达 0.983，取两个主成分就足够了。如果实际问题中需要更多分量，则可以同样操作。另外，这里不必特别考虑主成分含义的解释问题，即使其具体含义不好解释，在自变量个数较多且彼此密切相关的情况下，由主成分进行的回归肯定比普通的回归要好，在观测值个数较少的条件下会更加明显。主成分回归确实是个很有意义的方法。

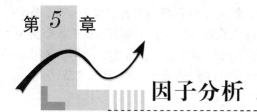

第5章

因子分析

在工程技术、经济、管理、心理学、社会学等各个领域的科学研究中，往往需要对反映事物的多个变量进行大量的观测，收集大量的数据以便进行分析，寻找规律。多变量的大样本虽然能为科学研究提供大量信息，但在一定程度上增加了数据采集的工作量，更重要的是，在大多数情况下，许多变量之间可能存在相关性，从而增加了所分析问题的复杂性。例如，某快餐店为了解其市场竞争能力进行消费者调查，通过定性研究设计了30个有关快餐店及其产品和服务的调查项目，让市民对这30个项目打分，这就得到了30个变量的观测值。用一般多元统计方法常不得要领。用因子分析后发现，这30个项目的得分是由快餐的质量、价格、就餐环境和服务4个深层次的因素决定的。再比如，学生考试有10门科目，造成学生考试成绩差异的深层次原因可以归纳为：理解力、分析力、记忆力等几个方面。我们希望有可能利用较少的深层次指标分别表达存在于众多变量中的各类信息，并要求这些指标之间彼此不相关，即几个指标间的信息不重叠。这种分析方法就是**因子分析**，各类深层次指标称为**公共因子**。

因子分析是主成分分析的推广，它也是从研究相关阵或协方差阵的内部依赖关系出发，把一些具有错综复杂关系的变量归结为少数几个深层次因子的一种多变量统计分析方法。但是，因子分析和主成分分析有很大的区别：主成分分析把可观测的变量综合起来，不需构造分析模型，它实际上是一种变量变换的方法，而因子分析却需要构造因子模型。从模型的意义上来说，因子分析对随机变量已经假定了一个确定的特殊结构。关于这一点，我们将在5.1.2小节正交因子模型中作更详细的介绍。

因子分析是由心理学家首先发展起来的，起源于20世纪初，在之后的三四十年里，因子分析的理论和数学基础逐步发展完善，它作为一个一般的多元统计分析工具逐渐被人们所认识和接受。随着计算机的普及和各种统计软件的出现，因子分析在社会学、经济学、医学、地质学、气象学和市场营销等越来越多的领域得到了广泛的应用，特别是对于变量个数较多的情况，因子分析方法常常很有效。

本章介绍因子分析方法。5.1 节通过两个例子介绍因子分析模型的有关概念；5.2 节介绍因子分析模型参数估计的数学原理；5.3 节介绍因子旋转和因子得分原理；5.4 节介绍用 MINITAB 作因子分析的方法和实例，其中包括因子旋转实例及因子得分实例。初学者可以先读 5.1 节，跳过 5.2 节和 5.3 节，读完 5.4.2 小节后回过头来阅读 5.2 节和 5.3 节。

5.1 因子分析模型

5.1.1 因子分析模型的实例

下面通过两个实际问题来说明因子分析的含义。

【例 5-1】 对一个班的 44 名学生进行 5 门课程（力学、物理、代数、分析、统计）考试，其中力学和物理闭卷考试，代数、分析、统计开卷考试。这 5 门课程的成绩 X_1，X_2，X_3，X_4，X_5 是可观测的随机向量。44 名学生的考试成绩见表 5-1，数据文件：MV_考试成绩.MTW。

表 5-1 5 门课程考试成绩

学生	力学（X_1）	物理（X_2）	代数（X_3）	分析（X_4）	统计（X_5）
1	92	97	82	82	96
2	78	93	95	85	96
⋮	⋮	⋮	⋮	⋮	⋮
43	56	78	64	61	49
44	61	67	68	56	55

为了寻求 5 门课程成绩形成的深层次原因，希望把每名学生的成绩分解为若干方面的能力，但分几方面合适，如何归纳，这些能力体现在哪里，事先都并不知道。假定有两方面的能力 F_1 和 F_2，则这两方面能力应该反映在考试成绩中。通过因子分析，我们求得下列结果（参见后面计算出的式（5-33））：

$$X_1 = 62.409 + 8.647F_1 + 8.121F_2 + \varepsilon_1$$
$$X_2 = 72.523 + 7.647F_1 + 5.022F_2 + \varepsilon_2$$
$$X_3 = 72.909 + 6.131F_1 - 0.159F_2 + \varepsilon_3 \qquad (5-1)$$
$$X_4 = 72.364 + 5.623F_1 - 1.828F_2 + \varepsilon_4$$
$$X_5 = 67.750 + 9.912F_1 - 10.645F_2 + \varepsilon_5$$

式中，F_1，F_2 是不可观测的随机变量；ε_1，ε_2，ε_3，ε_4，ε_5 也是不可观测的随机变量，它们分别表示这 5 张试卷的区分度（将学生成绩拉开差距的能力）和误差 ε。式（5-1）揭示了变量 F_1，F_2 如何影响 5 门课程的成绩，我们根据式（5-1）的系数值进一步分析发现，对 F_1，F_2 比较好的解释是，它们分别表示学生的学习能力和适应闭卷考试能力，这就是通过因子分析获得的结论。

【例 5-2】 统计第二次世界大战后各届奥运会上男子十项运动（也称为十项全能）160 名运动员的成绩，他们 10 个项目成绩的样本相关阵见表 5-2，数据文件：MV_十项运动.MTW。

表 5 - 2　第二次世界大战后 160 名运动员男子十项运动成绩样本相关阵

100m X_1	跳远 X_2	铅球 X_3	跳高 X_4	400m X_5	110m 栏 X_6	铁饼 X_7	撑竿跳 X_8	标枪 X_9	1 500m X_{10}
1.0	0.59	0.35	0.34	0.63	0.40	0.28	0.20	0.11	−0.07
0.59	1.0	0.42	0.51	0.49	0.52	0.31	0.36	0.21	0.09
⋮	⋮	⋮	⋮	⋮	⋮	⋮	⋮	⋮	⋮
0.11	0.21	0.44	0.17	0.13	0.18	0.34	0.24	1.0	−0.00
−0.07	0.09	−0.08	0.18	0.39	0.00	−0.02	0.17	−0.00	1.0

为了寻求 10 项运动成绩形成的深层次原因，可以把每名运动员的成绩分解为式 (5-2) 的形式：

$$X_1 = \mu_1 + a_{11}F_1 + a_{12}F_2 + a_{13}F_3 + a_{14}F_4 + \varepsilon_1$$
$$X_2 = \mu_2 + a_{21}F_1 + a_{22}F_2 + a_{23}F_3 + a_{24}F_4 + \varepsilon_2$$
$$X_3 = \mu_3 + a_{31}F_1 + a_{32}F_2 + a_{33}F_3 + a_{34}F_4 + \varepsilon_3$$
$$X_4 = \mu_4 + a_{41}F_1 + a_{42}F_2 + a_{43}F_3 + a_{44}F_4 + \varepsilon_4$$
$$X_5 = \mu_5 + a_{51}F_1 + a_{52}F_2 + a_{53}F_3 + a_{54}F_4 + \varepsilon_5$$
$$X_6 = \mu_6 + a_{61}F_1 + a_{62}F_2 + a_{63}F_3 + a_{64}F_4 + \varepsilon_6 \quad (5-2)$$
$$X_7 = \mu_7 + a_{71}F_1 + a_{72}F_2 + a_{73}F_3 + a_{74}F_4 + \varepsilon_7$$
$$X_8 = \mu_8 + a_{81}F_1 + a_{82}F_2 + a_{83}F_3 + a_{84}F_4 + \varepsilon_8$$
$$X_9 = \mu_9 + a_{91}F_1 + a_{92}F_2 + a_{93}F_3 + a_{94}F_4 + \varepsilon_9$$
$$X_{10} = \mu_{10} + a_{10,1}F_1 + a_{10,2}F_2 + a_{10,3}F_3 + a_{10,4}F_4 + \varepsilon_{10}$$

通过因子分析可以求出各项系数，其中 μ_i 是全部运动员第 i 个项目的平均成绩。最后发现，F_1 是跑步速度因子（速度），F_2 是爆发臂力因子（力量），F_3 是爆发腿力因子（弹跳），F_4 是跑步耐力因子（耐力）；$\varepsilon_1 \sim \varepsilon_{10}$ 体现每项运动的区分度和误差。这样一来，式(5-2) 就很好地揭示了 10 项运动成绩的实质，对于通过训练提高运动员成绩有很大帮助。

例 5-1 和例 5-2 的 5 门课程成绩和 10 个项目运动成绩都是可测量的，称为**可观测变量**；但是其他的变量，如学习能力因子、适应闭卷考试能力因子、跑步速度因子、爆发臂力因子、爆发腿力因子、跑步耐力因子，则是不可测量的，称为**不可观测变量**，又称为**潜在因子**。这些因子影响到全部 5 门课程成绩或 10 项运动成绩，因而称为**公共因子**。ε_i 也是潜在因子，但它只对第 i 个变量起作用，称为**特殊因子**。

通过上面的实例，我们可以看到，因子分析的主要应用有两方面：

第一，寻求基本结构，简化观测系统，将具有错综复杂关系的对象（多个变量或样品）综合为少数几个因子（不可观测的随机变量），以再现因子与原始变量之间的内在联系。例如，快餐店调查的 30 个项目主要反映了快餐的质量、价格、就餐环境和服务 4 个基本方面，通过因子分析我们能找出反映数据本质特征的这 4 个因子，并且能分析出原来 30 个观测变量和这 4 个因子之间的关系，以及 10 项运动成绩与 4 方面身体素质（速度、力量、弹跳及耐力）之间的关系等。

第二，数据化简。通过因子分析把一组观测变量化为少数的几个因子之后，可以进一步将原始观测变量的信息转换成这些因子的因子值，然后，用这些因子代替原来的观测变量以进行其他的统计分析，如回归分析、路径分析、判别分析和聚类分析等，利用各因子得分值也可以直接对样本进行分类和综合评价。因子得分值的分析通常比主成分分析有更深刻和更有意义的解释。

因子分析方法很多，本章仅介绍常用的因子分析模型——正交因子模型。

5.1.2 正交因子模型

因子分析涉及多个指标，这些指标是一个总体（随机向量）$(X_1, X_2, \cdots, X_p)$ 的分量。正交因子模型的定义是：

设 $X = (X_1, X_2, \cdots, X_p)'$ 是可观测的随机向量，$E(X) = \mu$，$V(X) = \Sigma$（注：这里的 $V(X)$ 是 X 的协方差阵，$\mathrm{Var}(X)$ 是一元情况的特例），且设 $F = (F_1, F_2, \cdots, F_m)'$（$m < p$）是不可观测的随机向量，$E(F) = 0$，$V(F) = I_m$（即 F 的各分量方差为 1，且互不相关）。又设 $\varepsilon = (\varepsilon_1, \varepsilon_2, \cdots, \varepsilon_p)'$ 与 F 互不相关，且

$$E(\varepsilon) = 0, V(\varepsilon) = \mathrm{diag}(\sigma_1^2, \sigma_2^2, \cdots, \sigma_p^2) = D \tag{5-3}$$

假定随机向量 X 满足以下的模型（$m < p$）：

$$\begin{cases} X_1 = \mu_1 + a_{11}F_1 + \cdots + a_{1m}F_m + \varepsilon_1 \\ \cdots\cdots \\ X_p = \mu_p + a_{p1}F_1 + \cdots + a_{pm}F_m + \varepsilon_p \end{cases} \tag{5-4}$$

则称以上模型为**正交因子模型**，用矩阵表示为：

$$X = \mu + AF + \varepsilon \tag{5-5}$$

式中，$F = (F_1, F_2, \cdots, F_m)'$，$F_1, F_2, \cdots, F_m$ 称为 X 的**公共因子**；$\varepsilon = (\varepsilon_1, \varepsilon_2, \cdots, \varepsilon_p)'$，$\varepsilon_1, \varepsilon_2, \cdots, \varepsilon_p$ 称为 X 的**特殊因子**；公共因子 $F_1, F_2, \cdots, F_m$ 一般对 X 的每一个分量 X_i 都有作用，每个公共因子一般至少对两个变量有作用，否则它将归入特殊因子。由定义可见，特殊因子 ε_i 只对 X_i 起作用，而且各特殊因子之间以及特殊因子与所有公共因子之间都是互不相关的。上述模型对 F 和 ε 作了一系列的假定，使得模型具有特定的且能验证的协方差结构。在以上的一系列假设中有两个关键性的假设：公共因子彼此不相关且具有单位方差，特殊因子彼此不相关且和公共因子也不相关。

模型（5-5）中的矩阵 $A = (a_{ij})_{p \times m}$ 是待估的系数矩阵，称为**因子载荷矩阵**。a_{ij}（$i = 1, 2, \cdots, p$；$j = 1, 2, \cdots, m$）称为第 i 个变量在第 j 个因子上的载荷（简称为**因子载荷**）。

例 5-1 中的因子载荷矩阵是：

$$\begin{bmatrix} 8.647 & 8.121 \\ 7.647 & 5.022 \\ 6.131 & -0.159 \\ 5.623 & -1.828 \\ 9.912 & -10.645 \end{bmatrix}$$

即力学在学习能力上的载荷是 8.647，统计在适应闭卷考试能力上的载荷是 -10.645。

在作因子分析时，关键是找出因子载荷阵，从它出发能很好地解释公共因子的含义，一般不研究特殊因子。

因子分析和主成分分析有很大的区别：主成分分析不需要构造分析模型，它实际上是一种变量变换的方法；而因子分析却需要构造因子模型，而且因子分析对随机变量假定了一个确定的特殊结构。因子分析与主成分分析的区别还在于：主成分分析是用可观测变量形成的综合指标（线性组合）来描述事物变化特性；而因子分析是用少量潜在公共因子（不一定可观测）的线性组合来表达大量的可观测变量。把少量主成分作为潜在公共因子是最常用的因子分析方法之一，因此因子分析也是主成分分析法的推广和深化。

5.1.3　因子载荷矩阵的求解

和主成分分析一样，可以用协方差阵作因子分析，也可以用相关阵作因子分析。

5.1.3.1　用协方差阵作因子分析

因为 X 的协方差阵通常可知，由式（5-5）可得：

$$\Sigma = V(X) = E[(X-\mu)(X-\mu)']$$
$$= E[(AF+\varepsilon)(AF+\varepsilon)']$$
$$= AA' + D$$

所以通常可以从因子载荷阵的关系式

$$\Sigma = AA' + D \tag{5-6}$$

求解出 A，从而得到对角矩阵 D，即获得特殊因子的方差阵。所以因子分析的主要计算就是解式（5-6）。但实际工作中，一般得不到式（5-6）的精确解，只能得到近似解。计算过程就是适当选取因子载荷阵 A 的值，使得 $\Sigma - AA'$ 近似为对角矩阵，从而式（5-6）能近似成立。

5.1.3.2　用相关阵作因子分析

当 p 个原始变量的单位不同，或虽单位相同但各变量的数值相差较大时，为了避免量纲的影响，通常将可观测的原始变量标准化，然后用标准化的变量作因子分析，这相当于在式（5-6）中用相关阵代替协方差阵。在此意义上，公共因子解释了观测变量间的相关性。用正交因子模型预测的相关与实际的相关之间的差异就是剩余相关。评估正交因子模型拟合优度的好方法之一就是考察剩余相关的大小。当可观测变量单位一致时，也可用协方差阵作因子分析。

用主成分法作因子分析时，用相关阵和协方差阵计算出的公共因子、因子载荷阵是不一样的。

5.1.3.3　因子载荷不唯一

如果式（5-6）有精确解 A，那么式（5-6）的解一定不是唯一的。因为若 Γ 是任一 $m \times m$ 正交矩阵（这时 $\Gamma\Gamma' = I$），则正交因子模型式（5-5）一定可以表示为：

$$X = \mu + (A\Gamma)(\Gamma'F) + \varepsilon \tag{5-7}$$

又因为这时仍有

$$E(\Gamma'F)=0, V(\Gamma'F)=I$$
$$\mathrm{Cov}(\Gamma'F,\varepsilon)=\Gamma'\mathrm{Cov}(F,\varepsilon)=O$$

所以按式（5-5），在式（5-7）中可以把 $\Gamma'F$ 看成公共因子，把 $A\Gamma$ 看成相应的因子载荷矩阵，这时

$$\Sigma = AA' + D = (A\Gamma)(A\Gamma)' + D \tag{5-8}$$

仍然成立。可见，因子载荷矩阵 A 并不唯一。这种不确定性反而是有利的：当公共因子的含义不明确时，可以通过因子旋转（数学上就是将因子载荷矩阵 A 右乘一个正交矩阵 Γ）得到有明确意义的公共因子。

5.1.4 正交因子模型中各个量的统计意义

5.1.4.1 因子载荷的统计意义

因为

$$\mathrm{Cov}(X,F)=E(X-E(X))(F-E(F))'=E[(X-\mu)F']$$
$$=E[(AF+\varepsilon)F']=AE(FF')+E(\varepsilon F')=A$$

所以有 X_i 与 F_j 的协方差为：

$$\mathrm{Cov}(X_i, F_j)=a_{ij} \tag{5-9}$$

若 X 是各分量已经标准化了的随机向量，即 $E(X_i)=0, \mathrm{Var}(X_i)=1$，那么

$$\rho_{ij}=\frac{\mathrm{Cov}(X_i,F_j)}{\sqrt{\mathrm{Var}(X_i)}\sqrt{\mathrm{Var}(F_j)}}=\mathrm{Cov}(X_i,F_j)=a_{ij} \tag{5-10}$$

式中，a_{ij} 表示 X_i 与 F_j 的相关系数。模型中 $F_1,F_2,\cdots,F_m$ 的系数 $a_{i1},a_{i2},\cdots,a_{im}$ 用统计学的术语叫做"权重"，它表示 X_i 依赖 F_j 的分量（比重），在一般应用学科中将 a_{ij} 称为"载荷"。

5.1.4.2 变量共同度的统计意义

因子载荷矩阵 A 的行元素平方和 $h_i^2 = \sum_{j=1}^{m} a_{ij}^2 \ (i=1,2,\cdots,p)$ 称为变量 X_i 的共同度或共性方差。考虑到 X_i 的方差为：

$$\mathrm{Var}(X_i) = a_{i1}^2 \mathrm{Var}(F_1) + \cdots + a_{im}^2 \mathrm{Var}(F_m) + \mathrm{Var}(\varepsilon_i)$$
$$= \sum_{j=1}^{m} a_{ij}^2 \mathrm{Var}(F_j) + \mathrm{Var}(\varepsilon_i) = h_i^2 + \sigma_i^2 \tag{5-11}$$

这表明 X_i 的方差由两部分组成：第一部分 h_i^2 是全部公共因子对变量 X_i 的总方差所作出的贡献，称为公因子方差；第二部分 σ_i^2 是由特定因子 ε_i 产生的方差，它仅与变量 X_i 有关，也称为剩余方差。当 X 各分量已成为标准化的随机向量时，$\mathrm{Var}(X_i)=1$，那么有

$$h_i^2 + \sigma_i^2 = 1, i=1,2,\cdots,p \tag{5-12}$$

5.1.4.3 公共因子的方差贡献率的统计意义

因子载荷矩阵 A 的列元素平方和 $q_j^2 = \sum_{i=1}^{p} a_{ij}^2 \ (j=1,2,\cdots,m)$ 表示公共因子 F_j 对 X 的

所有分量 $X_1, X_2, \cdots, X_p$ 的总影响，称为第 j 个公共因子 F_j 对 X 的方差贡献，它是衡量第 j 个公共因子相对重要性的指标。q_j^2 越大，表明 F_j 对 X 的贡献越大。这在碎石图中特别有用。

5.2　因子分析模型的参数估计

前面已指出，设 $X_{(i)} = (x_{i1}, x_{i2}, \cdots, x_{ip})'(i = 1, 2, \cdots, n)$ 是 p 个变量的 n 次观测值。因子分析的目的是用少数几个公共因子（设为 m 个）来描述 p 个相关变量间的协方差结构：

$$\Sigma = AA' + D$$

式中，$A = (a_{ij})$ 为 $p \times m$ 因子载荷阵；$D = \mathrm{diag}(\sigma_1^2, \sigma_2^2, \cdots, \sigma_p^2)$ 为 p 阶对角矩阵。我们进行因子分析，其实也就是估计公共因子的个数 m、因子载荷矩阵 A 及特殊因子方差 $\sigma_i^2(i = 1, 2, \cdots, p)$，使得满足 $\Sigma = AA' + D$。

通常由 p 个相关变量的观测数据计算样本协方差阵 S，以此作为协方差阵的估计。为了建立公共因子模型，首先要估计因子载荷 a_{ij} 和特殊因子方差 σ_i^2。下面介绍 MINITAB 使用的两种参数估计方法：主成分法和极大似然法。

5.2.1　主成分法

设样本协方差阵 S 的特征值为 $\lambda_1 \geqslant \lambda_2 \geqslant \cdots \geqslant \lambda_p \geqslant 0$，相应单位正交特征向量为 $l_1, l_2, \cdots, l_p$，则 S 有谱分解式（参见 0.3.2 小节）：

$$S = \sum_{i=1}^{p} \lambda_i l_i l_i' \tag{5-13}$$

当最后 $p - m$ 个特征值较小时，S 可近似地分解为：

$$S = \lambda_1 l_1 l_1' + \lambda_2 l_2 l_2' + \cdots + \lambda_m l_m l_m' + D = AA' + D \tag{5-14}$$

式中，A 是分块矩阵，$A = (\sqrt{\lambda_1} l_1, \sqrt{\lambda_2} l_2, \cdots, \sqrt{\lambda_m} l_m) = (a_{ij})_{p \times m}$；$D$ 一般不是对角矩阵，其对角线上第 i 个元素为：

$$\sigma_i^2 = s_{ii} - \sum_{j=1}^{m} a_{ij}^2, i = 1, 2, \cdots, p$$

这里的 A 和 D 就是因子模型的一个近似解。因子载荷矩阵 A 的第 j 列和 X 的第 j 个主成分的系数相差一个倍数 $\sqrt{\lambda_j}(j = 1, 2, \cdots, m)$，第 j 个公共因子就是第 j 个主成分除以 $\sqrt{\lambda_j}$，因此这个解称为**主成分解**。对主成分解，当因子数增加时，原来因子的估计载荷并不改变，原来公共因子不变，第 j 个因子 F_j 对 X 的贡献仍为 λ_j。

主成分法的优点是：前 m 个因子方差贡献之和较大；公共因子是可观测变量的线性组合，因而容易看出公共因子的含义。主成分法的缺点是：式（5-6）一般不能很好地满足。

我们一般先对原始变量作标准化变换，此时的样本协方差阵即为原始变量的样本相关阵 R，用 R 代替式（5-14）中的 S，可类似地求得主成分解。

5.2.2 极大似然法

设公共因子 $F \sim N_m(0,I)$，特殊因子 $\varepsilon \sim N_p(0,D)$，且相互独立，则必然有原始向量 $X \sim N_p(\mu, \Sigma)$。由样本 $X_{(1)}, X_{(2)}, \cdots, X_{(n)}$ 计算得到的似然函数是 μ 和 Σ 的函数 $L(\mu, \Sigma)$。由于 $\Sigma = AA' + D$，故似然函数可表示为 $L(\mu, A, D)$。记 (μ, A, D) 的极大似然估计为 $(\hat{\mu}, \hat{A}, \hat{D})$，可以证明，$\hat{\mu} = \overline{X}$，而 $\hat{A}$ 和 $\hat{D}$ 满足以下方程组：

$$\begin{cases} S\hat{D}^{-1}\hat{A} = \hat{A}(I + \hat{A}'\hat{D}^{-1}\hat{A}) \\ \hat{D} = \mathrm{diag}(S - \hat{A}\hat{A}') \end{cases} \tag{5-15}$$

式中，$S = \dfrac{1}{n}\sum_{i=1}^{n}(X_{(i)} - \overline{X})(X_{(i)} - \overline{X})'$。由于 A 的解不是唯一的，为了得到唯一解，可加一些条件，例如，要求 $A'D^{-1}A$ 是对角矩阵。式中的 $\hat{A}$ 和 $\hat{D}$ 一般可用迭代方法取得。

对于极大似然解，当因子数增加时，公共因子和载荷的估计及对 X 的贡献将发生变化，这与主成分的解是不同的。

5.2.3 公共因子个数的确定

公共因子的个数 m 应取多大才好？这是一个很重要的问题，但目前并没有精确的定量方法来确定因子的个数，当观测数 n 很大时，已经有些理论结果，但在实际使用中仍存在问题。我们通常采用如下三种经验方法。

1. 残差矩阵法

称 $S - (AA' + D)$ 为**残差矩阵**，它的对角线元素为 0（选定 MINITAB 的残差矩阵选项后，MINITAB 只存储 $S - AA'$，从而对角线上的元素就是 h_i^2），当残差矩阵的非对角线元素都很小时，我们可以认为取 m 个因子的模型很好地拟合了原始数据。

对于主成分解，我们有理论上的结果：

$$S - (AA' + D) \text{ 的元素的平方和} \leqslant \lambda_{m+1}^2 + \lambda_{m+2}^2 + \cdots + \lambda_p^2 \tag{5-16}$$

因而，当被略去的特征值的平方和较小时，表明因子模型的拟合是较好的。最常用的确定主成分个数的原则是：选 m，使得前 m 个特征根的和占所有特征根之和的 70%（或 80%）以上。

2. 碎石图法

实际中人们经常借助特征值和碎石图来确定因子的个数，即取特征值（准确地说，应当是公共因子方差）大于等于 1 的主成分作为初始因子，放弃特征值小于 1 的因子。由于每个变量的方差都为 1，该准则认为每个保留下来的因子至少应该能解释一个变量的方差，否则达不到精确的目的。另外，碎石图的形状一般像一座山峰，从第一个因子开始，曲线迅速下降，然后下降变得平缓，最后变成近似一条水平线，曲线变平开始前的一点为截止点，后面的这些散点就像山脚下的"碎石"，舍去这些碎石，并不会损失很多信息，碎石图也因此得名。碎石图主要用来确定提取的最大因子数。

3. 经验法

通常我们对实际问题的意义都有一些了解，根据这些了解和专业知识可以产生对 m 的初步判断，然后进行修正和调整以最后确定下来。例如对于某个实际问题，确定 $m = k$

后（例如 $k=3$），如果 k 个公共因子都能合理地解释实际问题，再选取新的第 $k+1$ 个公共因子却没有恰当的意义，则最终可以确定 $m=k$。

5.3　因子旋转和因子得分

建立因子分析模型的目的不仅是要找出公共因子，更重要的是要知道每个公共因子的意义，以便对实际问题作出科学的分析。如果发现每个公共因子的含义不清，不便于进行实际背景的解释，这时可根据因子载荷阵的不唯一性，对因子载荷阵实行旋转，即用一个正交矩阵 Γ 去右乘 A（由线性代数知道，一个正交变换 Γ，使得 $A\Gamma$ 对应坐标系中 A 作一次旋转），使旋转后的因子载荷矩阵结构简化，便于对公共因子进行解释。所谓结构简化就是使每个变量仅在一个公共因子上有较大的载荷，而在其余公共因子上的载荷比较小，至多是中等大小，这时公共因子就变得容易解释了。这种变换因子载荷矩阵的方法称为**正交因子旋转**。由于 Γ 的选取有很大的选择余地，下面先介绍正交因子旋转原理，再介绍 MINITAB 使用的几种正交旋转方法。

5.3.1　正交因子旋转原理

设因子模型：$X=AF+\varepsilon$，$F=(F_1,F_2,\cdots,F_m)'$ 为公共因子向量，设 Γ 为任一 m 阶正交矩阵，令

$$Z=\Gamma'F$$

则有 $F=\Gamma Z$，因此 $X=AF+\varepsilon$ 可写成：

$$X=A\Gamma Z+\varepsilon \tag{5-17}$$

且

$$V(Z)=V(\Gamma'F)=\Gamma'V(F)\Gamma=I_m \tag{5-18}$$
$$\mathrm{Cov}(Z,\varepsilon)=\mathrm{Cov}(\Gamma'F,\varepsilon)=\Gamma'\mathrm{Cov}(F,\varepsilon)=O \tag{5-19}$$
$$V(X)=V(A\Gamma Z)+V(\varepsilon)=A\Gamma V(Z)\Gamma'A'+D=AA'+D \tag{5-20}$$

由此可知，若 F 是正交因子模型的公共因子向量，则对任一正交矩阵 Γ，$Z=\Gamma'F$ 也是公共因子向量。相应的 $A\Gamma$ 是公共因子 Z 的因子载荷矩阵。**因子旋转**就是：当求得初始因子载荷矩阵 A 后，右乘正交矩阵 Γ，使 $A\Gamma$ 具有更明显的实际意义。

记

$$B=A\Gamma=(b_{ij})_{p\times m}$$

由此可求得正交变换后各变量的共同度，并可证明：

$$h_i^2(B)=\sum_{j=1}^m b_{ij}^2=\sum_{j=1}^m a_{ij}^2=h_i^2(A) \tag{5-21}$$

这表明，经过正交旋转，各变量的共同度不变。

令

$$d_{ij}^2 = b_{ij}^2/h_i^2, \quad \overline{d}_j = \frac{1}{p}\sum_{i=1}^{p} d_{ij}^2, \quad i=1,2,\cdots,p; j=1,2,\cdots,m$$

则 B 的第 j 列元素平方的**相对方差**可定义为：

$$V_j = \frac{1}{p}\sum_{i=1}^{p}(d_{ij}^2 - \overline{d}_j)^2 \tag{5-22}$$

5.3.2 常用正交因子旋转方法

5.3.2.1　因子方差最大法（VARIMAX）

因子方差最大法常简称为**方差最大法**，就是选取正交矩阵 Γ，使得矩阵 $B=A\Gamma$ 的所有 m 个列元素平方的相对方差之和

$$V = \sum_{j=1}^{m} V_j = \frac{1}{p^2}\left\{\sum_{j=1}^{m}\left[p\sum_{i=1}^{p}d_{ij}^4 - \left[\sum_{i=1}^{p}d_{ij}^2\right]^2\right]\right\} \tag{5-23}$$

达到最大。

因子方差最大法的直观意义是，希望通过因子旋转后，使得每个因子上的载荷尽可能地拉开距离，一部分变量的载荷趋于 ±1，另一部分的载荷趋于 0，解释因子时，这些小的载荷一般可以略去不计。因子方差最大法是在实际工作中使用最多的方法。

5.3.2.2　变量方差最大法（QUARTIMAX）

变量方差最大法又称为**四次方最大法**，就是选取正交矩阵 Γ，使得

$$Q = \sum_{i=1}^{p}\sum_{j=1}^{m} d_{ij}^4 \tag{5-24}$$

达到最大。

变量方差最大法的目的是，旋转后使初始载荷矩阵中每个变量在因子上的载荷按行向 0，1 两极分化，绝对值大的因子载荷更大，小的因子载荷更小。变量方差最大法的一个缺点就是，它产生的最终解中往往有一个综合因子，大部分变量在该因子上都有较高载荷，该方法强调了变量解释的简洁性，却牺牲了因子解释的简洁性。

5.3.2.3　变量-因子方差最大法（EQUIMAX）

变量-因子方差最大法又称为**等量最大法**。它兼顾因子方差最大法和变量方差最大法并把这两种方法结合起来，取 V 和 Q 的加权平均作为简化原则，即选取正交矩阵 Γ，使得

$$E = \sum_{j=1}^{m}\sum_{i=1}^{p} d_{ij}^4 - \frac{m}{2p}\sum_{j=1}^{m}\left[\sum_{i=1}^{p}d_{ij}^2\right]^2 \tag{5-25}$$

达到最大。

5.3.2.4　综合法（ORTHOMAX）

综合法是对上述三种方法的推广，即选取正交矩阵 Γ，使得

$$E = \sum_{j=1}^{m}\sum_{i=1}^{p} d_{ij}^4 - \frac{\gamma}{p}\sum_{j=1}^{m}\left[\sum_{i=1}^{p}d_{ij}^2\right]^2$$

达到最大。这里 γ 取 $0\sim1$ 之间的数。当 $\gamma=0$ 时，综合法即变量方差最大法；当 $\gamma=1$ 时，综合法即因子方差最大法；当 $\gamma=m/2$ 时，综合法即变量-因子方差最大法。

目前，并没有一个确定的准则帮助人们选择一种特定的旋转方法，没有可以令人信服的理由能够说明某种旋转方法优于其他方法。因此，选择哪种旋转方法主要是看哪种方法效果好，但首选还是因子方差最大法，因为解释因子的含义是因子分析的首要任务。

5.3.3 因子的解释

得到最后的因子分解后，我们希望给每个因子一个有意义的解释，主要是借助因子载荷矩阵，首先找出每个因子上有显著载荷的变量，根据这些变量的意义给因子一个合适的名称，这当然要特别考虑到那些因子中具有较高载荷的变量的含义。

实际进行因子分析时，一般认为绝对值大于 0.3 的因子载荷就是显著的。因子载荷的绝对值越大，在解释因子时越重要。因为因子载荷是观测变量和因子之间的相关系数，所以载荷的平方表示因子所解释的变量的总方差。对于 0.3 的载荷而言，变量的方差能被该因子解释的部分不足 10%，所以，实际应用时，小于 0.3 的载荷一般可以不解释。因子载荷的显著性和样本规模、观测变量数以及公共因子的次序有关。样本规模增大或者观测变量数增多，将使因子载荷的显著性提高，即较小的因子载荷就可以认为是显著的。另外要注意，从第一个因子到最后一个因子，因子载荷的显著性逐渐降低，即对于排在后面的因子，具有较大的因子载荷才能被认为是显著的，因为对于越到后面的因子，误差的方差越大。

把因子载荷矩阵**重新排序**是个很好的办法，这样将使得在同一个因子上有较高载荷的变量排在一起，很小的载荷可以忽略不计，这在变量数较多的情况下，可以帮助研究者方便地识别出每个因子上重要的载荷。这虽然是个很小的步骤，但对于帮助解释各因子的含义是非常有效的。

5.3.4 因子得分

有了因子载荷矩阵，就能由公共因子的值计算变量的值，但实际问题往往需要反过来，对每一个样品计算公共因子的估计值，即所谓的**因子得分**。例如对于例 5-1，想了解 7 号学生的学习能力有多大，他的适应闭卷考试能力有多大，这两个能力就可通过 7 号学生 2 个公共因子的得分来衡量。又如选拔干部时，为了测验应聘者的素质，出 40 道题让应聘者回答，每道题有一个得分，对这些得分作因子分析得到公共因子：专业能力、理论水平、交际能力、应变能力、语言能力、推理能力、艺术修养、历史知识和生活常识等，我们希望获取每个应试者的因子得分，从而决定干部的任用。因子得分还可用于模型的诊断，也可以作为进一步分析的原始数据。

在因子模型中，我们也可以反过来将公共因子近似表示为变量的线性组合，即通过

$$F_i=\beta_{i1}X_1+\beta_{i2}X_2+\cdots+\beta_{ip}X_p,i=1,2,\cdots,m \tag{5-26}$$

来计算每个样品的因子得分，其中 X_j 是标准化变量，上式称为**因子得分函数**。可用回归法给出上式中组合系数 β_{ij} 的估计：任何公共因子 F_j 对 p 个变量的线性回归方程可以表示为：

$$F_j=b_{j1}X_1+b_{j2}X_2+\cdots+b_{jp}X_p \tag{5-27}$$

由此可知，回归系数的最小二乘估计满足下列正规方程：

$$b_{j1}+r_{12}b_{j2}+\cdots+r_{1p}b_{jp}=a_{1j}$$
$$r_{21}b_{j1}+b_{j2}+\cdots+r_{2p}b_{jp}=a_{2j}$$
$$\cdots\cdots$$
$$r_{p1}b_{j1}+r_{p2}b_{j2}+\cdots+b_{jp}=a_{pj}$$

式中，r_{ij} 为变量 X_i 与变量 X_j 的相关系数。上式可写为：

$$Rb_{(j)}=a_j \tag{5-28}$$

式中，$b_{(j)}=(b_{j1},b_{j2},\cdots,b_{jp})',a_j=(a_{1j},a_{2j},\cdots,a_{pj})'$，故

$$b_{(j)}=R^{-1}a_j,j=1,2,\cdots,m \tag{5-29}$$

因此，利用回归法建立的公共因子 F 对变量 X 的回归方程为：

$$\hat{F}=A'R^{-1}X \tag{5-30}$$

式中，R 为样本相关阵。由样本值计算相关阵 R，并估计因子载荷矩阵 A，代入回归方程 $(5-30)$ 中，就能得到因子得分函数 $\hat{F}$。

5.4　因子分析的计算与实例

进行因子分析的计算量很大，没有计算机的协助是不可想象的。MINITAB 的"因子分析"对话框能方便地实施计算；"因子分析"对话框有非常丰富的功能，详细内容见网上资源。5.4.1 小节介绍 MINITAB 的简单操作步骤。5.4.2 小节介绍不用旋转的计算实例。5.4.3 小节介绍用旋转的计算实例。5.4.4 小节介绍因子得分的计算实例。通过这些实例，读者可以学会一般的因子分析方法。

5.4.1　用 MINITAB 实现因子分析

用 MINITAB 软件实现因子分析的基本步骤是：先将数据存入工作表，然后从"统计＞多变量＞因子分析（Stat＞Multivariate＞Factor Analysis）"入口进入"因子分析"对话框，将需要作因子分析的变量（随机向量的分量）填入"变量（Variables）"空格，就能计算因子载荷矩阵，从而进行因子分析。MINITAB 自动将因子载荷矩阵存在会话窗口，如果需要图形，进入"图形"窗就能得到碎石图等图形；如果需要得到因子得分，可以打开"存储"窗，MINITAB 就会把因子得分填入原有工作表。详细的对话框解释请参见网上资源。

5.4.2　不作旋转的因子分析实例

例 5-1 学生考试成绩的分析。

考虑到学生各科成绩方差不等，我们用相关阵进行分析，采用主成分法，不作旋转，并画出碎石图，以便确定因子个数 m。

首先将数据存入工作表，然后从"统计＞多变量＞因子分析（Stat＞Multivariate＞Factor Analysis）"入口进入"因子分析"对话框，在"变量（Variables）"中指定"力

学-统计"，在"提取方法（Method of extraction）"中选择"主成分（Principal compo-
nents）"，在"旋转类型（Type of rotation）"中选择"无（None）"。点击"图形
（Graphs）"，弹出"因子分析：图形"对话框，选择"碎石图（Scree plot）"，各对话窗口
皆点击"确定（OK）"（界面见图 5-1），就可以得到如图 5-2 所示的碎石图。

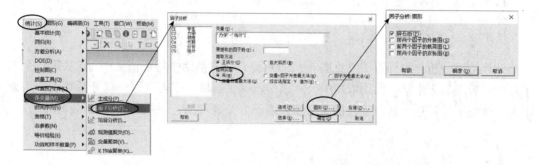

图 5-1　因子分析的操作过程图

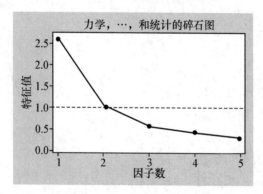

图 5-2　因子分析的碎石图

会话窗口输出两张表。

因子分析：力学，物理，代数，分析，统计

相关矩阵的主成分因子分析

非旋转的载荷和公因子方差

变量	因子1	因子2	因子3	因子4	因子5	公因子方差
力学	0.625	0.587	−0.468	0.054	−0.206	1.000
物理	0.670	0.440	0.586	0.015	−0.118	1.000
代数	0.848	−0.022	−0.077	−0.426	0.304	1.000
分析	0.806	−0.262	−0.035	0.487	0.209	1.000
统计	0.635	−0.682	−0.009	−0.118	−0.344	1.000
方差	2.6120	1.0721	0.5694	0.4359	0.3106	5.0000
方差贡献率	0.522	0.214	0.114	0.087	0.062	1.000

因子得分系数

变量	因子 1	因子 2	因子 3	因子 4	因子 5
力学	0.239	0.548	−0.822	0.124	−0.665
物理	0.257	0.411	1.028	0.034	−0.379
代数	0.325	−0.020	−0.136	−0.978	0.978
分析	0.308	−0.244	−0.062	1.118	0.674
统计	0.243	−0.636	−0.016	−0.270	−1.107

计算结果分析：由碎石图（见图 5-2）可见，只有前两个特征值大于 1，从第 3 个因子开始，折线趋于平缓，因而取两个公共因子就够了。后一张表（因子得分系数表）用处不大，这里不加细述。从非旋转的载荷和公因子方差表可见，$m=2$ 时的因子载荷阵是：

力学	0.625	0.587
物理	0.670	0.440
代数	0.848	−0.022
分析	0.806	−0.262
统计	0.635	−0.682

因而因子模型是：

$$X_1^* = 0.625F_1 + 0.587F_2 + \varepsilon_1^*$$
$$X_2^* = 0.670F_1 + 0.440F_2 + \varepsilon_2^*$$
$$X_3^* = 0.848F_1 - 0.022F_2 + \varepsilon_3^*$$
$$X_4^* = 0.806F_1 - 0.262F_2 + \varepsilon_4^*$$
$$X_5^* = 0.635F_1 - 0.682F_2 + \varepsilon_5^*$$

(5-31)

式中，X_i^* 是力学、物理、代数、分析和统计成绩的标准化。由于变量力学、物理、代数、分析、统计成绩在因子 F_1 上的载荷 0.625，0.670，0.848，0.806 和 0.635 都较大，可以认为 F_1 表示学生总的学习能力。由于变量力学、物理、代数、分析、统计成绩在因子 F_2 上的载荷有正有负，闭卷考试成绩的载荷为正，开卷考试成绩的载荷为负，可以认为 F_2 表示闭卷成绩与开卷成绩的反差，即适应闭卷考试能力。用计算描述性统计量的办法可以算出 5 个自变量的均值分别为（62.409 1，72.522 7，72.909 1，72.363 6，67.75），标准差分别为（13.835 1，11.412 9，7.229 84，6.978 67，15.608 8），因此标准化的 X_i^* 与原始变量 X_i 的关系是：

$$X_1^* = (X_1 - 62.409\ 1)/13.835\ 1$$
$$X_2^* = (X_2 - 72.522\ 7)/11.412\ 9$$
$$X_3^* = (X_3 - 72.909\ 1)/7.229\ 84$$
$$X_4^* = (X_4 - 72.363\ 6)/6.978\ 67$$
$$X_5^* = (X_5 - 67.75)/15.608\ 8$$

(5-32)

将式（5-32）的值代入式（5-31），即可得本章开头给出的因子分析模型（5-1）：

$$X_1 = 62.409 + 8.647F_1 + 8.121F_2 + \varepsilon_1$$
$$X_2 = 72.523 + 7.647F_1 + 5.022F_2 + \varepsilon_2$$
$$X_3 = 72.909 + 6.131F_1 - 0.159F_2 + \varepsilon_3 \tag{5-33}$$
$$X_4 = 72.364 + 5.623F_1 - 1.828F_2 + \varepsilon_4$$
$$X_5 = 67.750 + 9.912F_1 - 10.645F_2 + \varepsilon_5$$

因为例 5-1 变量的单位相同,所以可以用协方差阵作因子分析,并与用相关阵作因子分析的结果进行比较。用协方差阵作因子分析,步骤与用相关阵作因子分析相同,只要在"因子分析:选项"对话框中改选"协方差(Covariance)"即可,即采取下述指令:

从"统计>多变量>因子分析(Stat>Multivariate>Factor Analysis)"入口进入"因子分析"对话框,在"变量(Variables)"中指定"力学-统计",在"提取方法(Method of extraction)"中选择"主成分(Principal components)",在"要提取的因子数(Number of factors to extract)"中填"2";在"旋转类型(Type of rotation)"中选择"无(None)"。点击"选项(Options)",弹出"因子分析:选项"对话框,选择"从变量计算(Compute from variable)"和"协方差(Covariance)"(见图 5-3),各对话窗口皆点击"确定(OK)",就可以得到计算结果。

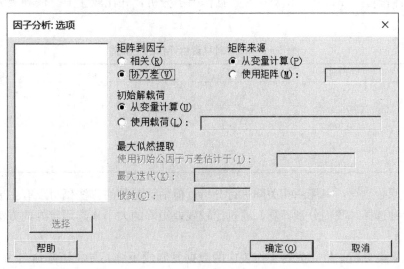

图 5-3　因子分析:选项对话框

这时,从会话窗口得到 3 张表,其中我们关心的是非旋转的载荷和公因子方差表。

非旋转的载荷和公因子方差

变量	因子 1	因子 2	公因子方差
力学	8.255	9.885	165.857
物理	6.736	4.952	69.900
代数	5.531	0.662	31.028
分析	5.114	-0.466	26.368
统计	12.232	-9.503	239.915

于是力学、物理、代数、分析和统计成绩的因子分析模型是：

$$X_1 = 62.409 + 8.255F_1 + 9.885F_2 + \varepsilon_1$$
$$X_2 = 72.523 + 6.736F_1 + 4.952F_2 + \varepsilon_2$$
$$X_3 = 72.909 + 5.531F_1 + 0.662F_2 + \varepsilon_3 \qquad (5-34)$$
$$X_4 = 72.364 + 5.114F_1 - 0.466F_2 + \varepsilon_4$$
$$X_5 = 67.750 + 12.232F_1 - 9.503F_2 + \varepsilon_5$$

将式（5-34）与式（5-33）相比，可见用相关阵与用协方差阵算出的模型不一样。通常以样本相关阵的结果为准。

有时未能得到原始数据，统计资料往往已经整理成（样本）协方差阵或样本相关阵，这时也可以用 MINITAB 计算，只是要注意：（1）必须先通过"复制"功能，将矩阵复制。（2）进入"因子分析"对话框后，在"变量（Variables）"空格中不要填写，而是进入"因子分析：选项"对话框，在其中填写矩阵名。参看下例的计算。

【例 5-3】 为了征集顾客对某新食品的意见，让顾客按口味、价格、调料、适于快餐、能量供应 5 个方面给食品打分，将所得数据整理成相关阵，如表 5-3 所示，数据文件：MV_评价食品.MTW。试对调查数据作因子分析，并比较主成分法和极大似然法的残差矩阵。

表 5-3　顾客对某食物评价的相关阵

项目	口味	价格	调料	适于快餐	能量供应
口味	1.0	0.02	0.96	0.42	0.01
价格	0.02	1.00	0.13	0.71	0.85
调料	0.96	0.13	1.00	0.50	0.11
适于快餐	0.42	0.71	0.50	1.00	0.79
能量供应	0.01	0.85	0.11	0.79	1.00

由于无原始数据，只能用相关阵进行分析。但估计参数的方法仍可以有主成分法和极大似然法两种选择。我们分别计算，通过比较残差矩阵的大小来选用较好的方法。整个计算步骤是：

（1）和聚类分析一样，先将工作表中的数据复制成矩阵，并将矩阵命名为 M1（详细步骤见网上资源）。

（2）先用主成分法估计参数。从"统计＞多变量＞因子分析（Stat＞Multivariate＞Factor Analysis）"进入"因子分析"对话框，在"提取方法（Method of extraction）"中选择"主成分（Principal components）"，在"要提取的因子数（Number of factors to extract）"中选择"2"，在"旋转类型（Type of rotation）"中选择"无（None）"。点击"选项（Options）"，弹出"因子分析：选项"对话框，选择"相关（Correlation）"，在"使用矩阵（Use matrix）"中，将"M1"填入空格，点击"确定（OK）"，回到"因子分析"对话框，点击"存储（Storage）"，弹出"因子分析：存储"对话框，在"残差矩阵（Residual matrix）"后填"M2"，各对话框皆点击"确定（OK）"（界面见网上资源），即可得到计算结果。

在会话窗口得到两张表，其中后一张表（因子得分系数表）用处不大，不再打印。这里仅介绍我们关心的第 1 张表。

因子分析: M1

相关矩阵的主成分因子分析

非旋转的载荷和公因子方差

变量	因子 1	因子 2	公因子方差
方差 1	0.560	0.816	0.979
方差 2	0.777	−0.524	0.879
方差 3	0.645	0.748	0.976
方差 4	0.939	−0.105	0.893
方差 5	0.798	−0.543	0.932
方差	2.8531	1.8063	4.6594
方差贡献率	0.571	0.361	0.932

由此可见，主成分法得到的因子载荷阵是：

$$\begin{pmatrix} 0.560 & 0.816 \\ 0.777 & -0.524 \\ 0.645 & 0.748 \\ 0.939 & -0.105 \\ 0.798 & -0.543 \end{pmatrix}$$

主成分法下两个因子的方差贡献率之和为 0.932（0.571＋0.361）。

由于主成分法残差矩阵已经存储于 M2，可以显示出它的值如下：

$$\begin{pmatrix} 0.020\,538\,6 & 0.012\,642 & -0.011\,696\,8 & -0.020\,146 & 0.006\,441\,8 \\ 0.012\,642\,5 & 0.121\,080 & 0.020\,481\,3 & -0.074\,927 & -0.055\,175\,2 \\ -0.011\,696\,8 & 0.020\,481 & 0.024\,117\,1 & -0.027\,566 & 0.001\,193\,5 \\ -0.020\,145\,5 & -0.074\,927 & -0.027\,565\,6 & 0.107\,072 & -0.016\,595\,5 \\ 0.006\,441\,8 & -0.055\,175 & 0.001\,193\,5 & -0.016\,595 & 0.067\,768\,9 \end{pmatrix} \quad (5-35)$$

(3) 再用极大似然法估计参数。从 "统计＞多变量＞因子分析（Stat＞Multivariate＞Factor Analysis）" 进入 "因子分析" 对话框，在 "提取方法（Method of extraction）" 中选择 "极大似然（Maximum likelihood）"，在 "要提取的因子数（Number of factors to extract）" 中选择 "2"，在 "旋转类型（Type of rotation）" 中选择 "无（None）"。点击 "选项（Options）"，弹出 "因子分析：选项" 对话框，选择 "相关（Correlation）"，在 "使用矩阵（Use matrix）" 中，将 "M1" 填入空格，点击 "确定（OK）"，回到 "因子分析" 对话框，点击 "存储（Storage）"，弹出 "因子分析：存储" 对话框，在 "残差矩阵（Residual matrix）" 后填 "M3"，各对话框皆点击 "确定（OK）"，即可得到计算结果。

因子分析：M1

相关矩阵因子分析的极大似然法
非旋转的载荷和公因子方差

变量	因子 1	因子 2	公因子方差
方差 1	−0.134	−0.977	0.973
方差 2	0.861	−0.145	0.763
方差 3	−0.027	−0.979	0.959
方差 4	0.741	−0.531	0.832
方差 5	0.963	−0.141	0.947
方差	2.2377	2.2362	4.4738
方差贡献率	0.448	0.447	0.895

由此可见，极大似然法得到的因子载荷阵是：

$$\begin{pmatrix} -0.134 & -0.977 \\ 0.861 & -0.145 \\ -0.027 & -0.979 \\ 0.741 & -0.531 \\ 0.963 & -0.141 \end{pmatrix}$$

极大似然法下两个因子的方差贡献率之和为 0.895（0.448+0.447）。

由于极大似然法残差矩阵已经存储于 M3，可以显示出它的值如下：

$$\begin{pmatrix} 0.027\,278\,7 & -0.006\,644 & -0.000\,016\,6 & 0.000\,139 & 0.001\,299\,0 \\ -0.006\,644\,1 & 0.236\,794 & 0.010\,807\,0 & -0.005\,921 & 0.000\,012\,7 \\ -0.000\,016\,6 & 0.010\,807 & 0.041\,204\,0 & -0.000\,201 & -0.002\,117\,2 \\ 0.000\,139\,0 & -0.005\,921 & -0.000\,200\,7 & 0.167\,989 & 0.001\,196\,5 \\ 0.001\,299\,0 & 0.000\,013 & -0.002\,117\,2 & 0.001\,197 & 0.052\,911\,0 \end{pmatrix} \quad (5-36)$$

主成分法各变量在第 1 公共因子上的载荷都是较大正数；口味和调料在第 2 公共因子上的载荷为正数，其余变量在第 2 公共因子上的载荷为负数。由此可以判断第 1 公共因子表示对食品总的估价，第 2 公共因子表示对食品味道和其他方面评价的反差。极大似然法中价格、适于快餐、能量供应在第 1 公共因子上的载荷都是较大正数，口味和调料在第 1 公共因子上的载荷绝对值很小；口味和调料在第 2 公共因子上的载荷为绝对值较大的负数，其余变量在第 2 公共因子上的载荷绝对值不大。由此可以判断，第 1 公共因子表示对食品的价格、适于快餐、能量供应的估价，第 2 公共因子表示对食品味道评价的负值。

从公共因子贡献的角度比较，主成分法的公共因子方差较大，效果较好。从两种方法所得残差矩阵（主成分法残差矩阵见式（5-35），极大似然法残差矩阵见式（5-36））之比较可见：主成分法对角线之外的元素绝对值大于极大似然法对角线之外的元素绝对值。从满足式（5-6）的角度来比较，极大似然法较好。因此两种方法各有利弊。

总之，不论哪种方法，残差矩阵对角线之外的元素绝对值都很小，说明残差矩阵已经很接近对角矩阵了，因此我们取 $m=2$ 是合适的。

5.4.3　作旋转的因子分析实例

未经旋转的例 5－3 用主成分法所得公共因子的作用不太明显,如果增加因子旋转,公共因子就更好解释了。

【例 5－4】　(续例 5－3)评价食品采用主成分法选取因子,并用因子方差最大法作因子旋转。

使用 MINITAB 的指令如下:

(1) 复制数据矩阵,命名为"M1"。

(2) 用主成分法估计参数。

从"统计＞多变量＞因子分析 (Stat＞Multivariate＞Factor Analysis)"进入"因子分析"对话框,在"提取方法 (Method of extraction)"中选择"主成分 (Principal components)",在"要提取的因子数 (Number of factors to extract)"中选择"2",在"旋转类型 (Type of rotation)"中选择"因子方差最大法 (Varimax)"。点击"选项 (Options)",弹出"因子分析:选项"对话框,选择"相关 (Correlation)",在"矩阵来源 (Source of matrix)"中选"使用矩阵 (Use matrix)",并将"M1"填入空格,点击"确定 (OK)",回到"因子分析"对话框,点击"存储 (Storage)",弹出"因子分析:存储"对话框,在"存储 (Storage)"下的"载荷 (Loading)"后填"C7　C8",各对话框皆点击"确定 (OK)",即可得到下面 3 张表的计算结果,而且在工作表中存储了两列载荷阵中的结果。

因子分析:M1

相关矩阵的主成分因子分析
非旋转的载荷和公因子方差

变量	因子 1	因子 2	公因子方差
方差 1	0.560	0.816	0.979
方差 2	0.777	−0.524	0.879
方差 3	0.645	0.748	0.976
方差 4	0.939	−0.105	0.893
方差 5	0.798	−0.543	0.932
方差	2.8531	1.8063	4.6594
方差贡献率	0.571	0.361	0.932

旋转后的载荷和公因子方差
因子方差最大法 (Varimax) 旋转

变量	因子 1	因子 2	公因子方差
方差 1	0.020	0.989	0.979
方差 2	0.937	−0.011	0.879
方差 3	0.129	0.979	0.976
方差 4	0.842	0.428	0.893
方差 5	0.965	−0.016	0.932
方差	2.5374	2.1220	4.6594
方差贡献率	0.507	0.424	0.932

因子得分系数

变量	因子1	因子2
方差1	-0.084	0.485
方差2	0.387	-0.093
方差3	-0.038	0.470
方差4	0.307	0.132
方差5	0.399	-0.098

结果分析：第1张表是未旋转的因子载荷阵，第2张表是旋转的因子载荷阵，第3张表（因子得分系数表）用处不大。由输出可见，旋转后的因子载荷矩阵是：

$$\begin{pmatrix} 0.020 & 0.989 \\ 0.937 & -0.011 \\ 0.129 & 0.979 \\ 0.842 & 0.428 \\ 0.965 & -0.016 \end{pmatrix}$$

把工作表中的两列载荷值计算结果存储到新表中，连同变量名称先一起按载荷 $A1$ 的顺序由大到小排序，凡载荷值的绝对值小于 0.3 的项皆可以忽略而不计较其大小顺序（本例为 X_1，X_3），再一起将这些剩余项按载荷 $A2$ 的顺序由大到小排序，依此类推，可以得到下列结果（见图 5-4）。

C1-T	C2	C3
项目	A1	A2
X5能量供应	0.965395	-0.015625
X2价格	0.937440	-0.011229
X4适于快餐	0.842437	0.428052
X1口味	0.019701	0.989481
X3调料	0.128560	0.979467

图 5-4　例 5-3 评价食品载荷阵排序结果图

由此可见：能量供应、价格、适于快餐在第1公共因子上的载荷较大，第1公共因子表示食品的廉价快速等三方面；口味和调料在第2公共因子上的载荷较大，第2公共因子表示食品的味道方面。图 5-4 将各因子与哪些变量有紧密联系显示得非常清楚，由此使因子的解释更加有说服力。在实际工作中经常会这样：旋转前无法解释，旋转后则容易解释。实践证明，旋转确实是非常有力的工具。我们在下面的例 5-5 中对例 5-2 的方差旋转重新计算是一个更典型的例题。

【例 5-5】　（续例 5-2）十项运动问题中根据相关阵的计算。

采用主成分法选取因子，用因子方差最大法作因子旋转，选 4 个公共因子，为了将因子载荷排序，通过存储对话框将因子载荷阵存于工作表，因为工作表中 C1～C11 列已有数据，所以将因子载荷阵存于 C12～C15 列。步骤如下：

（1）将工作表中的相关系数数据复制为 $M1$。

（2）用主成分法估计参数。

采用下列指令：从"统计＞多变量＞因子分析（Stat＞Multivariate＞Factor Analysis）"进入"因子分析"对话框，在"提取方法（Method of extraction）"中选择"主成分（Principal components）"，在"要提取的因子数（Number of factors to extract）"中选择"4"，在"旋转类型（Type of rotation）"中选择"因子方差最大法（Varimax）"。点击"选项（Options）"，弹出"因子分析：选项"对话框，选择"相关（Correlation）"，在"矩阵来源（Source of matrix）"中选"使用矩阵（Use matrix）"，并将"M1"填入空格，点击"确定（OK）"，回到"因子分析"对话框，点击"存储（Storage）"，弹出"因子分析：存储"对话框，在"存储（Storage）"下的"载荷（Loading）"后填"C12-C15"，各框皆点击"确定（OK）"（界面见图5-5），即可得到下面3张表的计算结果，而且在工作表中存储了4列载荷阵中的结果。

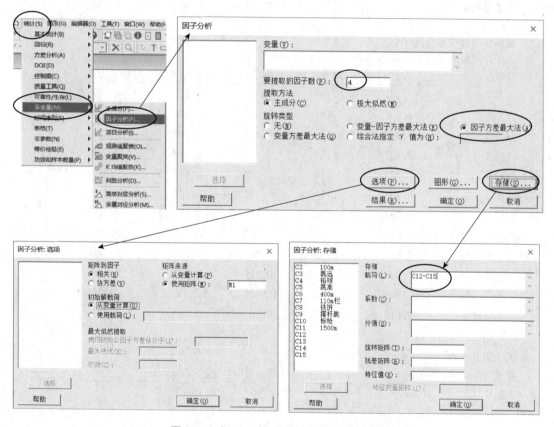

图 5 - 5　例 5 - 2 十项运动因子分析操作图

在会话窗口输出3张表如下。

因子分析：M1

相关矩阵的主成分因子分析
非旋转的载荷和公因子方差

变量	因子1	因子2	因子3	因子4	公因子方差
方差1	0.691	−0.217	0.520	−0.206	0.837
方差2	0.789	−0.184	0.193	0.092	0.701
方差3	0.702	0.535	−0.047	−0.175	0.811
方差4	0.674	−0.134	−0.139	0.396	0.648
方差5	0.620	−0.551	0.084	−0.419	0.870
方差6	0.687	−0.042	0.161	0.345	0.618
方差7	0.621	0.521	−0.109	−0.234	0.724
方差8	0.538	−0.087	−0.411	0.440	0.660
方差9	0.434	0.439	−0.372	−0.235	0.574
方差10	0.147	−0.596	−0.658	−0.279	0.888
方差	3.7866	1.5173	1.1144	0.9134	7.3317
方差贡献率	0.379	0.152	0.111	0.091	0.733

旋转后的载荷和公因子方差
因子方差最大法（Varimax）旋转

变量	因子1	因子2	因子3	因子4	公因子方差
方差1	0.884	0.136	0.156	0.113	0.837
方差2	0.631	0.194	0.515	0.006	0.701
方差3	0.245	0.825	0.223	0.148	0.811
方差4	0.239	0.151	0.750	−0.077	0.648
方差5	0.797	0.075	0.102	−0.468	0.870
方差6	0.404	0.153	0.635	0.170	0.618
方差7	0.186	0.814	0.147	0.079	0.724
方差8	−0.036	0.176	0.762	−0.217	0.660
方差9	−0.048	0.735	0.110	−0.141	0.574
方差10	0.045	−0.041	0.112	−0.934	0.888
方差	2.1345	2.0230	1.9407	1.2335	7.3317
方差贡献率	0.213	0.202	0.194	0.123	0.733

因子得分系数

变量	因子1	因子2	因子3	因子4
方差1	0.522	−0.056	−0.156	0.151
⋮	⋮	⋮	⋮	⋮
方差10	−0.054	0.035	−0.015	−0.770

结果分析：非旋转的载荷和公因子方差表中给出非旋转的因子载荷阵：

$$\begin{pmatrix} 0.691 & -0.217 & 0.520 & -0.206 \\ 0.789 & -0.184 & 0.193 & 0.092 \\ 0.702 & 0.535 & -0.047 & -0.175 \\ 0.674 & -0.134 & -0.139 & 0.396 \\ 0.620 & -0.551 & 0.084 & -0.419 \\ 0.687 & -0.042 & 0.161 & 0.345 \\ 0.621 & 0.521 & -0.109 & -0.234 \\ 0.538 & -0.087 & -0.411 & 0.440 \\ 0.434 & 0.439 & -0.372 & -0.235 \\ 0.147 & -0.596 & -0.658 & -0.279 \end{pmatrix}$$

由它很难看出公共因子的含义。将旋转后的因子载荷和公因子表复制到新表中，对于旋转后的因子载荷阵中的载荷绝对值依次按 $A1$，$A2$，$A3$ 及 $A4$ 分别排序，可以得到下列结果（见图 5-6）。

C1-T	C2	C3	C4	C5
	A1	A2	A3	A4
100m	0.883787	0.136441	0.156473	0.113209
400m	0.796881	0.074530	0.101771	-0.468103
跳远	0.631144	0.194253	0.514826	0.005567
铅球	0.244618	0.824670	0.222644	0.148013
铁饼	0.185858	0.813649	0.146875	0.079013
标枪	-0.047702	0.734985	0.109673	-0.141261
跳高	0.239103	0.150619	0.749698	-0.076548
撑竿跳	-0.036481	0.175991	0.761701	-0.216978
110m栏	0.403593	0.153266	0.634791	0.170137
1500m	0.044692	-0.040743	0.111547	-0.933546

图 5-6 例 5-2 十项运动载荷阵排序结果图

请注意，载荷的正号或负号在统计意义上是完全等价的，因此我们所有的对于载荷的分析只关心其绝对值。由于变量 100m、400m、跳远在第 1 公共因子上的载荷很大，其他变量在第 1 公共因子上的载荷很小，第 1 公共因子 F_1 是跑步速度因子（跳远成绩与速度密切相关）；由于变量铅球、铁饼和标枪在第 2 公共因子上的载荷很大，其他变量在第 2 公共因子上的载荷很小，第 2 公共因子 F_2 是爆发臂力因子；由于变量跳高、撑竿跳、110m 栏在第 3 公共因子上的载荷很大，其他变量在第 3 公共因子上的载荷不大，第 3 公共因子 F_3 是爆发腿力因子（弹跳力）；由于变量 1 500m 在第 4 公共因子上的载荷绝对值很大，其他变量在第 4 公共因子上的载荷不大，第 4 公共因子 F_4 是跑步耐力因子的负值。除此之外，还可以看到其他数值较大者的具体意义：110m 栏也在速度因子上有较大载荷，400m 也在耐力因子上有较大载荷，跳远也在弹跳因子上有较大载荷等，这些都是与实际情况相吻合、很有说服力的结果。

5.4.4 因子得分实例

许多实际问题不仅需要找出公共因子，还需要考虑这些公共因子的大小，例如，例 5-1 经过因子分析得到两个因子后，我们想知道：哪个学生学习能力最强？哪个学生最适应闭卷考试？哪个学生最适应开卷考试？

对这类问题，我们可以在 MINITAB 的存储框中，在"分值（Scores）"栏填上变量名"因子得分 1　因子得分 2…"或一些列名（各列名中间加空格），MINITAB 就把每次观测相应的因子得分记录在这些列上。这里要注意，当希望进行因子得分分析时，必须提供原始观测数据，仅有相关系数矩阵是不够的。比如，在例 5-2 十项运动的分析中，如果希望分析出从事十项运动的运动员中谁速度最快，谁力量最大，由于未提供原始数据而不可能得到结果。下面我们举例说明因子得分的计算及其应用，变量个数越多，越凸显因子分析的威力。

【例 5-6】　（续例 4-2）我们对 15 个大中型工业企业进行效益分析，选取 7 个指标作分析，即：固定资产率 X_1，固定资产利率 X_2，资金利率 X_3，资金利税率 X_4，流动资金周转天数 X_5，销售收入利税率 X_6，全员劳动生产率 X_7。对这 15 个大中型企业同时按这 7 个变量收集数据（见表 4-2，数据文件：MV_企业效益.MTW）。试将 7 个指标综合成少数几个综合指标，作为研究该市大中型工业企业经济效益差异的依据，并依据这些综合指标对 15 个企业进行分析。

在第 4 章主成分分析中我们得到一些结论，在最终选定的两个主成分中，第 1 主成分 Z_1 反映企业总的经济效益方面的状况，第 2 主成分 Z_2 反映的是企业资金和人力的利用水平。在获得这两个主成分得分之后，我们可以将其作为坐标绘制出散点图（见图 4-5），现复制在图 5-10 中的右图，以便比较。

从图 4-5 可见，横坐标第 1 主成分 Z_1 反映的是企业总的经济效益方面的状况，其值越大（越靠右）表示企业总的经济效益方面的状况越好。纵坐标第 2 主成分 Z_2 反映的是企业资金和人力的利用水平，其值越大（越靠上）表示企业资金和人力的利用水平越高。

如果在此基础上再使用因子分析，则可以将结果更深入一步。

首先进行因子分析，我们用相关阵进行分析，采用主成分法，使用因子方差最大法旋转，选定主因子个数为 2。

从"统计＞多变量＞因子分析（Stat＞Multivariate＞Factor Analysis）"入口进入"因子分析"对话框，在"变量（Variables）"中，指定"固定资产率-全员劳动生产率"7 个变量，在"提取方法（Method of extraction）"中选择"主成分（Principal components）"，在"要提取的因子数（Number of factors to extract）"中选择"2"，在"旋转类型（Type of rotation）"中选择"因子方差最大法（Varimax）"。点击"存储（Storage）"，弹出"因子分析：存储"对话框，在"存储（Storage）"下的"载荷（Loading）"后填"C25　C26"，在"分值（Score）"后填"C27　C28"（界面见图 5-7），各对话框皆点击"确定（OK）"，即可得到计算结果，而且在工作表中存储了载荷阵及得分的结果。

将数据表中存储的载荷（C25，C26）和主成分系数结果（C10，C11）摘录成新表，且按绝对值依次分别按 A_1，A_2 由大到小排列，可以得到下面图 5-8 所显示的结果（这里一起显示的 PC1 和 PC2 就是主成分分析得到的系数 1 和系数 2）。

从这张表中可以看出，旋转后的因子 1 在各变量上的载荷依次为：资金利率 X_3，资金利税率 X_4，固定资产利率 X_2，固定资产率 X_1，销售收入利税率 X_6，表示企业粗略的经济效益规模方面的状况。旋转后的因子 2 在各变量上的载荷依次为：流动资金周转天数

图 5-7 例 5-6 企业效益因子得分操作图

		A1	A2	PC1	PC2
1	X3资金利率	0.977946	0.080020	0.438	-0.240
2	X4资金利税率	0.961022	0.027990	0.422	-0.278
3	X2固定资产利润率	0.910326	0.375647	0.457	0.025
4	X1固定资产率	0.906405	0.115818	0.413	-0.188
5	X6销售收入利税率	0.756149	0.435969	0.400	0.123
6	X5流动资金周转天数	0.029929	-0.879193	-0.132	-0.734
7	X7全员劳动生产率	0.336470	0.763222	0.272	0.524

图 5-8 例 5-6 企业效益因子分析载荷图

X_5（系数为负，表明越小越好，其绝对值最大）和全员劳动生产率 X_7，表示净效益方面的状况。这就更加突出说明了企业经营的两方面状况，一方面是规模，另一方面是净效益。其实在主成分系数表上也有同样趋势，载荷绝对值越大者则主成分系数绝对值也越大，但主成分系数变化没有旋转后的因子载荷这样清楚，即主成分结果的含义常常不如因子分析结果更清晰直观。

从输出的结果中摘录出两个因子旋转后的各自得分，再附上两个主成分得分的计算结果以便比较（见图 5-9）。

企业编号	F1	F2	Z1	Z2
1	-0.56141	0.69404	-0.60009	0.96143
2	-0.37374	1.89659	0.69667	2.16053
3	-0.58518	-0.33462	-1.43395	-0.11929
4	-2.04498	0.07001	-4.06413	0.89674
5	2.13056	-0.64627	3.79611	-1.54194
6	1.09081	2.21107	3.88588	1.90477
7	0.69559	0.48185	1.76877	0.23093
8	-0.36788	-1.26789	-1.70955	-1.19587
9	0.19232	-0.71098	-0.15602	-0.83093
10	0.27476	0.07570	0.61108	-0.03028
11	-0.38166	0.05700	-0.72493	0.21393
12	-0.34094	-0.24467	-0.87346	-0.12219
13	-0.09552	-1.09997	-1.03282	-1.12744
14	1.23755	-0.88720	1.81391	-1.43812
15	-0.87028	-0.29465	-1.97747	0.03774

图 5-9 例 5-6 企业效益因子得分与主成分得分比较结果图

以两个因子的得分 F_1 及 F_2 为坐标，绘制出散点图（见图 5-10 左），标出各企业在坐标系中的位置，则可以清楚地看出各企业的经营状况，同时列出以主成分得分为坐标的散点图（见图 5-10 右）供参考比较。

从图 5-10 左图可以看出，按规模来说，5 号企业位居第一，6 号企业虽然从规模上不及 5 号企业，但其净效益名列第一。2 号企业净效益较好，但规模比 6 号企业要小很多。左图很清晰，而从右面的主成分得分图中则看不出上述特点。仅从这 3 个企业的排序状况就可以看出，左边的因子得分图更确切。一般来说，用旋转后的因子得分来绘制各观测样本的位置图比主成分得分图更准确清晰。

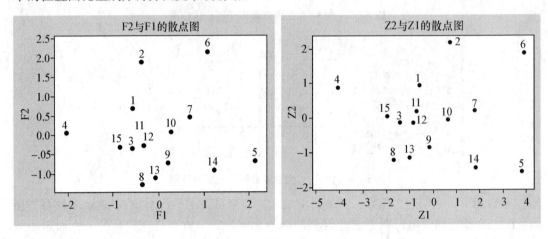

图 5-10　例 5-6 企业效益因子得分与主成分得分比较图

【例 5-7】　（续例 3-8 和例 4-6）黑熊问题。作类似分析，也可看到同样的结果：用旋转后的因子得分来绘制各观测样本的位置图和主成分得分图都有很明确的意义，而且一般来说，绘制出的旋转后的因子得分图比主成分得分图更准确清晰。有关分析细节请见网上资源。

总之，以主成分得分或因子得分（包括因子方差最大法和变量方差最大法）来进行聚类分析都是很有意义的方法，并不能保证哪种方法一定更有说服力，读者可以试算之后选择较好者。

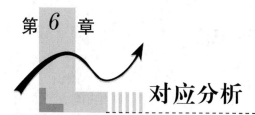

第 *6* 章

对应分析

对应分析是研究属性变量间关系、带有直观图象展示的一种分析方法。众所周知，列联表分析能解决属性变量间是否有联系的判断问题，但对于它们是怎样联系的却不能给出具体结论。对应分析要研究属性变量的取值之间是怎样联系的，它把属性变量取的各个值投影成一幅"地图"上的点集，距离较近的点显示关系较密切。

我们把属性变量称为"属性因子"，简称为"因子"，把属性变量的值称为"水平"。对应分析分为简单对应分析和多重对应分析两大类。简单对应分析处理两个属性因子的分析问题；多重对应分析处理多个属性因子的分析问题。我们在第 5 章中所介绍的因子分析根据研究对象的不同，可以对变量作因子分析（称为 R 型因子分析）和对样品作因子分析（称为 Q 型因子分析）。R 型因子分析提取个数较少的变量作为其主因子，并以这些主因子提供的信息作为变量信息的概括；Q 型因子分析提取个数较少的样品作为其主因子，并以这些主因子提供的信息作为样品信息的概括（在第 5 章中对此未作介绍）。这两种方式得到的主因子是不同的，而且无法结合起来。单独作 R 型因子分析或 Q 型因子分析，往往会漏掉变量与样本之间相关性的一些信息。由于可以把"观测"看成一个属性因子（每次观测相当于这个属性因子的一个"水平"），对应分析可以解决 R-Q 型因子分析问题，即将变量和观测结合起来分析。

对应分析的另一个特点是将因子分析结果用平面图形来描述。类似于第 4 章主成分分析，对应分析对各个属性因子同步选取主成分，把全部属性因子投影在同一坐标系中，这就大大简化了结构，方便了对问题的分析。特别是当两个主成分的信息足够多时，便可用平面上的点表示所有因子的各个水平，这样一来，属性因子和它们水平变量的信息就被综合起来，展示了更清晰的聚类结构或相关结构。

本章介绍对应分析的使用方法。6.1 节介绍对应分析的概念；6.2 节介绍简单对应分析的原理；6.3 节介绍用 MINITAB 作简单对应分析的方法和实例；6.4 节介绍用 MINI-TAB作多重对应分析的方法和实例。

6.1 对应分析的概念

首先我们来看 4 个例子。

【例 6-1】 某公司在 5 个地区销售 4 种商品（甲、乙、丙、丁），某年销售量汇总表见表 6-1，数据文件：MV_地区销售.MTW。试问销售量按地区分布有何规律？销售量按商品分布有何规律？二者有何联系？

表 6-1 某公司 5 地区销售数据 单位：件

地区	甲	乙	丙	丁
A1	60	20	21	20
A2	100	25	30	30
A3	100	5	80	200
A4	40	1	35	110
A5	90	60	120	20

【例 6-2】 老年人健康分析问题。

北京市老年病医疗研究中心于 1992—1994 年在北京市进行了"北京老龄化多维纵向研究"。在这项研究中，两年时间里，研究人员对一批 60 岁以上的老年人进行纵向追踪调查，其中有 2 703 位老年人在两次调查中都被调查到，这里选择这些老年人在 1992 年基线调查中对"日常生活自理能力"和"自评健康状况"两个问题的回答进行分析。在"日常生活自理能力"问题中，自理程度答案分为完全自理、部分自理和不能自理三类。"自评健康状况"的问题是："您觉得您现在的身体好吗？"答案分为五类：很好、好、一般、差、很差。统计数据整理好后列在表 6-2 中，数据文件：MV_老年人.MTW。试问健康状况与生活自理能力间有何联系？

表 6-2 老年人调查数据

自评健康状况	完全自理	部分自理	不能自理
很好	129	14	8
好	931	146	96
一般	660	116	74
差	251	104	81
很差	11	7	23
没回答	15	13	24

【例 6-3】 对某种新型家具进行客户调查，请 10 名顾客对样式、油漆、颜色、材料和价格的满意情况打分，每名顾客对前 4 个问题可能表示满意或不满意（记为好或劣），

对价格问题的答案是价低、价中、价高。厂商希望分析这 5 个变量间的关系。数据已整理成表 6-3 的形式，数据文件：MV_评价家具.MTW。试分析顾客对样式、油漆、颜色、材料和价格的意见间的联系。为了便于说明多重对应分析的原理，我们这里只记录 10 名顾客的态度。实际使用多重对应分析方法时，观测数（这里的顾客数）必须多于 50。

表 6-3 10 名顾客对样式、油漆、颜色、材料和价格的意见

顾客	样式	油漆	颜色	材料	价格
1	样好	漆好	色好	料劣	价中
2	样劣	漆好	色劣	料劣	价中
3	样好	漆劣	色好	料好	价低
4	样好	漆好	色好	料好	价低
5	样劣	漆劣	色劣	料好	价低
6	样好	漆好	色劣	料好	价中
7	样好	漆好	色好	料好	价高
8	样好	漆好	色好	料好	价高
9	样好	漆好	色好	料好	价高
10	样好	漆好	色好	料好	价高

【例 6-4】 汽车销售记录分析问题。

某汽车销售商记录了销售的 303 辆汽车的各项状况，包括性别、婚姻状况、年龄、国别、尺寸、车型等，数据摘录列在表 6-4 中，数据文件：MV_汽车销售.MTW。试分析车型、尺寸、性别、婚姻状况、年轻？（<＝30）、国别之间有什么样的联系。

表 6-4 汽车销售记录

编号	性别	婚姻状况	年龄	国别	尺寸	车型	年轻？（<＝30）
1	男	已婚	34	美国	大	家用	非年轻
2	男	未婚	36	日本	小	跑车	非年轻
3	男	已婚	23	日本	小	家用	年轻
⋮	⋮	⋮	⋮	⋮	⋮	⋮	⋮
303	男	已婚	29	日本	中	家用	年轻

上面的 4 个例子中，例 6-1 和例 6-2 有共同的特点：每个例子都有 2 个属性因子。例 6-1 的第一个因子是销售地区（因子的水平或因子的值为 A1，A2，A3，A4，A5），第二个因子是销售商品（因子的水平或因子的值为甲、乙、丙、丁）；例 6-2 的第一个因子是自评健康状况（水平为很好、好、一般、差、很差），第二个因子是日常生活自理能力（水平为完全自理、部分自理和不能自理）。例 6-3 有 5 个属性因子：样式、油漆、颜色、材料、价格。例 6-4 有 6 个属性因子：性别、婚姻状况、国别、尺寸、车型、年轻？（<＝30）（年龄已被简化为"年轻？（<＝30）"，故原变量不再考虑）。例 6-1 和例 6-2

已对原始数据作了汇总，对两个因子的每个水平搭配都计算出观测值的个数（此数一定为非负整数），从而每个问题的数据各构成一张表，这种表称为**列联表**（contingency table）。例 6-3、例 6-4 的数据则未作汇总，都是原始数据。

统计学中的列联表分析对列联表进行卡方检验（可参见马逢时等编著的《六西格玛管理统计指南——MINITAB 使用指导》第 6 章），但是这种分析仅限于属性因子间是否有联系。例如，讨论商品品种与销售地区是否有关系，用卡方检验可以判定商品品种与销售地区有联系，至于怎样联系则不知道。而实际问题往往需要知道的是联系方式：甲商品在哪些地方受欢迎？乙商品在哪些地方受欢迎？换句话说，我们需要了解两个属性因子商品品种与销售地区的水平之间的对应关系，这些正是本章所介绍的对应分析方法讨论的主题。

例 6-1 和例 6-2 中仅涉及两个项目（两个属性因子），对它们作分析的方法称为简单对应分析。而例 6-3 和例 6-4 中则涉及多个项目（多个属性因子），我们希望将多个项目（多个属性因子）综合在一起同时予以讨论，这就是多重对应分析。

6.2 简单对应分析的原理

简单对应分析的计算是以二维列联表为基础的，如果输入的是原始数据，则 MINITAB 自动统计出列联表再作分析。简单对应分析将列联表作数据变换化为矩阵 Z，然后将矩阵 Z 作奇异值分解，同步找出各个因子的主成分（通常是两个），再向主成分投影，并将投影画在同一平面图上，从而实现简单对应分析。以下分别介绍这三个步骤。

6.2.1 对应分析的数据变换方法

二维列联表最左边一列是一个属性因子的水平，最上边一行是另一个属性因子的水平。MINITAB 把放在列联表最左边一列的水平称为**行指示变量**，简称为**行变量**，把放在列联表最上边一行的水平称为**列指示变量**，简称为**列变量**。例 6-1 的行变量是 5 个"区域"：A1，A2，A3，A4，A5，列变量是"商品"：甲，乙，丙，丁。列联表中的数据构成矩阵 $\boldsymbol{X}=(x_{ij})$。如例 6-1 中矩阵为：

$$\boldsymbol{X}=\begin{pmatrix} 60 & 20 & 21 & 20 \\ 100 & 25 & 30 & 30 \\ 100 & 5 & 80 & 200 \\ 40 & 1 & 35 & 110 \\ 90 & 60 & 120 & 20 \end{pmatrix}$$

一般地，设列联表中的数据构成矩阵为：

$$\boldsymbol{X}=\begin{pmatrix} x_{11} & x_{12} & \cdots & x_{1p} \\ x_{21} & x_{22} & \cdots & x_{2p} \\ \vdots & \vdots & \ddots & \vdots \\ x_{n1} & x_{n2} & \cdots & x_{np} \end{pmatrix} \tag{6-1}$$

矩阵 X 的元素 $x_{ij} \geqslant 0$，将 X 每行求和，称为 X 的行和；每列求和，称为 X 的列和；它们再求和称为总和。行和、列和及总和分别记为 $x_{i.}$，$x_{.j}$ 和 $x_{..}$，$x_{i.} = \sum\limits_{j=1}^{p} x_{ij}$，$x_{.j} = \sum\limits_{i=1}^{n} x_{ij}$，$x_{..} = \sum\limits_{i=1}^{n} \sum\limits_{j=1}^{p} x_{ij}$，我们可以假定，所有行和及列和都为正数（否则将删去行和为零的行，或删去列和为零的列）。

x_{11}	x_{12}	$\cdots$	x_{1p}	$x_{1.}$
x_{21}	x_{22}	$\cdots$	x_{2p}	$x_{2.}$
$\vdots$	$\vdots$	$\ddots$	$\vdots$	$\vdots$
x_{n1}	x_{n2}	$\cdots$	x_{np}	$x_{n.}$
$x_{.1}$	$x_{.2}$	$\cdots$	$x_{.p}$	$x_{..}$

为了书写方便，将 $x_{..}$ 记为总和 T（X 中所有观测值之总和）。化矩阵为规格化的"概率矩阵" P，令

$$P = \frac{X}{T} = (p_{ij})_{n \times p} = \left(\frac{x_{ij}}{T} \right)_{n \times p} \tag{6-2}$$

不难看出 $0 \leqslant p_{ij} \leqslant 1$，且

$$\sum_{i=1}^{n} \sum_{j=1}^{p} p_{ij} = 1$$

因而 p_{ij} 可理解为随机向量 $(X，Y)$ 出现在第 i 行第 j 列的"概率"。类似地，记矩阵 P 的行和、列和分别为 $p_{i.}$，$p_{.j}$，其中 $p_{i.} = \sum\limits_{j=1}^{p} p_{ij}$ 可理解为第 i 行的边缘概率 $(i=1,2,\cdots,n)$，$p_{.j} = \sum\limits_{i=1}^{n} p_{ij}$ 可理解为第 j 列的边缘概率 $(j=1,2,\cdots,p)$。由于统计学常用力学中的质量来解释概率，在以后介绍中的行（列）和也称为"**质量**"。

p_{11}	p_{12}	$\cdots$	p_{1p}	$p_{1.}$
p_{21}	p_{22}	$\cdots$	p_{2p}	$p_{2.}$
$\vdots$	$\vdots$	$\ddots$	$\vdots$	$\vdots$
p_{n1}	p_{n2}		p_{np}	$p_{n.}$
$p_{.1}$	$p_{.2}$	$\cdots$	$p_{.p}$	1

将矩阵 P 中的 n 行作为 p 维空间中的 n 个样品点。为消除各样品点出现概率大小的影响，称

$$R_i = \left(\frac{p_{i1}}{p_{i.}}, \cdots, \frac{p_{ip}}{p_{i.}} \right)^{\mathrm{T}} = \left(\frac{x_{i1}}{x_{i.}}, \cdots, \frac{x_{ip}}{x_{i.}} \right)^{\mathrm{T}}, i = 1,2,\cdots,n \tag{6-3}$$

为行因子第 i 个水平的**分布剖面**（或分布轮廓）。同样称

$$C_j = \left(\frac{p_{1j}}{p_{.j}}, \frac{p_{2j}}{p_{.j}}, \cdots, \frac{p_{nj}}{p_{.j}} \right)^{\mathrm{T}} = \left(\frac{x_{1j}}{x_{.j}}, \frac{x_{2j}}{x_{.j}}, \cdots, \frac{x_{nj}}{x_{.j}} \right)^{\mathrm{T}}, j = 1,2,\cdots,p$$

为列因子第 j 个水平的**分布剖面**（或**分布轮廓**）。为了把行剖面和列剖面画在同一张图上，人们的目视距离（欧氏距离）能反映两类间距离，令

$$z_{ij} = \frac{p_{ij} - p_{i.}\, p_{.j}}{\sqrt{p_{i.}\, p_{.j}}} = \frac{x_{ij} - x_{i.}\, x_{.j}/T}{\sqrt{x_{i.}\, x_{.j}}} \tag{6-4}$$

以它们作为矩阵的元素，形成标准化矩阵 Z：

$$Z = (z_{ij}),\, i = 1, 2, \cdots, n; j = 1, 2, \cdots, p \tag{6-5}$$

6.2.2 奇异值分解

首先我们介绍有关**矩阵的奇异值分解**的概念。

设 Z 为任一 $n \times p$ 矩阵，$Z'Z$（它是 p 阶方阵）的非零特征值为 $\lambda_1 \geqslant \lambda_2 \geqslant \cdots \geqslant \lambda_m > 0$，令 $d_i = \sqrt{\lambda_i}$（$i = 1, 2, \cdots, m$），则称 d_i 为 Z 的**奇异值**，称 $\lambda_1 \geqslant \lambda_2 \geqslant \cdots \geqslant \lambda_m > 0$ 为**惯性**或**惯量**，称

$$Q = \sum_{j=1}^{m} \lambda_j = \sum_{i=1}^{n} \sum_{j=1}^{p} z_{ij}^2$$

为**总惯量**，它是卡方统计量。这时必存在分解式：

$$Z = U\Lambda V' \tag{6-6}$$

式中，U 为 $n \times m$ 阶的列正交矩阵；V 为 $p \times m$ 阶的列正交矩阵；Λ 为 $m \times m$ 对角矩阵，对角线上元素是 $d_1, d_2, \cdots, d_m$；称分解式 $Z = U\Lambda V'$ 为矩阵 Z 的**奇异值分解**。

对式（6-6）中的矩阵，设 U 的 m 列构成 m 个列向量 $u_1, u_2, \cdots, u_m$，它们是列剖面的前 m 个（加权）主成分；设 V 的 m 列构成 m 个列向量 $v_1, v_2, \cdots, v_m$，它们是行剖面的前 m 个加权主成分。则式（6-6）可以写为：

$$Z = d_1 u_1 v_1' + d_2 u_2 v_2' + \cdots + d_m u_m v_m' \tag{6-7}$$

当 $d_1^2 + d_2^2$ 占 $d_1^2 + d_2^2 + \cdots + d_m^2$ 的比例足够大（例如占 80% 以上）时，式（6-7）可近似为：

$$Z \approx d_1 u_1 v_1' + d_2 u_2 v_2'$$

因而行剖面和列剖面可以分别用两组向量近似表示。

6.2.3 对应分析的计算步骤

根据上述理论分析，可以用矩阵符号简明地表达出对应分析具体的计算步骤如下。

（1）由原始数据阵 $\boldsymbol{X}$ 出发计算"概率矩阵" P：

$$P = \frac{1}{T} \boldsymbol{X}$$

（2）计算密度。记 1_k 表示分量全是 1 的 k 维向量，则 $r = P 1_p$，$c = P' 1_n$ 分别是行密度向量及列密度向量：

$$r = \begin{bmatrix} p_{1.} \\ p_{2.} \\ \vdots \\ p_{n.} \end{bmatrix}, c = \begin{bmatrix} p_{.1} \\ p_{.2} \\ \vdots \\ p_{.p} \end{bmatrix}$$

(3) 计算行剖面和列剖面。设 D_r，D_c 分别是以向量 r，c 元素为对角线的对角阵，则全部行剖面（row profiles，或称行轮廓分布）所形成的矩阵是：

$$R = \left(\frac{x_{ij}}{x_{i.}} \right)_{n \times p} = \left(\frac{p_{ij}}{p_{i.}} \right)_{n \times p} = D_r^{-1} P = \begin{bmatrix} R_1' \\ R_2' \\ \vdots \\ R_n' \end{bmatrix}$$

全部列剖面（column profiles，或称列轮廓分布）所形成的矩阵是：

$$C = \left(\frac{x_{ij}}{x_{.j}} \right)_{n \times p} = \left(\frac{p_{ij}}{p_{.j}} \right)_{n \times p} = P D_c^{-1} = (C_1, C_2, \cdots, C_p)$$

(4) 计算对应变换后的新数据阵 Z：

$$Z = D_r^{-1/2} (P - rc') D_c^{-1/2}$$

(5) 对新数据阵 Z 作奇异值分解：

$$Z = U \Lambda_m V', m = \text{rank}(Z) \leqslant \min(n-1, p-1)$$

式中：

$$\Lambda_m = \text{diag}(d_1, d_2, \cdots, d_m), V'V = I_m, U'U = I_m$$

(6) 确定主成分个数。设特征值（惯量）为 $\lambda_1 \geqslant \lambda_2 \geqslant \cdots \geqslant \lambda_m > 0$，$U$ 和 V 相应标准化特征向量分别为 $u_1, u_2, \cdots, u_m$；$v_1, v_2, \cdots, v_m$。总惯量 Q 为：

$$Q = \sum_{i=1}^{n} \sum_{j=1}^{p} Z_{ij}^2 = tr(Z'Z) = \sum_{i=1}^{m} \lambda_i = \sum_{i=1}^{m} d_i^2$$

在实际应用中常按累积贡献率

$$\frac{\lambda_1 + \lambda_2 + \cdots + \lambda_l}{\lambda_1 + \lambda_2 + \cdots + \lambda_l + \lambda_{l+1} + \cdots + \lambda_m} \geqslant 0.80$$

确定取主成分个数 $l(l \leqslant m)$，Z 的奇异值 $d_j = \sqrt{\lambda_j}(j = 1, 2, \cdots, m)$。通常取 $l=2$。

(7) 计算行剖面坐标 G 和列剖面坐标 F。

列剖面坐标为：

$$F = D_c^{-1/2} V \Lambda_m$$

行剖面坐标为：

$$G = D_r^{-1/2} U \Lambda_m$$

选取行剖面的坐标 G 前两列，以它们为横纵坐标绘制出点的平面图，称为"行（对称）图"；选取列剖面的坐标 F 前两列，以它们为横纵坐标绘制出点的平面图，称为"列（对称）图"；将两张图合并在同一张图上，称为"行和列的对称图"。

由于 $u_1, u_2, \cdots, u_m, v_1, v_2, \cdots, v_m$ 是单位特征向量，它们反方向之向量仍是单位特征向量，所以同样的数据，所得图形可能沿水平方向或铅直方向翻转，图形可能不是唯一的，但是所画出的行水平、列水平间的距离是相同的，聚类结果也是相同的。

6.3 简单对应分析的计算与实例

6.3.1 用 MINITAB 实现简单对应分析

使用 MINITAB 可以方便地实施简单对应分析。我们先介绍其操作基本步骤，然后举例具体说明实施简单对应分析的主要步骤。

1. 输入数据

在 6.2 节中我们已经介绍过，简单对应分析以列联表为基础，而数据的格式有两种可能：一种是未经整理的原始数据，另一种则是整理好的列联表。这两种方式 MINITAB 都能接受。对于常用的列联表数据，将列联表数据（连同变量名）存入工作表后，还要增加一列：**列变量名**，该列按照表中列水平出现顺序（从左到右），将它们从上到下安放在一列中，这列通常按其含义加变量名"列名"。由于列联表中通常已包含行名称，无须另加一列输入"行名"。输入未经整理的原始数据后，MINITAB 会将数据转化为列联表，再进一步计算。原始数据的输入方法及计算方法见网上资源第 6 章 6.3.2 小节例 6-W1 中对"MV＿地区销售原始数据.MTW"的计算。

2. 进入"简单对应分析"对话框

从"统计＞多变量＞简单对应分析（Stat＞Multivariate＞Simple Correspondence Analysis）"入口进入"简单对应分析"对话框（见图 6-1 右上）。在使用列联表数据时，点击"列联表的列（Columns of a contingency table）"，指定列联表的各列；在使用原始数据时，点击"类别变量（Categorical variables）"，指定原始数据所在的各列。

3. 填写对话框

在对话框的"列名（Column names）"处填写列变量名称所在列，在"行名（Row names）"处填写行变量名称所在列；进入"简单对应分析：图形"框后指定显示哪些图（其中"显示行和列的对称图（Symmetric plot showing rows and columns）"最重要）。对话框详细功能介绍参见网上资源。

6.3.2 简单对应分析的实例

为了便于理解，我们对例 6-1 显示行对称图、列对称图及行和列的对称图，并注意观测这 3 张图间的关系；对例 6-2 的输出则给出更多的解释，进行较全面的对应分析。

例 6-1 的计算。本例的数据是整理好的列联表数据，将表 6-1 存入工作表（见

图 6-1 左上) 后, 为了能在有关图表中显示各列名称, 应补充一列。因为商品列 C2~C5 的变量名从左到右依次为"甲、乙、丙、丁", 所以将列变量名称"甲、乙、丙、丁"填入 C6 列, 并将此列命名为"商品"。对于行变量也应同样加一列说明行名, 但由于本例中已有行名 ("地区") 存放在 C1 列, 否则也应补充一列行名 (见图 6-1 左上)。

从"统计 >多变量>简单对应分析 (Stat>Multivariate>Simple Correspondence Analysis)"入口进入"简单对应分析"对话框, 在"输入数据 (Input data)"中选择"列联表的列 (Columns of a contingency table)", 指定为"甲-丁"4 列数据, 将"行名 (Row names)"指定为"地区", 将"列名 (Column names)"指定为"商品", 对于"分量数 (Number of components)"仍保留为默认的"2"。点击"图形 (Graphs)", 弹出"简单对应分析: 图形"对话框, 选择"只显示行的对称图 (Symmetric plot showing rows only)", "只显示列的对称图 (Symmetric plot showing columns only)"及"显示行和列的对称图 (Symmetric plot showing rows and columns)", 各对话框点击"确定 (OK)" (全部界面见图 6-1), 即可得到计算结果和图形。

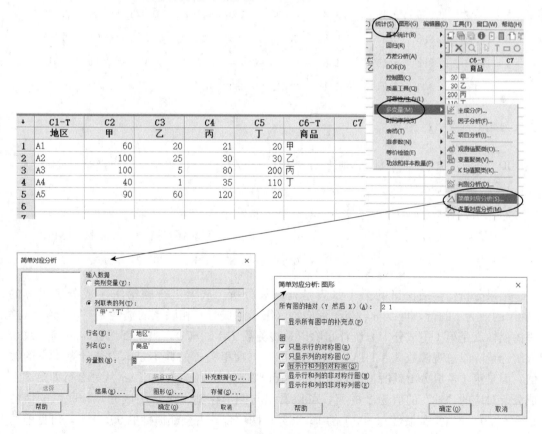

图 6-1 例 6-1 地区销售简单对应分析操作过程图

MINITAB 给出的输出是会话窗口的 3 张表 (列联表分析、行贡献、列贡献) 及 3 幅图 (行对称图、列对称图 (见图 6-2) 及行和列的对称图 (见图 6-3))。

简单对应分析：甲，乙，丙，丁

列联表分析

轴	惯量	比率	累积
1	0.2502	0.8282	0.8282
2	0.0509	0.1686	0.9968
3	0.0010	0.0032	1.0000
合计	0.3021		

行贡献

					分量 1			分量 2		
ID	名称	二次	质量	惯性	坐标	相关	贡献	坐标	相关	贡献
1	A1	0.984	0.104	0.079	−0.375	0.610	0.058	−0.293	0.373	0.175
2	A2	0.996	0.159	0.133	−0.338	0.450	0.073	−0.373	0.546	0.432
3	A3	0.998	0.330	0.228	0.455	0.993	0.273	0.032	0.005	0.007
4	A4	0.995	0.159	0.188	0.593	0.984	0.224	0.063	0.011	0.012
5	A5	1.000	0.249	0.371	−0.612	0.830	0.372	0.277	0.170	0.374

列贡献

					分量 1			分量 2		
ID	名称	二次	质量	惯性	坐标	相关	贡献	坐标	相关	贡献
1	甲	0.997	0.334	0.136	−0.216	0.382	0.062	−0.275	0.616	0.495
2	乙	0.993	0.095	0.257	−0.897	0.987	0.306	0.067	0.005	0.008
3	丙	0.995	0.245	0.131	−0.240	0.358	0.056	0.320	0.637	0.494
4	丁	0.999	0.326	0.477	0.665	0.998	0.575	0.021	0.001	0.003

结果分析：会话窗口的第 1 张表是列联表分析。从第 1 行即第 1 主成分所对应的"轴"的值为 1 的行，可以看出与图形横轴（第 1 主成分）相联系的惯性 $\lambda_1 = 0.2502$（这里的惯性就是第 1 主成分卡方统计量除以总观测数 $T = 1167$），占全部惯性 0.3021（总卡方统计量除以总观测数 $T = 1167$）的 82.82%（这里关心的并不是卡方统计量本身的数值，而是第 1 主成分贡献所占的百分比，达到 82.82% 是相当大的了）；从第 2 行即第 2 主成分所对应的"轴"的值为 2 的行，可以看出与图形纵轴（第 2 主成分）相联系的惯性 $\lambda_2 = 0.0509$，占全部惯性 0.3021 的 16.86%；两项合计占全部惯性 99.68%，可见前两个主成分产生的对称图已可以很好地概括数据信息，不需要画更高维的图形。这张表的结果非常有用，它可以帮助我们确定究竟用几个分量来表示变量类别的差异就够了，特别是当分析的变量确实需要超过 3 个的时候，可以帮我们最终确定需要的分量数。当然通常只取两个主成分就够了。

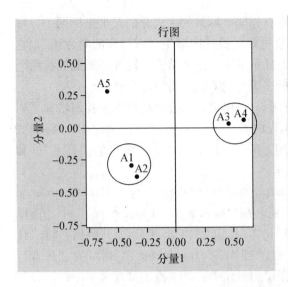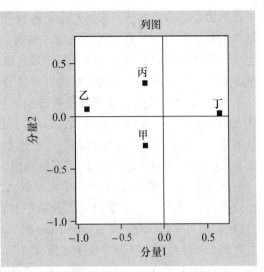

图 6-2 例 6-1 地区销售行对称图（左）与列对称图（右）

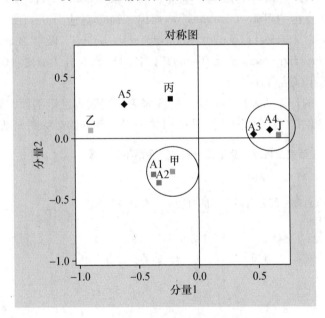

图 6-3 例 6-1 地区销售行和列的对称图

第 2，3 张表的含义见例 6-2 的分析。以下介绍 3 幅图所包含的信息。

从行对称图（见图 6-2 左）可见，A1，A2 聚为一类（这 2 个地点 4 种商品的销量都差不多）；A3，A4 聚为一类（4 种商品在 A3 处的销量大体是 A4 处的 2 倍）；A5 单独成一类。列对称图（见图 6-2 右）中 4 点距离较远，表明商品间联系不大。图 6-3（行和列的对称图）是图 6-2 两张图的合成，可见 A1，A2 与甲联系较紧密；A3，A4 与丁联系较紧密；A5 与乙和丙有联系，但联系都不太紧密。回顾表 6-1 可见：A1，A2 地区销售甲商品较多；A3，A4 地区销售丁商品较多。

例 6-1 是简单对应分析的入门介绍，但它已经能体现出这种分析的特点，即把行因子和列因子的多项取值（水平）形象地表现在有相同坐标系的主成分的二维坐标图中，可以直接给出因子间关系的图形结论。显然，这里最关键的图形是"行和列的对称图"，它把行对称图与列对称图合并在一起，最直接地显示了综合性的结论。这种图形既能在两个主成分空间内发现可能的聚类结构，又能分析变量与观测值之间的内在联系。

例 6-2 的分析。为了更细致地分析，与例 6-1 相比，在输出结果方面我们增加了列联表和行剖面。首先将表 6-2 数据存入工作表的 C1～C4 列，并补充一列：C5，将列变量名称"完全自理""部分自理""不能自理"3 个取值填入，取变量名为"列名"。和例 6-1 一样，列对称图没有用，不再画出。

从"统计＞多变量＞简单对应分析（Stat＞Multivariate＞Simple Correspondence Analysis）"入口进入"简单对应分析"对话框，在"输入数据（Input data）"中，选择"列联表的列（Columns of a contingency table）"，指定为"C2-C4"3 列数据，将"行名（Row names）"指定为"自评健康状况"，将"列名（Column names）"指定为"列名"，对于"分量数（Number of components）"仍保留为默认的"2"。点击"结果（Results）"，弹出"简单对应分析：结果"对话框，选择"列联表（Contingency table）"及"行剖面（Row profiles）"。点击"图形（Graphs）"，弹出"简单对应分析：图形"对话框，选择"只显示行的对称图（Symmetric plot showing rows only）"及"显示行和列的对称图（Symmetric plot showing rows and columns）"，各对话框点击"确定（OK）"（界面参见网上资源）即可得到计算结果。

MINITAB 给出的计算结果是会话窗口的 5 张表（列联表、行剖面、列联表分析、行贡献、列贡献）及 2 幅图（行对称图（见图 6-4 左）及行和列的对称图（见图 6-4 右））。

简单对应分析：生活完全自理，生活部分自理，生活不能自理

列联表

	完全自理	部分自理	不能自理	合计
很好	129	14	8	151
好	931	146	96	1173
一般	660	116	74	850
差	251	104	81	436
很差	11	7	23	41
没回答	15	13	24	52
合计	1997	400	306	2703

行剖面

	完全自理	部分自理	不能自理	质量
很好	0.854	0.093	0.053	0.056
好	0.794	0.124	0.082	0.434
一般	0.776	0.136	0.087	0.314
差	0.576	0.239	0.186	0.161
很差	0.268	0.171	0.561	0.015
没回答	0.288	0.250	0.462	0.019
质量	0.739	0.148	0.113	

列联表分析

轴	惯量	比率	累积
1	0.0877	0.9245	0.9245
2	0.0072	0.0755	1.0000
合计	0.0949		

行贡献

ID	名称	二次	质量	惯性	分量 1 坐标	相关	贡献	分量 2 坐标	相关	贡献
1	很好	1.000	0.056	0.042	−0.255	0.917	0.041	−0.077	0.083	0.046
2	好	1.000	0.434	0.076	−0.126	0.957	0.078	−0.027	0.043	0.043
3	一般	1.000	0.314	0.029	−0.094	1.000	0.032	−0.002	0.000	0.000
4	差	1.000	0.161	0.235	0.338	0.830	0.211	0.153	0.170	0.527
5	很差	1.000	0.015	0.332	1.381	0.919	0.330	−0.409	0.081	0.354
6	没回答	1.000	0.019	0.287	1.186	0.992	0.308	−0.105	0.008	0.030

列贡献

ID	名称	二次	质量	惯性	分量 1 坐标	相关	贡献	分量 2 坐标	相关	贡献
1	完全自理	1.000	0.739	0.200	−0.159	0.982	0.213	−0.022	0.018	0.048
2	部分自理	1.000	0.148	0.141	0.232	0.593	0.091	0.192	0.407	0.761
3	不能自理	1.000	0.113	0.658	0.735	0.978	0.696	−0.110	0.022	0.190

结果说明：MINITAB 在会话窗口中首先给出了列联表。如果输入的是原始数据，则这里输出的是整理好的列联表。本例输入的已经是列联表格式，可以不用显示列联表。

第 2 张表给出了行剖面（或行轮廓），显示的是该单元观测值占行总和的百分比。例如，最左上角元素 0.854，是在感觉"很好"的人中能"完全自理"的 129 人占总人数 151 人的比率。显然每行的总和为 1。此表最后一行给出的"质量"指的是每列观测值之和占总观测值的比率，例如，"完全自理"共 1 997 人，占总人数 2 703 的比率为 0.739。最右一列的"质量"指的是每行观测值之和占总观测值的比率，例如，感觉"很好"共 151 人，占总人数 2 703 的比率为 0.056。也可以输出列剖面的结果，其含义与行剖面的含义是相同的，但列剖面用途较少。

第 3 张表是对列联表的分析，用来给出抽取出的各主成分的评价，显示每一主成分对于行和列的差异能够解释多少。第 1 主成分所对应的惯性 $\lambda_1 = 0.087\ 7$，占全部惯性 0.094 9 的 92.45%；第 2 主成分所对应的惯性 $\lambda_2 = 0.007\ 2$，占全部惯性 0.094 9 的 7.55%；两项合计占全部惯性的 100%，可见两个主成分变量产生的对称图可以概括全部数据信息，不需要画更高维的图形。

第 4 张表是行贡献表。这里主要是给出了行变量的每一个类别在两个分量中的得分值

（即横纵坐标），第 6 列－0.255，－0.126，…是行图中点"很好"，"好"，…的横坐标；第 9 列－0.077，－0.027，…是"很好"，"好"，…的纵坐标。由于得分值的大小受行变量的每一个类别每个分量所占的质量的影响（质量的计算已在第 2 张表中给出），这里重复列出各行的质量。"二次"是行惯量分配给分量 1 和分量 2 的比率之和，因此，如果一个列联表只有两个分量，那么该列的值应该全部为 1。第 5 列"惯性"为每行卡方距离和所占比率，也即行惯量占总惯量的比率。它可以检查出行变量对各个类别间差异的影响，这有助于解释对应分析的结果。例如，在分量 1 中，"很差"所占的比率 0.332 最高，说明它对类别间差异的影响最大。第 7 列和第 10 列给出每个类别在每个分量中的"相关"，用来检查每个分量对行变量各个类别特征值的影响，例如，在分量 1 中，"很差"的相关系数为 0.919，是很高的（但不是最高者），说明它与分量 1 关系密切。"相关"的另一种解释是行惯量分配给分量的比例。容易发现，分量 1 和分量 2 的"相关"值加起来就是"二次"值。"相关"实质上是行变量和分量的相关系数，也就是正交因子模型里的因子载荷。从表中可以看出，每个类别特征值的分布都以分量 1 为主，说明各类别间的差异绝大部分都反映在第 1 分量中。"贡献"是行惯量分配给分量的部分占该分量的惯量的比例。比如，"很好"这一行惯量的 91.7% 分配给分量 1，而这部分惯量占分量 1 的惯量的 4.1%。

第 5 张表是列贡献表，其格式及解释与上面的行贡献表一样。这里主要是给出了列变量的每一个类别在两个分量中的得分值（即横纵坐标）。

根据上述行贡献表及列贡献表中的坐标值，我们可以绘制出行对称图、列对称图及行和列的对称图。

行对称图（见图 6-4 左）表现的是行变量各个类别的得分值，从中可以看出各个类别之间的差异。从图 6-4 中左图可见，回答健康状况"很好"、"好"和"一般"的老年人之间的差异不大，大致可归为第 1 类；回答健康状况"差"的老年人可以划为第 2 类；第 3 类是回答"很差"的一类。从图上还可以看出，那些没有回答健康状况的老年人更接近健康状况"很差"这一类，回顾列联表，这两种人关于生活能否自理 3 个答案的比例差不多，由此我们可以推测，那些没有回答自身健康状况的老年人很可能主要是健康状况很差的老年人。我们可以据此重新划分变量类别，例如，将回答健康状况"很好"、"好"和"一般"的老年人归为第 1 类，回答健康状况"差"的老年人划为第 2 类，回答健康状况"很差"和没有回答自身健康状况的老年人划为第 3 类。这样就使变量的类别从 6 类减少到 3 类，同时还明确了没有回答问题的老年人的情况。在行对称图中，我们可以看出，分量 1 可以将各类别之间的差异明显表示出来，各个类别在分量 1 上的分布（左右）很宽，而在分量 2 上的分布（上下）很窄，说明绝大部分类别差异是由分量 1 反映出来的。

对应分析中最重要的成果是显示了行和列的对称图（见图 6-4 右），它将行变量和列变量类别放在同一张图上，反映了两类变量之间的关系。图 6-4 中右图很直观地反映了"日常生活自理能力"与"自评健康状况"两个因子之间的联系。从图中可以看出，回答健康状况"很好"、"好"和"一般"的老年人在日常生活中也基本能自理，回答健康状况"差"的老年人通常是生活上时常需要帮助的老年人，他们在日常生活中一般只能做到部分自理。而回答健康状况"很差"或者是根本没有回答问题的老年人在日常生活中则基本上完全依靠他人的照料，他们中的大多数在日常生活中完全不能自理。

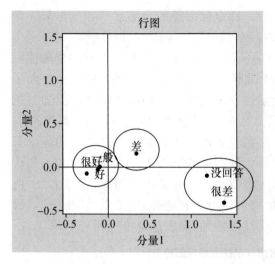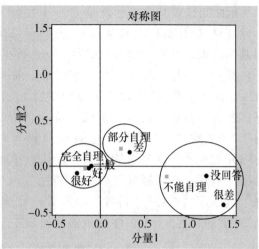

图6-4 例6-2老年人健康的行对称图及行和列的对称图

6.4 多重对应分析的计算与实例

多重对应分析是简单对应分析的推广，是分析属性数据非常有用的统计方法。这里先简单介绍多重对应分析的原理，然后介绍其使用方法，最后举出一简一繁两个例题说明其结果的含义。

6.4.1 多重对应分析的原理

简单对应分析能给出行对称图、列对称图、行和列的对称图、行和列的非对称图，具有丰富的信息。如果要分析的属性因子只有2个，应尽量使用简单对应分析。但实际问题中要分析的属性因子个数往往大于2，这就形成了高维列联表，这时如果勉强将简单对应分析的功能扩展到更高维的列联表，只能靠"合并"的办法，即硬把两个因子合并成一个因子。例如，性别因子值为"男""女"，年龄因子值为"老""中""青"，要合并成一个因子，则取"男老""男中""男青""女老""女中""女青"6个水平就可以了。MINI-TAB简单对应分析的"组合"对话框，能将2个行属性因子"合并"成1个行因子，也能将2个列属性因子"合并"成1个列因子，但只限于将2个因子"合并"成1个因子，多于2个因子的"合并"要逐步进行，很麻烦，而且这种合并方法人为地将多个属性因子分成2组，一组处于"行"的位置，另一组处于"列"的位置，使多个属性因子间关系处于不对称状态。多重对应分析则采用一种计算技巧，同时考虑多个属性因子：不论多少个因子，一律并列为"列因子"，然后算出Burt表，再以Burt表为基础作分析，其过程类似于简单对应分析过程。数据的不同行代表不同次观测，从而行变量只是观测值的随机排列，因此没必要再来计算行效应。多重对应分析的最终结果就是进行列变量的分析，输出的结果包括列贡献、列坐标以及反映各变量间关系密切程度的列图。

由于Burt表是多重对应分析的基础，在MINITAB计算过程中，先要将输入的原始数据转化为示性变量表（MINITAB称之为"指示符表格"），然后再计算出Burt表。因此我们首先介绍示性变量表以及怎样计算出Burt表。

示性变量表其实指的就是"0-1数据"表，即全部因子的全部水平各自作为一个示性变量（MINITAB称为指示变量），每次观测只取值为0或1，用这种格式展示全部观测结果。我们以例6-3说明0-1数据与原始数据的关系。例6-3有5个属性因子：样式、油漆、颜色、材料和价格。前4个属性因子各有2个水平，最后一个因子有3个水平。这11个水平可以转变成11个示性变量：样好、样劣、漆好、漆劣、色好、色劣、料好、料劣、价低、价中、价高。凡观测值中有此观测结果，则此列取"1"，否则取"0"。例如，在例6-3顾客对家具评价问题中，对于"样式"问题，有"样好""样劣"两种可能结果，凡认为样式好，则"样好"取1、"样劣"取0；凡认为样式不好，则"样好"取0、"样劣"取1。类似地，可以给出"漆好""漆劣""色好""色劣""料好""料劣"的定义；对于价格可以有3种选择："价低""价中""价高"。全部顾客11个示性变量的值如表6-5所示（列的顺序可自由选择）。

表 6-5　例 6-3 的 0-1 数据（示性变量观测值表）

顾客	样好	样劣	漆好	漆劣	色好	色劣	料好	料劣	价低	价中	价高
1	1	0	1	0	1	0	0	1	0	1	0
2	0	1	1	0	0	1	0	1	0	1	0
3	1	0	0	1	1	0	1	0	1	0	0
4	1	0	1	0	1	0	1	0	1	0	0
5	0	1	0	1	0	1	0	1	1	0	0
6	1	0	1	0	0	1	1	0	0	1	0
7	1	0	1	0	1	0	1	0	0	0	1
8	1	0	1	0	1	0	1	0	0	0	1
9	1	0	1	0	1	0	1	0	0	0	1
10	1	0	1	0	1	0	1	0	0	0	1

　　将此示性变量的观测值所成0-1矩阵记为 X，则 $X'X$ 就是 Burt 阵，在经济学中通常用于在市场分析中开发和解释客户状况。具体写出来，观测矩阵为：

$$X=\begin{pmatrix} 1 & 0 & 1 & 0 & 1 & 0 & 0 & 1 & 0 & 1 & 0 \\ 0 & 1 & 1 & 0 & 0 & 1 & 0 & 1 & 0 & 1 & 0 \\ 1 & 0 & 0 & 1 & 1 & 0 & 1 & 0 & 1 & 0 & 0 \\ 1 & 0 & 1 & 0 & 1 & 0 & 1 & 0 & 1 & 0 & 0 \\ 0 & 1 & 0 & 1 & 0 & 1 & 0 & 1 & 1 & 0 & 0 \\ 1 & 0 & 1 & 0 & 0 & 1 & 1 & 0 & 0 & 1 & 0 \\ 1 & 0 & 1 & 0 & 1 & 0 & 1 & 0 & 0 & 0 & 1 \\ 1 & 0 & 1 & 0 & 1 & 0 & 1 & 0 & 0 & 0 & 1 \\ 1 & 0 & 1 & 0 & 1 & 0 & 1 & 0 & 0 & 0 & 1 \\ 1 & 0 & 1 & 0 & 1 & 0 & 1 & 0 & 0 & 0 & 1 \end{pmatrix}$$

Burt 表为：

$$X'X=\begin{pmatrix}
8 & 0 & 7 & 1 & 7 & 1 & 7 & 1 & 2 & 2 & 4 \\
0 & 2 & 1 & 1 & 0 & 2 & 1 & 1 & 1 & 1 & 0 \\
7 & 1 & 8 & 0 & 6 & 2 & 6 & 2 & 1 & 3 & 4 \\
1 & 1 & 0 & 2 & 1 & 1 & 2 & 0 & 2 & 0 & 0 \\
7 & 0 & 6 & 1 & 7 & 0 & 6 & 1 & 2 & 1 & 4 \\
1 & 2 & 2 & 1 & 0 & 3 & 2 & 1 & 1 & 2 & 0 \\
7 & 1 & 6 & 2 & 6 & 2 & 8 & 0 & 3 & 1 & 4 \\
1 & 1 & 2 & 0 & 1 & 1 & 0 & 2 & 0 & 2 & 0 \\
2 & 1 & 1 & 2 & 2 & 1 & 3 & 0 & 3 & 0 & 0 \\
2 & 1 & 3 & 0 & 1 & 2 & 1 & 2 & 0 & 3 & 0 \\
4 & 0 & 4 & 0 & 4 & 0 & 4 & 0 & 0 & 0 & 4
\end{pmatrix}$$

用横竖各 4 条线将 Burt 表划分成 25 个小矩阵，可以看出 Burt 表的具体含义。

8	0	7	1	7	1	7	1	2	2	4
0	2	1	1	0	2	1	1	1	1	0
7	1	8	0	6	2	6	2	1	3	4
1	1	0	2	1	1	2	0	2	0	0
7	0	6	1	7	0	6	1	2	1	4
1	2	2	1	0	3	2	1	1	2	0
7	1	6	2	6	2	8	0	3	1	4
1	1	2	0	1	1	0	2	0	2	0
2	1	1	2	2	1	3	0	3	0	0
2	1	3	0	1	2	1	2	0	3	0
4	0	4	0	4	0	4	0	0	0	4

对角线上 5 个矩阵

$$\begin{pmatrix}8&0\\0&2\end{pmatrix},\begin{pmatrix}8&0\\0&2\end{pmatrix},\begin{pmatrix}7&0\\0&3\end{pmatrix},\begin{pmatrix}8&0\\0&2\end{pmatrix},\begin{pmatrix}3&0&0\\0&3&0\\0&0&4\end{pmatrix}$$

显示每个因子取各个水平的频数，第 1 个矩阵 $\begin{pmatrix}8&0\\0&2\end{pmatrix}$ 表示 10 名顾客中，8 人认为样式好，2 人认为样式不好……非对角线上的矩阵则是因子间的列联表。例如，第 1 行非对角线上的矩阵

$$\begin{pmatrix}7&1\\1&1\end{pmatrix},\begin{pmatrix}7&1\\0&2\end{pmatrix},\begin{pmatrix}7&1\\1&1\end{pmatrix},\begin{pmatrix}2&2&4\\1&1&0\end{pmatrix}$$

分别是样式与油漆、样式与颜色、样式与材料、样式与价格的列联表。一般地，Burt 表可以分成许多小块，对角线上的矩阵表示每个因子各个水平出现的频数，非对角线上的矩阵则是因子间的列联表。

由于 Burt 表给出了所有各因子间的列联表，接着可以类似于简单对应分析那样找到主成分，计算列贡献和列坐标，并且做投影，构造"列图"。列图反映各水平间的关系。由此看来，Burt 表在对应分析中有非常重要的作用，但通常我们不必过问它的具体值，首先关心的是由此得到的总的综合结果，只在特别必要时才这样仔细地使用 Burt 表来分析各因子间的关系。

6.4.2 用 MINITAB 实现多重对应分析

从"统计＞多变量＞多重对应分析（Stat＞Multivariate＞Multiple Correspondence Analysis)"入口进入"多重对应分析"对话框（界面见图 6-6)，输入观测值，选定需要分析的列，就能完成多重对应分析。其对话框内容很容易理解，详细内容见网上资源。

这里的关键是要准备好工作表文件。在作多重对应分析时，工作表文件中的数据格式有两种：原始数据格式和 0-1 数据格式。以下分别介绍如何准备这两种工作表文件。

6.4.2.1 原始数据格式多重对应分析工作表

当原始观测资料（见表 6-3）已输入为 MINITAB 工作表后，关键是要在工作表中再增加一个命名为"列名"的新列，此列自上而下依次存放各列因子所有的水平名。这里要特别强调的是，此列的排列顺序一定要与计算机内所存的各列因子的各水平名顺序完全一致，否则会得出错误的计算结果。因此，在填写"列名"中每个因子的水平时，对于其排列顺序要特别小心。如果这些水平由英文字母或一位数字 0～9 组成，那么按照英文字母顺序和数字大小由上到下安排水平（即"字典序"）即可。例如，A1 在 A2 的上面，C2 在 E1 的上面。如果数字有两位以上，则按数位从前往后比较。例如，A11 排在 A2 的上面，因为 1 和 2 相比，1 在 2 的前面。如果这些水平中有汉字符号，就比较麻烦：MINITAB 在读入汉字这样的属性因子观测值时，是把每个水平的汉字转化为一个数字"机内码"，而使用不同的电脑、不同的汉字输入法甚至 MINITAB 的不同版本都有可能得到不同的顺序。详细叙述汉字排序的细节实在冗长而无必要，这里只介绍最简单实用的办法：查看"单变量计数"会话窗口的排列顺序结果，再按这里的顺序依次把水平名（通常是文字符）放入"列名"所在列即可。"单变量计数"会话窗口中列名顺序可以这样得到：从"统计＞表格＞单变量计数（Stat＞Tables＞Tally Individual Variables)"入口（界面见图 6-5 左上）进入"单变量计数"对话框（界面见图 6-5 中上），在"变量（Variables)"中将所有属性变量列都选入，点击"确定（OK)"后即可在会话窗口中得到各列排名结果（见图 6-5 左下）。请读者按自己电脑中排出的顺序，依次输入"列名"列。我们把常见的排名顺序存入 C7"列名 1"（全部操作方法及排序结果见图 6-5 右）。另外两种常见顺序分别存入 C8"列名 2"，C21"列名 3"，请读者确认自己的列名顺序。其实这里出现汉字排序的不同结果，关键是 Windows 的语言设置。采用适当办法可以将中文完全按拼音排列，这些设置的细节请参见网上资源第 6 章补充资料"汉字排序问题"。

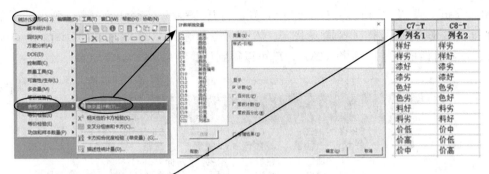

离散变量计数：样式，油漆，颜色，材料，价格

计数

样式	计数	油漆	计数	颜色	计数	材料	计数	价格	计数
样好	8	漆好	8	色好	7	料好	8	价低	3
样劣	2	漆劣	2	色劣	3	料劣	2	价高	4
N=	10	N=	10	N=	10	N=	10	价中	3
								N=	10

图 6-5　多重对应分析工作表中确定列名的操作图

进入"多重对应分析"对话框后，在"输入数据（Input data）"项下选"类别变量（Categorical variables）"，将所有类别变量选入它下面的空格，在"类别名称（Category names）"中选入列名即可。

6.4.2.2　0-1 数据格式多重对应分析工作表

通常情况下，我们的数据文件记录是按属性变量名给出的，因此使用上文所介绍的方法已经足够了。但计算机在计算时，实际上是将这种属性变量数据转化为 0-1 数据（即示性变量数据），表 6-5 提供的就是这样的结果。对于已经整理成这种格式的数据只需要增加一列"列名"就可以了。这时列名的值是按照工作表中从左到右所出现的顺序将所有的示性变量名称记录下来。进入"多重对应分析"对话框后，在"输入数据（Input data）"项下选"需要指示变量的列（Indicator variables）"，将所有示性变量选入它下面的空格，在"类别名称（Category names）"中选入列名即可。

6.4.2.3　多重对应分析对话框内容

进入"多重对应分析"对话框后，在"输入数据（Input data）"项下要根据数据的不同类型选用不同的入口，对于原始数据选"类别变量（Categorical variables）"，对于 0-1 数据选"需要指示变量的列（Indicator variables）"，然后在"类别名称（Category names）"中选入列名。更详细的内容介绍请参见网上资源。

6.4.3　多重对应分析应用实例

例 6-3 的计算。我们使用的是原始数据，并且选用"列名 1"列。从"统计＞多变量＞多重对应分析（Stat＞Multivariate＞Multiple Correspondence Analysis）"入口（界面见图 6-6 左中）进入"多重对应分析"对话框（界面见图 6-6 右中），在"类别变量（Categorical variables）"中指定"样式-价格"（C2—C6）共 5 列，在"类别名称（Category names）"中选入"列名 1"，在"分量数（Number of components）"中仍保留为默认的"2"。打开"结果（Results）"窗（界面见图 6-6 左下），选中"指示符表格（Indicator table)"及"Burt 表（Burt Table）"。打开"图形（Graphs）"窗，弹出"多重对应分析：图形"对话框（界面见图 6 - 6 右下），选择"显示列图（Display column plot）"，各对话框点击"确定（OK）"，就可以得到计算结果。

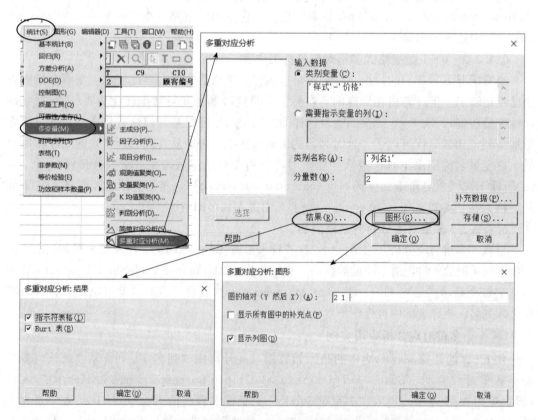

图 6 - 6　例 6 - 3 用原始数据评价家具的多重对应分析操作图

得到的输出是会话窗口的 4 张表和 1 幅图。会话窗口的表如下所示。

多重对应分析：样式，油漆，颜色，材料，价格

指示符表格

	样好	样劣	漆好	漆劣	色好	色劣	料好	料劣	价低	价高	价中
行 1	1	0	1	0	1	0	0	1	0	0	1
行 2	0	1	1	0	0	1	0	1	0	0	1
行 3	1	0	0	1	1	0	1	0	1	0	0
行 4	1	0	1	0	1	0	1	0	1	0	0
行 5	0	1	0	1	0	1	1	0	1	0	0
行 6	1	0	1	0	0	1	1	0	0	0	1
行 7	1	0	1	0	1	0	1	0	0	1	0
行 8	1	0	1	0	1	0	1	0	0	1	0
行 9	1	0	1	0	1	0	1	0	0	1	0
行 10	1	0	1	0	1	0	1	0	0	1	0
合计	8	2	8	2	7	3	8	2	3	4	3

Burt 表

名称	样好	样劣	漆好	漆劣	色好	色劣	料好	料劣	价低	价高	价中
样好	8	0	7	1	7	1	7	1	2	4	2
样劣	0	2	1	1	0	2	1	1	1	0	1
漆好	7	1	8	0	6	2	6	2	1	4	3
漆劣	1	1	0	2	1	1	2	0	2	0	0
色好	7	0	6	1	7	0	6	1	2	4	1
色劣	1	2	2	1	0	3	2	1	1	0	2
料好	7	1	6	2	6	2	8	0	3	4	1
料劣	1	1	2	0	1	1	0	2	0	0	2
价低	2	1	1	2	2	1	3	0	3	0	0
价高	4	0	4	0	4	0	4	0	0	4	0
价中	2	1	3	0	1	2	1	2	0	0	3

指示符矩阵分析

轴	惯量	比率	累积	直方图
1	0.5090	0.4242	0.4242	*****************************
2	0.4083	0.3402	0.7644	************************
3	0.1455	0.1213	0.8856	********
4	0.0944	0.0786	0.9643	*****
5	0.0429	0.0357	1.0000	**
合计	1.2000			

列贡献

ID	名称	二次	质量	惯性	分量 1			分量 2		
					坐标	相关	贡献	坐标	相关	贡献
1	样好	0.749	0.160	0.033	−0.422	0.714	0.056	0.094	0.035	0.003
2	样劣	0.749	0.040	0.133	1.690	0.714	0.224	−0.376	0.035	0.014
3	漆好	0.850	0.160	0.033	−0.160	0.102	0.008	0.432	0.748	0.073
4	漆劣	0.850	0.040	0.133	0.640	0.102	0.032	−1.729	0.748	0.293
5	色好	0.737	0.140	0.050	−0.561	0.735	0.087	0.025	0.001	0.000
6	色劣	0.737	0.060	0.117	1.310	0.735	0.202	−0.058	0.001	0.000
7	料好	0.734	0.160	0.033	−0.294	0.345	0.027	−0.312	0.389	0.038
8	料劣	0.734	0.040	0.133	1.174	0.345	0.108	1.248	0.389	0.153
9	价低	0.792	0.060	0.117	0.274	0.032	0.009	−1.331	0.759	0.260
10	价高	0.612	0.080	0.100	−0.930	0.577	0.136	0.230	0.035	0.010
11	价中	0.850	0.060	0.117	0.966	0.400	0.110	1.025	0.450	0.154

结果分析：第 1 张表指示符表格将原始数据转化为 0－1 数据，各列都按各水平之排定顺序给出，最后还给出了各列的合计结果，此表可用于验证数据输入及"列名"列内容是否正确。当然，如果观测数据较多，此指示符表格可以不必输出。第 2 张表是 Burt 表，可以直观显示并分析类别变量之间的关系，该表是多重对应分析的基础。从第 3 张表指示符矩阵分析可以看出：第 1 行给出分量 1（第 1 主成分或横轴分量）的惯量为 0.509 0，所占比率为 0.424 2；第 2 行给出分量 2（第 2 主成分或纵轴分量）的惯量为 0.408 3，所占比率为 0.340 2；这两个分量所占比率之和为 0.764 4，比较好地表示了全部数据的信息，无须再取更多分量。

最重要的结果是列图（见图 6-7）。从列图中可以看出漆好、价高、料好、色好、样好聚为一类，也就是说，有些顾客对这批家具评价较好，质量好，当然价格也较高，评价的这些变量的取值间关系密切；另外一些顾客认为这批家具漆劣、价低，评价的这两项结果间关系密切；也有一些顾客认为这批家具色劣、样劣，评价的这两项结果间关系密切；还有一些顾客认为这批家具料劣、价中，评价的这两项结果间关系密切。

如果输入的是 0-1 数据（参见网上资源表 6-W1），则计算结果完全一样。不同列的排列方法之数值计算结果虽然完全相同，但其列图可能有左右翻转或上下翻转的情况，这不影响分析的相应结论。

例 6-4 的分析。此汽车销售分析问题涉及对多个因子（属性变量）关系的探讨，只能采用多重对应分析。作为准备工作，首先要确定"列名"的正确顺序，为此，先将原始数据输入，从"统计＞表格＞单变量计数（Stat＞Tables＞Tally Individual Variables）"入口（界面见图 6-5 左上）进入"单变量计数"对话框（界面见图 6-5 中上），

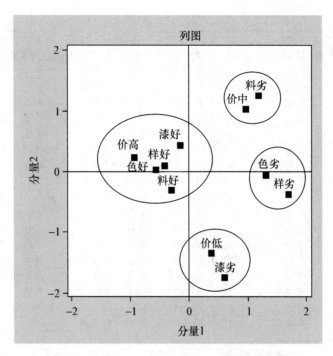

图 6-7 例 6-3 评价家具的多重对应分析列图

在"变量 (Variables)"栏中将所有属性变量列都选入，点击"确定 (OK)"后即可在会话窗口中得到以下各列排名结果，将这些结果依次输入"列名"列（见图 6-8 上）。

离散变量计数：性别，婚姻状况，国别，尺寸，车型，年轻?（<=30）

性别	计数	婚姻状况	计数	国别	计数	尺寸	计数	车型	计数	年轻?（<=30）	计数
男	165	未婚	107	美国	115	大	42	工作	48	非年轻	159
女	138	已婚	196	欧洲	40	小	137	家用	155	年轻	144
N=	303	N=	303	日本	148	中	124	跑车	100	N=	303
				N=	303	N=	303	N=	303		

因此，"列名"一列的顺序是：男、女、未婚、已婚、美国、欧洲、日本、大、小、中、工作、家用、跑车、非年轻、年轻，这些已列在数据文件中 C9"列名 1"内（如果读者得到的排序结果与此不一致，请将"列名"列按自己计算机显示结果的顺序予以修改）。

然后采用指令：从"统计＞多变量＞多重对应分析 (Stat＞Multivariate＞Multiple Correspondence Analysis)"入口进入"多重对应分析"对话框，选定"类别变量 (Categorical variables)"，将"性别""婚姻状况""国别""尺寸""车型""年轻?（<=30）"（C2~C3，C5~C8）选入（由于原始的"年龄"列被化为二值变量"年轻?（<=30）"，因此不再选入），在"类别名称 (Category names)"中选入"列名 1"，在"分量数 (Number of components)"中仍保留为默认的"2"。打开"结果 (Results)"窗，选中"Burt 表 (Burt Table)"。打开"图形 (Graphs)"窗，弹出"多重对应分析：图形"对话框，选择"显示列图 (Display column plot)"，各框点击"确定 (OK)"（全部操作见图 6-8），就可以得到计算结果。

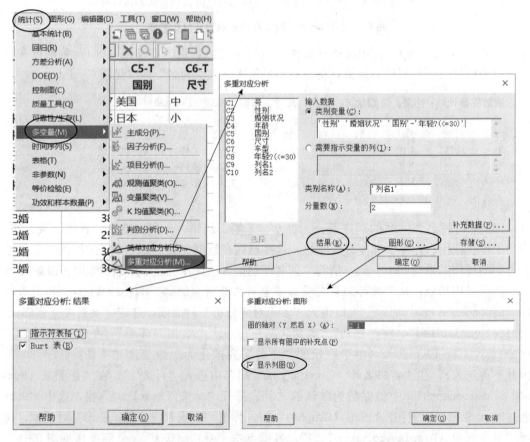

图 6-8 例 6-4 汽车销售问题的多重对应分析操作图

在会话窗口给出的结果是 3 张表和 1 幅列图（见图 6 - 9）。

多重对应分析：性别，婚姻状况，国别，尺寸，车型，年轻？（<=30）

Burt 表

	男	女	未婚	已婚	美国	欧洲	日本	大	小	中	工作	家用	跑车
男	165	0	64	101	61	21	83	25	79	61	27	79	59
女	0	138	43	95	54	19	65	17	58	63	21	76	41
未婚	64	43	107	0	32	14	61	12	55	40	16	36	55
已婚	101	95	0	196	83	26	87	30	82	84	32	119	45
美国	61	54	32	83	115	0	0	36	26	53	18	74	23
欧洲	21	19	14	26	0	40	0	4	19	17	4	15	21
日本	83	65	61	87	0	0	148	2	92	54	26	66	56
大	25	17	12	30	36	4	2	42	0	0	11	30	1
小	79	58	55	82	26	19	92	0	137	0	26	49	62
中	61	63	40	84	53	17	54	0	0	124	11	76	37
工作	27	21	16	32	18	4	26	11	26	11	48	0	0
家用	79	76	36	119	74	15	66	30	49	76	0	155	0
跑车	59	41	55	45	23	21	56	1	62	37	0	0	100
非年轻	94	65	42	117	66	19	74	27	67	65	25	97	37
年轻	71	73	65	79	49	21	74	15	70	59	23	58	63

	非年轻	年轻
男	94	71
女	65	73
未婚	42	65
已婚	117	79
美国	66	49
欧洲	19	21
日本	74	74
大	27	15
小	67	70
中	65	59
工作	25	23
家用	97	58
跑车	37	63
非年轻	159	0
年轻	0	144

指示符矩阵分析

轴	惯量	比率	累积	直方图
1	0.3124	0.2082	0.2082	********************************
2	0.2049	0.1366	0.3449	*********************
3	0.1914	0.1276	0.4725	*******************
4	0.1752	0.1168	0.5893	*****************
5	0.1660	0.1106	0.7000	****************
6	0.1355	0.0904	0.7903	*************
7	0.1235	0.0824	0.8727	***********
8	0.1094	0.0729	0.9456	**********
9	0.0816	0.0544	1.0000	*******
合计	1.5000			

列贡献

ID	名称	二次	质量	惯性	坐标	分量 1 相关	分量 1 贡献	分量 2 坐标	分量 2 相关	分量 2 贡献
1	男	0.221	0.091	0.051	0.077	0.007	0.002	−0.423	0.214	0.079
2	女	0.221	0.076	0.061	−0.092	0.007	0.002	0.506	0.214	0.095
3	未婚	0.271	0.059	0.072	0.691	0.261	0.090	−0.134	0.010	0.005
4	已婚	0.271	0.108	0.039	−0.377	0.261	0.049	0.073	0.010	0.003
5	美国	0.436	0.063	0.069	−0.842	0.434	0.144	−0.055	0.002	0.001
6	欧洲	0.112	0.022	0.096	0.431	0.028	0.013	0.741	0.084	0.059
7	日本	0.300	0.081	0.057	0.538	0.276	0.075	−0.158	0.024	0.010
8	大	0.483	0.023	0.096	−1.424	0.326	0.150	−0.986	0.156	0.110
9	小	0.495	0.075	0.061	0.641	0.339	0.099	−0.435	0.156	0.069
10	中	0.495	0.068	0.066	−0.226	0.035	0.011	0.814	0.459	0.221
11	工作	0.389	0.026	0.094	−0.039	0.000	0.000	−1.437	0.389	0.266
12	家用	0.483	0.085	0.054	−0.613	0.394	0.103	0.291	0.089	0.035
13	跑车	0.491	0.055	0.074	0.969	0.463	0.165	0.239	0.028	0.015
14	非年轻	0.220	0.087	0.053	−0.405	0.181	0.046	−0.188	0.039	0.015
15	年轻	0.220	0.079	0.058	0.447	0.181	0.051	0.208	0.039	0.017

输出结果说明：MINITAB 在会话窗口中首先给出 Burt 表，它包含在每个类别下的分类统计表和各属性因子间的列联表（由于 15 列太多，Burt 表分成两部分给出）。第 2 张表是指示符矩阵分析表，表中的惯量即特征值，表示每个分量对变量各个类别之间差异的解释量，比率就是每一个分量的特征值占全部特征值总和的比率，第一个分量的解释比率为 20.82%，第二个分量所占的比率为 13.66%，两个分量的累积比率为 34.48%，说明购买汽车的行为较复杂，仅选择前两个分量是不够的。但为了直观，我们仍只用前两个分量，查看它们所能分析出的信息。

第 3 张表是列贡献表（在多重对应分析中是没有行贡献表的），变量的分类都反映在列中。表中给出了各变量的每一个类别在两个分量中的分值（横纵坐标），分值的大小受每个分量所占的质量的影响。各变量每个类别在每个分量上的贡献反映了各变量每个类别对每一个分量特征值的影响（参见例 6-2 的分析）。

最后给出了多重对应分析中最重要的计算结果——列图（见图 6-9）。这里反映了变量各个类别之间的得分值（坐标）分布。从图中可以看出，这里出现了几个相互间有较大联系的变量组：最密切的是第一组 "日本" "小" "未婚"（见图 6-9 右侧下圈），反映日本人或未婚者喜欢小型车；次之是第二组 "美国" "非年轻" "已婚" "家用"（见图 6-9 中部偏左圈），反映美国人、已婚者、非年轻者喜欢家用车；还有较松散联系的第三组 "欧洲" "跑车" "年轻"（见图 6-9 右上圈），反映欧洲人或年轻人偏爱跑车。其余的如 "男" "女" "工作" "中" "大" 等变量很松散，几乎没有什么联系。这样的结果在一次分析中就可以获得应该说是很难得的。本例的主要不足之处是由于购车是个复杂的决策过程，不可能仅由几个定性变量就能完全确定，数据变量的离散性太强，所以在本例中前两个主成分只占了 34.48% 的贡献率，说服力还远远不够。如果在图形输出时增加第 3, 4 主成分的图形，则会补充一些信息，画出它们的方法是：在 "多重对应分析" 对话框的 "分

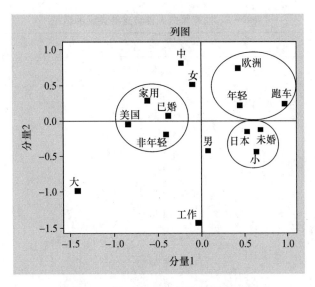

图6-9 例6-4汽车销售问题的列图

量数"中把2改为4，以选定4个主成分；在"多重对应分析：图形"对话框的"图的轴
对"中添上3132414243（注意保持空格），以增加5个列图。如果删除一些因子，两
个主成分的总贡献率会稍有提高，但减少变量个数会影响分析的全面性。例如，我们可以
采取分组分析法，把"性别""车型""国别"当一组作多重对应分析；把"婚姻状况"
"车型""尺寸"当一组作多重对应分析……这些尝试所可能得到的有益结果此处就不多讨
论了。

当仅对两个属性因子作对应分析时，由于简单对应分析能提供更多信息，应当尽量使
用简单对应分析。但是当这两个属性因子中，至少有一个仅有两个水平时，必须改用多重
对应分析。这是因为主成分数 m 必须大于1才能画出平面图形，而所涉及属性因子的水平
数 n，p 与 m 间一般有关系：$m=\min(n-1,\ p-1)$。所以当 n，p 之一等于2时，$m=1$。
而对于多重对应分析而言，n，p 与 m 间的关系一般是 $m=(n-1)+(p-1)$ 大于1。

【例6-5】 美国某年选举前，由社会调查总部抽查黑白人种与支持不同党派是否有
关，得到统计数据。原始数据见表6-6，数据文件：MV_总统选举.MTW。试由抽查数
据分析黑白人种与支持不同党派的联系。

本例有两个属性变量：人种与所支持党派。人种有两个水平：白人，黑人；党派有民主
党、共和党及无党派3个水平。因而用简单对应分析解本题时，主成分只有1个，不能得
到合理结果。而如果改用多重对应分析解本题，则主成分有（2-1）+（3-1）=3个，可
以得到合理结果。为此实施如下操作：从"统计＞多变量＞多重对应分析（Stat＞Multi-
variate＞Multiple Correspondence Analysis）"入口进入"多重对应分析"对话框，在
"类别变量（Categorical variables）"中指定"人种 党派"（C8-C9）共2列，在"类
别名称（Category names）"中选入"列名"，在"分量数（Number of components）"中仍
保留为默认的"2"。打开"结果（Results）"窗，选中"Burt表（Burt Table）"。打开
"图形（Graphs）"窗，弹出"多重对应分析：图形"对话框，选择"显示列图（Display
column plot）"，各对话框点击"确定（OK）"，就可以得到计算结果。为节省篇幅，书中仅

表 6-6　抽查黑白人种与支持党派的数据

序号	人种	党派
1	白人	民主党
2	白人	共和党
3	白人	无党派
4	白人	共和党
5	白人	无党派
6	白人	无党派
7	白人	无党派
8	白人	共和党
9	白人	共和党
10	黑人	无党派
⋮	⋮	⋮

保留列图（见图 6-10）。由图 6-10 可见：白人与共和党最接近，黑人与民主党最接近；说明白人倾向于投共和党的票，黑人倾向于投民主党的票。

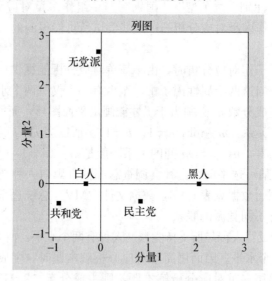

图 6-10　例 6-5 的列图

6.5　多元统计分析汇总

第 1 篇多元统计分析内容丰富，头绪太多，因而掌握起来较困难。究竟应该在什么情况下使用什么方法，这首先取决于需要讨论问题的性质，同时也取决于手中所掌握的数据的类型。

　　首先要考虑，在我们所记录的数据中，是否有特别关心的与一般变量不同的某个变量？如果有，就把我们需要特别关心的变量称作响应变量 Y，其余的称为自变量。响应变量 Y 可以没有，可以是类别型，也可以是连续型；自变量可以是类别型，也可以是连续型；搭配起来，2 行 3 列共有 6 种组合。这就是汇总表（见表 6-7）的总结形式。如果没有响应变量，其处理方法见表 6-7 中最左边的一列，再根据自变量属于类别型还是连续型予以区分，如果自变量是连续型的，则应该使用各种聚类分析、主成分分析、因子分析等方法；如果有类别型的响应变量（比如要特别关心某个样品的类属，此变量是类别变量），这时可以选择表 6-7 内中间的一列，再根据自变量属于类别型还是连续型予以区分，如果自变量是连续型的，则应该使用判别分析等方法；如果有连续型的响应变量（比如要特别关心炼钢最后的含硫量），这时可以选择表 6-7 内最右边的那列，再根据自变量属于类别型还是连续型予以区分，如果自变量也是连续型的，则应该使用各种回归分析方法。读者可以根据问题和数据类型先选用合适的方法，再去有关章节查看具体统计方法的细节。

表 6-7　多元统计分析汇总表

	无 Y	Y 类别	Y 连续
X 类别	对应分析（第 6 章） ★聚类分析（第 3 章）	★列联表（《指南》第 6 章） ★对应分析（第 6 章）	★MANOVA（1.3 节） ★单总体均值检验（1.2 节）
X 连续	★聚类分析（第 3 章） ★主成分分析（第 4 章） ★因子分析（第 5 章） ★主成分得分聚类（4.4 节） 因子得分聚类（5.4 节）	★Logistic 回归（《指南》第 9 章） ★判别分析（第 2 章） ＊逐步判别（维数高、样本量大时用） ★主成分得分判别（4.4 节） 因子得分判别（5.4 节）	★回归（多元、逐步、最佳子集等） ★广义回归（自变量可以同时含有类别变量，《指南》第 9 章） ＊偏最小二乘法（维数高、样本量小时用） ★主成分得分回归（4.4 节） 因子得分回归（5.4 节）

　　★重点内容；＊高深要求；《指南》是指《六西格玛管理统计指南——MINITAB 使用指导》（参考文献［15］）一书。

第2篇

可靠性与生存分析

在生产管理中，改进生产的目标之一是提高产品的各项性能，有时特别需要注重产品的经久耐用性。研究产品寿命的理论就是可靠性（reliability）理论。可靠性理论的内容非常丰富，既涉及工程技术、制造技术和管理技术等专业知识，也涉及许多数学知识。可靠性可以分为可靠性数学、可靠性工程、可靠性物理等分支，这些分支各有侧重点。例如，可靠性数学是数学的重要分支之一，更多地考虑数学知识的介绍，读者可以参考曹晋华、程侃的《可靠性数学引论（修订版）》。可靠性工程旨在提高系统或产品在整个寿命周期内的可靠性，更侧重于设计、分析、试验的工程技术，读者可以参考王金武主编的《可靠性工程基础》。可靠性物理主要研究失效的物理原因与数学物理模型、检测方法与纠正措施，是从本质上和机理方面探究产品的不可靠因素，从而为研究、生产高可靠性产品提供科学依据。有关可靠性物理的介绍，读者可以参考恩云飞、谢少锋、何小琦的《可靠性物理》。

本篇仅介绍可靠性数据的统计分析，它是可靠性工程的基础。与可靠性工程和可靠性物理不同，可靠性统计主要利用数理统计方法来分析可靠性中常见的寿命数据，更多的统计方法介绍参见茆诗松、汤银才、王玲玲的《可靠性统计》，以及赵宇主编的《可靠性数据分析》。值得注意的是，本篇中可靠性统计研究的对象是以"独立单元"为研究对象，即：器件、部件乃至系统都以"独立单元"来进行研究。我们以前学习过的一元统计及多元统计都常假定数据服从正态分布，但在研究可靠性时，更常见到的是 Weibull 分布、对数正态分布等；以前使用的数据只限于精确数据，而在研究可靠性时，常常见到删失数据。为此在可靠性统计中要使用复杂得多的统计工具。实际工作者搞懂全部可靠性统计的知识是很不容易的，好在现在有很多方便使用的统计软件协助我们。例如，MINITAB 公司推出 MINITAB 软件的全中文版，使人们可以方便地实施可靠性数据的统计分析。本篇介绍可靠性统计中的重要概念、统计方法等知识，同时也介绍 MINITAB 软件操作的方法，共包含 6 章（从第 7 章到第 12 章）。为了使读者对可靠性和生存分析有一个清晰的认识，第 7 章首先给出可靠性工程及有关可靠性的一些基本概念，后面各章将陆续介绍可靠性统计分析的基本数学工具、基本方法，详细说明如何用 MINITAB 软件实现可靠性分析，同时给出许多实例。其中，第 8 章介绍一些常用分布及其识别方法，包括指数分布、Weibull 分布、极值分布、对数正态分布和对数 Logistic 分布等。第 9 章和第 10 章分别介绍参数模型分析方法和非参数模型分析方法，当寿命数据可以用常见的寿命分布拟合时，利用参数模型进行分析的效率较高，但是当常见的几种分布都不能很好地拟合数据时，就要考虑非参数模型分析方法。第 11 章介绍加速寿命试验的统计分析方法，主要用于高可靠性、长寿命产品的寿命数据统计分析。最后第 12 章简单讲述可靠性和生存分析中前面几章所没有提到的几个比较重要的问题。例如退化模型的寿命分析主要基于实测的退化数据，使用适当的回归分析方法找出元器件的失效规律，预测元器件的伪寿命，再利用伪寿命数据进行统计分析。除此之外，还包括回归分析、概率单位分析、增长曲线分析、保证分析和抽样验收等。

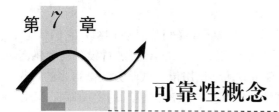

第 7 章

可靠性概念

本章是学习第 2 篇的基础。可靠性概念的应用十分广泛，不但在可靠性工程方面起关键作用，在生物统计、医药、环保、农林业等方面也有重要作用。从学科内容而言，可靠性研究是应用统计学的重要分支之一，一般的统计概念和理论在这里都会用到。本章首先在 7.1 节介绍可靠性工程发展的历史及其研究的重要性，然后在 7.2 节给出常用的可靠性度量及其之间的关系，最后在 7.3 节说明可靠性数据在 MINITAB 工作表中的特殊结构。

7.1 可靠性工程概论

7.1.1 可靠性工程的起源

可靠性工程起源于第二次世界大战，发展至今已有数十年的历史。研究可靠性最初是从解决电子管故障问题开始的。

在第二次世界大战时，美国在南方基地部署了许多远东战略军用飞机，可是近半数的飞机不能飞行。经过多次检查才搞清楚原来是电子管发生了故障。因为运到的电子管半数以上出了故障，所以无法使用。然而，这种电子管是用在飞机电子设备重要部件上的，出故障是个很严重的问题，于是美国政府采取了紧急措施。从生产开始，严格按照设计及工艺图纸要求，加强对制造过程的控制，最后终于制造出完全符合设计及工艺图纸要求的电子管。可是这种合格的电子管运往远东后仍然不断地发生故障。

为什么在厂里检查是合格的电子管，一旦使用就出故障呢？这使人们联想到是否还有一种超出现有制造技术或检验能力的其他"因素"在起作用。该因素就是尽可能减少电子管发生故障的一种特性，我们把这种特性称为"可靠性"。只要能在产品设计及工艺设计时就预先考虑到它，再按这种设计的图纸生产，不易发生故障的产品才能被制造出来。实践证明，这种可靠性很好的电子管在使用后相当长的时间内没有发生故障，于是就称它为"长寿命管"。因此，电子管故障及防治的研究就成了可靠性研究的开端，可靠性工程可以说是由此起步的。

美国国防部和电子工业部门在 1952 年联合设立了电子设备可靠性咨询组，它们认定，必须制定严格的规定，包括可靠性的正式演示验证，以作为采购部门进行设备验收的条件。当这些试验成为标准程序后，人们很快发现可以达到比用传统试验方法高得多的可靠性水平。后来，美国国防部重新发布了"可靠性鉴定和生产核准试验"的美国军标 MIL-STD-781。

与此同时，以集成微电子电路为先导的电子器件技术革命还在继续，越来越强调提高安装在生产设备上的器件的质量。人们引入筛选技术取代传统的抽样技术，这是因为随着产品中包含元器件总数的日益增多，抽样技术不再能够有效地防止劣质设备的生产。这些覆盖了所有电子元器件的技术在军标中被正式确定下来。按这些标准生产的元器件称为"高可靠性"元器件。基于美国军标的电子元器件规范和试验系统在美国和欧洲大陆制定完成，并通过了国际电工委员会（IEC）的批准成为国际性规范。1965 年，美国国防部发布了军标 MIL-STD-785，即系统和设备的可靠性大纲。此文件作出强制要求，把可靠性工程工作与传统的工程设计、开发和生产活动相整合，因为当时人们已经认识到，早期进行这样一项综合性的工作，能够在研制初期也是费用最少的阶段完成，发现并消除潜在的可靠性问题，在经济上是最佳选择。

20 世纪 80 年代初开始，日本工业和民用新产品的可靠性全面地击败西方竞争对手，占了上风，诸如汽车、机床、电子元器件和系统等产品的可靠性远远超过了先前的水平，而且这些产品并不那么昂贵，这引起了美国工业界的震动。追求高可靠性是满足顾客需求非常重要的一个方面。目前，世界上广泛使用的各种产品都要求具有远比过去高得多的可靠性，全球性的经济竞争给我们提出了相当高的要求。

我国的可靠性工作起步较晚，直到 20 世纪 60 年代才开始在电子工业和航空工业中初步形成可靠性研究体系，并将其应用于军工产品，其他行业的可靠性工作起步更晚。直到 1982 年，我国才陆续公布并实施关于可靠性的一系列国家标准，但尚未引起所有企业的足够重视。我们必须加快可靠性知识的普及推广，使工程技术人员深入理解和熟练运用可靠性知识，大力提高我国产品的可靠性，只有这样才能适应我国经济、科学技术和国防现代化的需要，也才能适应世界经济大潮对我国工业界的急切需求。

7.1.2 影响产品可靠性的因素

所谓可靠性就是"不易发生故障的程度"。从常识来看，不论是对于顾客还是对于生产者，最好是产品永远不发生故障。但是，一般来说，产品在使用过程中，由于使用方法、使用环境条件和磨损老化等原因，其状态总要或多或少地产生变化，永远保持同一状态是不可能的。当这种由于时间的推移而引起的变化表现在产品的功能、性能上时，日积月累，最终就将导致故障的发生。一般来说，故障发生前所经历的时间，由于产品的使用方法以及使用环境等条件的不同可能差别很大，甚至生产厂家不同，故障发生前所经历的时间也不相同。

如上所述，产品总归是要退化并产生故障的。制作出永远不发生故障的产品是根本不可能的，但设计、制造出尽可能在指定时间内不出故障的产品则是生产者和使用者所追求的。

影响产品可靠性的因素很多，主要因素有：使用条件、使用方法、设计上的可靠性问题、试验中的可靠性问题、原材料购买时的可靠性问题、制造中的可靠性问题、出厂后的可靠性问题、售后服务及可靠性维护等。了解到影响可靠性的因素，就可以通过控制这些因素来获得可靠性比较高的产品。

7.1.3 学习和应用可靠性的意义

产品从设计、制造到使用的每一个环节中都有可靠性问题，如果在每一个环节都进行统计分析，采取措施，开展工作，将这些影响降到最低水平，产品的可靠性就会明显提高，顾客就会更加满意。学习和应用可靠性技术对企业所起的作用如下：

第一，有利于提高产品质量，生产出顾客更满意的可靠性高的产品。

第二，有利于保证高性能的、高精尖的、大规模的复杂产品的可靠性和维修性。

第三，有利于新产品的开发研制，达到更低的全寿命周期费用、更短的开发时间等。

第四，通过提高产品的可靠性，确保产品使用期间有更高的稳定性。

第五，减少因产品质量与可靠性问题而引起的索赔等经济损失，提高经济效益。

例如，以前人们一直认为，对于卡车来说，装得多、跑得快，就是好卡车，在重要功能方面表现出色则是好产品。近年来人们则认为，既能多装快跑，还要能行驶 20 万公里无故障才能算是好卡车。这就是把可靠性的要求加进去了。

价格是产品质量好的另一层含义。例如，原来主要考虑在设计中选用什么材料、元器件，能使产品既便宜又能达到质量要求。近年来，顾客在购买商品时，除考虑购买时的性价比之外，还要考虑整个使用寿命中总费用是多少，例如要包括使用中所有的维修费、耗材费、燃料费、备件费等。

开展可靠性工作必然要投入必要的人力和物力，还要耗费大量的时间，这是否值得？这方面，国外开展可靠性研究工作的教训是可供借鉴的。美国开展可靠性研究的初期，也有人表示怀疑，甚至称可靠性为"富人科学""奢侈科学"。每当经费缩减时，就把可靠性研究项目砍掉。然而，人们从大量的不可靠产品造成的恶果中得到极深的教训，才真正认识到忽略可靠性是不行的。此外，人们还从产品需要昂贵的使用维修费用中认识到，可靠性工程是一门减少全寿命周期费用的最有效和最经济的科学。据国外统计，装备的研制费、采购费、后勤维修保障费的比例等于 1∶3∶6。可见维修费已达到惊人的地步，以至于出现"研制得起，买不起"或"买得起，维修保障不起"的局面。因此，近年来的经济飞速发展迫使领导层和设计人员的设计思想发生变化，即从单纯的性能设计转变为效能设计。据美国某公司统计，在研制阶段为改善可靠性与维修性所花的每 1 美元，将在以后使用和后勤支援中节省 30 美元，也就是实现 30∶1 的经济效益。可靠性的经济效益不仅仅孕育于未来，而且在研制中可以直接减少样机研制的次数，减少一轮样机，不仅可以节省大量资金，而且可以节省时间。

可靠性对军事的作用更是十分明显，例如：

提高作战能力——提高装备各部件及设备的可靠性，减少装备发生故障的次数；提高装备的战备完好率或增加出动率，保证装备连续出动的能力，同时提高装备持续作战和完成任务的能力，从而提高装备的作战能力；改进维修性，减少装备在地面维护和修理的停机时间以及装备再次出动的准备时间，提高装备的出动率，同时减少装备战伤修理时间，提高装备再次投入作战的能力。

减少维修人力——装备部件及设备可靠性的提高，能减少故障发生次数，从而减少维修次数；维修性的改进将提高维修工作效率，减少维修时间。因此，可靠性与维修性的改进将减少维修人力。

降低使用保障费用——可靠性与维修性的改进将减少维修人力、备件供应以及保障设备的器材，降低维修人员的技术等级要求和培训要求，进而降低装备的使用保障费用。

可见，可靠性在工程和军事上都有很重要的应用。

7.1.4 可靠性与生存分析

从更广泛的意义上看，对产品的可靠性研究可以推广为更一般的对产品或生命进行生存（survival）分析的过程，产品、人或动物的寿命可以称为**生存时间**，可靠性与生存分析就是对寿命或者生存时间即寿命数据进行统计推断的统计学。因此，粗略地说，可靠性与生存分析其实是一回事。在本书中，常把这两个研究领域等同起来。

可靠性研究的是器件或系统的寿命分布，作为应用统计学的一个重要分支，它当然要以数据为基础。可靠性统计是以处理寿命数据为其特点的。概括地说，在可靠性统计的研究中，我们其实就是希望能够选择一个合适的分布来拟合寿命数据，再以此分布为基础进行统计分析。一般来说，如果这个分布的类型可以确认，则只要对它们的参数加以估计和检验就够了，这就是**参数模型分析方法**；如果没有一个合适的分布类型可以拟合寿命数据，就要用非参数方法来对寿命数据进行分析，这就是**非参数模型分析方法**。可靠性的理论研究需要用到很多高深的统计学知识，对一般读者来说，完全搞懂这些统计理论是很难在短期内实现的，但 MINITAB 软件会帮助我们具体地实现这些分析而无须理解高深理论。学习可靠性的最好办法是将学习方法与解决实际问题结合起来进行，重要的是搞懂有关概念，学会用软件计算，并能理解计算结果的含义。

这里特别要提出一个有关数据的注意事项。我们已经学习过很多用来处理各种数据的统计概念及分析方法，但在可靠性与生存分析中，我们遇到的数据常常与一般的数据有很大的区别。例如，我们在对一支二极管进行寿命检验时，发现它在第 500 小时时仍工作，我们不知道它将在何时失效，只知道其寿命肯定比 500 小时还长；或者发现它在第 500 小时时仍工作，但在第 600 小时去检查时发现它已经失效，因此我们不知道它的准确失效时间，只知道其寿命在（500，600）小时这个区间内，等等。这些不知道精确失效时间的数据称为**删失**（censored）数据。忽略删失数据的特性而把它当作普通数据处理将会产生非常严重的后果，所以在可靠性统计的研究中学会处理带有删失的数据是个很重要的课题，这些内容将在后面各章内多次出现，请大家多加注意。

7.2 可靠性的度量

作为一门学科，可靠性是有其确切含义的。可靠性的准确定义是：产品在规定的条件下和规定的时间内，完成规定的功能的能力，称为产品的**可靠性**。下面先要对可靠性定义中的三个规定作一些解释。

第一，"规定的条件"指的是使用条件、维护条件、环境条件和操作技术。这些条件对产品可靠性都会有直接的影响，在不同的条件下，同一产品的可靠性不一样。一辆汽车在柏油路上行驶和在砂石路上行驶同样里程，显然后者的故障会多于前者，也就是说，环境条件越恶劣，产品可靠性越低。

第二，"规定的时间"指的是规定的工作时间，这是可靠性定义中的核心。同一辆汽车行驶 1 万公里可能发生的故障肯定比行驶 1 000 公里可能发生的故障多，也就是说，工作时间越长，可靠性水平越低，产品的可靠性是时间的递减函数。

第三，"规定的功能"指的是产品规格书中给出的正常工作的性能指标。通过试验，产品的各项规定性能指标都已达到，则称该产品**完成规定功能**，否则称产品**丧失规定功能**。把产品丧失规定功能的状态叫做产品发生"故障"或"失效"，在本书内不加区分。相应的各项性能指标的规格就叫做"故障判据"或"失效判据"。因此，衡量一个产品可靠性水平时一定要给出故障判据，比如，电视机图像的清晰度低于多少线就判为"故障"要明确定义，否则会引起争议。

因此，在规定产品可靠性指标要求时，一定要对规定的条件、规定的时间和规定的功能给予详细具体的说明。如果这些内容不规定清楚，仅给出产品可靠度是无法验证的，也是不科学和不合理的。

以上是可靠性的定性概念，但是，对于这样重要的概念仅有定性的理解当然是不够的，必须有定量的刻画。为了说明产品可靠性的程度，提高产品可靠性、比较同类产品的可靠性都必须给出严格的数学上的描述。由于产品在工作中发生故障带有偶然性，所以不能仅看单个产品的工作情况，而是应该在观察大量的同类产品之后，方能确定其可靠性的高低，故在可靠性定义中的"能力"就必须有统计学的意义。譬如，产品在规定的时间内和规定的条件下，失效数占产品总量的比率越小，其可靠性就越高；产品在规定的条件下，平均无故障工作时间越长，其可靠性也就越高。由于可靠性所研究的产品是相当广泛的、各种各样的，因此用来度量产品可靠性的"能力"也是多种多样的。这里的"能力"通常指的就是各种可靠性指标。常用的可靠性指标有可靠度、平均寿命、失效率等。

另外，在可靠性工程中必须有一些具体的可计算的定量特征量作为指标来使用。例如，用户与厂方一定要具体商定产品的可靠性水平，以便在设计中进行设计、预测、评定、比较；在生产中进行管理和落实；在验收中进行验证；在使用中进行可靠性检验，分清责任；向有关方面反馈可靠性信息，提出改进目标等。常用的可靠性特征量有可靠度、累积失效概率、失效密度、失效率、平均寿命、特征寿命等。本节将介绍上述几个重要特征量的概念和计算方法，这些内容是整个可靠性统计的基础，非常重要，只有彻底弄懂后才能理解后续内容。

7.2.1 可靠度

产品在规定的条件下、规定的时间内能完成规定的功能的概率叫做产品的**可靠度**，有时也可称为**生存概率**。可靠度表示一大批产品可靠性的统计特征，它不是也不可能表示个别或少数产品的可靠性特征。例如，产品工作到 500 小时的可靠度是 95％，它表示如果对多批（每批 100 件）同型产品在规定的条件下、在使用 500 小时的状况下进行试验，平均每批有 95 件产品能成功地完成规定的功能。但是，不能事先肯定某个产品在哪次试验中试验多长时间时将发生故障或不发生故障。

对于一种产品来说，在规定的条件和规定的功能下，其可靠度是时间的函数，也称为**可靠度函数**。一件产品的寿命 T 是事先无法确定的随机变量。对于某个指定的时间 t 而言，如果产品的寿命 T 大于规定的时间 t，即 $T > t$，则产品一定能完成规定的功能；否则，若 $T \leqslant t$，则产品不能完成规定的功能。一般用 $R(t)$ 表示可靠度函数，它可以看作事件" $T > t$ "发生的概率，即

$$R(t) = P\{T > t\} \tag{7-1}$$

有时，也把可靠度函数称为**生存函数**（survival function）。从寿命的角度看，它反映观察个体生存至时间 t 的概率，即在 t 时刻的生存概率。$R(t)$ 关于时间 t 的曲线叫做**生存曲线**或**生存图**，陡峭的生存曲线表示较低的生存概率或较短的生存时间，平缓的生存曲线表示较高的生存概率或较长的生存时间，如图 7-1 所示。

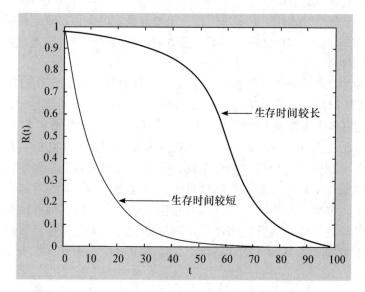

图 7-1　生存函数示意图

从图中可以看出，可靠度函数（生存函数）是时间的非增函数。

如果用 N 表示 $t = 0$ 时在规定条件下进行工作的总产品数，$r(t)$ 表示在 $0 \sim t$ 时刻的工作时间内产品的累计故障数，那么可以用频率作为 t 时刻可靠度函数的估计值，即

$$\hat{R}(t) = \frac{N - r(t)}{N} \tag{7-2}$$

7.2.2 累积失效概率

产品在规定的条件下和规定的时间内，丧失规定的功能的概率称为**累积失效概率**，它是时间的函数，一般用 $F(t)$ 来表示。如果用 T 表示产品寿命，那么对于规定的时间 t，有

$$F(t) = P\{T \leqslant t\} \tag{7-3}$$

有时也把它称为**累积失效分布函数**，式（7-3）所给出的其实就是我们在概率论中最常见的分布函数，易知 $F(t)=1-R(t)$。累积失效概率关于时间的图形叫做**累积失效图**，如图 7-2 所示。

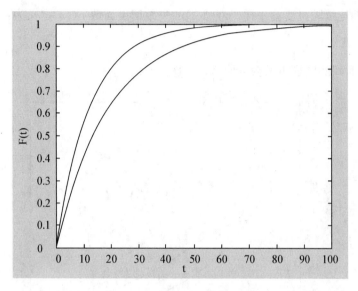

图 7-2　累积失效分布函数示意图

可以用经验累积失效分布函数来估计累积失效分布函数，即

$$\hat{F}(t)=\frac{r(t)}{N} \tag{7-4}$$

容易看出，由于可靠度函数 $R(t)$ 与累积失效分布函数 $F(t)$ 之和恒定为 1，如果将两条曲线绘制在同一张图中，两者的升降趋势刚好相反（见图 7-3）。

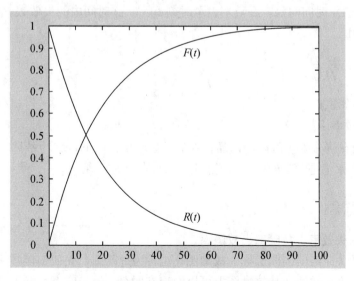

图 7-3　可靠度函数与累积失效分布函数

一般的概率统计内容大多更重视累积失效分布函数 $F(t)$，与之相比，可靠性研究则更加重视可靠度函数 $R(t)$，以下很多概念都是由 $R(t)$ 引出的。

7.2.3　失效密度

　　和任何其他连续随机变量一样，寿命 T 的**失效密度函数** $f(t)$ 定义为：

$$f(t)=F^{'}(t) \tag{7-5}$$

$f(t)$ 关于时间的图形叫做**密度曲线**，如图 7-4 所示。

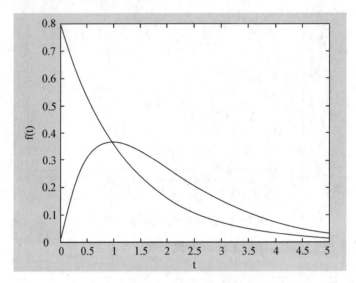

图 7-4　失效密度曲线示意图

　　这里的密度函数与概率统计中的概率密度的概念是完全一致的。绘制出的图形可能有多种类型，图 7-4 中只是显示了常见的"单峰型"及"乙字型"两种。

　　如果用 Δt 表示时间间隔，$\Delta r(t)$ 表示时刻 t 后，Δt 时间内的失效数，那么当 Δt 取值很小时，可以用

$$\hat{f}(t)=\frac{\Delta r(t)}{N\Delta t} \tag{7-6}$$

作为 t 时刻失效密度的估计值。

7.2.4　失效率函数

　　工作到 t 时刻尚未发生故障的产品，在 t 时刻后单位时间内发生故障的概率称为产品的**失效率**。失效率也是时间的函数，通常用 $\lambda(t)$ 表示，且有

$$\lambda(t)=\frac{f(t)}{R(t)} \tag{7-7}$$

有时也称为**瞬时失效率、危险率、故障率**。

　　失效率函数关于时间的图形称为**故障图**，也称为危险图，失效率函数用于测量某时刻的产品是否容易发生故障。从故障图上可以看出在时刻 t 的失效率。绝大多数产品在使用过程中，失效率并不是恒定不变的，而是随着时间的改变而发生变化，其曲线形似浴盆，

如图 7-5 所示，故将失效率曲线称为**浴盆曲线**（bathtub curve）。产品故障机理虽然不同，但产品的失效率随时间的变化大致可以分为三个阶段：早期故障阶段、偶然故障阶段和耗损故障阶段。

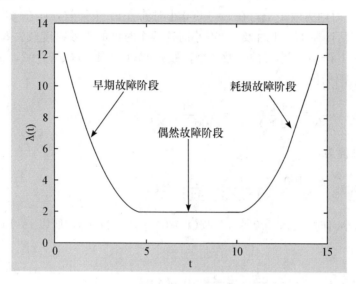

图 7-5 失效率浴盆曲线图

（1）早期故障阶段：在产品投入使用的初期，产品的故障率较高，且存在迅速下降的特征。这一阶段产品的故障主要是设计与制造中的缺陷，如设计不当、材料缺陷、加工缺陷、安装调试不当等，产品投入使用后很容易暴露出来。进行合理的筛选，尽可能在交付使用前把早期失效的器件淘汰掉，可以使出厂器件的失效率达到或接近下述偶然故障期的水平，即达到或接近原设计水平。改进产品设计、加强材料和器件的质量控制，可以减少甚至消除早期故障。

（2）偶然故障阶段：在产品投入使用一段时间后，产品的失效率可降到一个较低的水平，且基本处于平稳状态，可以近似认为失效率为常数，这一阶段就是偶然故障期。产品的故障主要是由偶然因素引起的，偶然故障阶段是产品的主要工作时间。

（3）耗损故障阶段：在产品投入使用相当长的时间后，产品进入耗损故障期，其特点是产品的失效率迅速上升，很快出现大量的产品故障或报废。这一阶段产品的故障主要是由老化、疲劳、磨损、腐蚀等耗损性因素引起的。采取定时维修、更换等预防性维修措施，可以降低产品的失效率，以减少产品故障所带来的损失，延长产品的使用寿命。

另外，并非所有产品的失效率曲线都可以分出明显的三个阶段。高质量等级的电子元器件的失效率曲线在其寿命期内基本是一条平稳的直线。而质量低劣的产品可能存在大量的早期故障或很快进入耗损故障阶段。

类似地，可以用

$$\hat{\lambda}(t) = \frac{\Delta r(t)}{[N - r(t)]\Delta t} \tag{7-8}$$

来估计 t 时刻的失效率。式中，$r(t)$ 是到时刻 t 为止失效的产品总数；Δt 是时间间隔；$\Delta r(t) = r(t + \Delta t) - r(t)$ 是时间区间 $(t，t + \Delta t)$ 内失效的产品总数。

【例 7 - 1】 在 $t = 0$ 时，有 $N = 100$ 件产品开始工作，在 $t = 100$ 小时前有 2 个失效，而在 $100 \sim 105$ 小时内失效 1 个；在 $t = 1\ 000$ 小时前有 51 个失效，而在 $1\ 000 \sim 1\ 005$ 小时内失效 1 个。试估计在 100 小时及 1 000 小时这两个时刻的失效密度及失效率。

由于已知在 $100 \sim 105$ 小时内失效 1 个，故 $\Delta r(100) = 1$，$r(100) = 2$，$\Delta t = 5$，所以 $t = 100$ 小时的失效率估计值为：

$$\hat{\lambda}(100) = \frac{\Delta r(100)}{[N - r(100)]\Delta t} = \frac{1}{(100 - 2) \times 5} = \frac{1}{490} = 0.002\ 04$$

失效密度的估计值为：

$$\hat{f}(100) = \frac{\Delta r(100)}{N \Delta t} = \frac{1}{100 \times 5} = \frac{1}{500} = 0.002$$

而在 1 000 小时时，$\Delta r(1\ 000) = 1$，$r(1\ 000) = 51$，$\Delta t = 5$，所以 $t = 1\ 000$ 小时的失效率估计值为：

$$\hat{\lambda}(1\ 000) = \frac{1}{(100 - 51) \times 5} = \frac{1}{245} = 0.004\ 08$$

失效密度的估计值为：

$$\hat{f}(1\ 000) = \frac{1}{100 \times 5} = \frac{1}{500} = 0.002$$

【例 7 - 2】 一台电视机有 1 000 个焊点，工作 1 000 小时后，检查 100 台电视机，发现有两点脱焊，试求出 $t = 0$ 时焊点失效率的估计值。

由于 100 台电视机共有 100 000 个焊点，这里每一个焊点相当于一个产品，若取 $\Delta t = 1\ 000$ 小时，那么 $t = 0$ 时失效率的估计值为：

$$\hat{\lambda}(0) = \frac{\Delta r(0)}{[N - r(0)]\Delta t} = \frac{2}{(100\ 000 - 0) \times 1\ 000} = 2 \times 10^{-8}$$

当失效率为常数，产品处于偶然故障阶段时，可用下式估算失效率：

$$\hat{\lambda} = \frac{r}{T_N} \tag{7 - 9}$$

式中，r 为试验周期内的产品失效数；T_N 为产品总数和试验时间的乘积，简称**器件小时数**，或**总试验时间**。

【例 7 - 3】 某批电路经筛选进入偶然故障阶段，取样 1 000 块，做 1 000 小时寿命试验，失效 5 块，求这批产品的失效率。

由于 $r = 5$，$T_N = 1\ 000 \times 1\ 000$，所以这批产品的失效率为：

$$\hat{\lambda} = \frac{r}{T_N} = \frac{5}{10^6} = 5 \times 10^{-6}$$

前面定义的失效密度函数、可靠度函数和失效率函数这三个函数在数学上是可以互相推导的，给出其中一个，另外两个就可以导出。其具体关系如下：

(1) 已知 $f(t)$，那么 $R(t) = \int_t^\infty f(t)\mathrm{d}t$，$\lambda(t) = \dfrac{f(t)}{\displaystyle\int_t^\infty f(t)\mathrm{d}t}$。

(2) 已知 $R(t)$，那么 $f(t) = \dfrac{\mathrm{d}}{\mathrm{d}t}[1-R(t)] = -R'(t)$，$\lambda(t) = -\dfrac{R'(t)}{R(t)} = -\dfrac{\mathrm{d}}{\mathrm{d}t}[\ln R(t)]$。

(3) 已知 $\lambda(t)$，那么 $R(t) = \exp\left[-\int_0^t \lambda(x)\mathrm{d}x\right]$，$f(t) = \lambda(t)\exp\left[-\int_0^t \lambda(x)\mathrm{d}x\right]$。

下面我们通过一个例题说明当寿命服从指数分布时，其相应的可靠度函数、累积失效分布函数、失效率函数的具体形式。

【例 7 - 4】 当寿命 T 服从参数为 θ 的指数分布时，求其相应的累积失效分布函数、可靠度函数和失效率函数。

参数为 θ 的指数分布的概率密度函数是：

$$f(t) = \frac{1}{\theta}\exp\left(-\frac{t}{\theta}\right), t \geqslant 0, \theta > 0$$

则累积失效分布函数是：

$$F(t) = \int_0^t f(x)\mathrm{d}x = \int_0^t \frac{1}{\theta}\exp\left(-\frac{x}{\theta}\right)\mathrm{d}x = 1 - \exp\left(-\frac{t}{\theta}\right), t \geqslant 0, \theta > 0$$

于是可靠度函数是：

$$R(t) = 1 - F(t) = \exp\left(-\frac{t}{\theta}\right), t \geqslant 0, \theta > 0$$

从而失效率函数是：

$$\lambda(t) = \frac{f(t)}{R(t)} = \frac{\frac{1}{\theta}\exp\left(-\frac{t}{\theta}\right)}{\exp\left(-\frac{t}{\theta}\right)} = \frac{1}{\theta}, t \geqslant 0, \theta > 0$$

式中，θ 是该指数分布的尺度参数。可以看出，指数分布的失效率函数是常数。

7.2.5 寿命特征量

我们在前几段引入的概念中，全都是用函数来表示的。正如通常的概率统计内容中，随机变量的全面描述莫过于给出密度函数或分布函数。但我们总用一个函数来讨论问题通常很不方便，因此描述随机变量会使用一些重要的特征量，例如均值、方差、标准差等。对于可靠性来说也是一样，描述寿命莫过于给出可靠度函数，但也希望给出一些相关的寿命特征量。这里与普通随机变量有相同之处，也有其独特之处。下面给出几个常用的特征量：平均寿命、可靠寿命、中位寿命和特征寿命等。

7.2.5.1 平均寿命

若 T 是表示产品寿命的随机变量，它有密度函数 $f(t)$，则其数学期望

$$E(T) = \int_0^\infty tf(t)\mathrm{d}t = \int_0^\infty R(t)\mathrm{d}t \qquad (7-10)$$

就称为产品的**平均寿命**。平均寿命是标志产品平均工作多长时间的量。不少产品，如显像管、电视机、计算机等，常用平均寿命作为可靠性度量，因为人们从这个指标可以直观地了解一种产品的可靠性水平，也容易比较两种产品在可靠性水平上的高低。譬如，一种显像管的平均寿命是 8 000 小时，另一种显像管的平均寿命是 10 000 小时，那么后者比前者的可靠性水平高，但这并不意味着后者每一个显像管的寿命都比前者高 2 000 小时。显然，我们这里给出的"平均寿命"的概念是针对产品总体而言的，平均寿命是总体的参数之一。可见，平均寿命这个可靠性指标不是针对单个产品而言的，而是针对整批产品（当作一个总体）而言的一个概念，而实际需要的正是针对整批产品而言的可靠性指标。

我们遇到的产品大体可分为两类：一类是不可修复的产品，如灯泡、晶体管、轴承等；另一类是可修复的产品，如电视机、计算机等，修复后可认为和新的一样，也称为完全修复产品。对不可修复的产品，平均寿命就是**平均故障前时间**，MINITAB 中也称为**平均故障时间间隔**，简记为 MTTF（mean time to failure）；对于可修复产品，平均寿命就是**平均故障间隔时间**，简记为 MTBF（mean time between failure）。

【例 7－5】 求指数分布的平均寿命。

当寿命服从指数分布时，概率密度函数是：

$$f(t) = \frac{1}{\theta}\exp\left(-\frac{t}{\theta}\right), t \geqslant 0, \theta > 0$$

平均寿命为：

$$E(T) = \int_0^\infty tf(t)\mathrm{d}t = \int_0^\infty \frac{t}{\theta}\exp\left(-\frac{t}{\theta}\right)\mathrm{d}t = \theta$$

也就是说，当寿命服从参数为 θ 的指数分布时，平均寿命就是其参数 θ。

产品的平均寿命作为总体的一个参数，一般都是未知的。通常我们所遇到的问题是：在产品的失效密度未知的情况下，如何来估计一批产品的平均寿命？一般是抽取少量产品进行寿命试验，使用获得的一些数据来估计。这部分产品称为**样本**（sample），其中每一个产品称为一个**样品**，我们要用样本的统计量来对总体的参数进行估计。在求样本平均寿命时，通常先不考虑寿命的分布类型。另外，由于可靠性寿命试验往往是破坏性的，试验时间也较长，故抽取产品的数量应较少，以便节省试验经费。

如果从总体中随机抽取 n 个样品，经过寿命试验获得各样品发生故障的时刻分别为 t_1，t_2，…，t_n，那么这 n 个数的算术平均值

$$\bar{t} = \frac{1}{n}\sum_{i=1}^n t_i \qquad (7-11)$$

即样本均值就可用来估计该批产品的平均寿命。

【例 7 - 6】　取一批发报机中的 18 台做寿命试验，各台发报机从开始工作到发生初次故障的时间（单位：小时）为：

160	290	506	680	1 000	1 300	1 408	1 632	1 632
1 957	1 969	2 315	2 400	2 912	4 010	4 315	4 378	4 500

试求此批发报机的平均寿命。

由于这批发报机的样本平均寿命为：

$$\bar{t} = \frac{1}{n}\sum_{i=1}^{n} t_i = \frac{160+290+\cdots+4\,500}{18} = 2\,075.8$$

故可以将此值作为这批发报机的平均寿命的估计值。

关于平均寿命的估计有以下三点要注意：

第一，从整批产品中抽样品要随机化，即整批产品中每一个产品都以同等的概率被抽到。只有这样才能使获得的样本代表整批产品，从而算得的算术平均值才能代表整批产品的平均寿命。假如抽取样品只在优等品中进行，那么经过辛苦的试验和计算，获得的算术平均值却不能代表整批产品的平均寿命。要做到这一点，在技术上没有什么难处，难处在于排除人为因素的干扰。

第二，样品抽多少为宜，不宜划一。一般来说，样品越多，估计结果越精确，但也要考虑到试验费用和试验时间。对价格低、试验费用少的产品，样品可抽得多一些；对价格高、试验费用多的产品，样品可抽得少一些；对元器件可以抽得多一些，对整机可以抽得少一些；对可修复产品可抽得多一些，对不可修复产品可抽得少一些。

第三，对于某些产品，即使样品不太多，也要等全部试验都做完（称为**完全寿命试验**）再估计平均寿命，这就需要等待很长时间。有时不需要等试验全部做完，而只是部分样品失效（如 60% 或 50% 失效等，这一类寿命试验称为**截尾寿命试验**），就要对平均寿命作出估计。这时就不能再用样品的算术平均值去估计平均寿命，而要用另外的估计公式，还要用到产品寿命的分布，这些内容将在第 9 章介绍。

7.2.5.2　可靠寿命

我们知道，可靠度函数 $R(t)$ 是时间 t 的非增函数。在开始工作 $t=0$ 时，有 $R(t)=1$。随着工作时间的增加，$R(t)$ 逐渐下降。若产品的可靠度函数为 $R(t)$，使可靠度等于给定值 r 的时间 t_r 称为可靠度为 r 的**可靠寿命**，其中 r 称为**可靠水平**，满足

$$R(t_r) = P(T > t_r) = r \tag{7-12}$$

从定义中可以看出，产品工作到可靠寿命 t_r，大约有 $100(1-r)\%$ 的产品已经失效。

图 7 - 6 给出参数为 1 的指数分布的若干可靠寿命示意图。例如，我们可以分别求出 $r=0.90$，$r=0.70$ 的可靠寿命 $t_{0.90}=0.105$，$t_{0.70}=0.357$，它们分别满足：$R(t_{0.90})=R(0.105)=0.90$ 及 $R(t_{0.70})=R(0.357)=0.70$。$t_{0.90}$ 的意思是，到了 0.105 这个时刻产品中仍有 90% 在正常工作；$t_{0.70}$ 的意思是，到了 0.357 这个时刻产品中仍有 70% 在正常工作，显然 $t_{0.70}$ 要比 $t_{0.90}$ 更大。

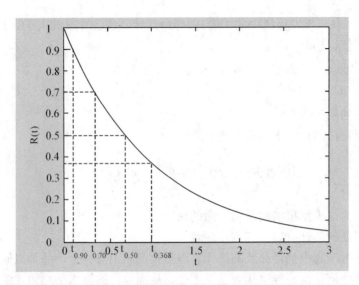

图 7 - 6　指数分布的可靠寿命示意图

【例 7 - 7】　　求参数为 θ 的指数分布可靠水平分别为 0.95，0.90，0.5 时的可靠寿命。参数为 θ 的指数分布的可靠度函数是：

$$R(t) = \exp\left(-\frac{t}{\theta}\right), t \geqslant 0, \theta > 0$$

那么可靠水平为 0.95 时，有

$$R(t) = \exp\left(-\frac{t}{\theta}\right) = 0.95$$

解得：

$$t_{0.95} = -\theta \ln 0.95 = 0.051\ 29\theta$$

同理可得：

$$t_{0.90} = -\theta \ln 0.9 = 0.105\ 36\theta, \ t_{0.50} = -\theta \ln 0.5 = 0.693\ 147\theta$$

7.2.5.3　中位寿命

可靠水平 $r = 0.5$ 的可靠寿命 $t_{0.5}$ 称为**中位寿命**，即

$$R(t_{0.5}) = 0.5 \tag{7-13}$$

$t_{0.5}$ 的含义是，到了这个时刻，产品大体上有一半仍能正常工作，而另一半已经失效了。这里要注意，在一般的统计学研究中，如果随机变量为正态分布，由于它是对称的，其均值与中位数相等；但在可靠性研究中，寿命常常是非对称的而且是正偏的（即分布的最高峰在左侧，右侧会有一个较长的尾部），这时均值就会比中位数大很多，而对于这种非对称分布来说，在分布的位置方面，中位数远比均值更具有代表性。例如，尺度参数为 θ 的指数分布，其均值为 θ，中位数为 $\theta \ln 2 = 0.693\ 1\theta$，只相当于平均寿命的 69%，也就是说，到了平均寿命的 69% 时，元器件将有大约一半不能正常工作。另外，对于指数分

布而言，比平均寿命短和比平均寿命长的产品各占多少呢？可以算出，寿命短于 θ 的占 $1-e^{-1}=0.632$，可见有 63.2%（大大超过一半）的产品会比平均寿命短，或者说到平均寿命时，会有 63.2% 的产品已经失效。

7.2.5.4 特征寿命

可靠水平 $r=e^{-1}$ 的可靠寿命 $t_{e^{-1}}$ 称为**特征寿命**。这就是说，产品工作到特征寿命时，大约有 63.2% 的产品失效，即

$$R(t_{e^{-1}})=e^{-1} \tag{7-14}$$

【例 7-8】 求参数为 θ 的指数分布的特征寿命。

参数为 θ 的指数分布的可靠度函数是：

$$R(t)=\exp\left(-\frac{t}{\theta}\right),t\geqslant0,\theta>0$$

那么其特征寿命 $t_{e^{-1}}$ 满足：

$$R(t_{e^{-1}})=\exp\left(-\frac{t_{e^{-1}}}{\theta}\right)=e^{-1}$$

所以，其特征寿命 $t_{e^{-1}}$ 为 θ。

$t_{e^{-1}}$ 的含义是，到了这个时刻，产品大体上有 36.8% 仍能正常工作，而另外的 63.2% 已经失效。从例 7-5 和例 7-8 中可以看出，对于指数分布而言，平均寿命与特征寿命恰好相同，均为 θ。而对于一般分布而言，平均寿命与特征寿命却未必相同。

7.3 删失数据

用可靠性和生存分析解决实际问题的数据往往与一般的数据不同，其区别在于它常常是删失的。对于删失的情况我们还要进行细致的分析，从形式上，它又分为下列三种情况：在对二极管进行的寿命检验中，如果在 500 小时检验时发现一支二极管仍工作，我们可以断定它的寿命大于 500 小时，常简记为 500^+，这种数据称为**右删失数据**；对于另一支二极管，如果在 700 小时检验时发现它已失效，但何时失效我们不知道，可以肯定它的寿命小于 700 小时，常简记为 700^-，称之为**左删失数据**；如果对于一支二极管可以肯定它的寿命超过 500 小时但小于 600 小时，这种数据称为**区间删失数据**。可靠性研究中之所以会出现删失数据，主要是由于可靠性数据通常是通过试验得到的，而观测结果只可能抽取若干时刻进行，不可能全部得到准确数据。一般而言，如果一个观测的精确值未知而只知道其大于等于某一个值，则称这个观测值在这一点**右删失**（right censored）。类似地，如果一个观测的精确值未知而只知道其小于等于某一个值，则称这个观测值在这一点**左删失**（left censored）；如果一个观测的精确值未知而只知道其在某个区间内，则称这个观测值在这一点**区间删失**（interval censored）。

在寿命数据中，右删失较为常见。下面我们以右删失为例，更详细地说明右删失的几种常见类型。

7.3.1 右删失类型

删失数据在生存分析中是常见的，也是非常重要的，根据试验安排的研究周期结束的判断准则不同，右删失又可以分为三种基本类型。

7.3.1.1 时间删失（Ⅰ型删失、定时删失）

由于观察时间和费用有时会受到一些限制，此时可以规定：试验是在一定的时间范围内进行的，到最终时刻就停止观测了，这个最终时刻通常在事前确定。这样，终止时刻事先给定，但会有多少件样品失效则不能预知。样品的寿命只有在其值小于或等于事先给定的时间范围内才能被观测到，此时获得的数据称为**时间删失**（time censoring），也叫**Ⅰ型删失**或**定时删失**。

例如，如果我们说某产品的寿命时间删失在 20 天，也就是说"到了 20 天时产品仍在工作"，这意味着虽然这件产品的准确失效时间不知道，但是其寿命肯定超过 20 天。

7.3.1.2 失效删失（Ⅱ型删失、定数删失）

与时间删失的观察是在一个固定的时间范围内进行稍有不同的是，**失效删失**（failure censoring）是观察持续到固定数目的个体失效为止。失效删失试验常用于设备寿命水平的测试研究，所有试验设备同时开始测试，直到有事先给定数目的设备失效时终止试验。如果坚持要观察到所有设备都失效，可能需要经过相当漫长的等待，而这种事先给定失效数目的试验观察既节省时间又节省费用。这种删失也叫做**Ⅱ型删失**或**定数删失**。

例如，如果我们说某产品寿命试验中的寿命失效删失在第 10 件产品，这意味着第 10 件以后失效的产品寿命数据都是删失的。

7.3.1.3 随机删失（Ⅲ型删失）

比时间删失及失效删失更复杂的情况是随机删失。它不是根据事先规定的时间或失效的个数来停止试验，而是根据另一个随机变量的取值来决定试验的每个样品停止与否。例如在试验中，由于某种原因产品转移他处，或中途由于某些原因（例如由于别的失效原因，在医学试验中常有试验个体因为受到其他因素的影响而出现提前离开试验观察的情况）而终止了试验，这些终止不是事先计划好的，而且常常是在多个不同的时间点处删失，但确实是寿命尚未终止。例如，两个癌症病人分别在服药后的 22 个月、30 个月都有就诊记录，随后则失访，可知其服药后寿命分别为 22^+ 月和 30^+ 月。我们将这种情况称为**Ⅲ型删失**，也叫**随机删失**（random censoring），这属于较复杂的右删失。

其中，Ⅰ型删失和Ⅱ型删失统称为**单一删失**（singly censored），Ⅲ型删失也叫**多删失**（multiply censored）。

7.3.2 工作表结构

由于删失数据与普通数据有很大的差别，所以在数据存放时必须将删失数据的删失状况明确地表示出来。在实际工作中，遇到右删失数据的机会远比其他删失数据多，因此我们将右删失记录在 MINITAB 中的存放方法单独列出来；还有一种称为任意删失，是各种删失皆可适用的记录存放方法。但不论是右删失还是任意删失，都可以用失效时间及删失状况两列数据来表示。当观测值较多时，为了避免过多重复，还可以给出一个频率列，用以表示相同观测值重复出现的次数。为了利用 MINITAB 软件进行可靠性分析，首先要熟悉其工作表的结构。下面分别给出右删失及任意删失数据的具体表示方法。

7.3.2.1 右删失数据的数据表达

1. 删失列

在 MINITAB 中，对于单一删失数据，可以输入一个失效时间列以及删失开始的时间来表示时间删失，输入一个失效时间列和删失由此开始的失效数来表示失效删失。另外，还可以使用删失列来表示单一删失数据。

删失列一般包括两个不同的数据，数据可以是数值型，也可以是文字型，当数据是数值型时，如果没有给定哪个值表示删失，那么 MINITAB 将会默认较小的数值表示删失。例如，若删失列中含有 0 和 1，则 0 表示删失，1 表示非删失。当数据是文字型时，常用 F 表示未删失，C 表示删失。和数值型一样，若没有指定哪一个表示删失，则按照字母顺序进行排列，靠前的数值表示删失。

如果数据是单一删失的，我们可以只用删失开始时间或删失开始的失效数来表示删失，而不必增加删失列。但是，如果数据是多删失的，我们就必须使用删失列来表示删失数据。

例如，有一批产品，2 件寿命是 5，1 件寿命是 6，到时刻 8 停止观测时还有 3 件产品尚未失效，那么寿命为 8 之前的数据都是准确的；寿命为 8 之后的数据都是（右）删失的，因而它们的寿命值皆比 8 要大，这组数据是时间删失的，可以直接指明是时间删失在"8"（具体操作方法见例 8-4）；也能用带删失列的工作表结构来表示（见图 7-7 左）。另一批产品一共有 6 件，观察到 3 件产品失效为止，此时精确数据有三个：5，5，8，之后的三个 8 都是删失的，这组数据是失效删失的，可以直接指明是失效删失在"4"（具体操作方法与例 9-3 相同）；也能用带删失列的工作表结构来表示（见图 7-7 中）。而另一批产品，寿命为 5 有 1 件产品，寿命为 6 有 1 件产品，有 2 件产品寿命肯定比 8 大，另一件产品寿命为 10，还有一件产品寿命肯定比 13 大，这组数据是随机删失的（即是多删失的），只能用带删失列的工作表结构来表示（见图 7-7 右），其中，寿命表示产品的失效时间，删失表示删失列，当删失为 0 时表示失效时间是删失的，当删失为 1 时表示失效时间是未删失的。

↓	C1 寿命	C2 删失		↓	C1 寿命	C2 删失		↓	C1 寿命	C2 删失
1	5	1		1	5	1		1	5	1
2	5	1		2	5	1		2	6	1
3	6	1		3	8	1		3	8	0
4	8	0		4	8	0		4	8	0
5	8	0		5	8	0		5	10	1
6	8	0		6	8	0		6	13	0

图 7-7 时间删失（左）、失效删失（中）和随机删失（右）数据的工作表结构

2. 频率列

如果观测值有许多是相同的，即在数据工作表中有许多行是相同的，那么我们可以在工作表中另增加一列频率列来合并那些相同的行，以简化数据表。注意，频率列中的数据必须是正整数。例如一批产品：寿命大于 10 的有 1 件，寿命为 11 的有 3 件，寿命大于 12 的有 3 件，寿命为 13 的有 1 件，我们可以用图 7-8 中的任一工作表来表示。

↓	C1	C2
	寿命	删失
1	10	0
2	11	1
3	11	1
4	11	1
5	12	0
6	12	0
7	12	0
8	13	1

↓	C1	C2	C3
	寿命	删失	频率
1	10	0	1
2	11	1	3
3	12	0	3
4	13	1	1

图 7-8　使用频率列的工作表结构

显然，图 7-8 中的两个工作表表示的数据是相同的，只不过使用频率列后的工作表变得简单多了。

3. 堆叠数据

非堆叠数据（unstacked data）是指来自不同样本的数据存放在工作表中不同的列。如果把来自不同样本的数据堆叠在一列，再加上一列指示量把数据分组，就称为**堆叠数据**（stacked data），如图 7-9 右图所示。

↓	C1	C2	C3	C4
	寿命A	删失A	寿命B	删失B
1	10	1	9	0
2	5	1	9	1
3	6	0	12	1
4	8	1	7	0
5	5	0	5	1
6	8	0		

↓	C1	C2	C3-T
	寿命	删失	类型
1	10	1	A
2	5	1	A
3	6	0	A
4	8	1	A
5	5	0	A
6	8	0	A
7	9	0	B
8	9	1	B
9	12	1	B
10	7	0	B
11	5	1	B

图 7-9　非堆叠数据与堆叠数据

显然，图 7-9 中两个工作表所表示的数据是相同的，其中，左图是非堆叠数据，右图是堆叠数据。

7.3.2.2　任意删失数据的数据表达

前面我们已经介绍了右删失数据工作表的表示方法，下面我们讲述对右删失、左删失和区间删失都适用的数据表示方法，即**任意删失数据**（arbitrarily censored data）的表示方法。当然，完全样本数据（所有数据都是精确时间）对两种数据表示方法都适用。任意删失数据的表示方法需要使用两列数据，分别表示删失的开始时间和结束时间，具体表示方法如表 7-1 所示。

表 7-1　任意删失数据的表示方法

观测值类型	开始栏输入	结束栏输入
精确时间	失效时间	失效时间
右删失	时间（在此之后失效）	*
左删失	*	时间（在此之前失效）
区间删失	失效发生区间的开始时间	失效发生区间的结束时间

当然，任意删失数据也可以使用频率列，如图 7-10 所示。

↓	C1	C2	C3
	开始	结束	频率
1	*	15	1
2	5	10	4
3	6	*	2
4	8	8	1
5	5	9	1

图 7-10　任意删失数据

图 7-10 中的数据的含义如下：第 1 行的数据为左删失，即只知道有 1 次失效发生在第 15 天之前；第 2 行的数据为区间删失，即有 4 次失效发生在第 5 天和第 10 天之间；第 3 行的数据为右删失，即只知道有 2 次失效发生在第 6 天之后；第 4 行的数据为精确的失效时间，即有 1 次失效发生在第 8 天；第 5 行的数据为区间删失，即有 1 次失效发生在第 5 天和第 9 天之间。

【例 7-9】　一工厂引进一批零件共 100 个，在第 11 天有 13 个零件被装配车间使用，对剩下的 87 个零件进行观测，在第 15 天发现有 2 个已经失效，恰好有 1 个在该天失效，该例对应的工作表结构如图 7-11 所示。

↓	C1	C2	C3
	开始	结束	频率
1	11	*	13
2	*	15	2
3	15	15	1
4	15	*	84

图 7-11　例 7-9 对应的工作表

和右删失一样，如果有多于一个样本的数据，那么既可以把不同样本的数据放在不同的列，形成非堆叠数据，也可以把不同样本的数据放在同一列，再用一列指示量来对数据进行分组而形成堆叠数据，如图 7-12 所示。

↓	C1	C2	C3	C4
	开始A	结束A	开始B	结束B
1	5	10	*	12
2	3	*	8	10
3	8	8	6	7
4			13	15

↓	C1	C2	C3-T
	开始	结束	类型
1	5	10	A
2	3	*	A
3	8	8	A
4	*	12	B
5	8	10	B
6	6	7	B
7	13	15	B

图 7-12　任意删失的非堆叠数据与堆叠数据

显然，图 7-12 中的两个工作表所表示的数据是相同的，其中，左图是非堆叠数据，右图是堆叠数据。

7.3.2.3　多种失效模式的数据表达

如果系统的失效原因不止一种，而我们想要了解每一种失效原因对系统失效的影响，这时就必须记录下系统的失效原因，然后进行**多种失效模式**（multiple failure modes）的分析。系统越复杂，失效模式就可能越多。例如，家用火警报警器可能会因电池没充电、线路故障、检测器故障或警报器故障而失效。

MINITAB 可以分析具有多种失效模式的系统。由于不同的失效模式通常具有不同的失效分布，因此通常最好按照失效模式对失效数据进行分组。此时，工作表至少包括两列：失效时间和相应的失效模式，当然，也可以有删失列和频率列。

注意，如果失效模式列是数值型，用 * 表示该观测值是右删失的；如果失效模式列是文本型，用空格表示该观测值是右删失的。如图 7 - 13 所示，左右两组工作表是等价的，只不过左图的失效模式列是数值型，右图的失效模式列是文字型。

↓	C1	C2	C3
	寿命	删失	失效模式
1	5	0	*
2	11	1	1
3	13	1	2
4	8	0	*
5	4	1	1

↓	C1	C2	C3-T
	寿命	删失	失效模式
1	5	0	
2	11	1	A
3	13	1	B
4	8	0	
5	4	1	A

图 7 - 13 失效模式示意图

以上介绍的就是寿命数据在 MINITAB 工作表中的表达方式。大家应尽量熟悉这些不同的记录方式，只有这样，才能看懂别人记录的 MINITAB 工作表的含义，也才有可能将自己的实际数据用正确的工作表显示出来。

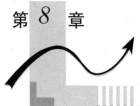

第 8 章

常用寿命分布及其识别

如果能够由试验中所得数据确认它属于某种分布类型（例如来自正态分布），这将大大降低问题的不确定性。因为一旦确定了分布的类型，只剩下具体的参数不确定，在适当地估计参数之后，数据的分布就完全确定下来。在此基础上，我们可以进行分析并得出丰富的结论。我们常将这种处理问题的方法称为**参数模型方法**。对于这种问题，只要根据不太多的样本就可以把整个情况搞清楚。相反，如果不能对分布类型下任何结论，我们就要使用非参数方法，这样一来必然需要更多的样本量，或对于同样的样本量得不出相应的结论。

本章讨论可靠性中的参数模型方法。在分析寿命数据以及涉及对老化或失效过程模型化的问题中，可以假定许多常用的参数模型。它们在相当广的范围内具有足够的代表性和实用性。这些分布主要有指数分布、Weibull 分布、极值分布、正态分布、对数正态分布、Logistic 分布以及对数 Logistic 分布，本章将依次介绍这些寿命模型及其识别方法。

8.1 常用寿命分布

8.1.1 指数分布

指数分布是最早得到广泛应用的寿命分布模型，在可靠性研究方面是最简单而且最重要的分布。20 世纪 40 年代后期，研究者开始用指数分布作为电子系统的寿命模型。另外，在银行结单和总账单误差、工资支票误差、自动计算机失效以及雷达接收机组成部分的失效等问题中，失效数据也都可用指数分布来刻画。指数分布在寿命研究方面所起的作用类似于正态分布在统计学其他领域中所起的作用。

当生存时间 T 服从参数为 θ 的指数分布时，失效密度函数、累积失效分布函数、可靠度函数、失效率函数分别是：

$$f(t) = \frac{1}{\theta}\exp\left(-\frac{t}{\theta}\right), t \geq 0, \theta > 0 \qquad (8-1)$$

$$F(t) = 1 - \exp\left(-\frac{t}{\theta}\right), t \geq 0, \theta > 0 \qquad (8-2)$$

$$R(t) = \exp\left(-\frac{t}{\theta}\right), t \geq 0, \theta > 0 \qquad (8-3)$$

$$\lambda(t) = \frac{1}{\theta}, t \geq 0, \theta > 0 \qquad (8-4)$$

式中，θ 是**尺度参数**。显然，失效率是与时间 t 无关的常数。

指数分布的均值和方差分别是 θ 和 θ^2，p 分位数为 $-\theta\ln(1-p)$，可靠水平为 r 的可靠寿命为 $-\theta\ln r$，$\theta=1$ 时的指数分布称为**标准指数分布**。指数分布的可靠度函数、失效密度函数和失效率函数的曲线如图 8-1 所示。

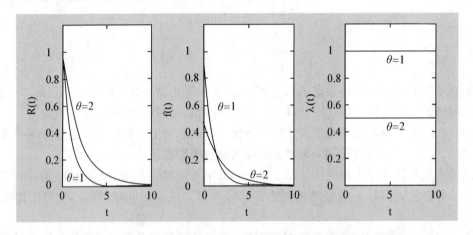

图 8-1 指数分布的可靠度函数、失效密度函数和失效率函数曲线

指数分布的主要特点是其失效率为常数，失效率是其唯一参数。大的失效率表示高风险和短生存，而小的失效率表示低风险和长生存。因为指数分布具有不依赖于个体年龄、失效率不变的特性，所以不存在老化或变旧的问题，相当于是一种"永远年轻"的分布，而且其失效或死亡是独立于存活时间的随机事件。另外，数学上还证明了失效率为常数的分布一定是指数分布，这更赋予指数分布一种特殊的地位。可以说，可靠性理论是以指数分布为理论基础而建立起来的。

【例 8-1】 设某元件的寿命 T 服从指数分布，它的平均寿命为 5 000 小时，试求其失效率和使用 125 小时后的可靠度。

根据题意，有 $E(T) = \theta = 5\,000$，所以失效率为：

$$\lambda = \frac{1}{\theta} = \frac{1}{5\,000} = 0.000\,2$$

当 $t=125$ 小时时，$\dfrac{t}{\theta} = \dfrac{125}{5\,000} = 0.025$，所以 125 小时后的可靠度为：

$$R(t) = \exp\left(-\frac{t}{\theta}\right) = \exp(-0.025) = 0.975\,31$$

当 t/θ 较小时，有近似公式：

$$R(t)=\exp\left(-\frac{t}{\theta}\right)\approx 1-\frac{t}{\theta}=1-0.025=0.975$$

取可靠度函数的自然对数，得到 $\ln R(t)=-t/\theta$，它是 t 的线性函数。因而，通过画出 $\ln R(t)$ 的图形（见图 8-2），容易确定数据是否来自指数分布，线性结构表示数据服从指数分布，从直线的斜率可得出尺度参数 θ 的估计值。

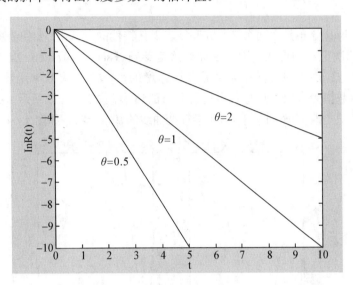

图 8-2 指数分布的 $\ln R(t)$ 曲线

更一般形式的指数分布含两个参数，其失效密度函数是（当 $t<a$ 时为 0）：

$$f(t)=\frac{1}{\theta}\exp\left(-\frac{t-a}{\theta}\right),t\geqslant a,\theta>0 \tag{8-5}$$

累积失效分布函数、可靠度函数和失效率函数见网上资源。式（8-5）中，θ 是**尺度参数**，a 是**阈值参数**，在它之内不可能发生死亡或失效，或称之为**极小生存时间**。如果阈值参数 a 为正数，则将分布的开始部分向右偏移距离 a。例如，如果对研究 $a=5$ 的系统失效非常感兴趣，这意味着仅在操作 5 小时后才开始出现失效，之前不会出现失效。若 $a=0$，它就是单参数指数分布。

该分布的均值和方差分别是 $\theta+a$ 和 θ^2，p 分位数为 $a-\theta\ln(1-p)$，可靠水平为 r 的可靠寿命为 $a-\theta\ln r$。

8.1.2 Weibull 分布

Weibull 分布是被广泛使用的寿命分布，许多类型的产品在涉及寿命问题时都使用 Weibull 分布，它可用来作为多种类型产品的寿命分布模型，如真空管、滚珠轴承和电器的绝缘材料。在生物医学上，Weibull 分布也被广泛使用，如研究人类或实验动物的肿瘤出现时间，以及其他诸多情形。

Weibull 分布的失效密度函数、累积失效分布函数、可靠度函数和失效率函数分别是：

$$f(t) = \frac{\beta}{\alpha^\beta} t^{\beta-1} \exp\left[-\left(\frac{t}{\alpha}\right)^\beta\right], t \geqslant 0, \alpha > 0, \beta > 0 \tag{8-6}$$

$$F(t) = 1 - \exp\left[-\left(\frac{t}{\alpha}\right)^\beta\right], t \geqslant 0, \alpha > 0, \beta > 0 \tag{8-7}$$

$$R(t) = \exp\left[-\left(\frac{t}{\alpha}\right)^\beta\right], t \geqslant 0, \alpha > 0, \beta > 0 \tag{8-8}$$

$$\lambda(t) = \frac{\beta}{\alpha^\beta} t^{\beta-1}, t \geqslant 0, \alpha > 0, \beta > 0 \tag{8-9}$$

可见，Weibull 分布是由两个参数 α 和 β 表现其特性的。其中，α 的值决定分布曲线的尺度，而 β 的值决定它的形状，因而 α 称为**尺度参数**（scale parameter），β 称为**形状参数**（shape parameter）。$\beta > 1$ 时失效率函数是单调递增的，$\beta < 1$ 时失效率函数是单调递减的，$\beta = 1$ 时失效率函数恒为常数，此时即为指数分布的情形，如图 8-3 所示。α 是一个尺度参数，不同的 α 值只是改变横轴的刻度，不会改变曲线的基本形状，如图 8-4 所示。

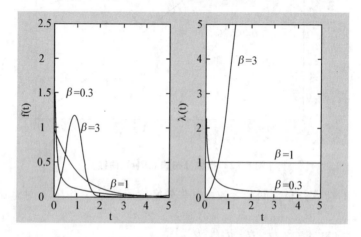

图 8-3　$\alpha=1$，$\beta=0.3$，1.0 和 3 时 Weibull 分布的失效密度函数和失效率函数曲线

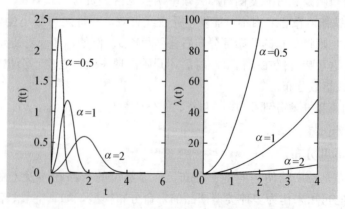

图 8-4　$\beta=3$，$\alpha=0.5$，1.0 和 2 时 Weibull 分布的失效密度函数和失效率函数曲线

Weibull 分布是相当灵活的，针对许多类型的寿命数据都能给出很好的描述。特别地，

当形状参数 β 取不同值时，它正好可以代表早期故障（$\beta<1$）、偶然故障（$\beta=1$）及耗损故障（$\beta>1$）三个阶段。正是基于此特性，Weibull 分布在可靠性理论中占有非常重要的地位。

Weibull 分布的均值和方差可用 Γ 函数表示，其中，均值为 $\alpha\Gamma(1+1/\beta)$，方差为 $\alpha^2[\Gamma(1+2/\beta)-\Gamma^2(1+1/\beta)]$，$p$ 分位数为 $\alpha[-\ln(1-p)]^{1/\beta}$，可靠水平为 r 的可靠寿命为 $\alpha(-\ln r)^{1/\beta}$。

【例 8-2】 某种元件的寿命 T 服从 $\beta=4$，$\alpha=1\,000$ 的 Weibull 分布，试求 $t=500$ 小时的可靠度与失效率。

依照题意，有

$$R(500)=\exp\left[-\left(\frac{500}{1\,000}\right)^4\right]=\mathrm{e}^{-0.062\,5}=0.939$$

$$\lambda(500)=\frac{4}{1\,000^4}500^{4-1}=0.000\,5$$

对于生存曲线，容易画出 $R(t)$ 的对数函数的图形，即 $\ln R(t)=-(t/\alpha)^\beta$。当 $\beta=1$ 时，$\ln R(t)$ 是斜率为负值的直线；当 $\beta<1$ 时，$\ln R(t)$ 随着 t 的增大，从零缓慢地减小，然后接近一个常值；当 $\beta>1$ 时，$\ln R(t)$ 随着 t 的增大，从零急剧地减小，如图 8-5 所示。

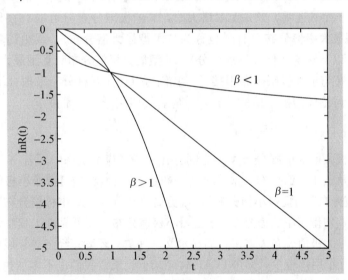

图 8-5 Weibull 分布的 $\ln R(t)$ 曲线图

和指数分布一样，也能把 Weibull 分布推广到包含阈值参数 a 的情形：在 $[0,a]$ 中不可能发生死亡或失效。这样，我们就得到三参数 Weibull 分布，其失效密度函数是（当 $t<a$ 时为 0）：

$$f(t)=\frac{\beta}{\alpha^\beta}(t-a)^{\beta-1}\exp\left[-\left(\frac{t-a}{\alpha}\right)^\beta\right],t\geqslant a,a>0,\beta>0 \tag{8-10}$$

累积失效分布函数、可靠度函数和失效率函数见网上资源。式（8-10）中，α 是**尺度参数**；β 是**形状参数**；a 是**阈值参数**。

三参数 Weibull 分布的均值为 $a+\alpha\Gamma(1+1/\beta)$，方差为 $\alpha^2\left[\Gamma(1+2/\beta)-\Gamma^2(1+1/\beta)\right]$，$p$ 分位数为 $a+\alpha\left[-\ln(1-p)\right]^{1/\beta}$，可靠水平为 r 的可靠寿命为 $a+\alpha(-\ln r)^{1/\beta}$。

8.1.3 极值分布

在讨论极值分布之前，我们介绍一下有关极值分布的基本概念，这将有助于理解几种最常见的分布之间的关系。

我们先分析一下自然现象中正态分布的产生。从炮口发射一枚炮弹，如果发射仰角固定、发射速度固定，其发射距离也应该固定。但实际上，由于发射仰角总会有微小波动，发射速度总会有微小波动，炮弹形状总会有微小波动，炮弹尺寸总会有微小波动，空气温度总会有微小波动，空气黏度总会有微小波动等，因此发射距离也总会有微小波动，而且我们可以很自然地认定发射距离应该服从正态分布。实际上，概率论的理论可以证明，如果某个过程受到很多因素的干扰，且每个因素的影响又足够小，则此过程的特征量就应该服从正态分布。另一些自然现象则不然，某海岛外一台测波浪浮标处的"年最大波浪高度"该是什么分布？由于"年最大波浪高度"实际应该是在每天测量出来的"日最大波浪高度"基础上，求出其一年之中的最大值，其机理与正态分布完全不同。实际上这时讨论的是：假设 $X_i(i=1,2,\cdots,n)$ 是独立同分布的随机变量（n 是固定的），其分布函数为 $F(x)$，记 $Y=\max\{X_1,X_2,\cdots,X_n\}$，那么 Y 应该是什么类型的分布？1943 年，苏联的概率论学家 Gnedenko 证明，当 n 无限增大时，Y 的极限分布只可能有三种类型，它们分别被命名为 **Ⅰ型最大极值分布**（有时也称为"**Ⅰ型最大值分布**"，或更简单地称为"**最大极值分布**"等，以下对这些称呼不加区分）、**Ⅱ型最大极值分布**和**Ⅲ型最大极值分布**。当 n 较大时，Y 的分布与上述极限分布很接近，我们可以用这几种分布来拟合 Y 的数据。与此相仿，如果我们讨论的是极小值的分布，也应有类似结论。这是由于

$$\min(X_1,X_2,\cdots,X_n)=-\max(-X_1,-X_2,\cdots,-X_n)$$

所以，极小值与极大值的极限分布类型之间存在一一对应的关系，即若 X 服从最大极值分布，那么 $-X$ 服从最小极值分布。最小极值分布也有三种类型：**Ⅰ型最小极值分布**（有时也称为"**Ⅰ型最小值分布**""**Ⅰ型极小值分布**"，或更简单地称为"**最小极值分布**"等，以下对这些称呼不加区分）、**Ⅱ型最小极值分布**和**Ⅲ型最小极值分布**。在可靠性工程中，最小极值分布的应用范围远比最大极值分布大得多；而在水文、气象、环境、经济等领域中则相反。一般来说，Ⅲ型极值分布用得较少，MINITAB 软件未予收录，我们也不多加讨论。

其实早在 Gnedenko 发表这样的一般结论之前，早有数学家和工程技术专家发现了具体的极值分布。例如，著名的 Weibull 分布就是早在 1939 年由瑞典科学家 Weibull 在研究金属材料断裂强度时发现的。实际上，上万个分子联结中最薄弱环节处的裂解就是整个材料的断裂，因此 Weibull 分布是最小极值分布。可以看到，Weibull 分布实际上就是 Ⅱ型极小值分布。极值分布还有一个重要应用是在水文统计方面。德国著名水文学家 Gumbel 发现，在水文气象方面有太多的数据符合 Ⅰ型极大值分布，他在 1958 年出版的总结性著作《极值统计学》中系统地讲述了关于这种分布的参数估计、假设检验、分布拟合等专题结果。因此 Ⅰ型极大值分布也常称为 Gumbel 分布。

这里有一个非常重要的理论结果：如果 X 服从 Ⅱ型极大值分布，则 $Y=\ln X$ 一定服从

Ⅰ型极大值分布。同样，如果 X 服从Ⅱ型极小值分布，则 $Y = \ln X$ 一定服从Ⅰ型极小值分布。这在关于极值理论的讨论中非常重要。

这样一来，极值分布类型归纳起来如表 8-1 所示（本表只列出二参数情形的公式编号）。

表 8-1 极值分布类型

	最大极值分布	最小极值分布
Ⅰ型	Ⅰ型最大极值分布（8-15） （Gumbel 分布）	Ⅰ型最小极值分布（8-11） （Gumbel 极小值分布）
Ⅱ型	Ⅱ型最大极值分布	Ⅱ型最小极值分布（8-6） （Weibull 分布）
Ⅲ型	Ⅲ型最大极值分布	Ⅲ型最小极值分布

下面具体叙述最小极值分布。

这里说的最小极值分布其实就是Ⅰ型最小极值分布，以后常简称为最小极值分布，有时也称为 Gumbel 极小值分布，该分布广泛应用于许多领域。

若 T 服从参数为 α 和 β 的二参数 Weibull 分布，则 $X = \ln T$ 服从尺度参数 $\sigma = \beta^{-1}$ 和位置参数 $\mu = \ln \alpha$ 的最小极值分布，其失效密度函数、累积失效分布函数、可靠度函数和失效率函数分别是：

$$f(t) = \frac{1}{\sigma} \exp\left\{ \frac{t-\mu}{\sigma} - \exp\left(\frac{t-\mu}{\sigma} \right) \right\}, \sigma > 0 \tag{8-11}$$

$$F(t) = 1 - \exp\left\{ -\exp\left(\frac{t-\mu}{\sigma} \right) \right\}, \sigma > 0 \tag{8-12}$$

$$R(t) = \exp\left\{ -\exp\left(\frac{t-\mu}{\sigma} \right) \right\}, \sigma > 0 \tag{8-13}$$

$$\lambda(t) = \frac{1}{\sigma} \exp\left(\frac{t-\mu}{\sigma} \right), \sigma > 0 \tag{8-14}$$

式中，μ 是**位置参数**；σ 是**尺度参数**。$\mu = 0$，$\sigma = 1$ 的极值分布称为**标准最小极值分布**，其失效密度函数和失效率函数曲线如图 8-6 所示。

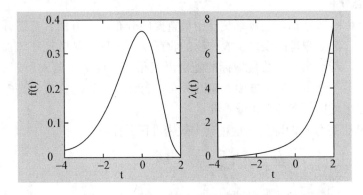

图 8-6 标准最小极值分布的失效密度函数和失效率函数曲线

从图中可以看出，标准最小极值分布的失效密度函数高峰向右偏斜，而尾部向左延伸很长，偏度为负数。例如，金属张力强度的分布通常就是这种类型，左侧是少量但强度很低的样本，大部分样本处于一般强度状态。

一般的最小极值分布的均值和方差分别为 $\mu-c\sigma$ 和 $\pi^2\sigma^2/6$，其中，c 是欧拉常数，大约等于 0.577 2，p 分位数为 $\mu+\sigma\ln(-\ln(1-p))$，可靠水平为 r 的可靠寿命为 $\mu+\sigma\ln(-\ln r)$。

由于最大值与最小值的极限分布类型之间存在一一对应的关系，即若 X 服从最小极值分布，那么 $-X$ 服从最大极值分布，所以最大极值分布的失效密度函数是：

$$f(t)=\frac{1}{\sigma}\exp\left\{-\frac{t-\mu}{\sigma}-\exp\left(-\frac{t-\mu}{\sigma}\right)\right\},\sigma>0 \tag{8-15}$$

累积失效分布函数、可靠度函数和失效率函数见网上资源。式（8-15）中，μ 是**位置参数**；σ 是**尺度参数**。$\mu=0$，$\sigma=1$ 的极值分布称为**标准最大极值分布**，其失效密度函数和失效率函数曲线如图 8-7 所示。

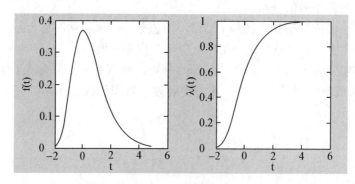

图 8-7　标准最大极值分布的失效密度函数和失效率函数曲线

从图中可以看出，最大极值分布的失效密度函数高峰向左偏斜，而尾部向右延伸很长，偏度为正数。例如，河流的年最高水位通常是这样，右侧是少量但极端的水位，大部分水位处于一般状态。

最大极值分布的均值和方差分别为 $\mu+c\sigma$ 和 $\pi^2\sigma^2/6$，p 分位数为 $\mu-\sigma\ln(-\ln p)$，可靠水平为 r 的可靠寿命为 $\mu-\sigma\ln(-\ln(1-r))$。

8.1.4 正态分布

正态分布又称高斯分布，是概率统计中最重要的分布。一方面，正态分布是自然界最常见的一种分布，例如测量的误差、农作物的收获量、工厂产品的尺寸等都近似服从正态分布。一般来说，若影响某一数量指标的随机因素很多，而每个因素所起的作用不太大，则这个指标服从正态分布。另一方面，正态分布具有许多良好的性质，许多分布都可以用正态分布来近似，可见正态分布十分重要。

设 T 是服从正态分布的随机变量，其失效密度函数是：

$$f(t)=\frac{1}{\sqrt{2\pi}\sigma}\exp\left[-\frac{(t-\mu)^2}{2\sigma^2}\right],\sigma>0 \tag{8-16}$$

累积失效分布函数、可靠度函数和失效率函数见网上资源。式（8-16）中，μ 和 σ 分别为**位置参数**和**尺度参数**。μ 为正态分布的均值，σ 为正态分布的标准差。关于 μ 和 σ 的几何意义，见图 8-8 和图 8-9 中正态分布的失效密度函数和失效率函数曲线。

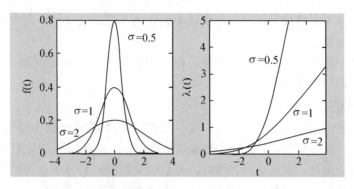

图 8-8　$\mu=0$, $\sigma=0.5$, 1, 2 时正态分布的失效
密度函数和失效率函数曲线

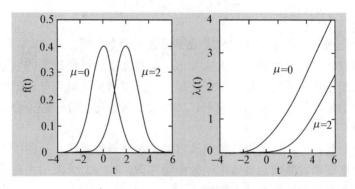

图 8-9　$\sigma=1$, $\mu=0$, 2 时正态分布的失效
密度函数和失效率函数曲线

从图中可以看出，在相同的 σ 值下，μ 的大小只影响图形的位置，而不影响其形状。曲线以 μ 为其对称轴，两边的面积正好各占一半，且（$\mu-\sigma$, $\mu+\sigma$）范围的面积为曲线下总面积的 68.3%，（$\mu-2\sigma$, $\mu+2\sigma$）范围的面积为曲线下总面积的 95.4%，（$\mu-3\sigma$, $\mu+3\sigma$）范围的面积为曲线下总面积的 99.7%，不论 σ 值的大小如何，均是这样。在相同的 μ 值下，σ 的大小只影响曲线的分散程度，σ 越大，曲线越分散；σ 越小，曲线越集中。因此，只要均值和方差确定下来，正态分布曲线就完全确定下来。

正态分布代表了产品的失效时间以均值 μ 为中心的对称分布，其失效率是随着时间推移而递增的。正态分布可以用来描述产品在某一时刻后由耗损产生的失效。

$\mu=0$, $\sigma=1$ 时的正态分布叫做**标准正态分布**，用 $N(0, 1)$ 来表示。其失效密度函数和累积失效分布函数一般分别用 $\varphi(t)$ 和 $\Phi(t)$ 表示，具体形式见网上资源。

一般正态分布的均值和方差分别为 μ 和 σ^2，p 分位数为 $\mu+\sigma z_p$，其中，z_p 是标准正态分布的 p 分位数，可靠水平为 r 的可靠寿命为 $\mu+\sigma z_{1-r}$。

正态分布在电子元器件可靠度的计算中，主要用于考虑元器件耗损和工作时间延长引起的失效分布。偶然失效期过了之后，产品将达到耗损期。耗损失效的分布有时非常接近正态分布。

正态分布的显著特点是"中间大，两头小"，是构成产品失效分布的许多微小的、独立的随机因素（如造成半导体器件失效的原材料制造工艺或使用条件等因素）的综合效应，而每种因素在正常情况下都只能起到微小的作用，亦即反映了产品失效模式的多样性及失效机理的复杂性。

正态分布在一般统计中应用十分广泛，但在可靠性研究中却远不如 Weibull 分布和下面介绍的对数正态分布应用得广泛。

8.1.5 对数正态分布

对数正态分布像 Weibull 分布一样，是一个广泛使用的寿命分布模型。它的定义是：对于生存时间 T，取对数后，若 $X = \ln T$ 服从均值为 μ，方差为 σ^2 的正态分布，就称 T 服从**对数正态分布**。例如，霍奇金病和慢性白血病的生存时间的分布都可以看成是对数正态分布。对数正态分布也含有两个参数 μ 和 σ^2，其失效密度函数是：

$$f(t) = \frac{1}{t\sigma\sqrt{2\pi}} \exp\left[-\frac{(\ln t - \mu)^2}{2\sigma^2}\right], t > 0, \sigma > 0 \tag{8-17}$$

累积失效分布函数、可靠度函数和失效率函数见网上资源。式（8-17）中，μ 和 σ 分别为**对数位置参数**和**对数尺度参数**。大家知道，对数变换可以使较大的数字缩小为较小的数，且越大的数缩小得越厉害，这一特征使呈指数速度增长的较为分散的数据通过对数变换，可以变为匀速地增长，相对集中起来，所以常用对数正态分布去拟合跨几个量级的右侧尾较长的数据。

图 8-10 为对数正态分布的失效密度函数和失效率函数曲线，从图中可以看出，对数正态分布的失效密度函数曲线和失效率函数曲线相似，在寿命无限增大时，都是逐渐下降而趋于 0 的，这与其他常用寿命分布不同。

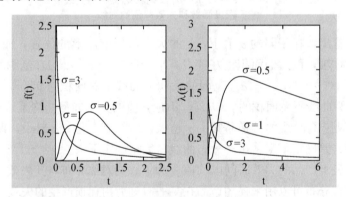

图 8-10 $\mu = 0$，$\sigma = 0.5$，1，3 时对数正态分布的失效密度函数和失效率函数曲线

可以计算，对数正态分布的均值和方差分别是 $e^{\mu + \sigma^2/2}$ 和 $e^{2\mu + \sigma^2}(e^{\sigma^2} - 1)$，$p$ 分位数为 $\exp(\mu + \sigma z_p)$，可靠水平为 r 的可靠寿命为 $\exp(\mu + \sigma z_{1-r})$。

【例 8-3】 设某个产品的寿命服从 $\mu = 5$，$\sigma = 1$ 的对数正态分布，求 $t = 150$ 小时的可靠度和失效率。

可靠度可以通过正态分布求得：

$$R(150) = P(T > 150) = P\left(\frac{\ln T - 5}{1} > \frac{\ln 150 - 5}{1}\right) = 1 - \Phi(0.01) = 0.496$$

为了利用 $\lambda(t)=\dfrac{f(t)}{R(t)}$ 求得 $\lambda(150)$，必须先算出 $f(150)$，即

$$f(150)=0.002\ 66$$

所以

$$\lambda(150)=\frac{f(150)}{R(150)}=0.005\ 4$$

同指数分布和 Weibull 分布一样，在对数正态分布的函数表达式中，用 $t-a$ 代替 t，则二参数对数正态分布就扩展成了三参数对数正态分布，其失效密度函数是：

$$f(t)=\frac{1}{(t-a)\sigma\sqrt{2\pi}}\exp\left\{-\frac{\left[\ln(t-a)-\mu\right]^2}{2\sigma^2}\right\},t>a,\sigma>0 \tag{8-18}$$

累积失效分布函数、可靠度函数和失效率函数见网上资源。式（8-18）中，μ 和 σ 分别为**对数位置参数**和**对数尺度参数**；a 为**阈值参数**。

该分布的均值和方差分别为 $a+e^{\mu+\sigma^2/2}$ 和 $e^{2\mu+\sigma^2}(e^{\sigma^2}-1)$，$p$ 分位数为 $a+\exp(\mu+\sigma z_p)$，可靠水平为 r 的可靠寿命为 $a+\exp(\mu+\sigma z_{1-r})$。

8.1.6　Logistic 分布

Logistic 分布与正态分布粗略看来十分接近，且其可靠度函数在数学上更易于处理。设 T 是服从 Logistic 分布的随机变量，其失效密度函数是：

$$f(t)=\frac{e^{\frac{t-\mu}{\sigma}}}{\sigma(1+e^{\frac{t-\mu}{\sigma}})^2},\sigma>0 \tag{8-19}$$

累积失效分布函数、可靠度函数和失效率函数见网上资源。式（8-19）中，μ 和 σ 分别为**位置参数**和**尺度参数**。

图 8-11 为 Logistic 分布的失效密度函数和失效率函数曲线。从图中可以看出，Logistic 分布和正态分布的形状虽然都是对称的、单峰的，但不同的是，Logistic 分布的中心处更陡峭，尾部更重更长。

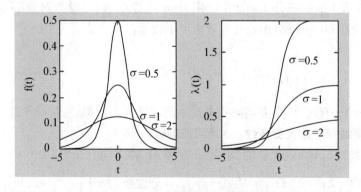

图 8-11　$\mu=0$ 时 Logistic 分布的失效密度函数和失效率函数曲线

可以算出，Logistic 分布的均值和方差分别为 μ 和 $\dfrac{1}{3}\sigma^2\pi^2$，$p$ 分位数为 $\mu+\sigma\ln\dfrac{p}{1-p}$，

可靠水平为 r 的可靠寿命为 $\mu+\sigma\ln(1/r-1)$。

8.1.7 对数 Logistic 分布

若 $X=\ln T$ 是服从 Logistic 分布的随机变量，则 T 服从对数 Logistic 分布，其失效密度函数是：

$$f(t)=\frac{e^{\frac{\ln t-\mu}{\sigma}}}{\sigma t\left(1+e^{\frac{\ln t-\mu}{\sigma}}\right)^{2}},t>0,\sigma>0 \tag{8-20}$$

累积失效分布函数、可靠度函数和失效率函数见网上资源。式（8-20）中，μ 和 σ 分别为**对数位置参数**和**对数尺度参数**。

图 8-12 为对数 Logistic 分布的失效密度函数和失效率函数曲线，从图中可以看出，对数 Logistic 分布的形状与对数正态分布和 Weibull 分布的形状有些类似。

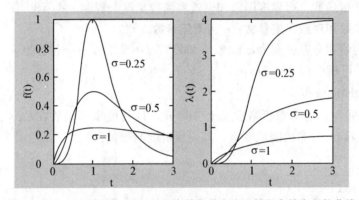

图 8-12　$\mu=0$ 时对数 Logistic 分布的失效密度函数和失效率函数曲线

可以计算，对数 Logistic 分布的均值和方差分别为 $e^{\mu}\Gamma(1+\sigma)\Gamma(1-\sigma)$ 和 $e^{2\mu}\left[\Gamma(1+2\sigma)\Gamma(1-2\sigma)-\Gamma^{2}(1+\sigma)\Gamma^{2}(1-\sigma)\right]$，$p$ 分位数为 $\exp\left(\mu+\sigma\ln\frac{p}{1-p}\right)$，可靠水平为 r 的可靠寿命为 $\exp[\mu+\sigma\ln(1/r-1)]$。

同样，在对数 Logistic 分布函数中，用 $t-a$ 代替 t，则二参数对数 Logistic 分布就扩展成了三参数对数 Logistic 分布，其失效密度函数是：

$$f(t)=\frac{e^{\frac{\ln(t-a)-\mu}{\sigma}}}{\sigma(t-a)(1+e^{\frac{\ln(t-a)-\mu}{\sigma}})^{2}},t>a,\sigma>0 \tag{8-21}$$

累积失效分布函数、可靠度函数和失效率函数见网上资源。式（8-21）中，μ 和 σ 分别为**对数位置参数**和**对数尺度参数**；a 是**阈值参数**。

三参数对数 Logistic 分布的均值和方差分别为 $a+e^{\mu}\Gamma(1+\sigma)\Gamma(1-\sigma)$ 和 $e^{2\mu}\left[\Gamma(1+2\sigma)\Gamma(1-2\sigma)-\Gamma^{2}(1+\sigma)\Gamma^{2}(1-\sigma)\right]$，$p$ 分位数为 $a+\exp\left(\mu+\sigma\ln\frac{p}{1-p}\right)$，可靠水平为 r 的可靠寿命为 $a+\exp[\mu+\sigma\ln(1/r-1)]$。

8.2　参数分布的选择

在前面几节中，我们介绍了指数分布、二参数指数分布、Weibull 分布、三参数 Weibull 分布、最小极值分布、正态分布、对数正态分布、三参数对数正态分布、Logistic 分布、对数 Logistic 分布、三参数对数 Logistic 分布等 11 种常用的参数分布。MINITAB 的分布分析命令可以用来分析产品、部件、人或组织的各种寿命特征，如估计不同条件下部件的寿命，或者手术后病人的生存时间。通过估计分位数、生存概率、累积失效概率、分布的各种参数，作出生存图、累积失效图和失效率图，就可以估计出产品失效时间的分布。参数估计方法基于假定的分布，而非参数估计方法则无须假定分布。那么我们是用参数方法还是用非参数方法对数据建模呢？这需要看参数模型对数据的拟合程度，如果拟合得足够好，我们就使用参数方法，对于同样的样本量，参数方法结果的精度要远高于非参数方法，估计参数所用样本量通常达到几十个就可以了。如果没有一种参数模型对数据拟合得足够好，我们就只能使用非参数方法，这时需要的样本量要相当大才行（至少上百），而且精度远不如参数方法。本节我们将具体介绍怎样在诸多的参数分布中选择一个合适的分布进行寿命数据的分析。

8.2.1　基本的统计方法

8.2.1.1　参数估计

MINITAB 的分布分析命令主要使用两种常用的参数估计方法：极大似然估计法（maximum likelihood estimation，MLE）和最小二乘估计法（least squares estimation，LSE）。

在 MINITAB 中求似然函数的最大值时所用的方法是 Newton-Raphson 算法。但是在三参数模型中，对于某些数据来说，似然函数有时会出现无解的情况，因此一般的极大似然估计方法就不适用了。此时，MINITAB 软件会利用修正算法固定一个参数的值，然后找到另两个参数的极大似然估计。

在许多情况下，LSE 和 MLE 结果之间的差异不大，因而这两种方法可以互替使用。有时我们希望同时运用这两种方法查看其结果是否可以相互印证，如果结果不同，我们可以找出其中的原因，也可以使用更保守的估计值，或者考虑两种方法的优点，然后再针对所提问题作出选择。两种方法的优劣具体表现在以下几个方面：

第一，MLE 在小样本情况下偏倚较大，但随着样本量的增大，逐渐接近真实值。

第二，LSE 比 MLE 的估计方差要大。

第三，LSE 比 MLE 的 p 值精确度要高。

第四，LSE 比 MLE 对参数估计的精确度要低。

第五，对于删失情形，LSE 的可信度较低，在极端情况下不可用，而 MLE 甚至在极端情况下的可信度也较高。

总之，如果样本量较小且删失不是特别严重，最好使用 LSE，否则，一般情况下首选 MLE。这两种方法的具体介绍见网上资源。

8.2.1.2　图形表示

（1）**概率图**（probability plots）。概率图用来评价某种分布拟合数据的优劣。概率图由以下三部分组成：

1）图点（plot points）。表示某时刻产品的失效比例，MINITAB 是用非参数方法来计算这个比例的。

对于右删失或非删失数据，MINITAB 利用 Benard 法、修正 Kaplan-Meier 法、Herd-Johnson 法和 Kaplan-Meier 法计算图点（具体计算方法见网上资源表 8 - W1）。如果失效时间存在结点（即有两件以上产品的失效时间相同），那么既可以在图中画出所有的点，也可以在图中画出中位数或最大值。

对于任意删失数据，MINITAB 利用 Turnbull 法进行估计。

概率图中 x 轴表示失效时间，y 轴表示累积失效概率。如果数据来自某个分布，则通过对该分布的 x 和 y 作某个特定变换（变换方法见网上资源表 8 - W2），就可以使概率图中的点近似为一条直线。

2）拟合直线（fitted line）。首先计算基于所选分布的各个分位数，再把经过变换的分位数标在 x 轴上，相应的百分比也经过变换标在 y 轴上。对于特定的分布，经过合适的变换可以使这些分位数成为一条直线，也就是拟合直线。

3）置信区间（confidence intervals）。拟合曲线的 95％置信区间。

由于图点并不依赖于任何分布，因此它们在变换前对于所生成的任意概率图都是一样的。而拟合线则会因所选参数分布的不同而不同，因此可以使用概率图来评估某个特定分布是否与数据拟合。通常，点越接近拟合线，表明拟合得越好。MINITAB 提供 Anderson-Darling 统计量和 Pearson 相关系数两种拟合优度度量来帮助评估分布与数据的拟合程度。图 8 - 13（A）便是概率图的一个例子。

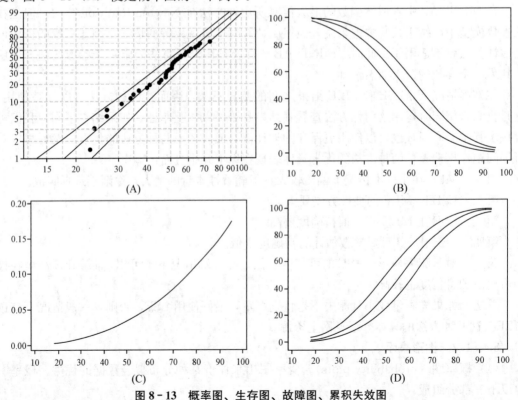

图 8 - 13　概率图、生存图、故障图、累积失效图

（2）**生存图**（survival plots）。MINITAB 中作出的生存曲线图形叫做生存图，图中的点表示尚未失效的产品的概率与时间的关系，横坐标表示时间，纵坐标表示百分比概率。生存曲线的外部被两条曲线所包围，这两条曲线是生存曲线的渐近 95% 置信区间，如图 8-13（B）所示。

（3）**故障图**（hazard plots）。故障图即失效率和时间的关系图，也就是第 7 章中介绍过的失效率函数图，图 8-13（C）便是故障图的一个例子。

（4）**累积失效图**（cumulative failure plots）。累积失效图表示累积失效概率和时间的关系，累积失效曲线的外部被两条曲线所包围，这两条曲线是累积失效曲线的渐近 95% 置信区间，如图 8-13（D）所示。

8.2.1.3　拟合优度统计量

MINITAB 使用两个统计量来比较分布对数据的拟合优劣：Anderson-Darling 统计量和 Pearson 相关系数。

Anderson-Darling 统计量是概率图中点离拟合直线距离大小的加权平方和，越靠近分布的尾部，权重越大。其具体表达式见网上资源公式（8-W3），其值越小，说明分布拟合得越好。它适用于极大似然估计法和最小二乘法。

Pearson 相关系数是 x 和 y 之间线性相关关系强度的度量，其具体表达式见网上资源公式（8-W4），相关系数取值在 $-1 \sim 1$ 之间，其中负值表示负相关，零表示不线性相关，正值表示正相关。r 的值越大（越接近 1），说明分布拟合得越好。它适用于最小二乘法。

8.2.2　分布 ID 图

当数据为单组时，MINITAB 的"分布 ID 图"窗口对给定的数据分别拟合多种分布，使用者可以比较概率图中数据与各拟合直线之间的接近程度，为数据选择一个比较合适的参数模型。当然，绘制概率图时要先设定一种分布，用数据估计此分布的各个参数，这里还有估计参数的方法的选择问题（极大似然法或最小二乘法）。当数据为多组时，MINI-TAB 认为各组样本数据相互独立且分布类型相同，对同一分布的各组数据分别画概率图，同一分布的概率图叠合在一张图上。对 Weibull 分布，要求有相同的形状参数，尺度参数可以不同；对其他分布，要求有相同的尺度参数，位置参数可以不同。经过此窗口的运算，使用者有可能选出一两种较合适的分布，当然数据也可能与任何分布都拟合得不好。

下面我们会针对右删失和任意删失两种情形分别介绍选择合适分布的过程。

8.2.2.1　右删失情形

我们先来看一个例子。

【例 8-4】　为研究某种继电器的寿命分布，随机抽取 14 个继电器进行寿命试验，测得寿命（单位：万次）为：100，200，300，400，600，800，1 000，1 200，1 500，1 800，2 200，2 700，3 200，4 000+，数据文件：RL_继电器（右删）.MTW。这组数据用什么模型拟合最合适？

具体操作如下。

（1）打开 MINITAB 软件，选择"统计＞可靠性/生存＞分布分析（右删失）＞分布 ID 图（Stat＞Reliability/Survival＞Distribution Analysis（Right Censoring）＞ Distribution ID Plot）"（界面见图 8-14（B））。

（2）在出现的对话框"分布 ID 图-右删失"（界面见图 8-14（C））的"变量"那一项

输入"寿命"，因为没有历史经验，所以在所有 11 种分布里寻找最合适的分布类型，在这里选择"使用所有分布"。

（3）点击"删失"按钮，选中"使用删失列"，并且输入"删失"（界面见图 8-14 (D)）。由于本例也可以看成是在 4 000 处的时间删失（定时删失），因此可以不使用删失列，而直接选中"时间删失在"，在后面的框中输入"4000"（界面见图 8-14 (F)），其结果与使用删失列完全相同。

（4）点击"选项"按钮，在"估计法"中选择"极大似然"（注意：我们应该优先选择极大似然，尤其当删失样本量较大时更不要选最小二乘法；当删失轻微时两种方法效果差不多），界面见图 8-14 (E)。

具体操作流程如图 8-14 所示。

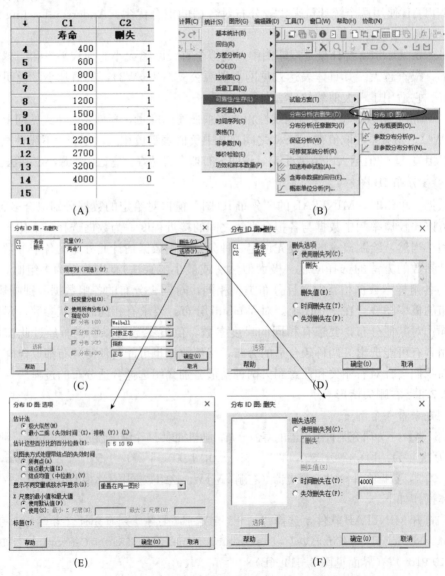

图 8-14　继电器寿命数据分布 ID 图的流程图

（5）MINITAB 的会话窗口主要输出如下（完整输出见网上资源）。

分布 ID 图：寿命

拟合优度

分布	Anderson-Darling（调整）
Weibull	4.472
对数正态	4.558
指数	4.506
对数 Logistic	4.511
3 参数 Weibull	4.477
3 参数对数正态	4.570
2 参数指数	4.516
3 参数对数 Logistic	4.534
最小极值	4.889
正态	4.698
Logistic	4.771

百分位数表格

分布	百分比	百分位数	标准误	95％ 正态置信区间 下限	上限
Weibull	1	21.8961	23.1794	2.74963	174.364
⋮	⋮	⋮	⋮	⋮	⋮
Logistic	50	1310.44	332.216	659.305	1961.57

平均故障时间间隔表格

分布	均值	标准误	95％正态置信区间 下限	上限
Weibull	1525.09	393.6	919.584	2529
⋮	⋮	⋮	⋮	⋮
Logistic	1310.44	332.2	659.305	1962

（6）MINITAB 的图形窗口输出如图 8-15 所示。

（7）结果分析。从会话窗口可以得到 Anderson-Darling 拟合优度值，该值越小，表明该分布拟合得越好。可以看出，Weibull 分布的 Anderson-Darling 拟合优度值 4.472 是最小的，所以 Weibull 分布最适合本例数据。从图 8-15（A）可以看出，对于继电器的寿命来说，指数、Weibull 分布拟合得都比较好，对数正态、对数 Logistic 分布也可以；从图 8-15（B）可以看出，虽然 2 参数指数和三个 3 参数分布拟合得也不错，但由于样本量达不到上百，我们尽量不选这四个多参数的分布；从图 8-15（C）可以看出，最小极值、正态和 Logistic 分布皆明显弯曲，拟合得不好。因此，实际上只是在比较 Weibull、对数正态、对数 Logistic 和指数这几个分布。另外，从会话窗口还可以得到寿命数据的拟合优度统计量，以及各个分布的 1，5，10，50 分位数，MTTF 及其标准误和 95％正态置信区间的上、下限。这些数有时对选择分布也有帮助，例如，某个分布的某些分位数成为

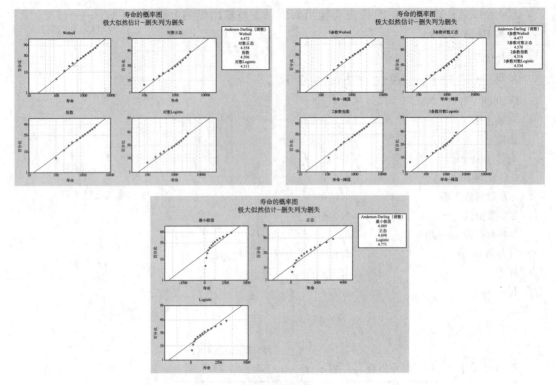

图 8-15 继电器寿命数据分布 ID 图的结果输出图

负数，就说明此分布并不合适。

有时分析数据是为了比较多个总体的参数是否有显著差别，这时当然希望这些总体属于同种类型分布，以便下一步进行几个分布的参数是否相同的检验。下面来看一个多组数据的例子。

【例 8-5】 水下电机寿命较短，其主要原因是电机中的变压器密封不好，导致漏水锈蚀。对出现故障的电机进行修理发现，有时失效并非变压器密封不好造成的。由于有些失效是出于其他原因，因此对于"漏水锈蚀"来说，它们的生存时间是删失的。为提高密封水平，改进了密封工艺，对于普通方法和加强密封两种生产方式分别采集了 28，32 台电机的数据，具体如下：

普通方法：4.7，2.3，13.4，3.9，3.6，6.0，7.7，13.3，11.3，10.4＋，4.3，10.3，4.0＋，6.8，6.2，6.5，11.6，12.2＋，3.3，9.0＋，21.2，4.9，7.2，8.7，6.9＋，4.4，4.5，7.7

加强密封：7.3，13.3，6.2，8.5，13.3，14.2，7.7，5.8＋，5.7，8.0＋，15.2，6.5，6.6，12.4，4.9，9.9，6.2，12.3＋，5.7，4.3，11.8，29.1＋，11.9，15.3，7.9，14.0，6.2，14.0，27.6＋，13.0，21.2，7.1

数据文件：RL_变压器（右删）.MTW。希望找到一个合适的分布来拟合这两组数据（类型要相同）。"普通"和"密封"表示两种工艺对应的变压器寿命（单位：月），删失 1 和删失 2 表示两种工艺的删失情况。

具体操作如下。

(1) 打开 MINITAB 软件, 选择 "统计＞可靠性/生存＞分布分析 (右删失) ＞分布 ID 图 (Stat＞Reliability/Survival＞Distribution Analysis (Right Censoring) ＞Distribution ID Plot)"。

(2) 在出现的对话框 "分布 ID 图-右删失" 的 "变量" 那一项输入 "普通 密封", 因为没有历史经验, 所以在所有 11 种分布里寻找最合适的分布类型, 在这里选择 "使用所有分布"。

(3) 点击 "删失" 按钮, 选中 "使用删失列", 并且输入 "删失1 删失2"。

(4) 点击 "选项" 按钮, 在 "估计法" 中选择 "极大似然"。

(5) MINITAB 的会话窗口主要输出如下 (完整输出见网上资源)。

分布 ID 图: 普通, 密封

变量的结果: 普通

拟合优度

分布	Anderson-Darling (调整)
Weibull	2.076
对数正态	1.773
指数	3.355
对数 Logistic	1.783
3 参数 Weibull	1.769
3 参数对数正态	1.702
2 参数指数	2.107
3 参数对数 Logistic	1.649
最小极值	3.218
正态	2.602
Logistic	2.546

百分位数表格

分布	百分比	百分位数	标准误	95%正态置信区间 下限	上限
Weibull	1	0.919395	0.364363	0.422829	1.99912
⋮	⋮	⋮	⋮	⋮	⋮
Logistic	50	7.89167	0.857405	6.21119	9.57215

平均故障时间间隔表格

分布	均值	标准误	95%正态置信区间 下限	上限
Weibull	8.51608	0.91671	6.89623	10.5164
⋮	⋮	⋮	⋮	⋮
Logistic	7.89167	0.85740	6.21119	9.5722

变量的结果：密封

拟合优度

分布	Anderson-Darling（调整）
Weibull	7.137
对数正态	6.860
指数	9.218
对数 Logistic	6.949
3 参数 Weibull	6.807
3 参数对数正态	6.819
2 参数指数	6.981
3 参数对数 Logistic	6.842
最小极值	8.452
正态	7.364
Logistic	7.135

百分位数表格

分布	百分比	百分位数	标准误	95％正态置信区间 下限	95％正态置信区间 上限
Weibull	1	1.16509	0.444079	0.551980	2.45923
⋮	⋮	⋮	⋮	⋮	⋮
Logistic	50	10.8603	1.04950	8.80327	12.9172

平均故障时间间隔表格

分布	均值	标准误	95％正态置信区间 下限	95％正态置信区间 上限
Weibull	11.9934	1.24413	9.78683	14.6974
⋮	⋮	⋮	⋮	⋮
Logistic	10.8603	1.04950	8.80327	12.9172

（6）结果分析。从 MINITAB 会话窗口可以看出，对于两组数据来说，对数正态分布的 Anderson-Darling 拟合优度值分别是 1.773 和 6.860，都是比较小的，虽然 3 参数 Weibull、3 参数对数正态、3 参数对数 Logistic 分布的拟合优度值都小于对数正态分布的值，但是由于我们的样本量远不到成百，所以在这里不选这三个多参数的分布，而最终选择对数正态分布来拟合数据。在本例中，虽然对数 Logistic 分布的拟合优度值 1.783 和 6.949 稍大于对数正态分布的值，但选择对数 Logistic 分布也是可以的。

8.2.2.2 任意删失情形

对于任意删失数据，同样可以由分布 ID 图选择一个合适的模型。下面来看一个例子。

【例 8-6】 制造显示管要先对极板进行电镀，为提高显示管性能，采用新法（并行多极）电镀。各抽取 100 支显示管进行寿命试验，持续通过电流，然后取固定间隔时间计算失效支数。数据文件：RL_显示管（任删）.MTW，见图 8-16（A）。希望找到一个合适的分布来拟合这两组数据（类型要相同）。"原法"和"新法"两批试验采用的时间间隔并不相同。表里列出的是各自的各个时间区间开始和结束值（单位：天），用观测到的频数记录两种电镀工艺对应的显示管的支数。

具体操作如下。

（1）打开 MINITAB 软件，选择"统计＞可靠性/生存＞分布分析（任意删失）＞分布 ID 图（Stat＞Reliability/Survival＞Distribution Analysis（Arbitrary Censoring）＞Distribution ID Plot）"。

（2）在出现的对话框"分布 ID 图-任意删失"的"初始变量"那一项输入"开始 1 开始 2"，在"结尾变量"那一项输入"结束 1 结束 2"，在"频率列（可选）"那一项输入"频数 1 频数 2"。

（3）点击"选项"按钮，在"估计法"中选择"极大似然"。

具体操作流程如图 8-16 所示。

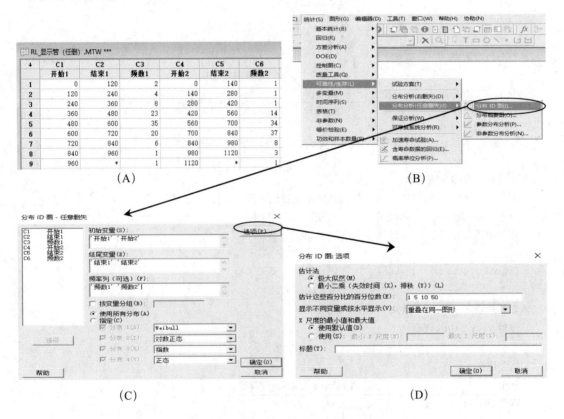

图 8-16 显示管数据分布 ID 图的流程图

（4）MINITAB 的会话窗口主要输出如下（完整输出见网上资源）。

分布 ID 图：开始 ＝ 开始 1，开始 2，结束 ＝ 结束 1，结束 2
使用 频数 1，频数 2 中的频率

变量开始 ＝ 开始 1、结束 ＝ 结束 1 的结果
使用 频数 1 中的频率

拟合优度

分布	Anderson-Darling（调整）
Weibull	0.844
对数正态	1.063
指数	2.275
对数 Logistic	0.822
3 参数 Weibull	0.789
3 参数对数正态	0.848
2 参数指数	2.285
3 参数对数 Logistic	0.844
最小极值	(0.668)
正态	0.836
Logistic	0.854

百分位数表格

分布	百分比	百分位数	标准误	95％正态置信区间 下限	95％正态置信区间 上限
Weibull	1	155.395	18.4668	123.107	196.152
⋮	⋮	⋮	⋮	⋮	⋮
Logistic	50	519.934	15.6681	489.225	550.643

平均故障时间间隔表格

分布	均值	标准误	95％正态置信区间 下限	95％正态置信区间 上限
Weibull	514.456	16.4219	483.255	547.670
⋮	⋮	⋮	⋮	⋮
Logistic	519.934	15.6681	489.225	550.643

变量开始 ＝ 开始 2、结束 ＝ 结束 2 的结果
使用 频数 2 中的频率

拟合优度

分布	Anderson-Darling（调整）
Weibull	1.110
对数正态	1.262
指数	2.677
对数 Logistic	1.156
3 参数 Weibull	1.076
3 参数对数正态	1.116
2 参数指数	2.684
3 参数对数 Logistic	1.221
最小极值	(0.962)
正态	1.149
Logistic	1.262

百分位数表格

分布	百分比	百分位数	标准误	95％正态置信区间	
				下限	上限
Weibull	1	286.014	24.6654	241.535	338.683
⋮	⋮	⋮	⋮	⋮	⋮
Logistic	50	692.175	15.0849	662.609	721.741

平均故障时间间隔表格

分布	均值	标准误	95％正态置信区间	
			下限	上限
Weibull	687.014	16.8187	654.829	720.782
⋮	⋮	⋮	⋮	⋮
Logistic	692.175	15.0849	662.609	721.741

（5）MINITAB 的图形窗口输出如图 8－17 所示。

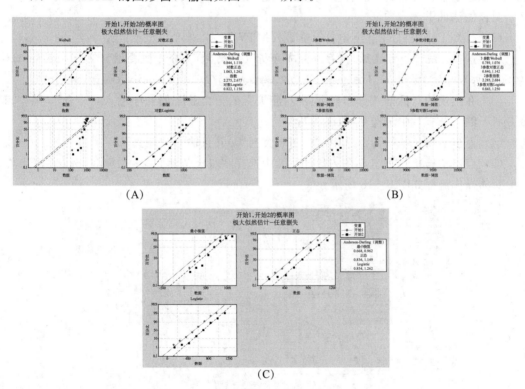

图 8－17　显示管数据分布 ID 图的结果输出图

（6）结果分析。由于这两组数据的变化程度都不算剧烈，可以考虑正态、Logistic 和极值分布三者之一（如果数据变化剧烈，大小相差很多倍，就应该考虑 Weibull、对数正态、指数和对数 Logistic 分布）。从会话窗口中得到的 Anderson-Darling 拟合优度值可以看出，两组数据最小极值分布的 Anderson-Darling 拟合优度值 0.668 和 0.962 都是最小的。从图 8-17（C）可以看出，对于两组数据来说，最小极值分布都是拟合得最好的分布，所以最小极值分布最适合本例数据。

8.2.3 分布概要图

执行 MINITAB 的分布概要图的命令，能够用图形的方式展示寿命数据的特征，这里既包括使用参数方法，也包括使用非参数方法。其中，参数方法可以绘制概率图、生存图、失效密度函数图和故障图。非参数方法则有些不同，对于右删失数据，可作出 Kaplan-Meier 生存图（或精算生存图）和故障图；对于任意删失数据中的区间删失数据，如果估计方法选择的是精算法，可以给出精算生存图和故障图；如果选择的是 Turbull 估计，则只能给出 Turbull 生存图，而没有故障图；对于一般的任意删失数据，则只能选择 Turbull 估计法，从而只给出 Turbull 生存图。

对非参数方法的具体介绍参见第 10 章。

8.2.3.1 右删失情形

【例 8-7】 （续例 8-4）在例 8-4 中我们得知，继电器的寿命服从 Weibull 分布，现在我们想了解该分布的一些概要信息，希望作出分布概要图。

具体做法如下。

（1）打开工作表"RL_继电器（右删）.MTW"。

（2）选择"统计＞可靠性/生存＞分布分析（右删失）＞分布概要图（Stat＞Reliability/Survival＞Distribution Analysis（Right Censoring）＞Distribution Overview Plot）"。

（3）在出现的对话框"分布概要图-右删失"的"变量"那一项输入"寿命"，在"参数分析"的"分布"中选择"Weibull"。

（4）点击"删失"按钮，选中"使用删失列"，并且输入"删失"。

（5）点击"选项"按钮，在"估计法"中选择"极大似然"。

具体操作流程如图 8-18 所示。

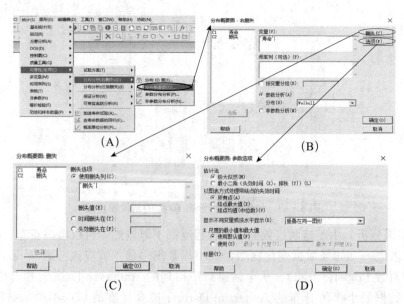

图 8-18 继电器寿命数据分布概要图的流程图

（6）MINITAB 的会话窗口输出如下。

分布概要图：寿命

拟合优度

分布	Anderson-Darling（调整）
Weibull	4.472

（7）MINITAB 的图形窗口输出如图 8 - 19 所示。

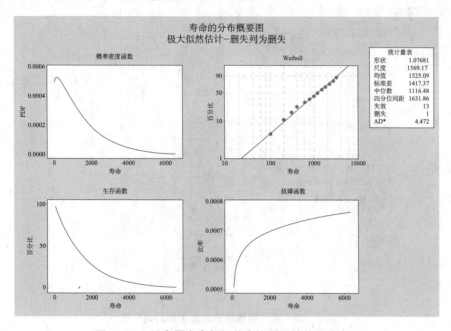

图 8 - 19　继电器寿命数据分布概要图的结果输出图

（8）结果分析。在 MINITAB 的图形窗口中作出了概率密度函数图、Weibull 概率图、生存函数图和故障函数图。从 Weibull 概率图中可以看出，点基本在一条直线上，所以本例的 Weibull 分布假设是合理的。从生存函数图中可以看出，有 50% 的继电器寿命在 1 100 万次以上。在图形窗口的右上角还给出了统计量表，包括分布的参数、寿命数据的特征等。但从分布概要图中得到的结论仍然只是些粗略的判断，若想得到更详细的结论，还需要进行参数分布分析，详见第 9 章。

8.2.3.2　任意删失情形

【例 8 - 8】　（续例 8 - 6）在例 8 - 6 中我们得知，两种显示管的寿命数据都服从最小极值分布，现在我们想要了解该分布的一些其他概要信息并作出分布概要图。

具体做法如下。

（1）打开工作表"RL _ 显示管（任删）. MTW"。

（2）选择"统计＞可靠性/生存＞分布分析（任意删失）＞分布概要图（Stat＞Reliability /Survival＞Distribution Analysis（Arbitrary Censoring）＞Distribution Overview Plot）"。

（3）在出现的对话框"分布概要图-任意删失"的"初始变量"那一项输入"开始1 开始2"，在"结尾变量"那一项输入"结束1　结束2"，在"频率列（可选）"那一项输入"频数1　频数2"，在"参数分析"的"分布"中选择"最小极值"。

（4）点击"选项"按钮，在"估计法"中选择"极大似然"。

具体操作流程如图8-20所示。

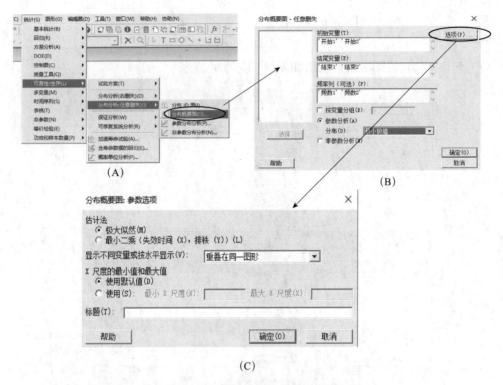

图8-20　显示管数据分布概要图的流程图

（5）MINITAB的会话窗口输出如下。

分布概要图：开始 ＝ 开始1，开始2，结束 ＝ 结束1，结束2
使用 频数1，频数2中的频率

变量开始 ＝ 开始1、结束 ＝ 结束1 的结果
使用 频数1中的频率

拟合优度

分布	Anderson-Darling（调整)
最小极值	0.668

变量开始 ＝ 开始2、结束 ＝ 结束2 的结果
使用 频数2中的频率

拟合优度

分布	Anderson-Darling（调整)
最小极值	0.962

（6）MINITAB 的图形窗口输出如图 8 - 21 所示。

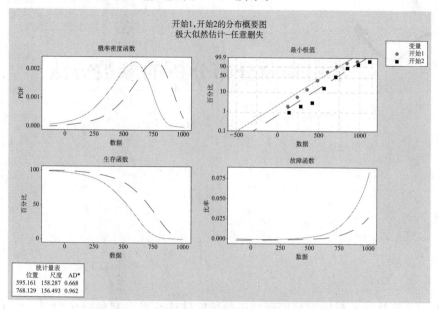

图 8 - 21 显示管数据分布概要图的结果输出图

（7）结果分析。在 MINITAB 的图形窗口中作出了概率密度函数图、最小极值概率图、生存函数图和故障函数图。最小极值概率图和故障函数图中，在左方的曲线代表死亡率高的总体。由概率图、生存函数图和故障函数图中的拟合曲线位置可以看出，用新方法生产的显示管寿命优于用旧方法生产的显示管。在图形窗口的左下角还给出了统计量表，包括两组数据分布的参数和 AD 统计量。和右删失一样，从任意删失的分布概要图中也只能得到粗略的判断，若想得到更详细的结论，还需要进行参数分布分析，详见第9 章。

对于右删失或任意删失数据，如果选择非参数方法，则概要图将显示：

● 对于使用 Kaplan-Meier 方法的右删失数据：Kaplan-Meier 生存图和基于经验故障函数的非参数故障图。

● 对于使用 Turnbull 方法的任意删失数据：Turnbull 生存图。

● 对于使用精算方法的右删失或任意删失数据：精算生存图和基于经验故障函数的非参数故障图。

参数生存估计和故障估计均基于拟合分布，曲线为平滑曲线。然而，Kaplan-Meier 生存估计、Turnbull 生存估计和经验故障函数仅在确切失效时间才会改变值，因此非参数生存曲线和故障曲线均为阶梯状，详见第 10 章。

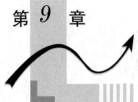

第 9 章

常用寿命分布分析的参数方法

由上一章可知,如果能够根据所获得的数据确认其来自某种分布类型,将大大降低问题的不确定性。本章主要介绍分析寿命数据的参数方法。对于参数的估计,MINI-TAB主要使用极大似然估计和最小二乘估计。其中,指数分布是历史上第一个寿命分布,它在寿命分布研究中占据重要位置,所以本章主要介绍指数分布的参数分析方法。由于其他分布的分析方法类似,因此我们只简单地给出其他各种常用寿命分布的参数分析方法。

9.1 常用寿命分布分析

9.1.1 指数分布

由前两章对指数分布的讨论可知,指数分布的应用非常广,是可靠性中最常用的,也是最简单的失效分布。从研究产品的寿命到研究慢性病患者的存活时间,都经常以指数分布作为模型。其失效率为常数,又与平均寿命互为倒数,这是指数分布的主要特征。所以,对指数分布进行参数分析是非常重要的。本小节首先介绍单参数指数分布的参数估计和假设检验问题,然后给出双参数指数分布的参数估计方法。

9.1.1.1 单参数指数分布的参数估计

前面已经指出,指数分布有以下失效密度函数、可靠度函数和失效率函数:

$$f(t) = \frac{1}{\theta} \exp\left(-\frac{t}{\theta}\right), t \geqslant 0, \theta > 0$$

$$R(t) = \exp\left(-\frac{t}{\theta}\right), t \geqslant 0, \theta > 0$$

$$\lambda(t) = \frac{1}{\theta}, t \geqslant 0, \theta > 0$$

显然，指数分布的特性由一个参数 θ 来刻画。

假设研究 n 个个体，且对每一个体都跟踪到死亡或失效，此时所有数据为无删失数据。令 t_1，t_2，…，t_n 是 n 个个体的精确生存时间，那么似然函数为：

$$L = \prod_{i=1}^{n} \frac{1}{\theta} \exp\left(-\frac{t_i}{\theta}\right)$$

θ 的极大似然估计（MLE）为：

$$\hat{\theta} = \frac{\sum_{i=1}^{n} t_i}{n} \tag{9-1}$$

易证，$\dfrac{2T}{\theta} \sim \chi^2(2n)$，其中，$T = \sum\limits_{i=1}^{n} t_i$。则 θ 的精确 $1-\alpha$ 水平置信区间为：

$$\frac{2T}{\chi^2_{1-\alpha/2}(2n)} < \theta < \frac{2T}{\chi^2_{\alpha/2}(2n)} \tag{9-2}$$

这里 $\chi^2_{\alpha/2}(2n)$ 是自由度为 $2n$ 的 χ^2 分布的 $\alpha/2$ 分位数，即 $P[\chi^2(2n) \leqslant \chi^2_{\alpha/2}(2n)] = \alpha/2$。

假设在 n 个个体中有 r 个死亡之后终止研究，且不再观测留下的 $n-r$ 个个体，此时数据为 Ⅱ 型删失。若 n 个个体的生存时间是 $t_{(1)} \leqslant t_{(2)} \leqslant \cdots \leqslant t_{(r)} = t_{(1)}^+ = t_{(2)}^+ = \cdots = t_{(n-r)}^+$，这里 $t_{(i)}^+$ 是删失观测值。此时，n 和 r 是固定值且所有 $n-r$ 个删失观测值是相等的。那么，θ 的 MLE 为：

$$\hat{\theta} = \frac{\sum_{i=1}^{r} t_{(i)} + (n-r)t_{(r)}}{r} \tag{9-3}$$

此时，令 $T = \sum\limits_{i=1}^{r} t_{(i)} + (n-r)t_{(r)} = \sum\limits_{i=1}^{r} t_{(i)} + \sum\limits_{i=1}^{n-r} t_{(i)}^+$，易知，$\dfrac{2T}{\theta} \sim \chi^2(2r)$。那么，$\theta$ 的精确 $1-\alpha$ 水平置信区间为：

$$\frac{2T}{\chi^2_{1-\alpha/2}(2r)} < \theta < \frac{2T}{\chi^2_{\alpha/2}(2r)} \tag{9-4}$$

与 Ⅱ 型删失稍有不同的是，Ⅰ 型删失要求试验者在一个周期时间 C_r 之后停止试验。令 0 与 C_r 之间的死亡数是 r，该生存数据可表示为 $t_{(1)} \leqslant t_{(2)} \leqslant \cdots \leqslant t_{(r)} \leqslant t_{(1)}^+ = t_{(2)}^+ = \cdots = t_{(n-r)}^+ = C_r$。此时，$\theta$ 的 MLE 为 $\hat{\theta} = T/r$，其中，$T = \sum\limits_{i=1}^{r} t_{(i)} + (n-r)C_r$。$\theta$ 的 $1-\alpha$ 水平置信区间为：

$$\frac{2T}{\chi^2_{1-\alpha/2}(2r+2)} < \theta < \frac{2T}{\chi^2_{\alpha/2}(2r+2)} \tag{9-5}$$

假设 n 个个体的生存时间是 $t_{(1)} \leqslant t_{(2)} \leqslant \cdots \leqslant t_{(r)}$，$t_{(1)}^+$，$t_{(2)}^+$，…，$t_{(n-r)}^+$，这里 $t_{(i)}^+$ 是删失

观测值，此时数据为Ⅲ型删失。θ 的 MLE 为：

$$\hat{\theta} = \frac{\sum_{i=1}^{r} t_{(i)} + \sum_{i=1}^{n-r} t_{(i)}^{+}}{r} \tag{9-6}$$

特别地，如果所有的观测值都是删失的，即 $r=0$，那么 $\hat{\theta} = \sum_{i=1}^{n} t_i^{+}$。

无论是完全样本数据还是三种删失数据，MINITAB 计算的都是 θ 的近似正态置信区间，θ 的近似 γ 水平正态置信区间为：

$$\frac{\hat{\theta}}{\exp\left[\dfrac{A_\gamma SE(\hat{\theta})}{\hat{\theta}}\right]} < \theta < \hat{\theta} \exp\left[\frac{A_\gamma SE(\hat{\theta})}{\hat{\theta}}\right] \tag{9-7}$$

式中，A_γ 定义为 $P(Z \leqslant A_\gamma) = \dfrac{1+\gamma}{2}$，且 $P(-A_\gamma < Z < A_\gamma) = \gamma$，也就是说，$A_\gamma$ 是标准正态分布的 $(1+\gamma)/2$ 分位数；$SE(\hat{\theta})$ 是 θ 的 MLE 的标准误，它是通过计算 Fisher 信息阵的对角元的逆得到的。这是 MINITAB 中统一使用的公式，当然不够理想，若需要更精确的置信区间，可按照式（9-2）、式（9-4）、式（9-5）另行计算。

【例 9-1】 设 Y 型微电机寿命服从指数分布，随机抽取 7 台进行寿命试验，试验到 2 400 小时停止，除第 7 台没有失效外，其余 6 台先后失效，失效时间分别为 450，1 800，530，120，450，2 150，数据文件：RL_微电机（右删）.MTW。试求平均寿命 θ 的点估计。

这是 $n=7$，$r=6$，$C_r=2\,400$ 的Ⅰ型删失，所以平均寿命 θ 的点估计为：

$$\hat{\theta} = \frac{450 + 1\,800 + 530 + 120 + 450 + 2\,150 + 2\,400}{6} = 1\,316.67$$

得到平均寿命 θ 的点估计 $\hat{\theta}$ 后，将其代入其他可靠性指标的表达式，就可以得到失效率 $\lambda(t)$ 和可靠度 $R(t)$ 的估计分别为：

$$\hat{\lambda}(t) = \frac{1}{\hat{\theta}} \tag{9-8}$$

$$\hat{R}(t) = \exp\left(-\frac{t}{\hat{\theta}}\right) \tag{9-9}$$

【例 9-2】 设节能灯泡的寿命服从指数分布，随机抽取 20 个灯泡进行寿命试验，事先规定失效数 $r=7$，试验结果为 500，820，2 130，2 500，6 120，6 500，6 800，数据文件：RL_节能灯泡（右删）.MTW。试求平均寿命 θ 的点估计和可靠度 $R(500)$ 的点估计。

这是 $n=20$，$r=7$ 的Ⅱ型删失，所以平均寿命 θ 的点估计为：

$$\hat{\theta} = \frac{500 + 820 + 2\,130 + 2\,500 + 6\,120 + 6\,500 + 6\,800 + 13 \times 6\,800}{7} = 16\,252.86$$

而可靠度 $R(500)$ 的点估计为：

$$R(500) = e^{-\frac{500}{16\,252.86}} = 0.969\,7$$

这表明此类节能灯泡在 500 小时后仍有 96.97% 的产品能继续工作。

由上一章指数分布的 p 分位数的表达式，可以求出 p 分位数的估计及其方差和置信区间，具体表达式见网上资源。

9.1.1.2 单参数指数分布的假设检验

假设产品的寿命服从参数为 θ 的指数分布，考虑下面三种类型的假设检验问题：

(1) $H_0: \theta = \theta_0 \leftrightarrow H_1: \theta > \theta_0$；

(2) $H_0: \theta = \theta_0 \leftrightarrow H_1: \theta < \theta_0$；

(3) $H_0: \theta = \theta_0 \leftrightarrow H_1: \theta \neq \theta_0$。

易知，$\dfrac{2r\hat{\theta}}{\theta_0} \sim \chi^2(2r)$，其中，$\hat{\theta} = \dfrac{\sum\limits_{i=1}^{r} t_{(i)} + \sum\limits_{i=1}^{n-r} t_{(i)}^+}{r}$；$r$ 为精确数据的个数。那么对于以上三种检验问题，检验的拒绝域分别为：

(1) $\dfrac{2r\hat{\theta}}{\theta_0} > \chi^2_{1-\alpha}(2r)$；

(2) $\dfrac{2r\hat{\theta}}{\theta_0} < \chi^2_{\alpha}(2r)$；

(3) $\dfrac{2r\hat{\theta}}{\theta_0} < \chi^2_{\alpha/2}(2r)$ 或 $\dfrac{2r\hat{\theta}}{\theta_0} > \chi^2_{1-\alpha/2}(2r)$。

当两个寿命分布都是单参数指数分布时，用似然比检验来比较寿命分布。不管样本是否包含删失观测值，似然比检验都能检验两个指数分布相等的假设。在这里我们只讨论随机删失的情形。

假设在组 1 和组 2 里分别有 n_1 和 n_2 个个体，在组 1 中，x_1，x_2，$\cdots$，x_{r_1} 为非删失值，$x_{r_1+1}^+$，$x_{r_1+2}^+$，$\cdots$，$x_{n_1}^+$ 为删失值；在组 2 中，y_1，y_2，$\cdots$，y_{r_2} 为非删失值，$y_{r_2+1}^+$，$y_{r_2+2}^+$，$\cdots$，$y_{n_2}^+$ 为删失值。因而，在组 1 中有 r_1 个非删失观测值和 $n_1 - r_1$ 个删失观测值；在组 2 中有 r_2 个非删失观测值和 $n_2 - r_2$ 个删失观测值。若已知两个组的生存时间服从参数为 θ_i（$i=1, 2$）的指数分布，那么检验两个指数分布相等等价于检验假设 $H_0: \theta_1 = \theta_2 \leftrightarrow H_1: \theta_1 \neq \theta_2$。

似然比检验统计量是根据样本数据计算的两个似然函数的比，令 Λ 表示似然比：

$$\Lambda = \frac{L(\hat{\theta}, \hat{\theta})}{L(\hat{\theta}_1, \hat{\theta}_2)} \tag{9-10}$$

式中：

$$L(\hat{\theta}_1, \hat{\theta}_2) = \hat{\theta}_1^{-r_1} \hat{\theta}_2^{-r_2} \exp\left[-\frac{1}{\hat{\theta}_1}\left(\sum_{i=1}^{r_1} x_i + \sum_{i=r_1+1}^{n_1} x_i^+\right) - \frac{1}{\hat{\theta}_2}\left(\sum_{i=1}^{r_2} y_i + \sum_{i=r_2+1}^{n_2} y_i^+\right)\right]$$

$$\hat{\theta}_1 = \frac{\sum\limits_{i=1}^{r_1} x_i + \sum\limits_{i=r_1+1}^{n_1} x_i^+}{r_1}, \hat{\theta}_2 = \frac{\sum\limits_{i=1}^{r_2} y_i + \sum\limits_{i=r_2+1}^{n_2} y_i^+}{r_2}$$

$$L(\hat{\theta}, \hat{\theta}) = \hat{\theta}^{-r_1-r_2} \exp\left[-\frac{1}{\hat{\theta}}\left(\sum_{i=1}^{r_1} x_i + \sum_{i=r_1+1}^{n_1} x_i^+ + \sum_{i=1}^{r_2} y_i + \sum_{i=r_2+1}^{n_2} y_i^+\right)\right]$$

$$\hat{\theta} = \frac{\sum_{i=1}^{r_1} x_i + \sum_{i=r_1+1}^{n_1} x_i^+ + \sum_{i=1}^{r_2} y_i + \sum_{i=r_2+1}^{n_2} y_i^+}{r_1 + r_2}$$

在原假设下，对于样本量至少为 25 的样本，$-2\ln\Lambda$ 近似服从 1 个自由度的 χ^2 分布。若 $-2\ln\Lambda > \chi^2_{1-\alpha}(1)$，则拒绝原假设。

9.1.1.3 双参数指数分布

双参数指数分布的密度函数和可靠度函数分别为：

$$f(t) = \frac{1}{\theta}\exp\left(-\frac{t-a}{\theta}\right), t \geqslant a, \theta > 0$$

$$R(t) = \exp\left(-\frac{t-a}{\theta}\right), t \geqslant a, \theta > 0$$

若 t_1，t_2，$\cdots$，t_n 是 n 个个体的生存时间，则 θ 的 MLE 为：

$$\hat{\theta} = \frac{\sum_{i=1}^{n}(t_i - \hat{a})}{n} \tag{9-11}$$

式中，$\hat{a}$ 为 a 的一个估计值；$\hat{a}$ 是 t_1，t_2，$\cdots$，t_n 中最小的观测值，即

$$\hat{a} = \min(t_1, t_2, \cdots, t_n) \tag{9-12}$$

对于 II 型删失，令最初 r 个非删失生存时间为 $t_{(1)} \leqslant t_{(2)} \leqslant \cdots \leqslant t_{(r)}$，那么 a 和 θ 的估计值分别为：

$$\hat{a} = t_{(1)} - \frac{\hat{\theta}}{n} \tag{9-13}$$

$$\hat{\theta} = \frac{\sum_{i=1}^{r} t_{(i)} - nt_{(1)} + (n-r)t_{(r)}}{r-1} \tag{9-14}$$

置信水平为 $1-\alpha$ 的置信区间为：

$$\frac{2(r-1)\hat{\theta}}{\chi^2_{1-\alpha/2}(2r-2)} < \theta < \frac{2(r-1)\hat{\theta}}{\chi^2_{\alpha/2}(2r-2)} \tag{9-15}$$

$$t_{(1)} - \frac{\hat{\theta}}{n}F_{1-\alpha}(2, 2r-2) < a < t_{(1)} \tag{9-16}$$

若数据是非同时开始的 III 型删失数据，假设 n 个个体中的 r 个在研究结束前死亡，$n-r$ 个个体在持续追踪过程中或在终止的时间是存活的，该 n 个生存时间可以表示成

$$t_{(1)} \leqslant t_{(2)} \leqslant \cdots \leqslant t_{(r)}, t_{(r+1)}^+, \cdots, t_{(n)}^+$$

此时，a 的估计为：

$$\hat{a} = \max\left(t_{(1)} - \frac{\hat{\theta}}{n}, 0\right) \tag{9-17}$$

当 n 很大时，a 可表示为：

$$\hat{a} \approx t_{(1)} \tag{9-18}$$

θ 的 MLE 为：

$$\hat{\theta} = \frac{\sum\limits_{i=1}^{r} t_{(i)} + \sum\limits_{i=r+1}^{n} t_{(i)}^{+} - nt_{(1)}}{r-1} \tag{9-19}$$

和单参数指数分布情形一样，无论是完全样本数据，还是三种删失数据，MINITAB 计算的都是 θ 和 a 的近似正态置信区间，θ 和 a 的近似 γ 水平正态置信区间分别为：

$$\frac{\hat{\theta}}{\exp\left[\dfrac{A_\gamma SE(\hat{\theta})}{\hat{\theta}}\right]} < \theta < \hat{\theta}\exp\left[\frac{A_\gamma SE(\hat{\theta})}{\hat{\theta}}\right] \tag{9-20}$$

$$\hat{a} - A_\gamma SE(\hat{a}) < a < \hat{a} + A_\gamma SE(\hat{a}) \tag{9-21}$$

注意，在 MINITAB 软件中，认为阈值 $\hat{a}$ 是固定的，所以 $SE(\hat{a}) = 0$，即 a 的置信上限和置信下限都是 $\hat{a}$。A_r 的含义同式（9-7）。

得到 θ 和 a 的估计 $\hat{\theta}$ 和 $\hat{a}$ 之后，将其代入其他可靠性指标的表达式，就可以得到失效率 $\lambda(t)$ 和可靠度 $R(t)$ 的估计分别为：

$$\hat{\lambda}(t) = \frac{1}{\hat{\theta}} \tag{9-22}$$

$$\hat{R}(t) = \exp\left(-\frac{t-\hat{a}}{\hat{\theta}}\right) \tag{9-23}$$

双参数指数分布的 p 分位数的估计及其方差和置信区间的具体表达式见网上资源。

9.1.2 Weibull 分布

Weibull 分布是可靠性分析中最常用的分布之一。大量的实践说明，凡是因为某一局部失效或故障就会引起全局机能停止运行的元件、器件、设备、系统等的寿命，都可认为或近似认为服从 Weibull 分布。特别是在研究金属材料的疲劳寿命问题时，轴承、金属材料以及一些电子元器件的寿命都服从 Weibull 分布，现在 Weibull 分布的应用更加广泛。

上一章曾经指出，Weibull 分布的失效密度函数、可靠度函数和失效率函数分别为：

$$f(t) = \frac{\beta}{\alpha^\beta} t^{\beta-1} \exp\left[-\left(\frac{t}{\alpha}\right)^\beta\right], t \geq 0, \alpha > 0, \beta > 0$$

$$R(t) = \exp\left[-\left(\frac{t}{\alpha}\right)^\beta\right], t \geq 0, \alpha > 0, \beta > 0$$

$$\lambda(t) = \frac{\beta}{\alpha^\beta} t^{\beta-1}, t \geq 0, \alpha > 0, \beta > 0$$

下面我们分别对 Weibull 分布的参数估计和检验问题予以介绍，首先来看参数估计问题。

9.1.2.1　Weibull 分布的参数估计

Weibull 分布的参数 α 和 β 的 MLE 要同时求解若干个方程，MINITAB 解这些方程采用的是 Newton-Raphson 数值迭代法。三种删失类型和精确数据的 α 和 β 以及 p 分位数的估计和置信区间见网上资源。

和指数分布一样，得到 α 和 β 的估计 $\hat{\alpha}$ 和 $\hat{\beta}$ 之后，将其代入其他可靠性指标的表达式，就可以得到 Weibull 分布的失效率 $\lambda(t)$ 和可靠度 $R(t)$ 的估计分别为：

$$\hat{\lambda}(t)=\frac{\hat{\beta}}{\hat{\alpha}^{\hat{\beta}}}t^{\hat{\beta}-1} \tag{9-24}$$

$$\hat{R}(t)=\exp\left[-\left(\frac{t}{\hat{\alpha}}\right)^{\hat{\beta}}\right] \tag{9-25}$$

MLE 和 LSE 是 MINITAB 中常用的，但在可靠性中，特别是小样本场合，Weibull 分布的两个参数 α 和 β 的点估计通常使用线性估计——最佳线性无偏估计（BLUE）、最佳线性不变估计（BLIE）、简单线性无偏估计（GLUE），对此，读者可参阅茆诗松主编的《统计手册》。

9.1.2.2　两个 Weibull 分布的比较

在这里我们只介绍无删失样本的两个大小相等的样本的检验。假定大小同为 n 的两个独立随机样本是从 Weibull 分布 $f_1(t)$ 和 $f_2(t)$ 获得的，这里

$$f_i(t)=\alpha_i^{-\beta_i}\beta_i t^{\beta_i-1}\exp\left[-\left(\frac{t}{\alpha_i}\right)^{-\beta_i}\right],t\geqslant0;\alpha_i>0;\beta_i>0;i=1,2$$

要检验 $f_1(t)$ 和 $f_2(t)$ 相等，只要检验 $\beta_1=\beta_2$ 和 $\alpha_1=\alpha_2$ 即可。若假设 $\beta_1=\beta_2$ 被拒绝，就无须检验 $\alpha_1=\alpha_2$；若假设 $\beta_1=\beta_2$ 没有被拒绝，还需要检验 $\alpha_1=\alpha_2$。

要做假设检验 $H_0:\beta_1=\beta_2 \leftrightarrow H_1:\beta_1\neq\beta_2$，我们需要利用 $\frac{\hat{\beta}_1}{\hat{\beta}_2}$ 的分位数 $l_{\alpha/2}$，其中，$\hat{\beta}_i$ 为 β_i 的 MLE；$l_{1-\alpha}$ 可在网上资源中查出。如果 $\frac{\hat{\beta}_1}{\hat{\beta}_2}>l_{1-\alpha/2}$ 或 $\frac{\hat{\beta}_1}{\hat{\beta}_2}<l_{\alpha/2}$，则在 α 水平下拒绝 H_0（注意，可以用下列关系求出另一侧分位数：$l_{\alpha/2}=\frac{1}{l_{1-\alpha/2}}$）。若拒绝 $H_0:\beta_1=\beta_2$，则两个 Weibull 分布是不同的。但是，若不拒绝原假设，则需要检验两个参数 α_1 和 α_2 是否相等，即做假设检验 $H_0:\alpha_1=\alpha_2 \leftrightarrow H_1:\alpha_1\neq\alpha_2$，令

$$G=\frac{1}{2}(\hat{\beta}_1+\hat{\beta}_2)(\ln\hat{\alpha}_2-\ln\hat{\alpha}_1)$$

若 $G>G_{1-\alpha/2}$ 或 $G<G_{\alpha/2}$，则拒绝原假设，其中，分位数 $G_{1-\alpha}$ 有表可查（参见网上资源，注意，可以用下列关系求出另一侧分位数：$G_\alpha=-G_{1-\alpha}$）。

其他寿命分布参数的估计和近似 γ 水平正态置信区间、p 分位数的估计、方差及其置信区间参见网上资源。

9.2　参数分析方法的计算与实例

对于单组寿命数据，MINITAB 软件的参数分布分析窗口提供 11 种常见的参数模型对数据进行拟合，使用者可以选择其中一种拟合最好的模型，然后对这些数据进行参数分析，估计出分布的分位数、生存概率和累积失效率，也可以作出生存曲线、累积失效图、故障图及概率图。对于多组数据，使用者应首先选择一种能同时拟合较好的模型，对于选定的分布，除了可以估计参数，还能进行分布参数相等性的检验，确定它们之间是否有显著差异。完成这些并不需要很大的样本量（当然样本量越大，结论越精确），关键是确认分布类型。

下面我们对右删失数据和任意删失数据的参数分布分析分别加以介绍。

9.2.1　右删失数据

下面我们用几个例子来具体介绍参数分布分析对话框在参数估计和假设检验等方面的应用。

【例 9-3】　对 175 台设备进行高温老化试验，事先规定失效数为 20，这 20 台设备的故障时间记录如下（单位：小时）：0.83，1，2，2.5，2.5，6，8，12，24，24，25，30，30，30，30，34，35，36，41，45，数据文件：RL_老化试验（右删）.MTW。已知该设备在高温老化试验期间，无故障工作时间服从 Weibull 分布，试估计此种设备在 40 小时内未出故障的概率，再估计 90% 的设备未出故障的时间，以及这批试验产品无故障工作时间的 Weibull 分布之形状参数是否等于 0.5。

本例认定分布为 Weibull，其实这是可以经过分布的选择来最后认定的。对于"形状参数是否等于 0.5"进行假设检验的形式应该是：

$$H_0: \beta = 0.5 \leftrightarrow H_1: \beta \neq 0.5$$

具体操作如下。

（1）打开工作表"RL_老化试验（右删）.MTW"。

（2）选择"统计>可靠性/生存>分布分析（右删失）>参数分布分析（Stat>Reliability/Survival>Distribution Analysis(Right Censoring)>Parametric Distribution Analysis)"。

（3）在出现的对话框"参数分布分析-右删失"的"变量"项中输入"小时"，在"频率列（可选）"中输入"频数"，再在"假定分布"中选择"Weibull"。

（4）点击"删失"按钮，选中"使用删失列"，并且输入"删失"，也可以选中"失效删失在"，并且在后面的框中输入"21"。

（5）点击"估计"按钮，在"估计法"中选择"极大似然"，在"估计下列百分比的百分位数"中输入"10"，在"估计这些时间（值）的概率"中输入"40"。

（6）点击"检验"按钮，在"检验形状（Weibull 斜率）或尺度（1/斜率-其他分布）等于"中输入"0.5"。

具体操作流程如图 9-1 所示。

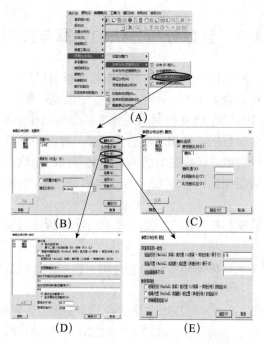

图 9-1　老化试验寿命数据参数分布分析的流程图

（7）MINITAB 的会话窗口主要输出如下（完整输出见网上资源）。

分布分析：小时
变量：小时
频率：频数

删失

删失信息	计数
未删失值	20
右删失值	155

删失值：删失＝0
估计法：极大似然
分布：Weibull

参数估计

			95.0％正态置信区间	
参数	估计	标准误	下限	上限
形状	0.787425	0.173703	0.511020	1.21333
尺度	658.001	436.300	179.399	2413.42

对数似然 ＝ －137.617

拟合优度
Anderson-Darling
（已调整）
　　　　　416.382

分布特征

	估计	标准误	95.0%正态置信区间 下限	上限
均值（MTTF）	754.170	613.768	153.015	3717.10
标准差	967.112	1007.81	125.445	7455.89
中位数	413.124	236.298	134.652	1267.50
下四分位数（Q1）	135.228	51.1751	64.4081	283.917
上四分位数（Q3）	996.271	744.003	230.521	4305.71
四分位间距（IQR）	861.043	698.483	175.600	4222.06

百分位数表格

百分比	百分位数	标准误	95.0%正态置信区间 下限	上限
1	1.91017	1.42446	0.442903	8.23822
…	…	…	…	…
10	37.7628	10.7883	21.5718	66.1060
…	…	…	…	…
99	4576.39	4876.41	566.917	36942.5

生存概率表
时间摘录

（Time）	概率	95.0%正态置信区间 下限	上限
40	0.895 614	0.842 787	0.931 407

分布分析：小时
形状参数等于 0.5 的检验

卡方	自由度	P
4.23861	1	0.040

Bonferroni 95.0%（单独 95.00%）同时 置信区间
形状参数

变量	下限	估计	上限
小时	0.5110	0.7874	1.213

（8）MINITAB 的图形窗口输出如图 9-2 所示。

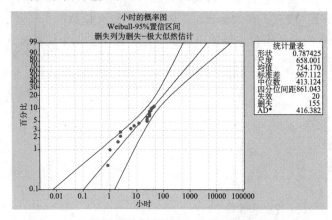

图 9-2 老化试验寿命数据参数分布分析的结果输出图

（9）结果分析。从MINITAB会话窗口输出的参数估计表可以看出，Weibull分布的形状参数的点估计值为0.787 425，其95%置信区间为（0.511 020，1.213 33）；尺度参数的点估计值为658.001，其95%置信区间为（179.399，2 413.42）。10%的设备失效的时间为37.762 8小时，其95%置信区间为（21.571 8，66.106 0）。40小时时尚未出现故障的设备占到89.561 4%，其95%置信区间为（0.842 787，0.931 407）。在对形状参数进行检验时默认检验水平 $\alpha=0.05$，计算结果中得到 p 值＝0.040＜0.05，因此可以拒绝原假设，即可以断言这种设备无故障工作时间服从Weibull分布的形状参数不等于0.5。

在MINITAB的参数检验计算中，对于Weibull分布，可以检验形状参数，也可以检验尺度参数，还可以同时检验这两个参数；对于其他分布，可以检验尺度参数，也可以检验位置参数，还可以同时检验这两个参数。如果是多参数的分布，还可以另加检验阈值参数是否为给定值。

对Weibull分布形状参数的检验在实际工作中常常遇见，例如为了区分数据来自何种失效状态，要判断是属于早期失效（ $\beta<1$ ），还是随机失效（ $\beta=1$ ，或指数分布），抑或是耗损失效（ $\beta>1$ ）。一般说来，形状参数不同的两个Weibull分布是无法比较的，通常是在形状参数相同的情况下，再来检验尺度参数，例如判断一批数据拟合的Weibull分布的尺度参数是否比某个指定值更大（即相应平均寿命更长），等等。

下面我们分别用MINI-TAB来计算本章在一开始提出的例9-1和例9-2。

【例9-4】 （续例9-1）设Y型微电机寿命服从指数分布，随机抽取7台进行寿命试验，试验到2 400小时停止，数据文件：RL_微电机（右删）.MTW。试使用MINI-TAB软件来计算平均寿命 θ 的点估计。

具体做法如下。

（1）打开工作表"RL_微电机（右删）.MTW"。

（2）选择"统计＞可靠性/生存＞分布分析（右删失）＞参数分布分析（Stat＞Reliability/Survival＞Distribution Analysis(Right Censoring)＞Parametric Distribution Analysis)"。

（3）在出现的对话框"参数分布分析-右删失"的"变量"项中输入"寿命"，再在"假定分布"中选择"指数"。

（4）点击"删失"按钮，选中"时间删失在"，并且输入"2400"。

（5）点击"估计"按钮，在"估计法"中选择"极大似然"。

（6）MINITAB的会话窗口主要输出如下（完整输出见网上资源）。

分布分析：寿命

变量：寿命

删失

删失信息	计数
未删失值	6
右删失值	1

类型1（时间）在2400处定时删失

估计法：极大似然

分布：指数

参数估计

			95.0%正态置信区间	
参数	估计	标准误	下限	上限
均值	1316.67	537.527	591.527	2930.74

对数似然 ＝ －49.097

拟合优度

Anderson-Darling

（已调整）

　　　8.166

分布特征

			95.0%正态置信区间	
	估计	标准误	下限	上限
均值（MTTF）	1316.67	537.527	591.527	2930.74
标准差	1316.67	537.527	591.527	2930.74
中位数	912.644	372.585	410.015	2031.43
下四分位数（Q1）	378.781	154.637	170.172	843.122
上四分位数（Q3）	1825.29	745.171	820.030	4062.87
四分位间距（IQR）	1446.51	590.534	649.858	3219.75

百分位数表格

			95.0%正态置信区间	
百分比	百分位数	标准误	下限	上限
1	13.2329	5.40233	5.94504	29.4549
⋮	⋮	⋮	⋮	⋮
50	912.644	372.585	410.015	2031.43
⋮	⋮	⋮	⋮	⋮
99	6063.47	2475.40	2724.08	13496.6

　　（7）结果分析。对于指数分布来说，均值（MTTF）恰好为参数 θ，从 MINITAB 的结果可以看出，平均寿命的极大似然估计为 1 316.67，这与例 9-1 手工计算的结果是一致的。除此之外，在 MINITAB 的会话窗口中还可以得到指数分布的参数（均值 MTTF）、各个百分位数的估计值及其标准误和置信上下限。例如 50%的分位数是 912.644，小于均值 1 316.67，也就是说，在 912.644 小时时有一半的微电机已失效，这小于微电机的平均寿命 1 316.67 小时。另外，本例在"删失"选项中选择的是"时间删失在"，也可以增加一删失列，使 2 400 的删失值是 0，其余的是 1，这样计算出来的结果是一样的。

　　【例 9-5】　（续例 9-2）设节能灯泡的寿命服从指数分布，随机抽取 20 个灯泡进行寿命试验，事先规定失效数 $r=7$，数据文件：RL_节能灯泡（右删）.MTW。试使用 MINITAB 软件来计算平均寿命 θ 的点估计和可靠度 $R(500)$ 的点估计。

　　具体做法如下。

（1）打开工作表"RL _ 节能灯泡（右删）. MTW"。

（2）选择"统计＞可靠性/生存＞分布分析（右删失）＞参数分布分析（Stat＞Reliability/Survival＞Distribution Analysis（Right Censoring）＞Parametric Distribution Analysis）"。

（3）在出现的对话框"参数分布分析-右删失"的"变量"项中输入"寿命"，再在"假定分布"中选择"指数"。

（4）点击"删失"按钮，选中"失效删失在"，并且输入"8"。

（5）点击"估计"按钮，在"估计法"中选择"极大似然"，在"估计这些时间（值）的概率"项中输入"500"。

（6）MINITAB的会话窗口主要输出如下（完整输出见网上资源）。

分布分析：寿命

变量：寿命

删失

删失信息	计数
未删失值	7
右删失值	13

类型2（失效）在8处定数删失

估计法：极大似然

分布：指数

参数估计

参数	估计	标准误	95.0%正态置信区间 下限	上限
均值	16252.9	6143.00	7748.29	34092.1

对数似然 ＝ −74.872

拟合优度

Anderson-Darling

（已调整）

82.155

分布特征

	估计	标准误	95.0%正态置信区间 下限	上限
均值（MTTF）	16252.9	6143.00	7748.29	34092.1
标准差	16252.9	6143.00	7748.29	34092.1
中位数	11265.6	4258.00	5370.70	23630.8
下四分位数（Q1）	4675.66	1767.23	2229.04	9807.68
上四分位数（Q3）	22531.2	8516.01	10741.4	47261.7
四分位间距（IQR）	17855.6	6748.78	8512.36	37454.0

百分位数表格

百分比	百分位数	标准误	95.0%正态置信区间	
			下限	上限
1	163.347	61.7392	77.8729	342.637
⋮	⋮	⋮	⋮	⋮
99	74847.2	28289.6	35682.2	157000

生存概率表

时间摘录		95.0% 正态置信区间	
（Time）	概率	下限	上限
500	0.969705	0.937508	0.985441

（7）结果分析。从 MINITAB 的结果可以看出，平均寿命 θ 的极大似然估计为 16 252.9，即参数 $\theta = 16\,252.9$，时刻 500 小时处可靠度 $R(500)$ 的点估计为 0.969 7，这与例 9-2 的计算结果是一致的。本例在"删失"选项中选择的是"失效删失在"，也可以增加一删失列，使 13 个 6 800 的删失值是 0，其余的是 1，这样计算出来的结果是一样的。

下面看一个综合运用分布 ID 图和参数分布分析的例子。

【**例 9-6**】 在 H 港二号散装船码头的装卸线上安装有多台同型号的塔吊设备，在一周内共发生 24 次故障，其维修时间为（单位：分钟）：55，28，125，47，58，53，36，88，51，110，40，75，64，115，48，52，60，72，87，105，55，82，66，65。试为这组数据找到维修时间的一个合适的模型，求出这个模型的参数估计，再利用所得到的模型求出平均维修时间的估计值及其置信区间。

维修时间可以看成"寿命"的生存时间，可以和寿命同样分析，具体做法如下。

（1）为这组数据建立一个有一列数据——寿命的工作表，并将这个工作表命名为"RL_塔吊.MTW"。

（2）选择"统计＞可靠性/生存＞分布分析（右删失）＞分布 ID 图（Stat＞Reliability/Survival＞Distribution Analysis（Right Censoring）＞Distribution ID Plot）"。

（3）在出现的对话框"分布 ID 图-右删失"的"变量"项内输入"寿命"，选择"指定"。

（4）点击"选项"按钮，在"估计法"中选择"极大似然"。

（5）MINITAB 的会话窗口和图形窗口（见图 9-3）主要输出如下（完整输出见网上资源）。

分布 ID 图：寿命

拟合优度

分布	Anderson-Darling（调整）
Weibull	1.053
对数正态	0.747
指数	5.070
正态	1.184

百分位数表格

				95％正态置信区间	
分布	百分比	百分位数	标准误	下限	上限
Weibull	1	15.6627	4.34198	9.09704	26.9672
⋮	⋮	⋮	⋮	⋮	⋮
正态	50	68.2083	5.13058	58.1526	78.2641

平均故障时间间隔表格

			95％正态置信区间	
分布	均值	标准误	下限	上限
Weibull	68.3281	5.2632	58.7533	79.463
对数正态	68.2572	5.2811	58.6531	79.434
指数	68.2083	13.9230	45.7179	101.763
正态	68.2083	5.1306	58.1526	78.264

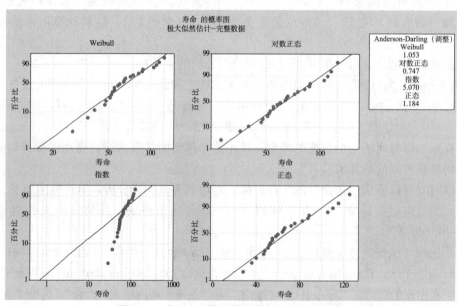

图 9-3 例 9-6 塔吊维修数据的分布 ID 图

（6）结果分析。从拟合优度值以及图形上可以看出，对数正态分布 Anderson-Darling 统计量最小，值为 0.747，可知对数正态分布最适合拟合这组维修时间的数据。以下按对数正态分布进一步分析这组数据。

（7）选择"统计＞可靠性/生存＞分布分析（右删失）＞参数分布分析（Stat＞Reliability/Survival＞Distribution Analysis（Right Censoring）＞Parametric Distribution Analysis）"。

（8）在出现的对话框"参数分布分析-右删失"的"变量"项中输入"寿命"，再在"假定分布"中选择"对数正态"。

（9）点击"估计"按钮，在"估计法"中选择"极大似然"。

（10）MINITAB 的会话窗口输出如下。

分布分析：寿命

变量：寿命

删失

删失信息	计数
未删失值	24

估计法：极大似然

分布：对数正态

参数估计

参数	估计	标准误	95.0%正态置信区间 下限	上限
位置	4.15598	0.0748909	4.00920	4.30276
尺度	0.366889	0.0529559	0.276487	0.486850

对数似然 $= -109.733$

拟合优度

Anderson-Darling（已调整）
　　　　0.747

分布特征

	估计	标准误	95.0%正态置信区间 下限	上限
均值（MTTF）	68.2572	5.28107	58.6531	79.4339
标准差	25.9097	4.90097	17.8835	37.5381
中位数	63.8144	4.77912	55.1025	73.9037
下四分位数（Q1）	49.8250	4.13410	42.3468	58.6237
上四分位数（Q3）	81.7317	6.78149	69.4647	96.1650
四分位间距（IQR）	31.9067	5.27163	23.0806	44.1081

百分位数表格

百分比	百分位数	标准误	95.0%正态置信区间 下限	上限
1	27.1796	3.91852	20.4892	36.0547
⋮	⋮	⋮	⋮	⋮
99	149.828	21.6010	112.947	198.753

（11）结果分析。从 MINITAB 的结果可以看出，位置参数 μ 的点估计值为 4.155 98，95％置信区间为（4.009 2，4.302 76），尺度参数 σ 的估计值为 0.367，95％置信区间为（0.276 487，0.486 85），平均维修时间 MTTF 的估计值为 68.257 2，95％置信区间为（58.653 1，79.433 9）。除此之外，还可以得到标准差、中位数、下四分位数、上四分位数、四分位间距以及各个百分位数的估计值和置信区间。

对于本例这样特殊的例题（无删失且为对数正态），使用普通的一元统计方法（例如用图形化汇总）也可以求出平均值及置信区间，也可以在对原始数据取对数后求得位置参数 μ 和尺度参数 σ 的估计值，而且与本例给出的结果相差不大；但不使用可靠性分析的参数方法却不能求出相应的各百分位数的值（因为观测值个数不够），更不可能求出这些百分位数的置信区间。从这里可以看出，一旦能够确认分布类型，只使用少量数据（本例只有 24 个数据）就可以得到非常完整的含有全面信息的结果，参数方法分析的效能确实是非常强大的。

以上介绍的都是单总体的例子，下面我们来看一个多总体的例子。

【例 9-7】 （续例 8-5）用不同工艺生产的变压器的失效时间见工作表"RL_变压器（右删）.MTW"。前面已经知道，两组数据均服从对数正态分布。求 15% 的变压器失效时的时间和 4 个月、6 个月仍未失效的变压器所占的比率，比较两组变压器失效的尺度参数是否相同。

具体做法如下。

（1）打开工作表"RL_变压器（右删）.MTW"。

（2）选择"统计＞可靠性/生存＞分布分析（右删失）＞参数分布分析（Stat＞Reliability/Survival＞Distribution Analysis (Right Censoring) ＞Parametric Distribution Analysis)"。

（3）在出现的对话框"参数分布分析-右删失"的"变量"项中输入"普通 密封"，在"假定分布"中选择"对数正态"。

（4）点击"删失"按钮，选中"使用删失列"，并且输入"删失 1 删失 2"。

（5）点击"估计"按钮，在"估计法"中选择"极大似然"，在"估计下列百分比的百分位数"中输入"15"，在"估计这些时间（值）的概率"中输入"4 6"。

（6）点击"检验"按钮，在"参数等同性"中选中"相等形状（Weibull 斜率）或尺度（1/斜率-其他分布）的检验"和"相等尺度（Weibull 或指数）或位置（其他分布）的检验"。

（7）点击"图形"按钮，出现对话框"参数分布分析-图形"，选中"生存图"。

（8）MINITAB 的会话窗口和图形窗口（见图 9-4）主要输出如下（完整输出见网上资源）。

分布分析：普通

……

百分位数表格

百分比	百分位数	标准误	95.0%正态置信区间 下限	上限
⋮	⋮	⋮	⋮	⋮
15	4.12970	0.546302	3.18652	5.35206
⋮	⋮	⋮	⋮	⋮

生存概率表

时间摘录 (Time)	概率	95.0% 正态置信区间 下限	上限
4	0.862920	0.732366	0.941452
6	0.643582	0.491798	0.775373

分布分析：密封

……

百分位数表格

			95.0%正态置信区间	
百分比	百分位数	标准误	下限	上限
⋮	⋮	⋮	⋮	⋮
15	6.03349	0.704195	4.79978	7.58431
⋮	⋮	⋮	⋮	⋮

生存概率表

时间摘录		95.0% 正态置信区间	
（Time）	概率	下限	上限
4	0.965547	0.891518	0.991879
6	0.852457	0.729009	0.931128

分布分析：普通，密封

相等尺度和位置参数的检验

卡方	自由度	P
5.87088	2	0.053

尺度参数的相等性检验

卡方	自由度	P
0.0930849	1	0.760

相等位置参数的检验

卡方	自由度	P
5.58112	1	0.018

……

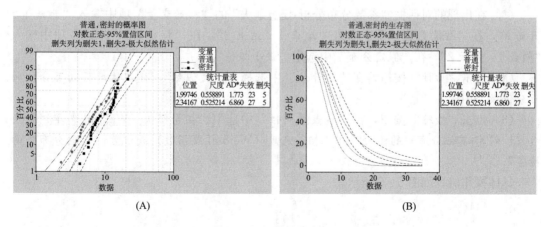

(A)   (B)

图 9 - 4 变压器寿命数据的概率图及生存图

（9）结果分析。在 MINITAB 会话窗口中可以得到两种变压器寿命分布的参数估计、分布特征和百分位数表格。从中可以看出，普通密封 15％变压器失效的时间为 4.129 70，其 95％置信区间为（3.186 52，5.352 06），加强密封 15％变压器失效的时间为 6.033 49，其 95％置信区间为（4.799 78，7.584 31），比普通方法的寿命延长了 2 个月。普通密封在 4 个月时只有 86.292 0％的产品未失效，在 6 个月时只有 64.358 2％的产品未失效；加强密封在 4 个月时还有 96.554 7％的产品未失效，在 6 个月时还有 85.245 7％的产品未失效。从这里可以看出，普通密封在 4 个月时大概有 85％的产品未失效，而加强密封在 6 个月时还有 85％的产品未失效。从两种分布尺度参数和位置参数是否相等的检验表中可以看出，位置参数的 p 值 0.018＜0.05，说明位置参数存在显著差异，尺度参数的 p 值 0.76＞0.05，说明尺度参数没有显著差异，而两个参数的 p 值 0.053 虽然稍大于 0.05，但非常接近 0.05，所以我们可以认为，两种分布之间确实是有差异的。加强密封方法确实提高了变压器的可靠性，其寿命比普通方法的寿命延长了约 2 个月。

另外，从图 9-4（B）可以看出，密封法寿命数据的生存曲线偏右，即在同一失效百分比情况下，加强密封法下失效的时间长，也能说明加强密封法优于普通密封法。

9.2.2 任意删失数据

任意删失数据的参数分析和右删失数据完全一样，下面用一个例子说明。

【例 9-8】　（续例 8-6，例 8-8）制造显示管要先对极板进行电镀，为提高显示管寿命采用新法电镀。数据为区间删失，数据文件：RL_显示管（任删）.MTW。在例 8-6 中我们得知，两种显示管的寿命数据都服从最小极值分布，希望比较新法电镀是否能提高显示管的寿命，并给出 15％分位数的估计。

具体做法如下。

（1）打开工作表"RL_显示管（任删）.MTW"。

（2）选择"统计＞可靠性/生存＞分布分析（任意删失）＞参数分布分析（Stat＞Reliability/Survival＞Distribution Analysis（Arbitrary Censoring）＞Parametric Distribution Analysis）"。

（3）在出现的对话框"参数分布分析-任意删失"的"初始变量"项中输入"开始 1 开始 2"，在"结尾变量"项中输入"结束 1　结束 2"，在"频率列（可选）"项中输入"频数 1　频数 2"，在"假定分布"中选定"最小极值"。

（4）点击"估计"按钮，在"估计法"中选择"极大似然"，在"估计下列百分比的百分位数"中输入"15"。

（5）点击"检验"按钮，在"参数等同性"中选中"相等形状（Weibull 斜率）或尺度（1/斜率-其他分布）的检验"和"相等尺度（Weibull 或指数）或位置（其他分布）的检验"。

具体操作流程如图 9-5 所示。

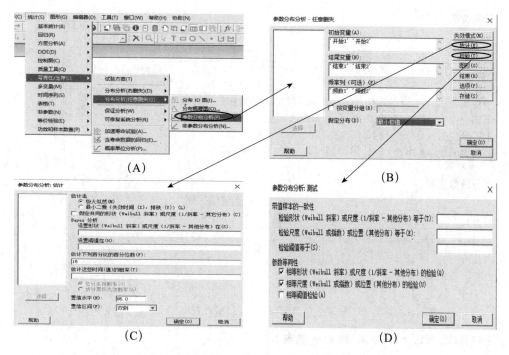

图 9-5　显示管数据参数分布分析的流程图

（6）MINITAB 的会话窗口和图形窗口（见图 9-6）主要输出如下（完整输出见网上资源）。

分布分析，开始 = 开始 1，结束 = 结束 1

变量起始：开始 1　结束：结束 1

频率：频数 1

删失

删失信息	计数
右删失值	1
区间删失值	99

估计法：极大似然

分布：最小极值

参数估计

参数	估计	标准误	95.0%正态置信区间 下限	上限
位置	595.161	17.1817	561.485	628.836
尺度	158.287	11.6723	136.986	182.901

对数似然 = -180.408

拟合优度

Anderson-Darling（已调整）

0.668

分布特征

	估计	标准误	95.0%正态置信区间 下限	95.0%正态置信区间 上限
均值（MTTF）	503.795	20.1931	464.217	543.372
标准差	203.012	14.9704	175.692	234.579
中位数	537.146	18.8721	500.158	574.135
下四分位数（Q1）	397.950	25.5274	347.917	447.983
上四分位数（Q3）	646.863	16.4847	614.553	679.172
四分位间距（IQR）	248.912	18.3552	215.416	287.617

百分位数表格

百分比	百分位数	标准误	95.0%正态置信区间 下限	95.0%正态置信区间 上限
1	−132.985	60.9385	−252.423	−13.5481
⋮	⋮	⋮	⋮	⋮
15	307.558	30.9255	246.945	368.171
⋮	⋮	⋮	⋮	⋮
99	836.894	20.8637	796.002	877.786

分布分析，开始 = 开始2，结束 = 结束2

变量起始：开始2　结束：结束2

频率：频数2
删失

删失信息	计数
右删失值	1
区间删失值	99

估计法：极大似然
分布：最小极值

参数估计

参数	估计	标准误	95.0%正态置信区间 下限	95.0%正态置信区间 上限
位置	768.129	17.1289	734.557	801.701
尺度	156.493	11.6944	135.172	181.177

对数似然 = −164.570
拟合优度
Anderson-Darling（已调整）

0.962

分布特征

	估计	标准误	95.0%正态置信区间 下限	95.0%正态置信区间 上限
均值（MTTF）	677.799	20.0940	638.415	717.182
标准差	200.710	14.9986	173.365	232.369

中位数	710.772	18.7861	673.952	747.592
下四分位数（Q1）	573.154	25.4079	523.356	622.953
上四分位数（Q3）	819.245	16.4717	786.961	851.529
四分位间距（IQR）	246.091	18.3898	212.563	284.907

百分位数表格

			95.0%正态置信区间	
百分比	百分位数	标准误	下限	上限
1	48.2371	60.8594	−71.0451	167.519
⋮	⋮	⋮	⋮	⋮
15	483.787	30.8039	423.413	544.162
⋮	⋮	⋮	⋮	⋮
99	1007.12	20.9977	965.968	1048.28

分布分析，开始 = 开始 1，开始 2，结束 = 结束 1，结束 2

相等尺度和位置参数的检验

卡方	自由度	P
54.8580	2	0.000

尺度参数的相等性检验

卡方	自由度	P
0.0117919	1	0.914

相等位置参数的检验

卡方	自由度	P
50.8283	1	0.000

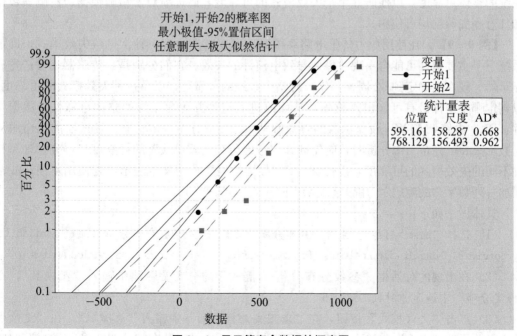

图 9-6　显示管寿命数据的概率图

（7）结果分析。在 MINITAB 的会话窗口中可以得到两种电镀方法下显示管寿命分布的参数估计、分布特征和百分位数表格。从中可以看出，原法生产的显示管寿命的位置参数是595.161，其 95% 置信区间是（561.485，628.836），尺度参数是 158.287，其 95% 置信区间是（136.986，182.901）；新法生产的显示管寿命的位置参数是 768.129，其 95% 置信区间是（734.557，801.701），尺度参数是 156.493，其 95% 置信区间是（135.172，181.177）。从百分位数表格中可以看出，原法生产的显示管 15% 失效的时间为 307.558，其 95% 置信区间为（246.945，368.171）；新法生产的显示管 15% 失效的时间为 483.787，其 95% 置信区间为（423.413，544.162），比普通方法的寿命延长了半年。从两种分布尺度参数和位置参数是否相等的检验表中可以看出，位置参数的 p 值 0.000<0.05，说明位置参数确实存在显著差异，尺度参数的 p 值=0.914>0.05，说明尺度参数没有显著差异，而两个参数的 p 值=0.000<0.05，所以我们可以认为，两种分布之间确实是有显著差异的。从概率图中可以看出，新法的点和直线偏右，也说明了新法生产的显示管寿命较长。

若系统有多种失效方式，则它具有多种失效模式或竞争风险。系统越复杂，失效模式就越多。如家用火警报警器可能会因电池没电、线路故障、检测器故障或警报器故障而失效。

MINITAB 可以分析具有多种失效模式的系统。由于不同的失效模式通常具有不同的失效分布，因此通常最好按照失效模式对失效数据进行分组。了解失效模式对于提高产品可靠度非常重要。

失效（故障）模式及效应分析（failure modes and effects analysis，FMEA）是用于分析失效原因及了解其频率和影响的方法，这是一个重要的、常用的可靠性分析工具。这种方法通过确定潜在的失效模式及其影响，可以采取适当的纠正措施和计划，所以对复杂系统进行失效模式分析是有必要的。利用可靠性参数分布分析的失效模式对话框，可以估计系统的整体可靠度，以便研究单个失效模式的可靠度，此选项对于精确数据、右删失数据和任意删失数据均可使用。

【例 9-9】 在使用压力传感电路系统时，发现其寿命有三种常见的失效模式，即该系统三个主要组件可能会出现故障而导致电流计的失效。它们分别是：传感器、发送器和显示器。现在想确定到 52 周（一年）时整个系统的可靠度，以及每种失效模式的可靠度，以判定哪个组件最有可能出现故障，从而改进其组件并优化系统的整体可靠性。数据文件：RL_电路.MTW。设显示器的寿命服从 Logistic 分布，传感器、发送器的寿命服从对数 Logistic 分布。作分析时，应先计算"考虑所有失效模式"的可靠度，再分别计算三种不同的失效模式的可靠度，以便比较。"故障原因"若用文本表示，则使用不便；故常增加一列数字"故障码"，用数字表示不同失效模式。

具体做法如下：

（1）选择"统计>可靠性/生存>分布分析（右删失）>参数分布分析（Stat>Reliability/Survival>Distribution Analysis（Right Censoring）>Parametric Distribution Analysis）"。

（2）在出现的对话框"参数分布分析-右删失"的"变量"项中输入"星期数"，在"假定分布"中选定"对数 Logistic"。

（3）点击"失效模式"按钮，在"使用失效模式列"中输入"故障码"，在"更改水平分布"下的"水平"中输入"3"，后面选择"Logistic"；若在"使用失效模式列"中输入"故障",则在"更改水平分布"下的"水平"中输入"显示器",注意,一定要在选项两侧加英文字形半角的双引号,下面再选择"Logistic"。

(4)点击"估计"按钮,在"估计这些时间(值)的概率"中输入"52"。

(5)点击"结果"按钮,勾选"按照结果显示来显示单个失效模式的分析"。

具体操作流程如图9-7所示。

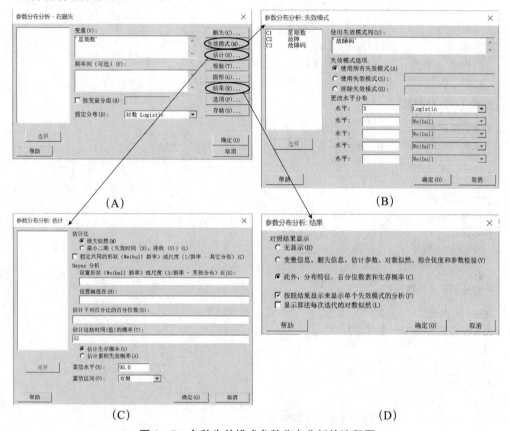

(A) (B)

(C) (D)

图9-7 多种失效模式参数分布分析的流程图

(6)MINITAB的会话窗口主要输出如下(完整输出见网上资源)。

分布分析:星期数

变量:星期数

失效模式:故障码 = 1

……

分布:对数 Logistic

……

生存概率表

时间摘录		95.0% 正态置信区间	
(Time)	概率	下限	上限
52	0.828442	0.736409	0.893011

分布分析：星期数

变量：星期数
失效模式：故障码 = 2
……

分布：对数 Logistic
……

生存概率表

时间摘录		95.0% 正态置信区间	
(Time)	概率	下限	上限
52	0.748476	0.651935	0.825412

分布分析：星期数

变量：星期数
失效模式：故障码 = 3
……

分布：Logistic
……

生存概率表

时间摘录		95.0% 正态置信区间	
(Time)	概率	下限	上限
52	0.930211	0.860212	0.966522

分布分析：星期数

变量：星期数
失效模式：故障码 = 1, 2, 3
删失

| 删失信息 | 计数 |
| 未删失值 | 80 |

估计法：极大似然
分布：对数 Logistic，对数 Logistic，Logistic
……

生存概率表

时间摘录		95.0% 正态置信区间	
(Time)	概率	下限	上限
52	0.576796	0.483485	0.664931

（7）结果分析。由会话窗口可以看出，传感器52周后的可靠度为0.828 442，95%置信区间为（0.736 409，0.893 011），发送器52周后的可靠度为0.748 476，95%置信区间为（0.651 935，0.825 412），显示器52周后的可靠度为0.930 211，95%置信区间为（0.860 212，0.966 522）。整个系统52周后的可靠度为0.576 796，是上述三个组件52周后可靠度的乘积，置信区间为（0.483 485，0.664 931）。这说明发送器失效造成52周后的可靠度最低，可见，发送器失效是导致整个系统失效的主要原因，应首先考虑改进发送器。

下面我们用两个综合性的例子来总结在生存分析与可靠性中如何选定分布，选定分布后如何来估计其中的参数以及检验两个分布是否一致。

【例9-10】 两组老鼠经过不同的预处理后使其暴露于致癌物前。调查者记录了这些老鼠从暴露开始到死于癌症的生存时间。其中有 4 只老鼠死于其他原因，因此它们的生存时间是删失的。两组老鼠的生存时间如表 9 - 1 所示（单位为天，＋表示数据是删失的）。

表 9 - 1　两组老鼠的生存时间

组 1	143	164	188	188	190	192	206	209	213	216	220
	227	230	234	246	265	304	216＋	244＋			
组 2	142	156	163	198	205	232	232	233	233	233	233
	239	240	261	280	280	296	296	323	204＋	344＋	

首先，我们找到一个合适的分布来拟合这两组数据，具体做法如下。

（1）为这两组数据建立一个有 4 列数据——寿命 1、删失 1、寿命 2、删失 2 的工作表。寿命 1 和寿命 2 表示两组老鼠的生存时间，删失 1 和删失 2 表示两组老鼠的删失情况，其中 0 表示数据是删失的，1 表示未删失，给这个工作表命名为"RL _ 老鼠（右删）.MTW"。

（2）打开 MINITAB 软件，选择"统计＞可靠性/生存＞分布分析（右删失）＞分布 ID 图（Stat＞Reliability/Survival＞Distribution Analysis（Right Censoring）＞Distribution ID Plot）"（界面见图 9 - 8（B））。

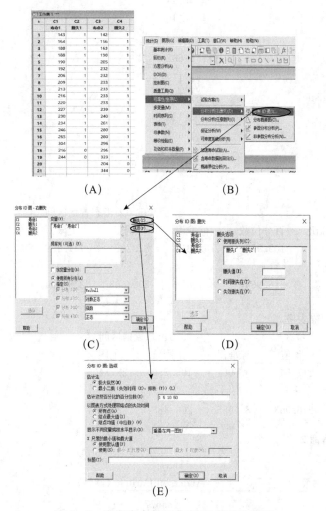

图 9 - 8　老鼠寿命数据分布 ID 图的流程图

（3）在出现的对话框"分布 ID 图-右删失"（界面见图 9 - 8（C））的"变量"那一项输入"寿命 1 寿命 2"，再选择"使用所有分布"。

（4）点击"删失"按钮，选中"使用删失列"，并且输入"删失 1 删失 2"（界面见图 9 - 8（D））。

（5）点击"选项"按钮，在"估计法"中选择"极大似然"（界面见图 9 - 8（E））。具体操作流程如图 9 - 8 所示。

（6）MINITAB 的会话窗口主要输出如下（完整输出见网上资源）。

分布 ID 图：寿命 1，寿命 2

变量的结果：寿命 1

拟合优度

分布	Anderson-Darling（调整）
Weibull	1.860
对数正态	1.578
指数	5.744
对数 Logistic	1.518
3 参数 Weibull	1.656
3 参数对数正态	1.602
2 参数指数	3.179
3 参数对数 Logistic	1.537
最小极值	2.138
正态	1.692
Logistic	1.659

百分位数表格

分布	百分比	百分位数	标准误	95.0%正态置信区间 下限	上限
Weibull	1	109.999	16.3341	82.2224	147.159
⋮	⋮	⋮	⋮	⋮	⋮
Logistic	50	216.963	8.40853	200.483	233.444

平均故障时间间隔表格

分布	均值	标准误	95%正态置信区间 下限	上限
Weibull	217.547	9.6961	199.350	237.406
⋮	⋮	⋮	⋮	⋮
Logistic	216.963	8.4085	200.483	233.444

变量的结果：寿命 2

拟合优度

分布	Anderson-Darling（调整）
Weibull	3.677

对数正态	3.793
指数	7.741
对数 Logistic	3.702
3 参数 Weibull	3.723
3 参数对数正态	3.700
2 参数指数	5.216
3 参数对数 Logistic	3.685
最小极值	3.791
正态	3.673
Logistic	3.694

百分位数表格

				95.0%正态置信区间	
分布	百分比	百分位数	标准误	下限	上限
Weibull	1	104.718	18.9637	73.4299	149.337
⋮	⋮	⋮	⋮	⋮	⋮
Logistic	50	242.248	11.6262	219.461	265.034

平均故障时间间隔表格

			95%正态置信区间	
分布	均值	标准误	下限	上限
Weibull	242.461	12.3579	219.410	267.933
⋮	⋮	⋮	⋮	⋮
Logistic	242.248	11.6262	219.461	265.034

（7）MINITAB 的图形窗口输出如图 9-9 所示。

（8）结果分析 1。从会话窗口和图形窗口都可以得到 Anderson-Darling 拟合优度值，该值越小，表明分布所提供的拟合度越好。由图 9-9（B）可以看出，虽然 4 个多参数分布的 AD 拟合优度值不大，但是由于参数较多，所以我们尽量不选。在剩下的 7 种分布中，对数正态的拟合优度值为 1.578 和 3.793，对数 Logistic 分布的拟合优度值为 1.518 和 3.702，正态分布的拟合优度值为 1.692 和 3.673，Logistic 分布的拟合优度值为 1.659 和 3.694，这 4 种分布都是可以的，在这里我们选择最简单的正态分布来拟合本例数据。

现在我们希望了解该分布的一些概要信息并作出分布概要图。

具体做法如下。

（1）选择"统计＞可靠性/生存＞分布分析（右删失）＞分布概要图（Stat＞Reliability/Survival＞Distribution Analysis (Right Censoring)＞Distribution Overview Plot)"。

（2）在出现的对话框"分布概要图-右删失"的"变量"那一项输入"寿命 1　寿命 2"，再在"参数分析"的"分布"中选择"正态"。

（3）点击"删失"按钮，选中"使用删失列"，并且输入"删失 1　删失 2"。

（4）点击"选项"按钮，在"估计法"中选择"极大似然"。

具体操作流程如图 9-10 所示。

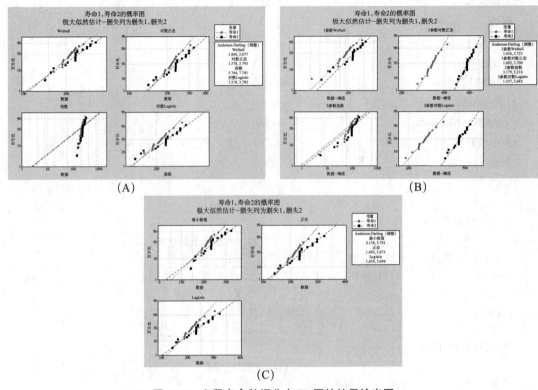

图 9-9　老鼠寿命数据分布 ID 图的结果输出图

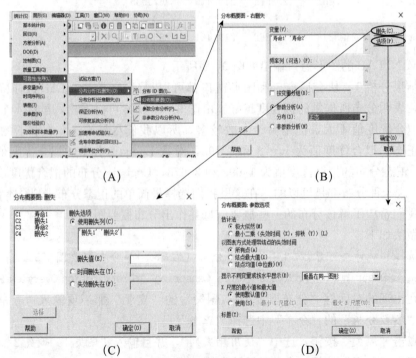

图 9-10　老鼠寿命数据分布概要图的流程图

（5）MINITAB 的会话窗口输出如下。

变量的结果：寿命 1

拟合优度

分布	Anderson-Darling（调整）
正态	1.692

变量的结果：寿命 2

拟合优度

分布	Anderson-Darling（调整）
正态	3.673

（6）MINITAB 的图形窗口输出如图 9 - 11 所示。

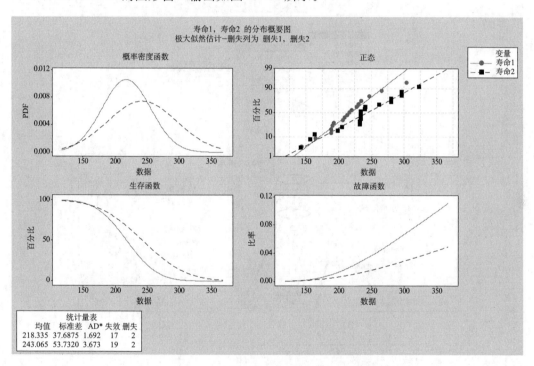

图 9 - 11　老鼠寿命数据分布概要图的结果输出图

（7）结果分析 2。在 MINITAB 的图形窗口中作出了概率密度函数图、正态概率图、生存函数图和故障函数图。正态概率图和故障函数图中，在左方的曲线代表死亡率高的总体。由正态概率图、生存函数图和故障函数图的拟合曲线位置可以看出，短期之内，两组老鼠没有什么差异，但是大约 6 个月以后，第一组老鼠要比第二组老鼠危险性大，死亡率高。

现在我们还想了解 15% 的老鼠死亡的时间和 250 天时仍然生存的老鼠所占的比率，希望比较这两组老鼠的尺度参数是否相同。

具体做法如下。

（1）选择"统计＞可靠性/生存＞分布分析（右删失）＞参数分布分析（Stat＞Reliability/Survival＞Distribution Analysis（Right Censoring）＞Parametric Distribution Analysis）"。

（2）在出现的对话框"参数分布分析-右删失"的"变量"项中输入"寿命 1　寿命 2"，再在"假定分布"中选择"正态"。

（3）点击"删失"按钮，选中"使用删失列"，并且输入"删失 1　删失 2"。

（4）点击"估计"按钮，在"估计法"中选择"极大似然"，在"估计下列百分比的百分位数"中输入"15"，在"估计这些时间（值）的概率"中输入"250"。

（5）点击"检验"按钮，在"参数等同性"中选择"相等形状（Weibull 斜率）或尺度（1/斜率-其他分布）的检验"和"相等尺度（Weibull 或指数）或位置（其他分布）的检验"。

具体操作流程如图 9-12 所示。

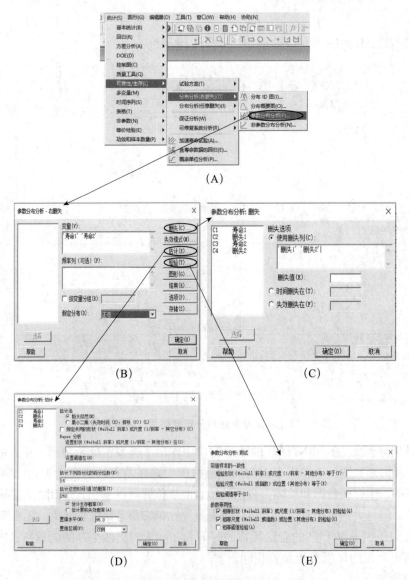

图 9-12　老鼠寿命数据参数分布分析的流程图

（6）MINITAB 的会话窗口主要输出如下（完整输出见网上资源）。

分布分析：寿命 1

分布特征

	估计	标准误	95.0%正态置信区间 下限	上限
均值（MTTF）	218.335	8.80752	201.072	235.597

百分位数表格

百分比	百分位数	标准误	95.0%正态置信区间 下限	上限
⋮	⋮	⋮	⋮	⋮
15	179.274	10.7605	158.184	200.364
⋮	⋮	⋮	⋮	⋮

生存概率表

时间摘录 （Time）	概率	95.0% 正态置信区间 下限	上限
250	0.200397	0.0815679	0.387513

分布分析：寿命 2

分布特征

	估计	标准误	95.0%正态置信区间 下限	上限
均值（MTTF）	243.065	11.9315	219.679	266.450

百分位数表格

百分比	百分位数	标准误	95.0%正态置信区间 下限	上限
⋮	⋮	⋮	⋮	⋮
15	187.375	14.6608	158.641	216.110
⋮	⋮	⋮	⋮	⋮

生存概率表

时间摘录 （Time）	概率	95.0% 正态置信区间 下限	上限
250	0.448652	0.284928	0.621768

分布分析：寿命 1，寿命 2

相等尺度和位置参数的检验

卡方	自由度	P
4.74271	2	0.093

尺度参数的相等性检验

卡方	自由度	P
2.21623	1	0.137

相等位置参数的检验

卡方	自由度	P
2.78074	1	0.095

（7）MINITAB 的图形窗口输出如图 9－13 所示。

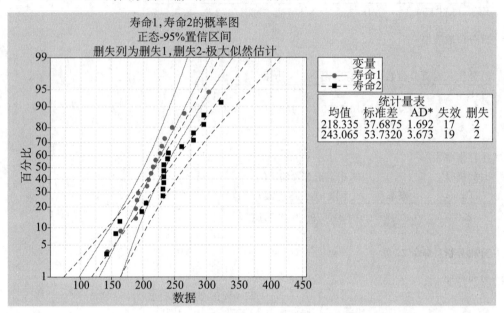

图 9－13　老鼠寿命数据参数分布分析的结果输出图

（8）结果分析 3。从 MINITAB 的会话窗口可以看出，两组老鼠寿命的均值分别为 218.335 和 243.065，95％置信区间为（201.072，235.597）和（219.679，266.450），虽然第二组老鼠的平均寿命大于第一组老鼠的平均寿命，但是两个 95％置信区间有重叠，所以在 95％置信水平下，不能说明第二组老鼠的寿命大于第一组。另外，从各种百分位数对应的时间可以看出，第一组 15％的老鼠死亡对应的时间为 179.274 天，95％置信区间为（158.184，200.364），第二组 15％的老鼠死亡对应的时间为 187.375 天，95％置信区间为（158.641，216.110）。从生存概率表上可以看出，250 天以后第一组还有 20.039 7％的老鼠存活，第二组还有 44.865 2％的老鼠存活。两组老鼠的生存时间的尺度参数的 p 值＝0.137＞0.10，即尺度参数没有显著差异，但位置参数的 p 值＝0.095＜0.10，位置参数和尺度参数共同作用的 p 值＝0.093＜0.10，所以这两组经过事先处理的老鼠暴露在致癌物下的生存天数有微弱的差异（显著性水平 $\alpha＝0.10$）。

【例 9－11】　本例研究乳腺癌患者形体恶化时间。为了保留乳腺癌患者的乳房，可以采取两种治疗方法：单独使用放射性疗法和放射性疗法辅以化学疗法。人们建议在活检（活组织切片检查）之后进行放疗（放射性治疗），以此代替乳房切除术。这种疗法保留了乳房，因而具有形体效果更好的优点。辅助性的化学疗法通常是为了防止癌症的复发，但是有临床试验证明它会强化放射线对人体正常组织的影响，因而抵消了放射性治疗方法的形体效果优势。

为了比较这两种治疗方法效果的差异，对 46 名患者进行了放射性治疗，记为第一组，对 48 名患者进行了放射性治疗辅以化疗，记为第二组。最初每 4～6 个月对患者做一次身体检查，患者痊愈后延长身体检查的时间间隔。每次检查时，临床医生记录下乳房萎缩的情况（没有萎缩、中度萎缩和严重萎缩），并重点关注乳房初次呈现出中度萎缩和严重萎缩的时间。由于检查时间是随机的，对于患者乳房萎缩的确切时间，我们只知道是位于两次身体检查之间，这种类型的数据是区间删失数据。上述两组数据见表 9-2，数据由患者恶化的时间区间，或在最后一次体检时没有发生恶化（右删失观测）的时间区间构成，单位是月。

表 9-2　两种疗法的生存时间

单位：月

仅用放射性疗法			放射性疗法辅以化学疗法		
开始时间	结束时间	频率	开始时间	结束时间	频率
0	7	1	0	22	1
0	8	1	0	5	1
0	5	1	4	9	1
4	11	1	4	8	1
5	12	1	5	8	1
5	11	1	8	12	1
6	10	1	8	21	1
7	16	1	10	35	1
7	14	1	10	17	1
11	15	1	11	13	1
11	18	1	11	*	2
15	*	1	11	17	1
17	*	1	11	20	1
17	25	2	12	20	1
18	*	1	13	*	3
19	35	1	13	39	1
18	26	1	14	17	1
22	*	1	14	19	1
24	*	2	15	22	1
25	37	1	16	24	2
26	40	1	16	20	1
27	34	1	16	60	1
32	*	1	17	27	1
33	*	1	17	23	1
34	*	1	17	26	1
36	44	1	18	25	1
36	48	1	18	24	1
36	*	2	19	32	1
37	44	1	21	*	1
37	*	3	22	32	1
38	*	1	23	*	1
40	*	1	24	31	1
45	*	1	24	30	1
46	*	8	30	34	1
			30	36	1
			31	*	1
			32	*	1
			33	40	1
			34	*	2
			35	*	1
			35	39	1
			44	48	1
			48	*	1

现在要找一个合适的分布来拟合这两组数据，具体操作如下。

（1）为这两组数据建立一个有 6 列数据——开始 1、结束 1、频率 1、开始 2、结束 2、频率 2 的工作表，开始 1 和开始 2 分别表示两组体检的开始时间，结束 1 和结束 2 分别表示两组体检的结束时间，频率 1 和频率 2 分别表示两组在相应区间的频率。我们把这个工作表命名为"RL_乳腺癌（任删）.MTW"。

（2）打开 MINITAB 软件，选择"统计＞可靠性/生存＞分布分析（任意删失）＞分布 ID 图（Stat＞Reliability/Survival＞Distribution Analysis（Arbitrary Censoring）＞Distribution ID Plot）"。

（3）在出现的对话框"分布 ID 图-任意删失"的"初始变量"那一项输入"开始 1 开始 2"，在"结尾变量"那一项输入"结束 1 结束 2"，在"频率列（可选）"那一项输入"频率 1 频率 2"，再选择"使用所有分布"。

具体操作流程如图 9-14 所示。

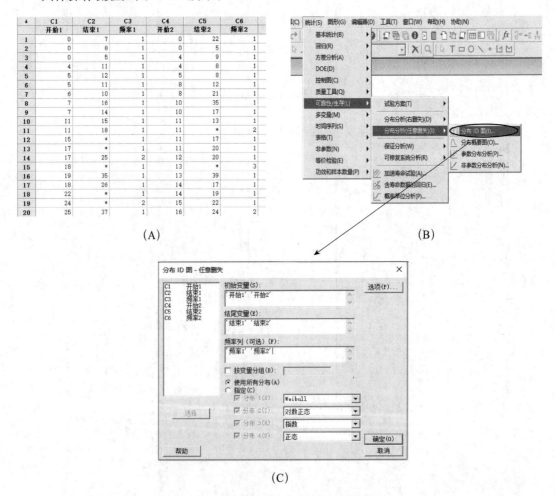

图 9-14 乳腺癌寿命数据分布 ID 图的流程图

（4）MINITAB 的会话窗口主要输出如下（完整输出见网上资源）。

分布 ID 图：开始 ＝ 开始 1，开始 2，结束 ＝ 结束 1，结束 2
使用 频率 1，频率 2 中的频率

变量开始 ＝ 开始 1、结束 ＝ 结束 1 的结果
使用 频率 1 中的频率

拟合优度

分布	Anderson-Darling（调整）
Weibull	72.070
对数正态	72.068
指数	72.079
对数 Logistic	72.071
3 参数 Weibull	72.079
3 参数对数正态	72.093
2 参数指数	72.100
3 参数对数 Logistic	72.085
最小极值	72.109
正态	72.110
Logistic	72.109

百分位数表格

分布	百分比	百分位数	标准误	95.0%正态置信区间 下限	上限
Weibull	1	0.947848	0.745932	0.202705	4.43213
⋮	⋮	⋮	⋮	⋮	⋮
Logistic	50	39.3947	4.52760	30.5207	48.2686

平均故障时间间隔表格

分布	均值	标准误	95%正态置信区间 下限	上限
Weibull	55.179	14.705	32.7288	93.030
⋮	⋮	⋮	⋮	⋮
Logistic	39.395	4.528	30.5207	48.269

变量开始 ＝ 开始 2、结束 ＝ 结束 2 的结果
使用 频率 2 中的频率

拟合优度

分布	Anderson-Darling（调整）
Weibull	1.630
对数正态	1.667
指数	2.929
对数 Logistic	1.581
3 参数 Weibull	1.752
3 参数对数正态	1.579
2 参数指数	3.015

3 参数对数 Logistic	1.560
最小极值	2.231
正态	1.818
Logistic	1.791

百分位数表格

| | | | | 95.0%正态置信区间 | |
分布	百分比	百分位数	标准误	下限	上限
Weibull	1	2.90927	0.974957	1.50844	5.61099
⋮	⋮	⋮	⋮	⋮	⋮
Logistic	50	23.7443	1.93734	19.9472	27.5414

平均故障时间间隔表格

| | | | 95%正态置信区间 | |
分布	均值	标准误	下限	上限
Weibull	24.8459	2.11769	21.0235	29.3633
⋮	⋮	⋮	⋮	⋮
Logistic	23.7443	1.93734	19.9472	27.5414

（5）MINITAB 的图形窗口输出如图 9-15 所示。

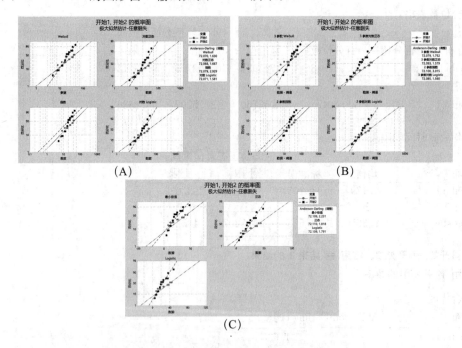

图 9-15 乳腺癌寿命数据分布 ID 图的结果输出图

（6）结果分析 1。从会话窗口和图形窗口可以得到 Anderson-Darling 拟合优度值，拟合优度值越小，表明分布所提供的拟合度越好。把 4 个多参数分布去掉，由图 9-15（A）可以看出，两组数据 Weibull 分布、对数正态分布、对数 Logistic 分布的拟合优度值比较小，所以这 3 种分布拟合得比较好。在这里，我们选择最简单的 Weibull 分布来拟合这两组数据。

现在我们想要了解该分布的一些其他概要信息并作出分布概要图。

具体做法如下。

（1）选择"统计＞可靠性/生存＞分布分析（任意删失）＞分布概要图（Stat＞Relia-bility/Survival＞Distribution Analysis（Arbitrary Censoring）＞Distribution Over-view Plot）"。

（2）在出现的对话框"分布概要图-任意删失"的"初始变量"那一项输入"开始1 开始2"，在"结尾变量"那一项输入"结束1 结束2"，在"频率列（可选）"那一项输入"频率1 频率2"，在"分布"中选择"Weibull"。

具体操作流程如图 9-16 所示。

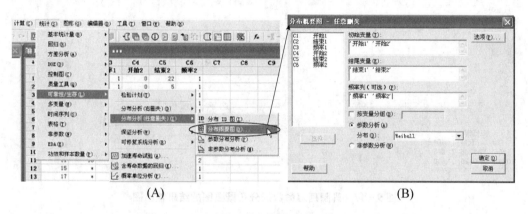

（A）　　　　　　　　　　　　（B）

图 9-16　乳腺癌寿命数据分布概要图的流程图

（3）MINITAB 的会话窗口输出如下。

分布概要图：开始 ＝ 开始 1，开始 2，结束 ＝ 结束 1，结束 2
使用 频率 1，频率 2 中的频率

变量开始 ＝ 开始 1、结束 ＝ 结束 1 的结果
使用 频率 1 中的频率

拟合优度

分布	Anderson-Darling（调整）
Weibull	72.070

变量开始 ＝ 开始 2、结束 ＝ 结束 2 的结果
使用 频率 2 中的频率

拟合优度

分布	Anderson-Darling（调整）
Weibull	1.630

（4）MINITAB 的图形窗口输出如图 9-17 所示。

（5）结果分析 2。在 MINITAB 的图形窗口中画出了概率密度函数图、Weibull 概率图、生存函数图和故障函数图。Weibull 概率图和故障函数图中，在左方的曲线代表死亡率高的总体。由 Weibull 概率图中拟合曲线的位置可以看出，前 10 个月两种疗法的差异

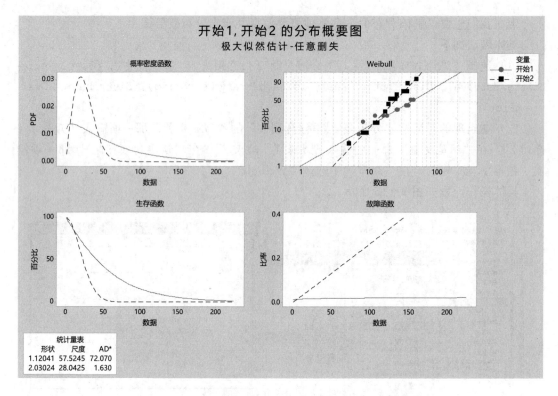

图9-17 乳腺癌寿命数据分布概要图的结果输出图

不大，10个月后第2种疗法的恶化可能性较大，危险性大。

现在我们希望找出两种治疗方法下乳腺癌患者的形体恶化时间，了解15％的患者恶化的时间和24个月时仍然没有恶化的患者所占的比例，并且比较这两种疗法的分布是否相同，具体做法如下。

（1）选择"统计＞可靠性/生存＞分布分析（任意删失）＞参数分布分析（Stat＞Reliability/Survival＞Distribution Analysis（Arbitrary Censoring）＞Parametric Distribution Analysis）"。

（2）在出现的对话框"参数分布分析-任意删失"的"初始变量"项中输入"开始1 开始2"，在"结尾变量"项中输入"结束1 结束2"，在"频率列（可选）"项中输入"频率1 频率2"，在"假定分布"中选择"Weibull"。

（3）点击"估计"按钮，在"估计下列百分比的百分位数"中输入"15"，在"估计这些时间（值）的概率"中输入"24"。

（4）点击"检验"按钮，在"参数等同性"中选择"相等形状（Weibull斜率）或尺度（1/斜率-其他分布）的检验"和"相等尺度（Weibull或指数）或位置（其他分布）的检验"。

具体操作流程如图9-18所示。

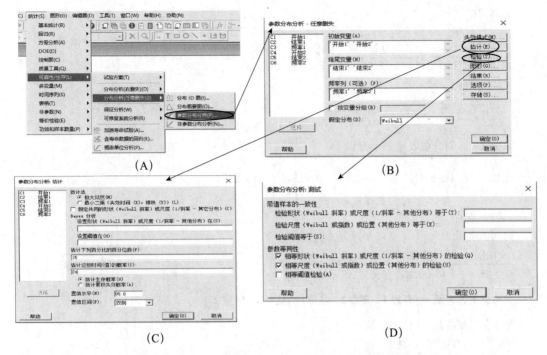

(A)　　　　　　　　　　　　　(B)

(C)　　　　　　　　　　　　　(D)

图 9 - 18　乳腺癌寿命数据参数分布分析的流程图

（5）MINITAB 的会话窗口主要输出如下（完整输出见网上资源）。

分布分析，开始 = 开始 1，结束 = 结束 1

……

分布特征

	估计	标准误	95.0%正态置信区间 下限	上限
均值（MTTF）	55.1792	14.7053	32.7288	93.0296

……

百分位数表格

百分比	百分位数	标准误	95.0%正态置信区间 下限	上限
⋮	⋮	⋮	⋮	⋮
15	11.3648	3.44138	6.27781	20.5738
⋮	⋮	⋮	⋮	⋮

生存概率表
时间摘录　　　　　　95.0% 正态置信区间

（Time）	概率	下限	上限
24	0.686925	0.552830	0.788257

分布分析，开始 = 开始 2，结束 = 结束 2

……

分布特征

	估计	标准误	95.0%正态置信区间 下限	上限
均值（MTTF）	24.8459	2.11769	21.0235	29.3633

……

百分位数表格

百分比	百分位数	标准误	95.0%正态置信区间 下限	上限
⋮	⋮	⋮	⋮	⋮
15	11.4589	1.79234	8.43344	15.5699
⋮	⋮	⋮	⋮	⋮

生存概率表
时间摘录

（Time）	概率	95.0% 正态置信区间 下限	上限
24	0.482377	0.353285	0.600011

分布分析，开始 ＝ 开始1，开始2，结束 ＝ 结束1，结束2

形状及尺度参数的相等性检验

卡方	自由度	P
10.4674	2	0.005

相等形状参数的检验

卡方	自由度	P
5.39892	1	0.020

尺度参数的相等性检验

卡方	自由度	P
8.83074	1	0.003

……

（6）MINITAB 的图形窗口输出如图 9-19 所示。

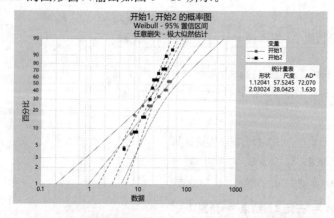

图 9-19 乳腺癌寿命数据参数分布分析的结果输出图

第9章　常用寿命分布分析的参数方法

（7）结果分析3。从 MINITAB 的会话窗口可以看出，两组患者寿命的均值分别为
55.179 2 和 24.845 9，95％置信区间为（32.728 8，93.029 6）和（21.023 5，29.363 3），
两个 95％置信区间不重叠，第一组的置信区间更靠右，所以在 95％置信水平下，可以
说明第一种疗法优于第二种疗法。另外，从输出的各种累积故障概率对应的故障时间可
以看出，第一种疗法 15％的患者恶化对应的时间为 11.364 8 个月，24 个月以后还有
68.692 5％的患者没有恶化；第二种疗法 15％的患者恶化对应的时间为 11.458 9 个月，
24 个月以后只有 48.237 7％的患者没有恶化。关于两种疗法的恶化时间的形状参数和
尺度参数，可以看出 p 值分别为 0.005，0.020，0.003，均小于 0.05，也就是说，这两
种治疗方法下乳腺癌患者的形体恶化时间有明显差异，再一次说明了第一种疗法显著优
于第二种疗法。

在日常生活中，有时并不像前面的例子一样，能够直接把数据输入到 MINITAB 的工
作表中，而需要做一个变形，变成 MINITAB 可以处理的右删失或者任意删失的形式，然
后再对数据进行分析，见下面的例子。

【例 9-12】　灭火器必须定期更换，为确定合理更换年限，进行了常温实时试验，数
据如表 9-3 所示。

表 9-3　灭火器试验数据

试验时间（年）	试验数	失效数
4	11	0
5	15	1
6	20	7
8	18	10
10	20	12

我们希望确定时限以保证累积失效率不超过 15％。

由于这组数据不是 MINITAB 所要求的数据类型，所以首先要把这组数据转为任意删
失的形式。这里关键是解释清楚例如什么叫"在 5 年末对 15 台灭火器进行试验时，1 台
失效"。这其实是说，1 台灭火器的寿命不到 5 年（左删失），14 台未失效的灭火器的寿命
肯定长于 5 年（右删失），因此可以得到命名为"RL _ 灭火器.MTW"的工作表（见
图 9-20）。

↓	C1	C2	C3	C4	C5	C6	C7	C8	C9	C10	C11
	试验年份	试验数	失效数	失效率	有效数			始	终	频	
1	4	11	0	0.000000	11			*	4	0	
2	5	15	1	0.066667	14			*	5	1	
3	6	20	7	0.350000	13			*	6	7	
4	8	18	10	0.555556	8			*	8	10	
5	10	20	12	0.600000	8			*	10	12	
6								4	*	11	
7								5	*	14	
8								6	*	13	
9								8	*	8	
10								10	*	8	
11											

图 9-20　灭火器原始数据及其任意删失形式

现在要找一个合适的分布来拟合这两组数据，具体操作如下。

（1）打开 MINITAB 软件，选择"统计＞可靠性/生存＞分布分析（任意删失）＞分布 ID 图（Stat＞Reliability/Survival＞Distribution Analysis（Arbitrary Censoring）＞Distribution ID Plot）"。

（2）在出现的对话框"分布 ID 图-任意删失"的"初始变量"那一项输入"始"，在"结尾变量"那一项输入"终"，在"频率列（可选）"那一项输入"频"，再选择"使用所有分布"。

（3）点击"选项"按钮，在"估计法"中选择"极大似然"。

（4）MINITAB 的会话窗口主要输出如下（完整输出见网上资源）。

分布 ID 图：开始 = 始，结束 = 终

使用频中的频率

拟合优度

分布	Anderson-Darling（调整）
Weibull	16.348
对数正态	16.344
指数	16.506
对数 Logistic	16.347
3 参数 Weibull	16.420
3 参数对数正态	16.441
2 参数指数	16.354
3 参数对数 Logistic	16.440
最小极值	16.358
正态	16.346
Logistic	16.350

百分位数表格

分布	百分比	百分位数	标准误	95.0％正态置信区间 下限	95.0％正态置信区间 上限
Weibull	1	1.83912	0.691772	0.879904	3.84400
⋮	⋮	⋮	⋮	⋮	⋮
Logistic	50	8.39201	0.566726	7.28125	9.50277

平均故障时间间隔表格

分布	均值	标准误	95％正态置信区间 下限	95％正态置信区间 上限
Weibull	8.5127	0.649	7.3313	9.9
⋮	⋮	⋮	⋮	⋮
Logistic	8.3920	0.567	7.2812	9.5

（5）MINITAB 的图形窗口输出如图 9-21 所示。

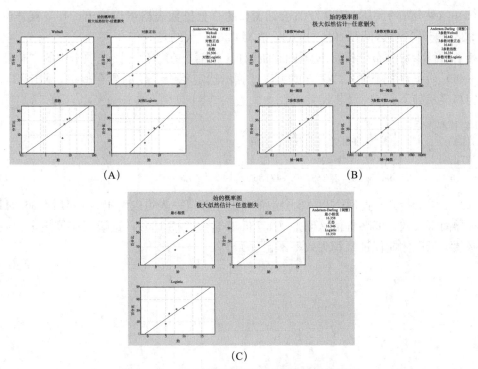

(A)　　　　　　　　　　　　(B)

(C)

图 9 – 21　灭火器数据分布 ID 图的结果输出图

（6）结果分析 1。从会话窗口和图形窗口可以得到 Anderson-Darling 拟合优度值，拟合优度值越小，表明分布所提供的拟合度越好。由图 9 – 21（A）可以看出，对数正态分布的拟合优度值 16.344 是最小的，所以我们选择用对数正态分布来拟合这组数据。

现在我们希望确定时限以保证累积失效率不超过 15%，具体做法如下。

（1）选择"统计＞可靠性/生存＞分布分析（任意删失）＞参数分布分析（Stat＞Reliability/Survival＞Distribution Analysis（Arbitrary Censoring）＞Parametric Distribution Analysis）"。

（2）在出现的对话框"参数分布分析-任意删失"的"初始变量"项中输入"始"，在"结尾变量"项中输入"终"，在"频率列（可选）"项中输入"频"，在"假定分布"中选择"对数正态"。

（3）点击"估计"按钮，在"估计下列百分比的百分位数"中输入"15"。

（4）MINITAB 的会话窗口主要输出如下（完整输出见网上资源）。

分布分析，开始 ＝ 始，结束 ＝ 终

百分位数表格

百分比	百分位数	标准误	95.0%正态置信区间 下限	上限
1	2.97020	0.658678	1.92319	4.58723
⋮	⋮	⋮	⋮	⋮
15	5.19238	0.530800	4.24963	6.34428
⋮	⋮	⋮	⋮	⋮
99	22.2725	6.22458	12.8790	38.5175

（5）结果分析 2。从 MINITAB 会话窗口的百分位数表格可以看出，15％百分位数是 5.192 38，95％置信区间是（4.249 63，6.344 28），大约是 5 年。

接着进行参数分布分析，重复上面的操作，只需要在"估计"选项卡中的"估计这些时间（值）的概率"中输入"5"，就可以计算出选定年份 5 年的生存概率，MINITAB 的会话窗口显示如下。

生存概率表

时间摘录　　　　　　　95.0% 正态置信区间

（Time)	概率	下限	上限
5	0.869413	0.735353	0.947186

（6）结果分析 3。从 MINITAB 会话窗口的生存概率表可以看出，5 年后有86.941 3％的灭火器尚未失效，95％置信区间是（0.735 353，0.947 186），这说明应该规定"使用 5 年后必须更新"才能保证累积失效率不超过 15％。

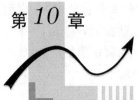

常用寿命分布分析的非参数方法

在第 8 章和第 9 章我们介绍了寿命分布的参数方法，并详细讲述了几种常用的寿命分布及其参数估计和寿命分析，这是我们在可靠性分析中首选的方法。但当这几种分布都不能很好地拟合数据时，就要考虑使用非参数方法来解决问题。当然，当生存时间所服从的理论分布的类型已知时，非参数方法没有参数方法的效率高，但是当分布类型未知时，非参数方法却有较高的效率。因此，在试图拟合数据的分布之前，我们建议使用非参数方法分析数据。如果主要目标是针对数据找出一个模型，则用非参数方法和图方法得到的估计将有利于选择一个合适的分布。

本章前两节主要介绍估计和比较可靠度函数的一些常用方法，然后介绍其在 MINI-TAB软件中的具体实现。

10.1 估计可靠度函数的非参数方法

在可靠度函数及其图示中，生存曲线应用最广，所以对可靠度函数进行估计是非常重要的。可靠度函数的应用非常广。本节主要介绍估计可靠度函数的三种非参数方法，这三种方法在具体使用时各有优劣。

10.1.1 Kaplan-Meier 估计

Kaplan-Meier 估计也称**乘积限估计**（product limit estimator），简称 **PL 估计**。这是由卡普兰和迈耶（Kaplan and Meier）于 1958 年首次提出的，因而又叫 **K-M 估计**。此法只针对精确数据或右删失数据，区间删失数据则不能应用此法。K-M 估计主要用于对非参数数据进行生存概率的估计，也可用于估计累积失效率和危险率。

K-M 估计的方法如下：对总体的 n 个个体的寿命进行观测，得到 t_1，t_2，$\cdots$，t_n（其中可能有右删失数据，但没有左删失数据）。当 t_i 是精确数据时，令 $\delta_i=1$；当 t_i 是右删失数据时，令 $\delta_i=0$。那么数据就可以记为 (t_i, δ_i)（$i=1, 2, \cdots, n$）。将这些 t_i 从小到大重排（当一个删失数据和一个精确数据相等时，则将精确数据排在删失数据之前），得到 $t_{(1)} \leqslant t_{(2)} \leqslant \cdots \leqslant t_{(n)}$。当 $t_{(i)}$ 是精确数据时，令 $\delta_{(i)} = 1$；当 $t_{(i)}$ 是右删失数据时，令 $\delta_{(i)} = 0$。

统计理论的结果告诉我们，对于上述数据，其可靠度函数 $R(t)$ 的乘积限估计为：

$$\hat{R}(t) = \begin{cases} 1, t \in [0, t_{(1)}) \\ \prod_{j=1}^{i} \left(\dfrac{n-j}{n-j+1}\right)^{\delta_{(j)}}, t \in [t_{(i)}, t_{(i+1)}); i = 1, 2, \cdots, n-1 \\ 0, t \in [t_{(n)}, \infty) \end{cases} \tag{10-1}$$

由式（10-1）的形式可以看出，当所有的数据均为精确数据时，可靠度函数的估计恰为经验分布函数。

【例 10-1】 某医院对 20 位病人手术后的生存时间进行了调查，记录如下（单位：年）：

11，11，11＋，7＋，7，4，4＋，4，12＋，3，13，13＋，13，13，16，15，15＋，15，16，13

（带＋号的是右删失数据）。试估计可靠度函数 $R(t)$。

将数据从小到大排列得：

3，4，4，4＋，7，7＋，11，11，11＋，12＋，13，13，13，13，13＋，15，15，15＋，16，16

根据式（10-1），知：

$$\hat{R}(3) = \frac{19}{20} = 0.95, \quad \hat{R}(4) = \frac{19}{20} \cdot \frac{18}{19} \cdot \frac{17}{18} \cdot \left(\frac{16}{17}\right)^{0} = 0.85$$

$$\hat{R}(7) = \hat{R}(4) \cdot \frac{15}{16} \cdot \left(\frac{14}{15}\right)^{0} = 0.7969, \quad \hat{R}(11) = \hat{R}(7) \cdot \frac{13}{14} \cdot \frac{12}{13} \cdot \left(\frac{11}{12}\right)^{0} = 0.6830$$

$$\hat{R}(12) = \hat{R}(11) \cdot \left(\frac{10}{11}\right)^{0} = 0.6830, \quad \hat{R}(13) = \hat{R}(12) \cdot \frac{9}{10} \cdot \frac{8}{9} \cdot \frac{7}{8} \cdot \frac{6}{7} \cdot \left(\frac{5}{6}\right)^{0} = 0.41$$

$$\hat{R}(15) = \hat{R}(13) \cdot \frac{4}{5} \cdot \frac{3}{4} \cdot \left(\frac{2}{3}\right)^{0} = 0.246$$

于是可靠度函数为：

$$\hat{R}(t) = \begin{cases} 1, & 0 \leqslant t < 3 \\ 0.95, & 3 \leqslant t < 4 \\ 0.85, & 4 \leqslant t < 7 \\ 0.797, & 7 \leqslant t < 11 \\ 0.683, & 11 \leqslant t < 12 \\ 0.683, & 12 \leqslant t < 13 \\ 0.41, & 13 \leqslant t < 15 \\ 0.246, & 15 \leqslant t < 16 \\ 0, & t \geqslant 16 \end{cases}$$

10.1.2 精算估计

精算估计（actuarial estimation）可以处理精确数据、右删失数据及区间删失数据。

具体来说，只需要知道在每个寿命区间里有多少个完整数据或右删失数据，而不一定要知道其具体失效时间或右删失时间。精算估计是历史上最悠久且目前仍大量使用的生命表统计方法，主要用于估计可靠度函数、累积失效率、危险率和平均剩余寿命。

把区间 $(0, \infty)$ 分成若干个小区间，若 n_i 是第 i 个小区间中的观测值个数，d_i 是第 i 个小区间中的失效数，w_i 是第 i 个小区间中的删失数，令 $n'_i = n_i - \dfrac{w_i}{2}$，$\hat{q}_i = \dfrac{d_i}{n_i}$，$\hat{p}_i = 1 - \hat{q}_i$，那么可靠度函数的精算估计为：

$$\hat{S}(t_i) = \begin{cases} 1, i=1 \\ \hat{S}(t_{i-1}) p_{i-1}, i>1 \end{cases} \tag{10-2}$$

10.1.3　Turnbull 估计

如果在一组数据中既含有精确数据和右删失数据，又含有左删失数据，那么如何估计可靠度函数呢？前面介绍的乘积限估计和精算估计均无能为力，需要采用新的方法。特恩布尔（Turnbull，1974）首先就分组数据的情形提出一种方法，在此基础上，蔡和克劳利（Tsai and Crowley，1985）、常和杨（Chang and Yang，1987）就非分组数据的情形给出了估计法。两种估计方法在数学上是相似的，统称为 **Turnbull 估计**。该估计利用迭代算法对数据的累积分布函数进行非参数极大似然估计，主要用于估计可靠度函数和累积失效率。下面简单介绍其估算步骤。

（1）利用精确数据将数据分割为一些区间 I_j，设寿命数据中的最小值为 $t_{(1)}$，而 $t_{(1)}$ 不一定要求为精确数据，除去 $t_{(1)}$ 后剩下的互异精确数据为 $t_{(2)} < t_{(3)} < \cdots < t_{(m)}$，记 $t_{(m+1)} = \infty$，$I_j = [t_{(j)}, t_{(j+1)})$（$j = 1, 2, \cdots, m$），这样将 $[t_{(1)}, \infty)$ 分为 m 个区间 I_1，I_2，$\cdots$，I_m。

（2）计算各区间上的统计量 d_j，λ_j，μ_j，其中，d_j 为区间 I_j 中精确数据的个数；λ_j 为区间 I_j 中右删失数据的个数；μ_j 为区间 I_j 中左删失数据的个数。

（3）找出似然函数 $L(\theta_1, \theta_2, \cdots, \theta_m) = \prod\limits_{j=1}^{m} (\theta_{j-1} - \theta_j)^{d_j} \theta_j^{\lambda_j} (1 - \theta_j)^{\mu_j}$（$\theta_0 \equiv 1$）在闭区域 $1 \geqslant \theta_1 \geqslant \theta_2 \geqslant \cdots \geqslant \theta_m \geqslant 0$ 上的最大值点（$\hat{\theta}_1$，$\hat{\theta}_2$，$\cdots$，$\hat{\theta}_m$），其中，$\theta_j = P(T > t_{(j)})$。

（4）可靠度函数估计为：

$$\hat{S}(t) = \begin{cases} 1, t \in [0, t_1) \\ \hat{\theta}_j, t \in [t_{(j)}, t_{(j+1)}); j=1, 2, \cdots, m \end{cases} \tag{10-3}$$

10.2　比较两个或多个生存分布的非参数方法

在生物学、医学和可靠性工程研究中，常常需要对可靠度函数进行比较。例如，在实验室研究中要在致癌物环境下比较两组或更多组老鼠的无肿瘤持续时间；临床肿瘤专家关心两种治疗方法对延长生命的效果；可靠性工程师常常关注不同的研制条件（如设计方案、材料及加工工艺）下产品的寿命是否不同，哪一种条件下其寿命更长。本节所介绍的检验方法就可以解决上述问题。

10.2.1 对数秩检验

对数秩检验（log-rank test）是基于给每个观测值均赋予一定的分值而设计出来的，这些分值是可靠度函数对数的函数，以下称可靠度函数的对数为**对数可靠度函数**。这里先介绍两个生存分布的比较，对于多个生存分布的比较类似可得。

设第一组有 n_1 个样品，观测值是来自生存函数为 $S_1(t)$ 的分布的样本；第二组有 n_2 个样品，观测值是来自生存函数为 $S_2(t)$ 的分布的样本。这时，原假设为 H_0：$S_1(t)=S_2(t)$；备择假设为 H_1：$S_1(t) \neq S_2(t)$。设 $t_{(1)} < t_{(2)} < \cdots < t_{(k)}$ 是两个样本组合在一起后对应的不同的失效时间；$m_{(i)}$ 是失效时间等于 $t_{(i)}$ 的个体数，即 $t_{(i)}$ 的重复次数；$r_{(i)}$ 是失效时间或者删失时间至少是 $t_{(i)}$ 的个体数，即某时刻的风险数。令

$$e(t_{(i)}) = \sum_{t_{(j)} \leqslant t_{(i)}} \frac{m_{(j)}}{r_{(j)}}$$

皮托（Peto）等人按照如下方式给各观测值赋予分值 W_i：对非删失数据 $t_{(i)}$，$W_i = 1 - e(t_{(i)})$；对删失数据 $t_{(i)}$，$W_i = -e(t_{(j)})$，其中，$t_{(j)}$ 是满足 $t_{(j)} \leqslant t_{(i)}$ 的最大非删失观测值。因此，非删失数据越大，对应的分值就越小。删失数据对应的分值是负的，两组数据合在一起后，各数据对应的 W_i 之和等于零。设一个组中的各数据对应的分值 W_i 之和为 Z。令

$$U = \frac{n_1 n_2 \sum_{i=1}^{n_1+n_2} W_i^2}{(n_1+n_2)(n_1+n_2-1)}$$

对数秩检验就是选择 $L = Z^2/U$ 作为检验统计量，在两个生存分布相等的原假设下，L 服从 1 个自由度的卡方分布。

可以证明，对数秩统计量等于观测到的失效时间之和减去在每个失效时间计算出的条件期望失效时间之和。一个与对数秩检验类似的形式是卡方检验，它是把观测到的失效个数与原假设下的期望失效个数进行比较。设 O_1 和 O_2 分别是两组的失效个数，E_1 和 E_2 分别是两组相应的期望失效个数。检验统计量

$$\chi^2 = \frac{(O_1-E_1)^2}{E_1} + \frac{(O_2-E_2)^2}{E_2} \tag{10-4}$$

近似服从 1 个自由度的卡方分布，较大的 χ^2 值将导致否定原假设。

为了计算 E_1 和 E_2，我们将所有的非删失观测值从小到大排列，并计算在每个非删失时间的期望死亡个数。设 d_{1t} 和 d_{2t} 是在时间 t 两组各自的死亡个数，d_t 是在时间 t 两组的死亡总数，n_{1t} 和 n_{2t} 是截至时间 t 两组中分别处于死亡风险中的个数，那么

$$d_t = d_{1t} + d_{2t}, O_1 = \sum_t d_{1t}, O_2 = \sum_t d_{2t}$$

第 1 组和第 2 组在时间 t 的期望死亡数为：

$$e_{1t} = \frac{n_{1t}}{n_{1t}+n_{2t}} \cdot d_t, e_{2t} = \frac{n_{2t}}{n_{1t}+n_{2t}} \cdot d_t$$

两个组中期望死亡总数分别为：

$$E_1 = \sum_t e_{1t}, E_2 = \sum_t e_{2t}$$

在实践中只需这两个数中的一个。若知道了 E_1，则 E_2 等于死亡总数减去 E_1，下面的例子解释了这一计算方法。

【例 10-2】 （续例 9-10）我们再一次使用例 9-10 中给出的数据。两组老鼠的生存时间（单位：天）如下：

组 1：143，164，188，188，190，192，206，209，213，216，220，227，230，234，246，265，304，216＋，244＋

组 2：142，156，163，198，205，232，232，233，233，233，233，239，240，261，280，280，296，296，323，204＋，344＋

考虑下面的原假设和备择假设：

$H_0: S_1 = S_2$，两组老鼠生存分布相同

$H_1: S_1 \neq S_2$，两组老鼠生存分布不同

网上资源中的表 10-W1 给出了 E_1 和 E_2 的计算过程。因为共有 36 只老鼠死亡，$O_1 = 17$，$O_2 = 19$，利用式（10-4）有

$$\chi^2 = \frac{(17-12.236)^2}{12.236} + \frac{(19-23.764)^2}{23.764} = 2.810$$

根据卡方分布表，可知对应的 p 值为 0.094，大于 0.05，但小于 0.10，此时可以得到和例 9-10 相同的结论：两组老鼠在生存分布上有微弱的差异。

上述计算容易用宏指令完成。调用宏指令之前应该把数据整理好，填写在文件 RL_ 分布相等非参检验.MTW 的前 5 列中，形成如图 10-1 所示的格式。

	C1 生存时间	C2 DT	C3 n1	C4 n2	C5 NN	C6 E1t	C7 E2t	C8 NE	C9 Chi-Sqr	C10 ChiStat	C11 p-value
1	142	1	19	21	17						
2	143	1	19	20	19						
3	156	1	18	20							
4	163	1	18	19							
5	164	1	18	18							
6	188	2	17	18							
7	190	1	15	18							
8	192	1	14	18							
9	198	1	13	18							
10	205	1	13	16							
11	206	1	13	15							
12	209	1	12	15							
13	213	1	11	15							
14	216	1	10	15							
15	220	1	8	15							
16	227	1	7	15							
17	230	1	6	15							
18	232	2	5	15							
19	233	4	5	13							

图 10-1 对数秩检验数据表

我们的宏指令为：

%compf

在 MINITAB 中操作为：从"编辑>命令行编辑器（Edit>Command Line Editor)"入口（界面见图 10 - 2（A)），弹出"命令行编辑器"对话框（见图 10 - 2（B)），然后在对话窗内填写宏指令，点击"提交命令"(Submit Commands)，就可以得到结果。

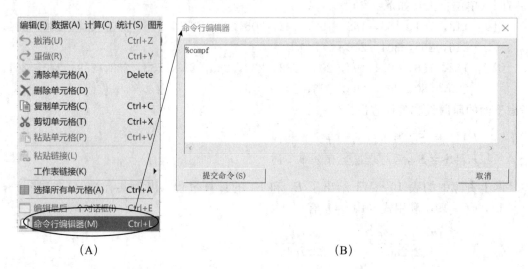

(A)   (B)

图 10 - 2 分布相等性非参数检验的宏指令操作图

在会话窗口中将无任何结果显示，结果全部存储在原来的数据文件中，如图 10 - 3 所示。

•	C1 生存时间	C2 DT	C3 n1	C4 n2	C5 NN	C6 E1t	C7 E2t	C8 NE	C9 Chi-Sqr	C10 ChiStat	C11 p-value
1	142	1	19	21	17	0.475000	0.525000	12.2375	1.85340	2.80790	0.0938014
2	143	1	19	20	19	0.487179	0.512821	23.7625	0.95449		
3	156	1	18	20		0.473684	0.526316				
4	163	1	18	19		0.486486	0.513514				
5	164	1	18	18		0.500000	0.500000				
6	188	2	17	18		0.971429	1.028571				
7	190	1	15	18		0.454545	0.545455				
8	192	1	14	18		0.437500	0.562500				
9	198	1	13	18		0.419355	0.580645				
10	205	1	13	16		0.448276	0.551724				
11	206	1	13	15		0.464286	0.535714				
12	209	1	12	15		0.444444	0.555556				
13	213	1	11	15		0.423077	0.576923				
14	216	1	10	15		0.400000	0.600000				
15	220	1	8	15		0.347826	0.652174				
16	227	1	7	15		0.318182	0.681818				

RL_分布相等非参检验.MTW ***

图 10 - 3 利用宏指令操作的存储结果

在数据文件中，在相应的 C6，C7 列存放分布相等时的相应期望值；C9 列存放两项各自的卡方值；C10 列存放卡方检验统计量值；C11 列存放检验结果的 p 值。

从本例结果的 p 值＝0.093 801 4 可以看出，应该无法拒绝原假设，即可以断言，两种寿命分布无显著差异，这与手算结果一致，与前面指数分布的参数检验方法的结论也是一致的。当然，这里的 p 值较小，并未超过显著性水平 0.1，说明两组老鼠寿命间似乎还是有些差异的，对于这种处于边缘状态的情况进行判断应更慎重。另外，虽然这里的计算有宏指令帮助，但形成对数秩检验表还是要费一番工夫。MINITAB 直接给出了用对数秩方法计算的结果，可以参看例 10-3。

10.2.2　Wilcoxon 检验

对于来自生存函数为 $S_i(t)$（$i=1$，2，$\cdots$，K）的 K 个总体的样本量分别为 n_i（$i=1$，2，$\cdots$，K）的相互独立的样本，检验的原假设 H_0：$S_1(t)=S_2(t)=\cdots=S_K(t)$；备择假设 H_1：至少存在一对 $S_i(t)\neq S_j(t)$，令 $d_t=d_{1t}+d_{2t}+\cdots+d_{Kt}$，$n_t=n_{1t}+n_{2t}+\cdots+n_{Kt}$，$d_{it}$ 和 n_{it} 分别为第 i 组样本在 t 时刻的失效数和风险数。

如 10.2.1 小节中定义分值 $W(t)$，检验统计量基于下列统计量：

$$Z_i = \sum_t W(t)\left(d_{it} - \frac{n_{it}d_t}{n_t}\right)$$

Z_i 的方差和协方差见网上资源。检验统计量为：

$$\chi^2 = (Z_1, Z_2, \cdots, Z_{K-1})\Sigma^{-1}(Z_1, Z_2, \cdots, Z_{K-1})^{\mathrm{T}}$$

式中，Σ 为 Z_i 中任意 $K-1$ 个统计量的协方差阵。当原假设为真时，这个统计量服从自由度为 $K-1$ 的卡方分布。特别地，当 $K=2$ 时，检验统计量可以写为：

$$Z = \frac{\sum_t W(t)\left(d_{1t} - \frac{n_{1t}d_t}{n_t}\right)}{\sum_t W(t)^2 d_t\left(\frac{n_{1t}}{n_t}\right)\left(\frac{n_{2t}}{n_t}\right)\left(\frac{n_t - d_t}{n_t - 1}\right)} \tag{10-5}$$

当原假设为真时，Z 服从标准正态分布。

若对于所有的 t，$W(t)\equiv1$，这就是前面介绍的对数秩检验；若 $W(t)=n_t$，此时的检验称为 Wilcoxon 检验，实际上，Wilcoxon 检验是对数秩检验的加权，权数为在那时还没有失效的产品数。

MINITAB 对右删失数据 Wilcoxon 检验的具体计算，可以参看例 10-4 和例 10-5 中 Wilcoxon 检验的结果。

10.3　非参数分析方法的计算与实例

利用非参数分布分析命令，可以估计生存概率、累积失效率、故障率，作出生存图、累积失效图、故障图等。当数据是精确或右删失时，可以使用 K-M 估计或精算估计，默认使用 K-M 估计。对于任意删失的数据，我们又分为两种情况：如果任意删失的数据中各个"开始"与"终结"时刻间都没有相互重叠的部分（注意，右删失形成的重叠不计在内），则该数据是区间删失的，此时，应当优先使用精算估计，这是因为虽然精算估计无法进行区间删失数据的分布比较，但含有中位数的估计值。当然也可以使用Turnbull估计，但Turnbull估计仅能给出生存图、累积失效图，无法进行分布的比较，也没有中位数的估计值。在除了区间删失以外还有其他任意删失数据的情况下，则只能使用Turnbull估计。

不同的删失数据应该采取不同的计算方法及优先顺序，其关系情况见图10-4。

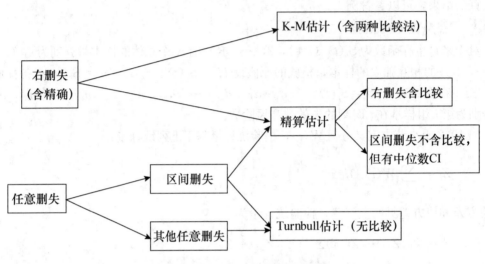

图10-4 非参数方法使用的关系图

下面分右删失和任意删失两种类型来介绍非参数分布分析。

10.3.1 右删失数据

【例10-3】 （续例8-4，例8-7）由前面我们得知，继电器的寿命服从Weibull分布，我们可以利用第9章的参数分布分析命令来求出累积失效率5%的分位数，也可以求出500万次的生存概率和置信区间。若我们不知道服从什么分布，则只能使用非参数分布分析命令，具体操作如下。

(1) 打开工作表"RL_继电器（右删）.MTW"。

(2) 选择"统计>可靠性/生存>分布分析（右删失）>非参数分布分析（Stat>Reliability/Survival>Distribution Analysis（Right Censoring）>Nonparametric Distribution Analysis）"（界面见图10-5（A））。

(3) 在出现的对话框"非参数分布分析-右删失"中（界面见图10-5（B）），在"变量"项中输入"寿命"。

(4) 点击"删失"按钮，出现对话框"非参数分布分析：删失"（界面见图10-5（C）），在"使用删失列"中输入"删失"。

(5) 点击"估计"按钮，出现对话框"非参数分布分析：估计"（界面见图10-5（D）），在"估计法"中选择"Kaplan-Meier"，下面选择"估计生存概率"。

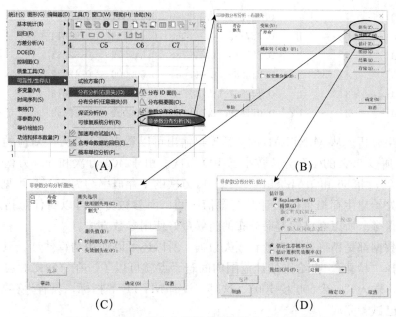

图 10 - 5　继电器寿命数据非参数分布分析的流程图

（6）MINITAB 的会话窗口输出如下。

分布分析：寿命

变量：寿命

删失

删失信息	计数
未删失值	13
右删失值	1

删失值：删失＝0

非参数估计

变量的特征

均值（MTTF）	标准误	95.0％正态置信区间		下四分位数	中位数	上四分位数	四分位间距
		下限	上限				
1428.57	323.346	794.825	2062.32	400	1000	2200	1800

Kaplan-Meier 估计

时间摘录					95.0% 正态置信区间	
（Time）	故障数	失效数	生存概率	标准误	下限	上限
100	14	1	0.928571	0.068830	0.793667	1.00000
200	13	1	0.857143	0.093522	0.673843	1.00000
300	12	1	0.785714	0.109664	0.570776	1.00000
400	11	1	0.714286	0.120736	0.477647	0.95092
600	10	1	0.642857	0.128060	0.391864	0.89385
800	9	1	0.571429	0.132260	0.312204	0.83065
1000	8	1	0.500000	0.133631	0.238089	0.76191

1200	7	1	0.428571	0.132260	0.169347	0.68780
1500	6	1	0.357143	0.128060	0.106149	0.60814
1800	5	1	0.285714	0.120736	0.049075	0.52235
2200	4	1	0.214286	0.109664	0.000000	0.42922
2700	3	1	0.142857	0.093522	0.000000	0.32616
3200	2	1	0.071429	0.068830	0.000000	0.20633

（7）结果分析。从 MINITAB 的会话窗口输出可以看出，100 万次对应的生存概率为 0.928 571，所以 95% 的生存分位数小于 100 万次。由于 400 万次和 600 万次对应的生存概率分别为 0.714 286 和 0.642 857，所以 500 万次的生存概率约为 68%。可见，这里只能对有观测值处给出生存概率的估计及其置信区间，而参数方法可以对任意指定值进行估计，要精确得多。所以在已知寿命分布的时候最好使用参数方法。

这里的数据都是精确数据或者右删失数据，所以还可以使用精算估计，只需要在"估计法"中选择"精算"，再给出估计范围内的若干点就可以了。在"指定时间区间为"中选择第一项，输入"0 至 600 按 100"。这时，没有 MTTF 等指标，只有生存概率的估计。读者可以自己试着完成。

下面我们看一个多组数据的例子。

【例 10-4】 （续例 8-5）已知两组用不同工艺生产的变压器的寿命，若我们对其分布一无所知，现在想要利用非参数方法求 15% 的变压器的失效时间，并比较两组数据是否有显著差异。数据是右删失的，可以采用 K-M 法和精算法，具体操作如下。

（1）打开工作表"RL_变压器（右删）.MTW"。

（2）选择"统计＞可靠性/生存＞分布分析（右删失）＞非参数分布分析（Stat＞Reliability/Survival＞Distribution Analysis（Right Censoring）＞Nonparametric Distribution Analysis）"。

（3）在出现的对话框"非参数分布分析-右删失"中，在"变量"项中输入"普通 密封"。

（4）点击"删失"按钮，出现对话框"非参数分布分析：删失"，在"使用删失列"中输入"删失1 删失2"。

（5）点击"估计"按钮，出现对话框"非参数分布分析：估计"，在"估计法"中选择"Kaplan-Meier"，下面选择"估计生存概率"。

（6）点击"图形"按钮，出现对话框"非参数分布分析：图形"，选中"生存图"（见图 10-6）。

（7）MINITAB 的会话窗口主要输出如下（完整输出见网上资源）。

分布分析：普通

……

变量的特征

均值（MTTF）	标准误	95.0% 正态置信区间 下限	上限	下四分位数	中位数	上四分位数	四分位间距
8.55958	1.02133	6.55781	10.5614	4.5	7.2	11.6	7.1

Kaplan-Meier 估计

时间摘录 （time）	故障数	失效数	生存概率	标准误	95.0%正态置信区间	
					下限	上限
⋮	⋮	⋮	⋮	⋮	⋮	⋮
3.9	25	1	0.857143	0.0661300	0.727530	0.98676
4.3	23	1	0.819876	0.0730042	0.676790	0.96296
⋮	⋮	⋮	⋮	⋮	⋮	⋮

分布分析：密封

……

变量的特征

均值（MTTF）	标准误	95.0%正态置信区间		下四分位数	中位数	上四分位数	四分位间距
		下限	上限				
11.6749	1.19947	9.32403	14.0259	6.5	11.8	14	7.5

Kaplan-Meier 估计

时间摘录 （time）	故障数	失效数	生存概率	标准误	95.0%正态置信区间	
					下限	上限
⋮	⋮	⋮	⋮	⋮	⋮	⋮
5.7	30	2	0.875000	0.0584634	0.760414	0.98959
6.2	27	3	0.777778	0.0741705	0.632406	0.92315
⋮	⋮	⋮	⋮	⋮	⋮	⋮

分布分析：普通，密封

生存曲线比较

检验统计量

方法	卡方	自由度	P 值
对数秩	4.21702	1	0.040
Wilcoxon	4.96439	1	0.026

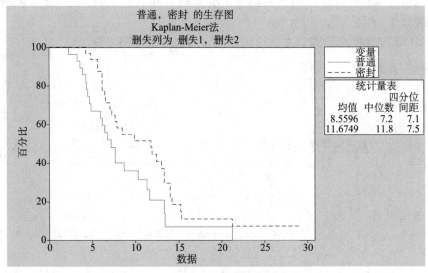

图 10-6　变压器寿命数据的非参数生存图

（8）结果分析。从 MINITAB 的会话窗口输出可以看出，普通密封法 0.85 分位数在 3.9～4.3 之间，加强密封法 0.85 分位数在 5.7～6.2 之间，大约从 4 个月提高到 6 个月。从 MTTF 可以看出，加强密封法的均值 11.674 9 比普通密封法的均值 8.559 58 高很多，但是否显著还要看生存曲线的比较，由对数秩和 Wilcoxon 两种检验法得出的 p 值都小于 0.05，所以两值之间的差异是显著的，加强密封法优于普通密封法。

另外，由图 10-6 可以看出，密封法寿命数据的非参数生存曲线偏右，即在同一失效百分比情况下，加强密封法下失效的时间比较长，也能说明加强密封法优于普通密封法。这里，注意非参数方法下得到的生存曲线和参数方法下得到的生存曲线是不同的（见图 9-4 右），参数方法下的生存曲线是一条单调非增的光滑曲线，生存概率一定从 1 降为 0（按估计出来的理论分布绘制而成）；而非参数方法下的生存曲线则是阶梯形的单调非增曲线，生存概率最后不一定降为 0，这是根据实测资料绘制而成的，由于这里存在删失样本，因此生存概率常常不能降为 0。

【例 10-5】　（续例 9-10，例 10-2）两组老鼠经过不同的预处理后使其暴露于致癌物前，记录下这些老鼠的生存时间。这里我们不利用数据服从正态分布这个结论，希望知道这两组老鼠的生存状况，并比较两组老鼠的生存时间是否有显著差异。

该问题已在例 9-10 中讨论过，不同之处在于那里按数据服从正态分布进行了参数方法的分析，而本例则使用非参数方法来进行分析。

具体操作方法如下。

（1）打开工作表"RL_老鼠（右删）.MTW"。

（2）选择"统计＞可靠性/生存＞分布分析（右删失）＞非参数分布分析（Stat＞Reliability/Survival＞Distribution Analysis（Right Censoring）＞Nonparametric Distribution Analysis）"。

（3）在出现的对话框"非参数分布分析-右删失"中，在"变量"项中输入"寿命 1 寿命 2"。

（4）点击"删失"按钮，出现对话框"非参数分布分析：删失"，在"使用删失列"中输入"删失 1　删失 2"。

（5）MINITAB 的会话窗口主要输出如下（完整输出见网上资源）。

分布分析：寿命 1

......

Kaplan-Meier 估计

时间摘录

（Time）	故障数	失效数	生存概率	标准误	95.0%正态置信区间 下限	上限
143	19	1	0.947368	0.051228	0.846964	1.00000
⋮	⋮	⋮	⋮	⋮	⋮	⋮
230	6	1	0.296053	0.108162	0.084058	0.50805
⋮	⋮	⋮	⋮	⋮	⋮	⋮
304	1	1	0.000000	0.000000	0.000000	0.00000

分布分析：寿命 2

Kaplan-Meier 估计

时间摘录

95.0％正态置信区间

(Time)	故障数	失效数	生存概率	标准误	下限	上限
142	21	1	0.952381	0.046471	0.861299	1.00000
⋮	⋮	⋮	⋮	⋮	⋮	⋮
240	8	1	0.354167	0.107168	0.144122	0.56421
⋮	⋮	⋮	⋮	⋮	⋮	⋮
323	2	1	0.050595	0.049281	0.000000	0.14718

分布分析：寿命 1，寿命 2

生存曲线比较

检验统计量

方法	卡方	自由度	P 值
对数秩	3.12271	1	0.077
Wilcoxon	2.65104	1	0.103

（6）结果分析。从 MINITAB 的会话窗口输出可以看出，第一组 230 天以后大约有 29.6％的老鼠存活，第二组 240 天以后大约有 35.4％的老鼠存活。对数秩检验的 p 值＝ 0.077＜0.10，Wilcoxon 检验的 p 值＝0.103 虽然大于 0.10，但和 0.10 很接近，也就说明两组老鼠的生存时间在显著性水平 $\alpha=0.10$ 下有微弱的差别，这和用参数方法得到的结果（见例 9－10）是相同的。

10.3.2 任意删失数据

【例 10－6】　（续例 8－6，例 8－8）制造显示管要先对极板进行电镀，为提高显示管性能，采用新法电镀。数据是区间删失的，数据文件：RL＿显示管（任删）.MTW。希望比较新法电镀是否能提高显示管的寿命（假定未知分布类型），给出 15％分位数的估计。

由于数据是区间删失的，不能再使用 K-M 估计法，但可以使用 Turnbull 估计或精算估计两种方法，Turnbull 估计是 MINITAB18 的默认估计方法。具体操作如下。

（1）打开工作表"RL＿显示管（任删）.MTW"。

（2）选择"统计＞可靠性/生存＞分布分析（任意删失）＞非参数分布分析（Stat＞ Reliability/Survival＞Distribution Analysis（Arbitrary Censoring）＞Nonparametric Distribution Analysis）"（界面见图 10－7（A））。

（3）出现对话框"非参数分布分析-任意删失"（界面见图 10－7（B）），在其中"初始变量"那一项输入"开始1　开始2"，在"结尾变量"那一项输入"结束1　结束2"，在"频率列（可选）"那一项输入"频数1　频数2"。

具体操作流程如图 10－7 所示。

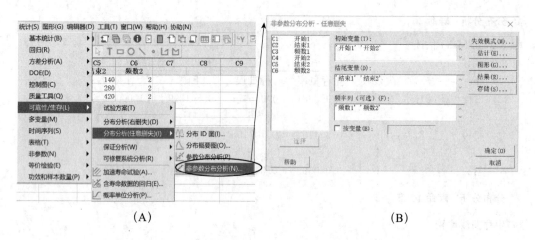

(A)　　　　　　　　　　　　　　　　　(B)

图 10 - 7　显示管寿命数据非参数分布分析的流程图

（4）MINITAB 的会话窗口输出如下。

分布分析，开始 ＝ 开始 1，结束 ＝ 结束 1

……

（Time）	生存概率	标准误	下限	上限
120	0.98	0.0140000	0.952561	1.00000
240	0.94	0.0237487	0.893453	0.98655
360	0.86	0.0346987	0.791992	0.92801
480	0.63	0.0482804	0.535372	0.72463

时间摘录　　　　　　　　　　　　　95.0% 正态置信区间

分布分析，开始 ＝ 开始 2，结束 ＝ 结束 2

……

（Time）	生存概率	标准误	下限	上限
140	0.99	0.0099499	0.970499	1.00000
280	0.98	0.0140000	0.952561	1.00000
420	0.97	0.0170587	0.936566	1.00000
560	0.83	0.0375633	0.756377	0.90362

时间摘录　　　　　　　　　　　　　95.0% 正态置信区间

（5）结果分析。从 MINITAB 的会话窗口输出可以看出，旧法生存概率的 85% 分位数在 360～480 之间，新法生存概率的 85% 分位数在 420～560 之间，新法优于原法。

如果在"估计法"中选择"精算"，那么在 MINITAB 的会话窗口中还会显示中位数及其置信区间。

【例 10 - 7】（续例 9 - 11）采用两种方法治疗乳腺癌患者：单独使用放射性疗法和放射性疗法辅以化学疗法。数据文件：RL_乳腺癌（任删）.MTW。希望利用非参数方法找出两种治疗方法下乳腺癌患者的形体恶化时间，并比较这两种疗法的生存时间是否相同。

本问题已在例 9-11 中分析过，不同之处在于那里按数据为 Weibull 分布使用参数方法进行了分析，而本例则使用非参数方法来进行分析。

　　具体做法如下。

　　(1) 打开工作表 "RL _ 乳腺癌（任删）. MTW"。

　　(2) 选择 "统计＞可靠性/生存＞分布分析（任意删失）＞非参数分布分析（Stat＞Reliability/Survival＞Distribution Analysis（Arbitrary Censoring)＞Nonparametric Distribution Analysis)"。

　　(3) 出现对话框 "非参数分布分析-任意删失"，在其中 "初始变量" 那一项输入 "开始 1　开始 2"，在 "结尾变量" 那一项输入 "结束 1　结束 2"，在 "频率列（可选）" 那一项输入 "频率 1　频率 2"。

　　(4) MINITAB 的会话窗口输出如下。

分布分析，开始 ＝ 开始 1，结束 ＝ 结束 1

时间摘录 （Time）	生存概率	标准误	95.0% 正态置信区间 下限	上限
⋮	⋮	⋮	⋮	⋮
25	0.668224	0.124907	0.423410	0.91304
26	0.668224	0.117701	0.437533	0.89891
34	0.586438	0.141036	0.310012	0.86286
35	0.586438	0.121538	0.348227	0.82465
⋮	⋮	⋮	⋮	⋮

分布分析，开始 ＝ 开始 2，结束 ＝ 结束 2

时间摘录 （Time）	生存概率	标准误	95.0% 正态置信区间 下限	上限
⋮	⋮	⋮	⋮	⋮
24	0.441990	0.125747	0.195531	0.68845
25	0.342116	0.114840	0.117034	0.56720
31	0.271262	0.170265	0.000000	0.60498
32	0.271259	0.131299	0.013917	0.52860
34	0.271232	0.120952	0.034171	0.50829
35	0.271232	0.144066	0.000000	0.55360
⋮	⋮	⋮	⋮	⋮

　　(5) 结果分析。从 MINITAB 的会话窗口可以看出，第一种疗法 25 个月以后，大约仍有 66.82% 的患者还没有恶化；第二种疗法 24 个月以后，大约只有 44.20% 的患者还没有恶化；在时间更晚时，第一种疗法 35 个月以后，大约仍有 58.64% 的患者还没有恶化；第二种疗法 35 个月以后，大约只有 27.12% 的患者还没有恶化。因此，第一种疗法显著优于第二种疗法。但这种检验只是定性地给出看法，并未给出显著性结论。

　　用参数方法分析时（参见例 9-11），对于两种治疗方法下乳腺癌患者的恶化时间来说，Weibull 分布都是拟合得比较好的分布，第一种疗法 24 个月以后有 68.69% 的患者还没有恶化；第二种疗法 24 个月以后约有 48.24% 的患者还没有恶化。可以看出第一种疗法显著优于第二种疗法。对于两种疗法下的恶化时间的形状参数，可以看出 p 值＝0.026＜

0.05，也就是说，这两种治疗方法下乳腺癌患者的恶化时间有明显差异。这是定量的检验结果。

　　总之，在相同条件下，一般说来，参数方法要优于非参数方法；但是如果无法确认分布，非参数方法仍然能给出相当多的关于生存函数的信息供人们决策时参考，这就是我们学习非参数分布分析方法的重要性之所在。

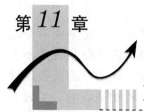

第 *11* 章

加速寿命试验及其统计分析方法

加速寿命试验是指在保持失效机理不变的条件下，把样品放在比通常情况严酷得多的条件下进行试验，以加速样品失效的一种寿命试验方法。其目的在于快速获取试验数据，迅速查明失效原因，使高可靠性、长寿命产品的可靠性评定成为可能。本章首先对加速寿命试验的基本理论加以介绍，然后具体讲述加速寿命试验分析方法在 MINITAB 软件中的计算和实例。

11.1 加速寿命试验的基本理论

本节主要介绍加速寿命试验的基本理论，给出加速寿命试验的基本类型及参数模型。

11.1.1 加速寿命试验概述

在讨论加速寿命试验之前，我们先介绍一般的寿命试验，再引入加速寿命试验的各种理论。

11.1.1.1 寿命试验

寿命试验是对产品的可靠性进行调查、分析和评价的一种常用方法。通常，**寿命试验**（life testing）是指从一批产品中随机抽取一定数量的产品组成一个样本，将此样本放在使用环境（又称为正常应力水平）中进行试验，观测每个样品的失效时间，最后用统计推断方法对这些试验数据进行处理，从而对这批产品的可靠性进行分析和评价，给出产品的各种可靠性指标。

寿命试验作为一种分析技术，具有非常重要的作用。通过寿命试验，可以给出产品的各种可靠性数量指标，如平均寿命、可靠寿命等；可以确认产品是否符合可靠性要求，以作出产品接收或拒收、合格或不合格等结论；可以弄清产品的失效机理，发现产品在设计、材料和工艺方面的各种缺陷，为产品的改进提供支持。

11.1.1.2　加速寿命试验概述

寿命试验方法是基本的可靠性试验方法。在正常的工作条件下，常常采用寿命试验方法估计产品的各种可靠性特征。但是，这种方法对寿命特别长的产品来说并不合适，因为它需要花费很长的试验时间，甚至来不及做完寿命试验，新的产品又被设计出来，老产品就要被淘汰了，所以这种方法与产品的迅速发展是不相适应的。经过不断研究，在寿命试验的基础上，人们提出一种新的加大应力、缩短时间的加速寿命试验。

加速寿命试验（accelerated life testing）是指在超过使用环境条件的应力水平下对样品进行的寿命试验。这种试验的特点是：选择一些比正常使用环境更加恶劣的应力水平，又称为**加速应力水平**，在这些加速应力水平下进行寿命试验。由于产品的试验环境变得恶劣，因而加速了产品失效，缩短了试验时间。在获得的失效数据基础上，运用加速寿命试验模型，对产品在正常应力水平下的各种可靠性特征进行统计推断。例如，要测试电阻在 220V 下的寿命分布，而电阻在 220V 下的寿命很长，为了节省时间，改在 400V、500V 下测试电阻的寿命，将些测试结果换算为 220V 下的寿命分布。

11.1.1.3　加速寿命试验的类型

加速寿命试验主要有三种类型，即恒定应力加速寿命试验、步进应力加速寿命试验、序进应力加速寿命试验。

1. 恒定应力加速寿命试验

将一定数量的样品分为几组，每组固定在一定的应力水平下进行寿命试验，要求选取的各应力水平都高于正常工作条件下的应力水平。试验要进行到各组样本均有一定数量的产品发生失效为止。这样的试验称为**恒定应力加速寿命试验**，简称为**恒加试验**。

2. 步进应力加速寿命试验

先选定一组应力水平，它们都高于正常工作条件下的应力水平。试验开始时将一定数量的样品放在第一种应力水平下进行试验，经过一段时间后，把应力水平提高到第二种应力水平，未失效的产品在第二种应力水平下继续进行试验，如此继续下去，直到有一定数量的产品发生失效为止。这样的试验就称为**步进应力加速寿命试验**，简称为**步加试验**。

3. 序进应力加速寿命试验

序进应力加速寿命试验简称为**序加试验**。它与步加试验基本相同，不同之处仅仅在于序加试验施加的加速应力水平将随着时间连续上升，即应力水平是时间变量的单调增函数。

如果应力水平 $S_1 < S_2 < S_3$，那么这三个应力水平下三种类型的加速寿命试验的示意图如图 11-1 所示。

在上述三种加速寿命试验中，恒加试验最为成熟。尽管这种试验所需时间不是最短的，但比一般的寿命试验时间还是缩短了不少，因此它经常被采用，MINITAB 就是对恒加试验进行分析的。

11.1.2　加速寿命试验的方程

我们所要进行的加速寿命试验其实是寿命数据回归的一种特殊形式，主要解决高可靠

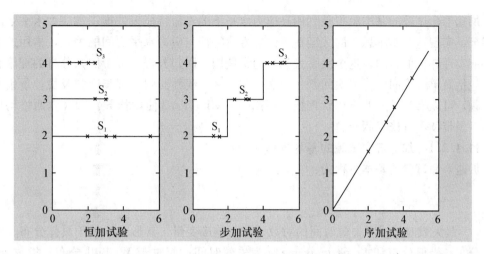

图 11 - 1　三种类型的加速寿命试验示意图

性产品的失效时间与一两个预测变量之间关系的简单回归问题。寿命数据回归的目的就是建立失效时间和应力水平（预测变量，即平时所说的自变量）之间的关系，也就是说，预测变量是怎样影响产品寿命的，我们的主要目标就是提出一个理想的模型来揭示它们之间的关系。MINITAB 软件中规定了使用的格式：第一个预测变量是加速变量，它的水平超过正常值。第二个预测变量既可以是另一个加速变量，也可以是因子，即影响产品寿命的一些离散变量。另外，必须在失效时间和加速变量之间先设定一个模型，这样，在高应力水平条件下得到的数据才可以用于解决正常应力水平下的可靠性问题。

为适应上述计算的需求，我们要求提供的数据具有一定的格式，这就是数据结构的要求。

一般的回归寿命数据的工作表基本结构包括 3 列：响应变量（失效时间）、删失指示值和预测变量（或因子），当然也可以包括第 4 列——频率列（见图 11 - 2）。对于加速寿命试验，上述的第 3 列有两种选择：输入 1 列或 2 列预测列，其中，第 1 列预测列是固定的，它表示加速变量的各种水平值；第 2 列预测列可以没有，也可以表示加速变量的各种水平值，还可以表示因子的不同水平值。下面是加速寿命数据的一个例子，其中预测因子只有 1 列，有带频率列和不带频率列两种格式，这两个工作表中所表示的数据其实是相同的。

↓	C1	C2-T	C3
	响应变量	删失	因子
1	10	F	1
2	11	F	1
3	11	F	1
4	12	F	2
5	12	C	2
6	12	C	2
7	12	C	2
8	13	F	2
9	13	F	2

↓	C1	C2-T	C3	C4
	响应变量	删失	因子	频率
4	10	F	1	1
5	11	F	1	2
6	12	F	2	1
7	12	C	2	3
8	13	F	2	2

图 11 - 2　未使用频率列（左）和使用频率列（右）的工作表结构

加速寿命试验的基本思想是利用高应力水平下的寿命特征去外推正常应力水平下的寿命特征，实现这个基本思想的关键在于建立寿命特征与应力水平之间的关系，借用这个关系才能实现外推的目的，这个关系式就是通常使用的回归方程。关于回归分析的理论和方法，包括简单线性回归、二次回归、三次回归、多元线性回归、逐步回归及最佳子集回归等专题，可以参见《六西格玛管理统计指南——MINITAB 使用指导》和《六西格玛核心教程：黑带读本（修订版）》。

11.1.2.1　加速寿命试验的基本方程

加速寿命试验的基本方程为：

$$y=\beta_0+\beta_1 x+\sigma\varepsilon \tag{11-1}$$

式中，y 是失效时间或者失效时间的对数，称为**响应变量**，其形式依赖于具体分布。对于正态分布、极值分布和 Logistic 分布，y 为失效时间；而对于 Weibull 分布、指数分布、对数正态分布和对数 Logistic 分布，y 为失效时间的对数，此时，MINITAB 可以计算出变换之前的百分位数。β_0 为**截距**；β_1 为**回归系数**；x 为应力水平；σ 为形状参数的倒数（Weibull 分布）或者尺度参数（其他分布）；ε 为随机误差，它的值也依赖于具体分布。对于正态分布来说，误差的分布是标准正态分布 $N(0,1)$；对于对数正态分布，MINITAB会对数据进行对数变换，然后使用正态分布来计算；对于 Logistic 分布，误差的分布是标准 Logistic 分布；对于对数 Logistic 分布，MINITAB 会对数据进行对数变换，然后使用 Logistic 分布来计算；对于极值分布，误差的分布是标准极值分布；对于 Weibull 分布和指数分布，MINITAB 会取数据的对数，然后使用极值分布进行计算。

11.1.2.2　加速寿命试验的加速模型

加速寿命模型应该考虑多方面加速应力的影响，例如低温或高温、高湿度、强震动等，下面我们介绍几种常用的加速模型。

1. 线性模型

如果失效时间（或其对数）与加速变量之间存在线性关系，那么加速变量无须做任何的变换。线性（linear）模型的加速方程为：

$$y=\beta_0+\beta_1\times 加速变量+\sigma\varepsilon \tag{11-2}$$

2. 自然对数模型

当以电应力（如电压、电流、电功率等）作为加速应力时，一般认为寿命特征与应力之间的关系符合自然对数模型，譬如加大电压能促使产品提前失效。自然对数($\log_e$(power))模型的加速方程为：

$$y=\beta_0+\beta_1\times\ln(加速变量)+\sigma\varepsilon \tag{11-3}$$

这个模型常与对数分布联系在一起，也称为**逆幂律模型**。

3. 常规加速模型

在加速寿命试验中用温度作为加速应力是常见的，因为高温能使产品内部加快化学反应，促使产品提前失效。一般情况下有下列理论关系：失效时间（或其对数）与加速变量绝对温度成反比。如果加速变量现在以摄氏度为单位，则要加上常数 273.16 才能转化为绝对温度，因此，常规加速（Arrhenius，阿伦尼斯）模型的加速方程为：

$$y = \beta_0 + \beta_1 \times \frac{11\,604.83}{\text{摄氏度} + 273.16} + \sigma\varepsilon \tag{11-4}$$

上式分子中的 11 604.83 是量子力学中的波尔兹曼（Boltzmann）常数 B=8.617×10^{-5} 的倒数。

4. 温度逆模型

常规加速模型的表达式有些烦琐，可以把理论关系简化为：失效时间（或其对数）与加速变量（摄氏温度）成反比，这就是温度逆模型，它是常规加速模型的简化，其结果与常规加速模型得到的结果类似，只不过系数稍有不同而已。温度逆（inverse temp）模型的加速方程为：

$$y = \beta_0 + \beta_1 \times \frac{1}{\text{摄氏度} + 273.16} + \sigma\varepsilon \tag{11-5}$$

5. 标准化模型

设 x_i 是加速变量的实际水平值，新的标准化加速变量 ξ_i 定义为：

$$\xi_i = \frac{x_i - x_U}{x_H - x_U}, i = 1, 2, \cdots, k$$

式中，k 为加速变量的水平数（不包括正常水平）；x_i 为加速变量的水平值；x_U 为加速变量的正常水平值；x_H 为加速变量的最高水平值。这时，ξ_i 的取值一定介于 [0，1] 之间。而以标准化加速变量 ξ_i 为自变量的加速寿命试验模型为：

$$\mu(\xi_i) = \gamma_0 + \gamma_1 \xi_i + \sigma\varepsilon \tag{11-6}$$

11.1.2.3 加速寿命试验模型的残差

加速寿命试验的残差（residual）与普通回归分析的残差略有差别，这里我们介绍在寿命数据回归中常使用的三种形式。

1. 普通残差

普通残差就是响应值与预测结果之差，其表达式为 $y_i - \boldsymbol{x}_i' \hat{\boldsymbol{\beta}}$，其中，$y_i$ 为响应值；$\boldsymbol{x}_i$ 为与第 i 个响应值有关的预测值向量；$\hat{\boldsymbol{\beta}}$ 为估计的回归系数。注意，普通残差是有量纲的，其量纲与响应变量相同。

2. 标准化残差

标准化残差是普通残差经过标准化后得到的残差，其表达式为 $\dfrac{y_i - \boldsymbol{x}_i' \hat{\boldsymbol{\beta}}}{\hat{\sigma}}$，其中，$\hat{\sigma}$ 为估计的尺度参数。注意，标准化残差无量纲。

3. Cox-Snell 残差

Cox-Snell 残差的具体形式是 $-\ln(\hat{R}(y_i))$，其中，$\hat{R}(y_i)$ 为估计的响应值 y_i 处的生存概率（可靠度）。

11.2 加速寿命试验分析的计算与实例

加速寿命试验就是在远远高于正常水平的加速水平下研究产品的失效问题，影响产品寿命的因素就叫做**加速变量**，加速水平是加速变量所取的水平值。因为在正常水平下要观察到产品失效可能会经历一个很长的过程，所以加速寿命试验可以节省时间和费用。但是，加速寿命试验的关键是要知道加速变量和失效时间的关系，为此，必须建立一个能很好地反映失效时间与加速变量之间关系的模型，在 11.1.2.2 小节中我们介绍了 5 种，MINITAB 提供了前 4 种计算工具，可以直接使用。

加速寿命试验执行具有一个或两个预测变量的简单回归，以用于为高可靠性产品的失效时间建模。第一个预测变量是加速变量，它的水平超过通常水平。第二个预测变量可以是第二个加速变量，也可以是一个因子。然后，可以使用在高压条件下获得的数据来回推正常使用条件下的寿命分布。

要进行加速寿命试验，首先，要在几个加速水平条件下进行寿命试验；其次，记录下失效（或删失）时间；然后，在 MINITAB 中进行加速寿命试验分析，当残差不正常时，可以修改模型再试，直到模型拟合良好时才最终确认。

下面来看两个例子。

【例 11-1】 为了考察某种微型电机在 80℃ 储存条件下的各种可靠性特征，确定使用 Weibull 分布情形下的恒定应力加速寿命试验。通过摸底试验，确定用温度作为加速应力，其加速应力水平为 110℃，130℃，150℃，170℃。在该批微型电机中随机抽取 80 部，然后随机等分为 4 组，每组有 20 部电机，分别做高温寿命试验，试验结果见表 11-1（单位：小时），数据文件：RL_电机（加速）.MTW。

表 11-1 四种不同温度下的电机寿命表

110℃	7 336+，8 702，11 143+，11 769，12 090，13 218，13 513，13 673，14 482，16 289，17 610，17 784，17 822，18 397，18 806，20 975，21 900+，21 900+，21 900+，21 900+
130℃	2 214，3 128，3 147，3 308，3 545，3 620+，3 987，4 348，4 373，4 735+，4 925，5 117，5 351，5 355，6 226，6 947，7 304，7 919，8 290，10 183
150℃	996，1 043+，1 214，1 533，1 642，1 689，1 752，1 764，1 826+，2 042，2 073，2 134+，2 190，2 291，2 386，2 733，2 746，2 859，3 154，3 651
170℃	106，221，244+，343，366，369，384+，394+，431，461，461，479，507，531，536，545，665，716，738，869

已知该产品的工作温度与故障时间存在常规加速关系，根据表 11-1 中各温度设置下的故障时间推断 80℃ 时电机的正常工作时间。我们想要知道在 80℃ 时 10 年（即 87 600 小时）以后电机仍然正常工作的比例。

加速寿命试验分析的关键之一是确定加速变量和失效时间的关系。其办法是绘制寿命（或其对数）对于加速变量（或其某个固定函数）的散点图。本例中讨论的是电器产品的寿命分析，因此假定该电器产品的工作温度与故障时间存在常规加速关系是合理的，但我

们还是应该验证这一结果。为了确定这种数据符合常规加速模型，不妨在工作表中新增加"变换温度"和"对数寿命"两列，使

$$变换温度 = \frac{11\,604.83}{温度 + 273.16}，对数寿命 = \ln(寿命)$$

然后通过"图形＞散点图（Graph＞Scatterplot）"分别画出寿命、对数寿命与变换温度的散点图，如图 11-3 所示。

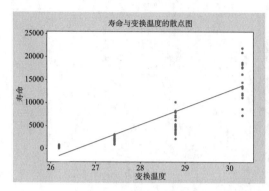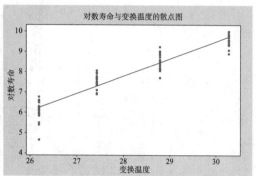

图 11-3　电机寿命、对数寿命与变换温度的散点图

从图 11-3 可以看出，右图中的点基本在直线的上下两侧均匀分布，所以这里选择对数寿命的常规加速模型是合理的。

加速寿命测试分析的流程如下。

（1）为这组数据建立一个有 5 列数据——温度、寿命、删失、变换温度、对数寿命的工作表，寿命表示失效时间，删失表示删失情况，当其值为 C 时表示删失。我们把这个工作表命名为"RL_电机（加速）.MTW"。

（2）从"统计＞可靠性/生存＞加速寿命试验（Stat＞Reliability/Survival＞Accelerated Life Testing）"入口（界面见图 11-4（A））。

（3）出现"加速寿命试验"对话框（界面见图 11-4（B）），在其中"变量/初始变量"项输入"寿命"，在"加速变量"项输入"温度"，在"关系"中选择"常规加速"。

（4）点击"删失"按钮，出现"加速寿命试验：删失"对话框（界面见图 11-4（C）），在"使用删失列"中输入"删失"。

（5）点击"估计"按钮，出现"加速寿命试验：估计"对话框（界面见图 11-4（D）），在"百分位数和概率估计"中选择"输入新的预测变量值"，并且输入"80"。在"估计下列百分比的百分位数"中输入"50"，在"估计时间概率"中输入"87600"。

（6）点击"图形"按钮，出现"加速寿命试验：图形"对话框（界面见图 11-4（E）），在"在图中要包括的设计值"中输入"80"，选择"基于每个加速水平的模型拟合值概率图"及"显示所有水平的置信区间"，增选"标准化残差的概率图"及"在诊断图中显示置信区间"。

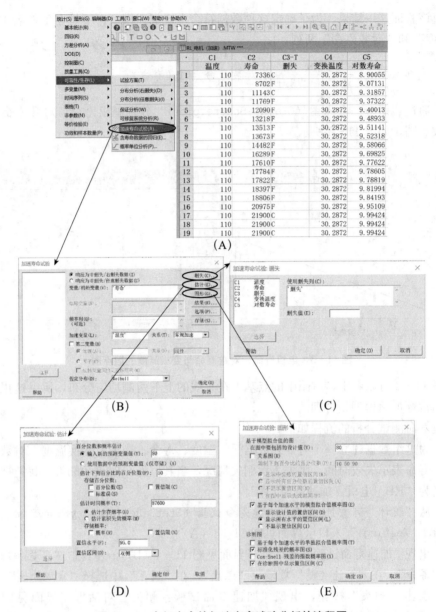

图 11-4 电机寿命的加速寿命试验分析的流程图

（7）MINITAB 的会话窗口输出如下。

加速寿命试验：寿命 与 温度

响应变量：寿命

删失

删失信息	计数
未删失值	66
右删失值	14

删失值：删失 = C

估计法：极大似然

分布：Weibull

与加速变量的关系：常规加速

回归表

自变量	系数	标准误	Z	P	95.0%正态置信区间 下限	上限
截距	−15.4881	0.918553	−16.86	0.000	−17.2884	−13.6878
温度	0.840619	0.0326475	25.75	0.000	0.776631	0.904607
形状	2.99580	0.275764			2.50126	3.58811

对数似然＝−560.705

寿命 的概率图（拟合常规加速）

Anderson-Darling（调整）拟合优度检验

在每个加速水平

水平	单值拟合值	模型拟合值
110	23.121	23.373
130	1.122	1.226
150	1.333	4.992
170	1.214	2.265

百分位数表格

百分比	温度	百分位数	标准误	95.0%正态置信区间 下限	上限
50	80	164763	26514.2	120193	225859

生存概率表

时间摘录 (Time)	温度	概率	95.0% 正态置信区间 下限	上限
87600	80	0.900818	0.748639	0.963015

（8）MINITAB 的图形窗口输出如图 11-5 所示。

（9）结果分析。由 MINITAB 的会话输出窗口的回归表可以看出，温度项回归系数显著性检验的 p 值＝0＜0.05，因此，温度对寿命的影响确实显著，除此之外，还可以得到截距、温度和形状三个参数的值及其标准误和95%置信区间，由此写出这里的常规加速模型的加速方程为：

$$\ln y = -15.4881 + 0.840619 \times \frac{11604.83}{\text{摄氏度} + 273.16} + \frac{1}{2.99580}\varepsilon$$

从百分位数表格和生存概率表中可以看出，在80℃下，有50%电机失效的时间估计值是 164763 小时，大约是 19 年，而在 87600 小时以后仍然可以使用的电机所占的比例

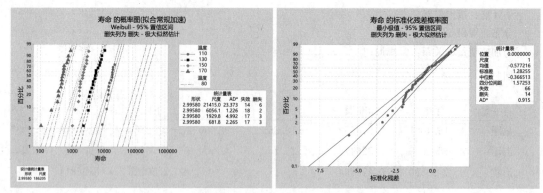

图 11-5　电机寿命的加速寿命试验分析的结果输出图

是 90.081 8%，95% 置信区间是（0.748 639，0.963 015）。

从寿命的概率图中可以看出数据点与直线拟合良好，分布类型选择成功；各条线基本平行，即各组数据的分布相似，形状参数相同，数据适用于我们所选的模型。从标准化残差概率图中可以看出，标准化残差基本正常，模型正确。

有时我们还会遇到两个预测变量的情形，这时要区分预测变量是加速因子还是一般的影响产品寿命的离散因子。下面来看一个例子。

【例 11-2】　CO（煤气）报警器通常中位寿命只有 5 000 小时（不到 7 个月）。为研制出更好的煤气报警器，关键是延长传感器的使用寿命。为加快研制过程，尽快检验出其性能，需提高应力水平进行加速寿命试验。传感器寿命一方面受环境煤气浓度的影响，同时更受 H_2S 浓度的影响（导致催化剂中毒），为此安排了下列试验：在常规条件下增加煤气浓度的试验（3 组），在常规条件下增加 H_2S 浓度的试验（3 组），加上常规条件试验（1 组），各组均测试了 5 台煤气报警器的寿命。数据列在表 11-2 中，数据文件：RL_煤气报警器（双加）.MTW。希望给出在 CO 浓度为 0.45 及不含 H_2S 的正常条件下报警器的中位寿命以及半年（4 380 小时）后尚未失效的报警器的比例，为确保可靠度为 0.95，多久就要更换报警器？

表 11-2　四种不同温度下的煤气报警器寿命数据　　　　　　　　　　　　单位：小时

煤气浓度	硫化物浓度	寿命
0.45	0	9 708，9 444＋，8 964，9 444＋，9 444＋
0.45	30	6 516，5 100，3 324，4 572，3 000
0.45	50	2 676，4 704，3 324，2 676，2 964
0.45	100	1 332，972，1 452，1 572，1 452
0.65	0	816，864，720，672，624
0.85	0	615，605，648，595，586
1.05	0	274，336，293，302，283

此例中两个因子均为加速因子，首先要确定寿命数据的分布类型，利用 8.2 节的方法，可以作出寿命的分布 ID 图，从 MINITAB 的会话窗口可以得到四种分布的 Anderson-Darling 统计量的值，如表 11-3 所示。计算的细节见网上资源。

表 11-3 七组煤气报警器寿命四种寿命分布的 Anderson-Darling 统计量的值

组别	1	2	3	4	5	6	7
Weibull	8.779	2.471	2.700	2.636	2.497	2.600	2.601
对数正态	8.640	2.497	2.684	2.759	2.496	2.547	2.545
指数	8.609	3.238	3.409	3.634	3.632	3.872	3.771
正态	8.647	2.498	2.763	2.686	2.506	2.560	2.572

从表 11-3 可以看出，有四组对数正态分布的 Anderson-Darling 统计量的值比较小，两组 Weibull 分布的 Anderson-Darling 统计量的值比较小，只有一组指数分布的 Anderson-Darling 统计量的值比较小。所以在这里我们选择对数正态分布进行分析。

要进行加速寿命分析，还需要知道寿命（或对数寿命）与两个加速变量之间的关系，可以从"图形＞3D 散点图（Graph＞3D Scatterplot）"入口绘制 3 维散点图，如图 11-6 所示，但是把所有数据都放在一起反而看不出任何关系。

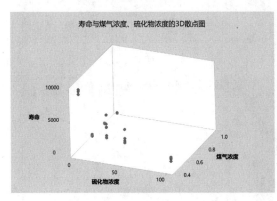
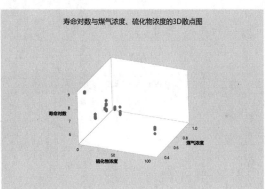

图 11-6 煤气报警器寿命、寿命对数与煤气浓度和硫化物浓度的 3 维散点图

所以，这里不妨分两个加速变量来考虑。先考虑寿命和硫化物浓度的关系，从"图形＞散点图（Graph＞Scatterplot）"入口分别绘制寿命和寿命的对数与 H_2S 的散点图，如图 11-7 所示，从图中可以看出，右图的点更均匀地分布在直线的上下两侧，所以在这里我们认为，对于增加 H_2S 浓度的 4 组值，寿命的对数与硫化物浓度符合线性模型。

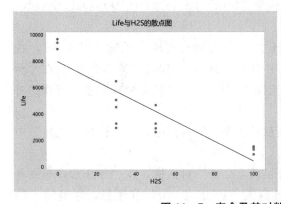
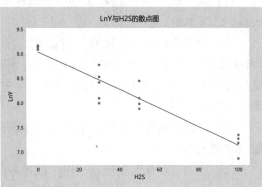

图 11-7 寿命及其对数与硫化物浓度的散点图

同样的道理，从"图形>散点图（Graph>Scatterplot）"入口绘制寿命的对数与 CO 的散点图，如图 11-8（A）所示，说明寿命的对数与 CO 浓度不符合线性模型。所以，下面我们考虑 CO 浓度的倒数，分别作出寿命的对数与 CO 倒数、倒数二次方、倒数三次方的散点图，见图 11-8（B），（C），（D），可以看出对于增加 CO 浓度的 4 组值，寿命的对数与 CO 倒数三次方符合线性模型。

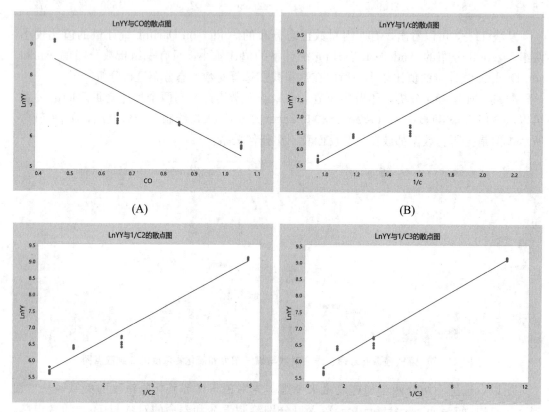

图 11-8　寿命对数与 CO 浓度倒数、倒数二次方、倒数三次方的散点图

下面就可以进行加速寿命测试分析了，流程如下。

（1）从"统计>可靠性/生存>加速寿命试验（Stat>Reliability/Survival>Accelerated Life Testing）"入口。

（2）出现"加速寿命试验"对话框，在其中"变量/初始变量"项输入"寿命"，在"加速变量"项输入"1/CO3"，再在"关系"中选择"线性"，勾选"第二变量"，在"加速"项输入"硫化物浓度"，再在"关系"中选择"线性"，在"假定分布"项中选择"对数正态"。

（3）点击"删失"按钮，出现"加速寿命试验：删失"对话框，在"使用删失列"中输入"删失"。

（4）点击"估计"按钮，出现"加速寿命试验：估计"对话框，在"百分位数和概率估计"中选择"输入新的预测变量值"，并且输入"10.9739　0"（注意，这里输入的 10.973 9 是 0.45 倒数的三次方），在"估计下列百分比的百分位数"中输入"5　50"，在

"估计时间概率"中输入"4380"。

　　(5) MINITAB 的会话窗口输出如下。

加速寿命试验：寿命 与 1/CO3，硫化物浓度

响应变量：寿命

删失

删失信息	计数
未删失值	32
右删失值	3

删失值：删失 = 0

估计法：极大似然

分布：对数正态

与加速变量的关系：线性，线性

回归表

自变量	系数	标准误	Z	P	95.0%正态置信区间 下限	上限
截距	5.58510	0.0761448	73.35	0.000	5.43586	5.73434
1/CO3	0.320933	0.0118092	27.18	0.000	0.297788	0.344079
硫化物浓度	−0.0197573	0.0014915	−13.25	0.000	−0.0226805	−0.0168341
尺度	0.234894	0.0296542			0.183405	0.300838

对数似然＝−231.367

寿命 的概率图（拟合线性，拟合线性）

Anderson-Darling（调整）拟合优度检验

在每个加速水平

水平		模型拟合值
0.8638	0	3.256
1.6283	0	8.715
3.6413	0	2.674
10.9739	0	8.994
10.9739	30	2.625
10.9739	50	2.467
10.9739	100	3.261

百分位数表格

百分比	1/CO3	硫化物浓度	百分位数	标准误	95.0% 正态置信区间 下限	上限
5	10.9739	0	6128.02	587.315	5078.56	7394.36
50	10.9739	0	9018.15	794.614	7587.79	10718.1

生存概率表

时间摘录

（Time）	1/CO3	硫化物浓度	概率	95.0% 正态置信区间 下限	上限
4380	10.9739	0	0.998946	0.981109	0.999977

（6）结果分析。由 MINITAB 的会话输出窗口的回归表可以看出，加速变量回归系数显著性检验的 p 值均为 0，也就是说，煤气浓度和硫化物浓度都对煤气报警器的寿命有显著影响。除此之外，还可以得到截距、煤气浓度倒数三次方、硫化物浓度和尺度四个参数的值及其标准误和 95% 置信区间，由此可以写出这里的线性模型的加速方程：

$$\ln 寿命 = 5.585\,10 + \frac{0.320\,933}{煤气浓度^3} - 0.019\,757\,3 \times 硫化物浓度 + 0.234\,894\varepsilon$$

从百分位数表格和生存概率表可以看出，在正常条件下，即煤气浓度为 0.45，硫化物浓度为 0，有 50% 的煤气报警器失效的时间估计值是 9 018.15 小时，大约是 12.5 个月，有 5% 的煤气报警器失效的时间估计值是 6 128.02 小时，大约是 8.5 个月，所以为了确保可靠度达到 0.95，需要每 8.5 个月更换一次煤气报警器。而在半年即 4 380 小时以后仍然可以使用的煤气报警器所占的比例是 99.894 6%。

第12章

有关可靠性的其他专题

前几章介绍的有关可靠性和生存分析的内容基本上已能满足可靠性一般分析的要求。本章将分 6 节补充介绍一些独立的特别专题，12.1 节介绍寿命数据的回归分析，12.2 节介绍退化模型的寿命分析，12.3 节介绍概率单位分析，12.4 节介绍寿命数据的增长曲线分析，12.5 节介绍寿命数据的保证分析，12.6 节介绍抽样验收和可靠性统计中需要的样本量计算，12.7 节归纳整理可靠性与生存分析中各种问题的联系和数据模式。

12.1　寿命数据的回归分析

大家对一般数据的回归分析已经比较熟悉了，本节所介绍的对于寿命数据进行回归分析的最主要特点是允许数据中含有删失数据，因此，这里的命令与一般的回归命令是不同的。一方面，普通回归分析的所有数据都是准确数据，不能是删失数据；另一方面，普通回归分析要求随机误差均值为 0，方差 σ^2 恒定，在进行统计检验时还增加条件要求随机误差服从正态分布，而对寿命数据进行回归分析时，则对于随机误差的分布有更多的选择，其使用范围也广泛得多。对寿命数据进行回归分析，可以用来检验预测变量（或称自变量）能否显著影响产品的失效时间，目的在于提出一个可以预测失效时间的模型。模型可以包括因子（类别变量或离散型变量，如车间、制造商等）、协变量（连续变量，如温度、电压或压力等），以及这些项之间的交互作用（交互项）。可以使用以下几种不同的分布对寿命数据进行参数分析：Weibull、最小极值、指数、正态、对数正态、Logistic、对数 Logistic。

对数据进行寿命回归分析，必须输入两项信息：响应变量（失效时间）和模型项。模型项由离散型自变量（因子）、连续型自变量（协变量）及其交互项组成。MINITAB 软件限定该回归模型中最多有 9 个因子和 50 个协变量，但这个限制并不重要，因为对一般应用来说，这已经足够了。

12.1.1 寿命数据回归分析方法介绍

12.1.1.1 寿命回归分析中的数据结构

回归寿命数据工作表的基本结构和加速寿命数据一样，一般包括 3 列：响应变量（失效时间）、删失列和预测变量（自变量）列。预测变量既可以是因子，也可以是协变量。对于因子，MINITAB 通过估计 $k-1$ 个设计变量的系数（k 是水平数）来比较不同水平对响应变量的影响；对于协变量，MINITAB 通过估计与协变量相关的系数来说明它对响应变量的影响。当然，工作表中也可以包括频率列。

在 MINITAB 中，如果不说明预测变量是因子，则默认为协变量。注意：在回归寿命数据分析中最多输入 9 个变量或因子，因子既可以是数值型，也可以是文本型。在 MINITAB 中，把因子所取到的最小值默认为参考水平，这就是说，只估计模型中因子取最小值的系数，而因子取其余值的系数估计的是差值，具体例子见例 12-1。

12.1.1.2 寿命回归分析中的模型

寿命回归的一般方程为：

$$y = \beta_0 + \beta_1 x_1 + \beta_2 x_2 + \cdots + \beta_k x_k + \sigma \varepsilon \tag{12-1}$$

式中，y 表示失效时间或者失效时间的对数，称为**响应变量**，其具体形式依赖于分布。对于正态分布、极值分布和 Logistic 分布，它为失效时间。对于 Weibull 分布、指数分布、对数正态分布和对数 Logistic 分布，它为失效时间的对数，此时，MINITAB 可以计算出变换之前的百分位数。β_0 是截距；β_1，β_2，$\cdots$，β_k 是回归系数；x_1，x_2，$\cdots$，x_k 是预测变量值；σ 是形状参数的倒数（Weibull 分布）或尺度参数（其他分布）；ε 为随机误差，它的值也依赖于分布。对于正态分布，误差的分布是标准正态分布 $N(0, 1)$。对于对数正态分布，MINITAB 会对数据进行对数变换，然后使用正态分布来计算。对于 Logistic 分布，误差的分布是标准 Logistic 分布。对于对数 Logistic 分布，MINITAB 会取数据的对数，然后用 Logistic 分布来计算。对于极值分布，误差的分布是标准极值分布。对于 Weibull 分布和指数分布，MINITAB 会取数据的对数，然后用极值分布进行计算。

12.1.1.3 寿命回归分析中的残差

寿命回归和加速寿命试验的残差是相同的，也分为三种形式。

1. 普通残差

普通残差就是响应值与预测结果之差，其表达式为 $y_i - x_i' \hat{\boldsymbol{\beta}}$，其中，$y_i$ 是响应值；x_i 是与第 i 个响应值有关的预测值向量；$\hat{\boldsymbol{\beta}}$ 是估计的回归系数。注意，普通残差是有量纲的，其量纲与响应变量相同。

2. 标准化残差

标准化残差是普通残差经过标准化后得到的残差，其表达式为 $\dfrac{y_i - x_i' \hat{\boldsymbol{\beta}}}{\hat{\sigma}}$，其中，$\hat{\sigma}$ 是估计的尺度参数。注意，标准化残差无量纲。

3. Cox-Snell 残差

Cox-Snell 残差的具体形式是 $-\ln(\hat{R}(y_i))$，其中，$\hat{R}(y_i)$ 是估计的响应值 y_i 处的生存概率（可靠度）。

12.1.2 寿命回归分析实例

寿命回归与普通回归不同，其要求的数据既可以是精确的，也可以是删失的，误差的分布既可以是正态分布，也可以是其他分布，所以寿命回归比一般回归应用更广。寿命回归的自变量可以取多个，而 MINITAB 软件中的加速寿命试验的自变量最多取两个，所以与加速寿命试验相比，寿命回归的应用更广泛。当然加速寿命试验有特定的函数关系（对数、常规加速、温度逆），可以省去一般回归分析中先要进行的自变量变换的工作，也有其方便之处。这就是寿命回归、一般回归、加速寿命试验之间的关系。

如果我们所要讨论的只是寿命的分析问题，则其分析方法已经在第 9 章介绍了，该章介绍了参数分析方法，第 10 章介绍了非参数分析方法。如果数据中还含有影响寿命的其他变量（我们常称之为协变量），就要将这些变量当作自变量来进行回归分析。例如在加速寿命试验中，寿命明显受到应力的影响。

【例 12 - 1】　冰箱压缩机的寿命服从 Weibull 分布，为了获得该电机在正常工作温度 80℃下的可靠性指标，并且比较两个车间生产的压缩机寿命是否有显著差别，我们安排这样的加速寿命试验：以温度作为加速应力，取四个温度水平 110℃，130℃，150℃，170℃，在每个温度水平下对两个车间各取 10 个样品进行加速寿命试验。试验结果如表 12 - 1（单位：小时）所示（含有右删失数据）。

表 12 - 1　两车间生产的压缩机在不同温度下的寿命数据

110℃		130℃		150℃		170℃	
车间 1	车间 2	车间 1	车间 2	车间 1	车间 2	车间 1	车间 2
7 336+	11 143+	2 214	3 128	996	1 043+	221	106
8 702	11 769	3 147	3 308	1 689	1 214	244+	366
13 218	12 090	3 545	3 620+	1 826+	1 533	343	369
13 513	16 289	3 987	4 348	2 073	1 642	384+	394+
13 673	17 784	4 735+	4 373	2 134+	1 752	461	431
14 482	17 822	4 925	5 117	2 291	1 764	531	461
17 610	18 806	5 351	5 355	2 733	2 042	665	479
18 397	20 975	7 919	6 226	2 746	2 190	716	507
21 900+	21 900+	8 290	6 947	2 859	2 386	738	536
21 900+	21 900+	10 183	7 304	3 651	3 154	869	545

已知压缩机的工作温度与故障时间存在常规加速关系。试建立常规加速模型，分别计算两车间生产的压缩机在 80℃时保证 50% 的产品能正常工作的时间。

我们这里所说的常规加速模型已在 11.1.2.2 小节中讨论过，那里给出了加速寿命试验的几种加速模型，其中，常规加速模型如式（11 - 4）所示：

$$y = \beta_0 + \beta_1 \times \frac{11\,604.83}{摄氏度 + 273.16} + \sigma \varepsilon \qquad (12-2)$$

因此，与响应变量 y 呈线性关系的不是温度（摄氏度）本身，响应变量 y 与温度的一个函数 x 呈线性回归关系，这里：

$$x = \frac{11\,604.83}{摄氏度 + 273.16}$$

我们称 x 为**变换温度**，其数值已列在数据表中，对于待预测的温度也要进行同样的变换。例 12-1 的加速寿命测试分析的流程如下。

（1）为这组数据建立一个工作表，其中有 8 列数据——温度、变换温度、车间号、寿命、删失、设定温度、变换设定温度、设定车间号。这里，"变换温度"是经过常规加速变换的温度；"寿命"表示失效时间；"删失"表示删失情况，当其值为 0 时表示删失；"设定温度"是我们想要了解其信息的温度；"变换设定温度"是设定温度经过常规加速变换的计算结果。我们把这个工作表命名为"RL_压缩机（回归）.MTW"（如图 12-1 (A) 所示）。实际上我们只需输入"温度"和"设定温度"的值，"变换温度""变换设定温度"可由 MINITAB 的指令"计算＞计算器"算出。

（2）从"统计＞可靠性/生存＞含寿命数据的回归（Stat＞Reliability/Survival＞Regression with Life Data)"入口（界面见图 12-1 (B)）。

（3）在出现的对话框"寿命数据回归"（界面见图 12-1 (C)）中的"变量/初始变量"项内输入"寿命"，在"模型"项内输入"变换温度 车间号"，在"因子"项内输入"车间号"，在"假定分布"项内选定"Weibull"。

（4）点击"删失"按钮，出现"寿命数据回归：删失"对话框（见图 12-1 (D)），在"使用删失列"项内输入"删失"。

（5）点击"估计"按钮，出现"寿命数据回归：估计"对话框（见图 12-1 (E)），在"百分位数和概率估计"项内选择"输入新的预测变量值"，并且输入"变换设定温度 设定车间号"。

（6）点击"图形"按钮，出现"寿命数据回归：图形"对话框（见图 12-1 (F)），选定"标准化残差的概率图"。

（7）MINITAB 的会话窗口输出如下。

寿命数据回归：寿命 与 变换温度，车间号

响应变量：寿命

删失

删失信息	计数
未删失值	66
右删失值	14

删失值：删失 = 0

估计法：极大似然

分布：Weibull

与加速变量的关系：线性，线性

回归表

自变量	系数	标准误	Z	P	95.0% 正态置信区间 下限	上限
截距	−15.1608	0.946798	−16.01	0.000	−17.0165	−13.3051

变换温度	0.839272	0.0339721	24.70	0.000	0.772688	0.905856
车间号	−0.180767	0.0845724	−2.14	0.033	−0.346526	−0.0150081
形状	2.94308	0.270657			2.45766	3.52437

对数似然 = −562.525

Anderson-Darling（调整）拟合优度检验

标准化残差 = 0.711

百分位数表格

百分比	变换温度	车间号	百分位数	标准误	95.0% 正态置信区间	
					下限	上限
50	32.8600	1	182105	32468.9	128397	258279
50	32.8600	2	151990	25288.9	109695	210592

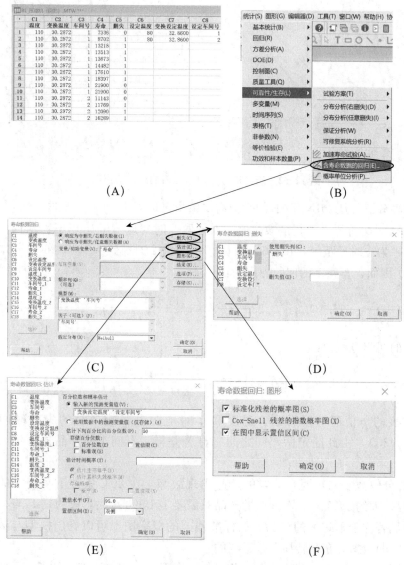

(A)　　　　　　　　　　(B)

(C)　　　　　　　　　　(D)

(E)　　　　　　　　　　(F)

图 12 - 1　压缩机寿命数据回归的流程图

（8）MINITAB 的图形窗口输出如图 12-2 所示。

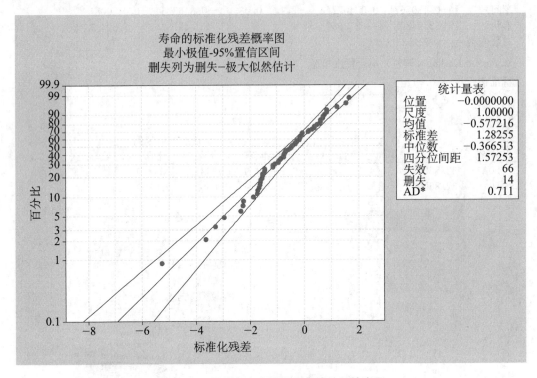

图 12-2　压缩机寿命数据回归的结果输出图

（9）结果分析。从 MINITAB 的会话窗口输出可以看出：

1）因子最小水平为 1，它是参考值；因子取 2 时对应 $-0.180\,767$。从回归表可以看出：因子水平为 1 时截距 $=-15.160\,8$，因子水平为 2 时截距 $=-15.160\,8-0.180\,767=-15.341\,6$。因而，车间 1 的回归方程为：

$$\ln(y_1) = -15.160\,8 + 0.839\,272 \times \left(\frac{11\,604.83}{温度 + 273.16}\right) + \frac{\varepsilon}{2.943\,08}$$

车间 2 的回归方程为：

$$\ln(y_2) = -15.341\,6 + 0.839\,272 \times \left(\frac{11\,604.83}{温度 + 273.16}\right) + \frac{\varepsilon}{2.943\,08}$$

从回归表的 p 值还可以看出，温度和车间均明显影响产品的失效时间（p 值为 0.000 和 0.033），由此断定两车间之间有显著差异，车间 1 的产品显著优于车间 2 的产品。

2）由百分位数表格可见：50% 的产品出现故障，在 80℃ 条件下车间 1 的产品需要 182 105 小时，大约是 21 年；车间 2 的产品只需要 151 990 小时，大约是 17 年，因此，车间 1 的产品显著优于车间 2 的产品。从标准残差的概率图上可以看出模型与数据拟合较好，确认假定的数据分布和转换都是适当的。

本例也可以用加速寿命试验分析，此时有两个因子，其中温度是加速变量，车间是一般的因子。具体操作如下。

(1) 从"统计＞可靠性/生存＞加速寿命试验（Stat＞Reliability/Survival＞Accelerated Life Testing)"入口。

(2) 出现"加速寿命试验"对话框，在其中"变量/初始变量"项内输入"寿命"，在"加速变量"项内输入"温度"（注意，这里输入的是"温度"，而不是寿命数据回归窗口的"变换温度"，这是因为在加速寿命试验分析中，后面的"关系"选的是"常规加速"，而不是"线性"），再在"关系"中选择"常规加速"，选中"第二个变量"中的"因子"，输入"车间号"。

(3) 点击"删失"按钮，出现"加速寿命试验：删失"对话框，在"使用删失列"项内输入"删失"。

(4) 点击"估计"按钮，出现"加速寿命试验：估计"对话框，在"百分位数和概率估计"项内选择"输入新的预测变量值"，并且输入"设定温度　设定车间号"。在"估计下列百分比的百分位数"中输入"50"。

(5) MINITAB 的会话窗口输出如下。

加速寿命试验：寿命 与 温度，车间号

响应变量：寿命
删失

删失信息	计数
未删失值	66
右删失值	14

删失值：删失 ＝ 0

因子信息

因子	水平数	值
车间号	2	1, 2

估计法：极大似然
分布：Weibull
与加速变量的关系：常规加速

回归表

自变量	系数	标准误	Z	P	95.0% 正态置信区间 下限	上限
截距	−15.3416	0.950852	−16.13	0.000	−17.2052	−13.4779
温度	0.839272	0.0339721	24.70	0.000	0.772688	0.905856
车间号						
2	−0.180767	0.0845724	−2.14	0.033	−0.346526	−0.0150081
形状	2.94308	0.270657			2.45766	3.52437

对数似然 ＝ −562.525

Anderson-Darling（调整）拟合优度检验
在每个加速水平

水平		模型拟合值
1	110	15.332
1	130	2.119
1	150	5.614
1	170	1.850
2	110	14.959
2	130	1.776
2	150	3.887
2	170	2.994

百分位数表格

百分比	温度	车间号	百分位数	标准误	95.0%正态置信区间 下限	上限
50	80	1	182105	32468.9	128397	258279
50	80	2	151990	25288.9	109695	210592

（6）MINITAB 的图形窗口输出如图 12-3 所示。

（7）结果分析。从 MINITAB 的会话窗口可以看出，加速寿命试验分析的回归表和回归分析的回归表完全相同。

从表面上看，此问题的分析已经可以结束，但仔细观察加速寿命试验分析中的概率图（见图 12-3）可以看出，高温 170℃及 150℃时车间 1 优于车间 2（图 12-3 中左边第一组与左边第二组），130℃时两车间寿命交错（图 12-3 中右边第二组），但低温 110℃时车间 2 优于车间 1（图 12-3 中右边第一组），这说明数据与模型的拟合并不好。也就是说，两个车间既然有显著差异，就不见得能用相同的回归系数（只是截距的差异）来表达，图 12-3 中两车间图形的交叉就说明了这一点。

为此，对两个车间应该分别进行寿命回归分析，数据文件：RL_压缩机（回归）.MTW。C9～C13 及 C14～C18 分别记录了两个车间的数据。计算结果如下。

车间 1 回归表

自变量	系数	标准误	Z	P	95.0%正态置信区间 下限	上限
截距	−13.9052	1.49862	−9.28	0.000	−16.8424	−10.9679
变换温度_1	0.787658	0.0532064	14.80	0.000	0.683375	0.891940
形状	2.69525	0.360617			2.07354	3.50339

车间 2 回归表

自变量	系数	标准误	Z	P	95.0%正态置信区间 下限	上限
截距	−16.5735	1.21427	−13.65	0.000	−18.9534	−14.1935
变换温度_2	0.876949	0.0431810	20.31	0.000	0.792316	0.961582
形状	3.26184	0.399080			2.56637	4.14577

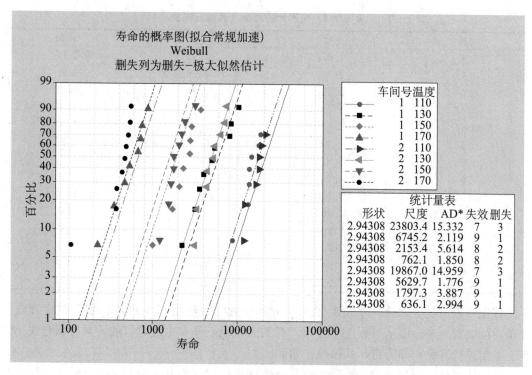

图 12 - 3　压缩机加速寿命试验分析的概率图

两车间分别计算的中位寿命表

					95.0% 正态置信区间	
车间	百分比	变换温度	百分位数	标准误	下限	上限
1	50	32.86	138863	36167.1	83347.2	231358
2	50	32.86	185478	39339.8	122392	281081

从中可以看出，两车间的回归方程系数有很大差别，回归系数分别为 0.787 658 及 0.876 949，其中车间 2 的回归系数要大，也就是说，车间 2 随着温度由高温恢复到常温，寿命变化剧烈，即常温下寿命会延长很多。归纳出的中位寿命表中也显示了这一点，车间 2 的中位寿命为 185 478，比车间 1 的中位寿命 138 863 要长。但回顾本例最初将两车间合并在一起计算出的结果，其回归系数为 0.839 272（是上述两车间回归系数的中间值），车间 2 的中位寿命为 151 990，比车间 1 的中位寿命 182 105 要短。

到底应该相信哪个结果？当然应该相信按车间分别建立回归方程的结果。此例这种出乎意料的结果再次说明，对问题的分析应该尽量细致，既然两车间之间有显著差异，就应该考虑到两者的回归系数也可能有显著差异，因此应该按车间分别建立回归方程。

【例 12 - 2】　车间中监测电压非常重要，而电压计的寿命与电流强度关系密切。在不同的电流强度下对电压计进行试验，直到其寿命结束（单位：月）。数据如表 12 - 2 所示，数据文件：RL_电压计（回归）.MTW。已知正常电流强度是 0.5 千安，求可靠度为 0.9 的寿命及 10 年后电压计仍能正常工作的概率。

表 12 - 2　电压计的寿命及其对应电流

电流	寿命	电流	寿命
0.87	1.67	0.99	2.95
0.87	2.20	0.99	3.70
0.87	2.51	0.99	6.07
0.87	3.00	0.99	6.65
0.87	3.90	0.99	7.05
0.87	4.70	0.99	7.37
0.87	7.53	1.09	0.18
0.87	14.70	1.09	0.20
0.87	27.76	1.09	0.24
0.87	37.40	1.09	0.26
0.99	0.80	1.09	0.32
0.99	1.00	1.09	0.32
0.99	1.37	1.09	0.42
0.99	2.25	1.09	0.44

　　首先可以通过"统计＞可靠性/生存＞分布分析（右删失）＞分布 ID 图"确定寿命的分布，可以得到寿命服从对数正态分布，对数 Logistic 分布也是可以的，具体操作见 8.2 节。下面进行寿命回归分析，具体操作如下。

　　(1) 从"统计＞可靠性/生存＞含寿命数据的回归（Stat＞Reliability/Survival＞Regression with Life Data)"入口。

　　(2) 在出现的对话框"寿命数据回归"中的"变量/初始变量"项内输入"寿命"，在"模型"项内输入"电流强度"，在"假定分布"项内选定"对数正态"。

　　(3) 点击"估计"按钮，出现"寿命数据回归：估计"对话框，在"百分位数和概率估计"项内选择"输入新的预测变量值"，并且输入"0.5"，在"估计下列百分比的百分位数"中输入"10　50　90"，在"估计时间概率"中输入"120"。

　　(4) MINITAB 的会话窗口输出如下。

寿命数据回归：寿命 与 电流强度

响应变量：寿命

删失
删失信息　计数

未删失值　28

估计法：极大似然

分布：对数正态

与加速变量的关系：线性

回归表

自变量	系数	标准误	Z	P	95.0%正态置信区间 下限	上限
截距	13.5625	1.92970	7.03	0.000	9.78032	17.3446

| 电流强度 | −13.2135 | 1.96969 | −6.71 | 0.000 | −17.0740 | −9.35299 |
| 尺度 | 0.920258 | 0.122975 | | | 0.708212 | 1.19579 |

对数似然 = −56.160

百分位数表格

百分比	电流强度	百分位数	标准误	95.0% 正态置信区间 下限	上限
10	0.5	322.582	311.599	48.5757	2142.21
50	0.5	1049.13	999.831	162.041	6792.55
90	0.5	3412.07	3295.90	513.803	22658.9

生存概率表

时间摘录 (Time)	电流强度	概率	95.0% 正态置信区间 下限	上限
120	0.5	0.990766	0.592760	1.00000

（5）结果分析。从 MINITAB 会话窗口的回归表可以得到回归方程：

$$\ln(寿命) = 13.5625 - 13.2135 \times 电流强度 + 0.920258\varepsilon$$

从百分位数表格可以看出，可靠度为 0.9 的寿命为 322.582 个月，大约 27 年，中位寿命为 1 049.13 个月，大概 87 年。从生存概率表可以看出，10 年以后，还有 99.076 6% 的产品未失效。可见，在正常电流下，电压计是高可靠寿命的产品。

如果选择的是对数 Logistic 分布，只需要在第二步的“假定分布”中选择“对数 Logistic”就可以了。同样可以得到，可靠度为 0.9 的寿命为 324.837 个月，10 年的生存概率为 98.22%，和对数正态分布计算的结果差不多。

12.2　退化模型的寿命分析

12.2.1　退化数据模型

前面介绍过的可靠性数据统计分析所用到的数据都是直接观测到失效出现时记录下来的，不论是常规可靠性试验还是加速寿命试验，都是以观测到若干个失效，并以失效时间作为记录对象的。如果数据量足够大，我们对于其寿命分布及统计特性都能给出有意义的结论。如果试验费用很贵，或观测对象可靠性非常好，在一般条件下（即使是加速寿命试验）来不及看到失效结果的出现，因此无法用前面讲的各种方法来处理。原来的各种常规的寿命试验只记录失效数据就已经够了，没有必要也不太注意失效过程特别是关键物理量的变化过程。如果很难或根本看不到失效，就要考虑更细致地分析失效的具体状况，从失效的机理（例如可靠性物理）来分析，这完全是另外一种途径。实际上，不少产品的主要性能在失效前是逐渐退化的。退化是自然界很多事物的基本特性，通常被认为是热力学第二定律的表现形式，即孤立系统的熵（无序程度）会随着时间增加。比如，房间墙上的新涂料会最终破裂并起皮，汽车的抛光层会随着时间慢慢氧化，精密啮合的齿轮间隙会随着时间变大，半导体器件的关键参数会随着时间发生改变，照明灯具的亮度随着时间慢慢降低，某种激光器的工作电流随着时间逐渐升高，某种药物的有效成分随着时间逐渐降低，某种食品的菌落总数随着时间逐渐增加，等等。如果认为性能退化到一定程度就判为失效，这种失效过程称为**退化过程**。有些退化过程是不能或不易测量的，其功能丧失是突然的，这种失效就叫做**突发失效**。对于这种状况的分析必须要求有大量的已失效的数据才能进行分析。我们在本节所讨论的是另外一类情况，这里几乎观测不到失效的发生，但其退化过程的关键物理量是可以持续不断进行测量的，所测得的数据称为**退化数据**，由退化导致的失效称为**退化失效**。对退化过程的细致观测也可以对其可靠性进行有意义的分析，这就是对退化数据模型的分析。例如，照明灯具的亮度随照明时间增加而逐渐减弱，当亮度小于某个临界值时就判为失效；一种半导体器件的门槛电压随时间逐渐减小，当电压低于某个临界值时就判为失效；激光器的电流增大到原来的110％时即认为失效等。只要有一定的测量仪器，这类退化数据容易得到，并且随着时间的延长可以大量获得。把退化数据按时间顺序联结起来所得的曲线常称为**退化曲线**或**退化轨道**。

设产品在 t 时刻的退化量为 $y(t)$，退化失效可定义为当退化量随时间变化达到预先规定的失效标准 D_f 时，产品即发生失效，对应的时间即为产品的寿命。因此可以定义产品的寿命为：

$$T_D = \inf\{t : y(t) = D_f ; t \geqslant 0\} \tag{12-3}$$

根据退化失效的特点，产品的退化过程可以用退化轨迹来进行描述。常见的退化轨迹有如下三种：线性、凸形、凹形，如图 12-4 所示。

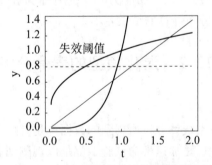

图 12-4　产品退化轨迹的主要形状

在退化试验中，连续监测产品性能的退化过程是非常困难的，通常在试验过程中定时测试产品的性能特征的变化，由此测量得到的离散性能退化数据同样包含了大量关于产品性能退化及可靠性的有用信息。从累积损伤原理来看待产品的性能退化时，产品性能退化数据应符合随时间单调递增或单调递减的变化规律，即 $y_{i1} \leqslant y_{i2} \leqslant \cdots \leqslant y_{im_i}$ 或 $y_{i1} \geqslant y_{i2} \geqslant \cdots \geqslant y_{im_i}$，$i = 1, 2, \cdots, n$。但是由于观测时的试验误差或测量误差，也有可能个别数据不单调，但是总体趋势是单调的。

假设有 n 个样品进行退化试验，在 $t_1, t_2, \cdots, t_{m_i}$ 时刻测量第 i 个样品的性能退化量，测得 m_i 次的性能退化量数据为 $y_{11}, y_{12}, \cdots, y_{1m_1}, \cdots, y_{n1}, y_{n2}, \cdots, y_{nm_n}$，其中 y_{ij} 表示第 j 个时刻第 i 个样品的性能退化值，这里 $y_i(t_j) = y_{ij}$。

退化数据模型通常是线性的，也就是说

$$y(t) = a + bt \tag{12-4}$$

有时尽管退化量不是时间的线性函数，但通过对 $y(t)$ 作某种变换，或对时间作另一种变化后可得到线性关系，常见的这类模型如下：

$$\ln y(t) = a + bt \tag{12-5}$$
$$y(t) = a + b\ln t \tag{12-6}$$
$$\ln y(t) = a + b\ln t \tag{12-7}$$

线性模型（12-4）的图形是很简单的，这里不再描述，另外三种模型的图形大致如图 12-5 所示：

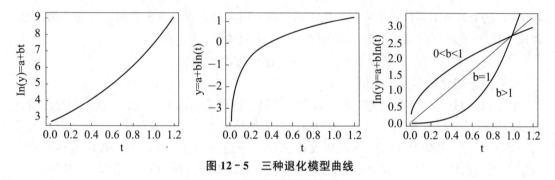

图 12-5 三种退化模型曲线

这里补充说明一点，式（12-7）的原始模型来自幂指数模型

$$y(t) = At^b \tag{12-8}$$

等式两端取对数后，就可以得到

$$\ln y(t) = \ln A + b\ln t$$

令 $a = \ln A$，则式（12-8）可以改写为式（12-7）的形式，这是应用非常广泛的一种模型。

线性退化在统计中有成熟的处理方法，精度也较高，所以线性退化轨道是人们首选的模型。

12.2.2 基于伪寿命分布的退化数据统计分析

目前，工程中对退化数据进行统计分析一般采用以下三种方式。第一种是将产品性能退化量作为时间的函数，利用退化方程推断出该产品失效时间，这种寿命并非由直接观测而得到其真实值而是靠推断得到的寿命值，我们称之为"伪寿命值"，然后我们基于伪寿命数据进行可靠性评估。第二种将性能**退化量**本身看作随机变量，将不同样本在同一时刻的退化数据看作该随机变量的一组实现，从退化量分布的角度来描述产品的退化，即基于退化量分布的退化数据可靠性评估。第三种是将退化模型中的**位置参数**看作随机变量，并根据随机化参数的统计分布来确定退化量的分布形式，再结合失效准则进行可靠性评估，即基于随机系数分布的退化数据可靠性评估。这里只讨论最简单的第一种方式，即基于伪寿命分布的退化数据的可靠性评估，对于另外两种退化数据可靠性分析方法，请读者参考赵宇主编的《可靠性数据分析》一书。

基于伪寿命分布的退化数据统计分析步骤如下：

第一，选择退化轨迹模型。设共 n 个样品进行退化试验，对第 i 个样品，利用其退化数据 $(t_{i1}, y_{i1}), (t_{i2}, y_{i2}), \cdots, (t_{im_i}, y_{im_i})$ 及退化失效模型

$$y_{ij} = g(t_{ij}, \beta_{1i}, \beta_{2i}, \cdots, \beta_{ki}) + \varepsilon_{ij}, \varepsilon_{ij} \sim N(0, \sigma^2) \text{ 且独立}$$

可以得到 $\beta_i = (\beta_{1i}, \beta_{2i}, \cdots, \beta_{ki})$ 的估计，记为 $\hat{\beta}_i$。

第二，外推伪寿命数据。利用寿命方程

$$g(t, \hat{\beta}_i) = y_{AC} \qquad\qquad (12-9)$$

求解 t，这个寿命不是样本的实际失效时间，而是用寿命方程计算出来的，这就是**伪寿命**。将式（12-9）求解的结果记为 $\hat{t}_i$，其中 y_{AC} 是失效阈值。

第三，根据伪寿命数据 $\hat{t}_1, \hat{t}_2, \cdots, \hat{t}_n$，进行统计推断。

12.2.3 退化数据模型实例

【例 12-3】　考察某激光设备的寿命，其退化原因是输出光源减弱。这种激光设备含有反馈功能，当激光退化时，需要增加操作电流保持输出光源近似不变，当操作电流过高时设备会失效。现有 15 台 GaAs 激光设备在 80℃ 下进行退化试验，当增加电流达到原电流的 10% 时就认为失效，在 $t=0$ 时所有增加电流的百分率为 0，以后每隔 250 小时记录一次电流增加的百分率，直到 4 000 小时为止，全部数据记录在表 12-3，存为数据文件"RL_激光电流（退化）.MTW"。

表 12-3　GaAs 激光设备试验电流增加的百分率

时间	产品号														
	1	2	3	4	5	6	7	8	9	10	11	12	13	14	15
250	0.47	0.71	0.71	0.36	0.27	0.36	0.36	0.46	0.51	0.41	0.44	0.39	0.30	0.44	0.51
500	0.93	1.22	1.17	0.62	0.61	1.39	0.92	1.07	0.93	1.49	1.00	0.80	0.74	0.70	0.83
750	2.11	1.90	1.73	1.36	1.11	1.95	1.21	1.42	1.57	2.38	1.57	1.35	1.52	1.05	1.29
1 000	2.72	2.30	1.99	1.95	1.77	2.86	1.46	1.77	1.96	3.00	1.96	1.74	1.85	1.35	1.52
1 250	3.51	2.87	2.53	2.30	2.06	3.46	1.93	2.14	2.59	3.84	2.51	2.98	2.39	1.80	1.91
1 500	4.34	3.75	2.97	2.95	2.58	3.81	2.39	2.40	3.29	4.50	2.84	3.59	2.95	2.55	2.27
1 750	4.91	4.42	3.30	3.39	2.99	4.53	2.78	2.78	3.61	5.25	3.47	4.03	3.51	2.83	2.78
2 000	5.48	4.99	3.94	3.79	3.38	5.35	2.94	3.02	4.00	6.26	4.01	4.44	3.92	3.39	3.42
2 250	5.99	5.51	4.16	4.11	4.05	5.92	3.42	3.29	4.60	7.05	4.51	4.79	5.03	3.72	3.78
2 500	6.72	6.07	4.45	4.50	4.63	6.71	4.09	3.75	4.91	7.80	4.80	5.22	5.47	4.09	4.11
2 750	7.13	6.64	4.89	4.72	5.24	7.70	4.58	4.16	5.34	8.32	5.20	5.48	5.84	4.83	4.38

续表

时间	产品号														
	1	2	3	4	5	6	7	8	9	10	11	12	13	14	15
3 000	8.00	7.16	5.27	4.98	5.62	8.61	4.84	4.76	5.84	8.93	5.66	5.96	6.50	5.41	4.63
3 250	8.92	7.78	5.69	5.28	6.04	9.15	5.11	5.16	6.40	9.55	6.20	6.23	6.94	5.76	5.38
3 500	9.49	8.42	6.02	5.61	6.32	9.95	5.57	5.46	6.84	10.40	6.54	6.99	7.39	6.14	5.84
3 750	9.87	8.91	6.45	5.95	7.10	10.40	6.11	5.81	7.20	11.20	6.96	7.37	7.85	6.51	6.16
4 000	10.94	9.28	6.88	6.14	7.59	11.00	7.17	6.24	7.88	12.20	7.42	7.88	8.09	6.88	6.62

　　下面进行退化模型的分析。

　　(1) 首先要通过画散点图，观察并确认退化轨迹模型。从"图形＞散点图（Graph＞
Scatterplot）"入口，选择"含组"按钮，在出现的对话框"散点图：含组"中的"Y 变
量"项第一行内输入"电流"，在"X 变量"项内输入"时间"，在"用于分组的类别变量"
中输入"产品号"，点击"确定"后，在图形上单击右键，选择"添加"菜单下的"参考线"
命令，在"显示 Y 值的参考线"下的文本框中输入 10，然后双击参考线，修改为实线，结
果如图 12-6 所示。

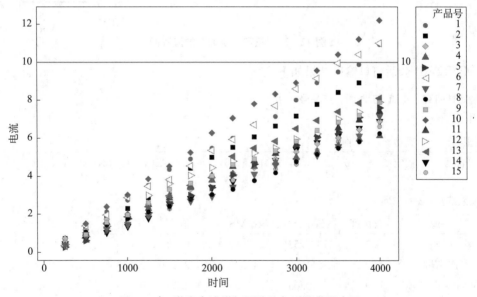

图 12-6　激光电流增加百分比与时间的散点图

　　从图 12-6 可以看出，电流增加百分比与时间呈现线性关系，下面我们选择线性关系
作为退化模型。

　　(2) MINITAB18 在"回归"分析菜单下提供了"稳定性研究"菜单命令，可以用于
退化分析。执行"统计＞回归＞稳定性研究＞稳定性研究（Stat＞Regression＞
Stability Study＞Stability Study）"命令，在弹出的"稳定性研究"对话框中的"响
应"后的文本框中输入"电流"，在"时间"后的文本框中输入"时间"，在"批次"项内

输入"产品号"，在"规格上限"后的文本框中输入 10；单击"图形"按钮，在弹出的对话框中单击"稳定期图"下方的第二个下拉箭头，选择"各个批次都没有图形"，选中"四合一"单选按钮，如图 12-7 所示。

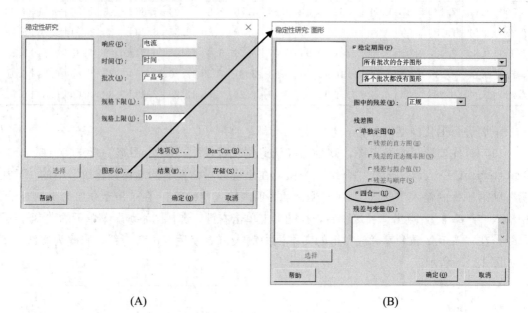

(A) (B)

图 12-7 "稳定性研究"的流程图

MINITAB 会话窗口输出结果如下。

稳定性研究：电流 与 时间，产品号

因子信息

因子	类型	水平数	水平数
产品号	固定	15	1, 2, 3, 4, 5, 6, 7, 8, 9, 10, 11, 12, 13, 14, 15

模型选择，$\alpha=0.25$

来源	自由度	Seq SS	Seq MS	F 值	P 值
时间	1	1327.50	1327.50	40746.58	0.000
产品号	14	211.29	15.09	463.23	0.000
时间 * 产品号	14	70.05	5.00	153.58	0.000
误差	210	6.84	0.03		
合计	239	1615.68			

选定模型中的项：时间，产品号，时间 * 产品号

模型汇总

S	R-sq	R-sq（调整）	R-sq（预测）
0.180498	99.58%	99.52%	99.43%

回归方程

产品号	
1	电流＝－0.0490＋0.002715 时间
2	电流＝0.1267＋0.002350 时间
3	电流＝0.4577＋0.001613 时间
4	电流＝0.3260＋0.001553 时间
5	电流＝－0.3365＋0.001963 时间
6	电流＝－0.2275＋0.002847 时间
7	电流＝－0.1570＋0.001685 时间
8	电流＝0.1812＋0.001493 时间
9	电流＝0.1232＋0.001926 时间
10	电流＝－0.0065＋0.003020 时间
11	电流＝0.1512＋0.001843 时间
12	电流＝0.1470＋0.001967 时间
13	电流＝－0.2303＋0.002176 时间
14	电流＝－0.2668＋0.001815 时间
15	电流＝－0.0315＋0.001645 时间

MINITAB 会话窗口首先给出了因子信息，15 个批次作为因子的 15 个水平；其后输出的是回归分析结果，模型选取 $\alpha=0.25$，选定模型中的项包括时间、产品号、时间＊产品号，这三项显著性检验的 p 值都小于 0.25。模型中包含交互项，则意味着每个批次的方程斜率与截距都不相同，这一点从后面的回归方程可以得到验证。MINITAB18 输出了每个批次的回归方程。

从模型拟合效果看，R-sq＝99.58％，R-sq（调整）＝99.52％，S＝0.180 498，拟合效果很好。

MINITAB 还输出了"四合一"残差图，如图 12-8 所示。这里进行残差诊断的方法与《六西格玛管理统计指南——MINITAB 使用指导》中介绍的回归分析后的残差分析方法完全一致。从残差图中看，"与拟合值"的残差图中残差是随机的，没有弯曲和喇叭口的残差形态；"与顺序"的残差图中残差也是随机波动的，没有出现趋势性残差；残差的正态概率图显示残差服从正态分布。总之，残差诊断没有发现异常残差，说明模型是合理的。

上述操作也可以用 MINITAB18 的拟合回归模型菜单实现。执行"统计＞回归＞回归＞拟合回归模型（Stat＞Regression＞Regression＞Fit Regression Model）"命令，在弹出的对话框中"响应"框输入"电流"，在"连续预测变量"框输入"时间"，在"类别预测变量"框输入"产品号"；单击"模型"按钮，在弹出的"回归：模型"对话框的左上角"预测变量"列表框中同时选中"时间"和"产品号"两个因子，单击"按变量顺序添加交互项"右侧的"添加"按钮，在"模型中的项"文本框中添加"时间＊产品号"，最后单击"确定"，如图 12-9 所示。

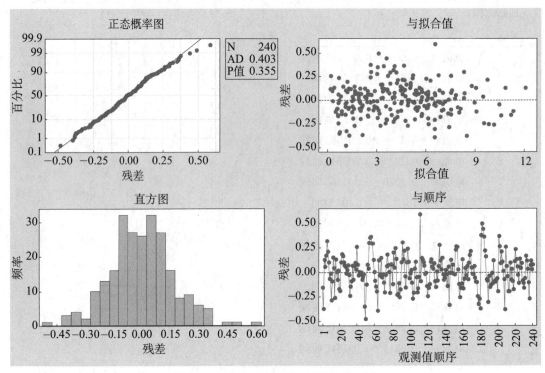

图 12-8 "稳定性研究"四合一残差图

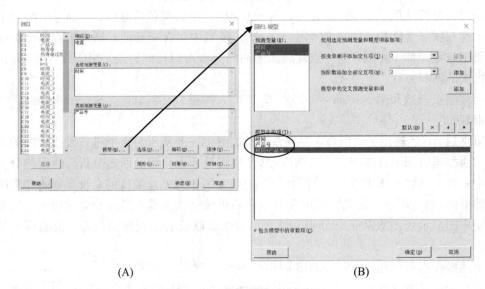

(A)   (B)

图 12-9 拟合回归模型流程图

回归分析结果显示模型显著，时间、产品号、时间 * 产品号都是显著的：

方差分析

来源	自由度	Adj SS	Adj MS	F 值	P 值
回归	29	1608.84	55.477	1702.83	0.000

时间	1	156.65	156.652	4808.32	0.000
产品号	14	2.69	0.192	5.89	0.000
时间 * 产品号	14	70.05	5.004	153.58	0.000
误差	210	6.84	0.033		
合计	239	1615.68			

　　MINITAB 同时输出了为每个批次建立的回归方程，由于二阶交互项是显著的，每个批次回归方程的截距和斜率都不相同。

　　（3）利用得到的每个批次的回归方程求解，即得到伪寿命数据。

　　例如产品 1 的伪寿命值为：

$$\hat{t}_1 = \frac{10 + 0.049}{0.0027\ 15} = 3\ 701$$

产品 2~15 的伪寿命值的计算类似，本例的 15 件产品的伪寿命值分别为：

3 701　4 201　5 918　6 230　5 266　3 593　6 028　6 577
5 127　3 313　5 343　5 008　4 702　5 656　6 098

将这些伪寿命值存储在单独一列中，命名为"伪寿命"。

　　但是这样计算比较繁琐，可以使用宏指令简化。宏指令 RegSolv 是对于稳定性研究模型求解的，该宏指令的目的是对回归方程求解 x，这里方程是：

$$y = a(i) + b(i)x, i = 1, 2, \cdots, m$$

该宏指令调用格式为：

　　　% RegSolv　y　x　Group　K　Bd　Xsolv

　　其中，x 与 y 分别为自变量及响应变量，Group 是唯一的分组变量，取值为正整数由 1 连续递增地变到 m。K 是回归类型，Bd 是响应变量的规格限，需要输入常数限，Xsolv 记录自变量的 m 个解。

　　K 的取值与回归方程中常数项 $a(i)$ 和系数 $b(i)$ 的取值有关。如果模型中包含时间、批次和二者之间的交互项，此时每个批次回归方程的常数项 $a(i)$ 和系数 $b(i)$ 都可以变化，则 K=1；如果模型中只包含时间和批次，不包含二者的交互项，则系数 $b(i)$ 保持不变，各批次回归方程的斜率是相同的，此时 K=2；拟合回归模型时可以不包含常数项，此时每个批次回归方程的 $a(i)$ 都等于 0，相当于令回归方程强制通过坐标原点，此时 K=3。

　　本例要求回归方程的斜率、截距以及交互项的系数都可以变动，则调用格式为：

　　　% RegSolv　C2　C1　C3　1　10　C6

若要求回归方程过原点，则本例调用格式为：

　　　% RegSolv　C2　C1　C3　3　10　C7

上述两条宏指令计算的伪寿命值分别记录在 C6 和 C7 列中。可以看出，使用宏指令计算的结果与手算结果是相同的（手算可能有些舍入误差）。使用 MINITAB18 时将宏指令名称由 % RegSolv 改为 % RegSolv18 就行了。

（4）对伪寿命数值进行常规的寿命分析，首先确定其寿命分布类型。计算得到了伪寿命数值后，我们就可以讨论其分布了。数据表中的 C4 列记录了伪寿命数据，与 C6 列使用宏指令计算得到的结果只有小数位数的差别。从"统计＞可靠性/生存＞分布分析（右删失）＞分布 ID 图（Stat＞Reliability/Survival＞Distribution Analysis (Right Censoring)＞Distribution ID Plots)"入口，在出现的对话框中的"变量"项内输入 C4 列"伪寿命"，点击"确定"。从伪寿命的分布 ID 图中可以看出，Weibull、最小极值和正态分布都是不错的选择，我们选择 Weibull 分布对该组伪寿命进行参数分析。

（5）对伪寿命数值进行全面的统计分析。从"统计＞可靠性/生存＞分布分析（右删失）＞参数分布分析（Stat＞Reliability/Survival＞Distribution Analysis (Right Censoring)＞Parametric Distribution Analysis)"入口，在出现的对话框中的"变量"项内输入"伪寿命"，在"假定分布"中选择"Weibull"，点击"估计"按钮，在"估计这些时间（值）的概率"中输入"4000"，点击"确定"，即可在 MINITAB 会话窗口输出各项结果。

（6）结果分析。从会话窗口分布特征表可以看出，该类激光设备在 80℃下的寿命均值为 5 134.74 小时，大约 7.1 个月，中位数为 5 208.12 小时，大约 7.2 个月，可见其均值和中位数大小差不多。

从百分位数表格中可以看出，该类激光设备失效时间的 0.8 分位数和 0.95 分位数分别为 5 949.36 小时和 6 562.85 小时，大约 8.3 个月和 9.1 个月。也就是说，经过 8.3 个月和 9.1 个月之后，有大约 80% 和 95% 的激光设备失效。

从生存概率表可以看出，在 4 000 小时的时刻，有 87.78% 的激光设备尚未失效。

如果要求拟合回归系数可能不同但全都通过原点的线性退化模型（这样似乎更符合设备退化的物理规律），则只能分别拟合每个批次的回归模型，在拟合模型时取消选中"包含模型中的常数项"复选框（见图 12-9（B）），输出各批次回归方程为：

```
1      产品 1=0.00270 时间
2      产品 2=0.00240 时间
3      产品 3=0.00178 时间
4      产品 4=0.00167 时间
5      产品 5=0.00184 时间
6      产品 6=0.00276 时间
7      产品 7=0.00163 时间
8      产品 8=0.00156 时间
9      产品 9=0.00197 时间
10     产品 10=0.00302 时间
11     产品 11=0.00190 时间
12     产品 12=0.00202 时间
13     产品 13=0.00209 时间
14     产品 14=0.00172 时间
15     产品 15=0.00163 时间
```

这样，计算得到的伪寿命值为：

3 704　4 167　5 618　5 988　5 435　3 623　6 135　6 410
5 076　3 311　5 263　4 950　4 785　5 814　6 135

将其存储在单独一列中，命名为"伪寿命过原点"，仍然选择 Weibull 分布进行参数分布分析，得到其平均寿命为 5 113.95 小时，中位数为 5 187.67 小时，4 000 小时时还有 88.31％的产品尚未失效，这些结果和用带截距的回归方法得到的结果基本一致，但是回归方程少了截距项，简单了许多，所以本例可以采用不带截距项的回归方程。这一点和本例所反映的实际意义是一致的，即：初始时刻电流增加的百分率为 0。

下面我们再看一个退化模型为双对数模型的例子。

【例 12 - 4】　　MOS 场效应晶体管的跨导值大小反映了栅源电压对漏极电流的控制作用，其相对变化值，即某时刻的值比原始值变化的相对比值是判断 MOS 场效应晶体管是否失效的一个重要特征量。某时刻的跨导值比原始的跨导值大得越多就表示退化得越厉害。用 G_t 表示 MOS 场效应晶体管 t 时刻的跨导值，G_0 表示 MOS 场效应晶体管初始时刻的跨导值，跨导退化百分比定义为：

$$\frac{G_t - G_0}{G_0} \times 100\%$$

Lu（1997）（参考文献［54］）给出了五个 MOS 场效应晶体管样本在不同时刻跨导百分比退化数据，如表 12 - 4 所示，将其存为数据文件"RL_晶体管（退化）.MTW"。试验在 40 000 秒（大约 11 小时）时截止，失效准则是跨导退化百分比大于或等于 15％。

表 12 - 4　MOS 场效应晶体管退化试验的跨导相对变化百分率

时间	样品 1	样品 2	样品 3	样品 4	样品 5	时间	样品 1	样品 2	样品 3	样品 4	样品 5
100	1.05	0.58	0.86	0.6	0.62	4 000	6.60	5.00	4.20	3.0	2.80
200	1.40	0.90	1.25	0.6	0.64	4 500	7.00	5.60	4.40	3.0	2.80
300	1.75	1.20	1.45	0.6	1.25	5 000	7.80	5.90	4.60	3.0	2.80
400	2.10	1.75	1.75	0.9	1.30	6 000	8.60	6.20	4.90	3.6	3.10
500	2.10	2.01	1.75	0.9	0.95	7 000	9.10	6.80	5.20	3.6	3.10
600	2.80	2.00	2.00	1.2	1.25	8 000	9.50	7.40	5.80	4.2	3.10
700	2.80	2.00	2.00	1.5	1.55	9 000	10.50	7.70	6.10	4.6	3.70
800	2.80	2.00	2.00	1.5	1.90	10 000	11.10	8.40	6.30	4.2	4.40
900	3.20	2.30	2.30	1.5	1.25	12 000	12.20	8.90	7.00	4.8	3.70
1 000	3.40	2.60	2.30	1.7	1.55	14 000	13.00	9.50	7.20	5.1	4.40
1 200	3.80	2.90	2.60	2.1	1.50	16 000	14.00	10.00	7.60	4.8	4.40
1 400	4.20	2.90	2.80	2.1	1.55	18 000	15.00	10.40	7.70	5.3	4.10
1 600	4.20	3.20	3.15	1.8	1.90	20 000	16.00	10.90	8.10	5.8	4.10
1 800	4.50	3.60	3.20	1.5	1.85	25 000	18.50	12.60	8.90	5.7	4.70
2 000	4.90	3.80	3.20	2.1	2.20	30 000	20.30	13.20	9.50	6.2	4.70
2 500	5.60	4.20	3.80	2.4	2.20	35 000	22.10	15.40	11.20	8.0	6.40
3 000	5.90	4.40	3.80	2.7	2.50	40 000	24.20	18.10	14.00	10.9	9.40
3 500	6.30	4.80	4.00	2.7	2.20						

（1）为了更好地确定跨导变量与时间的关系，先画出散点图，从"图形＞散点图（Graph＞Scatterplot）"入口，选择"简单"按钮，在出现的对话框"散点图：简单"中的"Y 变量"项第 1 行内输入"跨导 1"，在"X 变量"项内输入"时间"，第 2～5 行的"Y 变量"项依次输入"跨导 2-跨导 5"，在"X 变量"项第 2～5 行内输入"时间"。

（2）点击"多图形"按钮，在"显示图形变量对"选择"在同一图表的单独组块中"。各框点击"确定"后，图形窗口显示如图 12-10 所示。

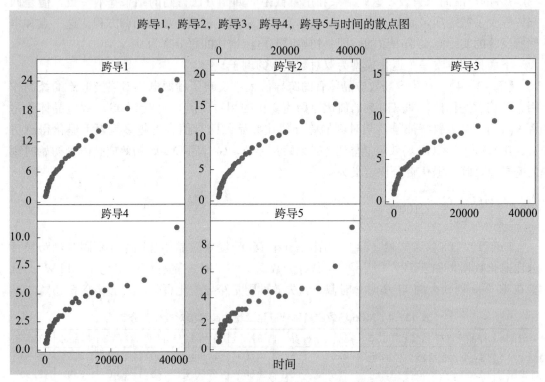

图 12-10 MOS 场效应晶体管跨导数据与时间的散点图

从图 12-10 可以看出，跨导和时间不是呈现简单的线性关系。实际上，跨导和时间具有幂指函数的关系，也即是双对数线性关系，即

$$\ln y_{ij} = \beta_{1i} + \beta_{2i}\ln t + \varepsilon_{ij}, \varepsilon_{ij} \sim N(0,\sigma^2)\text{ 且独立}$$

为得到这个结论，我们分别求时间和 5 列跨导数据的自然对数，存储在数据表中的 C7～C12 列，按照相同的方法作出对数跨导和对数时间的散点图，如图 12-11 所示。可以看出，对数跨导和对数时间存在线性关系，所以我们选择双对数线性关系作为退化模型。

下面为了得到伪寿命数据，对退化数据进行回归分析。

（3）把 5 组数据进行堆叠，得到 Y（Ln 跨导）、X（LnT）及组别 3 列数据（详见数据文件"RL_晶体管（退化）.MTW"中 C13～C15）。从"统计＞回归＞回归＞拟合回归模型（Stat＞Regression＞Regression＞Fit Regression Model）"入口，在弹出的对话框中"响应"项内输入"Y（Ln 跨导）"，在"连续预测变量"框中输入"X（LnT）"，在

"类别预测变量"框中输入"组别",单击"模型"按钮添加二阶交互项,点击"确定"后,MINITAB 会话窗口就可以得到五个样品退化方程:

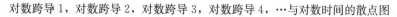
对数跨导 1,对数跨导 2,对数跨导 3,对数跨导 4,…与对数时间的散点图

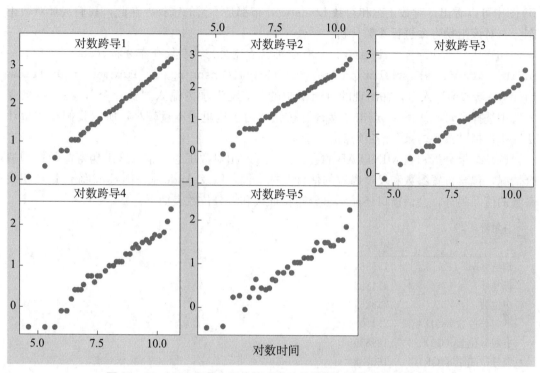

图 12 - 11　MOS 场效应晶体管对数跨导数据与对数时间的散点图

回归方程

组别

1	Y (Ln 跨导) = −2.41272＋0.523821 X (LnT)
2	Y (Ln 跨导) = −2.73514＋0.525156 X (LnT)
3	Y (Ln 跨导) = −2.05618＋0.423808 X (LnT)
4	Y (Ln 跨导) = −2.79608＋0.464592 X (LnT)
5	Y (Ln 跨导) = −2.21689＋0.383205 X (LnT)

(4) 计算伪寿命值,即

$$\hat{t}_1 = \exp\left(\frac{\ln 15 + 2.412\ 7}{0.523\ 8}\right) = 17\ 608.8,\ \hat{t}_2 = \exp\left(\frac{\ln 15 + 2.735\ 1}{0.525\ 2}\right) = 31\ 696.4$$

$$\hat{t}_3 = \exp\left(\frac{\ln 15 + 2.056\ 2}{0.423\ 8}\right) = 76\ 247.7,\ \hat{t}_4 = \exp\left(\frac{\ln 15 + 2.796\ 1}{0.464\ 6}\right) = 139\ 674.9$$

$$\hat{t}_5 = \exp\left(\frac{\ln 15 + 2.216\ 9}{0.383\ 2}\right) = 381\ 614.6.$$

得到这 5 件产品的伪寿命值之后,将其存储在数据文件"RL _ 晶体管(退化).MTW"的一列中,命名为"伪寿命"。和例 12 - 3 一样,本例也可以使用宏指令 RegSolv18 简化伪寿命值的计算。

（5）从"统计＞可靠性/生存＞分布分析（右删失）＞分布 ID 图（Stat＞ Reliability/Survival＞Distribution Analysis（Right Censoring）＞ Distribution ID Plots）"入口，在出现的对话框中的"变量"项内输入"伪寿命"，点击"确定"。从伪寿命的分布 ID 图中可以看出，对数正态和对数 Logistic 分布都是不错的选择，在此，我们选择对数正态分布对该组伪寿命进行参数分析。

（6）从"统计＞可靠性/生存＞分布分析（右删失）＞ 参数分布分析（Stat ＞ Reliability/Survival＞Distribution Analysis（Right Censoring）＞ Parametric Distribution Analysis）"入口，在出现的对话框中的"变量"项内输入"伪寿命"，在"假定分布"中选择"对数正态"，点击"估计"按钮，由于这里样本量较小，所以我们在"估计法"中选择"最小二乘"，各项点击"确定"。

（7）结果分析。在 MINITAB 的会话窗口显示出对数正态分布对该组伪寿命数据的拟合情况，包含位置参数和尺度参数的估计及标准误，以及 Anderson-Darling 统计量和相关系数的值。另外，会话窗口还显示出分布特征表和百分位数表如下：

分布特征

	估计
均值（MTTF）	195364
标准差	474892
中位数	74326.2
下四分位数（Q1）	29100.4
上四分位数（Q3）	189839
四分位间距（IQR）	160738

百分位数表格

百分比	百分位数
1	2927.81
……	
10	12513.2
……	
50	74326.2
……	
90	441485
……	
99	1886868

从分布特征表可以看出，该类 MOS 场效应晶体管在试验条件下的寿命均值为 195 364 秒，大约 54 小时。从百分位数表格中可以看出，该类 MOS 场效应晶体管在试验条件下的 0.5 分位数为 74 326.2 秒，大约 20.6 小时。也就是说，经过 20.6 小时之后，有大约一半的 MOS 场效应晶体管失效。0.9 分位数为 441 485 秒，大约 122.6 小时，即经过 122.6 小时之后，90% 的 MOS 场效应晶体管都将失效。

若还想知道该类 MOS 场效应晶体管在试验条件下 40 000 秒时有多少产品尚未失效，只需在"参数分布分析"对话框中点击"估计"，在"估计这些时间（值）的概率"中输入

"40000"，即可在 MINITAB 会话窗口得到生存概率表如下：

生存概率表

时间摘录

（Time）	概率
40000	0.672080

从生存概率表可以看出，在 40 000 秒的时刻，有 67.21% 的 MOS 场效应晶体管尚未失效。

由这两个例子可以看出，基于伪寿命分布的退化数据统计分析方法只是在传统失效数据分析之前增加了伪失效寿命数据的确定，而这种退化模型所能解决的问题将使我们的可靠性研究进入一个新的领域，具有非常广泛的应用前景。

12.2.4 稳定性分析

在我们的生活中，大家都遇到过药品有效期或食品保质期的问题。药品有效期指的是药品在规定的贮存条件下，能够保持合格质量的期限，药品有效期是保证患者药物使用安全的保证。当药品超过有效期后，其内在结构、组成和临床的效价均会发生改变，大多数表现为疗效降低，少数有毒药品会出现毒性加强的情况，会导致药物的毒副作用大大增加，危害人身安全。根据《中华人民共和国药品管理法》第九十八条：未标明或者更改有效期的药品、超过有效期的药品为劣药。可见药品的保质期是确定药品是否合格的重要指标之一。

合格药品在出厂时，其有效成分、毒性等都符合规定的要求，随着时间推移，其有效成分、毒性等指标都可能发生一些变化，当其有效成分低于某个规定的数值，或者毒性水平超过某个规定的数值时，我们就认为药品失效了。从本质上说，确定药品的有效期就是一种退化分析。

确定药品有效期要符合 ICH 指导原则。ICH 原名为人用药品注册技术要求国际协调会（International Conference on Harmonization of Technical Requirements for Registration of Pharmaceuticals for Human Use），现已更名为人用药品技术要求国际协调理事会（The International Council for Harmonization of Technical Requirements for Pharmaceuticals for Human Use），简称国际协调理事会。质量指导原则（Quality Guidelines）的第一部分 Q1 是稳定性（Stability）指导原则。ICH-Q1E 2003《稳定性数据的评价》给出了确定药品有效期的指导原则。

根据上述指导原则，收集数据后需要拟合三个线性退化模型：

模型 I：不同批次使用不同的斜率和不同的截距。（主效应项加交互项）

模型 II：不同批次使用共同斜率和不同的截距。（只有主效应项）

模型 III：不同批次使用共同斜率和共同截距。（不区分批次，只包含表示时间的因子）

首先使用 I 型（序贯平方和）拟合包含时间（可以不用时间作为列名，只要是表示时间的列即可）、批次、时间 * 批次的模型，称为模型 I，时间、批次和交互项依次进入模型，根据交互项是否显著确定是否需要修改模型。原假设和备择假设分别为：

H_0：不同批次模型的斜率相同（交互项不显著）

H_1：不同批次模型斜率不同

根据 ICH-Q1E 2003，确定交互项是否显著的显著性水平 $\alpha = 0.25$。交互项显著性检验的 p 值小于 0.25，则认为不同批次斜率不同，使用模型Ⅰ来估计药品的有效期。如果交互项显著性检验的 p 值大于 0.25，则认为不同批次斜率相同，需要将交互项从模型中删除。

删除交互项后，模型中包含时间和批次两个因子，这种模型称为模型Ⅱ。模型Ⅱ检验不同批次的回归方程的截距是否有显著差别，就是检验批次因子是否显著，原假设和备择假设分别为：

H_0：不同批次模型的截距相同

H_1：不同批次模型的截距不同

如果批次因子的 p 值小于 0.25，则认为不同批次的截距不同，使用模型Ⅱ来估计有效期；如果批次因子显著性检验的 p 值大于 0.25，说明批次因子不显著，不同批次之间的截距可以认为是相同的，此时要从模型中删除批次因子，只包含时间因子，认为不同批次数据拟合的回归方程的截距和斜率都是相同的，这种模型称为模型Ⅲ。

无论使用哪一种模型，都要给出回归方程的预测区间，使用最先跨越规格限的预测区间下限来估计有效期。

【例 12-5】 一家制药公司想确定某种药物的有效期。这种药物的有效成分会随着时间的推移而降解，当有效成分的含量低于 95% 时判定药物失效。目前共生产了 5 个批次，工程技术人员从每个批次中抽取一个产品，按照正常的使用条件贮存。工程技术人员在 9 个不同的时间检验每个批次中的一个药丸的有效含量，每个批次共测量得到了 9 个含量数据，存储在数据文件 RL_药品保质期.MTW 中，如表 12-5 所示。

表 12-5 不同批次药物有效成分含量数据

月数	批次	百分比	批次	百分比	批次	百分比	批次	百分比	批次	百分比
0	1	100.046	2	100.108	3	100.026	4	99.759	5	100.596
3	1	99.903	2	99.478	3	99.808	4	99.387	5	100.403
6	1	99.432	2	99.275	3	99.616	4	99.27	5	99.281
9	1	99.048	2	98.529	3	99.014	4	98.533	5	98.257
12	1	98.129	2	98.001	3	98.485	4	97.754	5	97.677
18	1	98.049	2	97.963	3	98.337	4	97.336	5	97.324
24	1	97.896	2	96.006	3	96.701	4	96.922	5	97.202
36	1	96.502	2	94.084	3	94.343	4	94.613	5	95.128
48	1	95.589	2	93.982	3	92.242	4	93.326	5	94.069

试确定此种药物的有效期。

执行"统计＞回归＞稳定性研究＞稳定性研究（Stat＞Regression＞Stability Study＞Stability Study）"，在弹出的对话框中，在"响应"框输入"百分比"，在"时间"框输入

"月数"，在"批次"框输入"批次"，在"规格下限"框输入"95"，点击"确定"按钮。

MINITAB 会话窗口首先输出了回归分析的结果：

模型选择，$\alpha=0.25$

来源	自由度	Seq SS	Seq MS	F 值	P 值
月数	1	183.616	183.616	991.05	0.000
批次	4	4.229	1.057	5.71	0.001
月数 * 批次	4	5.786	1.447	7.81	0.000
误差	35	6.485	0.185		
合计	44	200.116			

选定模型中的项：月数，批次，月数 * 批次

从输出结果看，月数、批次、月数 * 批次都是显著的，说明不同批次的药物拟合退化模型的斜率和截距都不相同，这种模型实际上是分别对每个批次拟合模型的，也就是模型Ⅰ。每个批次的模型如下：

1　百分比＝99.890－0.09243 月数
2　百分比＝99.893－0.13854 月数
3　百分比＝100.502－0.16634 月数
4　百分比＝99.800－0.13654 月数
5　百分比＝100.072－0.13277 月数

根据上述模型确定的各批次及此种药物的有效期为：

估计稳定期
规格下限＝95
稳定期＝您可以 95％确信至少 50％的响应高于规格下限的时间期间

批次	稳定期
1	47.124
2	32.817
3	31.109
4	32.632
5	35.364
整体	31.109

从分析结果可以看出，批次 3 的有效期最短为 31.109 个月，按照 30 个月计算，可以确定药物的有效期为 2.5 年。

MINITAB 还输出了各批次稳定期和所有批次稳定期的图形（见图 12 - 12），由于确定此种药物有效期的规格限只有单侧规格下限，此时要计算单侧 95％预测区间下限，预测区间下限最先达到 95％的时间即为此批次的稳定期，所有批次中时间最短的稳定期即为此种药物的稳定期。

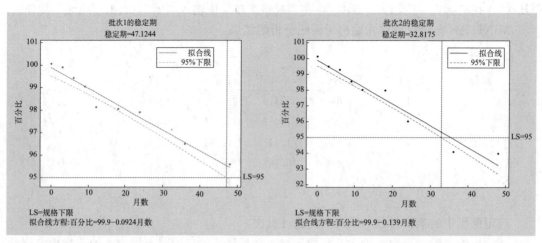

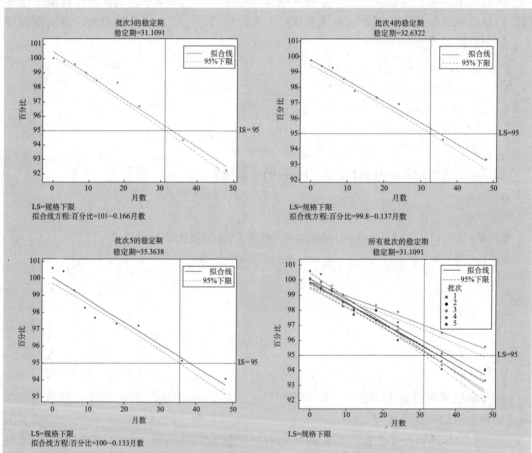

图 12−12 各批次的稳定期及所有批次稳定期的图形

需要说明的是，确定药物保质期要得到 ICH 的认可。

12. 3　概率单位分析

概率单位分析是在回归范围内研究定性的响应变量的方法，许多响应变量都是定性的属性数据（是或否），而不是定量的。例如，在工程学领域，常见的试验是破坏性检验，若要检验潜艇的壳体材料承受水下爆炸的能力，就需要对这些材料施以不同的爆炸当量，然后记录壳体是否破裂；在生命科学领域，常见的试验是生物鉴定，对几种生物体施加几种特定水平的应力，然后记录它们是否存活；等等。这时响应变量只能取 0 和 1，只能讨论响应变量取 1 的概率。同时，预测变量（自变量）既可能是连续变量，也可能是取离散属性数值的因子。我们知道，当因变量是离散型数据时，普通最小二乘回归已经不再适用，此时最常见的是使用 Logistic 回归方法，Logistic 回归可以圆满解决上述问题。在此方法下，可以选择不同的连接函数，最常用的当然是 Logit 连接（即普通的 Logistic 回归），也可以选择 Normit/Probit 连接（即概率单位分析），而一般介绍回归分析时对于这种连接很少涉及。现在我们进行的是可靠性的研究，概率单位分析就是很常见、很重要的方法。本节所介绍的概率单位分析比普通选择 Normit/Probit 连接（即概率单位分析）的 Logistic 回归方法有重大改进与扩充：这里对于响应变量的分布不再限定为正态分布（虽然我们只观测到二值属性结果），而是容许来自正态分布、Logistic 分布、极值分布、对数正态分布、对数 Logistic 分布和 Weibull 分布等常见寿命分布。

概率单位分析就是在某个应力下对产品是否失效进行研究。概率单位分析不同于加速寿命试验，因为在概率单位分析中的响应变量是在给定时间下失效与否这样一个离散变量，而在加速寿命试验中的响应变量是失效时间（连续变量）。

概率单位分析可以解决以下几个问题：第一，在哪个应力水平下有指定比例（例如10%）的产品失效？第二，在给定应力水平下，产品失效的概率是多少？

12. 3. 1　数据结构

在对数据进行概率单位分析时，工作表中应该包括以下几列：以事件/试验或响应/频率形式表示响应变量的若干列，表示应力变量（即协变量）的若干列，表示因子的若干列（可选）。

响应数据是离散的，只有两个结果：一般是"成功"或"失败"，我们这里则是"失效"与"未失效"，其表示只能是事件/试验或响应/频率两种形式。在以事件/试验形式表达的响应数据中，事件表示成功事件的个数，试验表示观测数；在以响应/频率形式表达的响应数据中，响应表示产品是否失效，默认情况下两个数值中的较大值表示失效（例如，在"0""1"中，"1"代表失效），频率表示失效发生的次数，当频率全是 1 时，频率列可以略去。图 12-13 是用两种方式表达的同样的数据的例子。数据是：90℃时试验 10次，成功（即失效，下同）2 次；100℃时试验 10 次，成功 3 次；110℃时试验 12 次，成功 4 次；120℃时试验 5 次，成功 4 次。

12. 3. 2　概率单位模型

MINITAB 主要利用三种分布——正态分布、Logistic 分布和极值分布，来拟合概率单位模型，对于对数正态分布、对数 Logistic 分布和 Weibull 分布，可以通过取对数来进

↓	C1	C2	C3
	温度	成功数	试验数
1	90	2	10
2	100	3	10
3	110	4	12
4	120	4	5

↓	C1	C2	C3
	温度	响应	频率
1	90	1	2
2	90	0	8
3	100	1	3
4	100	0	7
5	110	1	4
6	110	0	8
7	120	1	4
8	120	0	1

图 12 - 13　分别以事件/试验或者响应/频率形式表示的数据

行分析。概率单位分析的基本模型（无因子）为：

$$\pi_j = c + (1-c)F(\beta_0 + \beta x_j) \tag{12-10}$$

式中，π_j 为第 j 个应力水平下的响应变量；$F(y_j)$ 为累积失效分布函数；β_0 为常数项；x_j 为第 j 个应力水平变量；β 为待估参数；c 是**自然响应率**，即产品在正常应力水平、给定时间下的失效概率，例如鱼在没有接触任何污染物时的死亡概率。若正常条件下无失效，则 c 等于 0，如果自然响应率大于 0，那么需要考虑到应力并不是分析中死亡的所有原因。既可以根据数据估计自然响应率，也可以直接设置值。既可以在有历史估计值时设置该值，也可以将其作为算法的起始值。

12.3.3　概率单位分析在 MINITAB 中的具体实现

【例 12 - 6】　我们希望提高现正广泛使用的灭白蚁药的杀白蚁效果。现有两种配制方法，一种是传统的配制方法（即配制法 1），另一种是试验性的改进配制方法（即配制法 2）。对每种配制方法给出几个不同的大剂量水平并在几组白蚁身上进行试验，24 小时后在每组白蚁身上观测是否出现致死症状。试验数据如表 12 - 6（事件/试验形式）所示，试问两种配制方法是否有显著差异？哪种杀白蚁的方法更有效？如果剂量为 25，求 24 小时后出现致死症状的概率。

表 12 - 6　灭白蚁试验结果

	剂量	试验数	症状数		剂量	试验数	症状数
配	10	50	2	配	10	50	6
制	20	54	14	制	20	47	23
法	30	51	28	法	30	45	31
1	40	41	25	2	40	49	40

请注意，这组数据表面上似乎和例 9 - 12 中灭火器的数据类似，但实际上却是根本不同的。其中后两列"试验数"和"症状数"与灭火器中"试验数"和"失效数"是一样的，但这里的第一列"剂量"是协变量，灭火器中的第一列"试验时间（年）"却是寿命。

现在我们对其进行概率单位分析，具体做法如下。

（1）为这两组数据建立一个有 4 列数据——症状数、试验数、剂量、配制方法的工作表，症状数表示有致死症状的白蚁数，试验数表示参加试验的白蚁数，剂量表示剂量大小，配制方法表示两种配制方法——1 为传统配制，2 为试验配制。给这个工作表命名为"RL＿白蚁（概率单位）.MTW"（界面见图 12-14（A））。

（2）从"统计＞可靠性/生存＞概率单位分析（Stat＞Reliability/Survival＞Probit Analysis）"入口（界面见图 12-14（B））。

（3）出现对话框"概率单位分析"（界面见图 12-14（C）），在"事件数"项中输入"症状数"，在"试验数"项中输入"试验数"，在"应力（刺激）"项中输入"剂量"，在"因子（可选）"项中输入"配制方法"，在"假定分布"中选择"对数正态"。

（4）在"概率单位分析"对话框中点击"估计"按钮，出现"概率单位分析：估计"对话框（界面见图 12-14（D）），在"估计下列应力值的概率"项中输入"25"。

具体操作流程如图 12-14 所示。

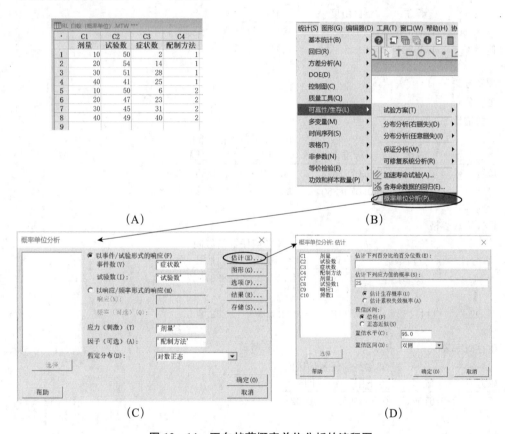

图 12-14　灭白蚁药概率单位分析的流程图

（5）MINITAB 的会话窗口主要输出如下（完整输出见网上资源）。

概率单位分析：症状数，试验数 与 剂量，配制方法

回归表

变量	系数	标准误	Z	P
常量	−5.10824	0.522000	−9.79	0.000

剂量	1.49563	0.158454	9.44	0.000
配制方法				
2	0.530705	0.143902	3.69	0.000
自然				
响应	0			

等斜率检验

卡方	自由度	P 值
0.00561078	1	0.940

对数似然 = −204.715

拟合优度检验

方法	卡方	自由度	P
Pearson	1.41358	5	0.923
偏差	1.40901	5	0.923

配制方法 = 1
公差分布
参数估计

参数	估计	标准误	95.0%正态置信区间 下限	上限
位置	3.41544	0.0703843	3.27749	3.55339
尺度	0.668614	0.0708360	0.543245	0.822916

百分位数表格

百分比	百分位数	标准误	95.0%信任置信区间 下限	上限
1	6.42381	1.02981	4.35400	8.37537
⋮	⋮	⋮	⋮	⋮
99	144.152	28.2917	104.403	232.805

生存概率表

压力	概率	95.0%信任置信区间 下限	上限
25	0.615617	0.536695	0.690623

配制方法 = 2
公差分布
参数估计

参数	估计	标准误	95.0%正态置信区间 下限	上限
位置	3.06060	0.0678614	2.92760	3.19361
尺度	0.668614	0.0708360	0.543245	0.822916

百分位数表格

百分比	百分位数	标准误	95.0%信任置信区间 下限	上限
1	4.50494	0.831366	2.87259	6.10454
⋮	⋮	⋮	⋮	⋮
99	101.092	17.3526	76.1528	153.481

生存概率表

压力	概率	95.0%信任置信区间 下限	上限
25	0.406439	0.327275	0.484665

相对效能表格

因子：配制方法

比较	相对效能	95.0%信任置信区间 下限	上限
1 VS 2	0.701288	0.568335	0.846115

（6）MINITAB 的图形窗口输出如图 12－15 所示。

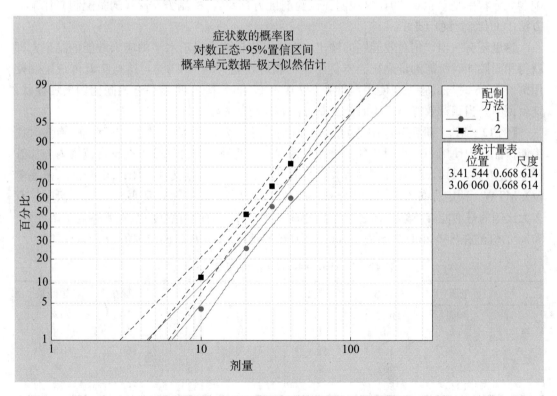

图 12－15　灭白蚁药概率单位分析的结果输出图

（7）结果分析。从回归表可以看出，如果用 x 表示药品的剂量，那么传统方法和试验方法的回归方程分别为：

传统：$y = -5.108\,24 + 1.495\,63\ln(x)$

试验：$y = -4.577\,53 + 1.495\,63\ln(x)$

再将 y 值代入标准正态分布的分布函数，就可以求得正常状态下各个剂量出现致死症状的概率。根据剂量对应的 p 值为 0.000 知道，剂量对出现致死症状的概率是有显著影响的。另外，剂量系数 1.495 63 为正数，说明剂量越大，出现致死症状的概率越大，系数越大，说明增加单位用量效果越大。配制方法对应的 p 值也为 0.000，说明配制方法对出现致死症状的概率也是有显著影响的。由于两种配制方法的系数差 0.530 705 为正数，这说明在同样的剂量下，配制方法 2 的致死症状出现的概率更大一些，即配制方法 2 生产的灭白蚁药更有效。

等斜率检验的 p 值为 0.940，说明两种试验方法的公式系数 β 无显著差异，可以认为是相等的，即两种配制方法相应的 y 值（标准对数正态分布的回归值）确实可以用同一个系数来计算。此外，拟合优度检验的两种检验方法的 p 值都为 0.923，表明对数正态分布是适合本例数据的（由于剂量的观测项只有 4 个水平，因此此项拟合检验是容易通过的）。

对于每种方法，MINITAB 还输出了分布的参数估计值、百分位数表格和生存概率表。从生存概率表可以看出，在试验剂量为 25 时，传统配制无症状率是 0.615 617，试验配制无症状率是 0.406 439，这说明在试验剂量为 25 时，配制方法 2（试验配制）比配制方法 1（传统配制）要好。

这里还有一项"相对效能"的输出，提供了比较两个因子水平的应力效能的结果，即获得相同效能时所需剂量之比。本例给出的相对效能为 0.701 288，这意味着传统配制使用剂量为 25 时与试验配制使用剂量为 0.701 288×25=17.5 时几乎有相同比例出现症状。这就说明，当相对效能小于 1 时，配制方法 2 比配制方法 1 好。

【例 12 - 7】 研究某厂制造的灯泡的寿命，在正常电压范围 117±12 伏内，有多大比率能保证灯泡使用 800 小时仍能工作？针对 A，B 两种类型灯泡分别在正常范围内施加五种电压：108，114，120，126 和 132，数据见表 12 - 7，数据文件：RL_电灯泡（概率单位）.MTW。假定分布为 Weibull 分布。两种灯泡的寿命有显著差别吗？在 117 伏时，有多大比例的灯泡能够持续工作超过 800 小时（即 800 小时的可靠度）？在哪种电压条件下，50% 的灯泡在 800 小时之前失效（即求中位寿命恰为 800 小时的应力值）？

表 12 - 7 灯泡使用 800 小时的寿命试验结果

	电压	试验数	熔断数		电压	试验数	熔断数
	108	50	2		108	50	3
	114	50	6		114	50	8
A	120	50	11	B	120	50	13
	126	50	27		126	50	31
	132	50	45		132	50	46

现在我们对其进行概率单位分析，具体做法如下。

（1）从"统计＞可靠性/生存＞概率单位分析（Stat＞Reliability/Survival＞Probit Analysis）"入口。

（2）出现对话框"概率单位分析"，在"事件数"项中输入"熔断"，在"试验数"项中输入"试验"，在"应力（刺激）"项中输入"电压"，在"因子（可选）"项中输入"类型"，在"假定分布"中选择"Weibull"。

（3）在"概率单位分析"对话框中点击"估计"按钮，出现"概率单位分析：估计"对话框，在"估计下列应力值的概率"项中输入"117"。

（4）MINITAB 的会话窗口主要输出如下（完整输出见网上资源）。

概率单位分析：熔断，试验 与 电压，类型

回归表

变量	系数	标准误	Z	P
常量	−97.0190	7.67326	−12.64	0.000
电压	20.0192	1.58695	12.61	0.000
类型				
B	0.179368	0.159832	1.12	0.262
自然				
响应	0			

等斜率检验

卡方	自由度	P 值
0.258463	1	0.611

对数似然 = −214.213

拟合优度检验

方法	卡方	自由度	P
Pearson	2.51617	7	0.926
偏差	2.49188	7	0.928

类型 = A

百分位数表格

百分比	百分位数	标准误	95.0%信任置信区间 下限	上限
⋮	⋮	⋮	⋮	⋮
50	124.960	0.717911	123.523	126.372
⋮	⋮	⋮	⋮	⋮

生存概率表

压力	概率	95.0%信任置信区间 下限	上限
117	0.830608	0.780679	0.878549

类型 = B

⋯⋯

百分位数表格

百分比	百分位数	标准误	95.0%信任置信区间 下限	上限
⋮	⋮	⋮	⋮	⋮
50	123.845	0.698947	122.429	125.203
⋮	⋮	⋮	⋮	⋮

生存概率表

压力	概率	95.0%信任置信区间 下限	上限
117	0.800867	0.745980	0.854567

相对效能表格

因子：类型

比较	相对效能	95.0%信任置信区间 下限	上限
A VS B	0.991080	0.975363	1.00678

（5）结果分析。从回归表可以看出，如果用 x 表示电压，那么两种灯泡寿命的回归方程分别为：

A 类型灯泡：$y = -97.0190 + 20.0192\ln(x)$

B 类型灯泡：$y = -96.8396 + 20.0192\ln(x)$

按照上述公式计算出 y 值后，计算其在标准最小极值分布中的累积概率即为累积失效概率，1 减去累积失效概率就是生存概率。A 类型电灯泡在电压 117 伏时计算得到的 $y = -1.684087564$，计算其在标准最小极值分布中的累积（失效）概率为 0.16940562，生存概率等于 $1 - 0.16940562 = 0.83059438$；B 类型电灯泡在电压 117 伏时计算得到的 $y = -1.504687564$，在标准最小极值分布中的累积（失效）概率为 0.1991540，生存概率是 $1 - 0.1991540 = 0.800846$，两个计算结果与 MINITAB 输出结果只存在近似小数位数的差别。

从回归表电压的 p 值为 0 可以看出，电压对灯泡在 800 小时前的失效概率有显著影响，而类型的 p 值 $= 0.262 > 0.05$，也就是说，类型对灯泡在 800 小时前的失效概率并没有显著影响，两种灯泡的寿命无显著差别。由于相对效能表格中的相对效能为 0.991080，非常接近 1，因此可以看出，两种灯泡的寿命基本上没有什么差别。从生存概率表可以看出，在 117 伏下，83.0608% 的 A 类型灯泡和 80.0867% 的 B 类型灯泡能工作超过 800 小时。从两种灯泡的百分位数表格可以看出，有 50% 的 A 类型灯泡在 124.96 伏下在 800 小时之前失效；有 50% 的 B 类型灯泡在 123.845 伏下在 800 小时之前失效。

12.4　寿命数据的增长曲线分析

12.4.1　可修复系统分析

通俗地讲，产品有"大""小"之分，"小"的产品本身是元件、器件、滚珠等，而

"大"的产品本身却是由很多元器件、零件组成的整机、部件，甚至是由一些部件、整机组成的有一定功能的整体。在可靠性中一般规定，由若干个部件（可以是整机、元器件等）相互有机组合成的一个可完成某一功能的综合体称为**系统**，组成系统的部件称为**单元**。

随着科学技术的发展，技术装备越来越复杂化、小型化、多功能化，使用环境也更加多变，这些因素使系统可靠性问题越来越受到重视，系统可靠性理论已经成为可靠性工程的一个重要基础理论，其研究范围广泛，从系统的设计、生产制造到使用的各个阶段，都有其各自的研究课题。

假定系统从时刻 $t=0$ 开始正常运行，则系统的寿命 T 是一个随机变量。系统一旦失效，如果不能或不值得修复，则系统就永远停留在失效阶段，也就是这个系统报废了，这种系统称为**不可修复系统**。如果系统失效后是可以修复的，则称为**可修复系统**。假定可修复系统总是正常与失效交替出现，那么系统正常时，称它处于工作时间；系统失效，处于停工、修理或虽未失效但处于维护阶段时，则称它处于维修时间。显然，无故障工作时间和修复时间都是随机变量。

对于不可修复系统，发生故障的时间 T 是随机变量，其分布称为失效分布，记为 $F(t)$，如第 7 章所示，其密度函数为 $f(t)$，则**平均故障前时间**（MTTF，MINITAB 中也称为**平均故障时间间隔**）定义为 T 的数学期望，即

$$\mathrm{MTTF} = E(T) = \int_0^\infty t f(t) \mathrm{d}t \tag{12-11}$$

对于可修复产品，因为在发生故障后仍可修复使用，所以实际上感兴趣的是无故障时间 T 的平均值。假定无故障时间服从相同的寿命分布 $F(t)$，密度函数为 $f(t)$，那么**平均故障间隔时间**（MTBF）定义为：

$$\mathrm{MTBF} = E(T) = \int_0^\infty t f(t) \mathrm{d}t \tag{12-12}$$

可见，MTTF 和 MTBF 都是平均寿命。

12.4.1.1　可靠性增长

任何产品在研制初期，其可靠性（其他性能参数也一样）不可能立即达到规定的指标，必须经过反复试验—暴露—分析—改进—再试验的过程，才能使其可靠性不断提高，直到满足要求，这就是**可靠性增长过程**。在这个过程中，必须采用统计方法，对所采取的工程改进措施进行检测和分析，使人们得知产品在某一时刻达到的可靠性水平。这既可以避免对产品盲目改动而造成人力与资金的浪费，又可以防止研制中直到最终鉴定成果时才发现可靠性未达到规定要求而必须大返工所造成的资金浪费，贻误时机。

可靠性增长过程的统计特点是：

（1）总体在不断变化。由于反映产品质量水平的总体随着不断改进而变化，因此不能采用总体不变的常用统计方法对产品进行分析。

（2）样本量小。在产品的研制阶段，每次投入试验的样本都不会很多，而且试验次数也较少，特别是贵重产品或试验代价很高的复杂系统。

（3）国内外的研究表明，可靠性增长有其特有的规律，用于描述可靠性增长的数学模

型称为**可靠性增长模型**。建立或选择适当的可靠性增长模型，才能对产品可靠性进行正确的跟踪与预测，并为工程管理提供正确信息。

可靠性增长问题可以用参数增长曲线和非参数增长曲线加以分析。参数增长曲线通过使用一定的增长模型来对寿命数据进行分析，而非参数增长曲线用于在分布未知的情况下对寿命数据进行分析。参数或非参数增长曲线还可以用来确定在修复系统中是否存在一种趋势，即系统失效是变得更频繁、更少还是不变，利用这些信息就可以作出有关系统未来失效的预测。

12.4.1.2 数据类型

用于参数或非参数曲线分析的数据是可修复系统的失效时间。例如，汽车抛锚，经过修理后重新投入使用，然后再次抛锚，等等。数据点表示每次出现故障的时间，而没有考虑修理时间。也就是说，进行分析时就好像是系统在失效后立即恢复正常运行。

1. 精确数据

进行精确数据的增长曲线分析，需要在工作表中输入以下信息：

● 时间列：每个样本的失效或报废时间。

● 系统列：在一个样本中区分各个系统，如果只有一个系统，则不需要系统列。

● 报废列：指明每个对应行中的数据是失效时间还是报废时间。通常此列包含两个不同的值，一个表示失效时间，另一个表示报废时间。默认情况是较小值表示报废时间。如果所有数据都是定数截尾或定时截尾数据，则不需要报废列。

● 频数（或成本）列：某个特定时间的总修理成本或总失效频数。不能在参数增长曲线中使用成本列。如果在工作表中没有频数列，则 MINITAB 默认频数列的值都为 1。

下面是可修复系统分析中精确数据的一个例子（见图 12-16）。

↓	C1	C2	C3	C4
	寿命	系统	报废	成本
1	5	1	1	2
2	8	1	1	2
3	12	1	0	0
4	8	2	1	1
5	9	2	1	3
6	10	2	0	0

图 12-16　含精确数据的可修复系统

图 12-16 所示的工作表显示，系统 1 在时间 5 和 8 处失效，修理成本均为 2；在时间 12 处报废。系统 2 在时间 8 处失效，修理成本为 1；在时间 9 处失效，修理成本为 3；在时间 10 处报废。注意，报废列中为 0 的数据，其相应频数列也一定是 0。

可修复系统的数据包括以下几种类型：

● 定数截尾数据：在表示失效时间的数据中，报废时间是其中的最大失效时间。一旦一定次数的失效发生，定数截尾系统就报废了。在定数截尾系统中，系统在最后一次失效后立即报废。例如，如果在上例中系统是定数截尾的，那么系统 1 在时间 12 处经过 2 次修理，修理成本为 4 之后报废。

● 定时截尾数据：在表示失效时间的数据中，报废时间并不一定是其中的最大失效时间，而是指一旦达到特定的时间，定时截尾系统就报废了。例如，如果在上例中系统是定时截尾的并且不存在报废列，那么系统 1 在时间 12 处报废。

● 带报废列的数据：输入一列报废指示量，可以是数值型、文本型或者时间日期型。如果没有规定哪个值表示报废，则 MINITAB 默认较小值表示报废，较大值表示失效时间。

当样本多于一个时，既可以把样本放在不同的列，也可以堆叠在同一列，用指示列表示不同的样本。这一点和第 7 章中介绍的堆叠与非堆叠数据相同。

2. 区间数据

进行区间数据的增长曲线分析，需要在工作表中输入以下信息：

● 开始时间列：失效区间的开始时间。

● 结尾时间列：失效区间的结束时间。

● 系统列：在一个样本中区分各个系统，如果只有一个系统，则不需要系统列。

● 频数（或成本）列：修理费用或者在某一特定时间内的失效次数。

下面是可修复系统分析中区间数据的一个例子（见图 12-17）。

↓	C1	C2	C3	C4
	开始	结束	系统	频数
1	0	5	1	2
2	7	8	1	2
3	12	*	1	0
4	8	9	2	1
5	9	10	2	3
6	10	*	2	0

图 12-17　含区间数据的可修复系统

图 12-17 所示的工作表显示，系统 1 在时间 0 和 5 之间失效 2 次，在时间 7 和 8 之间失效 2 次，在时间 12 处停止观测。系统 2 在时间 8 和 9 之间失效 1 次，在时间 9 和 10 之间失效 3 次，在时间 10 处停止观测。

3. 分组区间数据

分组区间数据与区间数据的不同之处在于，用表示系统数目的列代替系统列，这种形式的数据需要以下信息：

● 开始时间列：失效区间的开始时间。

● 结尾时间列：失效区间的结束时间。

● 系统数列：在失效区间的开始仍在运行的系统数。

● 频数或（成本）列：在特定失效区间的总修理成本或失效频数。

下面是可修复系统分析中分组区间数据的一个例子（见图 12-18）。

↓	C1	C2	C3	C4
	开始	结束	系统数	频数
1	0	4	7	4
2	4	8	6	5
3	8	12	4	2
4	12	*	2	0

图 12-18　含分组区间数据的可修复系统

本例中，在时间 0 处有 7 个系统在运行，时间 0 和 4 之间经过 4 次修理后，在时间 4

处有 6 个系统在运行，时间 4 和 8 之间经过 5 次修理后，在时间 8 处有 4 个系统在运行，时间 8 和 12 之间经过 2 次修理后，最后在时间 12 处仍有 2 个系统在运行。

12.4.2 参数增长曲线

使用参数增长曲线可以对可修复系统的寿命数据进行分析。增长曲线包括两种：参数增长曲线和非参数增长曲线。参数增长曲线通过使用幂律过程或齐次 Poisson 过程来估计一段时间内的平均修理次数和**失效发生率**（rate of occurrence of failure，ROCOF）。当一列数据来自多个系统时，MINITAB 假设数据来自相同的过程，并且作出相同形状参数或尺度参数的检验；当不同列的数据来自不同系统时，MINITAB 可以假设数据来自不同的过程。非参数增长曲线用来估计一段时间内系统的平均维护成本或平均修理次数，而无须假设修理成本或修理次数的分布情况。

使用参数增长曲线和非参数增长曲线可以确定，可修复系统的连续失效时间之间是否存在某种趋势，也就是说，可以确定系统失效的频率是越来越高、越来越低还是保持不变。利用此信息可以就系统将来的运行作出决定，例如设置维护时间表，准备备件，保证适当的性能，预测修理成本等。

12.4.2.1 参数增长曲线模型

可修复系统的参数增长曲线分析的第一步是确定失效或者修复的趋势，MINITAB 提供了两种模型来估计参数增长曲线，选择哪个模型依赖于失效率是否有增加或减少的趋势。

1. 齐次 Poisson 过程

称 $N(t)$，$t \geq 0$ 为 **Poisson 过程**，若下列条件成立：

（1）过程是独立增量的，即对一切 $0 \leq t_1 < t_2 < \cdots < t_n$，随机变量

$$N(t_1), N(t_2) - N(t_1), \cdots, N(t_n) - N(t_{n-1})$$

是相互独立的。

（2）存在不减的连续函数 $\Lambda(t)$（$\Lambda(0) = 0$）满足，对一切 $0 \leq s < t$ 及非负整数 i，式（12-13）成立：

$$P[N(t) - N(s) = i] = \frac{1}{i!}[\Lambda(t) - \Lambda(s)]^i e^{-[\Lambda(t) - \Lambda(s)]} \tag{12-13}$$

（3）$N(0) = 0$。

当 $\Lambda(t) = \lambda t (\lambda > 0)$ 时，称 $N(t)$，$t \geq 0$ 为**齐次 Poisson 过程**（homogeneous Poisson process，HPP）；当 $\Lambda(t) \neq \lambda t$ 时，称其为**非齐次 Poisson 过程**。

由式（12-13）可以看出，$E[N(T)] = \Lambda(t)$，故 $\Lambda(t)$ 叫做 $N(t)$ 的**均值函数**。若均值函数满足

$$\Lambda(t) = \int_0^t \lambda(s) \mathrm{d}s, \text{一切 } t \geq 0 \tag{12-14}$$

则称 $\lambda(t)$ 是**强度函数**。齐次 Poisson 过程是强度函数为常数 λ 的 Poisson 过程，两次失效的时间间隔是独立同分布的随机变量，服从均值为 $1/\lambda$ 的指数分布。

显然，齐次 Poisson 过程的强度是常数，所以这个模型只适用于可靠性稳定不变的系

统，而不能适用于可靠性增长或下降的系统。

2. 幂律过程

幂律过程（power-law process）是强度函数

$$
\begin{aligned}
\lambda(t) &= \lim_{\Delta t \to 0} \frac{P\left[N(t, t+\Delta t) \geqslant 1\right]}{\Delta t} \\
&= \frac{\mathrm{d}}{\mathrm{d}t} E\left[N(t)\right] = \frac{\beta}{\theta}\left(\frac{t}{\theta}\right)^{\beta-1}
\end{aligned}
\tag{12-15}
$$

的非齐次 Poisson 过程。其中，β 是形状参数；θ 是尺度参数；N 是系统在区间 $(0, t]$ 的失效次数。

累积失效函数的平均值（mean cumulative function，MCF）和**失效发生率**（ROCOF）分别是 $\left(\frac{t}{\hat{\theta}}\right)^{\hat{\beta}}$ 和 $\frac{\hat{\beta}}{\hat{\theta}}\left(\frac{t}{\hat{\theta}}\right)^{\hat{\beta}-1}$，方差见网上资源。

强度函数表示系统的失效率，形状参数与系统是提高的、恶化的还是稳定的有关。如果 $0<\beta<1$，那么失效率是递减的，所以系统的可靠性增长；如果 $\beta=1$，那么失效率是常数，所以系统的可靠性不变；如果 $\beta>1$，那么失效率是递增的，所以系统的可靠性下降。

此过程可以为增加、减少或者不变的失效率建模，幂律过程的失效率是时间的函数。当用极大似然估计方法来对参数进行估计时，幂律过程就称为 **AMSAA 模型**；当用最小二乘估计来估计参数时，幂律过程称为 **Duane 模型**。

我们对上述概念作些通俗的解释。齐次 Poisson 过程的实际含义就是一个记录某种现象（如"系统出现失效""本站收到电子信"等）出现次数的随机过程，如果单位时间内出现这种现象的强度保持不变，则此过程是齐次 Poisson 过程。例如，一个网站在白天正常工作期间（早 9 点至下午 5 点），平均每分钟收到 8 封电子信要处理，其状况基本不变，计数将早 9 点设为时间 0，则可以认为"收电子信数"这个过程是齐次 Poisson 过程；早 9 点前和下午 5 点以后，收到的电子信大幅减少，情况出现了变化，这时，此过程不能认为是齐次 Poisson 过程。在齐次 Poisson 过程中，出现此种现象仍然是随机的，但大体上是一种平稳的状态，这就是齐次 Poisson 过程的关键特征。仍以网站收电子信为例，如果考虑早 8 点至早 9 点这一段时间，每分钟收信次数随时间临近早 9 点而持续增长，则可以认为这是个 $\beta>1$ 的幂律过程（从早 8 点开始计数）；如果考虑下午 5 点至晚 8 点这一段时间，每分钟收信次数随时间从下午 5 点下班后持续减少，则可以认为这是个 $0<\beta<1$ 的幂律过程（从下午 5 点开始计数）。实际工作中，这种齐次 Poisson 过程或幂律过程还是相当普遍的，但也常常需要局限在一定的时间范围内。

12.4.2.2　参数估计

容易得到精确数据和区间数据的极大似然估计和最小二乘估计，但形式较复杂，见网上资源。

12.4.2.3　假设检验

1. Bartlett 修正似然比检验

如果失效数据来自不止一个系统，MINITAB 还会对这些系统的参数是否相等作出假设检验。如果没有给出形状参数，则 MINITAB 就作出形状参数是否相等的检验；如果给出了形状参数，则 MINITAB 就作出尺度参数是否相等的检验；如果形状参数被设置为 1，则 MINITAB 会作出 MTBF 是否相等的检验。这些检验都是利用 **Bartlett 修正似然比检验**，原假设是 H_0：所有的形状参数（尺度参数或 MTBF）都相等；备择假设是 H_1：至少有两个形状参数（尺度参数或 MTBF）不相等。我们可以构造一个服从自由度为 $N-1$ 的卡方分布的似然比检验的统计量，其具体形式详见网上资源。

对参数增长曲线进行估计时，MINITAB 假设一个数据列中的所有系统来自同一个模型，如果拒绝原假设而得到形状参数（尺度参数或 MTBF）不相等的结论，此时，应把不同系统的数据放在工作表的不同列，单独分析各组数据。注意，这些检验对于区间数据不适用。

2. 趋势检验

趋势检验有时称为拟合优度检验，可以利用趋势检验来判断数据是来自齐次 Poisson 过程还是非齐次 Poisson 过程。趋势检验的原假设是数据中不存在趋势（即齐次 Poisson 过程），备择假设是数据中存在趋势（即非齐次 Poisson 过程）。如果拒绝原假设，那么在数据中存在趋势，应该选择非齐次 Poisson 过程（通常选用幂律过程）来为数据建模；如果没有拒绝原假设，这说明没有充分的理由拒绝数据来自齐次 Poisson 过程，虽然此时幂律过程仍然可用，但是齐次 Poisson 过程更为简单。

对于精确数据，MINITAB 提供了三种趋势检验：MIL-Hdbk-189（The military hand-book test，美国军标），Laplace，Anderson-Darling。对于多系统精确数据，MINITAB 提供了五种趋势检验：MIL-Hdbk-189（Pooled），MIL-Hdbk-189（TTT-based），Laplace（Pooled），Laplace（TTT-based），Anderson-Darling。对于区间数据，MINITAB 仅提供 MIL-Hdbk-189 检验。

上述检验在数据有非单调的趋势或来自不同系统时是不同的。如果失效时间的变化存在趋势，那么趋势有以下两种可能：单调的，即失效时间越变越长（可靠性增长），或越变越短（可靠性下降）；非单调的，即失效时间上下波动，没有单调趋势。Anderson-Darling 检验在单调或者非单调时都拒绝原假设，其他的检验只在单调时才拒绝原假设。Anderson-Darling 检验在数据存在非单调趋势时比较有用，而其他检验在数据存在单调趋势时更有效。

对于不同检验，原假设稍有不同。Pooled 检验（MIL-Hdbk-189 和 Laplace）的原假设是数据来自齐次 Poisson 过程，对于每个系统 MTBF 可能稍有不同，因此拒绝原假设意味着可以确定数据中存在趋势。TTT-based 检验（MIL-Hdbk-189 和 Laplace）的原假设是数据来自齐次 Poisson 过程，对于每个系统 MTBF 是相同的，因此拒绝原假设意味着数据中存在趋势，或数据来自不同系统，所以 TTT-based 检验只有在确定系统是齐次的时候才可以使用。

表 12 - 8 总结了与趋势检验相关的各种不同原假设和备择假设。

表 12 - 8　不同趋势检验的原假设和备择假设

检验方法	原假设	备择假设
MIL-Hdbk-189（Pooled）	HPP（MTBF 可能不同）	单调趋势
MIL-Hdbk-189（TTT-based）	HPP（MTBF 相同）	单调趋势或系统异质
Laplace（Pooled）	HPP（MTBF 可能不同）	单调趋势
Laplace（TTT-based）	HPP（MTBF 相同）	单调趋势或系统异质
Anderson-Darling	HPP（MTBF 可能不同）	单调、非单调趋势或系统异质

12.4.2.4　图形表示

1. 事件图

事件图包括一条水平直线（表示每个系统的寿命）、叉点（表示每个系统的失效或者报废时间）和成本值或频率（可选，表示叉点的成本或者频率）。事件图用于判断系统的可靠性是增长、下降还是不变。图 12-19（A）是事件图的一个例子，注意对于区间数据来说，事件图中的失效时间是用每个失效区间的中点来表示的（参数法也有相应的界面，在"图形"对话框里可以选择显示或不显示频率）。

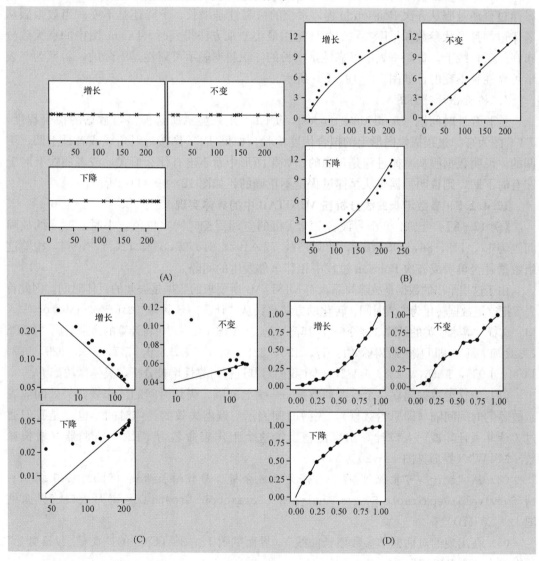

图 12-19　参数增长曲线模型的四种图形表示

2. 累积失效函数平均值图和 Nelson-Aalen 图

累积失效函数平均值图和 Nelson-Aalen 图可以用来确定系统的可靠性是增长、下降还是不变。累积失效函数平均值图是所估计的形状参数和尺度参数的累积失效函数的图形，依赖于具体模型。对于幂律过程来说，系统的失效率可以增加、减少或者保持不变，其累积失效函数平均值图可以是直线、上凸或下凹曲线；对于齐次 Poisson 过程来说，失效率是常数，其累积失效函数平均值图是一条直线，如图 12 - 19 （B）所示。

Nelson-Aalen 图是经验累积失效函数平均值的图形，不依赖于特定模型，即使估计方法和模型不同，图中的点也是相同的。

3. Duane 图

Duane 图是特定时刻累积失效数与时间的商关于时间的散点图，用于判断数据是服从幂律过程还是服从齐次 Poisson 过程，系统的可靠性是增长、下降还是不变。当数据服从幂律过程且形状参数和尺度参数的估计是用最小二乘方法得到时，Duane 图中的点大致分布在一条直线上，负斜率表示可靠性是增长的，正斜率表示可靠性是下降的，斜率为 0 表示可靠性是不变的，如图 12 - 19 （C）所示。

4. 检验合计时间图

检验合计时间图（total time on test，TTT）用来显示所选模型与数据的拟合程度，TTT 图为幂律过程提供图形上的拟合优度检验。如果 TTT 图接近对角线或者是上凹、下凹的，说明数据服从幂律过程是正确的。如果图形中看不出有什么形式，或者曲线有时上凹有时下凹，则说明数据服从幂律过程是不正确的，如图 12 - 19 （D）所示。

12.4.2.5 参数增长曲线分析在 MINITAB 中的具体实现

【例 12 - 8】 已知 7907 号波音 720 飞机的空调器按时间（单位：小时）顺序的故障间隔为 17，118，86，195，148，126，57，72，107，61，27，41，11，172，44，检验这组数据是否可看成齐次 Poisson 过程中相邻事件发生的间隔。

由于这里给出的数据是故障间隔，而 MINITAB 所要求的数据是失效的具体时间，因此首先要把这组数据转化为失效时间。转化的方法是：从"计算>计算器（Calc>Calculator）"入口，选择"算术"类的函数"部分和"，其符号是"PARS（数字）"，将计算的命令写成"PARS（失效间隔）"，即可得到寿命值：17，135，221，416，564，690，747，819，926，987，1 014，1 055，1 066，1 238，1 282，现在我们对其进行可靠性增长分析，具体做法如下。

（1）为这组数据建立一个有两列数据——失效间隔、失效时间的工作表，失效间隔表示故障的时间间隔（即原始数据），失效时间表示空调器失效的具体时间，也就是我们通过"计算>计算器"入口计算出来的值，给这个工作表命名为"RL_空调器（增长参数）.MTW"（界面见图 12 - 20 （A））。

（2）从"统计>可靠性/生存>可修复系统分析>参数增长曲线（Stat>Reliability/Survival>Repairable System Analysis>Parametric Growth Curve）"入口（界面见图 12 - 20 （B））。

（3）在出现的对话框"参数增长曲线"（界面见图 12 - 20 （C））的"变量/初始变量"项内输入"失效时间"。

（4）点击"估计"按钮，在出现的对话框"参数增长曲线：估计"（界面见图 12 - 20 （D））的"估计法"中选择"极大似然"，在"幂律过程"和"Poisson 过程"二者中选择"Poisson 过程"。

（5）点击"图形"按钮，在出现的对话框"参数增长曲线：图形"（界面见图 12 - 20

(E))中勾选"在事件图中显示失效数"和"在 MCF 图中显示置信区间"。

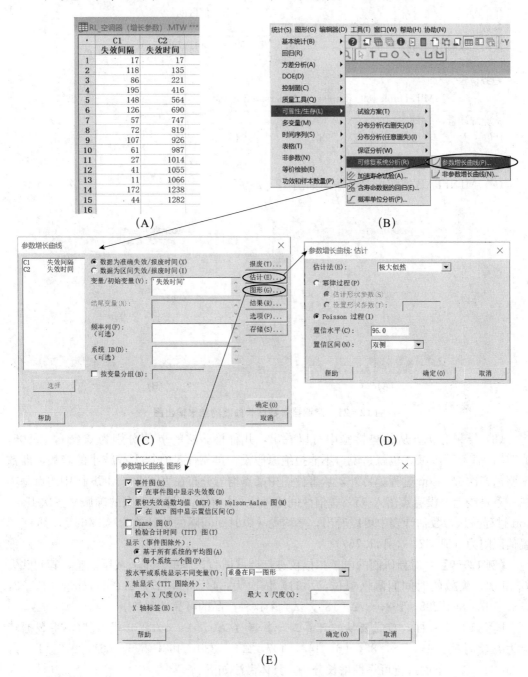

图 12-20　空调器参数增长曲线的流程图

（6）MINITAB 的会话窗口输出如下。

参数增长曲线：失效时间

模型：Poisson 过程

估计法：极大似然

参数估计

参数	估计	标准误	95%正态置信区间 下限	上限
平均无故障时间间隔	85.4667	22.067	51.5249	141.767

趋势检验

	MIL-Hdbk-189	Laplace	Anderson-Darling
检验统计量	26.24	0.67	0.50
P 值	0.881	0.506	0.745
自由度	28		

（7）MINITAB 的图形窗口输出如图 12-21 所示。

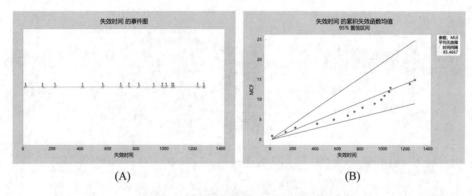

(A)   (B)

图 12-21 空调器参数增长曲线的结果输出图

（8）结果分析。从趋势检验中可以看出，几种检验法的 p 值分别为 0.881，0.506，0.745，都大于 0.05，也就是说，不能拒绝原假设，可靠性没有增大或减小的趋势，即数据服从齐次 Poisson 过程。另外，从事件图中叉点均匀分布在直线上，MCF 图中的点基本在一条直线上，没有点落入 95% 置信区间之外也可以看出，这组数据的确服从齐次 Poisson 过程。从参数估计表中可以看出，平均无故障时间间隔的估计值为 85.466 7，其 95% 置信区间为（51.524 9，141.767）。

【例 12-9】 对新研制的电子扫描仪进行调试试验，作单台定数截尾试验，其间共失效 15 次，失效的时间间隔（单位：小时）依次为：41，17，27，11，44，57，61，72，138，107，86，295，198，372，186，试判断这种产品的可靠性趋势。

同例 12-8 一样，首先要从"计算＞计算器（Calc＞Calculator）"入口，将数据转化为失效时间：41，58，85，96，140，197，258，330，468，575，661，956，1 154，1 526，1 712。下面进行可靠性增长分析，具体做法如下。

（1）为这组数据建立一个有两列数据——失效间隔、失效时间的工作表，并将这个工作表命名为"RL_电子扫描仪（增长参数）.MTW"。

（2）从"统计＞可靠性/生存＞可修复系统分析＞参数增长曲线（Stat＞Reliability/Survival＞Repairable System Analysis＞Parametric Growth Curve）"入口。

（3）在出现的对话框"参数增长曲线"的"变量/初始变量"项内输入"失效时间"。

（4）点击"估计"按钮，在出现的对话框"参数增长曲线：估计"的"估计法"中选择"极大似然"，在"幂律过程"和"Poisson 过程"二者中选"Poisson 过程"。

（5）点击"图形"按钮，在出现的对话框"参数增长曲线：图形"中，勾选"在事件图中显示失效数"和"在 MCF 图中显示置信区间"。

这时，MINITAB 的图形窗口显示的事件图和 MCF 图如图 12‑22 所示。

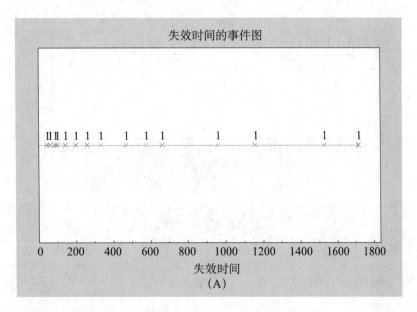

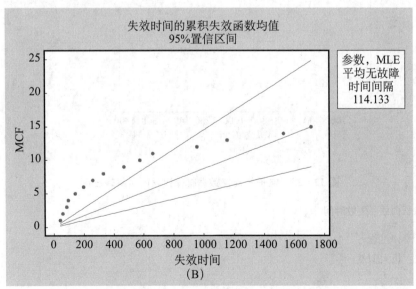

图 12‑22　电子扫描仪数据 Poisson 过程的结果输出图

从图 12‑22 中可以明显看出，点已落入 95％置信区间之外，即认为"此过程是齐次 Poisson 过程"是不合适的，所以要在上面的第（4）步中改为选择"幂律过程"，重复上面的操作。

（6）MINITAB 的会话窗口输出如下。图形输出见图 12 - 23。

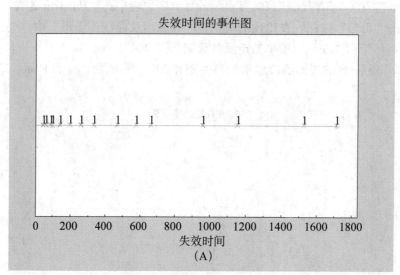

（A）

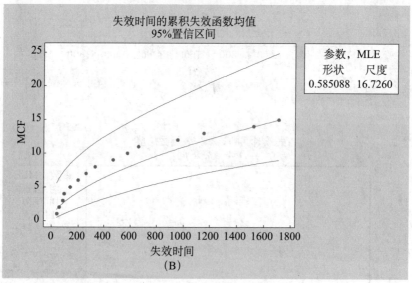

（B）

图 12 - 23　电子扫描仪数据幂律过程的结果输出图

参数增长曲线：失效时间

模型：幂律过程

估计法：极大似然

参数估计

参数	估计	标准误	95％正态置信区间	
			下限	上限
形状	0.585088	0.146	0.358264	0.955517
尺度	16.7260	20.953	1.43580	194.845

趋势检验

	MIL-Hdbk-189	Laplace	Anderson-Darling
检验统计量	51.27	−2.94	5.07
P 值	0.009	0.003	0.003
自由度	28		

（7）结果分析。从参数增长曲线的结果输出图可以看出，点都落入幂律过程 95% 置信区间之内，因此只能使用"幂律过程"。趋势检验表的三个 p 值分别为 0.009，0.003 和 0.003（不论选用齐次 Poisson 过程还是选用幂律过程，拟合的 p 值都是相同的），都小于 0.05，这说明不能"认为失效率固定不变"，即这组寿命数据不服从齐次 Poisson 过程而应该是服从幂律过程。从参数估计表中可见，形状参数的估计值为 0.585 088，处于 0～1 之间，说明失效率是递减的，所以系统的可靠性呈增长趋势。另外，结果输出的事件图中叉点的间隔越来越大，累积失效函数均值图中曲线是上凸的，也可以说明这组数据存在可靠性增长的趋势。

12.4.3　非参数增长曲线

在上文中，我们介绍了可修复系统的参数分析方法，此时进行分析有一个前提，即假定修理次数来自齐次 Poisson 过程或幂律过程；当一列数据属于多个系统时，如果数据来自相同的过程，就可以作出形状参数或尺度参数是否相等的检验。但如果不知道修理次数的分布，我们只能使用非参数方法。非参数增长曲线分析方法可以用来估计一段时间内系统的平均维护成本或平均修理次数，而无须假设修理成本或修理次数的分布情况。若知道可修复系统的失效数据及维修成本分布，我们可以用参数分析方法估计维持一个系统的平均成本，如果尚未假定维修成本分布，可以用来估计维修的平均次数；如果提供了至少两列（准确数据）或者多对（区间数据）失效数据，MINITAB 将会比较不同的可修复系统。

与参数增长曲线分析中的累积失效函数平均值不同的是，非参数增长曲线分析中的累积失效函数平均值曲线是一个阶梯函数曲线，阶梯位置在系统的失效处或者是失效区间的终点处。图 12-24 给出了非参数增长曲线分析中累积失效函数平均值曲线的一个例子。

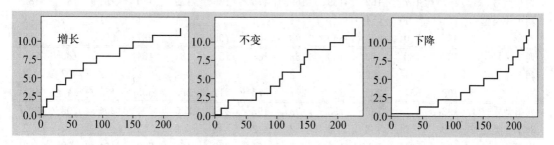

图 12-24　累积失效函数平均值

利用累积失效函数平均值之差可以看出两组或更多组数据的累积失效函数平均值的不同，MINITAB 在累积失效函数平均值之差为 0 的地方作出一条参考直线，此图也是阶梯函数的图形，阶梯位置在系统的失效处或者是失效区间的终点处。当数据是至少两个变量或至少两组变量（区间）或分组时，这个图才可用。图 12-25 给出了非参数增长曲线分

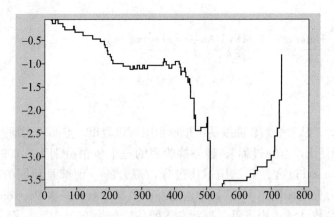

图 12 - 25　累积失效函数平均值之差

析中累积失效函数平均值之差曲线的一个例子。

　　非参数方法所需样本量要大得多，所得结论要比参数方法少，对两种类型产品的比较也无统计显著性结论，但是最后的置信区间可供判断使用。下面来看一个非参数增长曲线分析的例子。

　　【例 12 - 10】　有两种不同类型的地铁刹车片部件，我们用 29 辆不同型号的列车来对这两种刹车片进行检验，记录其使用寿命（单位：日），具体数据如表 12 - 9 所示，数据文件：RL＿刹车片（增长非参数）. MTW。

表 12 - 9　刹车部件的寿命

列车型号	101	101	112	112	112	112	119	119	119	119	128	128
刹车片类型	1	1	1	1	1	1	1	1	1	1	1	1
寿命	462	730	364	391	548	724	302	444	500	730	250	500
列车型号	128	132	132	137	137	137	137	137	145	145	155	155
刹车片类型	1	1	1	1	1	1	1	1	1	1	1	1
寿命	724	88	724	272	421	552	625	719	481	710	431	710
列车型号	167	167	169	169	169	175	175	179	179	181	181	182
刹车片类型	1	1	1	1	1	1	1	1	1	1	1	1
寿命	367	710	635	650	708	402	700	33	687	287	687	317
列车型号	182	182	183	183	183	183	183	184	184	180	180	180
刹车片类型	1	1	2	2	2	2	2	2	2	2	2	2
寿命	498	657	203	211	277	373	511	293	503	173	242	464
列车型号	192	192	192	192	192	192	200	200	204	204	205	205
刹车片类型	2	2	2	2	2	2	2	2	2	2	2	2
寿命	39	91	119	148	306	461	382	460	250	434	192	448
列车型号	206	206	212	212	214	214	216	216	219	219	228	228
刹车片类型	2	2	2	2	2	2	2	2	2	2	2	2
寿命	448	369	22	447	54	441	194	432	61	419	19	185
列车型号	228	235	235	243	243	243	243					
刹车片类型	2	2	2	2	2	2	2					
寿命	419	187	416	93	205	264	415					

按现有数据我们先要讨论一下应该选用参数方法还是非参数方法。如果对于每种列车，刹车片有连续更换的较多数据（例如有 10 次），那么我们有可能进行参数分析，确认这些失效时间是否满足齐次 Poisson 过程，还可以比较各型号的列车刹车片的分布参数是否相同，当然也可以比较两种类型的刹车片寿命是否相同。但实际上，这里对于每种列车，刹车片最多只有连续更换的四五次数据，少的只有两次记录，因此在本例用参数方法解释结论可能很不准确，而应使用非参数方法。

　　下面对其进行可靠性增长的非参数分析，具体做法如下。

　　（1）从"统计＞可靠性/生存＞可修复系统分析＞非参数增长曲线（Stat＞Reliability/Survival＞Repairable System Analysis＞Nonparametric Growth Curve）"入口（界面见图 12 - 26 （B））。

　　（2）出现对话框"非参数增长曲线"（界面见图 12 - 26 （C）），在"变量/初始变量"项中输入"寿命"，在"系统 ID"项中输入"列车型号"，选中"按变量分组"项，并且输入"刹车片类型"。

　　（3）点击"图形"按钮，在出现的对话框"非参数增长曲线：图形"中勾选"事件图""在事件图中显示成本/失效数""累积失效函数均值""在图中显示置信区间"。

　　具体操作流程如图 12 - 26 所示。

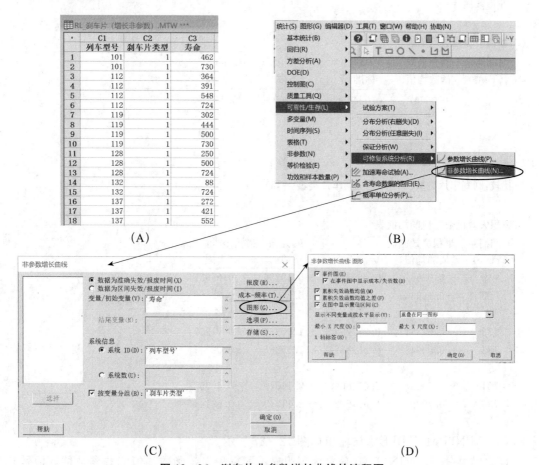

图 12 - 26　刹车片非参数增长曲线的流程图

（4）MINITAB 的会话窗口主要输出如下（完整输出见网上资源）。

非参数增长曲线：寿命
刹车片类型 = 1 的结果

系统：列车型号
非参数估计

累积失效函数均值表

时间摘录 (Time)	累积失效 函数均值	标准误	95% 正态置信区间 下限	上限	系统
33	0.07143	0.068830	0.01081	0.47218	179
88	0.14286	0.093522	0.03960	0.51540	132
⋮	⋮	⋮	⋮	⋮	⋮
730	3.73047	0.471307	2.91221	4.77864	101
730	4.23047	0.410559	3.49769	5.11677	119

刹车片类型 = 2 的结果

系统：列车型号
非参数估计

累积失效函数均值表

时间摘录 (Time)	累积失效 函数均值	标准误	95% 正态置信区间 下限	上限	系统
19	0.06667	0.064406	0.01004	0.44284	228
⋮	⋮	⋮	⋮	⋮	⋮
511	5.02134	0.535360	4.07443	6.18831	183

寿命 比较

比较：（刹车片类型 = 1）－（刹车片类型 = 2）

累积失效函数差值的均值表

时间摘录 (Time)	累积失效函数 差值的均值	标准误	95% 正态置信区间 下限	上限
19	−0.06667	0.064406	−0.19290	0.05957
22	−0.13333	0.087771	−0.30536	0.03869
⋮	⋮	⋮	⋮	⋮
173	−0.52381	0.277299	−1.06730	0.01969
185	−0.59048	0.289837	−1.15855	−0.02241
⋮	⋮	⋮	⋮	⋮
724	−1.79087	0.674662	−3.11319	−0.46856
730	−0.79087	0.674662	−2.11319	0.53144

（5）MINITAB 的图形窗口输出如图 12-27 所示。

（6）结果分析。MINITAB 分别为每组显示了累积失效函数均值的非参数估计值及其

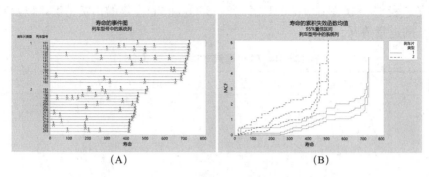

图 12 - 27 刹车片非参数增长曲线的结果输出图

相应的标准误和置信区间。例如，第一种类型的刹车片在第 33 天时的累积失效函数均值为 0.071 43，其 95％置信区间为（0.010 81，0.472 18）。第二种类型的刹车片在第 19 天时的累积失效函数均值为 0.066 67，其 95％置信区间为（0.010 04，0.442 84）。

从累积失效函数图中可以看出，第一种类型刹车片的曲线都下凸，说明失效率是增加的，即第一种类型刹车片的可靠性有下降的过程。而第二种类型刹车片的曲线则下凸不非常明显，看不出第二种类型刹车片的可靠性有明显下降的过程。

我们更加感兴趣的是两种刹车片的寿命是否有显著不同。在两种刹车片寿命比较的累积失效函数差值的均值表中可以看出，180 天之前，置信区间都包含 0，也就是说，在最初的 180 天，两种类型刹车片的累积失效概率没有显著差异，但是 180 天之后，置信区间都是负的，即第一种类型刹车片比第二种类型刹车片的累积失效概率要小，也就是说，第一种类型刹车片在后期要比第二种类型刹车片更不易失效，因而第一种类型刹车片更好。这个结论还是很有意义的。

12.5 寿命数据的保证分析

为了维护顾客的权益，现在各种耐用消费品都建立了保修制度。作为厂家，如何估计保修成本？保证分析是利用以往保修期索赔的信息预测未来保修期索赔的数量和成本的过程，通过合理分配资源以处理未来的产品失效，避免过度的浪费性计划或不充分的不足性计划。例如，一家生产保证期为一年的除草机的公司，因保证索赔而导致的成本为每次 5 000 元，每个月都记录下各批除草机在保证期内发生故障的机器数。MINITAB 的保证预测命令通过分析这些历史数据来估计未来退货量。

保证分析实际上是对任意删失数据进行的可靠性分析，这里只是提供更方便的计算机处理界面而已。通常，保证数据分析包括预处理和保证预测两个步骤：首先，使用 MINITAB 软件中的"过程前保证数据"功能，将数据从三角矩阵格式转换为任意删失格式；其次，使用分布 ID 图为现有数据选择一个合适的分布；最后，使用保证预测命令预测未来失效的数目或成本。下面分别介绍过程前保证数据和保证预测命令处理数据的方法。

12.5.1 过程前保证数据

用于保证分析的数据往往呈现出三角矩阵的形式。例如，M 汽车公司按年跟踪其出货和退货情况。表 12-10 显示了 2001，2002，2003 和 2004 年的出货情况，以及直到 2005 年（现在）的退货情况。

表 12-10 M 公司汽车退货数据（按列）

出货年份	出货量	2002 年退货	2003 年退货	2004 年退货	2005 年退货
2001	10 023	21	50	85	103
2002	15 357		25	43	82
2003	25 020			54	82
2004	35 826				78

从表 12-10 中可以看出，在 2001 年卖出的 10 023 辆汽车中，因为保证索赔，2002 年退回了 21 辆，2003 年退回了 50 辆，2004 年退回了 85 辆，2005 年退回了 103 辆。同样，在 2002 年卖出的 15 357 辆汽车中，2003 年退回了 25 辆，2004 年退回了 43 辆，2005 年退回了 82 辆。这是上三角格式。

也可以按表 12-11 的方式重新排列上述数据，这和表 12-10 表达的含义是相同的。

表 12-11 M 公司汽车退货数据（按行）

退货年份	2001 年出货	2002 年出货	2003 年出货	2004 年出货
	10 023	15 357	25 020	35 826
2002	21			
2003	50	25		
2004	85	43	54	
2005	103	82	82	78

这是 M 公司汽车退货数据的下三角格式。

过程前保证数据命令可将原始三角矩阵格式的实际数据（上三角及下三角皆可）转变为常规的任意删失数据格式，以便对其进行其他的可靠性数据分析。

12.5.2 保证预测

保证预测命令可以进行失效预测分析，用于根据当前保证数据来预测未来的保证索赔或退货情况。

保证预测命令要求以任意删失格式输入数据，此格式提供单元失效的时间区间。例如，根据表 12-10 显示的 M 汽车公司按年跟踪其出货和退货情况，可以写出过去四年的失效数据的任意删失格式，如表 12-12 所示。

表 12-12 M 公司汽车退货数据

起始时间	结束时间	频率
0	1	178
1	2	175
2	3	167

续表

起始时间	结束时间	频率
3	4	103
1	*	35 748
2	*	24 884
3	*	15 207
4	*	9 764

表 12 - 12 显示，在生命周期的第一年退回了 178 辆（21＋25＋54＋78）汽车，第二年退回了 175 辆（50＋43＋82）汽车，第三年退回了 167 辆（85＋82）汽车，第四年退回了 103 辆汽车。"结束时间"列中的缺失值用星号表示，其含义为到数据收集阶段结束时仍未失效的汽车，即目前仍在运行的汽车。这些行显示，35 748 辆（35 826－78）汽车在其生命周期的第一年未失效，24 884 辆（25 020－54－82）汽车在第二年未失效，15 207 辆（15 357－25－43－82）汽车在第三年未失效，9 764 辆（10 023－21－50－85－103）汽车至今仍未失效。

下面我们用一个例子来具体说明如何在 MINITAB 中实现保证分析。

【例 12 - 11】 H 冰箱制造厂研制了一种安装新型压缩机的冰箱，1 月份开始销售。其管理者为了预测未来冰箱压缩机的索赔，在 12 个月内每个月记录下按规定予以保修或退货的故障压缩机台数，数据如表 12 - 13 所示。

表 12 - 13 H 冰箱制造厂的压缩机故障数

出货时间	出货数量	1 月	2 月	3 月	4 月	5 月	6 月	7 月	8 月	9 月	10 月	11 月	12 月
1 月	910	0	0	0	0	0	0	0	0	0	0	0	0
2 月	940		0	0	0	0	0	0	0	0	0	0	0
3 月	960			0	0	1	4	3	1	1	2	4	5
4 月	990				1	1	0	1	0	0	1	2	1
5 月	1 100					0	0	0	1	3	1	4	2
6 月	1 050						2	1	2	1	3	1	2
7 月	1 050							1	0	1	1	2	1
8 月	1 030								0	2	1	2	1
9 月	1 000									0	0	1	0
10 月	1 010										0	1	1
11 月	950											1	0
12 月	930												2

利用这 12 个月的数据，预测未来 5 个月内会有多少台冰箱压缩机出现保证索赔。

现在我们对其进行保证分析，整个过程要分两个阶段来计算，第 1 阶段进行"过程前保证数据"的计算，在获得计算结果并存入工作表后，再进行第 2 阶段"保证预测"的计算，具体做法如下。

第 1 阶段进行"过程前保证数据"的计算。

（1）为这组数据建立一个有 13 列数据——出货量、1 月、2 月、3 月、4 月、5 月、6 月、7 月、8 月、9 月、10 月、11 月、12 月的工作表，并将这个工作表命名为"RL _ 冰箱（保证分析）.MTW"（界面见图 12 - 28（A））。

	C1 出货量	C2 1月	C3 2月	C4 3月	C5 4月	C6 5月	C7 6月	C8 7月	C9 8月	C10 9月	C11 10月	C12 11月	C13 12月
1	910	0	0	0	0	0	0	0	0	0	0	0	0
2	940	0	0	0	0	0	0	0	0	0	0	0	0
3	960		0	0	0		4	3	1	1	2	4	5
4	990			1	1	0		0	1	0	1	2	1
5	1100				0	0	1	3	1	4	2		
6	1050					2	1	2	1	3	1	2	
7	1050						1	0	1	1	2	1	
8	1030							0	2	1	2	1	
9	1000								0	1	1	1	
10	1010									0	1	1	
11	950										1	0	
12	930											1	2

(A)

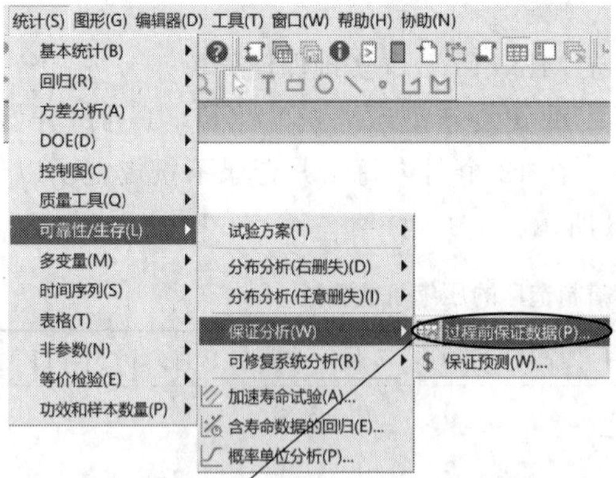

(B)

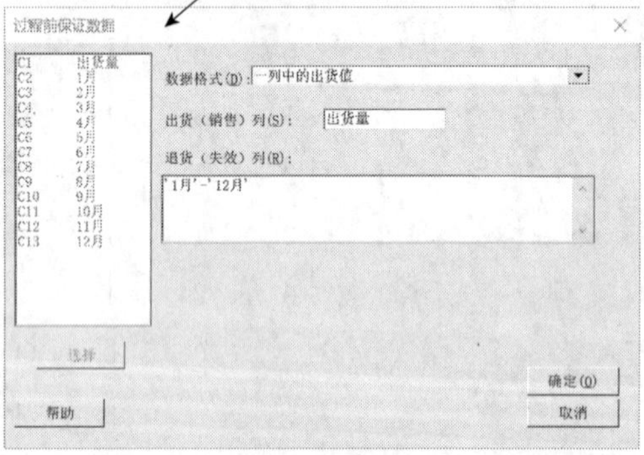

(C)

C14 起始时间	C15 结束时间	C16 频率
0	1	7
1	2	5
2	3	7
3	4	10
4	5	12
5	6	4
6	7	8
7	8	6
8	9	5
9	10	5
10	11	0
11	12	0
1	*	928
2	*	949
3	*	1008
4	*	999
5	*	1024
6	*	1044
7	*	1038
8	*	1089
9	*	983
10	*	939
11	*	940
12	*	910

(D)

图 12 - 28 "过程前保证数据"流程图

（2）从"统计＞可靠性/生存＞保证分析＞过程前保证数据（Stat＞Reliability / Survival＞Warranty Analysis＞Pre-Process Warranty Data）"入口（界面见图 12 - 28（B））。

（3）出现对话框"过程前保证数据"（界面见图 12-28（C）），在"出货（销售）列"项内输入"出货量"，在"退货（失效）列"中输入"1 月—12 月"。

各项皆点击"确定"，即可完成第 1 阶段"过程前保证数据"的计算。

（4）在"会话"对话框中只显示原数据信息，而在工作表中存储了 3 列计算结果（见图 12-28（D））。

下面是第 2 阶段"保证预测"的计算。

（5）从"统计＞可靠性/生存＞保证分析＞保证预测（Stat＞Reliability/Survival＞Warranty Analysis＞Warranty Prediction）"入口（界面见图 12-29（A））。

（6）出现"保证预测"对话框（界面见图 12-29（B）），在"起始时间"项内输入"起始时间"，在"结束时间"项内输入"结束时间"，在"频率（可选）"项内输入"频率"。

各项皆点击"确定"，即可完成第 2 阶段"保证预测"的计算。

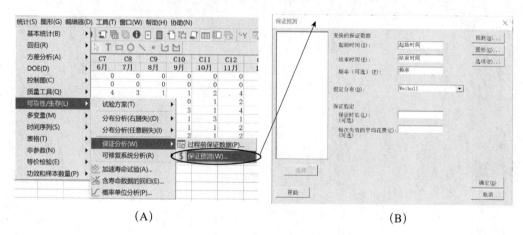

（A）　　　　　　　　　　　（B）

图 12-29　"保证预测"流程图

（7）MINITAB 的会话窗口输出如下。

保证预测：开始 = 起始时间，结束 = 结束时间

＊注＊使用了 22 个案例；2 个案例包含缺失值或零频率。
使用 频率 中的频率

分布参数

分布	形状参数	尺度
Weibull	1.28010	376.280

极大似然估计法
当前保证索赔的摘要

单位总数	11920
故障函数	69
期望的失效数	68.5182
95％ Poisson 置信区间	(53.2614，86.7856)
未来时间周期故障的单位数	11851

失效的预测点数表

未来时间周期	潜在失效数	失效预测点数	95% Poisson 置信区间 下限	上限
1	11851	12.7893	6.7691	21.9639
2	11851	26.1708	17.1220	38.2991
3	11851	40.0595	28.6268	54.5372
4	11851	54.3979	40.9113	70.9088
5	11851	69.1430	53.8123	87.4837

（8）MINITAB的图形窗口输出如图12-30所示。

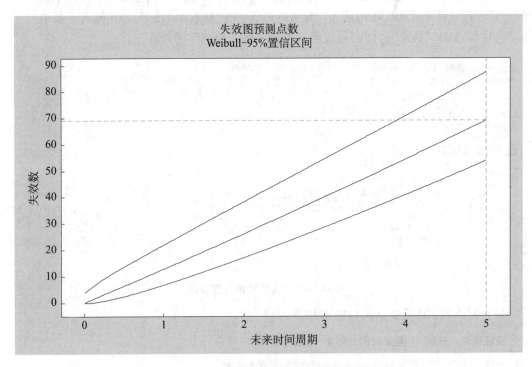

图 12-30　冰箱数据保证预测的结果输出图

（9）结果分析。从当前保证索赔的摘要表中可以看出，在数据收集期间收集到的 11 920 台压缩机中，有 69 台失效。使用 Weibull 分布为失效时间建模，预计会有大约 69 台压缩机失效，并给出其 95%置信区间。另外，由于 11 920 台压缩机中现在已经失效 69 台，所以参加计算的潜在失效压缩机台数（潜在失效数就是累积生产总量扣除已失效数）为 11 920−69＝11 851。

而通过失效的预测点数表和失效图预测点数图，可以得到未来 1～5 个月失效数的 95%置信区间。例如，未来 5 个月，预计将有大约 54～87 台压缩机失效台压缩机失效。若想得到更多个月的潜在失效数的预测，在图 12-29（B）的"保证预测"对话框中点击"预测"按钮，在出现的"预测"对话框的"预测以下时间周期的失效"项中输入需要的月数即可。

在失效图预测点数图中，有三条斜率稍有差别的直线，中间一条直线表示对于不同时间周期失效数的预测值，而上下两条直线表示其相应的失效数的置信区间，图中虚线显示的是 5 个月后的失效数预测。

【**例 12 - 12**】 M 电视机厂研究其保修政策。该电视机厂对售出电视曾进行免费检修，其中极少一些需动用保修手段，绝大多数完好。每次记录下检修时间、完好台数、保修台数，将这些数据列在表 12 - 14 中，数据文件：RL_电视机（任删）.MTW。为比较 1 年保修或 2 年保修的利弊，先计算出各自的失效概率，然后计算 2 年保修会比 1 年保修费用增加多少。

表 12 - 14 M 电视机厂保修记录表

月	完好	保修	月	完好	保修	月	完好	保修	月	完好	保修
1	3 700	94	7	3 889	2	13	3 461	15	19	3 569	9
2	3 584	21	8	3 957	3	14	3 586	22	20	3 792	22
3	3 619	6	9	3 544	2	15	3 310	14	21	3 228	24
4	3 413		10	3 716	3	16	3 334	15	22	3 386	17
5	3 408	2	11	3 323	4	17	3 721	19	23	3 393	15
6	3 355	1	12	3 025	11	18	3 792	13	24	3 629	29

先将数据整理成任意删失数据格式，整理方法见例 9 - 12，整理结果见数据文件 RL_电视机（任删）.MTW 的 C6～C8 列。

下面要先分析哪种分布拟合数据较好。由于本例数据较多，3 参数分布也可以参加拟合的比较，但仍然没有哪个分布拟合得较好。其实，从数据表中可以看出，在前两个月中，保修台数很多，说明这时处于早期失效阶段，以后才逐渐稳定下来，但后期似乎又有所增加，因此从理论上说，没有任何分布能够同时拟合各个阶段的寿命数据。

在这种情况下，只好使用非参数方法。从"统计＞可靠性/生存＞分布分析（任意删失）＞非参数分布分析（Stat＞Reliability/Survival＞Distribution Analysis（Arbitrary Censoring）＞Nonparametric Distribution Analysis）"入口，由于本例数据是区间删失的，本例选用 Turnbull 估计。填写有关信息后，输出累积失效概率，结果如下：

时间摘录 (Time)	累积失效概率	标准误	95.0%正态置信区间 下限	上限
12	0.0037620	0.0011321	0.0015432	0.0059809
24	0.0080077	0.0014810	0.0051050	0.0109104

从上述结果可以看出，2 年底失效概率为 0.008 007 7，1 年底失效概率为 0.003 762 0，即 2 年底失效概率为 1 年底失效概率的 2.13 倍（0.008 007 7/0.003 762 0），因此 2 年保修费用是 1 年保修费用的 2.13 倍。在这种情况下，答应 2 年保修概率只增大了一倍，可以答应 2 年保修。

12.6 抽样验收及样本量的计算

在工程技术统计问题中，一大类是参数估计问题，另一大类则是检验判断问题。这两大类问题都涉及样本量的计算这一重要环节。

在实际工作中，我们常常会遇到抽样验收问题，即讨论如何通过抽取若干样品以判断一批待检产品是否合格。其中又分两类：一类是产品的不良率是否达到规定的不良率目标等离散型问题；另一类是产品的某项指标如均值、标准差等是否达到指定目标等连续型问题。这两种问题我们归纳为**简单抽样问题**，将在 12.6.1 小节作介绍。在实际工作中，我们也常常会遇到参数估计问题，例如对于常见的正态、二项、泊松分布，需要对其均值、标准差等参数进行估计，讨论需要多大样本量才能使估计量达到给定的精度要求，我们称之为**简单估计问题**，将在 12.6.2 小节作介绍。以上两个小节之所以称为"简单"情况，指的是这里假定所使用的样本都是精确的、无删失的数据，离散型指标的不良率来自二项分布，连续型指标的均值、标准差等来自正态分布等。但在实际工作中我们常常会遇到与可靠性有关的更复杂的问题，例如我们关心的是产品的可靠性指标（如平均寿命、给定可靠度的可靠寿命等），而寿命的分布扩充为常见的多种寿命分布（常常不是正态分布），抽样结果获得的可能是删失数据等，这些都属于可靠性统计的范畴。其中当目标值给定，希望通过抽样判断产品合格率是否达标时，这种离散型问题我们称为**可靠性抽样验收问题**，将在 12.6.3 小节作介绍。如果分布给定，研究可靠性参数的估计问题，即当样本量给定时希望研究其估计精度如何；或反过来，求样本量以使估计量能达到指定的精度，这属于产品**可靠性参数估计问题**，将在 12.6.4 小节作介绍。在可靠性分析中，还有一个非常重要的课题是**安排加速寿命试验**，由于要研究由加速应力下的寿命分布推断出正常应力下的寿命分布等，因此其中很重要的课题是如何安排试验计划，如何分析样本量与估计量精度间的关系，这些问题我们将在 12.6.5 小节作介绍。

12.6.1 简单抽样方案问题

下面先介绍对一般精确数据制定的抽检方法。抽检方案这一内容是个较特别的专题，有很多专门的图书予以介绍，例如，信海红主编的《抽样检验技术》（见参考文献［33］），张玉柱编著的《质量监督抽样检验的策划与实施》（见参考文献［34］）。下面我们简单介绍 MINITAB 软件确定抽检方案的方法。

抽样验收是评估进厂的产品样本以确定是接受整个批次以供使用还是拒收并退给供应商的过程。例如，假设一个公司收到供应商提供的 10 000 颗直径 10mm 的螺钉。该公司想检验若干螺钉以确定是接受整批产品，还是应当拒收并退给供应商。抽样验收将帮助我们决定要检验多少颗螺钉，以及接受该产品时允许有多少不良品。

由于产品总量太大，全检费时费力，因此通常进行抽样验收；但是，抽样验收无法估计质量水平，也不提供任何直接的过程控制。

抽样验收计划分为两种类型：属性数据抽样（合格品及不良品）及连续型数据抽样（测量产品特性并与公差限相比较）。

12.6.1.1 简单属性数据抽检方案问题

属性数据抽样应用广泛，其主要关注的对象是不良品率。首先要指定可接受质量水平（AQL）及可拒收质量水平（RQL 或 LTPD），指定批次大小以及 α 和 β 两类风险，然后可以制订出抽样方案，给出抽检特征（operating characteristic，OC）曲线、平均检出质量（average outgoing quality，AOQ）曲线及平均总检验数（average total inspection，ATI）

曲线。

【例 12 - 13】 假定可接受质量水平（AQL）为 1%，可拒收质量水平（RQL ）为 2%，指定抽样量小于 2 000，$\alpha=0.05$，$\beta=0.10$。请给出抽样方案。

从"统计＞质量工具＞按属性抽样验收（Stat＞Quality Tools＞Acceptance Sampling by Attributes)"入口（见图 12 - 31）。

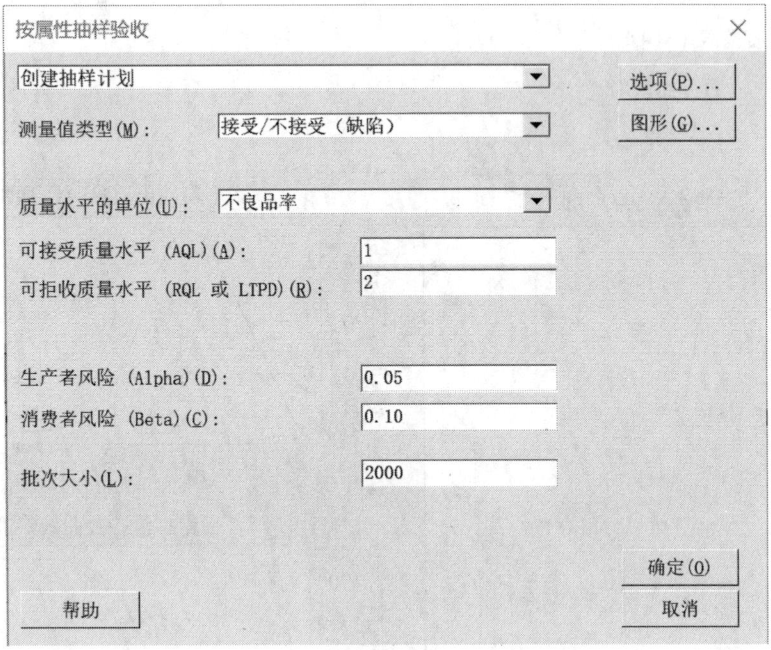

按属性抽样验收	✕

创建抽样计划 ▼   选项(P)…

测量值类型(M)： 接受/不接受（缺陷）▼   图形(G)…

质量水平的单位(U)： 不良品率 ▼

可接受质量水平（AQL)(A)： 1

可拒收质量水平（RQL 或 LTPD)(R)： 2

生产者风险（Alpha)(D)： 0.05

消费者风险（Beta)(C)： 0.10

批次大小(L)： 2000

确定(O)

帮助   取消

图 12 - 31　属性抽样验收方案操作图

填写相关信息后，即可得到下列结果及相应图形（见图 12 - 32）。

按属性的抽样验收

测量值类型：通过/通不过
以百分比缺陷表示的批次质量
批次大小：2000
使用二项分布来计算接受概率

方法

可接受质量水平（AQL)：	1
生产者风险（α)	0.05
可拒收质量水平（RQL 或 LTPD)：	2
消费者风险（β)	0.1

生成的计划

样本数量	1235
接受数	18

如果在 1235 取样中的不良品数≤18，接受该批次；否则拒绝。

百分比

缺陷	接受概率	拒绝概率	AOQ	ATI
1	0.954	0.046	0.365	1270.4
2	0.100	0.900	0.076	1923.8

平均交付质量限（AOQL）

AOQL	百分比缺陷
0.384	1.160

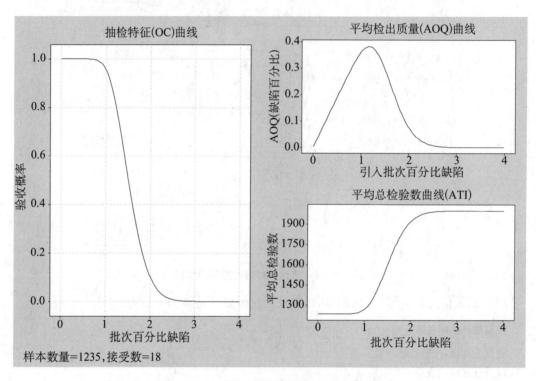

图 12-32　属性抽样验收计算结果显示图

方案结论是：每次抽取 1 235 件，若不良件数小于或等于 18 件，则接受；否则就拒收。

注意：MINITAB 软件是按二项分布计算得出这样的结果的，而实际工作部门需要更加精确的抽样方案。例如，要求分批次，按超几何分布精确计算；抽样可以采取一次抽样、二次抽样、序贯抽样等；方案有正常抽验、加严、放宽方案等。这些在国际标准、国家标准（如 GB 2828）中都有详细规定，用 MINITAB 软件计算得到的反而是粗糙的结果，因此确定抽样验收方案时，推荐大家直接查 GB 2828 的表格，不推荐使用 MINITAB 软件。

12.6.1.2　简单连续型数据抽检方案问题

连续型数据抽样应用也很广泛，其主要关注的对象仍然是不良品率，但这里假定质量

特性服从均值为 μ，标准差为 σ 的正态分布，已给定公差上下限（USL 及 LSL）。同样也要给定可接受质量水平（AQL）及可拒收质量水平（RQL 或 LTPD），指定批次大小以及 α 和 β 两类风险。在这些条件下，计算机可以制订出抽样方案，给出抽检特征曲线、平均检出质量曲线及平均总检验数曲线。

对于连续型产品的合格品的抽样方案指的是给出样本数量及临界距离（k 值）。

【例 12-14】　芯片镀膜公差限为 LSL＝1 050A，USL＝1 070A，历史标准差为 2A，假定可接受质量水平（AQL）为 1%，可拒收质量水平（RQL）为 2%，$\alpha=0.05$，$\beta=0.10$，希望抽样量小于 200。请给出抽样方案。

从"统计＞质量工具＞按变量抽样验收＞创建/比较（Stat＞Quality Tools＞Acceptance Sampling by Variables＞Create/Compare)"入口（界面见图 12-33）。

按变量分组抽样验收（创建/比较）

创建抽样计划	选项(P)...
	图形(G)...
质量水平的单位(N)：不良品率	
可接受质量水平（AQL）(E)：	1
可拒收质量水平（RQL 或 LTPD）(T)：	2
生产者风险（Alpha）(D)：	0.05
消费者风险（Beta）(C)：	0.10
规格下限(W)：	1050
规格上限(U)：	1070
历史标准差(A)：	2　（可选）
批次大小(L)：	200
帮助	确定(O)　取消

图 12-33　变量抽样验收方案操作图

填写相关信息后（注意，这时要填写历史标准差 S 的值），即可得到下列结果及相应图形（见图 12-34）。

按变量分组抽样验收 - 创建/比较

以百分比缺陷表示的批次质量

方法

规格下限（LSL）	1050
规格上限（USL）	1070
历史标准差	2
批次大小	200

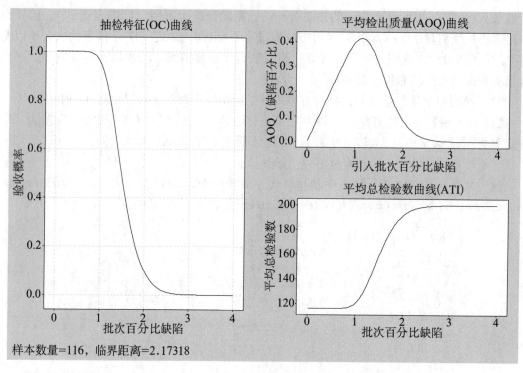

样本数量=116，临界距离=2.17318

图 12 - 34　连续型抽样验收计算结果显示图

可接受质量水平（AQL）：　　　　1
生产者风险（α）　　　　　　　　0.05
可拒收质量水平（RQL 或 LTPD）：　2
消费者风险（β）　　　　　　　　0.1

生成的计划

样本数量　　　　　　　　116
临界距离（k 值）：　2.17318
规格下限 Z 值 ＝（均值 － 规格下限）/历史标准差
规格上限 Z 值 ＝（规格上限 － 均值）/历史标准差
如果规格下限 Z 值 ≥ k 并且规格上限 Z 值 ≥ k，则接受批次；否则拒绝。

百分比缺陷	接受概率	拒绝概率	AOQ	ATI
1	0.950	0.050	0.399	120.2
2	0.099	0.901	0.083	191.7

平均交付质量限（AOQL）

AOQL	百分比缺陷
0.415	1.137

　　方案结论是：每次抽取 116 件，临界距离（k 值）为 2.173 18。临界距离 k 值的含义是这样的，将目前生产中的实际均值 $\bar{x}$ 代入下列两个公式，分别计算出下列两个数值：

$$Z.LSL = \frac{\overline{x} - LSL}{S}, \quad Z.USL = \frac{USL - \overline{x}}{S}$$

若 $Z.LSL \geqslant k$ 且 $Z.USL \geqslant k$，则接受本批次；否则拒绝。

注意：这里提出的临界距离（k 值）等价于提出 C_p 及 C_{pk} 两方面的要求。事实上，如果 $Z.LSL \geqslant k$ 且 $Z.USL \geqslant k$，则容易看出 $0.5(Z.LSL + Z.USL) \geqslant k$，换言之，$\frac{USL - LSL}{S} \geqslant 2k$，也就是给出 C_p 及 C_{pk} 两方面的要求：

$$C_p = \frac{USL - LSL}{6S} \geqslant \frac{k}{3}, \quad C_{pk} = \min\left(\frac{USL - \overline{x}}{3S}, \frac{\overline{x} - LSL}{3S}\right) \geqslant \frac{k}{3}$$

在本例中，k 值=2.173 18，如果 $C_p \geqslant 0.724\,4$ 及 $C_{pk} \geqslant 0.724\,4$，在抽样量为 116 件的条件下，就可以保证 $AQL = 1\%$，$RQL = 2\%$，而且满足 $\alpha = 0.05$，$\beta = 0.10$。

这些结论是有意义的，但其前提是已知样本的均值及历史标准差，而此前提条件的获得常常又需要依赖于抽样。

在经过上面的计算后，得出的结论是要求样本量为 116，临界距离 k 值为 2.17。如果目前条件不容许抽样量这样大，保持临界距离 k 值为 2.17，希望计算抽样量分别为 50，70，90 时，两类风险将降低到什么程度（见图 12-35）。注意此时要单击"创建抽样计划"右侧的下拉箭头，选择"比较用户定义的抽样计划"。

图 12-35 比较变量抽样验收方案操作图

计算结果如下，输出图形见图 12-36。

比较用户定义计划

样本数量（n）	临界距离（k）	百分比缺陷	接受概率	拒绝概率	AOQ	ATI
50	2.17	1	0.866	0.134	0.433	56.7
50	2.17	2	0.206	0.794	0.206	89.7

70	2.17	1	0.905	0.095	0.271	72.9
70	2.17	2	0.165	0.835	0.099	95.0
90	2.17	1	0.931	0.069	0.093	90.7
90	2.17	2	0.135	0.865	0.027	98.6

平均交付质量限（AOQL）

样本数量	临界距离（k）	AOQL	百分比缺陷
50	2.17	0.442	1.125
70	2.17	0.279	1.126
90	2.17	0.096	1.134

规格下限 Z 值 ＝（均值 － 规格下限）/历史标准差

规格上限 Z 值 ＝（规格上限 － 均值）/历史标准差

如果规格下限 Z 值 ≥ k 并且规格上限 Z 值 ≥ k，则接受批次；否则拒绝。

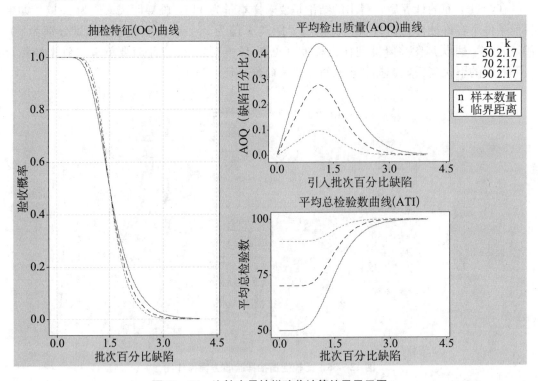

图 12－36　比较变量抽样验收计算结果显示图

解释：当抽样量减少时，两类风险确实加大了。例如抽样量为 50 时，在可接受水平为 1％时，接受概率只有 0.866（应该为 0.950）；在可拒绝水平为 2％时，拒绝概率只有 0.794（应该为 0.900）。这时 AOQ（平均检出质量水平）高达 0.433％。这里要注意理解：如果引入质量非常好，自然交付质量也会非常好。如果引入质量很差，整个批次将被拒绝；这样交付质量也会很好，因为该批次被拒绝，不会流入不合格的部件。当引入质量不是很好也不是很差时，交付质量会差一些，交付水平中的"百分比缺陷"会达到"平均交付质量限"

（AOQL）的最大值。在本例中，当引入质量的百分比缺陷为 1.125% 时，交付质量水平达到最差情况，即平均交付质量限（AOQL）达到 0.442%。同样，当样本量为 70，90 时，有相应的更小的平均交付质量限（即效果更好）的平均检出质量水平（AOQ），这样一来，我们就可以通过比较 AOQ 曲线来帮助选择适当的抽样计划。

上例的计算是指定多个样本大小和仅一个临界距离 k，以查看只改变样本大小的效果；也可以指定一个样本量和多个临界距离 k，以查看只改变临界距离的效果；也可以只指定一个样本大小和一个临界距离 k 的组合，以查看特定的成对组合的效果。

12.6.2　简单估计问题的样本量计算

在一般精确数据的统计分析问题中，常常需要对参数进行估计。这里最常遇到的参数是正态分布的均值、标准差、方差，二项分布的比率，泊松分布的比率等。早期版本的 MINITAB 软件没有这方面的功能，只是在 R16 版以后才增加了这些功能。下面我们通过一些例子来加以说明。

【例 12-15】　假定钢筋的抗拉强度服从标准差为 10kg 的正态分布，希望估计其均值。

（1）设定抽取 25 根钢筋，可以使均值估计量的误差小到什么程度？抽取 50，75，100 根呢？

（2）如果希望均值的允许误差为 5kg，那么样本量应该至少有多少？允许误差为 4，3，2，1，0.5kg 呢？

这两个问题是一个问题的两个方面，在 MINITAB 中属于同一窗口。选择"统计>功效和样本数量>用于估计的样本数量（Stat>Power and Sample Size>Sample Size for Estimation)"，其界面见图 12-37。注意：MINITAB16 误将"允许误差（Marginal Error)"翻译为"边际误差"，MINITAB18 已经对此错误进行了修正。

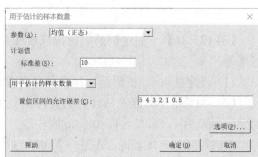

图 12-37　估计正态分布均值所需样本量计算操作图

给定样本量，想计算估计均值的允许误差时，使用图 12-37 左图界面，所得结果如下。

用于估计的样本数量

方法

参数	均值
分布	正态
标准差	10（估计）
置信水平	95%

置信区间　双侧

结果

样本数量	允许误差
25	4.12780
50	2.84197
75	2.30079
100	1.98422

给定允许误差，想计算估计均值的样本量时，使用图 12-37 右图界面，所得结果如下。

用于估计的样本数量

方法

参数	均值
分布	正态
标准差	10（估计）
置信水平	95％
置信区间	双侧

结果

允许误差	样本数量
5.0	18
4.0	27
3.0	46
2.0	99
1.0	387
0.5	1540

【例 12-16】　假定钢筋的抗拉强度服从标准差为 10kg 的正态分布，希望估计其实际标准差。

（1）设定抽取 25 根钢筋，标准差估计量的允许误差是多少？抽取 50，75，100 根呢？

（2）如果希望标准差估计时的允许误差为 5kg，那么样本量应该至少有多少？标准差的允许误差为 4，3，2，1，0.5kg 呢？

本例与例 12-15 相同，也是一个问题的两个方面，因此与估计均值使用同一窗口。只需在"参数"内将"均值（正态）"换成"标准差（正态）"就行了，其界面见图 12-38。

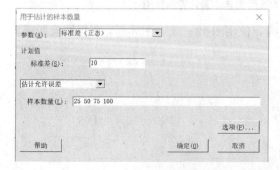

图 12-38　估计正态分布标准差所需样本量计算操作图

给定样本量，想计算估计标准差的允许误差时，使用图 12 - 38 左图界面，所得结果如下。

用于估计的样本数量

方法

参数	标准差
分布	正态
标准差	10
置信水平	95%
置信区间	双侧

结果

样本数量	允许误差（下限）	允许误差（上限）
25	2.19172	3.91152
50	1.64666	2.46133
75	1.38381	1.91750
100	1.21993	1.61675

给定允许误差，想计算估计标准差的样本量时，使用图 12 - 38 右图界面，所得结果如下。

用于估计的样本数量

方法

参数	标准差
分布	正态
标准差	10
置信水平	95%
置信区间	双侧

结果

允许误差	样本数量
5.0	18
4.0	25
3.0	37
2.0	70
1.0	234
0.5	849

关于样本量与允许误差互相计算的这个窗口中，对于"参数"的选择，除了上述正态总体估计均值、标准差、方差外，还可以换成二项分布、泊松分布，这些操作的详细介绍这里就省略了。

12.6.3 可靠度验证抽检方案问题

12.6.3.1 可靠度验证抽检方案概述

我们先来看看实际工作中常常出现的安排可靠性试验的抽检方案问题。这些试验通常有两种不同的目的与要求。

第一种是讨论如何进行试验，以判断一批产品是否符合某一个可靠性指标，符合就接受，否则拒绝。例如，要使寿命在 40 000 小时以上的产品占到 95%，假定该产品寿命服从指数分布，允许的最大失效数为 1，有 200 件产品可供试验，那么需要试验多长时间比较合适？这里的试验结果只有"合格"或"不合格"两种可能，这里对抽样量的计算就是**抽检方案**问题，在 MINITAB 中也称为**检验计划**问题。

第二种是讨论需要多大的样本量来进行试验，才能够保证在某个特定精度下，估计出某个百分位数或可靠度的数值。该问题与统计学中一般的确定样本量大小的问题类似，但由于这里允许数据是非正态分布，也允许带有删失数据，所以估计和计算稍有不同。例如，我们希望估计某公司产品有 5% 失效的时间是多少，如何安排试验计划？

对于这两种不同类型的问题下面将分节介绍。12.6.3 小节介绍第一种问题，我们称之为**验证抽检方案**；12.6.4 小节介绍第二种问题，我们称之为**估计抽检方案**。在抽检方案中还应该包含加速寿命抽检方案，这部分内容我们将在 12.6.5 小节加以介绍。

不论检验的最终目的是哪种类型，一项抽检方案都应该包括：

● 试验中要检验的产品数。

● 终止条件——对于时间删失来说，就是确定删失时间；对于失效删失来说，就是确定删失产品数。

● 成功标准——试验尚未终止时的产品失效数。

12.6.3.2 可靠度验证抽检方案的计划

验证抽检方案也称为**验证检验计划**，其目的是在一定的置信水平下，确定可靠度达到或超过某个特定值所需的样本量大小或试验时间。

验证抽检方案包括下列两种类型：

（1）实证检验。验证重新设计的系统是否抑制或显著减少已知的失效原因。此时检验的原假设和备择假设是：

H_0：新系统与原系统没有区别

H_1：新系统优于原系统

（2）可靠度检验。验证系统的可靠度是否超过某个特定值。

H_0：系统的可靠度小于等于目标值

H_1：系统的可靠度大于目标值

我们也可以利用尺度参数（Weibull 或指数分布）、位置参数（其他分布）、百分位数、特定时间的可靠度、平均故障前时间（MTTF）重新写出原假设和备择假设。例如，可以把原假设写为新系统的 MTTF 等于原系统的 MTTF，备择假设写为新系统的 MTTF 大于原系统的 MTTF。下面分别详细介绍。

12.6.3.3　失效数抽检方案

失效数抽检方案可归为计数抽检方案。在规定的样本量中，在一定时间内，可以利用失效数来判断一批产品是否符合某个可靠性指标，符合就接受，否则拒绝，在 MINITAB 软件中，也称为 **m 失效检验计划**，这就是说，如果一批产品的失效数没有超过 m，则说明这批产品合格。例如，当 m＝3 时，如果在一批产品中，失效产品数为 0，1，2 或 3，则说明该批产品合格。m 失效检验计划有以下几种类型：

- 对于 Weibull 分布，需要已知形状参数，验证尺度参数。
- 对于指数分布，验证尺度参数。
- 对于极值、正态、对数正态、Logistic 和对数 Logistic 分布，需要已知尺度参数，验证位置参数。

m 失效检验计划可以减少总试验时间。例如，当 m＝1 时，如果检验 3 件产品且头 2 件产品没有失效，就不必检验第 3 件产品了。但是，m 失效检验计划对高可靠度产品并不可行，这是因为高可靠度产品的失效时间往往比较长。

利用 m 失效检验计划，可以估计 Weibull 分布的形状参数和其他分布的尺度参数，从而将其与预先假设值进行比较；也可以获得 Weibull 分布或指数分布的更准确的尺度参数估计值或其他分布的位置参数估计值。

特别地，当 m＝0 时，即 0 失效检验计划，通常会减少高可靠度产品的总试验时间。与利用 m 失效检验计划不同，利用 0 失效检验计划，无法估计 Weibull 分布的形状参数或其他分布的尺度参数，但是可以估计 Weibull 分布与指数分布的尺度参数或其他分布的位置参数，只不过此时得到的估计可能比较保守。

m 失效检验计划的接受概率方程是：

$$R^N + N(1-R)R^{N-1} + \cdots + C_N^k (1-R)^k R^{N-k} + \cdots + C_N^m (1-R)^m R^{N-m} = 1-\alpha$$

$$(12-16)$$

式中，α 是犯第一类错误的概率；R 是时间 t 的可靠度函数；N 是抽检数。

为了求得新系统在 $1-\alpha$ 置信水平上优于原系统的试验时间，选取 N 件产品进行试验。对于 0 失效检验计划，试验时间 $t = R^{-1}[(1-\alpha)^{1/N}]$；对于 m 失效检验计划（$m>0$），试验时间 $t = R^{-1}(R_0)$，其中，R_0 是定义在区间（0，1）上接受概率方程（12-16）的解。

为了求得重新设计的系统在 $1-\alpha$ 置信水平上优于原系统的最小抽检产品数，对于 0 失效检验计划，$N = \dfrac{\ln\alpha}{\ln R(t)}$；对于 m 失效检验计划（$m>0$），有

$$N_{app}^{\cdot} = \frac{2(m+0.5) + R \times z_\alpha^2 + |z_\alpha| \sqrt{R[R \times z_\alpha^2 + 4(m+0.5)]}}{2(1-R)} \qquad (12-17)$$

12.6.3.4　可靠度验证抽检方案的理论

下面我们分三小段具体讨论可靠性参数估计（或可靠度）的抽检方案，给出不同条件下的理论表达式。这些理论要求具有一定的统计学知识背景，初学者可以暂时跳过。

1. 已知可靠度和时间

如果可靠性目标是以可靠度和时间的形式给出的，MINITAB 将会首先计算出特定分

布的参数估计值，然后计算试验时间和样本大小。对于特定的分布，可靠度和时间的计算有确定的公式。如果分布类型确定，分布参数也已估计完毕，则可以代入相应公式直接计算出可靠度和时间。反之，如果给定可靠度和时间的具体值，则可以求出分布参数。表 12 - 15 对已知可靠度和时间给出 7 个常用分布的参数估计值公式，这里 t 代表时间。

表 12 - 15　已知可靠度和时间的参数估计值

分布类型	参数	表达式
指数分布	尺度参数	$\theta=\dfrac{t}{-\ln R(t)}$
Weibull 分布	尺度参数	$\alpha=\dfrac{t}{[-\ln R(t)]^{1/\beta}}$
最小极值分布	位置参数	$\mu=t-\sigma\ln[-\ln R(t)]$
正态分布	位置参数	$\mu=t-\sigma z_{1-R(t)}$
对数正态分布	对数位置参数	$\mu=\ln t-\sigma z_{1-R(t)}$
Logistic 分布	位置参数	$\mu=t-\sigma\ln[1/R(t)-1]$
对数 Logistic 分布	对数位置参数	$\mu=\ln t-\sigma\ln[1/R(t)-1]$

2. 已知 p 分位数

如果可靠性目标是以 p 分位数 t_p 形式给出的，和上述内容一样，MINITAB 将会首先计算出特定分布的参数估计值，然后计算试验时间和样本大小。对于特定的分布，分位数的计算有确定的公式。如果分布类型确定，分布参数也已估计完毕，则可以代入相应公式直接计算出分位数。反之，如果给定分位数的值，则可以求出分布参数。表 12 - 16 对已知分位数给出 7 个常用分布的参数估计值公式。

表 12 - 16　已知 p 分位数的参数估计值

分布类型	参数	表达式
指数分布	尺度参数	$\theta=\dfrac{t_p}{-\ln(1-p)}$
Weibull 分布	尺度参数	$\alpha=\dfrac{t_p}{[-\ln(1-p)]^{1/\beta}}$
最小极值分布	位置参数	$\mu=t_p-\sigma\ln[-\ln(1-p)]$
正态分布	位置参数	$\mu=t_p-\sigma z_p$
对数正态分布	对数位置参数	$\mu=\ln t_p-\sigma z_p$
Logistic 分布	位置参数	$\mu=t_p-\sigma\ln\dfrac{p}{1-p}$
对数 Logistic 分布	对数位置参数	$\mu=\ln t_p-\sigma\ln\dfrac{p}{1-p}$

3. 已知平均故障前时间

对于特定的分布，平均故障前时间（MTTF）的计算有确定的公式。如果分布类型确定，分布参数也已估计完毕，则可以代入相应公式直接计算出 MTTF。反之，如果给定 MTTF 的值，则可以求出分布参数。表 12 - 17 对已知 MTTF 给出 7 个常用分布的参数估计值公式。

表 12 - 17　已知平均故障前时间的参数估计值

分布类型	参数	表达式
指数分布	尺度参数	$\theta = \mathrm{MTTF}$
Weibull 分布	尺度参数	$\alpha = \dfrac{\mathrm{MTTF}}{\Gamma(1+1/\beta)}$
最小极值分布	位置参数	$\mu = \mathrm{MTTF} + c\sigma$
正态分布	位置参数	$\mu = \mathrm{MTTF}$
对数正态分布	对数位置参数	$\mu = \ln\mathrm{MTTF} - \sigma^2/2$
Logistic 分布	位置参数	$\mu = \mathrm{MTTF}$
对数 Logistic 分布	对数位置参数	$\mu = \ln\left[\dfrac{\mathrm{MTTF}}{\Gamma(1+\sigma)\Gamma(1-\sigma)}\right]$

其中，c 是欧拉常数，约等于 0.577 2。

12.6.3.5　可靠度验证抽检方案的实现

所谓可靠度验证抽检方案，就是当某件产品有其规定的可靠性指标时，我们如何抽检产品以确认其是不是合格的。

【例 12 - 17】　某工厂准备进行一项某产品的寿命试验，要使该批产品寿命在 3 000 小时以上的占到 90%，并且知道该产品寿命服从形状参数为 3 的 Weibull 分布，试验周期是 1 500 小时，最大失效数为 1，需要准备多少产品进行试验比较合适？也就是说，如何制订判断产品是否合格的检验方案？

将该问题用统计语言进行描述，即对形状参数为 3 的 Weibull 分布，在 $\alpha = 0.05$ 的条件下，要在 1 500 小时内检验一批产品的 0.10 分位数为 3 000 小时的抽检方案是什么？具体做法如下。

（1）打开 MINITAB 软件，选择"统计＞可靠性/生存＞试验方案＞验证（Stat＞Reliability/Survival＞Test Plans＞Demonstration）"（界面见图 12 - 39 (A)）。

（2）在出现的对话框"验证试验方案"的"要验证的最小值"那一项选择"百分位数"，并且输入"3000"，在"百分比"中输入"10"；这里，也可以选择"可靠度"，并且输入"0.9"，在"时间"中输入"3000"。在"允许的最大失效数"那一项输入"1"，选择"每个单元的检验时间"，并且输入"1500"，在"分布"那一项选择"Weibull"，在"形状（Weibull）或尺度（其他分布）"中输入"3"。

具体操作流程如图 12 - 39 所示。

（3）MINITAB 的会话窗口输出如下。

验证试验方案
可靠度试验方案

分布：Weibull，形状参数 = 3

百分位数目标 = 3000，目标置信水平 = 95%

试验方案

失效检验	检验时间	样本数量	实际置信水平
1	1500	361	95.0162

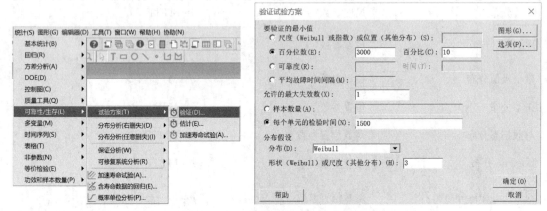

图 12-39　验证试验方案的流程图

（4）MINITAB 的图形窗口输出如图 12-40 所示。

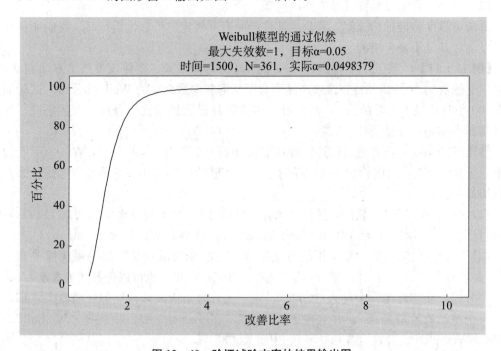

图 12-40　验证试验方案的结果输出图

（5）结果分析。从 MINITAB 的会话窗口输出可以看出，需要抽用 361 件产品进行寿命试验，若在 1 500 小时内最大失效数为 0 或 1，则接受这批产品，否则拒绝，这时犯第一类错误的概率为 1－95.016 2%＝4.983 8%，可以 95.016 2%的置信水平使得 0.1 分位数为 3 000 小时。通过概率图显示了实际通过指定检验的可能性。随着改善比率从 0 增加到 2，"1 失效"检验的通过概率稳步上升，当改善比率大于 2 时，几乎可以确定一定通过检验。

改善比率是真实值与要验证的最小值的比。例如，一家电子元件供应商对某种特定玻璃电容器的设计进行了改进，现有电容器的使用寿命服从 Weibull 分布，且 5% 电容器失效的时间为 50 小时。供应商认为，5% 电容器失效的时间为 150 小时表示电容器的使用寿命得到显著改善。因此，他们希望新设计的电容器在改善比率为 150/50＝3 时通过验证试验。

改善数量是真实值与要验证的最小值的差。例如，一家制造商改进了燃气热水器中使用的恒温器的设计。现有恒温器的使用寿命服从正态分布，且 5% 恒温器失效的时间为 1 825 小时。制造商认为，5% 恒温器失效的时间为 2 010 小时表示恒温器的使用寿命有显著改善。因此，他们希望新设计的恒温器在改善数量为 2 010－1 825＝185 小时时通过验证试验。

通过概率图（probability of passing graph，POP 图）绘制的是检验通过的概率与改善比率或改善数量之间关系的曲线。例如，制造剪草机变速器的一家公司的工程师要确定对 10 个变速器进行多长时间的试验，才能证明 5% 变速器失效的时间超过 100 小时，这里的 100 小时就是要验证的参数最小值。如果实际的改善比率好于 2，则验证试验应具有较高的通过概率。因此，如果 5% 变速器失效的时间为 100×2＝200 小时，则应通过验证试验。

对于 Weibull、指数、对数正态和对数 Logistic 分布，显示以改善比率为横坐标的通过概率图；对于最小极值、正态和 Logistic 分布，显示以改善数量为横坐标的通过概率图。

POP 图是检验的功效图。功效是指原假设不成立时拒绝原假设的概率，在验证试验中，可以通过两种方式提高检验的功效：第一，减小目标值。随着改善比率的提高，检验的功效也随之提高。如果改善比率很小，则目标值太大。减小要验证的最小值，改进的系统或具有高可靠度的系统通过 m 失效检验的机会就会增大。第二，增大 m 失效检验允许的最大失效数。POP 图为要验证的参数选择最小值，高可靠度系统有着高通过概率。POP 图的纵坐标为检验通过的概率，它依赖于产品寿命提高的程度、允许的失效数、试验时间和样本大小。

本例中如果（未知）0.10 分位数为 6 000，则改善比率为 6 000/3 000＝2，通过检验的概率大约为 0.9。如果要验证的值减小到 2 400，改善比率将增加到 2.5，通过检验的概率将增加到约 0.95。通过减小要验证的值，可以增大通过检验的概率。

POP 图中，MINITAB 使用百分比表示通过的概率，要将此尺度重新设置为概率，必须对显示的图形进行编辑。选定 y 轴，右键单击，然后选择"编辑＞Y 尺度"，单击"类型"选项卡并选择"概率"。

本例中，若有 500 件产品参与试验，那么需要进行多长时间的试验比较合适？也就是说，如何制订判断产品是否合格的检验方案？操作与例 12 - 17 类似，只要在图 12 - 39 右图中选择"样本数量"，并且输入"500"就可以了，具体操作如图 12 - 41 所示。

MINITAB 的会话窗口输出如下。

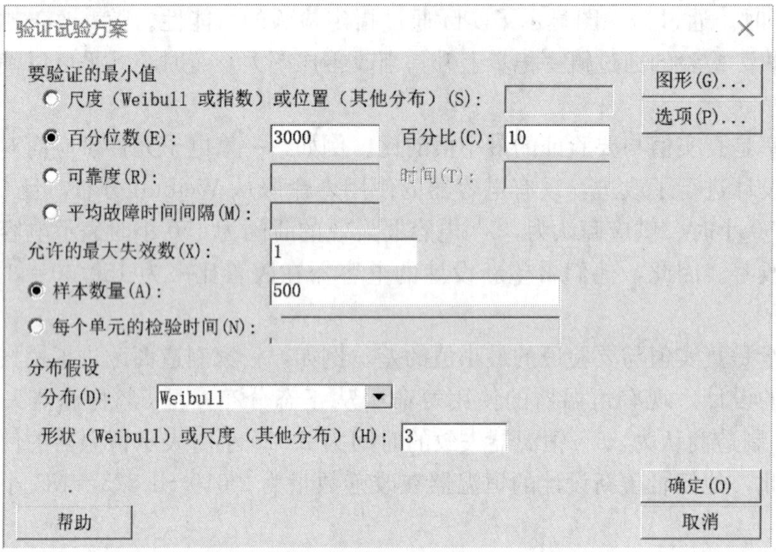

图 12 - 41 中对话框内容：

验证试验方案   ×

要验证的最小值   图形(G)...
  ○ 尺度（Weibull 或指数）或位置（其他分布）(S):   选项(P)...
  ● 百分位数(E):   3000   百分比(C): 10
  ○ 可靠度(R):   时间(T):
  ○ 平均故障时间间隔(M):
允许的最大失效数(X):   1
  ● 样本数量(A):   500
  ○ 每个单元的检验时间(N):

分布假设
  分布(D):   Weibull   ▼
  形状（Weibull）或尺度（其他分布）(H): 3

                                          确定(O)
帮助   取消

图 12 - 41　验证试验方案对话框

验证试验方案

可靠度试验方案

分布：Weibull，形状参数 ＝ 3

百分位数目标 ＝ 3000，实际置信水平 ＝ 95％

试验方案

失效检验	样本数量	检验时间
1	500	1345.12

由 MINITAB 的结果显示可知，此时的检验时间为 1 345.12 小时，也就是说，用 500 件产品进行试验，需要试验 1 345.12 小时，若试验中最大失效数为 0 或 1，则接受这批产品，否则拒绝。当然，如果最大失效数为 0，那么得到的检验时间更短，为 1 153.65 小时，只需要将图 12 - 41 的对话框中"允许的最大失效数"改为"0"就可以了。

12.6.4　产品可靠性参数估计的抽检方案问题

12.6.4.1　产品可靠性参数估计的抽检方案概述

估计抽检方案（MINITAB 中也称为估计试验方案）用来在某个特定精度下，当估计某个百分位数或可靠度时，确定所需要的产品数或试验时间。估计试验方案与一般的确定样本大小问题类似，但由于数据有时是删失的，所以估计和计算稍有不同，计算量稍大。估计试验方案可以解决诸如下面的问题：

- 当 $\alpha = 0.05$ 时，要检验 $t_{0.1} = 100$ 小时，需要抽多少件产品进行试验？
- 当 $\alpha = 0.05$ 时，要检验 $t_{0.05} = 500$ 小时，需要试验多长时间？

失效删失在检验较低的百分位数时非常有用。对于任何百分位数，增加试验时间当然可以提高估计的精度。但是，当试验进行到远超过估计百分位数的产品失效时，精度的提高并不明显。例如，如果要估计第 10 个百分位数，那么试验进行到 15％的产品失效就可以得到足够的精度，而不用等到所有产品均失效为止。

其实在所有的寿命试验中，要将试验进行到所有产品都失效是没有意义的，在只关心分布中较低的百分位数时更是如此。对于任何百分位数，试验结果的精度依赖于试验时间和样本量大小。

为使试验花费最小，需要在试验时间和样本量大小之间进行平衡。对于一个给定的试验精度，MINITAB 可以为任意删失时间给出样本量大小。随着时间的增加，样本量大小逐渐减小，我们的目的是选择费用最小的试验时间和样本量大小。

估计试验方案也可以估计给定模型的尺度参数或位置参数，此时，可以通过估计相应分布的百分位数来得到参数的估计。例如，估计正态分布的位置参数相当于估计正态分布的 0.5 分位数，其他分布的参数与分位数的对应值如表 12-18 所示。

表 12-18 参数与分位数的对应值

分布类型	参数	分位数
指数分布	尺度参数 θ	$1-e^{-1}$
Weibull 分布	尺度参数 α	$1-e^{-1}$
最小极值分布	位置参数 μ	$1-e^{-1}$
正态分布	位置参数 μ	0.5
对数正态分布	对数位置参数 e^{μ}	0.5
Logistic 分布	位置参数 μ	0.5
对数 Logistic 分布	对数位置参数 e^{μ}	0.5

12.6.4.2 产品可靠性参数估计的抽检方案的实现方法

在可靠性的参数估计问题中，情况可能非常复杂，要求也可能千差万别。为了规范我们的问题描述，需要在指定的两个条件（称为计划值）下，选择估计下列两个需求之一：给定时间估计可靠度；给定可靠度估计时间。为什么需要指定两个条件？因为一个条件并不能完全确定分布（单参数指数除外），而两个条件则可以完全确定分布（三参数分布除外）。对于通常用的双参数寿命分布，如果给定三个条件，反而会造成矛盾和不相容，因此希望估计可靠度时指定两个条件。这两个条件可以是两个分布的参数；可以是一个参数加一个百分位数；也可以是两个百分位数。在 MINITAB 软件中，从"统计＞可靠性/生存＞试验方案＞估计（Stat＞Reliability/Survival＞Test Plans＞Estimation）"入口，可以看见以下界面（见图 12-42），界面中列出了以下四种条件，当指定两个计划值时，实际上是从下列四种条件中任取两种条件的组合。

1. 指定两个分布参数

已知分布中的位置参数 μ 和尺度参数 σ（Weibull 分布中的 α 和 β），若要估计 p 分位数，那么在位置尺度模型（正态、Logistic 和极值）中，p 分位数的估计值为：

$$t_p = \mu + \sigma F^{-1}(p) \tag{12-18}$$

在对数位置尺度模型（Weibull、对数正态、对数 Logistic）中，p 分位数的对数的估计值为：

$$\ln t_p = \mu + \sigma F^{-1}(p) \tag{12-19}$$

若要估计给定时间的可靠度，那么在位置尺度模型（正态、Logistic 和极值）中，给

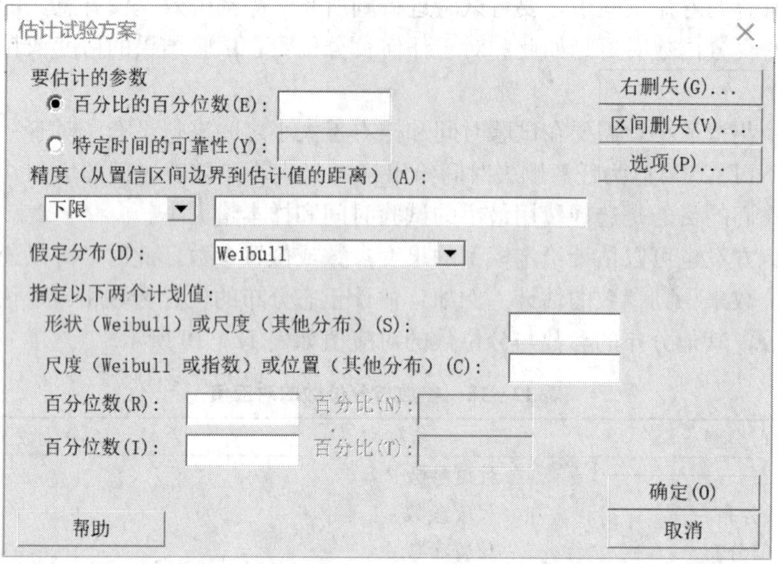

图 12 - 42　可靠性参数估计的抽检方案选择界面图

定时间可靠度的估计值为：

$$R(t) = 1 - F\left(\frac{t-\mu}{\sigma}\right) \tag{12-20}$$

在对数位置尺度模型（Weibull、对数正态、对数 Logistic）中，需要在式（12 - 20）中用 $\ln t$ 代替 t 来求可靠度的估计值，参见网上资源。

2. 指定百分位数和尺度（或形状）参数

已知 σ（或 β）和某一分位数 t_p 的计划值，则在位置尺度模型中，μ 的估计值为：

$$\mu = t_p - \sigma F^{-1}(p) \tag{12-21}$$

在对数位置尺度模型中，需要在式（12 - 21）中用 $\ln t_p$ 代替 t_p 来求 μ 的估计值，参见网上资源。

3. 指定百分位数和位置（或尺度）参数

已知 μ（或 α）和某一分位数 t_p 的计划值，则在位置尺度模型中，σ 的估计值为：

$$\sigma = \frac{t_p - \mu}{F^{-1}(p)} \tag{12-22}$$

在对数位置尺度模型中，需要在式（12 - 22）中用 $\ln t_p$ 代替 t_p 来求 σ 的估计值，参见网上资源。

4. 指定两个百分位数

已知某两个分位数 t_{p_1} 和 t_{p_2} 的计划值，则在位置尺度模型中，μ 和 σ 的估计值为：

$$\mu = \frac{t_{p_1} F^{-1}(p_2) - t_{p_2} F^{-1}(p_1)}{F^{-1}(p_2) - F^{-1}(p_1)}, \quad \sigma = \frac{t_{p_2} - t_{p_1}}{F^{-1}(p_2) - F^{-1}(p_1)} \tag{12-23}$$

在对数位置尺度模型（Weibull、对数正态、对数 Logistic）中，需要在式（12-23）中用 $\ln t_{p_1}$ 和 $\ln t_{p_2}$ 分别代替 t_{p_1} 和 t_{p_2} 来求 μ 和 σ 的估计值，参见网上资源。

12.6.4.3　参数估计所需的样本量大小

对于正态、Logistic 和极值这三种位置尺度模型及 Weibull、对数正态、对数 Logistic 这三种对数位置尺度模型，估计分位数 t_p 或某可靠度所需的样本量大小参见网上资源。

12.6.4.4　产品可靠性参数估计的抽检方案的具体实现

【例 12-18】　某工厂准备进行某产品的寿命试验来估计 5% 的产品失效的时间，计划试验周期是 100 000 小时，并且期望 5% 的产品失效的时间是 40 000 小时，15% 的产品失效的时间是 100 000 小时，误差（从置信区间下限到参数估计值的距离）小于 20 000，已知该产品寿命服从 Weibull 分布，需要准备多少产品进行试验比较合适？

用统计语言进行描述，即检验当 $t_{0.05} = 40\,000$ 小时，$t_{0.15} = 100\,000$ 小时，在寿命服从 Weibull 分布，试验时间为 100 000 小时的条件下，需要抽检多少产品？具体做法如下。

（1）打开 MINITAB 软件，选择"统计＞可靠性/生存＞试验方案＞估计（Stat＞Reliability/Survival＞Test Plans＞Estimation)"。

（2）在出现的对话框"估计试验方案"（界面见图 12-43（A））的"要估计的参数"那一项选择"百分比的百分位数"，并且输入"5"，在"精度（从置信区间边界到估计值的距离）"中输入"20000"，在"指定以下两个计划值"的"百分位数"中输入"40000"，在其相应的"百分比"中输入"5"，在另一个"百分位数"中输入"100000"，在其相应的"百分比"中输入"15"。

（3）点击"右删失"按钮（界面见图 12-43（B）），在"删失类型"中选择"时间删失在"，并且输入"100000"。

具体操作流程如图 12-43 所示。

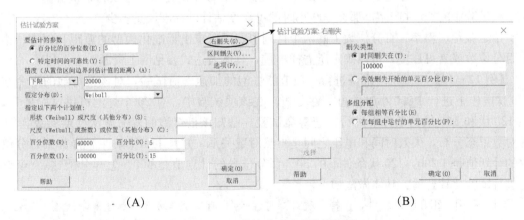

(A)　　　　　　　　　　　　　　　　(B)

图 12-43　估计试验方案的流程图

（4）MINITAB 的会话窗口输出如下。

估计试验方案

I 型右删失数据（单一删失）

估计参数：第 5 个百分位数

计算出的计划估计值 ＝ 40000

目标置信水平 = 95%

按照单侧置信区间（给出参数下限）的精度。

计划值

对于百分比 5, 15, 百分位数值为 40000, 100000

计划分布

分布	尺度	形状参数
Weibull	423612	1.25859

试验方案

删失时间	精度	样本数量	实际置信水平
100000	20000	52	95.0190

（5）结果分析。从 MINITAB 的会话窗口输出可以看出，要估计 5% 的产品的失效时间，使得单侧置信下限在估计值的 20 000 小时内，必须对 52 件产品检验 100 000 小时。

通过改变精度的值，我们发现，当精度为 10 000 时，需要的产品数量是 302，当精度为 25 000 时，需要的产品数量是 26；当试验时间为 200 000，精度为 20 000 时，需要的产品数量是 49。也就是说，随着精度的增大和试验时间的延长，所需要的产品数量在不断减少。

12.6.5 加速寿命试验中的试验计划安排

加速寿命试验计划，也称为加速寿命抽检方案，用于在试验前确定进行试验的产品数和加速寿命试验的应力水平，也可以用于在给定产品数的条件下估计参数的标准误。加速寿命试验计划可以解决诸如以下的问题：

- 为了估计 100 小时的可靠度，20 件产品怎样在 3 个应力水平下实行最优分配？
- 试验中有 20 件产品，那么 500 小时的可靠度估计的标准误是多少？

给定截距、斜率、百分位数中的两个计划值，可以求出标准化模型的截距和斜率；给定百分位数或者可靠度，可以确定所需样本量，具体表达式参见网上资源。

【例 12-19】 某工厂准备进行一项节能灯泡的加速寿命试验，对该批灯泡的寿命在 110 伏电压下进行 1 000 小时的可靠性分析。在该项试验中，有 20 个灯泡可供试验使用，在 120 伏和 130 伏的条件下进行加速寿命试验。已知该批灯泡的寿命服从尺度参数为 50 的对数正态分布，失效时间和电压之间是自然对数关系，并且 110 伏条件下的 50% 百分位数的计划值是 1 200，120 伏条件下的 50% 百分位数的计划值是 600，怎样分配这 20 个灯泡进行试验比较合适？具体做法如下。

（1）打开 MINITAB 软件，选择"统计>可靠性/生存>试验方案>加速寿命试验（Stat>Reliability/Survival>Test Plans>Accelerated Life Testing）"（界面见图 12-44（A））。

（2）出现对话框"加速寿命试验方案"（界面见图 12-44（B）），在"要估计的参数"项内选择"特定时间的可靠性"，并且输入"1000"；在"样本数量或精度（从置信区间边界到估计值的距离）"中选择"样本数量"并输入"20"，在"分布"那一项选择"对数正态"，并且在"关系"中选择"自然对数"，在"形状（Weibull）或尺度（其他分布）"中输入"50"，在"指定以下两个计划值"项的"百分位数"中输入"1200"，相应的"百分比"输入"50",相应的"应力"输入"110",在第二个"百分位数"中输入"600",相应的"百分比"输入"50",相应的"应力"输入"120"。

（3）点击"应力"按钮，打开"加速寿命试验方案：应力水平"对话框（界面见图 12-44 (C)），在其中"设计应力"一项输入"110"，在"检验应力"一项输入"120 130"。

具体操作流程如图 12-44 所示。

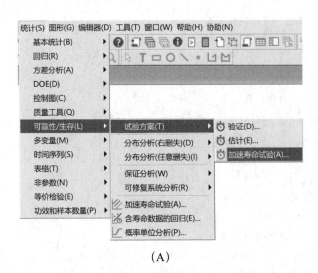

(A)

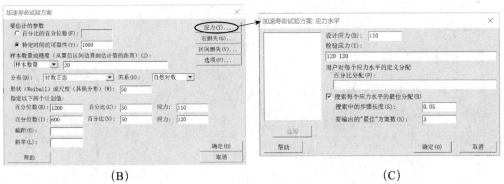

(B)   (C)

图 12-44 加速寿命试验计划的流程图

（4）MINITAB 的会话窗口输出如下。

加速寿命检验试验方案

计划分布

分布	截距	斜率	尺度参数
对数正态底数 e	44.5349	−7.96617	50

未删失数据
幂模型

估计参数：时间 = 1000 处的可靠性

计算出的计划估计值 ＝ 0.501455

设计压力值 ＝ 110

计划值

对于百分比 ＝ 50，50，在压力 ＝ 110，120 下，百分位数值 ＝ 1200，600

所选试验方案："优化"分配试验方案

可用样本单位合计 ＝ 20

第 1 个最佳"优化"分配检验计划

检验 压力	百分比 失效	百分比 分配	样本 单位	期望 失效
120	100	65.7524	13	13
130	100	34.2476	7	7

所关心参数的标准误 ＝ 0.283150

第 2 个最佳"优化"分配检验计划

检验 压力	百分比 失效	百分比 分配	样本 单位	期望 失效
120	100	65	13	13
130	100	35	7	7

所关心参数的标准误 ＝ 0.283185

第 3 个最佳"优化"分配检验计划

检验 压力	百分比 失效	百分比 分配	样本 单位	期望 失效
120	100	70	14	14
130	100	30	6	6

所关心参数的标准误 ＝ 0.284363

（5）结果分析。从 MINITAB 的会话窗口输出可以看出，110 伏电压下 1 000 小时处的可靠度的估计值是 0.501 455，也就是说，在正常电压下，大约有一半灯泡已失效。根据按照两个百分位数的计划值计算的截距、斜率和尺度参数，可以写出这里自然对数模型的加速方程，用 y 表示灯泡的寿命，x 表示电压，那么加速方程为：

$$\ln y = 44.534\,9 - 7.966\,17 \times \ln x + 50\varepsilon$$

MINITAB 最后给了三个最优分配检验计划（前两个是一样的），分别是：用 13 个灯泡在 120 伏下进行试验，用 7 个灯泡在 130 伏下进行试验，此时可靠度的标准误是 0.283 150；也可以用 14 个灯泡在 120 伏下进行试验，用 6 个灯泡在 130 伏下进行试验，此时可靠度的标准误是 0.284 363，这时标准误稍大一点，所以最优选择是第一个检验计划。

12.7 可靠性与生存分析汇总

在可靠性与生存分析中，当可靠性试验是在正常条件下进行而获得数据时，这就是寿命分析；当可靠性试验是在严苛条件加强应力下进行而获得数据时，则要进行加速寿命分析（这时数据中要增加一列应力数据值）。如果要讨论寿命数据（或其对数）与另一些自变量（可以是应力，也可以是其他变量或因子）之间的关系，这就是含寿命数据的回归分析。

如果记录的数据不是直接的寿命数据，而只是在某个协变量的影响下的成败数据，这时要使用寿命概率单位分析。可靠性与生存分析汇总表见表 12-19。

表 12-19 可靠性与生存分析汇总表

方法		数据类型	附带数据	分析方法细节	比较功能
寿命分析	参数分析	寿命（右删）	有分组	最小二乘或极大似然	可比较
		寿命（任删）	有分组	最小二乘或极大似然	可比较
	非参数分析	寿命（右删）	有分组	K-M 或精算	可比较
		寿命（区间删）	有分组	精算或 Turnbull	中位数的 CI 比较
		寿命（任删）	有分组	Turnbull	示意图比较
加速寿命分析		寿命（右删或任删）+加速变量	第二加速或分组		可比较
寿命回归分析		寿命（右删）+应力（可多个）	有分组		可比较
寿命概率单位分析		成败频数 + 协变量	有分组		相对效能 CI 比较
可靠性增长分析	参数分析	寿命（精确或区间删）	有分组		可比较参数
	非参数分析	寿命（精确或区间删）（大量）	有分组		示意图比较
保证分析		上三角退货数据（分组频数）			预测潜在失效数

第3篇

时间序列分析

我们前面学习的所有章节，不论是一元统计学还是多元统计学，都对数据作了一个重要的假定，这就是：数据间一定是相互独立的。但实际工作中有相当多的情况是不能满足这项要求的，这就是时间序列分析问题。

时间序列分析是现代实用统计中一个重要的研究方向，它是一门内容精深、应用广泛的学科，其研究方法和涵盖内容在各分支中都很不相同。根据研究对象而言，时间序列有一维和多维的分别，本书绝大部分仅限于讨论最简单的一维情况，即同一时刻只有一项记录，例如地震时建筑物墙体水平震动记录等。但实际上我们要研究的问题更常见的是多维情况，例如同一地点同时记录地震时水平方向和垂直方向两个方向的震动记录等。在实际工作中还会遇到更复杂的情况，例如地震勘探问题，那是在某个区域内探矿时使用的统计方法，其原理是在该区域地下深层人为制造"地震"后，对于此区域不同地点的多个站点分别获得震动记录，以这些站点地震记录的相关性来分析地球内部结构，这就是多维时间序列。就研究方法而言，时间序列分析主要分为研究其时间域（time domain）及频率域（frequency domain）两种研究方向，简称为时域分析和频域分析。在频率域方面的研究通常归于谱分析（spectrum analysis），其应用也很广泛，例如各种频率范围的滤波等。本书我们只限于讨论传统的时域分析中的问题，这是计算机软件方面的限制所造成的。从时间序列分析的研究历史上看，早在 1970 年，博克斯（G. Box）和詹金斯（G. Jenkins）就提出了随机时间序列预测的 ARMA 模型方法，这是在时间域里研究的重要里程碑。后来此模型又逐步发展，扩大成为分析一般非平稳随机序列的 ARIMA 模型，这种模型具有更加广泛的概括能力，因而在自然科学、工程技术及人文科学各个领域中成为最频繁使用的单变量时间序列分析模型，这将在本书中详细介绍。

本书第 3 篇时间序列分析将介绍以下内容。第 13 章将主要介绍有关时间序列分析的概念及趋势分析方法；第 14 章将主要介绍有关时间序列的平滑方法，用来提取本质变化规律。这两章只从时间序列的表面特征加以分析，不牵涉到时间序列的深层构造研究，使用的是一般常用的统计方法与一般计算数学中的数值方法。第 15 章是本篇的核心内容，将介绍时间序列分析中几种最常见的模型，从更深入的角度分析时间序列的规律性。

本书对时间序列分析方面的介绍仅包含时间序列分析中最基础的内容，在实际应用中，还可以使用更广泛有效、更精细的模型，也有更多的计算机软件可供使用。对时间序列分析更深入广泛的介绍请参考更多的书目（例如本书后的参考文献 [58] 等）。

第13章

时间序列分析概念

当我们试图了解周围的世界时，观察总是随着时间的推移而发展。不仅这些数据因受到多种偶然因素的影响而呈现出随机性，而且观测值之间还存在依赖关系。我们希望能从获得的历史观测数据中，找出产生这些数据的根本原因，发现它们的规律性，通过随机分析的方法归纳出相应的信息，对未来值进行某种预测或控制。这种依赖性或规律性使得由过去的数据预测未来是有可能的、有价值的。例如，我们已收集到某公司5年来每月的销售记录，这就构成了一个时间序列。我们希望找到其中的规律性，例如，这里是否有按年度增长的趋势？一年内是否有按月度变化的规律性？是否可能对未来3个月的销售量进行预测？再如，在自来水厂中，对于每日水源入口处的活性氮含量汇集了连续3年的记录，能否找出规律性，进而绘制出控制图，以便对其活性氮的含量进行控制？时间序列分析这门科学就是回答这些问题的。

时间序列分析可以应用于多个领域，在工程技术方面更是涵盖多个方面。例如，在机械工业中为了生产出高精度的零件，机床在工作时所产生的振动就是必须加以控制的因素，而记录下其振动生成的数据就构成了一个时间序列。在收集到的15秒时间里，每0.1秒记录一个偏离原来平衡位置的振幅数据，希望研究此机床振动的成因和如何减小机床的震动问题（详见本书15章例15-1）。对于这组短期数据先要仔细地分析出其特点，构建出其相应的合适模型，进而找出其变化规律。

事实上，任何时间序列经过合理的函数变换后，都可以被认为是由三部分叠加而成。这三部分是趋势项部分、周期项部分和随机项部分，其中随机项部分又包含随机信号与随机噪声两部分。从时间序列中把这三部分分解出来是时间序列分析的主要任务。本章着重讨论从时间序列模型中提取趋势项和周期项的分解问题：13.1节介绍时间序列分析的基本概念；13.2节介绍一般的趋势分析方法；13.3节介绍分解模型的一般方法。

13.1　时间序列分析基本概念

先看一些例子。比如我们关心全球气候变暖问题，希望分析全球若干气象站记录的气温变化规律，以一个站的记录分析为例。现在的气温都是按时全自动记录的，对于任何指定的时刻，我们都能找到与其相对应的气温记录。设 T 是实数集合的某个子集，例如全部非负的实数，通常称 T 为指标集。在指定的某个时刻，气温的值是随机变量，这是因为当时刻指定后，温度究竟是多少，事先是无法确知的，因此它是一个随机变量（当然有记录的过去的温度是观测值，这时就没有随机性了）。如果对每个 t 属于 T，都有一个随机变量 X_t 与之对应，就称随机变量的集合

$$\{X_t\} = \{X_t : t \in T\}$$

为一个**随机过程**。

如果我们只观测每个整时（如 8:00，9:00 等）或每 10 分钟（如 8:00，8:10，8:20等）的温度，这时所有的记录就构成了一个序列，可以依次编号 1，2，…。一般地，当 T 是全体整数或全体非负整数时，称相应的随机过程为**随机序列**。当把随机序列的指标集合 T 看成时间指标时，这个随机序列就是**时间序列**。

当 T 是全体实数或全体非负实数时，相应的随机过程称为**连续时随机过程**。如果特别把 T 当作时间指标，连续时随机过程就是**连续时的时间序列**。

在应用上，对连续时的时间序列的处理大多是通过离散化完成的。这种离散化称为**离散采样**。

按时间次序排列的随机变量序列

$$X_1, X_2, \cdots, X_t, \cdots \tag{13-1}$$

称为**时间序列**。如果用

$$x_1, x_2, \cdots, x_t, \cdots \tag{13-2}$$

分别表示随机变量式（13-1）的**观测值**，则

$$X_1, X_2, \cdots, X_N \tag{13-3}$$

就称为时间序列式（13-1）的 N 个**观测样本**，这里 N 是观测样本的个数。如果用

$$x_1, x_2, \cdots \tag{13-4}$$

表示 X_1，X_2，…的依次观测值，就称式（13-4）是式（13-1）的**一次实现**或**一条轨迹道**。

13.2　趋势分析

时间序列分析的主要任务就是对时间序列的观测样本建立尽可能合适的统计模型。例

如，按月记录的 A 品牌手机月销售量，通常包含各年度间的趋势性变化（例如逐年增长趋势）。另外，时间序列还有逐月的"季节性趋势"的描述，即每年 12 个月中每个月的季节性参数都表现为有规则的变化（例如，春节前后是销售高峰），每年的规律几乎与上一年一样。总之，一般来说，时间序列的观测样本都会表现出趋势性、季节性和随机性三方面，当然有时只表现出三者中的其二或其一。

如果某个时间序列有明显的长期趋势，例如，近 3 年来，销售额呈现出线性增长趋势，此时趋势线的斜率可以认为是常量。我们应首先分析清楚这种趋势。本节中我们将讨论时间序列对于时间趋势性变化的回归模型。这样的模型讨论的是相关变量与时间的函数关系。这些模型最有效的利用就是，一旦扣除（如何扣除将在下面详细讨论）趋势项，则描述时间序列的预测参数是不随时间趋势而改变的，可以转变为一个完全"平稳"的时间序列。

13.2.1　趋势模型概念

我们可以用趋势模型描述一个时间序列的趋势状况，这样的模型定义如下：

$$Y_t = TR_t + \varepsilon_t \tag{13-5}$$

式中，Y_t 为在时刻 t 的时间序列的值；TR_t 为时刻 t 的趋势；ε_t 为时刻 t 的误差项。这个模型说明，时间序列可由一个随时间变化的平均水平 TR_t 加上一个误差项 ε_t 表示。误差项表示引起序列值偏离平均水平的随机波动。

MINITAB 软件给出了可供选择的四种不同的趋势模型，即线性（缺省）、二次、指数增长曲线或 S-曲线（Pearl-Reed 对数）。对于不同的模型可以采用不同的方法，所以在解释有关的系数时，要注意该系数属于哪种模型。

13.2.1.1　线性趋势模型

缺省的趋势分析运用的线性趋势模型为：

$$Y_t = \beta_0 + \beta_1 t + \varepsilon_t \tag{13-6}$$

在这个模型中，β_1 表示的是由一个时刻到下一个时刻的平均变化，即当时刻 t 有一个单位时间的变化时，平均说来，Y_t 的变化是 β_1。累加起来看，如果 $\beta_1 > 0$，则 Y_t 会有一个线性的增长；如果 $\beta_1 < 0$，则 Y_t 会有一个线性的下降。

13.2.1.2　二次趋势模型

二次趋势模型可以解释有简单曲率的数据，即随时间的变化有一个二次曲线的变化。这个二次变化可以是递增或递减率的增长，递增或递减率的下降。其模型为：

$$Y_t = \beta_0 + \beta_1 t + \beta_2 t^2 + \varepsilon_t \tag{13-7}$$

图 13-1 为一个有二次趋势模型的趋势分析图，图中的小圆点组成的黑线表示原始数据，小方点组成的灰线表示二次模型的拟合趋势线。

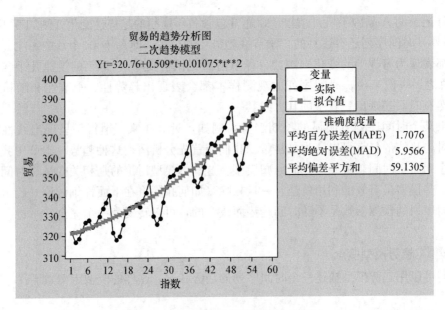

图 13-1　二次趋势模型的趋势分析图

13.2.1.3　指数增长模型

指数增长模型用于解释类似于指数型的增长或衰减。例如，人口数、经济总量、国内生产总值（GDP）等都可能表现为指数增长，即增长速度越来越快（二次趋势则表示速度的**增长**与时间呈线性关系）。模型为：

$$Y_t = \beta_0 \times \beta_1^t \times \varepsilon_t \tag{13-8}$$

图 13-2 是随机模拟的国内生产总值（GDP）增长趋势图，用指数增长模型拟合结果。

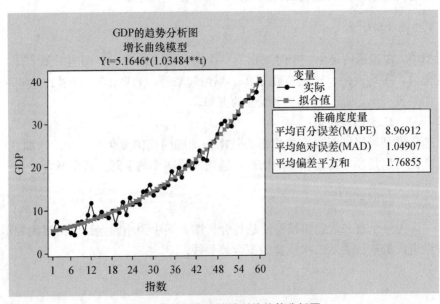

图 13-2　指数趋势模型的趋势分析图

13.2.1.4 S-曲线模型

S-曲线模型适合 Pearl-Reed 对数趋势模型，它用于解释序列遵循 S-曲线的情况。模型为：

$$Y_t = (10^\alpha) / (\beta_0 + \beta_1 \beta_2^t) + \varepsilon_t \tag{13-9}$$

例如，某些消费品的销售量变化规律，先是逐渐加速增长，到达某种程度后趋于饱和，增长速度变慢，从而形成 S-曲线（见图 13-3）。

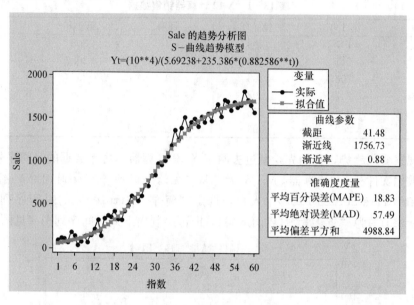

图 13-3 对数趋势模型的趋势分析图

这四种趋势模型应用都很普遍，通常已经能够满足使用需要。然而，如果真的还需要更复杂的模型，其他趋势模型也是存在的。例如，我们可以用 p 阶多项式函数模拟趋势：

$$
\begin{aligned}
Y_t &= TR_t + \varepsilon_t \\
&= \beta_0 + \beta_1 t + \beta_2 t^2 + \cdots + \beta_p t^p + \varepsilon_t
\end{aligned}
\tag{13-10}
$$

这些趋势模型的参数最小二乘估计可以由回归分析方法得到。由于这里假设误差项应该满足常方差及正态性的假设，所以需要作一下正态性检验，检验观测原始数据扣除趋势后的数据是否满足正态性的假设，可通过画出正态概率图或直接进行正态性假设检验来检查正态性假设是否成立。对于一般的时间序列而言，去除趋势项后，只能要求过程均值不随时间而变化，还不能要求残差 ε_t 具有独立性。对于残差 ε_t 并不具有独立性的平稳时间序列的分析，我们将在第 14 和 15 章中详细讨论。

13.2.2 趋势模型的分析与计算

下面通过具体例题展示使用 MINITAB 进行趋势模型分析与计算的步骤。13.2.2.1 小节首先讨论简单的趋势分析，13.2.2.2 小节讨论残差诊断问题，最后在 13.2.2.3 小节讨论预测问题。

13.2.2.1 简单的趋势分析

先看一个例题。

【例 13 - 1】 在过去的两年里，A 电气公司销售一种型号为 X-12 的新型计算器。这种计算器的销量在这两年里有所增长（见表 13 - 1），数据文件：TS＿计算器.MTW。A 公司要安排一个存货方案，保证本公司有足够满足市场需求的 X-12 计算器可供销售，同时无须占用资金订购多于合理预期销售的计算器。为了在未来几个月实施这个存货方案，A 公司需要得到 X-12 的月需求量估计。

表 13 - 1　X-12 计算器销售数据

月份	第 1 年	第 2 年	月份	第 1 年	第 2 年
1	197	296	7	308	363
2	211	276	8	262	386
3	203	305	9	258	443
4	247	308	10	256	308
5	239	256	11	261	358
6	269	393	12	288	384

为了观察变化趋势，我们先绘制过去两年 X-12 计算器销售量数据的时间序列图。

打开数据文件 TS＿计算器.MTW 后，从"统计＞时间序列＞时间序列图（Stat＞Time Series＞Time Series Plot）"入口，选定"简单（Simple）"的时间序列图，选择"序列（Series）"为"销售量"（界面从略），即可绘制出下列时间序列图（见图 13 - 4）。

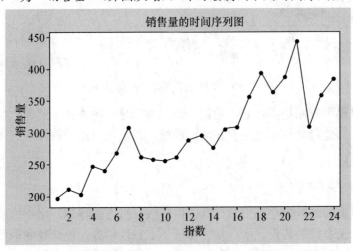

图 13 - 4　X-12 计算器销售量时间序列图

由图 13 - 4 可以看出，随着时间的推移，需求量围绕以线性方式增长的平均水平随机波动。而且，A 公司相信在未来的两年中仍将持续这种趋势。因此，采用回归模型

$$Y_t = \beta_0 + \beta_1 t + \varepsilon_t$$

预测未来的销售量是合理的。

趋势分析计算在 MINITAB 中是这样实现的：

从"统计＞时间序列＞趋势分析（Stat＞Time Series＞Trend Analysis）"入口（见图 13 - 5 左上），则出现界面如图 13 - 5 右上所示，在"变量（Variable）"中输入包含时间序列的列"销售量"，在"模型类型（Model type）"中选择"线性（Linear）"。点击"存

储（Storage）"后则出现界面如图 13-5 左下所示，点击"拟合值（趋势线）（Fits (trend line)）"及"残差（去除趋势后的数据）（Residuals (detrended data)）"；点击 "结果（Results）"后则出现界面如图 13-5 右下所示，选中"汇总表和结果表（Summary table and results table)"。在每个对话框点击"确定（OK）"。

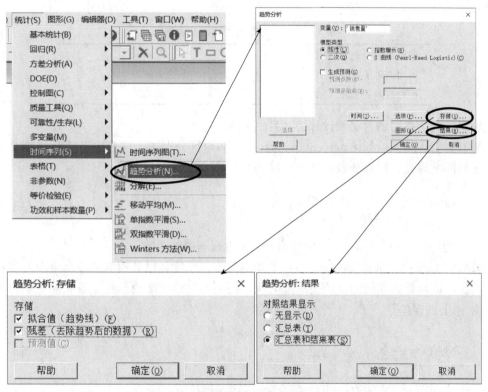

图 13-5　对时间序列进行趋势分析的操作

计算结果如图 13-6 所示。

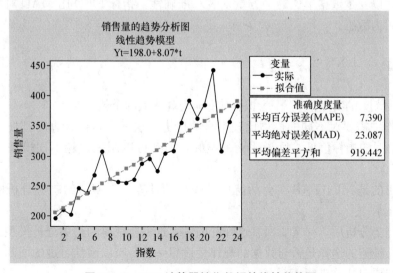

图 13-6　X-12 计算器销售数据的线性趋势图

从图 13-6 给出的公式可以看出，X-12 计算器销售量的线性趋势模型为：

$$Y_t = 198.0 + 8.07t$$

表 13-2 给出了 MINITAB 输出的 X-12 计算器销售量的线性模型模拟得到的准确度表。

表 13-2 销售量线性模型准确度表

平均百分误差（MAPE）	7.390
平均绝对误差（MAD）	23.087
平均偏差平方和（MSD）	919.442

这里的几个缩写的含义及计算公式列出如下：

MAPE（mean absolute percentage error）：平均百分误差，度量以某模型来拟合整个时间序列的准确性，以百分数表示这种准确性：

$$MAPE = \frac{1}{n} \sum_{t=1}^{n} \left| \frac{y_t - \hat{y}_t}{\hat{y}_t} \right| \times 100\% \tag{13-11}$$

式中，y_t 为时刻 t 的实际值；$\hat{y}_t$ 为拟合值；n 为观测值的个数。

MAD（mean absolute deviation）：平均绝对误差，度量以某模型来拟合整个时间序列的准确性，以与数据相同的单位表示准确性，是绝对误差的度量。此度量有助于理解在变量数据 y_t 上的误差量：

$$MAD = \frac{1}{n} \sum_{t=1}^{n} |y_t - \hat{y}_t| \tag{13-12}$$

式中，y_t 为时刻 t 的实际值；$\hat{y}_t$ 为拟合值；n 为观测值的个数。

MSD（mean squared deviation）：平均偏差平方和，度量以某模型来拟合整个时间序列的准确性，以变量数据单位的平方量来表示准确性。指标 MSD 比 MAD 对不正常的较大预测误差更为敏感。

$$MSD = \frac{1}{n} \sum_{t=1}^{n} |y_t - \hat{y}_t|^2 \tag{13-13}$$

式中，y_t 为时刻 t 的实际值；$\hat{y}_t$ 为拟合值；n 为观测值的个数。

实际工作中需要对不同的模型比较拟合的优劣。这三个指标计算时都使用相同的分母 n，哪个模型的指标值低，则说明该模型好，因此可以用来比较不同模型，以选择较好的模型。

下面列出的是 MINITAB 在会话窗口中输出的计算器年销量的趋势分析的数值结果（见图 13-7）。

在进行趋势分析后，一定要回答这样的问题：这里所获得的趋势分析模型是否与数据拟合得很好？模型的选择是否与数据的规律性设想一致？与以前学习过的回归分析方法一样，这里也需要对残差进行诊断。

```
销量的趋势分析
拟合趋势方程
Yt＝198.0＋8.07×t

准确度度量

平均百分误差（MAPE）      7.390
平均绝对误差（MAD）       23.087
平均偏差平方和            919.442


时间      销量       趋势        去除趋势
 1       197      206.103      －9.1033
 2       211      214.178      －3.1777
 3       203      222.252     －19.2520
 ⋮        ⋮         ⋮            ⋮
23       358      383.739     －25.7390
24       384      391.813      －7.8133
```

图 13 - 7　X-12 计算器销售数据拟合线性趋势数值结果（部分）图

13. 2. 2. 2　趋势分析后的残差诊断

如果需要进行残差诊断，只要在趋势分析计算中增加一项输出残差即可。实际上，在趋势分析时，在选择"存储（Storage）"及"结果（Results）"的同时（见图 13 - 5），再增加选择"图形（Graph）"，进一步选择"四合一（Four in one）"就可以了。这时输出的是下列四合一残差图（见图 13 - 8）。

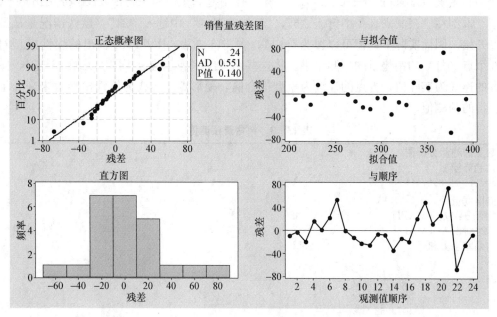

图 13 - 8　X-12 计算器销售量的趋势分析后的残差结果

注：有些读者可能在图 13-8 的左上角图中没有看到正态性检验的 p 值，其实只要按下列操作就可以增加此补充显示功能。从"工具＞选项＞单独图表＞时间序列的残差图"入口（操作图从略），在"包括带有正态图的 Anderson-Darling 检验"前打勾即可。

上述残差分析中的重点是观察残差对于观测值顺序的图（见图 13-8 右下），着重看它是否仍有不正常的趋势、弯曲或周期性变化，如果有这些变化，则说明趋势项提取得还不够充分。至于在此图中显示的数据间相关而并非独立，则要在后面学习到的时间序列分析中解决。如果在残差对于拟合值的图（见图 13-8 右上）中呈现"喇叭口"，则可以尝试用 13.3 节中讲到的乘法模型或对观测值进行 Box-Cox 变换来解决。

不管怎样归纳，对于趋势分析仍然要强调的是一切从实际出发，观察时间序列本身所具有的规律性对症下药才是最重要的。

如果有多种趋势可供选择，则在比较多种趋势时，可以参考在计算中提供的三项拟合指标：平均百分误差（MAPE）、平均绝对误差（MAD）及平均偏差平方和（MSD），这三项拟合指标的值当然是越小越好。这三个度量各有各的优点，比较时应根据实际情况加以选择。平均百分误差是无量纲的，具有相对意义，对观测值进行变换等运算后，此度量仍然可以使用。平均绝对误差及平均偏差平方和则都是有量纲的，对于那些不对观测值实施变换的多个模型可以直接作比较。平均绝对误差与原序列有相同的量纲，容易理解，但它在变量变换后则会完全改变量值，对于不同变换则无法比较；平均偏差平方和的量纲是原序列量纲的平方，它对于个别点上出现的异常大误差比较敏感。

13.2.2.3　趋势分析后的预测

如果觉得趋势分析很有效，那么我们可以对于平均值进行预测，只要在趋势分析计算中增加生成预测即可。实际上，在趋势分析时，在选择"存储（Storage）"及"结果（Results）"的同时（见图 13-5），再增加选择"生成预测（Generate forecasts）"，填写好"预测点数（Number of forecasts）"及"预测起始点（Starting from origin）"就可以了。本例在"预测点数"中键入"6"，"预测起始点"中键入"24"（默认情况是从最后一点开始，因而实际上此值可以留为空白）。表 13-3 为 MINITAB 输出的线性模型对未来 6 个点（月）的销售量的预测结果。将这些结果绘制为趋势分析图（见图 13-9），图中圆点的连线为实际值，方点的连线为模型拟合值，菱形点的连线为线性模型对未来 6 个月销售量的预测值。

表 13-3　销售量预测值

销售量的趋势分析图

线性趋势模型
$Y_t = 198.0 + 8.07 \times t$

准确度度量

平均百分误差（MAPE）	7.390
平均绝对误差（MAD）	23.087
平均偏差平方和	919.442

预测

周期	预测
25	399.888
26	407.962
27	416.036
28	424.111
29	432.185
30	440.259

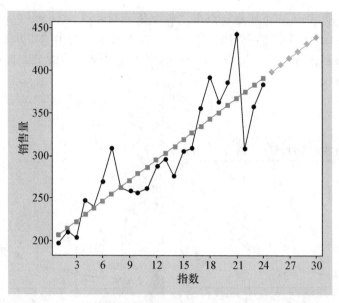

图 13-9 计算器销售量数据线性趋势序列及预测曲线图

值得注意的是，所谓预测，也只是对于平均值趋势进行预测，如果真正状况是有周期变化趋势（季节模型）的，其预测方法参见 13.3 节。如果还要进一步讨论数据之间的相关性，则要使用第 14 和 15 章中给出的一般时间序列分析模型。另外，虽然本节所给出的例 13-1 讨论的只是线性趋势模型，但如果在实际工作中遇到其他三种类型（二次、指数及 S 型），例 13-1 所使用的计算方法及步骤与其他类型的拟合是完全相同的，下面举例说明指数模型的趋势分析方法。

【例 13-2】 WS 是一家经营快餐的连锁店，开业于 1978 年。1978—1992 年 15 年间每年都逐步发展连锁店的数量，其连锁店数量的时间序列见表 13-4，数据文件：TS_快餐连锁店.MTW。希望预测未来 6 年连锁店的数量。

表 13-4 WS 公司快餐连锁店数量

年份	1978	1979	1980	1981	1982	1983	1984	1985
个数	11	14	16	22	28	36	46	67
年份	1986	1987	1988	1989	1990	1991	1992	
个数	82	99	119	156	257	284	403	

先用 MINITAB 绘制出它的时间序列图（见图 13-10（A））。

为方便起见，我们令 1977 年的 $t=0$，1978 年的 $t=1$，等等。公司的分析人员希望用这些数据预测未来 6 年公司连锁店的数量。

从图 13-10（A）中可以看出，连锁店的数量是以指数形式增长的，因此模型

$$y_t = \beta_0 \times \beta_1^t \times \varepsilon_t \tag{13-14}$$

可能是恰当的。对于指数模型，MINITAB 有专门窗口可以直接计算。从"统计＞时间序列＞趋势分析（Stat＞Time Series＞Trend Analysis）"入口（见图 13-5 左上），则出现界面如图 13-5 右上所示，在"变量（Variable）"中输入包含时间序列的列"数量"，在"模型类型（Model type）"中选择"指数增长（Exponential growth）"。点击"存储（Storage）"

基于 MINITAB 的现代实用统计（第 3 版）

后则出现界面如图 13-5 左下所示，点击"拟合值（趋势线）（Fits（trend line））"；点击"结果（Results）"后则出现界面如图 13-5 右下所示，选中"汇总表和结果表（Summary table and results table）"。在每个对话框点击"确定（OK）"，即可得到拟合结果（见图 13-10（B））。

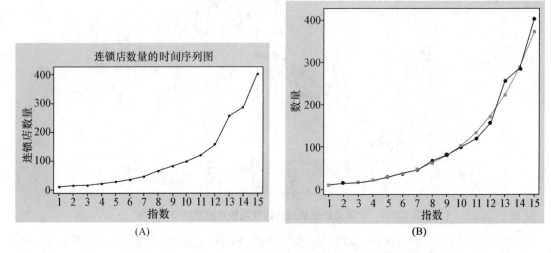

图 13-10 WS 公司快餐连锁店数量原始数据及指数趋势图

这里要注意的是，由于我们对残差的正态性等的假设只是针对线性回归给出的，因此一般只能对线性模型进行残差分析，对拟合指数模型（二次或 S-曲线模型也同样）而言，残差分析是没有价值的。当然，只有对 Y_t 进行变换后再讨论线性回归的残差才是有意义的。

计算机可以输出指数模型的参数估计、拟合准确度及未来 6 年的预测，结果如图 13-11 右所示。

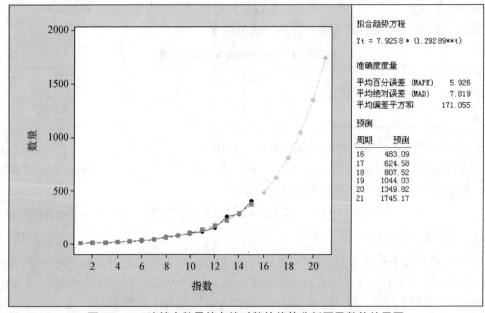

图 13-11 连锁店数量的自然对数的趋势分析图及数值结果图

13.3 分解模型

现在我们进一步考虑时间序列显现出来的季节性变动。从实际工作的角度来考虑，时间序列的构造通常由两方面组成。例如我们考虑某种产品的月销售额，一方面，数据显现出逐年增长的趋势，另一方面，每年之内又有周期性，春节前后销量远高于平时（冷饮则是夏季明显高于平时），我们把年内的变化规律归纳为季节性变动。细分起来，季节性变动本身又有两种类型。一种季节性变动的大小（振荡幅度）不依赖于时间序列本身的取值水平，我们称之为**常季节性变动**（见图 13 - 12（A））。此时，我们可以注意到，季节性变动的范围并不随取值本身变化而变化，也就是说，振荡幅度几乎是常量。

另一种季节性变动的大小依赖于时间序列的水平，我们称之为**变季节性变动**（也常称为**增长的季节性变动**）。也就是说，季节性变动振荡幅度的大小将随时间序列取值水平的增长而变大。例如，某旅游集团公司统计了旗下全部旅店多年的客房使用数据，数据除了表现出明显的季节性（夏季多而冬季少），其季节性变动振荡幅度是随时间的推移总规模逐渐增大而增大的（见图 13 - 12（B））。

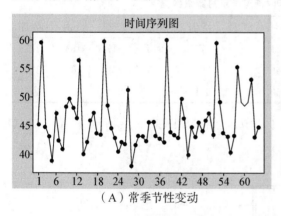

（A）常季节性变动

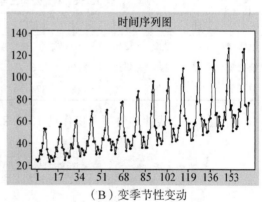

（B）变季节性变动

图 13 - 12 常季节性变动与变季节性变动时间序列图

对于这种随着数据取值的增大，季节性振荡幅度也会随之增大的类型，时间序列中最好用乘法分解模型来描述。事实上，大多数时间序列图都展现出这类模式。在此模型中，趋势（Trend）和季节性（Seasonal）分量相乘，然后再叠加上误差（Error）分量。乘法模型为：

$$Y_t = \text{Trend} \times \text{Seasonal} \times \text{Error} \tag{13-15}$$

回到早先讨论过的时间序列，若它呈现常季节性变动，且当数据的大小不影响其季节性模式时，即随着数据的增加，季节性模式不会增大时（见图 13 - 12（A）），最好用加法分解模型来描述。加法模型为：

$$Y_t = \text{Trend} + \text{Seasonal} + \text{Error} \tag{13-16}$$

我们可通过观察时间序列的散点图状况来确定序列季节性变动的性质，主要是此序列是否存在季节性变动；随着数据的增加，季节性模式振荡幅度是否也会增大。下面分两节对两种季节模型加以讨论。13.3.1 小节讨论常季节性变动分解模型；13.3.2 小节讨论变季节性变动分解模型。

13.3.1 常季节性变动分解模型

时间序列的常季节性变动，是指时间序列的数据所呈现出的周期性变动，其摆动时的振荡幅度不随时间变化而改变。例如，我们考虑某地全年的气温，得到每年 365 个数据，可以认为数据具有常季节变动性。如果考虑温室效应的影响，大气温度不断升高的话，那么这个时间序列又拥有某种增长的趋势。下面给出一个例子说明。

【例 13-3】 创意（以下简称 CY）公司拥有并运营 10 个饮料商店。CY 公司正在卖一种三年前引入市场并开始流行的软饮料"创意可乐"。CY 公司定期向地区发行商提供创意可乐，它需要制订一个存货方案，使得既可以满足市场对创意可乐的实际需求，又能确保公司无须为过多订购创意可乐而占用资金。CY 有前三年创意可乐月销量的记录（单位：千箱），我们分别记为第 1 年，第 2 年和第 3 年，这个时间序列在表 13-5 中给出，数据文件：TS_可乐.MTW。希望对未来 12 个月创意可乐的销量给出预测。

表 13-5 CY 公司三年内创意可乐月销量数据

	1月	2月	3月	4月	5月	6月	7月	8月	9月	10月	11月	12月
第1年	189	229	249	289	260	431	660	777	915	613	485	277
第2年	244	296	319	370	313	566	831	960	1 152	759	607	371
第3年	298	378	373	443	374	660	1 004	1 153	1 388	904	715	441

先拟合一个线性趋势项（操作见 13.2.2.1 小节），结果如图 13-13 所示。

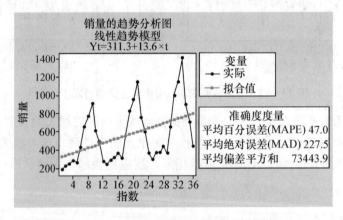

图 13-13 创意可乐月销量数据的线性趋势分析图

容易注意到，这里除有一个线性趋势，创意可乐的销售时间序列还有季节性变动，即软饮料在夏季和早秋销量最多而冬天最少，这种周期性显现得很强烈，因此应该提取周期项——称为季节项（Seasonal）。这里的原理是：将同一个月的多年观测值加以平均，就可以得到该月的平均值，以后就以此平均值与年平均值之差作为季节项。从实际数据来看，本例似乎用乘法模型来描述会更好。在时刻 t 创意可乐的销量 y_t 应该用乘法模型（见图 13-14）来描述。

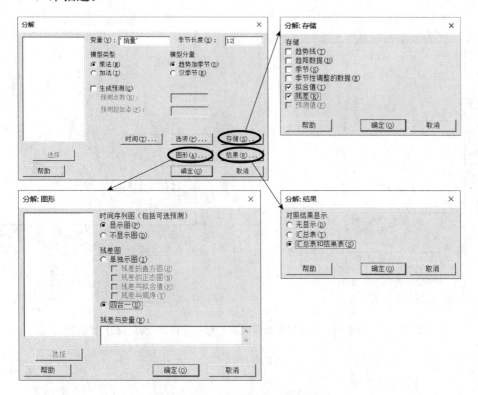

图 13-14 时间序列趋势分解操作图

具体操作如下：从"统计＞时间序列＞分解（Stat＞Time Series＞Decomposition）"入口，其操作界面见图 13-14 左上。在"变量（Variable）"中填写该变量列名（如"销量"）；在"季节长度（Seasonal length）"中输入"12"；在"模型类型"（Model type）中选择"加法（Additive）"或"乘法（Multiplicative）"，本例先选"乘法"；在"模型分量（Model components）"中选择"趋势加季节（Trend plus seasonal）"或"仅季节（Seasonal only）"，本例选"趋势加季节"；可以选择（或不选择）"生成预测（Generate forecasts）"，本例先不选此项。点击"存储（Storage）"，其界面见图 13-14 右上，选择"拟合值（Fits）"和"残差（Residuals）"。点击"图形（Graph）"，其界面见图 13-14 左下，选择"四合一（Four in one）"。点击"结果（Results）"，其界面见图 13-14 右下，选中"汇总表和结果表（Summary table and results table）"，在每个对话框点击"确定（OK）"，就可以得到拟合图形结果，如图 13-15 左图所示；残差结果如图 13-16 所示。

从残差图（特别是图 13-16 中右下角的图）中未发现仍存在其他周期性的变化状况，可见这里对于季节项的提取是有效的。

例 13-3 计算的数值结果（在会话窗口中显示）如图 13-17 所示。

一般来说，应该比较乘法模型和加法模型，然后选择较好者。上述操作虽然只是针对乘法模型给出的，其实加法模型计算与之完全相同，只要在图 13 - 14 中的左上图中，将"乘法"模型改为"加法"模型，就可以得到类似结果。本例的加法模型汇总图形如图 13 - 15 右图所示。

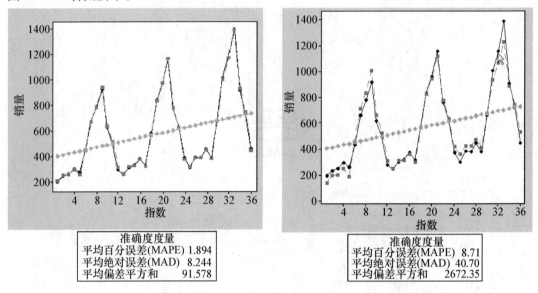

图 13 - 15　销量数据乘法模型分解（左）与加法模型分解（右）比较图

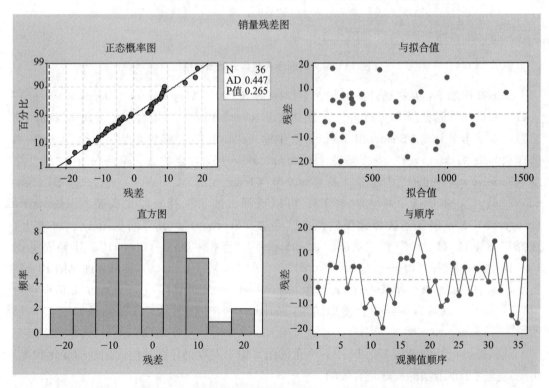

图 13 - 16　创意可乐月销量数据时间序列分解后的残差图

时间	销量	趋势	周期	去除趋势	去除周期	预测	误差
1	189	389.880	0.49286	0.48476	383.479	192.15	-3.1548
2	229	399.372	0.59514	0.57340	384.786	237.68	-8.6805
3	249	408.863	0.59495	0.60901	418.520	243.25	5.7455
4	289	418.354	0.67942	0.69080	425.360	284.24	4.7595
5	260	427.846	0.56384	0.60770	461.126	241.24	18.7845
6	431	437.337	0.99371	0.98551	433.728	434.59	-3.5870
7	660	446.829	1.46593	1.47708	450.227	655.02	4.9813
8	777	456.320	1.69166	1.70275	459.313	771.94	5.0826
9	915	465.811	1.98857	1.96432	460.129	926.30	-11.3000
10	613	475.303	1.30630	1.28970	469.264	620.89	-7.8878
11	485	484.794	1.02803	1.00043	471.774	498.38	-13.3848
12	277	494.285	0.59959	0.56041	461.986	296.37	-19.3662
13	244	503.777	0.49286	0.48434	495.074	248.29	-4.2892
14	296	513.268	0.59514	0.57670	497.365	305.46	-9.4642
15	319	522.759	0.59495	0.61022	536.176	311.02	7.9826
16	370	532.251	0.67942	0.69516	544.578	361.62	8.3756
17	313	541.742	0.56384	0.57777	555.125	305.45	7.5456
18	566	551.233	0.99371	1.02679	569.582	547.77	18.2332
19	831	560.725	1.46593	1.48201	566.876	821.98	9.0177
20	960	570.216	1.69166	1.68357	567.490	964.61	-4.6107
21	1152	579.707	1.98857	1.98721	579.310	1152.79	-0.7908
22	759	589.199	1.30630	1.28819	581.030	769.67	-10.6703
23	607	598.690	1.02803	1.01388	590.447	615.47	-8.4740
24	371	608.181	0.59959	0.61002	618.761	364.66	6.3434
25	298	617.673	0.49286	0.48246	604.639	304.42	-6.4235
26	378	627.164	0.59514	0.60271	635.149	373.25	4.7521
27	373	636.655	0.59495	0.58587	626.940	378.78	-5.7803
28	443	646.147	0.67942	0.68560	652.022	439.01	3.9918
29	374	655.638	0.56384	0.57044	663.312	369.67	4.3267
30	660	665.129	0.99371	0.99229	664.177	660.95	-0.9467
31	1004	674.621	1.46593	1.48824	684.890	988.95	15.0542
32	1153	684.112	1.69166	1.68540	681.580	1157.28	-4.2841
33	1388	693.603	1.98857	2.00114	697.988	1379.28	8.7184
34	904	703.095	1.30630	1.28574	692.031	918.45	-14.4528
35	715	712.586	1.02803	1.00339	695.502	732.56	-17.5831
36	441	722.077	0.59959	0.61074	735.508	432.95	8.0529

销量 的时间序列分解

乘法模型

数据　销量
长度　38
缺失数据数　0

拟合趋势方程

$Y_t = -380.39 + 9.49*t$

季节性指数

周期	指数
1	0.49286
2	0.59514
3	0.59495
4	0.67942
5	0.56384
6	0.99371
7	1.46593
8	1.69166
9	1.98857
10	1.30630
11	1.02803
12	0.59959

准确度度量

平均百分误差 (MAPE)　1.8941
平均绝对误差 (MAD)　8.2449
平均偏差平方和　91.5782

图 13-17　创意可乐月销量数据时间序列分解后的数值结果图

将得到的加法模型汇总结果（见图 13-15 右）与得到的乘法模型汇总结果（见图 13-15 左）相比较，可以看出乘法模型要好得多。乘法模型拟合的平均百分误差（MAPE）只有 1.894%，而加法模型拟合的平均百分误差（MAPE）却高达 8.71%，从拟合的图中也可以看出，加法模型的拟合误差较大，很多点上的预测值与实际观测值相差较大，数值小的点上（第 1 年的数据）预测值偏高，数值大的点上（第 3 年的数据）预测值偏低，而且这种偏差是系统地出现的。总之，对于本例而言，还是乘法模型更好。

进行分解计算时，除了输出有关趋势分析的信息，还可以输出很多有关季节项结果的信息，使我们对各季节项有更具体的了解。图 13-18 显示了季节项的计算结果。

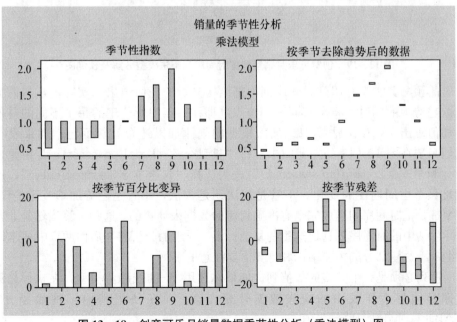

图 13-18　创意可乐月销量数据季节性分析（乘法模型）图

在图 13－18 的 4 张图中，右侧两张图提供了季节项的具体状况。右上图是各月均值偏离年均值的数值，可以看见夏季及 9 月高出年平均很多，而且各个月的内部数据相差很小（数据箱都很窄），说明季节性规律很突出。右下图说明，各观测值对于季节性值的波动很小，全部数据扣除季节影响后的残差都能达到 20（千箱）之内。

由于本例数据规律性较好，因此可以计算预测结果并绘出图形。操作时，只要在图 13－14 的左上图中，再增加选择"生成预测（Generate forecasts）"，填写好"预测点数（Number of forecasts）"及"预测起始点（Starting from origin）"就可以了。本例在"预测点数"中填入"12"，"预测起始点"留空（即默认从数据结尾处开始预测）。MINITAB 对未来 12 个时刻（月）的销售量的预测结果被绘制为趋势分析图（见图 13－19），图中圆点的连线为实际值，方点的连线为模型拟合值，菱形点的连线为线性模型趋势值，三角形点的连线是对未来 12 个月销量的预测值。

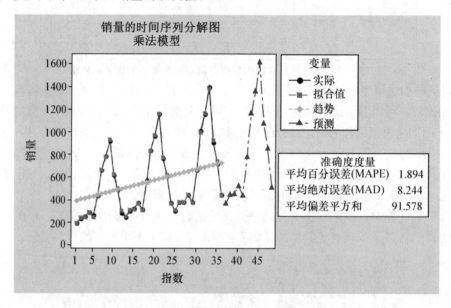

图 13－19　创意可乐月销量数据时间序列乘法模型分解及预测图

这里的预测其实没有用到时间序列内部结构分析的任何结果。实际上，所谓预测只是在提取趋势项的同时，将所有同一相位点（即在一年中所位于的每个不同的月份）的历史平均值求出来，以乘法模型或加法模型的规律加以迭合计算而已。如果没有趋势项，我们只要在图 13－14 的左上图中，将"模型分量（Model components）"中原来选中的"趋势加季节（Trend plus seasonal）"改为选择"仅季节（Seasonal only）"，这时的计算就是只考虑周期性的变化。不管是加法还是乘法，不管是趋势加季节还是仅季节，这种模型都是把时间序列当成完全有准确规律的数据来计算的。这种计算当然是非常初步的，实际生活中的时间序列远比这里的复杂得多，详细的分析将在后面两章中具体讨论。

归纳一下这一部分的主要结论和计算需要注意的事项：

时间序列必须是一个完整的数值列。如果你选用 S－曲线趋势模型，在执行趋势分析之前，你必须将工作表中的缺失数据补充完整。而在使用其他三种趋势分析时，MINITAB 计算时自动忽略缺失值。

趋势分析拟合时间序列数据会产生一个趋势模型且可以预测。预测模型有线性、二次、指数增长或衰退以及 S-曲线模型可供选择。如果实际问题中的序列没有季节性成分，就可以用趋势分析方法拟合。

如果此序列既有趋势性，又有季节性成分，则可以用分解模型方法来拟合。分解模型是计算线性回归线乘以或加上季节指数的结果。我们可以用分解模型将时间序列分解为线性趋势、季节性成分和误差，并提供预测。这时，可以选择季节性成分是加法模型还是乘法模型。如果想要预测并且序列中有季节性成分，或者只是想简单地检验一下各部分的显著性，都可以包含在分解模型的计算过程中。

预测可以推广到"趋势加季节"的模型的拟合。当然，在预测之前，首先要观测整体的拟合趋势，只有在拟合相当好的情况下作预测才是有意义的。

13.3.2 变季节性变动分解模型

若时间序列表现出增长的季节性变动，即季节性摆动（峰与谷之间的距离）的大小将随时间序列水平的增长而变大，我们通常对数据作 Box-Cox 变换，使得变化后产生的序列表现出常季节性变动。所谓 Box-Cox 变换，是指形如式（13-17）的一族幂变换，它可以将很多非正态数据变换为正态数据，也可以将变季节变动序列变换为常季节变动序列。下面给出的例子是用来研究选择不同变换方法的。

$$y_t^* = \begin{cases} y_t^\lambda, & \lambda \neq 0 \\ \ln y_t, & \lambda = 0 \end{cases} \qquad\qquad (13-17)$$

【例 13-4】 旅店客房占用数据的分析与预测。TR 公司在中心城区拥有 4 家旅店，公司运营部门的分析人员需要一个模型，可以得到一年内旅店客房占用数据的预测，以便各部门的职员确定夏季需要雇用的额外雇工数量，提前预订那些需要长期运输的材料，进行当地广告费的预算等费用预测。现在有 1977—1990 年共 14 年按月记录的客房占用量（单位：房天）的历史数据，希望得到 1991 年的全年按月度的预测。数据在网上资源表 13-W1 中给出，数据文件：TS_旅店客房.MTW。

先绘制出时间序列图（见图 13-20 左上），图中清楚显示月度客房数具有很强的趋势性，而且一个主峰和一个次峰依次出现，有明显季节性。

从图 13-20 的左上图中还可以看出，季节变差的量是随时间序列而增加的。在这种情况下，一般都会考虑对观测值使用变换，有可能使得变换后的序列表现出常季节性变动。我们先试验一下求平方根，客房平均数的平方根的时间序列图显示在图 13-20 的右上图中。看来取平方根后有所改善，但仍不能完全补偿季节变差。因此再次求平方根，即对原来客房占用量求四次方根，其时间序列图见图 13-20 的左下图。四次方根变换看起来好多了，似乎已经产生了一个有常季节变差的序列。当然，我们还可以考虑另外一种方法：对客房占用量直接求自然对数，客房占用量的自然对数的时间序列图见图 13-20 的右下图。

取自然对数看来似乎更好些。但对于取对数后的数据，加法与乘法哪个更好？下面是二者计算结果的比较（见图 13-21）。

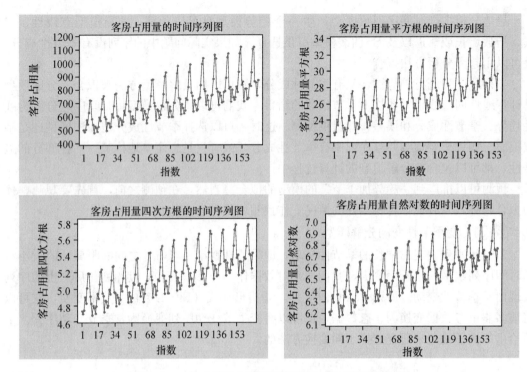

图 13 - 20　旅店客房占用量时间序列（及各种变换）图

对数的时间序列分解		对数的时间序列分解	
加法模型		乘法模型	
准确度度量		准确度度量	
平均百分误差（MAPE）	0.248 505	平均百分误差（MAPE）	0.245 995
平均绝对误差（MAD）	0.016 287	平均绝对误差（MAD）	0.016 127
平均偏差平方和	0.000 426	平均偏差平方和	0.000 423

图 13 - 21　旅店客房占用量取自然对数后加法与乘法模型比较图

从图 13 - 21 中可以看出经过对数变换后数据的加法（左）和乘法（右）分解模型的参数估计。对照比较准确度度量，发现乘法模型的平均百分误差、平均绝对误差及平均偏差平方和都比加法模型稍小，故我们采用乘法模型。经过对数变换后采用乘法模型得到的拟合值与未来 12 个月的预测图见图 13 - 22 的左图。同样的工作我们也可以针对四次方根的数据进行。结果也是乘法比加法要好，而四次方根的乘法模型的计算结果见图 13 - 22 的右图。

究竟是取对数，还是求四次方根更好？一般来说，如何比较不同的选择呢？没有普适规律，通常是试验然后比较。这里发现，还是取对数更好。比较图 13 - 22 左下与图 13 - 22 右下的计算结果，取对数的乘法模型的平均百分误差为 0.245 995，取四次方根的乘法模型的平均百分误差为 0.395 603（这时比较另两项指标是没有意义的，不同方幂条件下绝对误差是无法比较的），至于这个结果是否一定保证为"最优"，这是现有的方法中并未明确回答的，通常认为准确度够用就可以了。

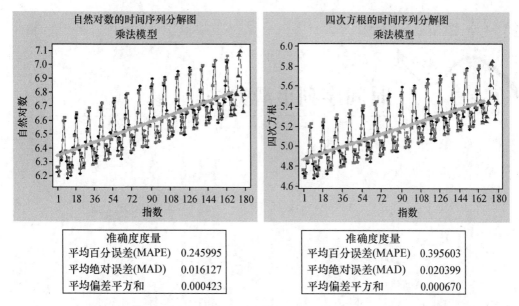

准确度度量	
平均百分误差(MAPE)	0.245995
平均绝对误差(MAD)	0.016127
平均偏差平方和	0.000423

准确度度量	
平均百分误差(MAPE)	0.395603
平均绝对误差(MAD)	0.020399
平均偏差平方和	0.000670

图 13 - 22 旅店客房占用量自然对数乘法模型预测图（左）和四次方根乘法模型预测图（右）

第 14 章

时间序列平滑方法

通常，我们之所以要观测某个时间序列，目的之一就是要寻找客观事物的规律性。但是在实际生活中，观测所得的数据无不受到误差的干扰，有时这种干扰还相当大。这该如何处理呢？比如我们讨论如何由气温判定春夏两个不同季节的问题。寒冷的冬季过后，气温开始上升，每天的日均温度介于 10℃ 与 22℃ 之间为春季，高于 22℃ 则进入夏季。如果坚持按照这个标准分析，由于日平均温度波动较大，在北京很可能出现这样的情况：4月 20 日为春，4 月 21 日天热变为夏，4 月 22 日天冷又变回为春，4 月 23 日再度变为夏。这当然不合理。而出现这种状况的原因是，在此定义中未考虑到日平均温度波动较大的这种情况。真正的气候学上的定义是，连续 5 日称为一"候"，对 5 天的日均温再求平均得到候均温，规定候均温超过 22℃ 则进入夏季。这样定义后就大大减少了上述春夏交错、顺序颠倒的可能。这实际上就是一种时间序列平滑方法。又比如，在一片海域上进行重力探矿，目的是测出重力加速度的微小变化，以探明海底是否蕴藏着重金属矿。测量作业时，通常是在波涛汹涌的海上直接记录各点处的实际重力加速度值，显然这样急剧振荡的数据中包含了太大的误差干扰。为了获得真正的规律性的结果，必须对数据进行处理。我们对时间序列数据使用平滑手段的目的就是去粗取精、去伪存真，将序列中包含的真实信息提取出来，抛弃被各种误差干扰的表面现象，获得具有规律性的结论。

时间序列平滑方法有很多，最常见也最简单的就是类似我们求候均温的这种**移动平均**的方法，这部分内容将在 14.1 节中介绍；稍复杂的是**单参数指数移动平均**，这部分内容将在 14.2 节中介绍；更复杂的是**双参数指数移动平均**，另外还有一种方法称作 **Winters 移动平均**，这两部分内容将分别在 14.3 节和 14.4 节中介绍。

14.1 移动平均

移动平均就是对于序列中连续的观测值按一定的长度分段求其算术平均。例如，假设序列 y_t 编号以 1 开始，如果你求长度为 5 的移动平均值 z_t（类似于求候均温），则前 4 个移动平均值 z_t 将被缺省；第 5 个移动平均值 z_5 是对前 5 个观测值 y_t 进行算术平均，第 6 个移动平均值 z_6 是对 2，3，4，5，6 这 5 个观测值 y_t 进行算术平均，第 7 个移动平均值 z_7 是对 3，4，5，6，7 这 5 个观测值 y_t 进行算术平均，依此类推。这样平均的结果将去除随机误差导致的个别值的波动，即使 4 月某日的日均温稍有下降，也不会影响天气普遍变暖的趋势。一般来说，移动平均后的序列数据将比原来的数据平滑许多，从而分析规律或提供短期预测都会有更好的结果，移动平均虽然简单，却是一个寻求变化规律性的较好选择。

这里要注意的是，在移动平均中，包含的项数是最重要的量，选择项数非常关键。当项数较小时，平滑的效果较差（换言之，保真的效果较好）；反之，当项数较大时，平滑的效果较好（换言之，保真的效果较差）。讨论某日温度属于哪个季节，选择项数等于 5 比较合适，太短（例如项数为 3）仍然不能避免交错颠倒，太长（例如项数为 9 甚至 15）则因变动缓慢而导致不能识别已经出现的变化。换言之，如果在求算术平均时选更大的项数，例如选用长度为 365，即将前 364 天连同本日数据一起平均，则各季节的差异都被平均掉了，将看不到季节变化的影响，只剩下年平均温度的状况。这当然也是有意义的，但它所展现的已经是年平均温度的长期变化趋势。可见，对于不同问题的不同性质要求应该有不同的项数选择。对于有季节因素影响的数据来说，如果移动平均选用的项数恰与季节长度相等，这将消除季节效应的影响。例如，在例 13-4 讨论旅店客房占用数据的预测问题中，我们有 1977—1990 年共 14 年按月记录的客房占用量的历史数据（数据文件：TS_旅店客房.MTW）。考虑到数据的季节周期按月计算为 12，这时取长度为 12 的移动平均值代表的是年变化趋势，即可以得到按年增长的规律性结果。

下面有一个细节要加以补充说明，这就是平均后此数据归属哪点的问题。在介绍移动平均概念时，我们将 1，2，3，4，5 这 5 个数据的算术平均值归列在第 5 项（即最后一项）上，但这样做也有不方便之处，有时我们宁愿将平均值放在中心位置上，这就是中心的平均移动。在缺省的情况下，移动平均值放在它所计算的那个周期的末尾位置上；当你要求中心的平均移动时，则是把移动平均值放在中部位置而不是结尾。下面我们先讨论移动平均长度是奇数的情况，以移动平均的长度是 5 为例来说明。这时，MINITAB 将第一个移动平均值的数放在周期 3，下一个放在周期 4，依此类推，这时整个序列移动平均后失去的是前 2 个和最后 2 个周期的移动平均值。对于移动平均长度为偶数的情况，以长度是 4 为例来说明。鉴于 4 个值的中间值为 2.5，而实际上又不可能将移动平均值放在周期 2.5 的位置上，我们通常是这样处理：首先计算前 4 个数的平均值，称为 MA_1；然后计算接下来的 4 个数的平均值，称为 MA_2；再平均这两个数（MA_1 和 MA_2），并将这个值存放在周期 3。对整个序列重复上述动作。这时，同样失去了前 2 个和最后 2 个周期的移动平均值，但计算公式略有不同。为了更精确地描述它们的区别，我们

给出下列计算公式。移动平均后的第 k 项结果 z_k 是这样计算的：当项数是奇数（以 $n=5$ 为例）时，有

$$z_k = 0.2y_{k-2} + 0.2y_{k-1} + 0.2y_k + 0.2y_{k+1} + 0.2y_{k+2} \qquad (14-1)$$

当项数是偶数（以 $n=4$ 为例）时，有

$$z_k = 0.125y_{k-2} + 0.25y_{k-1} + 0.25y_k + 0.25y_{k+1} + 0.125y_{k+2}$$
$$= \frac{1}{8}y_{k-2} + \frac{1}{4}y_{k-1} + \frac{1}{4}y_k + \frac{1}{4}y_{k+1} + \frac{1}{8}y_{k+2} \qquad (14-2)$$

【例 14-1】 就业数据分析。收集了 60 个月内各行业的就业数据，其中包含贸易行业、食品行业及金属行业的就业人数，数据文件：TS_就业.MTW。现在希望分析金属行业就业人数的变化规律。

先绘制金属行业就业人数的时间序列图（见图 14-1）。

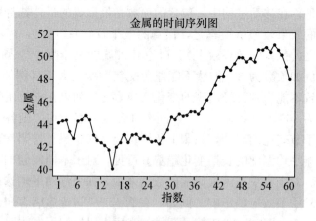

图 14-1 金属行业就业人数的时间序列图

从图 14-1 中可以看出，金属行业就业人数在 5 年内几乎没有明显的周期变化规律，且小的波动（"毛刺"）很多。为了归纳出一些规律性性质，我们进行长度为 3 的移动平均。

其操作如下：从"统计＞时间序列＞移动平均（Stat＞Time Series＞Moving Average)"入口（界面见图 14-2 左上），则可弹出"移动平均"窗口（界面见图 14-2 右上），在"变量（Variable)"中输入包含时间序列的列"金属"，在"移动平均长度（MA length)"中输入"3"，且选择"移动平均居中（Center the moving averages)"。点击"图形（Graph)"（界面见图 14-2 左下），选中"平滑图与实际图（Plot smoothed vs. actual)"。点击"存储（Storage)"（界面见图 14-3 中下），选择"移动平均（Moving average)"、"拟合值（提前一个周期预测）（Fits (one-period-ahead forecasts))"及"残差（Residuals)"。点击"结果（Results)"（界面见图 14-2 右下），选择"汇总表和结果表（Summary table and results table)"。在每个对话框点击"确定（OK)"。

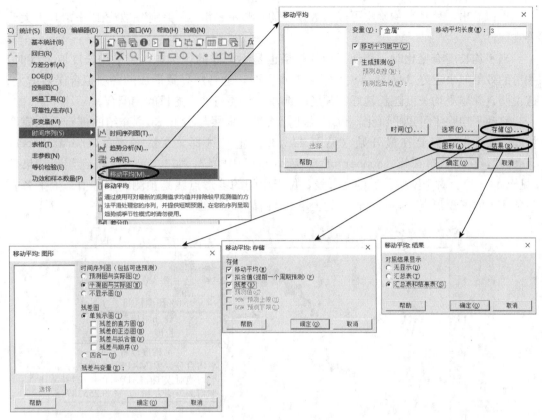

图 14 - 2　时间序列移动平均操作图

最终将会得到下列结果（见图 14 - 3 左）。

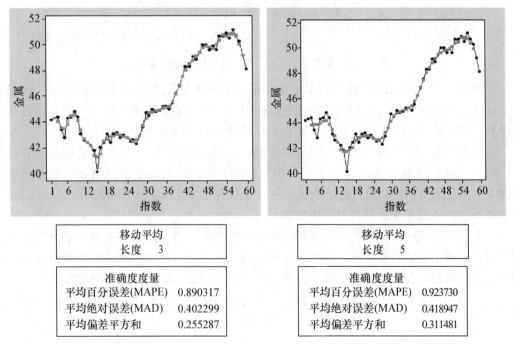

图 14 - 3　金属行业就业人数移动平均结果图（左图长度＝3，右图长度＝5）

可以看出，移动平均确实可以将数据中的一些不平滑（"毛刺"）处予以平滑，大大改善规律性。

当平均长度有变化时，移动平均的效果也是不一样的。例如，当平均长度取为 5 时，平滑的效果似乎更好（见图 14-3 右），与此同时，这必然导致形成的各项拟合误差增大。这说明，并非平均长度越长越好，长度的选择一定要与平滑的目的相配合。

移动平均除了可以平滑化，也可以进行预测，步骤与在第 13 章介绍的进行预测完全相同。实际上，只要在最开始（见图 14-2 右上）选择"生成预测（Generate fore-casts）"，在"预测点数（Number of forecasts）"中填入"6"，就可以得到预测结果了（见图 14-4）。对于图中最后的三条线，位于中间的菱形点线是预测的中心值；上下各有一条水平的三角形点线，则是预测的上下 95% 置信区间的值。

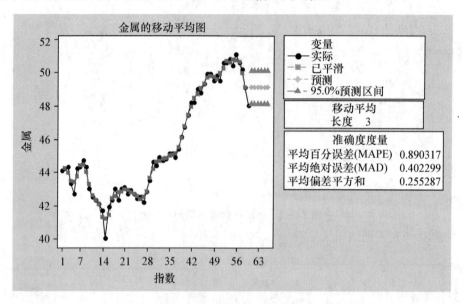

图 14-4　金属行业就业人数移动平均的预测结果图

不难看出，这里所谓的预测其实只是将最后结果的值沿其变化趋势方向延长而得到的，如果升降趋势不明显，则只是沿水平方向前进，这时无法利用数据本身所包含的规律性来预测，这些预测值当然会比较粗糙，更好的预测和更细致的分析见第 15 章。

实际上，我们对移动平均并不陌生，在统计过程控制（SPC）中使用的控制图有一种叫"时间加权控制图"，其中主要有三种类型的加权平均：移动平均、指数加权移动平均（EWMA）及累积和控制图。这里的第一种就是依据简单移动平均原理来构造的控制图，它对微小的均值漂移比常规控制图更敏感。

这里应再次说明，我们使用简单移动平均来使数据平滑化几乎不需要假定条件，但长度的选择是很重要的，通常只取短期的移动平均，平均后对识别长期趋势及季节性变化规律都是有好处的。长度太短则可能平滑效果不明显；长度太长则可能平滑过度，使保真效果变差，损失原来数据中包含的重要信息。总之，一定要慎重选择参加平均的序列长度。

14.2　单参数指数移动平均

14.2.1　移动平均权的分析

我们再来仔细分析一下，简单移动平均到底是怎样进行的。我们看到，当取平均长度为奇数 5 时，其实对于参与加权的 5 项都取的是均匀权（见式（14-1）），当取平均长度为偶数 4 时，其实对于参与加权的 5 项都取的基本上是均匀权（见式（14-2）），只是在两端用梯形代替。画出的权重图是这样的（见图 14-5）。

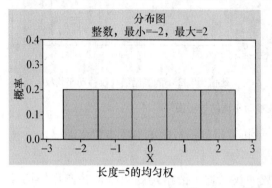

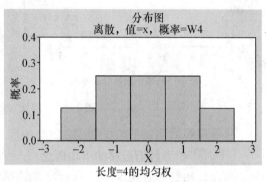

图 14-5　均匀移动平均的权重图

那么，移动平均的权是否还可以取其他类型？它们的性能又如何？其实如何设定权函数是很深奥的学问（常称其为谱窗设计）。例如，可以取二项权，仍以项数为 5 为例，其权重为：

$$z_k = 0.062\,5y_{k-2} + 0.25y_{k-1} + 0.375y_k + 0.25y_{k+1} + 0.062\,5y_{k+2}$$

$$= \frac{1}{16}y_{k-2} + \frac{4}{16}y_{k-1} + \frac{6}{16}y_k + \frac{4}{16}y_{k+1} + \frac{1}{16}y_{k+2} \tag{14-3}$$

以式（14-3）为权重的移动平均，其权重图是中心高两端低样式的（见图 14-6左）。显然，这里更加重视中心位置，而轻视旁边的数据，离中心越远的越轻视。这种类型的权重随项数增多而更一般化，成为"正态权"。图 14-6 右显示的是总计 9 项的二项权，可以看出，它几乎与正态分布是一致的。

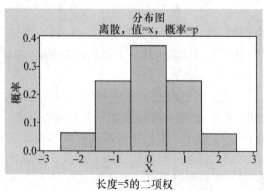

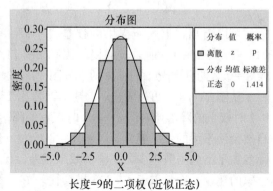

图 14-6　一般移动平均的权重图

那么是否还有别的类型权重呢？图 14 - 7 显示的是以等比级数为权重的情况，分别为以 0.5（1/2）及 0.333 33（1/3）为移动平均的权重图。这里特别重视本身的值，其前方的权重以几何级数的速度急剧下降，比值越小时下降越快。

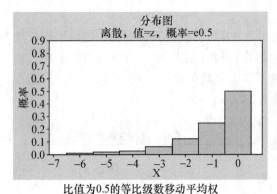

比值为0.5的等比级数移动平均权　　　　　　　　比值为0.333 3的等比级数权移动平均权

图 14 - 7　等比级数移动平均的权重图

　　将等比级数移动平均权重概念进行推广，就可以得到一般的单参数指数移动权。

14.2.2　单参数指数移动平均概念

　　单参数指数平滑法指的就是通过计算指数加权平均平滑给定的数据，并产生短期预测。这个程序通常只适合没有季节性趋势的数据。

　　在学习第 15 章 ARIMA 模型后，读者就会更深入地理解到，这里的单参数指数移动平均其实等价于 ARIMA 模型的一个特例，即 ARIMA(0，1，1)。

　　单参数指数平滑法的一个最基本的递推公式为：

$$L_n = \alpha Y_n + (1-\alpha)L_{n-1} \qquad (14-4)$$

式中，Y_n 为原来给定的时间序列；L_n 为平滑后的序列值；$0 < \alpha < 1$ 是一个给定的常数（有时也允许扩大为 $0 < \alpha < 2$）。如果将式（14-4）中的下标 n 向上递推（其详细步骤请参见网上资源 14.2.2 小节），最后将得到式（14-5）：

$$L_n = \alpha Y_n + \alpha(1-\alpha)Y_{n-1} + \alpha(1-\alpha)^2 Y_{n-2} + \alpha(1-\alpha)^3 Y_{n-3} + \cdots$$
$$+ \alpha(1-\alpha)^{n-1}Y_1 + \alpha(1-\alpha)^n L_0 \qquad (14-5)$$

　　可以看出，上式所提供的权是一个以 α 为首项，以 $1-\alpha$ 为公比的等比级数。当式（14-5）中 $\alpha = 0.5$ 时，其加权系数就如图 14 - 7 中左图的权重一样。下面我们绘制 $\alpha = 0.1$ 及 $\alpha = 0.2$ 两种情况下的权重图（见图 14 - 8）。

　　从图 14 - 8 中可以看出，α 越小，公比 $1-\alpha$ 越大，权重降落的速度越慢（如左图 $\alpha = 0.1$ 时权重的降落比右图 $\alpha = 0.2$ 时权重的降落慢很多），也就是实际参加平滑的项数越多，自然会使平滑的效果越显著。相反，α 越大，公比 $1-\alpha$ 越小，则权重降落的速度越快，实际参加平滑的项数越少，平滑的效果越差，保真的效果就越好。如何选取 α 的值？按统计学家的建议，通常取 $\alpha = 0.2$ 效果会比较好，将兼顾到平滑与保真。当然，实际情况会很复杂，我们可以先用 $\alpha = 0.2$ 试验一下，如果需要更加平滑，可将 α 再调小些；如果需要更加保真，可将 α 再调大些。

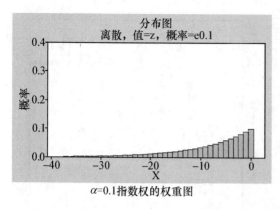 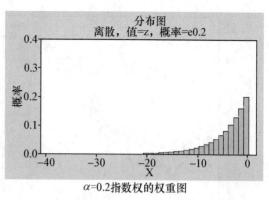

图 14 - 8　指数权的权重图

对于式（14 - 5）中 L_0 的估计方法也有很多种，它通常代表整个序列的平均值，在 MINITAB 软件中，通过对最开始的 6 个观测值平均得到。

14.2.3 单参数指数移动平均的计算

【例 14 - 2】　（续例 14 - 1）对于收集到的 60 个月内金属行业就业人数的数据，数据文件：TS_就业.MTW，希望用单参数指数平滑的方法得到金属行业就业人数的变化规律。

单参数指数平滑的操作如下：从"统计＞时间序列＞单指数平滑（Stat＞Time Series＞Single Exp Smoothing)"入口，界面见图 14 - 9 左。

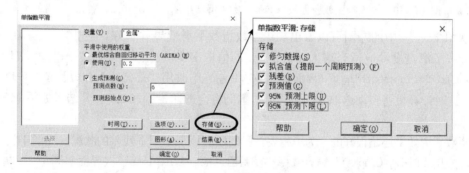

图 14 - 9　单指数平滑操作图

在"变量（Variable)"中输入包含时间序列的列"金属"。在"平滑中使用的权重（Weight to use in smoothing)"中选择"使用"，并填入"0.2"，在"生成预测（Gene - rate forecasts)"的"预测点数（Number of forecasts)"中填入"6"。打开"存储（Storage)"窗（界面见图 14 - 9 右），选中全部 6 项："修匀数据（Smoothed data)"，"拟合值（提前一个周期预测）（Fits（one-period-ahead forecasts))"，"残差（Residuals)"，"预测值（Forecasts)"以及"95％预测上限（up 95％ prediction limits)"和"95％预测下限（lower 95％ prediction limits)"。打开"结果（Results)"窗（界面与图 14 - 2 右下同），在"对照结果显示（Control of the display results)"中选择"汇总表和结果表（Summary table and results table)"。在每个对话框点击"确定（OK)"。

计算后可以得到单参数指数平滑图（见图 14 - 10 左）。

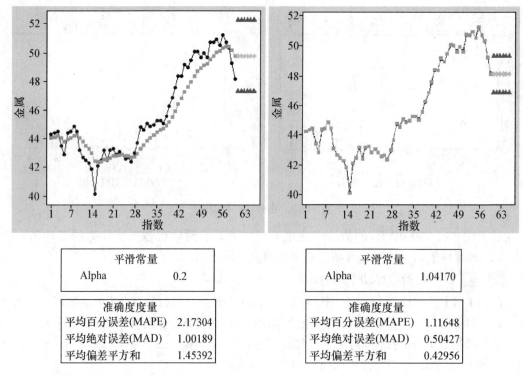

平滑常量		平滑常量	
Alpha	0.2	Alpha	1.04170

准确度度量		准确度度量	
平均百分误差(MAPE)	2.17304	平均百分误差(MAPE)	1.11648
平均绝对误差(MAD)	1.00189	平均绝对误差(MAD)	0.50427
平均偏差平方和	1.45392	平均偏差平方和	0.42956

图 14-10　金属行业就业人数单参数指数平滑结果图（左 $\alpha=0.2$，右 $\alpha=1.0417$）

从图 14-10 中的左图可以看出，单参数指数平滑效果并不好，主要原因是 $\alpha=0.2$ 偏小，导致平滑过度，应适当增大 α 的值。α 的值取多少为好？如果在"平滑中使用的权重（Weight to use in smoothing）"（界面见图 14-9 左）中改用"最优综合自回归移动平均（ARI-MA）"，这时计算机将自动选取 α 的最优值，本例将会选择 $\alpha=1.0417$，其结果如图 14-10 右图所示。

指数平滑效果还是很好的。为了稳妥，我们还应该观察一下残差的状况。在图 14-9 的左图中，打开"图形（Graphs）"窗，选择"残差图（Residual plots）"（界面与图 14-2 左下同）中的"残差与顺序（Residual versus order）"，即可得到残差图（见图 14-11）。对 $\alpha=0.2$ 及 $\alpha=1.0417$ 两种情况分别绘图，发现 $\alpha=1.0417$ 的残差图形波动较小，基本正常。

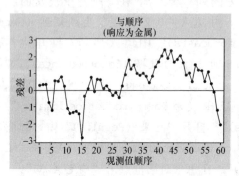
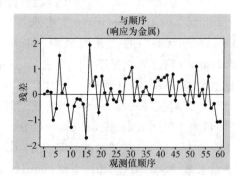

图 14-11　单参数指数平滑的残差图（左 $\alpha=0.2$，右 $\alpha=1.0417$）

我们还应该比较一下单参数指数平滑与移动平均平滑的效果。一般，这里没有固定的结论，不同的数据可能有不同的结果。本例中，单参数指数平滑的平均百分误差为 1.116 48%，移动平均平滑（$n=3$）的平均百分误差为 0.890%，移动平均平滑似乎更好，但这不是一般性的结论。

注意：进行单参数指数平滑的数据不能有缺失数据，如果有缺失数据，首先需要对缺失值进行估计。估计的方法如下：

● 对有季节趋势的数据，可用"分解"程序（参见 13.3.1）的拟合值来估计缺失值。用分解计算得到的拟合值替代序列中的缺失值。

● 对没有季节趋势的数据，可用更简单的"移动平均"程序（参见 14.1 节）的拟合值来估计缺失值。用移动平均计算得到的拟合值替代序列中的缺失值。

为了能观察到更多不同情况下的平滑结果，我们再看一个其他类型的例子。

【例 14 - 3】 美国商业的零售指数。这里收集到 1953—1970 年 18 年中每月平均物价零售指数，数据文件：TS_美国商业.MTW。希望分析零售指数的变化规律。

我们先绘制出此时间序列的图形（见图 14 - 12 左）。

从图 14 - 12 左图中可以看出，随着时间的变化，零售指数有明显变化的趋势性的增长。要想对它进行平滑处理，用指数加权的方法效果会更好。

绘制单参数指数平滑图的操作已在例 14 - 2 中介绍过，这里在"平滑中使用的权重（Weight to use in smoothing）"中（见图 14 - 9 左）改用"最优综合自回归移动平均（ARIMA）"，这时计算机将自动选取 α 的最优值。计算后可以得到单参数指数平滑图（见图 14 - 12 右）。

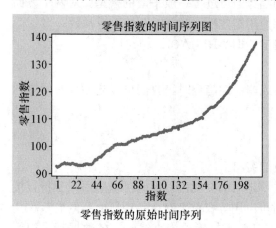

零售指数的原始时间序列

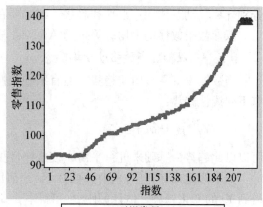

平滑常量	
Alpha	1.35322

准确度度量	
平均百分误差(MAPE)	0.220515
平均绝对误差(MAD)	0.240937
平均偏差平方和	0.102907

图 14 - 12 零售指数的时间序列和单参数指数平滑图

从图 14 - 12 中可以看出，平滑效果似乎很好。但仔细考察残差对于观测值顺序的图（见图 14 - 13），发现并未达到完全随机的程度，主要是其尾部有明显上扬的趋势。为解决此问题，请看下面 14.3 节双参数指数移动平均。

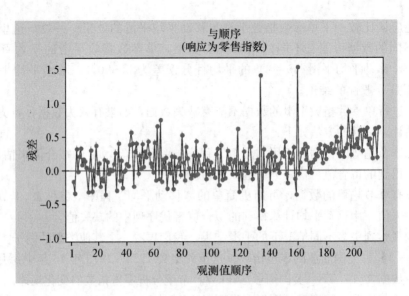

图 14 - 13 零售指数单参数指数平滑残差图

14.3 双参数指数移动平均

双参数指数移动平均（双指数平滑）法通常用 Holt-Winters 双指数平滑法来平滑数据并产生短期的预测。这个方法适合存在明显的趋势但可进行一般平滑的模型。对两个方面分别计算其动态估计：水平和趋势，有必要在使用指数平滑时随时改变平滑常数。

双参数指数移动平均有等价的 ARIMA 模型，即 ARIMA(0，2，2)。

14.3.1 双参数指数移动平均概念

当数据没有季节周期趋势，但有某种线性或非线性趋势时，我们可以先假设时间序列有下列线性趋势：

$$Y_t = \beta_0 + \beta_1 t + \varepsilon_t \tag{14-6}$$

可以以此趋势为基础来进行平滑，使规律性更加突出。

如果假定式（14-6）中参数 β_0 和 β_1 都是不随时间变化的，此时可以用回归分析直接得到 Y_t 的变化趋势，估计截距 β_0 和斜率 β_1 时可以用等权重来对待各观测值。但当参数 β_0 和 β_1 的值随时间缓慢变化时，也就是说趋势本身并不精确地为直线时，各数据都采用等权重就不恰当了。在这种情况下，可用双参数指数平滑分析，使用"逐渐降低的指数权"这样的不等权重来处理时间序列的观测值并对时间序列进行预测。详细的推导和介绍参见网上资源 14.3.1 小节的内容。

双指数平滑在每个周期使用一个水平因素（位置值）和一个趋势因素（斜率值）。我们可以用两个常数权重，或称平滑参数 α 及 γ，来更新每个周期的位置和斜率。一般，α 及 γ 取值较大，则导致平滑权重更快地降低，因而参加移动平均的序列越短、数据量越少，保真效果越好；α 及 γ 取值较小，则导致平滑权重更慢地降低，因而参加移动平均的序列越长、数据量越多，平滑效果越好。如何具体选择 α 及 γ 的值？有两种办法：一种是让计算机自动提供一些最优权重，MINITAB 就是用 ARIMA 模型（最优综合自回归移动平均（Optimal ARIMA））计算出来的；另一种是可以自行指定，但水平因素平滑参数 α 应取在 $0\sim2$ 之间，趋势因素平滑参数 γ 应取在 $0\sim\frac{4}{\alpha}-2$ 之间。通常，α 及 γ 两个平滑参数值都在 $0\sim1$ 之间。

14.3.2 双参数指数移动平均的计算

我们再次研究美国商业的零售指数数据的平滑问题。

【例 14 - 4】 （续例 14 - 3）美国商业的零售指数。数据文件：TS _ 美国商业.MTW。希望分析零售指数的变化规律。

在例 14 - 3 中，我们使用单参数指数移动平均方法对其进行了平滑，但发现残差并不好，尾部有明显上扬的趋势。究其原因，是数据并非直线变化趋势，其斜率并不是常数，而是有变化趋势（见图 14 - 12 左），因此用双参数指数移动平均法会有较大改进。

双参数指数平滑的操作如下：从"统计＞时间序列＞双指数平滑（Stat＞Time Series＞Double Exp Smoothing)"入口，界面见图 14 - 14 中。

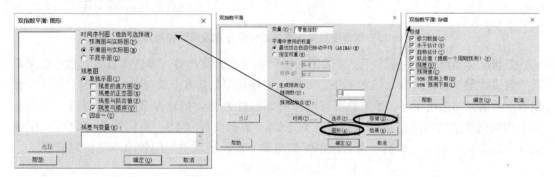

图 14 - 14 双参数指数平滑操作图

在"变量（Variable)"中输入包含时间序列的列"零售指数"。在"平滑中使用的权重（Weight to use in smoothing)"中选择"最优综合自回归移动平均（Optimal ARIMA)"，这时计算机将自动选取 α 及 γ 的最优值。在"生成预测（Generate forecasts)"的"预测点数（Number of forecasts)"中填入"12"。打开"图形（Graphs)"窗（界面见图 14 - 14 左），选择"残差图（Residual plots)"中的"残差与顺序（Residual versus order)"。打开"存储（Storage)"窗（界面见图 14 - 14 右），选中上部的 5 项："修匀数据（Smoothed data)"，"水平估计（Level estimates)"，"趋势估计（Trend estimates)"，"拟合值（提前一个周期预测）（Fits (one-period-ahead forecasts))"及"残差（Residuals)"。打开"结果（Results)"窗（界面从略），在"对照结果显示（Control of the display results)"中选择"汇总表和结果表（Summary table and results table)"。在每个对话框点击"确定（OK)"。

计算后可以得到双参数指数平滑结果及预测和残差图（见图 14 - 15）。

从图 14 - 15 的左图看到的预测结果包含了继续增长的趋势，这比单参数指数平滑要好得多。单参数指数平滑后的拟合结果的平均绝对误差为 0.240 937（见图 14 - 12），而这里双参数指数平滑后的拟合结果的平均绝对误差已降低为 0.170 837，改进效果是显著的。从图 14 - 15 的右上图可以看出，零售指数双参数指数平滑后的残差比单参数指数平滑后

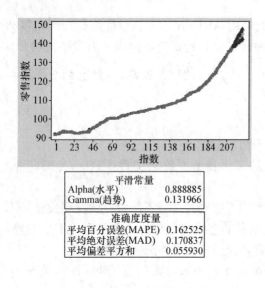

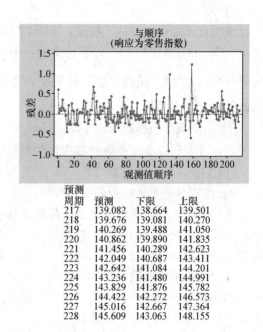

平滑常量	
Alpha(水平)	0.888885
Gamma(趋势)	0.131966

准确度度量	
平均百分误差(MAPE)	0.162525
平均绝对误差(MAD)	0.170837
平均偏差平方和	0.055930

预测

周期	预测	下限	上限
217	139.082	138.664	139.501
218	139.676	139.081	140.270
219	140.269	139.488	141.050
220	140.862	139.890	141.835
221	141.456	140.289	142.623
222	142.049	140.687	143.411
223	142.642	141.084	144.201
224	143.236	141.480	144.991
225	143.829	141.876	145.782
226	144.422	142.272	146.573
227	145.016	142.667	147.364
228	145.609	143.063	148.155

图 14-15　零售指数双参数指数平滑结果及预测和残差图

的残差状况有明显改进，基本上已经看不出任何明显的升降趋势。零售指数双参数指数平滑后的数值结果显示在图 14-15 的右下。一般，当序列变化基本上只有线性趋势时，用单参数指数平滑后其结果已很好，如果数据有明显的非线性趋势，则双参数指数平滑后的结果会比单参数指数平滑后的结果改进很多。对于同一数据文件（TS_美国商业.MTW）中的批发指数而言，双参数指数平滑会比单参数指数平滑有所改进，但效果不是特别显著。

14.4　Winters 方法

　　无论单参数指数平滑还是双参数指数平滑，都不能处理有季节周期性变化的数据。本节介绍的 Winters 方法是一种用于处理含有季节性的数据的平滑方法。Winters 法采用 Holt-Winters 指数平滑法，对这种数据进行平滑并产生短期的预测，而且对于存在可加的或是可乘的趋势和季节性成分时，都能够适用。Winters 法要同时计算三个成分的动态估计：水平、趋势和季节性。

　　当水平和季节因素是乘在一起的，Winters 模型就是乘法模型；当它们是加在一起的，那么模型就是加法模型。当数据中季节模型的振动幅度依赖于数据值时，最好选择乘法模型，即季节模型的振动幅度值随数据值的增长而增长，随数据值的减少而减少；当数据中季节模型的振动幅度不依赖于数据值时，最好选择加法模型，即季节模型的量值并不随序列的增长或减少而变化。

　　除非特殊情况，Winters 方法并没有等价的 ARIMA 模型。

14.4.1　Winters 方法的原理

Winters 方法是处理含有季节性的数据的平滑方法，分为乘法及加法两种模型。下面分别予以叙述。

14.4.1.1 乘法的 Winters 方法

乘法的 Winters 方法不是基于以前的统计模型，但其主要出发点是，假定可以使用式 （14-7）描述的时间序列进行预测：

$$Y_t = (\beta_0 + \beta_1 t) \times S_t + \varepsilon_t \tag{14-7}$$

其中，时间序列参数可能随时间缓慢变化，这里 S_t 是季节模式变量。注意到我们这里假设了一个缓慢变化的线性趋势和一个假设表现增长的（乘法的）季节变量有缓慢变化的季节模式。Winters 方法在每个周期重新选用一个水平因素、一个趋势因素和一个季节因素。它使用 3 个权重，或称为平滑参数，更新每个周期的因素：α 是水平的权重；γ 是趋势的权重；δ 是季节成分的权重。水平和趋势因素的初始值由时间的线性回归得到。Winters 方法的具体公式参见网上资源 14.4.1.1 小节。

乘法 Winters 模型可用于具有以下特点的数据：数据有或没有趋势；有季节形式；季节形式的振幅大小或**固定**或**与数据成比例**；只进行短期或中期的预测。

14.4.1.2 加法的 Winters 方法

如果数据中的季节形式的大小与数据大小几乎无关，则可以使用更简单的 Winters 加法模型。它也用三个权重：α 是水平的权重；γ 是趋势的权重；δ 是季节成分的权重。加法的 Winters 方法所使用的具体公式参见网上资源 14.4.1.2 小节。

加法 Winters 模型可用于具有以下特点的数据：数据有或没有趋势；有季节形式；季节形式的振幅大小与数据大小无关；只进行短期或中期的预测。

注意：进行 Winters 平滑的数据同样不能有缺失数据，如果有缺失数据，首先需要对缺失值进行估计。估计的方法如下：

● 对有季节趋势的数据，可用"分解"程序（参见 13.3.1 小节）的拟合值来估计缺失值。用分解计算得到的拟合值替代序列中的缺失值。

● 对没有季节趋势的数据，可用更简单的"移动平均"程序（参见 14.1 节）的拟合值来估计缺失值。用移动平均计算得到的拟合值替代序列中的缺失值。

14.4.2 Winters 方法的计算

使用 Winters 平滑数据的关键是选择好三个待定参数。MINITAB 并不像单参数指数和双参数指数平滑那样能够算出一组"最优权重参数"，Winters 模型一般没有等价的 ARIMA 模型，因此只能根据各参数的具体含义用手工方式不断调整，但由于平滑结果对于权重参数值的选择并不特别敏感，因此不必苛求权重参数的精确。

一般可以直接输入水平、趋势和季节这三项因素的权重参数（或称平滑参数）α，γ 和 δ 三个权重参数的默认值皆为 0.2，当然也可以输入 0~1 之间的其他值。

与单参数指数平滑或双参数指数平滑类似，一般来说，三个权重参数取值较大时，导致权重更快地降低，因而参加移动平均的序列越短、数据量越少，保真效果越好；三个权重参数取值较小时，导致权重更慢地降低，因而参加移动平均的序列越长、数据量越多，平滑效果越好。小的权重将会导致更慢的变化，因此较小的权常被推荐用于信号或模型有高噪声水平的序列。如果数据中含有的噪声较大，为了得到规律性的描述，就要取更多的数据，相应的权重参数应取小些；相反，如果数据中含有的噪声较小，容易得到规律性的描述，就要取较少的数据以更加保真，相应的权重参数可以取大些。

我们通过预测食品行业就业人数的时间序列来阐述Winters方法的使用。

【例14-5】 （续例14-1）收集了60个月内各行业的就业数据，其中包含贸易行业、食品行业及金属行业的就业人数，数据文件：TS_就业.MTW。现在希望分析食品行业就业人数的变化规律并预报12个月的状况。

先考察一下时间序列数据的状况，绘制食品行业就业人数的时间序列图（见图14-16）。

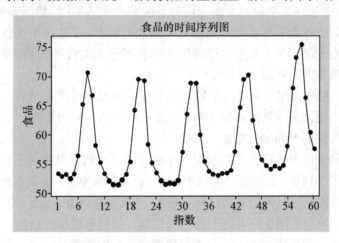

图14-16 食品行业就业人数的时间序列图

从图14-16中可以看出，食品行业就业人数有明显的周期性趋势，12个月为一个周期。这时使用单参数指数平滑或双参数指数平滑都不可能解决问题，因此我们使用Winters方法进行平滑。

用Winters方法平滑的操作如下：从"统计＞时间序列＞Winters方法（Stat＞Time Series＞Winters′Method）"入口（界面见图14-17中），在"变量（Variable）"中输入包含时间序列的列"食品"，在"季节长度（Seasonal length）"中输入此数据的周期长度（"12"）。在"方法类型（Method type）"中选择"乘法（Multiplicative）"，在"平滑中使用的权重（Weight to use in smoothing）"中选取"水平（Level）"、"趋势（Trend）"和"季节（Season）"三个参数值，最开始可以使用计算机默认值（也可以指定其他值）。在"生成预测（Generate forecasts）"的"预测点数（Number of forecasts）"中输入"12"。打开"图形（Graphs）"窗（界面见图14-17左），选择"残差图（Residual plots）"中的"残差与顺序（Residual versus order）"。打开"存储（Storage）"窗（界面见图14-17右），选中全部9项。打开"结果（Results）"窗（界面从略），在"对照结果显示（Control of the display results）"中选择"汇总表和结果表（Summary table and results table）"。在每个对话框点击"确定（OK）"。

计算后可以得到乘法的Winters方法平滑图（见图14-18左）。同样的操作再进行一遍，将"方法类型（Method type）"改为选择"加法（Additive）"，计算后可以得到加法

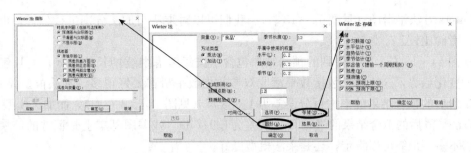

图 14-17　Winters 方法平滑操作图

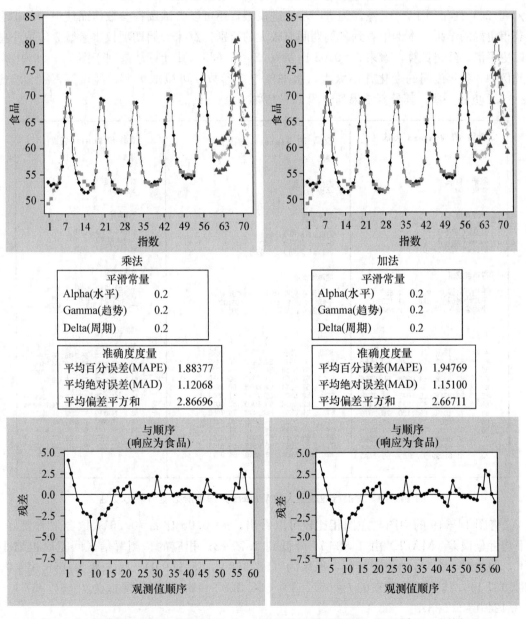

图 14-18　食品行业就业人数的 Winters 方法平滑结果及残差图（左为乘法；右为加法）

的 Winters 方法平滑图（见图 14-18 右）。我们可以对乘法与加法分别进行分析，也可以进行二者的比较。

从图 14-18 左上图中看到的预测结果包含了按年考虑继续增长的趋势，而且包含了周期的变化趋势，这比单参数指数平滑或双参数指数平滑都要好得多。乘法模型 Winters 方法平滑后的拟合结果的平均百分误差为 1.883 77（见图 14-18 左中），而加法模型 Winters 方法平滑后的拟合结果的平均百分误差为 1.947 69。残差图基本上是正常的，乘法与加法差不多。最终可以肯定，还是乘法模型更好。

食品行业就业人数用乘法模型 Winters 方法平滑的数值结果（其中 $\alpha=0.2$，$\delta=0.20$，$\gamma=0.20$）列于图 14-19 左。为进一步改进模型，还可以尝试调整参数值而使模型的拟合获得更好的结果。本例中看到各周期间有较大的差别，意味着周期项权重参数 δ 应取小些以更平滑。经过试算，看来 $\delta=0.05$ 比 $\delta=0.20$ 要好些，其计算结果列于图 14-19 中部。此例中，各年度间的变化并不太大，水平项权重参数 α 可以取大些，经试算，$\alpha=0.5$ 比 $\alpha=0.2$ 更好一些，其计算结果列于图 14-19 右。

食品 的 Winters 方法

乘法

数据 食品
长度 60

平滑常量
Alpha（水平） 0.2
Gamma（趋势） 0.2
Delta（周期） 0.2

准确度度量
平均百分误差（MAPE） 1.88377
平均绝对误差（MAD） 1.12068
平均偏差平方和 2.86696

预测

周期	预测	下限	上限
61	57.8102	55.0646	60.5558
62	57.3892	54.6006	60.1778
63	57.8332	54.9966	60.6698
64	57.9307	55.0414	60.8199
65	58.8311	55.8847	61.7775
66	62.7415	59.7339	65.7492
67	72.1849	69.1120	75.2578
68	78.1507	75.0088	81.2925
69	78.5092	75.2949	81.7235
70	68.6689	65.3790	71.9588
71	63.9258	60.5573	67.2944
72	61.8189	58.3689	65.2690

食品 的 Winters 方法

乘法

数据 食品
长度 60

平滑常量
Alpha（水平） 0.20
Gamma（趋势） 0.20
Delta（周期） 0.05

准确度度量
平均百分误差（MAPE） 1.79430
平均绝对误差（MAD） 1.06108
平均偏差平方和 2.70168

预测

周期	预测	下限	上限
61	57.4449	54.8453	60.0445
62	57.0414	54.4011	59.6817
63	57.4901	54.8043	60.1758
64	57.6214	54.8858	60.3570
65	58.5689	55.7793	61.3586
66	62.4537	59.8060	65.3015
67	71.8567	68.9472	74.7662
68	77.8633	74.8885	80.8381
69	77.9746	74.9313	81.0180
70	68.2111	65.0961	71.3261
71	63.7269	60.5375	66.9163
72	61.6906	58.4240	64.9571

食品 的 Winters 方法

乘法

数据 食品
长度 60

平滑常量
Alpha（水平） 0.50
Gamma（趋势） 0.20
Delta（周期） 0.05

准确度度量
平均百分误差（MAPE） 1.35608
平均绝对误差（MAD） 0.80471
平均偏差平方和 1.46739

预测

周期	预测	下限	上限
61	57.3131	55.3416	59.2846
62	56.7994	54.6269	58.9719
63	57.1661	54.7515	59.5806
64	57.2352	54.5485	59.9219
65	58.1240	55.1434	61.1046
66	61.9239	58.6334	65.2144
67	71.1862	67.5739	74.7984
68	77.0683	73.1253	81.0113
69	77.0867	72.8061	81.3673
70	67.3618	62.7383	71.9854
71	62.8767	57.9058	67.8475
72	60.8025	55.4811	66.1240

图 14-19 食品行业就业人数 Winters 方法平滑数值结果比较图

将图 14-19 的中图与左图相比较可以看出，$\delta=0.05$ 比 $\delta=0.20$ 从拟合上看要好，平均百分误差（MAPE）由 1.883 77 降低到 1.794 3；相应的预测置信区间宽度也缩小了，例如对于 72 号的预测区间，原来为 (58.368 9，65.269 0)，后来变为 (58.424 0，64.957 1)，其宽度由原来的 $l=65.269\,0-58.368\,9=6.900\,1$，降低为 $l=64.957\,1-58.424\,0=6.533\,1$。

将图 14-19 的右图与中图相比较可以看出，$\alpha=0.50$ 似乎比 $\alpha=0.20$ 要好些，因为平均百分误差（MAPE）由 1.794 3 降低到 1.356 08；但在预测时相应的预测置信区间宽度反而加宽了，例如对于 72 号的预测区间，原来为（58.424 0，64.957 1），后来变为（55.481 1，66.124 0）。

　　综合上述内容来看，如何衡量平滑效果并不是一件简单的事。在实际工作中要根据不同需要适当选择参数。

第 *15* 章

ARIMA 模型

时间序列分析对于帮助我们理解自然规律是非常重要的，这是因为在观测到的序列中，各观测值并非相互独立，因而不能当作普通的随机变量的随机抽样观测值。而且在一般情况下，序列中除了有不相互独立的状况，还要考虑有某种趋势，还可能同时含有季节周期（例如每年有 12 个月，按月记录的数据常有周期为 12 的规律），这些问题是我们从未见过的。1970 年，博克斯和詹金斯（G. Box and G. Jenkins）发表了奠基性的著作《时间序列分析：预测与控制》（见书后参考文献 [44]），首次对平稳时间序列提出自回归移动平均（ARMA）模型。经过多年的研究与发展，这个模型现已为更广泛的允许带有趋势的综合自回归移动平均（ARIMA）模型所概括。这类模型所能处理的状况是非常广泛的，本章将全面介绍该模型。15.4 节将对于最一般情况详细介绍 ARIMA 的有关概念和计算。在此之前，我们先要介绍它的两个重要特例：15.2 节详细介绍平稳时间序列的自回归模型 AR(p) 的有关概念和计算；15.3 节详细介绍平稳时间序列的移动平均模型 MA(q) 的有关概念和计算。由于所有这些模型都是建立在讨论随机变量相关性的基础上的，为此，我们先在 15.1 节做好准备工作，介绍自相关函数和偏自相关函数，以及有关平稳性的概念和判断。

15.1 自相关函数与偏自相关函数

对于一个序列，如何判断其中各数据间的相关状况是非常重要的。马逢时等在《六西格玛管理统计指南》中，曾经讨论相关分析与回归分析：对于两个随机变量，我们可以定义它们之间的相关系数，如果对这两个随机变量观测到若干对数据，则可以定义样本的相关系数。从相关系数绝对值的大小可以判断出，两个随机变量间的关系是否密切。对于一个序列中如此多的随机变量，如何定义它们的相关性质？这是本节所要讨论的问题。15.1.1 小节介绍自相关函数的概念及计算，并且介绍时间序列的平稳性概念及判断；15.1.2

小节介绍偏自相关函数的概念；15.1.3 小节介绍自相关函数和偏自相关函数的计算。

15.1.1　自相关函数

在介绍自相关函数的概念及计算之前，我们首先介绍均值函数的概念。

一个时间序列其实是一串随机变量。对于每个固定时刻（比如时刻 1，时刻 5，…），它们都是随机变量。当然，如果我们记录下某个时间序列的值，则相当于每个随机变量都取定一个观测值。对于每个时刻 t，随机变量 X_t 都可以从理论上求出一个均值（即数学期望），将它们考虑为 t 的函数，就是均值函数。

定义 15-1　称下列关于 t 的函数（若存在有限）为时间序列 $\{X_t\}$ 的**均值函数**。

$$\mu_t = E(X_t), \ t \in T \tag{15-1}$$

注意，一般来说，μ_t 是 t 的函数，它的值会随 t 的变化而变化。

仿照单个随机变量的概念，也可以定义在时刻 t 的方差。对于两个随机变量，我们在《六西格玛管理统计指南——MINITAB 使用指导》中定义过协方差及相关系数。下面将协方差及相关系数的概念应用于时间序列中两个任意时刻 s 及 t，讨论 X_s 及 X_t 之间的协方差及相关系数。

定义 15-2　对于任意两个时刻 (s, t)，称 (s, t) 上的二元函数 $\gamma(s, t)$（若存在有限）

$$\gamma(s, t) = E(X_s - \mu_s)(X_t - \mu_t), s, t \in T \tag{15-2}$$

为**自协方差函数**。称二元函数 $\rho(s, t)$（若存在有限）

$$\rho(s, t) = \gamma(s, t) / \sqrt{\gamma(s, s)\gamma(t, t)}, s, t \in T \tag{15-3}$$

为 $\{X_t\}$ 的**自相关函数**。

注意，一般来说，$\gamma(s, t)$ 及 $\rho(s, t)$ 都是 (s, t) 上的二元函数，它的值会随 (s, t) 的变化而变化。只有 s 及 t 两个值都给定，才能计算出 $\gamma(s, t)$ 及 $\rho(s, t)$ 的数值。另外，从上述定义也可以很容易看出，$\gamma(t, t)$ 其实就是时间序列 $\{X_t\}$ 在时刻 t 的方差。

平稳性是时间序列的一个重要特性。关于时间序列的平稳性，从严格的数学定义来说，有两种不同的定义：任意多指定时刻的联合分布如果不随时间而变，则称是**严平稳**的；二阶矩存在且不随时间而变，则称是**宽平稳**的。对于正态随机序列，二者是等价的，因此我们这里以容易理解的方式给出简化的平稳时间序列的定义。

定义 15-3　时间序列 $\{X_t\}$，如果 X_t 满足以下两个条件：

（1）$\mu_t = EX_t = \mu$ 与 t 的选取无关；

（2）$\gamma(t, t-k) = E(X_t - \mu)(X_{t-k} - \mu) = \gamma_k$ 与 t 的选取无关，

则称 $\{X_t\}$ 为**平稳时间序列**。

定义 15-3 的第一项容易理解，即在任何时刻 t，其均值都保持为常量 μ，始终不变。定义 15-3 的第二项的含义是：任意取两个时刻 (s, t)，例如取 $s=5$，$t=3$，两者时刻相差为 2；如果另取两个时刻，例如取 $s=15$，$t=13$，两者时刻相差仍为 2，这时就有：

$$\gamma(5, 3) = \gamma(15, 13)$$

当然也有：

$$\rho(5,3)=\rho(15,13)$$

换言之，只要两个时刻之差保持不变，则不论其起始位置如何，二者的协方差及相关系数都会保持不变。也就是说，协方差及相关系数只是两个时刻**差**的函数，而与时刻本身无关。换用数学语言来说就是，两个时刻 (s,t)，记二者之差为 $k=s-t$，则协方差及相关系数只是 k 的函数，而与 (s,t) 的值无关。这样就可以得到结论：平稳时间序列 $\{X_t\}$ 的**均值**是常量，**自协方差和自相关函数**只是一个自变量（时刻差）的函数。具体写出来是：

$$\begin{cases} \mu=\mu_t \\ \gamma_k=E(X_t-\mu)(X_{t-k}-\mu)=\gamma(t,t-k),t\in T,k\in Z \\ \rho_k=\gamma_k/\gamma_0 \end{cases} \tag{15-4}$$

式中，时刻 t 为任意时刻；差值 k 为任意整数（可正、可负、可零）；γ_k 为相差 k 时刻的两随机变量的协方差；γ_0 为时间序列 $\{X_t\}$ 在任意时刻 t 的方差；ρ_k 为相差 k 时刻的两随机变量 X_t 与 X_{t-k} 的相关系数，即

$$\rho_k=\mathrm{Corr}(X_t,X_{t-k}) \tag{15-5}$$

当然，如果 $k=0$，则 ρ_0 是 X_t 自己与自己的相关系数，当然有 $\rho_0=1$。由这些定义很容易看出，平稳时间序列的自协方差和自相关函数具有以下性质：

（1）**对称性**：$\gamma_k=\gamma_{-k}$，$\rho_k=\rho_{-k}$。

其含义是，对于给定的差值 k，比如 $k=2$，X_5 与 X_3 之间的协方差及相关系数与反过来 X_3 与 X_5 之间的协方差及相关系数是相同的。

（2）**半正定性**：对任意的 $n\in N$，矩阵

$$\Gamma_n=\begin{pmatrix} \gamma_0 & \gamma_1 & \cdots & \gamma_{n-1} \\ \gamma_1 & \gamma_0 & \cdots & \gamma_{n-2} \\ \vdots & \vdots & \ddots & \vdots \\ \gamma_{n-1} & \gamma_{n-2} & \cdots & \gamma_0 \end{pmatrix} \text{和} R_n=\begin{pmatrix} \rho_0 & \rho_1 & \cdots & \rho_{n-1} \\ \rho_1 & \rho_0 & \cdots & \rho_{n-2} \\ \vdots & \vdots & \ddots & \vdots \\ \rho_{n-1} & \rho_{n-2} & \cdots & \rho_0 \end{pmatrix} \tag{15-6}$$

都是半正定的。关于半正定矩阵的定义参见网上资源，对于任意向量 x，总有 $x'\Gamma_n x\geqslant 0$，$x'R_n x\geqslant 0$。

（3）$|\gamma_k|\leqslant\gamma_0$，$|\rho_k|\leqslant 1$。 $\tag{15-7}$

其含义是：由于 γ_0 是时间序列 $\{X_t\}$ 在任意时刻 t 的方差，γ_k 是相差 k 个间隔的两个随机变量的协方差，因此协方差的绝对值肯定比方差要小。从二者关系上看也是很显然的，ρ_k 是相差 k 时刻的两随机变量的相关系数，由于在式（15-4）中最后一行定义了：$\rho_k=\gamma_k/\gamma_0$，因此 $|\rho_k|=|\gamma_k|/\gamma_0\leqslant 1$，即相差 k 时刻的两随机变量的相关系数 ρ_k 的绝对值一定小于等于 1。

这里要澄清一个重要概念。时间序列是平稳的，它是否可以有周期性的变化？回答是

肯定的。带有周期性变化的随机序列仍然可以是平稳的，只要序列满足平稳性的定义：其均值保持为常数；序列间两项的相关只与二者间的距离有关，而与位置（在第几项）无关。例如，$X_t = A\cos(U + \omega t)$，其中，$A$，$\omega$ 是常数，U 是在（$-\pi$，π）上均匀分布的随机变量。$\{X_t\}$ 的含义是一族振幅为 A 的正弦曲线，其起始点完全随机地分布在实轴上，这时，$\{X_t\}$ 的均值 $EX_t = 0$，恒定为 0；其协方差为 $E(X_s X_t) = \frac{1}{2}A^2\cos(\omega(s - t))$，其值只依赖于两个时刻之差。因此根据定义，$\{X_t\}$ 一定是平稳的，但它的每条轨迹都是频率为 ω（固定周期）的正弦曲线。

下面介绍一种最简单的平稳时间序列，它在时间序列分析中占有十分重要的地位，这就是白噪声序列。

定义 15 - 4 满足如下条件的时间序列 $\{\varepsilon_t\}$ 称为**白噪声**（white noise，WN）**序列**：

(1) $E(\varepsilon_t) = 0, t \in Z$

(2) $E(\varepsilon_t \varepsilon_s) = \begin{cases} \sigma^2, s = t \\ 0, s \neq t \end{cases}$
(15 - 8)

其中，$\sigma^2 > 0$，是任一正常数。白噪声序列简称**白噪声**，记为 $\{\varepsilon_t\} \sim WN(0, \sigma^2)$。

显然，白噪声序列是平稳的；如果再加上条件——白噪声时间序列同时也是正态的，则它就是一列独立同分布的零均值的正态随机变量，也就是说，$\{\varepsilon_t\}$ 中的任意两个时刻的随机变量 ε_s 与 ε_t 都是独立的，ε_t 都属于正态分布 $N(0, \sigma^2)$。**独立同正态分布的白噪声序列**（或简称**正态白噪声序列**）简记为 $IID(\sigma^2)$ 或 $IIDN(\sigma^2)$，是我们使用最多的描述简单随机干扰的平稳序列。我们通常假定，观测的误差项应该是互不相关的、方差固定不变的服从正态分布的随机变量，实际上就是要求误差列是正态白噪声序列。我们验证时间序列模型与数据是否拟合得好，也就是要看残差序列是不是白噪声序列。如果残差序列确实是白噪声序列（不管 σ^2 是大是小），则可以认为模型与数据拟合得很好；如果残差序列中仍然有相关性，则不能认为是白噪声序列，说明模型还需要改进。

在实际应用中，最常用的比白噪声序列复杂的平稳序列是**线性平稳序列**，它是由白噪声的线性组合构成的。其中最简单的线性平稳序列是**有限移动平均**。

定义 15 - 5 设 $\{\varepsilon_t, t \in Z\}$ 为白噪声序列 $WN(0, \sigma^2)$，对于一个非负整数 q，如果有一串常数 $a_0, a_1, \cdots, a_q$，使得下式对于任意 t 值都成立

$$X_t = a_0 \varepsilon_t + a_1 \varepsilon_{t-1} + \cdots + a_q \varepsilon_{t-q}, t \in Z$$
(15 - 9)

则称 $\{X_t\}$ 为白噪声序列的移动平均，简记为 MA（moving average）。

从上述定义可以看出，$\{\varepsilon_t\}$ 是白噪声序列，有限移动平均序列 $\{X_t\}$ 其实就是对这个白噪声序列不断移动的 $q + 1$ 项施以固定的加权系数的平均。当然，$\{X_t\}$ 仍然是平稳的，但其各项之间已经不再相互独立。如果 $\{X_t\}$ 是用来描述随机干扰的，则其含义是，现时刻的干扰 X_n 是现在的白噪声 ε_n，以及之前的 q 个简单随机干扰白噪声 $\varepsilon_{n-1}, \varepsilon_{n-2}, \cdots, \varepsilon_{n-q}$ 的线性组合。当时间间隔小于等于 q 时，$\{X_t\}$ 之间会含有某些公共项，因此它们是相关的；当时间间隔大于 q 时，$\{X_t\}$ 之间不再含有任何共同项，因此它们是不相关的。所

以，这样的序列又称为 q 相关的。

对上述概念加以推广，如果允许 q 增大到无穷，则可以得到无穷移动平均序列，或一般线性平稳序列的概念，定义如下：

定义 15-6 设 $\{\varepsilon_t, t\in Z\}$ 为白噪声序列，称以下的序列 $\{X_t, t\in Z\}$ 为 $\{\varepsilon_t\}$ 的**无穷移动平均序列**，也称为**平稳线性序列**或**线性平稳序列**：

$$X_t = \sum_{j=0}^{\infty} \varphi_j\varepsilon_{t-j}, \sum_{j=0}^{\infty} |\varphi_j| < \infty \tag{15-10}$$

式中，加权系数 $\varphi_0, \varphi_1, \cdots, \varphi_n, \cdots$ 是一组固定常数。

如果序列 $\{X_t\}$ 是用来描述随机干扰的，则其含义是，现时刻的干扰 X_n 是现在的白噪声 ε_n，以及之前所有的直到 ε_0 为止的简单随机干扰白噪声 $\varepsilon_{n-1}, \varepsilon_{n-2}, \cdots, \varepsilon_0$ 的线性组合。虽然 $\{X_t\}$ 仍然是平稳的，但其所有各项之间都是相关的。

作为学习时间序列的基础，下面我们要学习一个有些抽象的概念。为书写方便，我们引进**推移算子** B 的概念，它的定义为：

$$BX_t = X_{t-1}, B^k X_t = X_{t-k}, k \text{ 为任意正整数} \tag{15-11}$$

这里推移算子 B 的含义是将时间序列的下标向前推移一个时刻，B^2 是将时间序列的下标向前推移 2 个时刻，$\cdots$，B^k 是将时间序列的下标向前推移 k 个时刻。例如：

$$Bz_{50} = z_{49}, B^{12}z_{50} = z_{38}$$

由于后面我们要讨论一些理论，使用推移算子 B 将使叙述大大简化，以后将用推移算子 B 完成各种各样的代数运算，因此希望大家能理解其含义。我们将不细致讨论、证明这些理论，然而，还是希望大家能看懂它们的含义。

这里，我们要再次强调时间序列自相关函数的概念。时间序列 $\{X_t\}$ 的自相关函数 ρ_k 刻画了其自身 X_t 与 X_{t-k} 的相关性，即 ρ_k 代表相差 k 时刻的两随机变量的相关系数。如果 $\{\rho_k\}$ 这个序列里至少有一项不为 $0(\rho_0 = 1$ 当然不计算在内)，则可以认为 $\{X_t\}$ 这个时间序列不是相互独立的；如果 $\{\rho_k\}$ 这个序列里全部为 0 ($\rho_0 = 1$ 除外)，再加上这个序列是正态序列，则可以认定 $\{X_t\}$ 这个时间序列是相互独立的正态随机变量序列。正是 $\{\rho_k\}$ 显现出来的多姿多彩的状况，帮助我们揭示出这个时间序列的本质特征。对于 $\{\rho_k\}$ 的分析非常重要，这是本章的核心内容之一，我们要多次使用这个重要概念。

15.1.2 偏自相关函数

自相关函数 $\{\rho_k\}$ 确实可以给我们提供时间序列 $\{X_t\}$ 的丰富信息，它刻画了其自身 X_t 与 X_{t-k} 的相关性，但仅仅提供 $\{\rho_k\}$ 对于研究时间序列的全部性质还是不够的。下面我们引入另一个重要但又相对难懂的概念——偏自相关函数 $\{\pi_k\}$。

在回归分析的研究中，我们可以找出对 Y 有影响的若干个（比如说 3 个）自变量 X_1, X_2, X_3，例如，化工生产中日产量依赖于反应炉中的温度、压力及反应时间，我们可以建立 Y 对于 X_1, X_2, X_3 的回归方程。但现在，我们只看到时间序列 $\{X_t\}$ 本身，一般并未提供可以影响到 $\{X_t\}$ 的其他信息。要想建立回归，也只能是 $\{X_t\}$ 自身对自身的回归，也就是后项对前若干项（比如前 3 项）的回归。我们可以假定此平稳过程均值为 0（如果均值是不为 0 的其他常数，则整个过程都减去此常数就变成均值为 0 了），这时回归中可以不含常数项，而写成（假定建立的是与其前 3 项的回归）：

$$X_4 = \beta_1 X_3 + \beta_2 X_2 + \beta_3 X_1 + Z_4(3)$$
$$X_5 = \beta_1 X_4 + \beta_2 X_3 + \beta_3 X_2 + Z_5(3)$$
$$\cdots\cdots$$
$$X_{t-1} = \beta_1 X_{t-2} + \beta_2 X_{t-3} + \beta_3 X_{t-4} + Z_{t-1}(3)$$
$$X_t = \beta_1 X_{t-1} + \beta_2 X_{t-2} + \beta_3 X_{t-3} + Z_t(3)$$

(15 - 12)

这里我们特别强调这是与其前 3 项建立的回归，因此扣除了其前面 3 项回归后剩余部分 Z 后面特别注明了项数"3"。由于序列是平稳的，式（15 - 12）中最后一行所写的式子很有代表性，任何一项对于其前 3 项的回归系数都应该是相同的。这时我们可定义 π_3：

$$\pi_3 = \text{Corr}(Z_t(3), Z_{t-3}(3))$$

(15 - 13)

即 π_3 是 $Z_t(3)$ 与 $Z_{t-3}(3)$ 的相关系数。

我们给出下列一般定义。

定义 15 - 7 设 $\{X_t\}$ 为任意平稳时间序列，且均值为 0。对任意的 $k \geqslant 1$，建立回归方程：

$$X_t = \beta_1 X_{t-1} + \beta_2 X_{t-2} + \cdots + \beta_k X_{t-k} + Z_t(k)$$

(15 - 14)

我们定义：

$$\pi_k = \text{Corr}(Z_t(k), Z_{t-k}(k))$$

(15 - 15)

将 $\{\pi_k\}$ 称为时间序列 $\{X_t\}$ 的**偏自相关函数**（partial auto-correlation function）。

容易看出：

$$\pi_1 = \rho_1$$

(15 - 16)

我们对这个定义要再作些解释。$\{\pi_k\}$ 表明的是 $\{X_t\}$ 扣除前 k 项的回归后的剩余部分相隔 k 项间的相关程度。如果 $\{X_t\}$ 真的能建立与其前 3 项的时间序列值的回归而使剩余部分为随机误差，所得到的 $\pi_3 = \text{Corr}(Z_t(3), Z_{t-3}(3))$，$\pi_2 = \text{Corr}(Z_t(2), Z_{t-2}(2))$，或者 π_1 一般应该不为 0（因为它们的回归项中包含有相同的项），而更高阶的偏自相关系数 $\pi_4 = \text{Corr}(Z_t(4), Z_{t-4}(4))$，$\pi_5 = \text{Corr}(Z_t(5), Z_{t-5}(5))$，$\cdots$，将会是 0（因为它们的回归项已完全分离而不包含有任何相同的项）。一旦偏自相关函数在某项（例如在第 3 项）非 0，从下一项起（从第 4 项起，即 π_4，π_5，$\cdots$）近似为 0（这就是偏自相关的截尾性），则说明 $\{X_t\}$ 基本上可以表示为其前 3 项的回归，而与其之前的间隔更多的项，如与之前的第 4 项，第 5 项，$\cdots$ 则几乎没有关系。如果 $\{X_t\}$ 不能对任何固定的 k 项建立自回归，则式（15 - 12）中的各项 Z 值之间不能保证不相关，因此 $\{\pi_k\}$ 就不可能在某处起截尾为 0。由这里可以清楚地看到，偏自相关系数是否为 0 与序列能否建立起自回归模型是密切相关的。对此的更详细分析将在下两节进行。

15.1.3 自相关函数和偏自相关函数的估计

在计算自相关函数和偏自相关函数之前，我们先要介绍一个重要的概念：遍历性。

在实际应用部门，时间序列的观测是不可能重复的，所考虑的时间序列 $\{X_t\}$ 中任意指定时刻的随机变量，比如 X_2，它的随机性体现于在这一时刻随机变量所有可能的取值间的随机波动。但是，你现在只获得一个具体的观测值 x_2，它只是记录的一个历史数据，怎么能直接体现出 X_2 的随机性呢？我们必须增加条件才行。实际上，如果我们假定了平稳性，希望 $\{X_t\}$ 的一系列观测值 x_1，x_2，$\cdots$，x_n，$\cdots$能够代表任意时刻 X_k 的状况，那么我们可以通过观察不同时刻的随机变化来代替对于 X_t 在同一时刻出现的随机变化，也就是要求过程具有**遍历性**（ergodic）。遍历性的要求是有意义的，因为确实能找到一些人为的例子，它虽然平稳但只取若干特别的固定的数值，因而取其不同时刻的值并不能代表同一时刻所有随机变量取值的状况，即不能肯定所有平稳过程都一定是具有遍历性的。但我们在现实生活中遇到的平稳时间序列通常都是有遍历性的。换言之，对于平稳且具有遍历性的随机序列 $\{X_t\}$，由任意指定个数的观测值 x_1，x_2，$\cdots$，x_m 就能推断出连续的 m 个随机变量 X_1，X_2，$\cdots$，X_m 的联合分布；x_1，x_2，$\cdots$，x_n，$\cdots$的均值可以代表任意指定时刻 X_t 的均值 μ；x_1，x_2，$\cdots$，x_n，$\cdots$所得到的协方差、相关系数可以代表 $\{X_t\}$ 相应的协方差、相关系数。正是由于这种遍历性的存在，才使我们有可能从观测到的一次现实值 x_1，x_2，$\cdots$，x_n，$\cdots$推断出随机序列 $\{X_t\}$ 的各项数字特征（包括均值、自相关系数、偏自相关系数等）。

15.1.3.1 自相关函数的估计

对于任意两个随机变量 X 及 Y，我们可以定义它们的协方差和相关系数；如果我们有其相应的样本观测值，则可以求出样本协方差和样本相关系数。对于平稳时间序列 $\{X_t\}$ 的任意指定间隔 k，同样可以考虑 X_t 与 X_{t+k} 的自协方差 γ_k 和自相关系数 ρ_k（由于平稳性，γ_k 和 ρ_k 与 t 值无关）。

设平稳时间序列 $\{X_t\}$ 的 N 个观测值为：

$$x_1, x_2, \cdots, x_N \tag{15-17}$$

则定义样本自协方差函数

$$\hat{\gamma}_k = \frac{1}{N} \sum_{j=1}^{N-k} (x_j - \bar{x}_N)(x_{j+k} - \bar{x}_N), 0 \leqslant k \leqslant N-1$$
$$\hat{\gamma}_{-k} = \hat{\gamma}_k, 1 \leqslant k \leqslant N-1 \tag{15-18}$$

是 $\{X_t\}$ 的自协方差函数 γ_k 的点估计。样本自相关函数

$$\hat{\rho}_k = \frac{\hat{\gamma}_k}{\hat{\gamma}_0}, |k| \leqslant N-1 \tag{15-19}$$

是 $\{X_t\}$ 的自相关系数 ρ_k 的点估计。

从理论上说，上述定义对于任意大的 k（只要不超过 $N-1$）都是有意义的。但是从式（15-18）可以看出，k 越大，则参加求和的项就越少，用式（15-18）计算出的样本

自协方差 $\hat{\gamma}_k$ 所包含 γ_k 的信息也就越少，用 $\hat{\gamma}_k$ 来估计 γ_k 的精度也就越低。同样的道理也适用于样本自相关函数。总之，在计算样本自协方差函数和样本自相关函数时，项数 k 都不能取很大，通常要有 $k \leqslant N/4$。

MINITAB 软件对于计算样本自相关函数（auto-correlation function，ACF）有专门的窗口，其操作很简单。下面，我们结合一个例子来说明其计算步骤。

【例 15-1】 为了研究机床减振问题，收集了一台车床的振动数据。采样要求每秒采集 10 个振动值数据（单位：毫米），共采集了 15 秒钟振动状况。数据文件：TS_机床振动 203.MTW*。

先粗略地观察一下序列的大致状况。

从"统计＞时间序列＞时间序列图（Stat＞Time Series＞Time Series Plot）"入口，选中"简单（Simple）"，在"系列（Series）"中输入此序列的名称"振动"，则可以得到时间序列图（见图 15-1）。

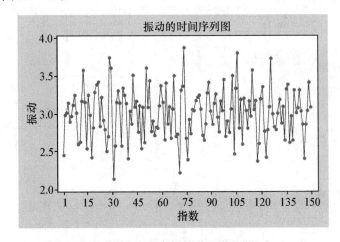

图 15-1 机床振动的时间序列图

这个序列粗略看来是平稳序列，但数据间是否有相关性则不能立即直观看出。下面我们按平稳序列的概念求出自相关函数。其步骤是：

从"统计＞时间序列＞自相关（Stat＞Time Series＞Autocorrelation）"入口（界面见图 15-2），在"序列（Series）"中输入包含时间序列的列名"振动"，选择"默认滞后数（Default number of lags）"（默认滞后数是这样计算的：对于观测值数小于或等于 240 的序列，滞后数的上界为 $N/4$；对于观测值多于 240 的序列为 $\sqrt{N}+45$；其中 N 是序列中的观测值数。其实，一般情况下，滞后数达到 30 项已足够多了）。选择"存储 ACF（Store ACF）""存储 t 统计量（Store t statistics）""存储 Ljung-Box Q 统计量（Store Ljung-Box Q statistics）"，最后在对话框中点击"确定（OK）"，即可得到此时间序列的自相关函数图（见图 15-2 左下），与此同时可以在会话窗口中得到数值输出结果（见图 15-2 右下）。

---

* 何书元. 应用时间序列分析. 北京：北京大学出版社，2004：322.

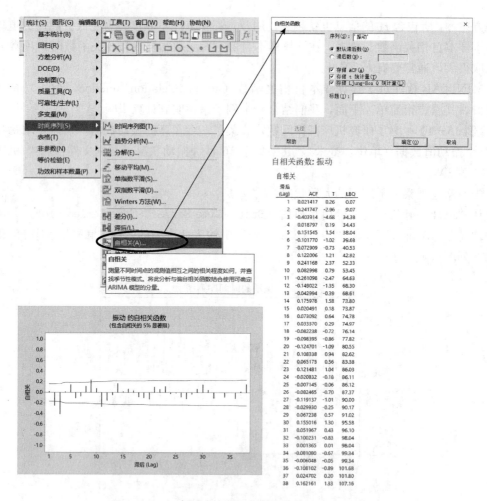

图 15-2　机床振动的自相关函数计算操作及结果图

从图 15-2 右下显示的数值结果及图 15-2 左下显示的 ACF 图形结果中都能看出，在滞后（Lag）为 3，9，11 等处，自相关系数（ρ_3，ρ_9，ρ_{11}，…）数值都很大，随着长度的增加，相关系数数值逐渐下降。这表明，时间序列的数据不能认为是相互独立的，各项间确实存在某种相关性。一般情况都会是这样：对于某些滞后值，相关系数明显不为 0；另一些则可能为 0；不论相关有多强，都会在间隔越远时，相关性变得越来越弱。

15.1.3.2　自相关函数的检验

如果序列 $\{X_t\}$ 是白噪声，各变量间皆相互无关，那么总体的各自相关系数都应该为 0，各样本自相关系数绝对值也应该很小。对于那些有相关性的序列，若样本自相关系数绝对值达到或超过一定值，则不可能是不相关的。为此，要对总体的各自相关系数是否为 0 进行检验。这时要进行检验的假设是：

$$H_0: \rho_i = 0, i = 1, \cdots, m$$
$$H_1: \rho_i \neq 0, \text{至少一个 } i \text{ 成立} \tag{15-20}$$

卡方检验方法的原理是这样的：当 N 足够大时，$\sqrt{N}(\hat{\rho}_1, \hat{\rho}_2, \cdots, \hat{\rho}_m)$ 近似服从 m

维标准正态分布，因此 $N(\hat{\rho}_1^2 + \hat{\rho}_2^2 + \cdots + \hat{\rho}_m^2)$ 近似服从 m 个自由度的卡方分布，这里的 m 应该满足 $m \leqslant \sqrt{N}$。

在 MINITAB 软件的计算中，使用了更细致的 Ljung-Box Q 统计量，其定义是：

$$Q(k) = N(N+2) \sum_{i=1}^{k} \frac{r_i^2}{N-i}, k = 1, 2, \cdots \qquad (15-21)$$

当式（15-20）的原假设 H_0 成立时，对于所有的 k，$Q(k)$ 都应该近似服从 k 个自由度的卡方分布，一旦

$$Q(k) > \chi_{1-\alpha}^2(k) \qquad (15-22)$$

对某个 k 成立，则应拒绝 H_0，也就是说，$\{X_t\}$ 不可能是白噪声的，其序列中存在某些项是相关的。这个检验是从总的状况来判断的，指的是直到滞后 k 项为止，是否可认为序列是白噪声的，这里并不是针对某个特定项进行检验。此检验在图上并没有明确的图示，只能根据会话窗口中输出的结果（见图 15-2 最右列）查表判定。例如，当滞后为 3 时，Ljung-Box 给出的 Q 统计量值为 67.37，3 个自由度的 0.95 分位数是 7.81，67.37 远远超过了 7.81，因此到 3 项为止，应拒绝原假设，也就是不能认为振动数据是相互无关的。

为了更直接地在各自相关系数图上显示判断检查结果，对于大于等于 1 的任意 k 值，给出了 $\hat{\rho}_k$（常用 r_k 来表示）的标准差公式：

$$\sigma_k = \sqrt{\frac{1}{N}(1 + 2\sum_{i=1}^{k-1} r_i^2)} \qquad (15-23)$$

将 $\pm 2\sigma_k$ 画在自相关函数图上（见图 15-3 的左下图中上下两条点划线），应该有大约 95% 的自相关系数 r_k 落在此区间之内，而且每个相关系数都不显著超界（例如 99.7% 的自相关系数 r_k 应不超界 $3\sigma_k$）。因此，一旦发现在自相关函数图中，有超过 5% 以上的自相关系数 r_k（竖直的棒线）超过点划线，或某个相关系数显著超界，则可以直接判定应拒绝 H_0，即断言序列中存在某些项是相关的，$\{X_t\}$ 不可能是白噪声的。这里之所以强调考察多个自相关系数，主要是防止看见某一个 r_k 稍微超界就立即作出"序列有相关"这种过分简单的判断，要看超界是否很普遍、很明显，超界状况是否有规律性。

在例 15-1 中，机床振动量就明显是有自相关的：在图 15-2 中，至少有 3 处自相关系数显著超界。

15.1.3.3　偏自相关函数的估计及检验

在前面的 15.1.2 小节，我们引入了滞后 k 的样本偏自相关系数 π_k 的概念，它是对于 $\{X_t\}$ 建立 k 阶自回归后的残差之间的相关系数，全体偏自相关系数组成偏自相关函数（partial auto-correlation function，PACF）。对于 π_k 的计算是很复杂的，它几乎无法直接计算，通常要依靠解一个 k 元代数方程组（称为 Yule-Walker 方程）才能得到。由于细节太复杂，这里不作详述，读者可以参考何书元编著的《应用时间序列分析》（书后参考文献 [37]）。下面我们考虑如何用计算机获得最终结果。

从"统计 > 时间序列 > 偏自相关（Stat > Time Series > Partial Autocorrelation）"入口（界面见图 15-3 右上），在"系列（Series）"中输入包含时间序列的列名"振动"，

选择"默认滞后数（Default number of lags）"。选择"存储 PACF（Store PACF）"，"存储 t 统计量（Store t statistics）"，最后在对话框中点击"确定（OK）"，即可得到此时间序列的偏自相关函数图（见图 15-3 左下）和数值结果（见图 15-3 右下）。

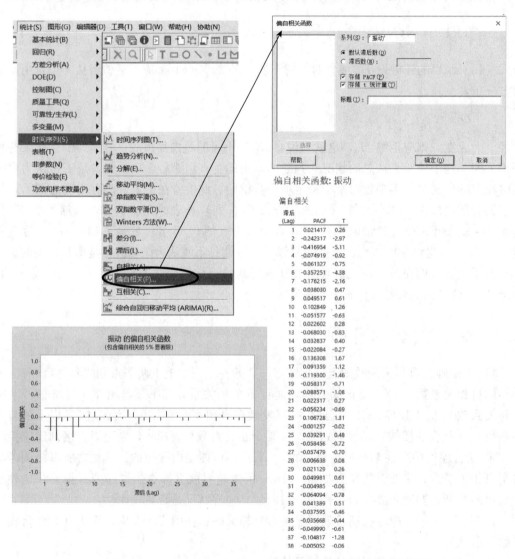

图 15-3 机床振动的偏自相关函数计算操作及结果图

从图 15-3 中可以看出，在滞后（Lag）为 3，6 等处，偏自相关系数 $\hat{\pi}_3$，$\hat{\pi}_6$ 的数值都很大，其他项并不太大。这表明，本时间序列的数据不能认为是相互独立的。

对偏自相关函数的检验比较简单，只需对总体的单个的偏自相关系数是否都为 0 进行检验。这时要进行检验的假设是：

$$H_0 : \pi_i = 0 \leftrightarrow H_1 : \pi_i \neq 0, i = 1, \cdots, m \tag{15-24}$$

检验方法的原理基于正态性：当 N 足够大时，$\hat{\pi}_k$ 近似服从均值为 0，方差为 $\frac{1}{N}$ 的正态分布，由于 $\hat{\pi}_k$ 的值超出 $\pm\dfrac{2}{\sqrt{N}}$ 范围的概率小于 5%，因此一旦某处 $\hat{\pi}_k$ 的值超出 $\pm\dfrac{2}{\sqrt{N}}$ 范围，就应拒绝原假设。在 MINITAB 软件的计算中，将 $\pm\dfrac{2}{\sqrt{N}}$ 用点划线作为边界绘制在偏自相关系数图内，使得对于偏自相关函数 PACF 的检验可以立即得到结论。

例 15-1 分析机床振动时，在图 15-3 的 PACF 图形中，至少有 2 处（$\hat{\pi}_3$，$\hat{\pi}_6$）偏自相关系数显著超界，因此拒绝所有偏自相关系数都为 0 的原假设。

在计算出自相关函数和偏自相关函数后，我们对时间序列的认识就大大深化了，以下各节在对时间序列分析建立模型并进行分析时，多是以这两方面的性质为依据的。下面将针对不同模型分别予以介绍。

15.2　AR(p) 模型

在对实际的时间序列进行分析时，关键是要抓住不同类型的时间序列的不同特征。我们首先讨论平稳时间序列中一种最简单的自回归模型的情况。

15.2.1　AR(p) 模型的基本概念

平稳时间序列中最简单的模型就是自回归模型。我们知道，回归分析一般情况下指的是对某个响应变量 y，找到影响它的 p 个自变量 x_1, x_2, …, x_p，然后建立 y 与 x_1, x_2, …, x_p 间的关系式；在时间序列中，没有其他自变量可供使用，只能是后面某项的结果与其前面若干项之间建立回归关系，这就是自回归模型。例如化工反应过程中记录了每小时的酸度数据，我们可能发现，后一时刻的酸度几乎能由其前 3 个小时的酸度数据作出准确预报，这就是 3 阶自回归模型。一般说来，当前的随机现象 X_t 是由前 p 个随机现象 X_{t-1}，X_{t-2}，…，X_{t-p} 及当前的随机干扰 ε_t 所造成的，我们将此种模型归纳为一般定义：

定义 15-8　称以下模型为 p 阶**自回归模型**（autoregressive），简称 AR(p) 模型：

$$X_t = \alpha_0 + \alpha_1 X_{t-1} + \cdots + \alpha_p X_{t-p} + \varepsilon_t, t \in T \tag{15-25}$$

式中，α_0, α_1, …, α_p 为 $p+1$ 个常数，其中至少最后一个系数 $\alpha_p \neq 0$；$\{\varepsilon_t\}$ 为白噪声序列；且对一切 $s<t$，X_s 与 ε_t 无关。满足式（15-25）的时间序列 $\{X_t\}$ 称为 p 阶**自回归序列**，简记为 $\{X_t\} \sim$ AR(p)。

特别地，一阶 $p=1$ 和二阶 $p=2$ 自回归模型分别为：

$$X_t = \alpha_0 + \alpha_1 X_{t-1} + \varepsilon_t \tag{15-26}$$
$$X_t = \alpha_0 + \alpha_1 X_{t-1} + \alpha_2 X_{t-2} + \varepsilon_t \tag{15-27}$$

它们在实际应用中是非常重要的。

将式（15-25）移项也可表示为：

$$X_t - \alpha_0 - \alpha_1 X_{t-1} - \cdots - \alpha_p X_{t-p} = \varepsilon_t, t \in T \tag{15-28}$$

式中，$\{\varepsilon_t\} \sim WN(0, \sigma^2)$，且对一切 $s<t$，X_s 与 ε_t 无关。

对满足模型（15-25）的序列 $\{X_t\}$ 可以证明：

（1）在自相关函数图中，ρ_i 将逐渐减小，ρ_1，ρ_2，…的值有可能并不为 0，但以明显的方式（指数衰减和/或正弦波衰减混合）逐渐减小，有可能拖出较长的尾。

（2）偏自相函数是 p 后截断的。所谓 p 后截断指的是，当滞后超过 p 时，π_k 全部为 0。写成表达式就是：

$$\pi_k = 0, k > p \tag{15-29}$$

而在滞后未超过 p 时，π_k 中至少有某些项显著不为 0。

15.2.2 AR(p)模型的计算与分析

下面我们看一个具体例子。

【例 15-2】 某制药厂在生产药品膏体时，必须精确地控制膏体粘度。为了给生产流程制订一个控制方案，该公司需要一个能够给出每日粘度值的点预测值的预测模型。公司有过去 95 天的每日粘度记录。这些数据记录于数据文件：TS_药膏粘度 AR（2）.MTW。

其时间序列图见图 15-4 上。从此图可以看出，原始数据在常数 35 附近上下振动，因此看起来是平稳序列。在平稳序列的条件下，我们可以求出原始时间序列的自相关函数和偏自相关函数，如图 15-4 左下及右下所示。

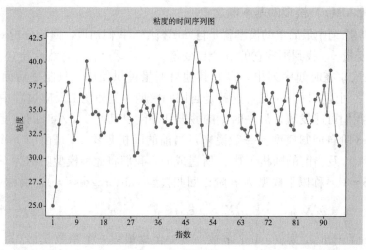

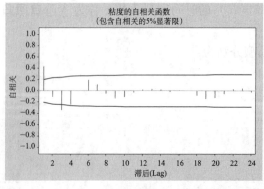
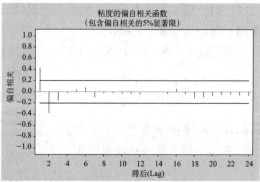

图 15-4 膏体粘度的时间序列与 ACF 及 PACF 图

ACF 图中有若干项显著不为 0，又没有明显的截尾，但总的说来是以正弦波形式逐渐减少的；PACF 图中，明显有 π_1 及 π_2 不为 0，即 PACF 有明显的 2 项后截尾。

根据讨论的 AR(p) 模型的特点，我们认为膏体粘度数据特征与之符合，而 PACF 图中有明显的 2 项后截尾，应该尝试拟合 AR(2)。

MINITAB 软件使用的是更广泛的模型，其缩写为 ARIMA(p, d, q)，全称是**综合自回归移动平均**（auto-regressive integrated moving average，ARIMA）模型，其中**自回归**（auto-regressive）阶数为 p，**综合**（integrated）阶数为 d，**移动平均**（moving average）阶数为 q。ARIMA 模型又分**无季节趋势**的简单 ARIMA 和**有季节趋势**的嵌套 ARIMA 两大类，我们现在只讨论无季节趋势的简单 ARIMA。

值得注意的是，这里对"综合"的概念最好的理解是"差分"之意，其详细的解释请看 15.5 节。粗略来说，如果时间序列基本是平稳的，无须进行差分就可以拟合**自回归移动平均**（auto-regressive moving average，ARMA）模型，这时差分的阶数 $d=0$，这是无季节趋势的简单 ARIMA 中最简单的情况，相当于早期研究最常使用的 ARMA(p, q) 模型，其中**自回归**（auto-regressive）阶数为 p，**移动平均**（moving average）阶数为 q。

这种 ARMA(p, q) 模型又分两种特例：一种是只有自回归项，例如我们现在讨论的 AR(p)，是 ARMA(p, q) 的特例 ARMA(p, 0)；另一种是只有移动平均项，例如将在 15.3 节中讨论的 MA(q)，是 ARMA(p, q) 的特例 ARMA(0, q)。我们再次重申，这两种模型都是在平稳情况下讨论的，而且这里不含有任何季节趋势（没有季节趋势所特有的周期性变化）。综合这两方面，可以归纳为：

$$AR(p)=ARMA(p,0)=ARIMA(p,0,0) \qquad (15-30)$$

由于这种概括，我们可以直接使用时间序列中最广泛的模型，而省略了诸多烦琐的计算。纵然对于特定的较简单模型有特定的简化计算方法，但对于以计算机为主要计算工具的非专业统计工作者来说，能简单地直接套用通用模型提供完整结果还是最便捷的途径。使用 MINITAB 软件时间序列分析中综合自回归移动平均模型的具体操作如下：

从"统计＞时间序列＞综合自回归移动平均（Stat＞Time Series＞ARIMA)"入口（界面见图 15-5 左上），可以得到弹出的 ARIMA 窗口（见图 15-5 右上）。

在"序列（Series）"中输入包含时间序列的列名"粘度"。不要勾选"拟合季节模型（Fit seasonal model）"这项，而选择在"非季节（Nonseasonal）"一列中，在"自回归（Autoregressive）"中选"2"；在"差值（Difference）"中选"0"；在"移动平均（Moving average）"中选"0"。然后勾选"模型中包括常量项（Include constant term in model）"。打开"图形（Graphs）"窗（界面见图 15-5 左下），勾选"残差的 ACF（ACF of residuals）"及"残差的 PACF（PACF of residuals）"。打开"存储（Storage）"窗（界面见图 15-5 中下），勾选"残差（Residuals）"、"拟合值（Fits）"及"系数（Coefficients）"。最后在各对话框中点击"确定（OK）"，即可得到此时间序列的拟合。这里用了一般定义式（15-30）的结果，立即可以得到表达式为：

$$AR(2)=ARMA(2,0)=ARIMA(2,0,0)$$

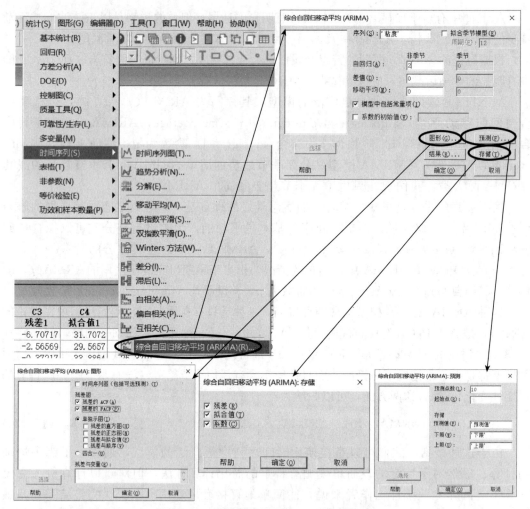

图 15－5　膏体粘度的 ARIMA 分析操作图

模型与数据拟合得好与不好，是否还需要改进，关键是看残差的 ACF 及 PACF 是否几乎全部为 0。从图 15－6 可以看出结果，残差的 ACF 及 PACF 几乎全部落入界内，可以认为残差已经达到白噪声状态，模型与数据拟合得较好。

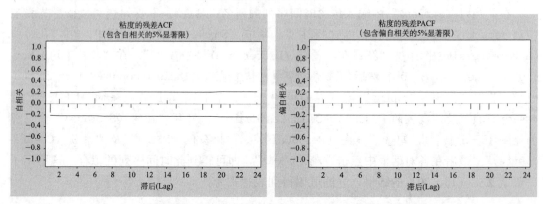

图 15－6　膏体粘度的 ARIMA 残差 ACF 及 PACF 图

由于拟合模型的计算很复杂，系数的计算要经过多次迭代才能得到最终解。输出结果的第一部分是记录迭代计算过程，大家不必在意，只有在很特殊的情况下，有可能结果并不"收敛"，才需要研究迭代的具体计算过程。

计算的最终结果（见图 15-7）是得到了时间序列的二阶自回归模型（系数来自图 15-7 左第 2 栏）：

$$X_t = 26.371 + 0.689\,8X_{t-1} - 0.444\,4X_{t-2} + \varepsilon_t$$

每次迭代的估计值				拟合结果的计算过程
迭代	SSE	参数		
0	638.349	0.100	0.100 28.024	
1	549.118	0.250	−0.026 27.154	
2	484.656	0.400	−0.155 26.394	
············				
9	431.594	0.690	−0.444 26.356	
10	431.594	0.690	−0.444 26.371	
每个估计值的相对变化不到 0.001				

参数的最终估计值					计算系数的结果
类型	系数	系数标准误	T 值	P 值	
AR 1	0.6898	0.0930	7.42	0.000	
AR 2	−0.4444	0.0931	−4.77	0.000	
常量	26.371	0.218	121.20	0.000	
均值	34.948	0.288			

观测值个数：95			计算拟合程度
残差平方和			
自由度	SS	MS	
92	413.652	4.49621	
排除向后预测			

修正 Box-Pierce（Ljung-Box）卡方统计量				拟合效果的检验结果
滞后（Lag）	12	24	36	48	
卡方	6.01	10.03	15.93	31.37	
自由度	9	21	33	45	
P 值	0.739	0.979	0.995	0.939	

图 15-7 膏体粘度数据的 ARIMA 模型计算结果图

为了分析此自回归模型是否有意义，要检验这两个系数是否都为 0。这时进行的假设检验是：

$$H_0 : \alpha_i = 0, i = 1, 2 \leftrightarrow H_1 : \alpha_i \neq 0, 至少一个 i 成立$$

在 MINITAB 计算结果中包含了对这两个系数进行检验的结果，给出了 AR1（即 α_1）及 AR2（即 α_2）检验结果对应的 p 值。在本例中，两个对应的 p 值都为 0.000，即这两项都是高度显著的。该检验同时也说明了这个模型已经是最简化的，不可能再缩减（例如，AR1 显著，AR2 不显著，这说明取模型 AR(1) 就够了，不必取模型 AR(2)）。一般来说，有时模型总效果是好的，但不能排除模型项数太多，即含有多余参数的情况，这时要考虑是否可以删除若干项的问题。

拟合的结果可以用拟合的残差平方和（SS）来度量，这里 SS＝413.652，其均方根为 MS＝4.496，这是 ε_t 的方差 $Var(\varepsilon_t)$ 的无偏估计。此结果一方面可以作为白噪声波动性的估计，此时标准差大约是 $\sqrt{4.496}＝2.12$，换言之，拟合或预测结果大约有 95% 的把握落入上下 $2\sigma＝4.24$ 范围内；另一方面也可以在比较多个可能模型中作为选择最佳模型的依据，MS 越小的模型越好。

对于拟合程度这里也给出了检验的结果。这里要检验的假设是：

$$H_0:模型拟合良好 \leftrightarrow H_1:模型拟合有显著差异$$

对于滞后分别为 12，24，36 及 48，拟合检验的卡方统计量都不太大，其相应的 p 值都远比 0.05 大很多，因而无法拒绝原假设，也就是说，模型与数据的拟合还是可以接受的。

对于模型与数据的拟合状况可以从模拟结果图上获得直观判断。

由于我们在操作中已经将拟合值存入数据文件，因而可以同时画出原始数据和拟合数据的图形，并进行比较。从"图形＞时间序列图（Graphs＞Time Series Plot）"入口，在弹出的窗口中，选择"多个（Multiple）"。打开此窗口后，填写"序列（Series）"为"粘度　拟合值1"两项。最后点击"确定（OK）"，即可得到此时间序列的原始数据及拟合值同时显示在同一张图上的结果（其输出图形见图 15 - 8 左）。

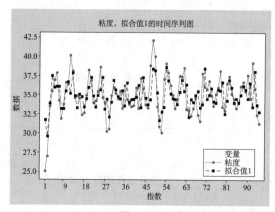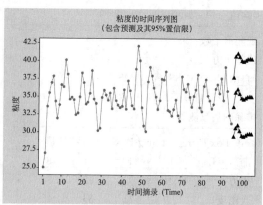

图 15 - 8　膏体粘度原始数据与 ARIMA 模型拟合结果比较图

从图 15 - 8 左图可以看出，拟合结果数据的图形的总趋势与原始数据的趋势还是一致的。总之，我们有充分的理由认为，上述模型与数据的拟合是好的。

下面，我们尝试进行预测。希望预测今后 10 日的粘度结果。

仍然从"统计＞时间序列＞综合自回归移动平均（Stat＞Time Series＞ARIMA）"入口（界面见图 15 - 5 左上），在弹出的窗口（见图 15 - 5 右上）中，打开"预测（Forecasts）"窗（见图 15 - 5 右下），填写"预测点数（Lead）"为"10"，"起始点（Origin）"可省略不填（默认从最后一个数据开始向后预测），指定"预测值（Forecasts）"及"上限（Upper limits)"和"下限(Lower limits)"存储的位置。另外，打开"图形（Graphs）"窗（见图 15-5 左下），勾选"时间序列图 （包括可选预测）(Time series plot (including optional forecasts))"，删去"残差图 （Residual plots）"中的 ACF 和 PACF 图，最后在各对话框中点击"确定 （OK）"，即可得到此时间序列的预测结果（其输出图形见图 15-8 右）。

从上述预测结果图形可以看出，除了最开始的两三个点的预测稍微有些变化趋势的描述，预测基本上没有实际意义，它只是根据所有数据的变化范围给出了预测值的范围而已，不可能提供更准确的趋势预测。这是 AR(p) 模型甚至更一般的 ARMA(p, q) 模型所共同具有的本质性缺点。

15.3 MA(q) 模型

15.3.1 MA(q) 模型的基本概念

在平稳时间序列中，除了在 15.2 节中介绍的 p 阶自回归模型 AR(p)，还有一种很常见的移动平均模型，它的误差是本时刻的白噪声加上前 q 个时刻的白噪声的线性组合。这样的模型称为 q 阶**移动平均模型** （moving average），简称 MA(q) 模型。

定义 15-9 称以下模型为 q 阶**移动平均模型**，简称 MA(q) 模型：

$$x_t = \delta + \varepsilon_t - \beta_1\varepsilon_{t-1} - \beta_2\varepsilon_{t-2} - \cdots - \beta_q\varepsilon_{t-q}, t\in T \tag{15-31}$$

式中，δ, β_1, β_2, …, β_q 为 $q+1$ 个常数且 $\beta_q\neq0$；$\{\varepsilon_t\}$ 为白噪声，而且对一切 $s<t$，X_s 与 ε_t 无关。此时称 $\{X_t\}$ 为 q 阶**移动平均序列**，简记为 $\{X_t\}\sim$MA(q)。

$q=1$ 及 $q=2$ 的情形在实际工作中是非常有用的，具体写出则是：

$$x_t = \delta + \varepsilon_t - \beta_1\varepsilon_{t-1} \tag{15-32}$$
$$x_t = \delta + \varepsilon_t - \beta_1\varepsilon_{t-1} - \beta_2\varepsilon_{t-2} \tag{15-33}$$

可以证明，对 q 阶移动平均序列：

（1）在自相关函数图中，ρ_i 将是 q 后截断的。所谓 q 后截断指的是，当滞后超过 q 时，ρ_k 全部为 0。写成表达式就是：

$$\rho_k = 0, k>q \tag{15-34}$$

而在滞后未超过 q 时，ρ_k 中至少有某些项显著不为 0。

（2）偏自相关函数值将逐渐减小，π_k 的值有可能并不为 0，但以明显的（指数衰减和/或正弦波衰减混合）方式逐渐减小，有可能拖出较长的尾。

在归类上，移动平均模型 MA(q) 是 ARMA(p, q) 的特例 ARMA(0, q)，更是 ARIMA(p, d, q) 的特例 ARIMA(0, 0, q)。要注意的是，我们研究的情形是在序列平稳情况下讨论的，而且这里不含有任何季节趋势（即没有季节趋势所特有的周期性变化）。

总之，可以归纳为：

$$\text{MA}(q) = \text{ARMA}(0,q) = \text{ARIMA}(0,0,q) \tag{15-35}$$

15.3.2 MA(q) 模型的计算与分析

对于一个平稳时间序列，如果数据之间明显相关，可以先求出其自相关函数及偏自相关函数，然后再判断其类型。

【例15-3】 饮料公司生产的果酸型饮料中，对于酸度的控制非常重要。在生产过程中的流水线上每小时抽取一份样品，测量其酸度（PH值），共监测了70个小时，数据文件：TS_饮料酸度MA（1）.MTW。试进行时间序列的分析。

先画出时间序列图（绘图方法见例15-1），其图形如图15-9上所示。

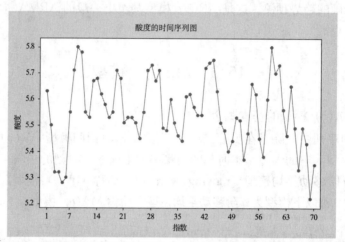

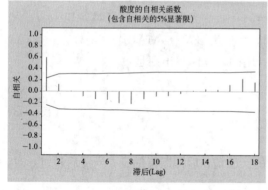
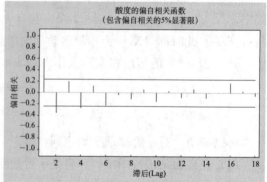

图15-9 饮料酸度的时间序列及其 ACF 和 PACF 图

可以看出，此序列基本上是平稳的，但相邻的数据间明显有相关性。具体的结构分析强烈地依赖于其自相关函数及偏自相关函数。为此，绘制出 ACF 图（步骤见图15-2）及 PACF 图（步骤见图15-3），结果如图15-9左下图及右下图所示。

从上述图形中可以看出，PACF 中有若干项非0而呈现出振荡拖尾的情况；ACF 则很明显是"1后截尾"，滞后超过1之后（从滞后为2开始）明显地为0。综合这两点容易判断此模型应为 MA(1)，根据式（15-35）可知此序列可能是下列模型：

$$MA(1)=ARMA(0,1)=ARIMA(0,0,1)$$

因此可以尝试使用 ARIMA 模型来进行分析。其操作如下：

从"统计＞时间序列＞综合自回归移动平均（Stat＞Time Series＞ARIMA）"入口
（界面见图 15-5 左上）。可以得到弹出的窗口（见图 15-10 中），在"序列（Se-
ries）"中输入包含时间序列的列名"酸度"。不要勾选"拟合季节模型（Fit seasonal
model）"这项，而选择在"非季节（Nonseasonal）"一列中，在"自回归（Autore-
gressive）"中选"0"，在"差值（Difference）"中选"0"，在"移动平均（Moving
average）"中选"1"。然后勾选"模型中包括常量项（Include constant term in mo-
del）"。打开"图形（Graphs）"窗（界面见图 15-10 左），勾选"残差的 ACF（ACF
of residuals）"及"残差的 PACF（PACF of residuals）"。打开"存储（Storage）"窗
（界面见图 15-10 右），勾选"残差（Residuals）"、"拟合值（Fits）"及"系数（Co-
efficients）"。最后在各对话框中点击"确定（OK）"，即可得到此时间序列的拟合
结果。

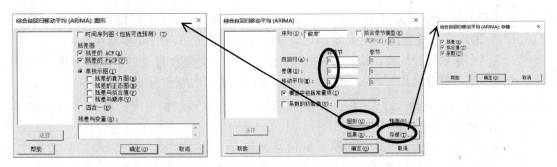

图 15-10　饮料酸度的 ARIMA 分析操作图

　　模型与数据拟合得好与不好，是否还需要改进，关键是看残差的 ACF 及 PACF 是否几
乎全部为 0。从图 15-11 可以看出，残差的 ACF 及 PACF 几乎全部落入界内，可以认为残
差已经达到白噪声状态，模型与数据拟合得较好。

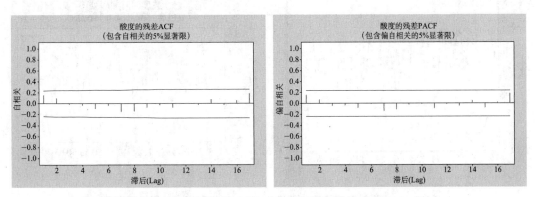

图 15-11　饮料酸度的 ARIMA 分析后的残差 ACF 及 PACF 图

　　在初步肯定模型与数据拟合较好后，我们将仔细分析 MINITAB 拟合此模型的计算结
果。在会话窗口中，可以看到如图 15-12 所示的结果。

　　计算的最终结果是得到了时间序列的一阶移动平均模型：

$$X_t = 5.550\,39 + \varepsilon_t + 0.913\varepsilon_{t-1}$$

参数的最终估计值					计算系数的结果
类型	系数	系数标准误	T 值	P 值	
移动平均　1	−0.9130	0.0469	−19.48	0.000	
常量	5.5504	0.0205	271.03	0.000	
均值	5.5504	0.0205			
观测值个数：70 残差平方和					计算拟合程度
自由度	SS	MS			
68	0.578795	0.0085117			
排除向后预测					

图 15 - 12　饮料酸度数据的 ARIMA 模型计算结果图

要注意的是，会话窗口中显示的系数与这里给出的正负号恰好相反，这是由于式 (15 - 31) 的定义中规定的各项前面都是减号所致，使用此方程时要多加注意。

对这两个系数进行检验，检验结果的 p 值为 0.000，是高度显著的。该检验同时也说明这个模型已经是最简化的，不可能再缩减。拟合结果的均方和为 MS = 0.008 511 7，此时标准差大约是 $\sqrt{0.008\,511\,7} = 0.092\,3$，换言之，拟合或预测结果大约有 95% 的把握落入上下 $2\sigma = 0.184\,6$ 范围内。

为绘制模拟结果图，可从"图形＞时间序列图 (Graphs＞Time Series Plot)"入口，在弹出的窗口中，选择"多个 (Multiple)"。打开此窗口后，填写"序列 (Series)"为"酸度　拟合值 1"两项。最后点击"确定 (OK)"，即可得到此时间序列的原始数据及模拟结果图（见图 15 - 13 左）。若希望预测下面 10 个结果，其操作与例 15 - 2 完全相同。即可得到此时间序列的预测结果，其输出图形见图 15 - 13 右。

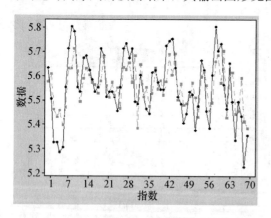
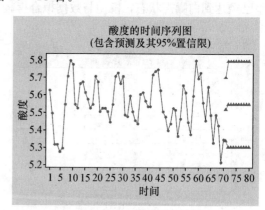

图 15 - 13　饮料酸度的原始数据与 MA(1) 模型拟合结果及预测图

从上述预测结果可以看出，除了最开始的两三个点的预测稍微有些变化趋势的描述，预测基本上没有实际意义，它只是根据所有数据的变化范围给出了预测值的范围而已，不可能提供更准确的趋势预报。这是 MA(q) 模型甚至更一般的 ARMA(p, q) 模型所共同具有的本质性缺点。

15.4　ARMA(p, q) 模型

本节首先介绍有关模型，然后举例讨论其计算问题。

15.4.1　ARMA(p, q) 模型的概念

在无季节性规律的平稳时间序列中，除了常见的自回归模型 AR(p) 及移动平均模型 MA(q)，还有一些更复杂的模型。前面我们叙述过，如果自相关函数是 q 后截尾的，则容易判断此时间序列是 MA(q)；如果偏自相关函数是 p 后截尾的，则容易判断此时间序列是 AR(p)。也就是说，这两种简单类型都有其 ACF 或 PACF 是自某处截尾的。很自然地要问：如果实际工作中遇见 ACF 及 PACF 都不截尾，该怎么办呢？我们将这两种模型组合成一类更加广泛的类型，它扣除掉 p 个自回归项后，其误差恰好是本时刻的白噪声加上前 q 个时刻的白噪声的线性组合。这样的模型称为 **p 阶自回归（auto-regressive）与 q 阶移动平均（moving average）的混合模型**，简称 ARMA(p, q) 模型。

定义 15 - 10　称以下模型为 **p 阶自回归与 q 阶移动平均的混合模型**（mixed autoregressive moving-average model），简称 ARMA(p, q) 模型：

$$X_t = \delta + \alpha_1 X_{t-1} + \cdots + \alpha_p X_{t-p} + \varepsilon_t - \beta_1 \varepsilon_{t-1} - \cdots - \beta_q \varepsilon_{t-q}, t \in T \tag{15 - 36}$$

或等价地

$$X_t - \alpha_1 X_{t-1} - \cdots - \alpha_p X_{t-p} = \delta + \varepsilon_t - \beta_1 \varepsilon_{t-1} - \cdots - \beta_q \varepsilon_{t-q}, t \in T \tag{15 - 37}$$

式中，α_1, $\cdots$, α_p 和 δ, β_1, $\cdots$, β_q 为常数，α_p 及 β_q 都不为 0，且系数多项式 $\alpha(u)$ 与 $\beta(u)$ 无公共因子(这里 $\alpha(u) = 1 - \alpha_1 u - \alpha_2 u^2 - \cdots - \alpha_p u^p$，$\beta(u) = 1 - \beta_1 u - \beta_2 u^2 - \cdots - \beta_q u^q$)；$\{\varepsilon_t\}$ 为白噪声，且对任意的 $s < t$，有 $E(X_s \varepsilon_t) = 0$。满足此时间序列的 $\{X_t\}$ 称为 p 阶自回归与 q 阶移动平均的混合序列，简称 ARMA(p, q) 序列，记为 $\{X_t\} \sim$ ARMA(p, q)。

这里我们再次强调的是，ARMA(p, q) 模型所描述的是无季节性规律的平稳时间序列。这是符合 ARMA(p, q) 模型的前提条件。

15.4.2　ARMA(p, q) 模型的计算与分析

我们先看一个例题。

【例 15 - 4】　（续例 15 - 1）为了研究机床减振问题，收集了一台车床的振动数据。采样要求每秒采集 10 个振动值数据（单位：毫米），共采集了 15 秒钟的振动数据。数据文件：TS_机床振动 203.MTW。

图 15 - 1 展示了此序列的大致状况，是平稳的且没有季节趋势，但数据间是否有相关性不能立即直观看出。

其原始数据的 ACF 及 PACF 图已经列出（见图 15 - 2 及图 15 - 3），从这两个图中未能发现有截尾情形，因此可断定单纯的 AR(p) 或 MA(q) 都不是合适的模型，应尝试拟合 ARMA（p, q）模型。由于 p 和 q 都是未知参数，只能尝试着逐渐升高阶数。在使用 MINITAB 软件时，对于一般的 ARMA 模型，通常是从 ARIMA（1，0，1）开始，依次尝试 ARIMA（2，0，2），ARIMA（3，0，3）等。先着重看拟合后的残差 ACF 及 PACF

图，有显著项就证明阶数不够，要加高阶数，直到拟合后的残差 ACF 及 PACF 图中无显著项。然后逐个考察模型中的各项（主要是最高阶项），看是否有多余的高阶项可能删除，如果确实有不显著项，则应该将其删除从而降低阶数。

回到例 15-4，用 ARIMA（1，0，1）模型（即 ARMA（1，1））拟合后，其残差 ACF 及 PACF 图如图 15-14 所示。

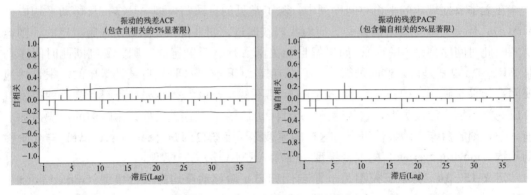

图 15-14　机床振动拟合 ARMA（1，1）模型后的残差 ACF 及 PACF 图

图 15-14 中的 ACF 及 PACF 图的情况比图 15-2 和图 15-3 有了明显的改善，但仍有多项相关显著，因此说明 ARMA（1，1）仍然不能让我们满意，还要提高阶数。

用 ARIMA（2，0，2）模型（即 ARMA（2，2））拟合后，其残差 ACF 及 PACF 图如图 15-15 所示。

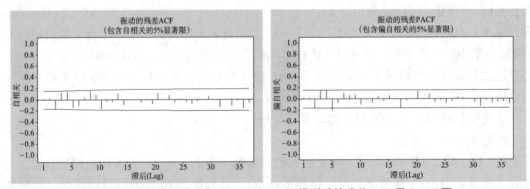

图 15-15　机床振动拟合 ARMA（2，2）模型后的残差 ACF 及 PACF 图

虽然图 15-15 中的 ACF 及 PACF 图的情况有了更明显的改善，但 ARMA（2，2）仍然不能让我们满意。用 ARIMA（3，0，3）模型（即 ARMA（3，3））拟合后的残差 ACF 及 PACF 图如图 15-16 所示。

图 15-16 中的 ACF 及 PACF 图的情况有了根本性改善，从残差的角度而言，ARMA（3，3）已经符合数据间不相关的要求。下面仔细分析拟合结果，逐项检查系数的显著性（见图 15-17）。

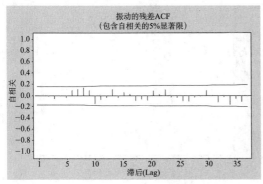
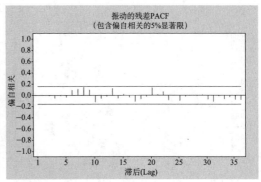

图 15 - 16　机床振动拟合 ARMA（3，3）模型后的残差 ACF 及 PACF 图

```
参数的最终估计值

类型              系数      系数标准误          T        P
AR    1        0.1295      0.1828        0.71    0.480
AR    2       -0.4092      0.1720       -2.38    0.019
AR    3       -0.0893      0.1597       -0.56    0.577
移动平均  1     0.2982      0.1677        1.78    0.077
移动平均  2    -0.1424      0.1777       -0.80    0.424
移动平均  3     0.4634      0.1378        3.36    0.001
常量           4.10857     0.00876      469.14    0.000
平均值         3.00101     0.00640
```

图 15 - 17　机床振动拟合 ARIMA（3，0，3）模型的计算结果图

从上述结果中可以看出，在系数检验的过程中，自回归项中 AR2 的系数是显著的（p 值为 0.019，远小于显著性水平 0.05），但最高项 AR3 的系数不显著（p 值为 0.577，远高于显著性水平 0.05）；移动平均的最高项（第 3 项）的 p 值为 0.001，远小于显著性水平 0.05。因而我们可以断言，移动平均中的最高项是显著的，不能删除，但自回归项不必取 3 项，只取 2 项已足够。换言之，我们应拟合模型 ARMA(2，3)，即拟合模型 ARIMA(2，0，3) 更合适。

当参数基本确定（即"定阶"）后，就可完整拟合该模型，主要步骤如下：

从"统计＞时间序列＞综合自回归移动平均（Stat＞Time Series＞ARIMA）"入口（界面见图 15 - 5 左上），可以得到弹出的窗口（见图 15 - 5 右上），在"序列（Series）"中输入包含时间序列的列名"振动"。不要勾选"拟合季节模型（Fit seasonal model）"这项，而选择在"非季节（Nonseasonal）"一列中，在"自回归（Autoregressive）"中选"2"，在"差值（Difference）"中选"0"，在"移动平均（Moving average）"中选"3"。然后勾选"模型中包括常量项（Include constant term in model）"。打开"图形（Graphs）"窗（界面见图 15 - 5 左下），勾选"残差的 ACF（ACF of residuals）"及"残差的 PACF（PACF of residuals）"。打开"存储（Storage）"窗（界面见图 15 - 5 中下），勾选"残差（Residuals）"、"拟合值（Fits）"及"系数（Coefficients）"。最后在各对话框中点击"确定（OK）"，即可得到此时间序列的拟合结果。

分析拟合结果首先是看残差的 ACF 及 PACF 是否几乎全部为 0。从图 15 - 18 可以看出，残差的 ACF 及 PACF 几乎全部落入界内，可以认为残差已经达到白噪声状态，模型中不必再增加高阶项。

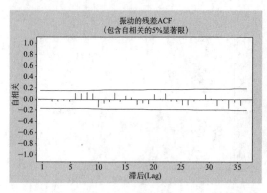
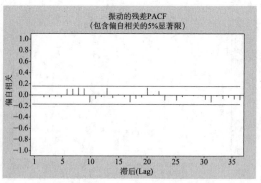

图 15-18 机床振动拟合 ARIMA（2，0，3）模型后的残差 ACF 及 PACF 图

我们可以肯定模型阶数已足够，下面仔细分析 MINITAB 对于此模型的计算结果，从而确认所有各项的显著性。在会话窗口中，可以看到下列结果（见图 15-19）。

参数的最终估计值

类型		系数	系数标准误	T 值	P 值
AR	1	0.230	0.152	1.52	0.130
AR	2	−0.500	0.129	−3.86	0.000
移动平均	1	0.390	0.144	2.71	0.008
移动平均	2	−0.238	0.132	−1.80	0.074
移动平均	3	0.5014	0.0889	5.64	0.000
常量		3.80872	0.00796	478.65	0.000
均值		3.00107	0.00627		

观测值个数：150

残差平方和

自由度	SS	MS
144	11.3320	0.0786946

排除向后预测

修正 Box-Pierce（Ljung-Box）卡方统计量

滞后（Lag）	12	24	36	48
卡方	13.97	25.93	42.75	54.33
自由度	6	18	30	42
P 值	0.030	0.101	0.062	0.096

图 15-19 机床振动拟合 ARIMA（2，0，3）模型的计算结果图

计算最终得到了时间序列 ARMA（2，3）模型的结果：

$$X_t - 0.230\,5X_{t-1} + 0.500X_{t-2}$$
$$= 3.808\,72 + \varepsilon_t - 0.390\varepsilon_{t-1} + 0.238\varepsilon_{t-2} - 0.501\,4\varepsilon_{t-3}$$

要注意的是，会话窗口中显示的系数与这里给出的正负号恰好相反，这是由于式（15-37）的定义中规定的各项前面都是减号所致，使用此方程时要多加注意。

这里已经对全部系数进行了检验，但关键是对模型中自回归和移动平均两方面的最高项的检验。对于自回归项，要检查：H_0：$\alpha_2 = 0 \leftrightarrow H_1$：$\alpha_2 \neq 0$。计算结果显示，$\hat{\alpha}_2 = -0.500$，其 p 值为 0.000，远低于显著性水平 0.05，表明此项确实显著不为 0。对于移动平均项，要检查：H_0：$\beta_3 = 0 \leftrightarrow H_1$：$\beta_3 \neq 0$。计算结果显示，$\hat{\beta}_3 = 0.501\,4$，其 p 值为 0.000，远低于显著性水平 0.05，表明此项确实也是显著不为 0。

这两个检验完成后，说明这个模型已经是最简化的，不可能再缩减。

拟合的结果中均方和为 MS = 0.078\,694\,6，这是 ε_t 的方差 $\mathrm{Var}(\varepsilon_t)$ 的无偏估计。此结果可以作为白噪声波动性的估计，此时标准差大约是 $\sqrt{0.078\,694\,6} = 0.280\,5$，换言之，拟合或预测结果大约有 95% 的把握落入上下 $2\sigma = 0.561$ 范围内。显然，这个数值太大了，拟合的结果并不好。这个结果是否能达到完全满意事先是无法预计的，它强烈地依赖于数据本身。数据本身很可能规律性不强，我们无法苛求，只能尽最大努力（主要是选定合适的阶数），争取达到可能的最好结果。

对于拟合程度这里也给出了检验的结果。这里要检验的假设是：

$$H_0:\text{模型拟合良好} \leftrightarrow H_1:\text{模型拟合有显著差异}$$

对于滞后分别为 12，24，36 及 48，拟合检验的卡方统计量都比较大，其相应的 p 值几乎与 0.05 差不多，因而处于拒绝与无法拒绝原假设的边缘，也就是说，模型与数据的拟合虽然勉强可以，但还是比较差。

对于模型与数据的拟合状况可以从模拟结果图上获得直观判断。

由于我们在操作中已经将拟合值存入数据文件，因而可以同时画出原始数据和拟合数据的图形（参见图 15-8 的操作），并进行比较，其输出图形见图 15-20 左。我们试着进行预测，预测了下面 10 个结果，其操作与例 15-2 完全相同，输出图形见图 15-20 右。

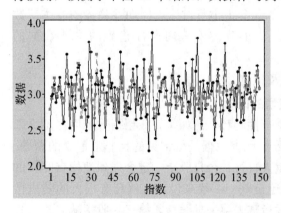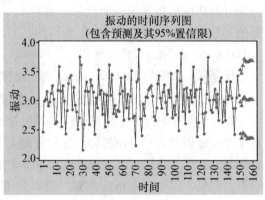

图 15-20　机床振动拟合 ARIMA(2，0，3) 模型的结果及预测图

虽然拟合结果的图形的总趋势与原始数据的趋势大体还是一致的，但实际拟合误差还是较大。在预测方面可以看出，除了最开始的两三个点的预测稍微有些变化趋势的描述，预测基本上没有实际意义，它只是根据所有数据的变化范围给出了预测值的范围而已，不可能提供更准确的趋势预测。一般说来，ARMA(p，q) 用来拟合数据效果还好，用来作预测则效果并不理想。

如果有不平稳趋势，则可以考虑对原始数据进行差分，这就需要使用 ARIMA 模型。对于一般的 ARIMA 模型的概念及分析方法，我们将在 15.5 节中详细讨论。

表 15‑1 概要地给出我们讨论过的一般平稳非季节模型的 ACF 和 PACF 特征。这张表对于我们判断模型类型是非常有用的。

表 15‑1　ARMA 模型的 ACF 及 PACF 特征

模型		ACF	PACF
AR(p)	$X_t = \alpha_0 + \alpha_1 X_{t-1} + \cdots + \alpha_p X_{t-p} + \varepsilon_t$	拖尾变弱	p 后截断
MA(q)	$X_t = \delta + \varepsilon_t - \beta_1 \varepsilon_{t-1} - \cdots - \beta_q \varepsilon_{t-q}$	q 后截断	拖尾变弱
ARMA(p, q)	$X_t - \alpha_1 X_{t-1} - \cdots - \alpha_p X_{t-p} = \delta + \varepsilon_t - \beta_1 \varepsilon_{t-1} - \cdots - \beta_q \varepsilon_{t-q}$	拖尾变弱	拖尾变弱

在实际工作中，常常出现这样的情况：ACF 及 PACF 都可以看成是某处后截尾，这时更需要比较的是，ACF 和 PACF 哪一个截尾更为突然、陡峭。如果 ACF 更为陡峭，则检验模型为 q 阶滑动平均模型；如果 PACF 更为陡峭，则检验模型为 p 阶自回归模型。如果 ACF 和 PACF 表现出的截尾性几乎是相同速度，则我们考虑选择混合模型。但有些 ACF 和 PACF 几乎同等速度突然地截断，则应优先考虑 p 阶自回归模型。有了计算机及方便的软件，可以多试验几种可能性，然后加以比较，再作出选择，这通常是比较保险的办法。

15.5　ARIMA(p, d, q) 模型

如果通过观察发现某时间序列并非平稳时间序列，这时 15.4 节所介绍的 ARMA(p, q) 模型就不能适用。为此我们引入更一般的 ARIMA(p, d, q) 模型。非平稳序列可以分为有周期性趋势及无周期性趋势两种类型。15.5.1 小节讨论无周期性趋势的非季节数据的 ARIMA(p, d, q) 模型及预测；15.5.2 小节讨论有周期性趋势的季节数据的 ARIMA(p, d, q) 模型及预测。

15.5.1　非季节 ARIMA(p, d, q) 模型及预测

15.5.1.1　非季节 ARIMA(p, d, q) 模型的概念

有些时间序列是不平稳的，但并不包含季节性趋势，比如每日股票指数就明显不平稳且又无固定周期的季节性趋势。如何处理与分析此类数据是个常见的且非常重要的课题。在仔细分析后，我们可以发现股票指数有个重大特征：今日股指一定会强烈地依赖昨日的股指。但是，以今日股指为基础，明日是涨还是跌？一般来说，这就具有很大的随机性了。换言之，如果考虑所有数据中，第二日股指减去第一日股指，第三日股指减去第二日股指，…，即考虑相邻两日的股指之差，则这个序列有可能变成平稳随机序列。也就是说，如果把时间序列的差分序列作为新时间序列，则有可能将不平稳序列转化为平稳序列。更复杂的情况是：差分一次仍然非平稳，差分之后再求其差分（即二阶差分）就有可能平稳。更一般地，如果时间序列的 d 阶差分序列可以成为平稳序列，而且它可以拟合 ARMA(p, q) 模型，则称原来的序列符合模型 ARIMA(p, d, q)。这里三个参数中，位于中间的参数 d 代表需要差分的次数，一前一后的两个参数 p 和 q 则分别是自回归及移动

平均两项参数。

我们先来看取一次差分的情况。

定义 15-11　记

$$\nabla X_t = X_t - X_{t-1} \tag{15-38}$$

为 X_t 的一阶差分。称以下模型为**一阶综合自回归移动平均的模型**（auto-regressive integrated moving average model）ARIMA(p, 1, q)，如果

$$\nabla X_t - \alpha_1 \nabla X_{t-1} - \cdots - \alpha_p \nabla X_{t-p} = \varepsilon_t - \beta_1 \varepsilon_{t-1} - \cdots - \beta_q \varepsilon_{t-q}, t \in T \tag{15-39}$$

即对于序列 ∇X_t 而言，有 $\{\nabla X_t\} \sim$ ARMA(p, q)。

这里要指出一点：由于我们已经进行了一阶差分，因此不论原来时间序列的均值是否为 0，在模型（15-39）中都不再包含常数项，而原来一般的 ARMA(p, q) 定义（见式（15-36）及式（15-37））中都应该包含常数项。

容易将此定义推广为 **d 阶综合自回归移动平均模型** ARIMA(p, d, q)（也有些文献称之为 **d 阶求和自回归移动平均模型**）。

定义 15-12　记

$$\nabla^d X_t = \nabla^{d-1} X_t - \nabla^{d-1} X_{t-1} \tag{15-40}$$

为 X_t 的 d 阶差分（$d \geqslant 1$），$\nabla^0 X_t = X_t$。称以下模型为 **d 阶综合自回归移动平均模型** ARIMA (p, d, q)，如果

$$\nabla^d X_t - \alpha_1 \nabla^d X_{t-1} - \cdots - \alpha_p \nabla^d X_{t-p} = \varepsilon_t - \beta_1 \varepsilon_{t-1} - \cdots - \beta_q \varepsilon_{t-q}, t \in T \tag{15-41}$$

即对于序列 $\nabla^d X_t$ 而言，有 $\{\nabla^d X_t\} \sim$ ARMA(p, q)。

在实际应用中，$d=1$ 或 $d=2$ 已经足够。

这里我们强调，ARMA(p, q) 模型描述的是无季节性规律的平稳时间序列。而 ARIMA(p, d, q) 模型描述的则可以是复杂得多的无季节性规律的时间序列（包括平稳和非平稳的时间序列）。

15.5.1.2　非季节 ARIMA(p, d, q) 模型的计算

从实际应用角度而言，首先应该确定要研究的时间序列是否为平稳时间序列。如果不是平稳序列，则必须将时间序列通过求差分转化成一个平稳时间序列。直觉上，如果一个时间序列是平稳的，则其统计性质（例如，均值和方差）从始至终大致上为常数，即均值应大体保持水平且离散程度始终不变；如果一个时间序列是非平稳的，则其均值有明显漂移或离散程度有明显变化，我们必须求此时间序列的一阶差分或二阶差分来使其达到平稳时间序列的状态。我们下面分一阶差分和二阶差分分别加以陈述。

1. 一阶差分，即 $d=1$ 的情形

先考察一个例子。

【例 15-5】　纯净水公司对于输出纯净水的电导率进行监测。每日上午 9 时抽取 80 毫升水的样品进行检验，持续检验 100 天，共记录了 100 个数据，数据文件：TS_水电导率 011. MTW。

首先我们先观察此时间序列的状况,为此绘制出时间序列图 (绘制方法见例 15 - 1,图形结果见图 15 - 21 左)。

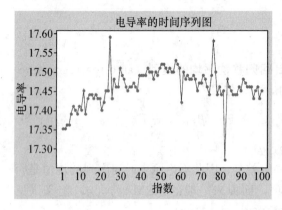 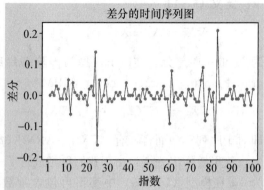

图 15 - 21　电导率数据及一阶差分图

从图 15 - 21 中的左图可以看出,此序列的平均值有明显的先上升后下降的趋势性变化,数据不平稳。

处理非平稳序列的最重要手段就是采用差分运算,即用后项观测值减去前项数值。使用 MINITAB 可以直接得到差分结果。

从"统计>时间序列>差分 (Stat>Time Series>Difference)"入口 (界面见图 15 - 22 左)。可以得到弹出的窗口 (见图 15 - 22 右),在"系列 (Series)"中输入包含时间序列的列名"电导率"。在"将差分存储在 (Storage difference in)"项内填写列名 (本例已将 C3 列命名为"差分"),在"滞后 (Lag)"中填写"1"。最后在对话框中点击"确定 (OK)",即可得到此时间序列的一阶差分结果并存入 C3 列。我们将差分结果绘制成时间序列图 (绘图方法见例 15 - 1,本例结果见图 15 - 21 右)。

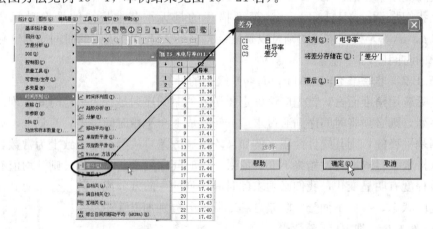

图 15 - 22　时间序列求差分操作图

从图 15 - 21 中的右图可以看出,差分序列基本上已经变成平稳的,这证明差分是有效的。如果差分仍有不平稳的迹象,则应该考虑进行二次差分,三次差分……直至获得平稳序列。

仔细分析一阶差分序列的图形,可以看出相邻的数据间明显是相关的。具体的结构分析应该强烈地依赖于其自相关函数及偏自相关函数的状况。为此，绘制出 ACF 图（步骤见图 15-2）及 PACF 图（步骤见图 15-3），结果如图 15-23 所示。

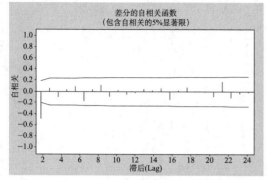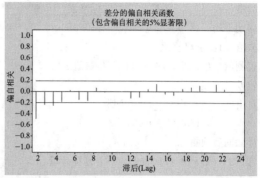

图 15-23　电导率一阶差分序列的 ACF 及 PACF 图

从图 15-23 中可以看出，ACF 为 1 后截尾，PACF 则有拖尾的趋势。根据我们在表 15-1 中的总结，此差分序列应该是 MA（1）模型，或 ARMA（0，1）模型，即 ARIMA（0，0，1）模型。由于一阶差分序列为 ARIMA（0，0，1），还原为原始序列，则原始序列为 ARIMA（0，1，1）模型。

从"统计＞时间序列＞综合自回归移动平均（Stat＞Time Series＞ARIMA）"入口（界面见图 15-5 左上），可以得到弹出的窗口（见图 15-5 右上），在"序列（Series）"中输入包含时间序列的列名"电导率"。不要勾选"拟合季节模型（Fit seasonal model）"这项，而选择在"非季节（Nonseasonal）"一列中，在"自回归（Autoregressive）"中选"0"，在"差值（Difference）"中选"1"，在"移动平均（Moving average）"中选"1"，然后不要勾选"模型中包括常量项（Include constant term in model）"。打开"图形（Graphs）"窗（界面见图 15-5 左下），勾选"残差的 ACF（ACF of residuals）"及"残差的 PACF（PACF of residuals）"。打开"存储（Storage）"窗（界面见图 15-5 中下），勾选"残差（Residuals）"、"拟合值（Fits）"及"系数（Coefficients）"。最后在各对话框中点击"确定（OK）"，即可得到此时间序列的拟合结果。

从残差的 ACF 及 PACF 图（见图 15-24）中可以看出，残差的 ACF 及 PACF 全部落入界内，可以认为残差已经达到白噪声状态，模型与数据拟合得较好。

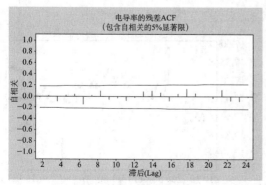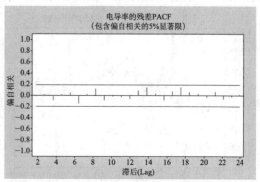

图 15-24　电导率拟合 ARIMA（0，1，1）模型后的残差 ACF 及 PACF 图

计算结果如图 15-25 所示。

参数的最终估计值				
类型	系数	系数标准误	T 值	P 值
移动平均 1	0.7323	0.0685	10.70	0.000

差值：1 正规差值

观测值个数：原始序列 100，99 差值之后

残差平方和

自由度	SS	MS
98	0.123749	0.0012627

排除向后预测

修正 Box-Pierce（Ljung-Box）卡方统计量

滞后（Lag）	12	24	36	48
卡方	5.41	16.54	20.70	24.36
自由度	11	23	35	47
P 值	0.910	0.831	0.974	0.997

图 15-25 电导率拟合 ARIMA（0，1，1）模型的计算结果图

最后计算结果的方程为：

$$\nabla X_t = \varepsilon_t - 0.732\,3\varepsilon_{t-1}, t \in T$$

拟合结果的均方误差为 MS=0.001 262 7，此时标准差大约是 $\sqrt{0.001\,262\,7} = 0.035\,5$，换言之，拟合或预测结果大约有 95% 的把握落入上下 $2\sigma = 0.071\,0$ 范围内。显然，这个数值还是较大的。我们只能尽最大努力（主要是选定正确的模型和确定合适的阶数），争取达到可能的最好结果。本例对于滞后分别为 12，24，36 及 48，拟合检验的卡方统计量都比较小，其相应的 p 值都比 0.05 大很多，因而认为拟合结果相当好。

对于模型与数据的拟合状况可以从模拟结果图上获得直观判断。由于我们在操作中已经将"拟合值 011"存入数据文件，因而可以同时画出原始数据和拟合数据的图形（绘制方法见例 15-2），其输出图形见图 15-26 左。我们预测了下面 10 个结果（操作与例 15-2 完全相同），其输出图形见图 15-26 右。

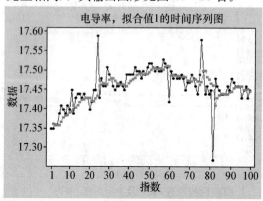
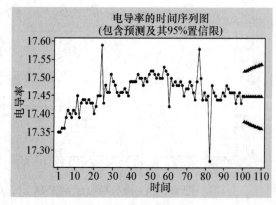

图 15-26 电导率拟合 ARIMA（0，1，1）模型的结果及预测图

从上述预测结果图形可以看出，预测结果只是以时间序列的尾端值为基础，按 2 倍标准差以及越远越不确定的喇叭口的形状绘制预测图，预测基本上没有太多的实际意义。它只是根据所有数据的变化范围给出了预测值的范围而已，不可能提供更准确的趋势预测。一般说来，非季节的 ARIMA（p，d，q）模型用来拟合数据效果较好，用来作预测则效果并不理想。

2. 二阶差分，即 $d = 2$ 的情形

我们再考察一个例子，此例进行二阶差分效果更好。

【例 15 - 6】 （续例 14 - 3）美国商业的零售指数。这里收集到 1953—1970 年 18 年中每月平均物价零售指数，数据文件：TS＿美国商业. MTW。希望分析零售指数的变化规律并预测 6 个月的零售指数。

首先观察此时间序列的状况，为此绘制出时间序列图（见图 14 - 12 左）。从图中可以看出零售指数的时间序列图有明显的上升趋势，但不像是线性增长，且不含有明显的周期性变化规律，可以试用 ARIMA（0，1，1）模型。

我们采用差分运算，使用 MINITAB 进行差分的步骤参见例 15 - 5，其差分数值结果记录在数据文件中的"差分 1"和"差分 2"中，其一阶和二阶差分图形见图 15 - 27。

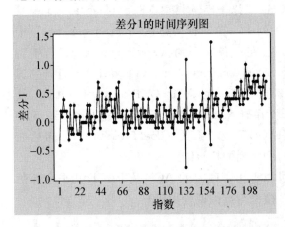
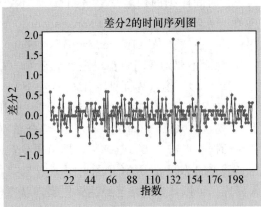

图 15 - 27 零售指数差分序列图（左：一阶，右：二阶）

从图 15 - 27 中的左图可以看出，一阶差分序列虽然在平稳性上有很大改进，但尾端上扬，仍有不平稳的变化趋势，因此应该再进行一次差分。其步骤与一阶差分完全相同，但要注意：在求差分时（见图 15 - 22 右），在"系列（Series）"中输入的包含时间序列的列名应该是一阶差分结果序列（如"差分 1"）。在"将差分存储在（Storage difference in）"项内填写列名（本例已将 C6 列命名为"差分 2"），在"滞后（Lag）"中仍填写"1"。这时不能当作滞后为"2"的差分，那是原始序列 X_n 减去其前 2 项 X_{n-2} 的结果，是滞后为 2 的一阶差分，并不是我们所需要的二阶差分。零售指数二阶差分的时间序列图见图 15 - 27 右。

从图 15 - 27 中的右图可以看出，此二阶差分序列基本上已经变成平稳的，这证明二阶差分是有效的。当然仔细分析差分序列的图形，还要绘制出 ACF 图（步骤见图 15 - 2）及 PACF 图（步骤见图 15 - 3），结果如图 15 - 28 所示。

从图 15 - 28 中可以看出，ACF 为 1 后截尾，PACF 则有拖尾的趋势。根据我们在

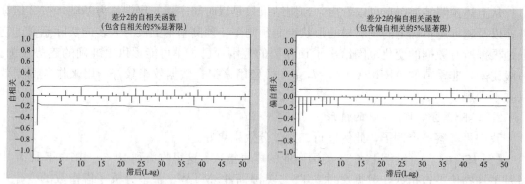

图 15−28　零售指数二阶差分序列的 ACF 及 PACF 图

表 15−1 中的总结，此二阶差分序列应该是 MA(1) 模型，即 ARMA(0，1) 模型，也即 ARIMA(0，0，1) 模型。由于二阶差分序列为 ARIMA(0，0，1)，还原为原始序列，则原始序列为 ARIMA(0，2，1) 模型。

从"统计＞时间序列＞综合自回归移动平均（Stat＞Time Series＞ARIMA）"入口（界面见图 15−5 左上）。可以得到弹出的窗口（见图 15−5 右上），在"序列（Series）"中输入包含时间序列的列名"零售指数"。不要勾选"拟合季节模型（Fit seasonal model）"这项，而选择在"非季节（Nonseasonal）"一列中，在"自回归（Autoregressive）"中选"0"，在"差值（Difference）"中选"2"，在"移动平均（Moving average）"中选"1"，然后不要勾选"模型中包括常量项（Include constant term in model）"。打开"图形（Graphs）"窗（界面见图 15−5 左下），勾选"残差的 ACF（ACF of residuals）"及"残差的 PACF（PACF of residuals）"。打开"存储（Storage）"窗（界面见图 15−5 中下），勾选"残差（Residuals）"、"拟合值（Fits）"及"系数（Coefficients）"。最后在各对话框中点击"确定（OK）"，即可得到此时间序列的拟合结果。

残差的 ACF 及 PACF 图见图 15−29，可以看出，残差的 ACF 及 PACF 几乎全部落入界内，可以认为残差已经达到白噪声状态，模型与数据拟合得较好。

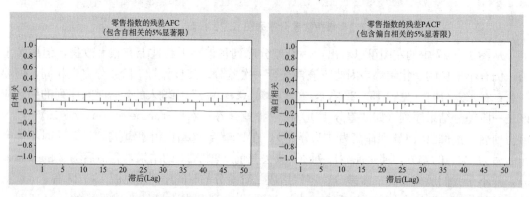

图 15−29　零售指数拟合 ARIMA（0，2，1）模型后的残差 ACF 及 PACF 图

其计算机分析结果列在图 15−30 中的左图，其预测结果图显示在图 15−30 中的右图。

参数的最终估计值

类型	系数	系数标准误	T 值	P 值
移动平均 1	0.8918	0.0291	30.65	0.000

差值：2 正规差值

观测值个数：原始序列 216，214 差值之后

残差平方和

自由度	SS	MS
213	11.8669	0.0557132

排除向后预测

修正 Box-Pierce（Ljung-Box）卡方统计量

滞后（Lag）	12	24	36	48
卡方	13.82	24.95	42.70	59.97
自由度	11	23	35	47
P 值	0.243	0.353	0.174	0.097

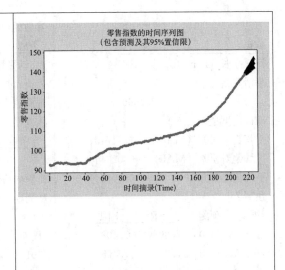

图 15-30 零售指数拟合 ARIMA（0，2，1）模型的数值结果及预测图

模型最终的计算结果是：

$$\nabla^2 X_t = \varepsilon_t - 0.8918\varepsilon_{t-1}, t \in T$$

拟合是令人满意的。预测结果也显示了未来增长的趋势。总的说来，用 ARIMA（0，2，1）作为零售指数的模型，结果还是满意的。

15.5.1.3 非季节 ARIMA(p, d, q) 模型与指数平滑的比较

回想一下，我们在时间序列平滑方法中提及，单参数指数平滑其实是建立 ARIMA(0，1，1) 模型，双单参数指数平滑其实是建立 ARIMA(0，2，2) 模型。我们比较一下计算的结果。

【例 15-7】 （续例 15-5）纯净水公司对于输出纯净水的电导率监测问题。我们在例 15-5 中，用无常数项的 ARIMA(0，1，1) 模型来进行分析。我们再用单参数指数平滑方法进行分析，并将结果进行比较，结果参见图 15-31。

从图 15-31 可以看出，这两种方法其实是一回事，只是观察角度不同。所谓拟合某个时间序列模型，其实也是为了发掘那些内在的规律性，同时抛弃那些噪声或者误差。因此时间序列所拟合的正是规律性的东西，也正是平滑的结果。这里二者之间有小的计算误差，其主要结果完全是相同的。单参数指数平滑中的平滑常量 $\alpha = 0.2677$ 正好与移动平均模型 MA（1）中系数 $\beta_1 = 0.7323$ 满足关系 $\alpha = 1 - \beta_1$（0.2677 = 1 − 0.7323）。两种方法对于随机误差的估计也是一致的，单参数指数平滑中得到的 MSD = 0.001241；拟合 ARIMA(0，1，1) 得到的 MS = 0.0012627，二者仅有很小的计算误差。两种方法对于预测结果的估计也是完全一致的，在置信区间宽度方面，单参数指数平滑的宽度保持为常数，而 ARIMA(0，1，1) 则稍宽且有越来越宽的趋势。

方法			参数的最终估计值				
数据	电导率		类型	系数	系数标准误	T 值	P 值
计算字长（Length） 100			移动平均 1 0.7323		0.0685	10.70	0.000
平滑常量			差值：1 正规差值				
α 0.267666			观测值个数：原始序列 100，99 差值之后				
准确度度量			残差平方和				
平均百分误差（MAPE） 0.117107			自由度 SS MS				
平均绝对误差（MAD） 0.020440			98 0.123749 0.0012627				
平均偏差平方和 0.001241			排除向后预测				
预测			从周期 100 后开始的预测				
周期 预测 下限 上限			95%限值				
101 17.4480 17.3980 17.4981			周期 预测 下限 上限 实际				
102 17.4480 17.3980 17.4981			101 17.4480 17.3784 17.5177				
103 17.4480 17.3980 17.4981			102 17.4480 17.3759 17.5202				
104 17.4480 17.3980 17.4981			103 17.4480 17.3736 17.5225				
105 17.4480 17.3980 17.4981			104 17.4480 17.3713 17.5248				
106 17.4480 17.3980 17.4981			105 17.4480 17.3690 17.5271				
107 17.4480 17.3980 17.4981			106 17.4480 17.3669 17.5292				
108 17.4480 17.3980 17.4981			107 17.4480 17.3647 17.5313				
109 17.4480 17.3980 17.4981			108 17.4480 17.3627 17.5334				
110 17.4480 17.3980 17.4981			109 17.4480 17.3607 17.5354				
			110 17.4480 17.3587 17.5374				
单参数指数平滑方法			综合自回归移动平均模型 ARIMA (0，1，1)				

图 15-31 时间序列的单参数指数平滑与拟合 ARIMA (0，1，1) 比较图

【例 15-8】 （续例 15-6、例 14-4）美国商业的零售指数。这里收集到 1953—1970 年 18 年中每月平均物价零售指数，数据文件：TS_美国商业.MTW。希望比较双参数指数平滑和拟合 ARIMA (0，2，1) 的结果，这里包含预测 6 个月的零售指数结果。

对于美国的物价零售指数，我们在例 14-4 中曾用双参数指数平滑方法进行分析；后来又在例 15-6 中用 ARIMA (0，2，1) 模型来进行分析。由于双参数指数平滑只与 ARIMA (0，2，2) 等价，而 ARIMA (0，2，2) 比 ARIMA (0，2，1) 高了一阶，拟合当然没有问题，只是多了一个无显著影响的高阶项。这样看来，用 ARIMA 模型来分析时间序列的规律要远比指数平滑法（单参数或双参数）广泛得多，ARIMA 模型完全可以代替指数平滑法。当然对于带周期项的 Winters 平滑法，没有等价的 ARIMA 模型可以用来代替，这是另一类平滑法。

15.5.1.4 非季节 ARIMA (p, d, q) 模型的选择与比较

实际工作中遇到的例子常常是很复杂的，正确的分析方法是要同时拟合多种可能的模型，然后从中选择一个拟合最好的。我们通过下例来说明这种状况。

【例 15-9】 化工生产过程的浓度数据。在化工生产过程中，每 2 小时记录一次生成

物的百分比浓度，共记录了 197 个数据，数据文件：TS_浓度 011. MTW*。

首先观察此时间序列的状况，并绘制出时间序列图（绘制方法见例 15-1，图形结果见图 15-32 左）。

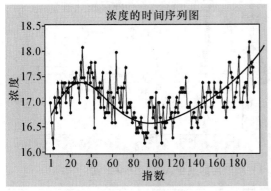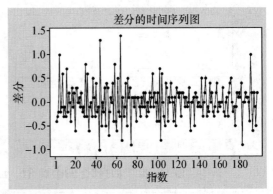

图 15-32　化工生产过程的浓度数据及一阶差分图

粗略看来数据有些不平稳，因为其平均值有明显先向上、再向下、之后再向上的趋势性变化。其一阶差分的序列见图 15-32 中的右图，差分序列基本上已经变成平稳的，这证明一阶差分是有效的。为分析其结构，绘制出一阶差分的 ACF 图（步骤见图 15-2）及 PACF 图（步骤见图 15-3），结果如图 15-33 所示。

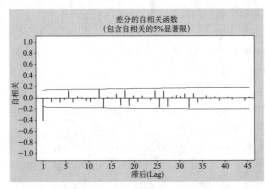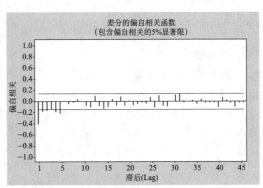

图 15-33　浓度一阶差分序列的 ACF 及 PACF 图

从图 15-33 中可以看出，ACF 为 1 后截尾，PACF 则有拖尾的趋势。根据我们在表 15-1 中的总结，此差分序列应该是 MA（1）模型，或 ARMA（0，1）模型，即 ARIMA（0，0，1）模型。由于一阶差分序列为 ARIMA（0，0，1），还原为原始序列，则原始序列为 ARIMA（0，1，1）模型。

从"统计＞时间序列＞综合自回归移动平均（Stat＞Time Series＞ARIMA）"入口可以拟合 ARIMA 模型，具体操作与例 15-5 完全相同。

分析拟合结果首先是看残差的 ACF 及 PACF 是否几乎全部为 0。从图 15-34 中可以看出，残差的 ACF 及 PACF 几乎全部落入界内，可以认为残差已经达到白噪声状态，模

*　Box G E P，Jenkins G M，Reinsel G C. 时间序列分析：预测与控制：英文版：第 3 版. 北京：人民邮电出版社，2005.

型与数据拟合得较好。

计算机分析结果如图 15-35 所示，拟合结果见图 15-36 左，残差结果见图 15-36 右。

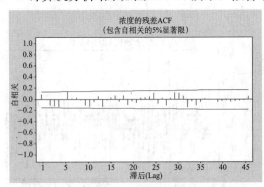
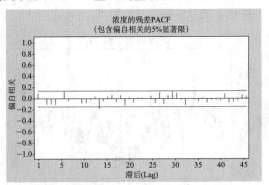

图 15-34　浓度拟合 ARIMA（0，1，1）模型后的残差 ACF 及 PACF 图

参数的最终估计值				
类型	系数	系数标准误	T 值	P 值
移动平均　1	0.7050	0.0507	13.90	0.000

差值：1　正规差值

观测值个数：原始序列 197，196 差值之后

残差平方和

自由度	SS	MS
195	19.6707	0.100875

排除向后预测

修正 Box-Pierce（Ljung-Box）卡方统计量

滞后（Lag）	12	24	36	48
卡方	20.04	31.54	54.12	58.74
自由度	11	23	35	47
P 值	0.045	0.110	0.021	0.117

参数的最终估计值				
类型	系数	系数标准误	T 值	P 值
AR　1	0.9151	0.0433	21.11	0.000
移动平均　1	0.5828	0.0849	6.87	0.000
常量	1.44897	0.00939	154.38	0.000
均值	17.066	0.111		

观测值个数：197

残差平方和

自由度	SS	MS
194	19.1880	0.0989072

排除向后预测

修正 Box-Pierce（Ljung-Box）卡方统计量

滞后（Lag）	12	24	36	48
卡方	15.51	27.95	51.40	55.37
自由度	9	21	33	45
P 值	0.078	0.141	0.022	0.138

图 15-35　浓度拟合 ARIMA（0，1，1）及 ARIMA（1，0，1）模型的计算结果图

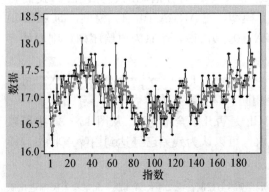
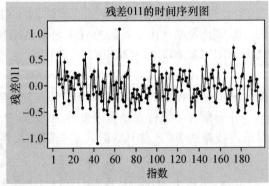

图 15-36　浓度拟合 ARIMA（0，1，1）模型的结果及残差图

最后计算结果的方程为：

$$\nabla X_t = \varepsilon_t - 0.705\,0\varepsilon_{t-1}, t \in T$$

拟合的残差均方和 MS＝0.100 875，这是 ε_t 的方差 $Var(\varepsilon_t)$ 的无偏估计。

我们再仔细考虑浓度数据的图形（见图 15 - 32 左）。这里虽然有某种变化趋势，不能完全当作平稳序列，但是"平稳性"的考虑可以稍微宽容一些，因为起伏趋势并不严重，可以尝试当作平稳序列来考察，这意味着不一定先要采取差分的手段，可以对原时间序列直接进行分析。

为此，我们可以按平稳序列使用 $ARMA(p, q)$ 模型来分析。首先绘制其 ACF 及 PACF 图，其输出结果如图 15 - 37 所示。

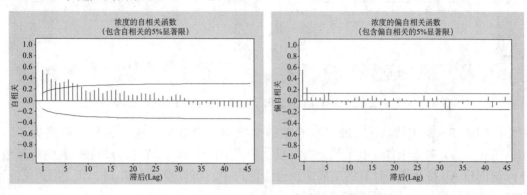

图 15 - 37　化工生产过程的浓度的 ACF 及 PACF 图

从图 15 - 37 的形状来看，ACF 有明显的拖尾，PACF 在滞后 2 之后似乎已截断，但看来也有些拖尾。到底该如何判断是很难给出明确结论的。我们只能多尝试几种不同的模型，然后进行比较。如果认为 PACF 为"2 后截断"，则此例题可用 AR（2）来作为模型。前面说过（见 15.2 节），由于 AR（2）＝ARMA（2，0）＝ARIMA（2，0，0），我们可以直接拟合 ARIMA（2，0，0）模型，其拟合步骤见例 15 - 2 的叙述，操作见图 15 - 5。

首先得到拟合后的残差 ACF 及 PACF 图（见图 15 - 38）。

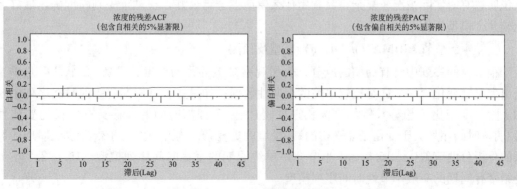

图 15 - 38　浓度拟合 AR（2）模型后的残差 ACF 及 PACF 图

图 15 - 38 中的残差 ACF 及 PACF 图的情况并不能让我们满意，因为 ACF 及 PACF 都有一些项超界，因此模型 AR（2）并不是理想的选择。这也反过来证明，在图 15 - 36 中原始的浓度数据的 PACF 不宜看成是"2 后截尾"。这样一来，ACF 及 PACF 就都有拖

尾的特征。

由于 ACF 及 PACF 都有拖尾情况，我们只能使用 ARMA 来分析。ARMA 中最简单的就是 ARMA（1，1），即 ARIMA（1，0，1）。用 ARIMA（1，0，1）模型拟合后的残差 ACF 及 PACF 图如图 15 - 39 所示。

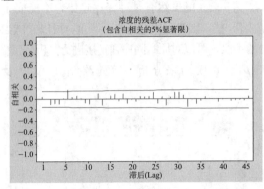 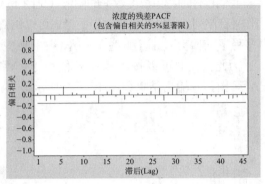

图 15 - 39 浓度拟合 ARIMA（1，0，1）模型后的残差 ACF 及 PACF 图

看来图 15 - 39 中的 ACF 及 PACF 图的情况有了明显的改善（超界点都消失了），ARMA（1，1）基本上能让我们满意。一旦初步肯定此模型与数据拟合较好，我们将仔细分析 MINITAB 按此模型计算的结果。在会话窗口中，可以看到在图 15 - 35 右图中显示的按 ARIMA（1，0，1）模型拟合的结果。

$$X_t - 0.915\,1X_{t-1} = 1.448\,97 + \varepsilon_t - 0.582\,8\varepsilon_{t-1}$$

我们对这里的所有系数进行了检验，其相应的检验结果的 p 值都为 0.000，都是高度显著的。该检验同时也说明了这个模型已经是最简化的，不可能再缩减，这里没有多余项，不可能再删除任何项。

拟合 ARIMA（1，0，1）的结果，其均方和 MS＝0.098 907 2；而拟合 ARIMA（0，1，1）的结果，其均方和 MS＝0.100 875。看来 ARIMA（1，0，1）比 ARIMA（0，1，1）更好。这说明，有时实际情况较复杂，究竟用什么模型拟合得最好，很难事先判断准确，最好多比较几个模型后再下结论。

15.5.2 季节 ARIMA（p，d，q）模型及预测

很多时间序列中含有周期的成分，例如观察某地的月均温度，显然 12 个月后几乎重复出现温度变化规律，这是比较单纯的周期性数据。如果在具有周期趋势的时间序列中还加上随年度变化的趋势（例如气候长期变暖趋势），即随时间的推移具有增长的变化性（说明该时间序列关于变化是非平稳的），模型就更复杂。为此我们对于带有季节周期的数据的分析分两节叙述，15.5.2.1 小节介绍单纯周期的平稳时间序列模型，15.5.2.2 小节介绍带有周期的一般季节性时间序列模型。

15.5.2.1 单纯周期时间序列模型

自然界中有很多时间序列属于单纯周期时间序列。上面说到的月均温度是一个很典型的例子，这样的例子还有很多。太阳黑子数以大约 11 年为一个周期；机床振动以 0.1 秒为一个周期，若每隔 0.02 秒抽取一个记录，则 5 个数据形成一个周期；季度数据一般有长度为 4 的周

期；等等。在间隔固定的长度后几乎重复出现某种变化规律，属于比较单纯的周期性数据。

对于周期性数据的处理也是采用差分的方式，不过差分采用的滞后数要与周期长度一致才有意义，例如对于月均温度数据应采用滞后 12 来差分。一般情况下各误差不能认为是相互独立的，因此在最简单的情况下一般可以这样归纳规律：

$$X_t - X_{t-12} = \varepsilon_t - \beta_1 \varepsilon_{t-12} \tag{15-42}$$

引入差分符号

$$\nabla_{12} X_t = X_t - X_{t-12} \tag{15-43}$$

注意，放在下标位置的数字 ∇_{12} 与放在上标位置的数字 ∇^2 虽然都是差分符号，但含义完全不同，∇_{12} 是滞后 12 的差分，而 ∇^2 是差分两次。我们可以把式（15-42）简单记为：

$$\nabla_{12} X_t = \varepsilon_t - \beta_1 \varepsilon_{t-12} \tag{15-44}$$

即 $\nabla_{12} X_t$ 满足类似移动平均序列 MA(1) 规律（对于噪声也要以滞后 12 计算）。我们称之为季节长度为 12 的 **1 阶季节移动平均模型**。将式（15-44）推广为一般的季节移动平均模型，我们可以给出下列定义：

定义 15-13　称以下模型为季节**长度为 L 的 Q 阶季节移动平均模型**：

$$X_t - X_{t-L} = \varepsilon_t - \beta_1 \varepsilon_{t-L} - \beta_2 \varepsilon_{t-2L} - \cdots - \beta_Q \varepsilon_{t-QL}, t \in T \tag{15-45}$$

例如长度为 12 的 2 阶季节移动平均模型为：

$$X_t - X_{t-12} = \varepsilon_t - \beta_1 \varepsilon_{t-12} - \beta_2 \varepsilon_{t-24} \tag{15-46}$$

可以证明这个模型的自相关函数在滞后 L，$2L$，$\cdots$，QL 处可以有非零的自相关，而在其他处都有零相关；偏自相关函数在季节性滞后 L，$2L$，$3L$，$\cdots$ 处逐渐减弱。因此，如果对于实际考察的时间序列，发现其自相关函数在滞后 L，$2L$，$\cdots$，QL 处有凸起且在滞后 QL 处以后截断，同时偏自相关函数在季节性水平上减弱，我们可以试探性地推断时间序列的值可由 Q 阶季节移动平均模型描述。特别地，如果自相关函数在滞后 L 处有凸起且在滞后 L 处以后截断，同时偏自相关函数在季节性水平上逐渐减弱，我们可以试探性地推断时间序列的值可由季节长度为 L 的 1 阶季节移动平均模型描述：

$$X_t - X_{t-L} = \varepsilon_t - \beta_1 \varepsilon_{t-L} \tag{15-47}$$

类似地，可以给出一般季节长度为 L 的 P 阶自回归模型的定义。

定义 15-14　称以下模型为季节**长度为 L 的 P 阶自回归模型**，如果

$$\nabla_L X_t = \alpha_1 \nabla_L X_{t-1L} + \cdots + \alpha_P \nabla_L X_{t-PL} + \varepsilon_t, t \in T \tag{15-48}$$

对这个模型可以证明，偏自相关函数在滞后 L，$2L$，$\cdots$，PL 处可以有非零的偏自相关，而在其他处有零偏自相关；自相关函数在滞后 L，$2L$，$3L$，$\cdots$ 处逐渐减弱。因此，如果对于实际考察的时间序列，发现其偏自相关函数在滞后 L，$2L$，$\cdots$，PL 处有凸起且在滞后 PL 处以后截断，同时自相关函数在季节性水平上减弱，我们可以试探性地推断时间序列的值可由 P 阶季节自回归模型描述。特别地，如果偏自相关函数在滞后 L 处有凸起且在滞后 L 处以后截断，同时自相关函数在季节性水平上逐渐减弱，我们可以试探性地推断时间序列的值可由季节长度为 L 的 1 阶季节自回归模型模拟：

$$\nabla_L z_t = \alpha_1 \nabla_L z_{t-L} + \varepsilon_t \qquad\qquad (15-49)$$

作为更一般的情况，我们可以定义季节长度为 L 的兼有自回归和移动平均的模型。

定义 15 - 15　称以下模型为**季节长度为 L 的 P 阶自回归 Q 阶季节移动平均模型**，如果

$$\nabla_L X_t - \alpha_1 \nabla_L X_{t-1L} - \cdots - \alpha_P \nabla_L X_{t-PL}$$
$$= \varepsilon_t - \beta_1 \varepsilon_{t-L} - \beta_2 \varepsilon_{t-2L} - \cdots - \beta_Q \varepsilon_{t-QL} \qquad\qquad (15-50)$$

对于上述单纯季节模型我们用记号 SARIMA $(P, 1, Q)_L$ 来表示，这里符号最前面的 S 是季节模型的意思（Seasonal）。式（15 - 50）对季节规律仅用了一阶差分。当然可以考虑更复杂的情况，那里需要进行 2 阶差分（称之为 SARIMA $(P, 2, Q)_L$），或更高阶（D 阶）季节差分（称之为 SARIMA $(P, D, Q)_L$），我们在此省略了这些讨论。

回到我们对实际问题的建模分析上。单纯季节模型建模的关键仍然是对于季节差分后的 ACF 及 PACF 的判断。带季节模型的时间序列在季节差分后的判断规则与普通时间序列的判断规则完全相同。我们在表 15 - 1 中已有总结，这里不再重复，关键是看差分序列的 ACF 及 PACF 的截尾状况。

下面我们通过一个例子介绍单纯季节模型数据的分析方法。

【例 15 - 10】 北京市月平均温度的数据分析。我们记录了 1985—2000 年每月的平均温度（缺少 1989 年数据），数据文件：TS _ 北京气温 . MTW＊。试以 1985—1988 年这 4 年数据为依据补充出 1989 年数据。另外，利用 1985—1998 这 14 年数据（包含 1989 年补充数据）进行单纯季节模型的时间序列分析，并给出 1999 年及 2000 年的月均温预测。

先绘制 1985—1988 年的月均温时间序列图，如图 15 - 40 所示。

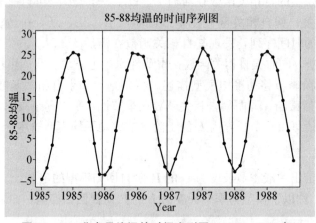

图 15 - 40　北京月均温的时间序列图（1985—1988 年）

从图 15 - 40 中可以看出，周期性规律很明显，我们拟合单纯季节模型 SARIMA $(0, 1, 1)_{12}$。至于为什么要这样做，我们将在本例的后半部分使用 14 年数据时详细分析。使用 MINITAB 软件的操作如下。

从"统计＞时间序列＞综合自回归移动平均（Stat＞Time Series＞ARIMA）"入口（界面见图 15 - 5 左上），可以得到弹出的窗口（见图 15 - 41 左），在"序列（Series）"中输

＊ 何书元 . 应用时间序列分析 . 北京：北京大学出版社，2004.

入包含时间序列的列名"85-88 均温"。勾选"拟合季节模型（Fit seasonal model）"这项，在"周期（period）"项上选择"12"，在"自回归（Autoregressive）"中选"0"，在"差值（Difference）"中选"1"，在"移动平均（Moving average）"中选"1"，不要选择"非季节（Nonseasonal）"一列。不要勾选"模型中包括常量项（Include constant term in model）"。打开"图形（Graphs）"窗（界面可参见图 15-5 左下，此处从略），勾选"残差的 ACF（ACF of residuals）"及"残差的 PACF（PACF of residuals）"，勾选"时间序列图（包括可选预测）（Time series plot（including optional forecasts））"。打开"存储（Storage）"窗（界面参见图 15-5 中下，此处从略），勾选"残差（Residuals）"、"拟合值（Fits）"及"系数（Coefficients）"。打开"预测（Forecasts）"窗（见图 15-41 右），填写"预测点数（Lead）"为"12"，"起始点（Origin）"可略去不填（默认从最后一个数据开始向后预测），指定"预测值（Forecasts）"的存储位置为"89 均温"。最后在各对话框中点击"确定（OK）"。

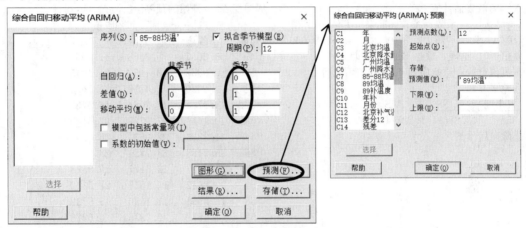

图 15-41　单纯季节时间序列拟合 SARIMA 模型操作图

　　分析拟合结果首先是看残差的 ACF 及 PACF 是否几乎全部为 0。从图 15-42 可以看出，残差的 ACF 及 PACF 几乎全部落入界内，可以认为残差已经达到白噪声状态，模型与数据拟合得较好。

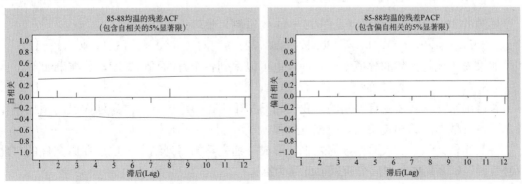

图 15-42　北京气温拟合 SARIMA $(0, 1, 1)_{12}$ 模型后的残差 ACF 及 PACF 图

　　绘制实际数据及拟合结果的图形显示在图 15-43 中。

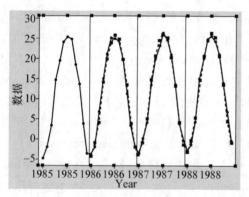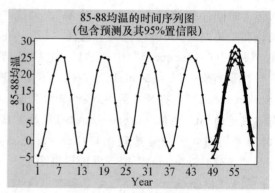

图 15－43　北京气温拟合 SARIMA (0，1，1)$_{12}$ 模型的结果及预测图

其计算机分析结果列在图 15－44 中。

参数的最终估计值				
类型	系数	系数标准误	T 值	P 值
SMA　12	0.775	0.185	4.19	0.000

差值：0　正规，顺序 12 的 1 周期
观测值个数：原始序列 48，36 差值之后
残差平方和

自由度	SS	MS
35	42.8869	1.22534

排除向后预测

从周期 48 后开始的预测				
		95％限值		
周期	预测	下限	上限	实际
49	－3.6667	－5.8368	－1.4967	
50	－0.9858	－3.1558	1.1843	
51	4.5920	2.4219	6.7620	
52	14.3764	12.2064	16.5465	
53	20.1479	17.9779	22.3180	
54	24.2236	22.0535	26.3937	
55	25.9183	23.7483	28.0884	
56	24.6877	22.5177	26.8578	
57	20.3612	18.1911	22.5312	
58	13.3531	11.1830	15.5232	
59	4.4577	2.2876	6.6278	
60	－1.1683	－3.3383	1.0018	

图 15－44　北京气温拟合 SARIMA (0，1，1)$_{12}$ 模型的数值结果图

模型最终的计算结果是：

$$X_t - X_{t-12} = \varepsilon_t - 0.775\varepsilon_{t-12}, t \in T$$

预测的 1989 年气温结果（见图 15－44 的右侧）整理为：

－3.7，－1.0，4.6，14.4，20.1，24.2，25.9，24.7，20.4，13.4，4.5，－1.2

如果简单地将 4 年的数值予以平均，也可以得到各个月的平均温度，其结果如下：

－3.7，－1.3，4.7，14.6，20.2，24.4，25.8，24.7，20.2，13.3，4.5，－1.5

看得出来，二者还是有差别的。我们用 SARIMA (0，1，1) 作为月均温的预报模型考虑了各月数据间的相关关系，应该更合理。

将上述估计结果放入原始数据之中，形成一列完整的序列结果，记录在原文件的"北京补气温" C12 列中。以后分析就以此列为准。

下面我们对补充完整的 14 年北京气温数据进行分析，并预测 1999 年及 2000 年的气温状况。其时间序列图见图 15－45 左。我们按单纯季节模型来处理。为此，首先要按季节长度求出滞后 12 的一阶差分结果（存储在 C13 "差分 12" 中），其图形见图 15－45 右。

从图 15-45 中的右图可以看出，滞后 12 的差分序列图形基本上是稳定的。这证明差分是有效的。绘制出滞后 12 的差分序列的 ACF 及 PACF 图，如图 15-46 所示。

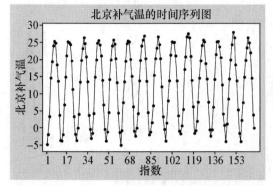
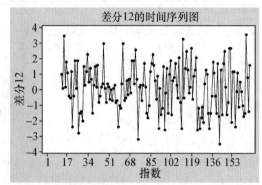

图 15-45　北京气温的时间序列图及季节差分图

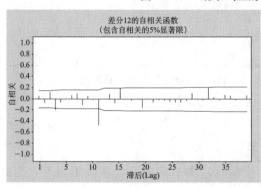
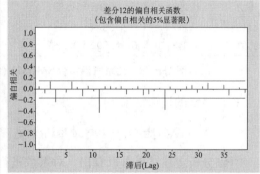

图 15-46　北京气温季节差分后序列的 ACF 及 PACF 图

　　从图 15-46 中可以看出，ACF 在滞后 12 处凸起，以后基本上截尾；PACF 则在滞后 12，24 等处凸起，似有拖尾的趋势。所有这些峰都是在 12 的整倍数处出现，周期性非常明显。根据我们在表 15-1 中的总结，此季节差分序列应该是 MA(1) 模型，即 ARMA (0，1) 模型，也即 ARIMA (0，0，1) 模型，还原为原始序列，则北京月均温序列为 SARIMA $(0，1，1)_{12}$ 模型。拟合 SARIMA $(0，1，1)_{12}$ 的计算操作已在本例前半部分介绍过，此处从略。从图 15-47 可以看出，残差的 ACF 及 PACF 几乎全部落入界内，可以认为残差已经达到白噪声状态，模型与数据拟合得较好。

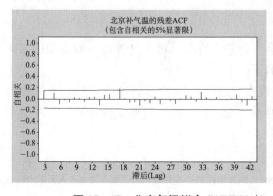
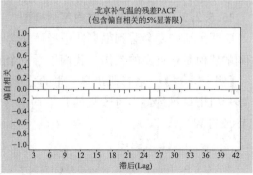

图 15-47　北京气温拟合 SARIMA $(0，1，1)_{12}$ 模型后的残差 ACF 及 PACF 图

计算机分析结果见图 15 - 48 的左侧中间部分。

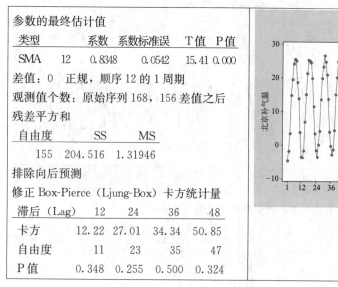

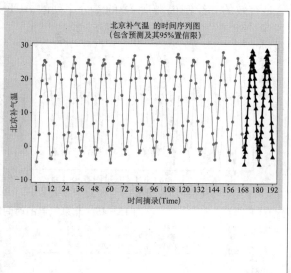

参数的最终估计值				
类型	系数	系数标准误	T 值	P 值
SMA 12	0.8348	0.0542	15.41	0.000

差值：0 正规，顺序 12 的 1 周期

观测值个数：原始序列 168，156 差值之后

残差平方和

自由度	SS	MS
155	204.516	1.31946

排除向后预测

修正 Box-Pierce（Ljung-Box）卡方统计量

滞后（Lag）	12	24	36	48
卡方	12.22	27.01	34.34	50.85
自由度	11	23	35	47
P 值	0.348	0.255	0.500	0.324

图 15 - 48　北京气温拟合 SARIMA (0，1，1)$_{12}$ 模型的计算结果及预测图

模型最终的计算结果是

$$X_t - X_{t-12} = \varepsilon_t - 0.834\,8\varepsilon_{t-12}, t \in T$$

仔细分析上述结果可以看出，对系数进行检验时，季节移动平均项效果显著，因此不能再删减了。对于滞后分别为 12，24，36 及 48，拟合检验的卡方统计量都比较小，其相应的 p 值都比 0.05 大很多，因而认为拟合结果是相当好的。其预测结果图形见图 15 - 48 右。从上述预测结果图形可以看出，预测结果对于周期性的描述还是很清楚的，置信区间也较窄。事实上，我们可以换一种方法来做：用 14 年的资料，可以按月求出均值和标准差以及月温的置信区间，因而可以对 1999 年和 2000 年的月平均温度进行预测并给出置信区间（计算结果列在数据文件的 C20~C22 中）。从平均值的角度而言，直接用 14 年平均值进行预测的均值结果与用时间序列模型进行预测的均值结果相差不多，但从置信区间宽度的角度而言，直接用平均值进行预测的宽度比用时间序列模型进行预测的宽度大得多。

15.5.2.2　一般季节性时间序列模型

实际生活中常会看到很多非平稳而又含季节趋势的情况，对于这种最一般类型的时间序列的建模是很重要的工作。我们先看一个例子。

【例 15 - 11】　洛杉矶市臭氧量的分析。现在记录了 1955 年 1 月至 1972 年 12 月共 18 年洛杉矶市臭氧量每小时读数的月平均值（单位：亿分之一），数据文件：TS_LA 臭氧 011S. MTW*。

---

* Box G E P, Jenkins G M, Reinsel G C. 时间序列分析：预测与控制：英文版：第 3 版．北京：人民邮电出版社，2005.

先绘制臭氧量的时间序列图（见图 15 - 49 左）；求出滞后 12 的差分结果，绘制其图形（见图 15 - 49 右）。

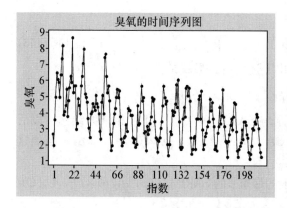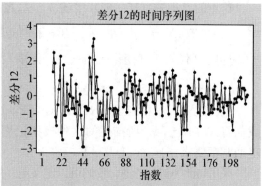

图 15 - 49　臭氧量的时间序列及滞后 12 的差分图

从图 15 - 49 的左图中除了可以看出有明显的季节结构（12 个月的周期），整个序列还有均值不断下降的非平稳趋势。从图 15 - 49 的右图中可以看出，没有明显的非平稳趋势。对于滞后 12 应该先绘制出其 ACF 及 PACF 图，如图 15 - 50 所示。

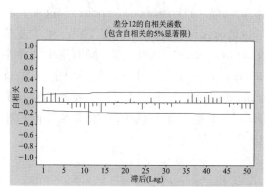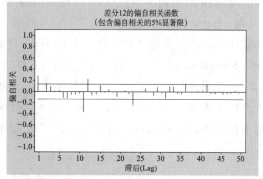

图 15 - 50　臭氧量滞后 12 的差分的 ACF 及 PACF 图

在图 15 - 50 中，不仅在 12，24 等 12 的整倍数处有凸出峰，在 1，13 处也有凸出峰。对于这种情况，明显地不能看成是单纯周期变化，若剔除在滞后 12，24 等 12 的整倍数处出现的峰来考虑，ACF 在 1 处有截尾，PACF 在 1，13，…处有拖尾。根据表 15 - 1 中总结的规律，滞后 12 的差分应属于 MA（1）模型。综合这些情况考虑，应在单纯季节 SARIMA（0，1，1）$_{12}$ 模型基础上，再加上一个 MA（1）模型，具体写出是：

$$X_t - X_{t-12} = \varepsilon_t - \beta_1 \varepsilon_{t-12} \tag{15-51}$$

引用差分符号 $\nabla_{12} X_t = X_t - X_{t-12}$，则有

$$\nabla_{12} X_t = \varepsilon_t - \beta_1 \varepsilon_{t-12} \tag{15-52}$$

在此基础上考虑到 $\nabla_{12} X_t$ 还有随年而变化的规律，应再次求出一阶差分 $\nabla \nabla_{12} X_t$，它应满足以 $\varepsilon_t - \beta_1 \varepsilon_{t-12}$ 为噪声的另一个 MA（1）模型，即应该为下面这种形式：

$$\nabla\nabla_{12}X_t = \xi_t - B\xi_{t-1}$$

而 $\xi_t = \nabla_{12}X_t = \varepsilon_t - \beta\varepsilon_{t-12}$

这里的 β 即式（15-52）中的 β_1。总之

$$\nabla\nabla_{12}X_t = \varepsilon_t - \beta\varepsilon_{t-12} - B(\varepsilon_{t-1} - \beta\varepsilon_{t-13}) \tag{15-53}$$

这里 B 代表年度变化回归系数。详细写出上述所有结果就是：

$$X_t - X_{t-1} - (X_{t-12} - X_{t-13}) = \varepsilon_t - \beta\varepsilon_{t-12} - B\varepsilon_{t-1} + \beta B\varepsilon_{t-13} \tag{15-54}$$

归纳起来，这相当于 ARIMA（0，1，1）与 SARIMA（0，1，1）$_{12}$ 相乘的结构。以后我们将式（15-54）所描述的这种模型记作 SARIMA（0，1，1）$\times$（0，1，1）$_{12}$，当然这里通常都要求 $-1<\beta<1$ 及 $-1<B<1$。

采用与此类似的考虑，我们可以定义更一般的带季节的 SARIMA（p，d，q）$\times$（P，D，Q）$_L$ 模型，详细定义就不在这里写出了。

对于洛杉矶市臭氧量，我们首先试算 ARIMA（0，1，1）与 SARIMA（0，1，1）$_{12}$ 相乘的模型结构，使用 MINITAB 软件的操作如下。

从"统计 > 时间序列 > 综合自回归移动平均（Stat > Time Series > ARIMA）"入口（界面见图 15-5 左上），可以得到弹出的窗口（见图 15-51），在"序列（Series）"中输入包含时间序列的列名"LAO3"。勾选"拟合季节模型（Fit seasonal model）"这项，在"周期（period）"中选择"12"，在"自回归（Autoregressive）"中选"0"，在"差值（Difference）"中选"1"，在"移动平均（Moving average）"中选"1"；同时选中"非季节（Nonseasonal）"一列，在"自回归（Autoregressive）"中选"0"，在"差值（Difference）"中选"1"，在"移动平均（Moving average）"中选"1"。不要勾选"模型中包括常量项（Include constant term in model）"。其余操作与例 15-10 完全相同，在此不作赘述。最后在各对话框中点击"确定（OK）"。

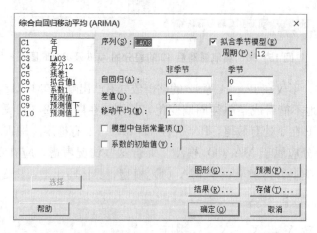

图 15-51　一般 SARIMA（p，d，q）$\times$（P，D，Q）$_L$ 模型操作图

分析拟合结果首先是看残差的 ACF 及 PACF 是否几乎全部为 0。从图 15-52 中可以看出，残差的 ACF 及 PACF 几乎全部落入界内，可以认为残差已经达到白噪声状态，模型与数据拟合得较好。

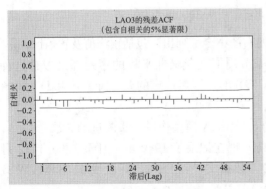
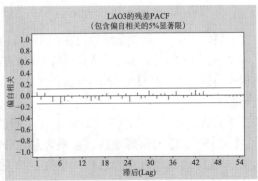

图 15-52　臭氧量拟合 SARIMA (0，1，1)×(0，1，1)₁₂模型后的残差 ACF 及 PACF 图

拟合效果见图 15-53 中的左图，预测结果见图 15-53 中的右图。

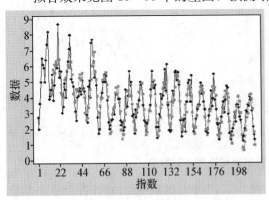
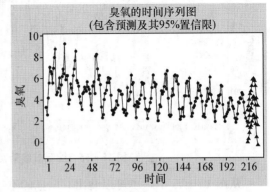

图 15-53　臭氧量拟合 SARIMA (0，1，1)×(0，1，1)₁₂模型的结果及预测图

其计算机分析结果列在图 15-54 中。

参数的最终估计值					95%限值			
类型	系数	系数标准误	T 值	P 值	周期	预测	下限	上限 实际
移动平均 1 0.7821		0.0433	18.06	0.000	217	0.83326	−0.66550	2.33203
SMA 12	0.8990	0.0391	22.99	0.000	218	1.16612	−0.36781	2.70006
差值：1　正规，顺序 12 的 1 周期					219	1.77512	0.20681	3.34343
观测值个数：原始序列 216，203 差值之后					220	2.27196	0.67001	3.87391
残差平方和					221	2.47877	0.84387	4.11368
自由度　　SS　　　MS					222	2.93587	1.26867	4.60307
201　117.484　0.584497					223	3.50078	1.80190	5.19966
排除向后预测					224	3.58352	1.85354	5.31351
					225	3.31158	1.55105	5.07212
					226	2.80500	1.01443	4.59557
					227	1.63746	−0.18265	3.45756
					228	0.90946	−0.93971	2.75863

图 15-54　臭氧量拟合 SARIMA (0，1，1) ×(0，1，1)₁₂模型的数值结果图

模型最终的计算结果是：

$$\nabla\nabla_{12}X_t = \varepsilon_t - 0.899\,0\varepsilon_{t-12} - 0.782\,1(\varepsilon_{t-1} - 0.899\,0\varepsilon_{t-13})$$

预测的 1973 年臭氧量结果已在图 15-54 的右图中全部列出，包括预测值及置信区间。

例 15-11 的计算非常典型，通常既带有季节周期变化又非平稳的序列都是拟合这种乘积季节模型 SARIMA $(p, d, q) \times (P, D, Q)_L$ 的，当然这里的差分阶数 d 和 D 都取 1 就足够了。

下面我们再看一个例子，学习对于一般的 SARIMA 模型作进一步改进的方法。

【例 15-12】 国际航线月度乘客总数分析。现在记录了 1949 年 1 月至 1960 年 12 月共 12 年国际航线每月乘客总数（单位：千人），数据文件：TS_ 国际航线 011S. MTW*。先绘制乘客数的时间序列图（见图 15-55 右）。

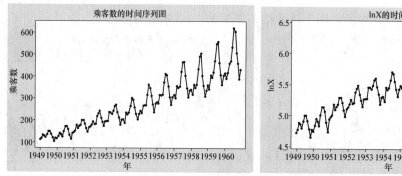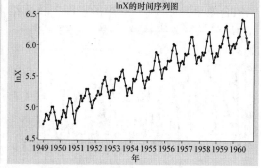

图 15-55 国际航线乘客数的时间序列及对数图

从图 15-55 中除了可以看出有明显的季节结构（12 个月的周期），整个序列还有均值不断增长的非平稳趋势。先进行滞后 12 的差分，再绘制滞后 12 序列的 ACF 及 PACF 图（见图 15-56）。

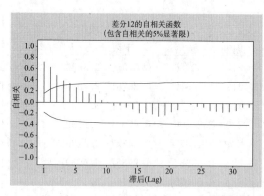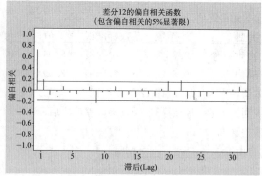

图 15-56 国际航线乘客数滞后 12 的差分的 ACF 及 PACF 图

从图 15-56 中可以看出，ACF 逐渐下降的趋势非常缓慢且有周期为 12 的高峰期，PACF 则在滞后为 1 处有明显凸起，以后还有若干凸起。试用 SARIMA $(0, 1, 1) \times (0, 1, 1)_{12}$

* Box G E P, Jenkins G M, Reinsel G C. 时间序列分析：预测与控制：英文版：第 3 版. 北京：人民邮电出版社，2005.

模型来拟合。由式（15-54）可知，其模型应该是：

$$X_t - X_{t-1} - (X_{t-12} - X_{t-13}) = \varepsilon_t - \beta\varepsilon_{t-12} - B\varepsilon_{t-1} - \beta B\varepsilon_{t-13}$$

使用 MINITAB 软件的操作程序与例 15-11 完全相同，在此从略。由于从时间序列的图形（见图 15-55 左）中可以看出，各年的振动幅度越来越大，我们担心对原始数据直接使用 SARIMA（0，1，1）×（0，1，1）$_{12}$ 模型是否合适，为此应该增加对于残差的分析，故要绘制残差图：打开"图形（Graphs）"窗（界面见图 15-5 左下），除了保留勾选"残差的 ACF（ACF of residuals）"及"残差的 PACF（PACF of residuals）"，再增加输出残差的"四合一（Four in one）"图。从图 15-57 可以看出，残差的 ACF 及 PACF 大体上落入界内，但似乎不能认为残差已经达到白噪声状态。

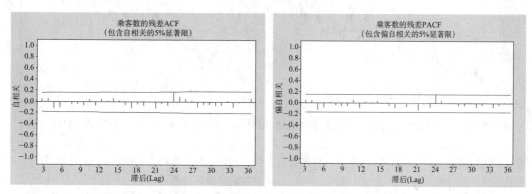

图 15-57　国际航线乘客数拟合 SARIMA（0，1，1）×（0，1，1）$_{12}$ 模型后的残差 ACF 及 PACF 图

从残差的四合一图（见图 15-58）中可以看出有关残差的更多的具体情况。

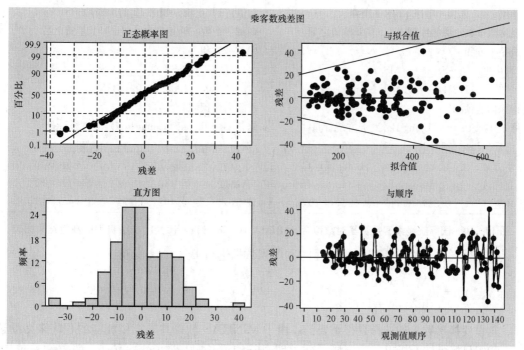

图 15-58　国际航线乘客数拟合 SARIMA（0，1，1）×（0，1，1）$_{12}$ 模型后的残差图

从图 15 - 58 中可以看出，残差虽然基本上为正态，但从右上图中可以看出残差有非齐性状况，即残差点似乎有"喇叭口"；从右下图中也可以看出残差随时间增长而波动增大的迹象。由于随时间增长乘客总人数有急剧增加的趋势，所有这些其实都显示出残差的非齐性状况。绘制出拟合状况的图（见图 15 - 59 左），虽能基本描述周期及乘客人数年增长趋势，但拟合并不十分理想。时间越靠后，残差显得越大。其数值结果（见图 15 - 60 左）也显示出拟合后的卡方统计量不好。

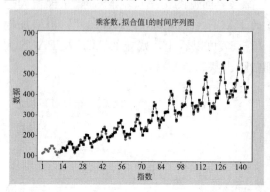
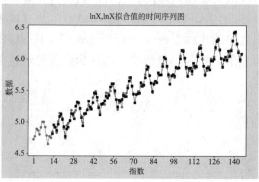

图 15 - 59　国际航线乘客数及其对数拟合 SARIMA $(0, 1, 1) \times (0, 1, 1)_{12}$ 模型的结果比较图

综合自回归移动平均（ARIMA）模型：乘客数 参数的最终估计值					综合自回归移动平均（ARIMA）模型：lnX 参数的最终估计值				
类型	系数	系数标准误	T 值	P 值	类型	系数	系数标准误	T 值	P 值
移动平均 1	0.3100	0.0843	3.68	0.000	移动平均 1	0.3958	0.0809	4.89	0.000
SMA 12	0.117	0.102	1.15	0.252	SMA 12	0.6136	0.0755	8.13	0.000

差值：1　正规，顺序 12 的 1 周期　　　　　　　　差值：1　正规，顺序 12 的 1 周期
观测值个数：原始序列 144，131 差值之后　　　　观测值个数：原始序列 144，131 差值之后
残差平方和　　　　　　　　　　　　　　　　　残差平方和

自由度	SS	MS		自由度	SS	MS
129	11725.8	137.409		129	0.171903	0.0013326

排除向后预测　　　　　　　　　　　　　　　　排除向后预测
修正 Box-Pierce（Ljung-Box）卡方统计量　　　　修正 Box-Pierce（Ljung-Box）卡方统计量

滞后（Lag）	12	24	36	48	滞后（Lag）	12	24	36	48
卡方	11.25	41.52	51.83	71.11	卡方	9.37	25.54	35.63	44.32
自由度	10	22	34	46	自由度	10	22	34	46
P 值	0.339	0.007	0.026	0.010	P 值	0.497	0.272	0.392	0.543

图 15 - 60　国际航线乘客数及其对数拟合 SARIMA $(0, 1, 1) \times (0, 1, 1)_{12}$ 模型的数值结果比较

解决残差非齐性的较好办法是对时间序列数据进行 Box-Cox 变换：

$$Y_t = \begin{cases} X_t^{\lambda}, \lambda \neq 0 \\ \ln X_t, \lambda = 0 \end{cases} \tag{15 - 55}$$

这里变换参数 λ 的选择是很重要的。由于 MINITAB 软件并未提供相应的程序来帮助选择，我们只好大体上指出一项原则：残差明显较快增长时，取 $0 \leqslant \lambda \leqslant 0.5$，残差增长越快，

则 λ 应取越小的值。本例取 λ＝0，即相当于对响应变量求对数，其变化趋势见图 15－55 右。

对于乘客对数时间序列同样试用 SARIMA $(0，1，1)×(0，1，1)_{12}$ 模型来拟合。从图 15－61 中可以看出，残差的 ACF 及 PACF 大体上落入界内，比图 15－57 有较大改进，似乎可以认为残差已经达到白噪声状态。

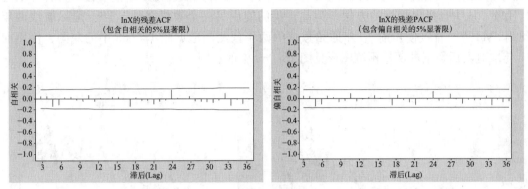

图 15－61　国际航线乘客数对数拟合 SARIMA $(0，1，1)×(0，1，1)_{12}$ 模型后的残差 ACF 及 PACF 图

从对数残差的四合一图（见图 15－62）中可以看出有关残差的更多的具体情况。

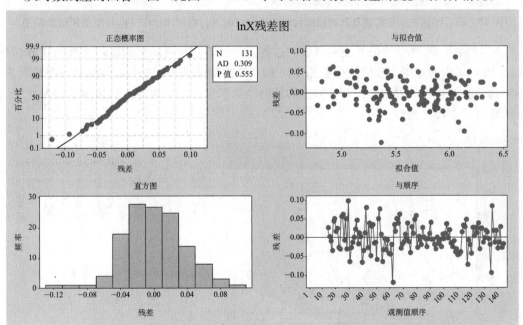

图 15－62　国际航线乘客数对数拟合 SARIMA $(0，1，1)×(0，1，1)_{12}$ 模型后的残差图

从图 15－62 中可以看出，残差图已有很大改进，从右上图中已看不出残差有非齐性状况；从右下图中也看不出残差随时间增长而波动增大的迹象。模型的拟合好了许多。

绘制出拟合状况的图（见图 15－59 右），显然比图 15－59 左有很大改进。其计算的数值结果（见图 15－60 右）也显示拟合的卡方统计量好了很多。

从图 15－60 右中可以得到：

$$\nabla\nabla_{12}Y_t = \varepsilon_t - 0.613\,6\varepsilon_{t-12} - 0.395\,8(\varepsilon_{t-1} - 0.613\,6\varepsilon_{t-13})$$

这里，$Y_t = \ln X_t$。求出 Y_t 后，再用反变换 $X_t = e^{Y_t}$ 则可求出 X_t。

对于这个例子我们还可以从另一个角度来解读。假定最后两年（1959 年及 1960 年）乘客人数未知，用前 10 年的数据来对这 24 个月的乘客人数进行预测，并且对各种方法进行比较，从中选择出最好的方法。为此，我们使用另一个数据文件：TS_国际航线两年预测.MTW。直接使用前 10 年原始数据的两年预测图形见图 15－63 中的左图；使用前 10 年取对数后数据的两年预测图形见图 15－63 中的右图。

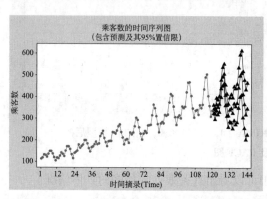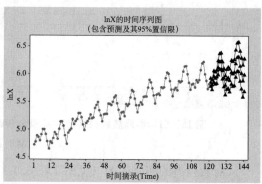

图 15－63　国际航线乘客数及其对数拟合 SARIMA（0，1，1）×（0，1，1）$_{12}$模型的预测结果图

对 1959 年及 1960 年的月度乘客数据进行了预测，其预测结果与实际结果的比较情况见图 15－64 中的左图，数值结果见图 15－64 中的右图。从图 15－64 的左图中明显看出，预测时间区间越长效果越差，两种方法的预测结果都偏小，但取对数后预测结果要优于对原始数据的直接计算。

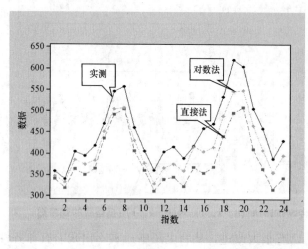

	1月	2月	3月	4月	5月	6月	7月	8月	9月	10月	11月	12月
59实测	360	342	406	396	420	472	548	559	463	407	362	405
直接预测	343	321	365	352	366	438	493	507	408	362	314	341
对数预测	349	334	387	376	385	453	507	509	432	379	330	367
60实测	417	391	419	461	472	535	622	606	508	461	390	432
直接预测	346	325	369	356	370	442	497	511	411	366	317	344
对数预测	377	361	418	407	416	490	548	551	467	409	357	397

图 15－64　国际航线乘客数两种预测方法比较图

综合整个时间序列分析过程可以看出，对于模型的选择和定阶是个很重要但又相对困难的环节。初接触时间序列分析时常常摸不到头脑，另外也确实存在模型定阶不唯一的情况，这时最好的办法是多试验几种可能的模型，从比较中进行选择。

上面举的几个例子中，周期比较明显且具有明确的物理意义（12 个月是一年），但有些数据的周期就可能不特别明显，有时又有可能存在不止一个周期，例如一个月大约 4 周，银行所处理的账单以周计算的话既有周期为 4 的规律性，又有月度的周期为 12 的规律性。对于周期的细致分析最好采用**频域**分析并绘制出频谱图，但直到现在我们对于时间序列的分析仅限于**时域**范围，频域分析所使用的**谱分析**工具是完全不同的另一套方法。由于在 MINITAB 软件中没有相应的功能，我们在此就不作介绍了，如果需要，请大家学习使用更强有力的例如 SAS，SPLUS 或 R 等统计专业人士使用的高级统计软件。

在具体使用 MINITAB 软件计算时，软件的功能仍有些限制。一旦选定了一般的带季节的 SARIMA $(p, d, q) \times (P, D, Q)_L$ 乘积模型，也就是说，在图 15 - 51 显示的对话框内在右上角小方框中勾选了"拟合季节模型"，则在阶数上有限制：p 或 q 最少有一不为 0，P 或 Q 中最少有一不为 0，而且都不能超过 5，本软件最多只能估计 10 个参数。另外，执行差分操作后数据量会相应减少，因此总的数据量要足够大才行，必须使执行差分操作后所剩余的数据量足够多。

15.6　多元时间序列分析简介

在实际工作中，我们遇见的时间序列常常不止一个，例如，在气象研究方面，我们通常同时记录每月的月均温、月雨量，邻近城市的月均温、月雨量等；一个化学反应过程中要同时记录过程温度、输入量、输出量等。有一门应用技术学科叫做"勘探地震学"，研究如何分析地壳构造，其主要思路就像用手拍西瓜听声音来判断其生熟程度一样，在地下某处用小型炸药制造一次小型人工地震，同时观测多处的响应地震波，从而判断地下结构。这些都需要同时分析多个时间序列。

同时分析多元时间序列的主要工具就是"互相关函数"。15.6.1 小节介绍多元时间序列的互相关函数概念；15.6.2 小节介绍多元时间序列的互相关函数的计算及分析。

15.6.1　多元时间序列的互相关函数概念

我们先回顾一下时间序列的自相关函数（见定义 15 - 2）。对于一个时间序列 $\{X_t\}$，对于任意取定的两个时刻 (s, t)，称 (s, t) 上的二元函数 $\gamma(s, t)$（若存在有限）

$$\gamma(s,t) = E(X_s - \mu_s)(X_t - \mu_t), s, t \in T \tag{15-2}$$

为**自协方差函数**。称二元函数 $\rho(s, t)$（若存在有限）

$$\rho(s,t) = \gamma(s,t) / \sqrt{\gamma(s,s)\gamma(t,t)}, s, t \in T \tag{15-3}$$

为 $\{X_t\}$ 的**自相关函数**。

对于平稳时间序列而言，只要两个时刻之差保持不变，则二者的协方差及相关系数都会保持不变。也就是说，协方差及相关系数只是两个时刻差的函数，而与时刻本身无关。例如两个时刻 (s, t)，记二者之差为 $k = s - t$，则协方差及相关系数只是 k 的函数，而与 (s, t) 的值无关。这样一来，平稳时间序列 $\{X_t\}$ 的**均值**是常量，**自协方差**和**自相关函数**就只是一个自变量（时刻差）的函数。具体写出来是：

$$\begin{cases} \mu = \mu_t \\ \gamma_k = E(X_t - \mu)(X_{t-k} - \mu) = \gamma(t, t-k), t \in T, k \in Z \\ \rho_k = \gamma_k / \gamma_0 \end{cases} \tag{15-4}$$

这里，时刻 t 是任意时刻，差值 k 为任意整数（可正可负可零）。γ_k 是相差 k 时刻的两随机变量的协方差，γ_0 则是时间序列 $\{X_t\}$ 在任意时刻 t 的方差。ρ_k 是相差 k 时刻的两随机变量 X_t 与 X_{t-k} 之间的相关系数，即

$$\rho_k = \text{Corr}(X_t, X_{t-k}) \tag{15-5}$$

由于 ρ_k 反映的是相差 k 时刻的两随机变量 X_t 与 X_{t-k} 之间的相关系数，因此可以根据 ρ_k 的变化状况来揭示时间序列 $\{X_t\}$ 的内在结构，例如是否有周期的相关，相邻的各数值之间是否有紧密的联系等。类似的考虑可以推广到两个时间序列间的相关。

定义 15-16   对于两个平稳时间序列 $\{X_t\}$ 及 $\{Y_t\}$，定义**自协方差函数**为：

$$\gamma_{xx}(k) = E(X_t - \mu_x)(X_{t+k} - \mu_x) = E(X_t - \mu_x)(X_{t-k} - \mu_x) \tag{15-56}$$

$$\gamma_{yy}(k) = E(Y_t - \mu_y)(Y_{t+k} - \mu_y) = E(Y_t - \mu_y)(Y_{t-k} - \mu_y) \tag{15-57}$$

式中，μ_x 及 μ_y 分别为两个序列的均值。

滞后为 k 的 x 与 y 间的互协方差函数为：

$$\gamma_{xy}(k) = E(X_t - \mu_x)(Y_{t+k} - \mu_y), k = 0, 1, 2, \cdots \tag{15-58}$$

滞后为 k 的 y 与 x 间的互协方差函数为：

$$\gamma_{yx}(k) = E(Y_t - \mu_y)(X_{t+k} - \mu_x), k = 0, 1, 2, \cdots \tag{15-59}$$

必须注意，这里的 $\gamma_{yx}(k)$ 一般与 $\gamma_{xy}(k)$ 并不相同。$\gamma_{xy}(k)$ 是 y 比 x 滞后 k 后的互协方差函数，$\gamma_{yx}(k)$ 是 x 比 y 滞后 k 后的互协方差函数，哪个变量滞后当然会对相关结果造成影响。例如在室内使用空调机，当空调机的温度调控开关上指标 x 变化后，通常 5 秒后室内温度计 y 就会显示出变化，也就是说，$\gamma_{xy}(5)$ 会比较大；而 $\gamma_{yx}(5)$ 指的是调控开关上指标 x 比室内温度计 y 晚 5 秒后的协方差函数，这就没有任何意义了。但是从式（15-59）中可以发现有下列表达式成立：

$$\gamma_{yx}(k) = E(Y_t - \mu_y)(X_{t+k} - \mu_x) = E(Y_{t-k} - \mu_y)(X_t - \mu_x) = \gamma_{xy}(-k) \tag{15-60}$$

换言之，如果式（15-58）中的 k 允许取负数，则代表 y 比 x 提前 k 的互协方差函数。因此实际上，我们只要对于式（15-58）对 $k = 0, \pm1, \pm2, \cdots$ 都予以定义，就可以概括所有的两随机序列的协方差函数。

从式（15-56）可以看出，$\gamma_{xx}(0)$ 其实就是 $\{X_t\}$ 的方差 σ_x^2，因此：

$$\sigma_x = \sqrt{\gamma_{xx}(0)} \tag{15-61}$$

同样有：

$$\sigma_y = \sqrt{\gamma_{yy}(0)} \tag{15-62}$$

有了这些准备后，我们就可以定义互相关系数了。

定义 15-17 对于两个平稳时间序列 $\{X_t\}$ 及 $\{Y_t\}$，定义**互相关系数**为下列无量纲的量：

$$\rho_{xy}(k) = \frac{\gamma_{xy}(k)}{\sigma_x \sigma_y}, k = 0, \pm 1, \pm 2, \cdots \tag{15-63}$$

$\rho_{xy}(k)$ 称为**滞后为 k 的互相关系数**。而作为 k 的函数，$\rho_{xy}(k)$（$k=0$, ± 1, ± 2, $\cdots$）称为**双变量互相关函数**。

由于 $\rho_{xy}(k)$ 代表的是 y 比 x 滞后 k 的相关系数，而根据式（15-60），$\rho_{xy}(-k)$ 也即 $\rho_{yx}(k)$ 代表的是 x 比 y 滞后 k 的相关系数，因此一般情形下二者并不相等，互相关函数不像自相关函数那样总是关于 $k=0$ 对称，互相关函数常常关于 $k=0$ 是不对称的。

相当多的情况是互相关函数只在 k 的某个区间上有非零的数值，当 k 绝对值很大时（k 正值很大或负值很小）几乎为 0。

15.6.2 多元时间序列的互相关函数的计算及分析

在实际工作中，对于已经获得的观测数据可以采用下列公式来计算互协方差：

$$c_{xy}(k) = \begin{cases} \dfrac{1}{n} \sum_{j=1}^{n-k} (x_j - \bar{x})(y_{j+k} - \bar{y}), & k = 0, 1, 2, \cdots \\ \dfrac{1}{n} \sum_{j=1}^{n+k} (y_j - \bar{y})(x_{j-k} - \bar{x}), & k = -1, -2, \cdots \end{cases} \tag{15-64}$$

式中，$\bar{x}$ 与 $\bar{y}$ 分别为序列 $\{X_t\}$ 及 $\{Y_t\}$ 的样本均值。用下列公式可以求出样本互相关系数：

$$r_{xy}(k) = \frac{c_{xy}(k)}{s_x s_y}$$

$$s_x = \sqrt{c_{xx}(0)}, s_y = \sqrt{c_{yy}(0)} \tag{15-65}$$

下面我们举例说明互相关函数的应用。

【例 15-13】 分析煤气炉的燃烧过程。输入的气体是在固定量输入的空气中加入用阀门调节的甲烷气，输出的是燃烧后生成的二氧化碳。在燃烧过程中甲烷输入速度在每分钟 0.5~0.7 立方英尺范围内，我们用下列公式将甲烷输入速度化为无量纲的代码数据：

$$甲烷输入速度 = 0.60 - 0.04 X(t)$$

显然，$X(t)$ 数值越小表示甲烷输入速度越快。输出记录的是燃烧后生成的二氧化碳浓度。我们每隔 9 秒同时测量一对数据。数据文件：TS_煤气炉（双序列）.MTW*。

对于双变量时间序列，首要的是计算其互相关函数。其操作如下：

从"统计>时间序列>互相关（Stat>Time Series>Cross Correlation）"入口（界面见图 15-65 左），可以得到弹出的窗口（见图 15-65 右），在"第一系列（First series）"中输入第一个时间序列的列名"煤气"；在"第二系列（Second series）"中输入第二个时间序列的列名"CO2"。最后在各对话框中点击"确定（OK）"，即可得到计算互相关函数的图形（见图 15-66 左）及数值结果（见图 15-66 右）。

---

* Box G E P, Jenkins G M, Reinsel G C. 时间序列分析：预测与控制：英文版：第 3 版. 北京：人民邮电出版社，2005.

基于 MINITAB 的现代实用统计（第 3 版）

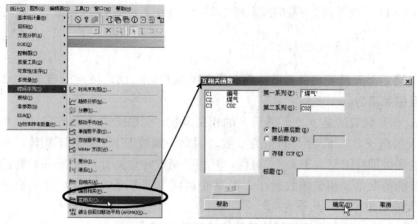

图 15 - 65　互相关函数计算操作图

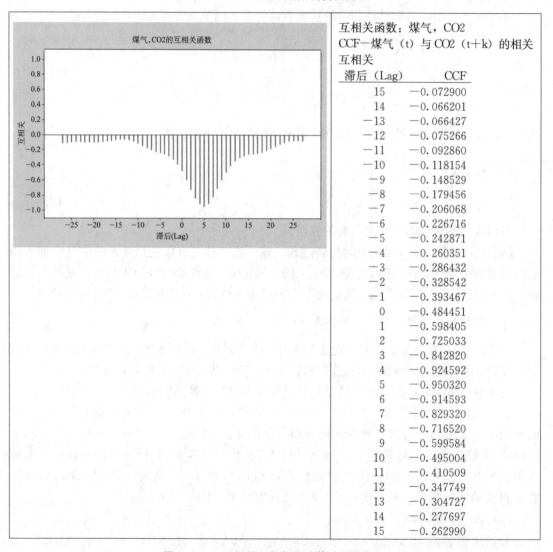

图 15 - 66　互相关函数数值计算结果及图形

从图 15-66 中可以清楚地看出，在 $k=5$ 时，互相关函数有绝对值最大的负相关系数 -0.9503。这里 $k=5$ 相当于 45 秒，输入 $X(t)$ 数值越小表示甲烷输入速度越快、量越大，$Y(t)$ 数值越大表示生成二氧化碳量越大。这就可以明确得出结论：燃烧过程大约需要 45 秒钟，甲烷输入速度与生成二氧化碳量是密切相关的。

如果直接输出两组时间序列（见图 15-67），下面的 $Y(t)$ 图在滞后 5 格（相当于 45 秒）时与 $X(t)$ 有明显的负相关，上图的波谷变成下图的波峰。

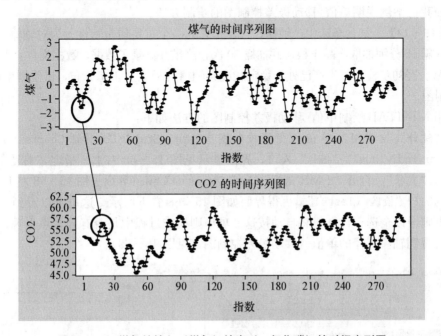

图 15-67　煤气炉输入（煤气）输出（二氧化碳）的时间序列图

为了讨论由细颗粒物造成的灰霾天气对人体健康的危害，广东省气象局首席专家吴兑等人在国际权威学术刊物《大气环境》上发表了一篇论文（见参考文献 [51]），分析了广州市 1954—2006 年间肺癌致死率与霾粒子浓度（消光系数）两个时间序列的关系，发现在滞后 7 年时，互相关系数为 0.97。这说明，长期暴露在细颗粒污染环境中，7 年以后因罹患肺癌而死亡的风险会随污染的加重而呈现出越来越高的状况。直接研究二者关系，在同一时刻二者并不显著相关，而滞后 7 年，则高度相关，这是互相关函数应用的又一重要例子。

进一步的分析还可以分别对 $X(t)$ 到 $Y(t)$ 建立时间序列模型，还可以建立由 $X(t)$ 到 $Y(t)$ 的传递函数，等等，这些内容由于在 MINITAB 软件中没有直接的程序可以使用，因此本书全部从略，有需要的读者可以阅读书后参考文献 [44] 第 10 章、第 11 章的内容。

15.7　时间序列分析在控制图中的应用

15.7.1　常规控制图的概念及使用方法

所谓统计过程控制（statistical process control，SPC），是指为了贯彻预防原则，应用统计方法对过程中的各个阶段多个指标进行评估和监控，建立并保持过程处于可接受的并且稳定的水平，从而保证产品与服务符合规定要求的一种技术。统计过程控制最主要的手段就是对于监控变量绘制相应的控制图。控制图是对过程质量特性值进行测定、记录、评估和监测，以判断过程是否处于统计控制状态的一种用统计方法设计的图形。有关 SPC 的理论与方法可以参见马逢时等编著的《六西格玛管理统计指南——MINITAB 使用指导》第 12 章。

下面我们举例说明单值-移动极差控制图的绘制方法。

【例 15 - 14】 某台车床生产轴棒，直径是它的一个重要质量特性。为对轴棒直径进行控制，每隔 15 分钟抽取产品 1 根，共抽样 30 次，测量并记录了数据，数据文件：TS_轴直径.MTW。经初步检验，生产已处于稳定状况且轴棒直径服从正态分布，试绘制单值-移动极差控制图。

使用 MINITAB 绘制单值-移动极差控制图的方法如下：

从"统计＞控制图＞单值的变量控制图＞I-MR（Stat＞Control Charts＞Variable Charts for Individual＞I-MR）"入口，界面显示见图 15 - 68 右上。指定"变量（Variable）"为"直径"。打开"I-MR 选项（I-MR Options）"窗（界面见图 15 - 68 左下），点击最中间的窗口"检验（Tests）"，可得界面如图 15 - 68 右下所示。这里可以看到 SPC 中 8 项判异准则予以全选。计算机将自动按这 8 项原则检查过程中是否有异常点出现。运行命令后即可得到轴棒直径的单值—移动极差控制图（见图 15 - 69）。

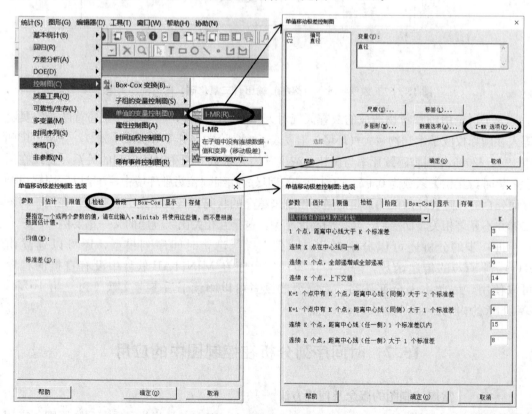

图 15 - 68　轴棒直径的单值-移动极差控制图操作

由图 15-69 可知，极差图和均值图均无异常，可以判定轴棒的生产过程处于统计控制状态。如果我们同时还能够证明该过程的过程能力满足预期要求，就可以延长此控制限，成为控制用的控制图。

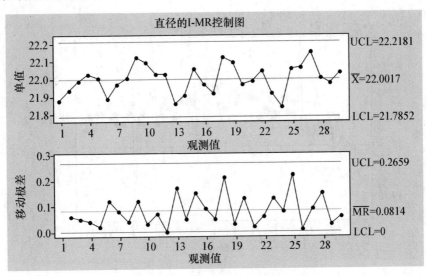

图 15-69　轴棒直径的单值-移动极差控制图

15.7.2　时间序列分析在控制图中的应用

对于某个过程的一个连续型特性指标建立控制图要求过程满足一些基本条件，主要是这三项：过程基本上应该是稳定的；数据间是相互独立的；分布服从正态分布。在这些条件下建立的控制图称为**常规控制图**。对于过程初步稳定的判断比较简单，只要直接观察序列数据的显示即可，因为这里对于稳定性的要求只是粗略的，是否真的严格达到稳定是控制图的任务。对于数据服从正态分布，可以有直接的检验方法（从"统计＞基本统计＞正态性检验（Stat＞Basic Statistic＞Normality Test)"入口，指定"变量（Variable)"为给定数列名即可）。如果数据非正态，可以使用变换方法（从"统计＞控制图＞Box-Cox变换（Stat＞Control Chart＞Box-Cox Transformation)"入口，即可找到合适的 λ（Lambda）使之用式（15-55）变换后可以服从正态分布），也可以使用非参数的方法直接绘图（参见马逢时等编著的《六西格玛管理统计指南——MINITAB 使用指导》第12 章）。因此现在的关键难点是如何处理数据不相互独立的情况，而这正是时间序列分析所要解决的问题。

我们先举一个例子说明如果不重视数据的独立性会有什么后果。

【**例 15-15**】　（续例 15-5）纯净水公司对于输出纯净水的电导率进行监测。每日上午 9 时抽取 80 毫升水的样品进行检验，共记录了 100 个数据，数据文件：TS_水电导率011. MTW。试对电导率进行监控，指出哪些天的电导率处于非受控状态。

此数据是连续型且属于单值观测，本来应该同时监控单值和移动极差两个方面，但是对于有相关的这种数据而言，控制更主要是针对观测值本身进行的，对移动极差的监控就不太重要了，为此，本节各例题只讨论单值控制图。使用与例 15-14 完全相同的步骤时，要从"统计＞控制图＞单值的变量控制图＞单值（Stat＞Control Charts＞Variable Charts for Individual＞Individual)"入口（界面见 15-68 左上），则可以得到下列控制图（见图 15-70）。

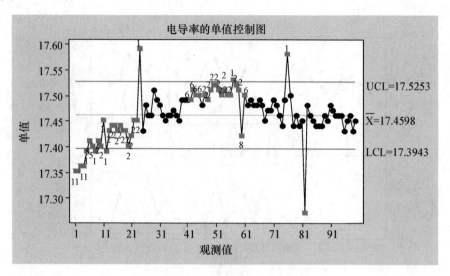

图 15-70　水电导率单值控制图

从图 15-70 中可以看出，有相当多天的数据都处于不正常的状态（将圆点显示为方形）。这里自然要问：是否可以说"纯净水公司真的在生产中很多天不正常"呢？恐怕不能这样说。原因是我们这样绘制控制图需要满足"数据相互独立"这个基本条件，所谓"不正常"也是在这种假定条件下给出的结论，而实际观测到的数据明显不是相互独立的，所谓"不正常"当然也就失去了依据。我们必须设法建立对于相互不独立数据绘制控制图的方法，并以这种控制图作为我们分析数据是否正常的依据。

常规控制图的中心线永远是水平线，因为如果过程基本稳定，则其均值确实应该为常量，因而中心线就不应随时间而变。但实际工作中确实有些情况不能满足这样严格的要求，其均值依赖于时间而不稳定。这时候可以有两种处理思路：一种认为存在不稳定因而不能建立控制图；另一种则退而求其次，对于这种不稳定的状况求出它的变化规律，然后按照实际数据偏离规律的状况来判断是否有不正常的状况。我们认为应该采用后面这种办法，也就是说，求出较平滑的按一定规律变化的曲线作为此时间序列的拟合线，用其残差（数据偏离拟合线的差）作为需要控制的对象建立相应的控制图。而作为规律性的标志是残差具有相互独立的特性，也就是说，残差应该是白噪声，这是衡量模型是否有效的关键。

回到本例。我们在例 15-5 中已经对此数据进行了分析，确定其模型为 ARIMA（0，1，1），可以认为拟合后残差相互独立。在"存储"窗内不但有"拟合值"，更有"残差"值。我们直接对残差值绘制单值控制图（见图 15-71）就行了。

最后检验出只有下列 4 点不合格：24，60，76，82。这样的结果就可信得多。与本例类似的情况还有股市监控问题。股指一般都可以用 ARIMA（0，1，1）来描述，因此对于股指记录也可以用上述方法处理，对于异常点可以回溯追查原因，这比对原始数据直接使用控制图要有效得多。

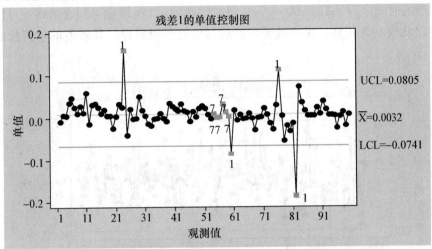

图 15 - 71　水电导率拟合 ARIMA（0，1，1）模型后的残差单值控制图

【**例 15 - 16**】　（续例 15 - 11）洛杉矶市臭氧量的分析。现在记录了 1955 年 1 月至 1972 年 12 月共 18 年洛杉矶市臭氧量每小时读数的月平均值（单位：亿分之一），数据文件：TS_LA 臭氧 011S. MTW*。试对臭氧量进行监控，指出哪些月的臭氧量出现异常状况。

我们先按普通方法绘制控制图（见图 15 - 72）。从图 15 - 72 中可以看出，前期数据很多超过了控制上限，后期数据很多又超过了控制下限，这里既没有考虑到逐年下降的趋势，更没有考虑各月之间的周期性变化规律。这种控制图已经完全失去了控制图本来的意义，没有任何使用价值。

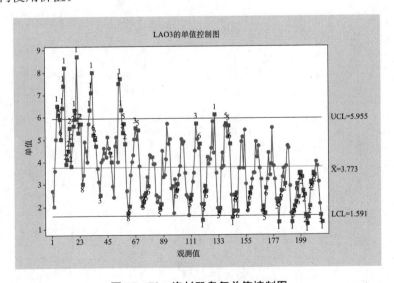

图 15 - 72　洛杉矶臭氧单值控制图

---

* Box G E P, Jenkins G M, Reinsel G C. 时间序列分析：预测与控制：英文版：第 3 版. 北京：人民邮电出版社，2005.

在例 15-11 中已经绘制出臭氧量的时间序列图（见图 15-49 左），也已经得出此数据可用带季节的时间序列 SARIMA $(0，1，1)\times(0，1，1)_{12}$ 模型来拟合的结论。因此绘制控制图应以此模型为依据，求出残差，然后对残差予以监控，其残差的单值控制图如图 15-73 所示。

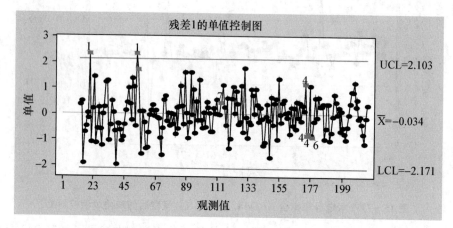

图 15-73　洛杉矶臭氧拟合 SARIMA $(0，1，1)\times(0，1，1)_{12}$ 模型后的残差控制图

经检验，这里有下列点超界：21 号（1956 年 9 月，臭氧高达 8.7，残差为 2.3），54 号（1959 年 6 月，臭氧为 7.5，残差为 2.3）。这里应注意到第 55 号观测值（1959 年 7 月）虽然臭氧为 7.7，比 1959 年 6 月还高，但扣除拟合值之后，其残差仅为 1.69，并不超高。这就清楚说明，单纯考虑用序列本身值的大小来说明是否异常是不准确的，使用残差大小来说明问题才更准确。

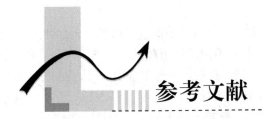

参考文献

[1] 张尧庭，方开泰. 多元统计分析引论. 北京：科学出版社，1982.

[2] 方开泰. 实用多元统计分析. 上海：华东师范大学出版社，1989.

[3] 高惠璇. 应用多元统计分析. 北京：北京大学出版社，2005.

[4] 王学仁. 地质数据的多变量统计分析. 北京：科学出版社，1982.

[5] 王学仁，王松桂. 实用多元统计分析. 上海：上海科学技术出版社，1990.

[6] 孙文爽，陈兰祥. 多元统计分析. 北京：高等教育出版社，1994.

[7] 王学民. 应用多元分析. 2 版. 上海：上海财经大学出版社，2003.

[8] 雷钦礼. 经济管理多元统计分析. 北京：中国统计出版社，2002.

[9] 吴诚鸥，秦伟良，等. 近代实用多元统计分析. 北京：气象出版社，2007.

[10] 于秀林，任雪松. 多元统计分析. 北京：中国统计出版社，1999.

[11] 茆诗松. 统计手册. 北京：科学出版社，2003.

[12] 欧俊豪，马逢时，姬孟祥. 城市综合经济实力的主成份分析. 数理统计与管理，1999（3）.

[13] 马逢时，何良材，余明书，等. 应用概率统计（上册）. 北京：高等教育出版社，1989.

[14] 马逢时，何良材，余明书，等. 应用概率统计（下册）. 北京：高等教育出版社，1990.

[15] 马逢时，周暐，刘传冰. 六西格玛管理统计指南：MINITAB 使用指导. 北京：中国人民大学出版社，2007.

[16] 马逢时，周暐，刘传冰. 六西格玛管理统计指南：MINITAB 使用指导. 2 版. 北京：中国人民大学出版社，2013.

[17] 张公绪，孙静. 质量工程师手册. 北京：企业管理出版社，2005.

[18] Johnson R A，Wichern D W. 应用多元统计分析：第 5 版. 北京：中国统计出版

社，2003.

[19] Lawless J F. 寿命数据中的统计模型与方法. 北京：中国统计出版社，1998.

[20] Lee E T. 生存数据分析的统计方法. 北京：中国统计出版社，1998.

[21] O'Connor P D T. 实用可靠性工程：第 4 版. 北京：电子工业出版社，2005.

[22] 何国伟. 可靠性工程概论. 北京：国防工业出版社，1989.

[23] 曹晋华，程侃. 可靠性数学引论（修订版）. 北京：高等教育出版社，2006.

[24] 茆诗松，汤银才，王玲玲. 可靠性统计. 北京：高等教育出版社，2008.

[25] 陈家鼎. 生存分析与可靠性. 北京：北京大学出版社，2005.

[26] 彭非，王伟. 生存分析. 北京：中国人民大学出版社，2000.

[27] 顾瑛. 可靠性工程数学. 北京：电子工业出版社，2004.

[28] 上海市质量管理协会. 质量体系中的统计技术. 上海：上海科学技术出版社，1996.

[29] 茆诗松，王玲玲. 加速寿命试验. 北京：科学出版社，1997.

[30] 张志华. 加速寿命试验及其统计分析. 北京：北京工业大学出版社，2002.

[31] 史道济. 实用极值统计方法. 天津：天津科学技术出版社，2006.

[32] 上海质量管理科学研究院. 六西格玛核心教程：黑带读本（修订版）. 北京：中国标准出版社，2006.

[33] 信海红. 抽样检验技术. 北京：中国计量出版社，2005.

[34] 张玉柱. 质量监督抽样检验的策划与实施. 北京：中国标准出版社，2007.

[35] 宛新荣，王梦军，王广和，等. 常见寿命数据类型及生命表的编制方法. 生态学报，2001（4）.

[36] 宛新荣，王梦军，王广和，等. 具有左截断、右删失寿命数据类型的生命表编制方法. 动物学报，2001（1）.

[37] 何书元. 应用时间序列分析. 北京：北京大学出版社，2004.

[38] 张树京，齐立心. 时间序列分析简明教程. 北京：清华大学出版社，2003.

[39] 王振龙，胡永宏. 应用时间序列分析. 北京：科学出版社，2007.

[40] 常学将，陈敏，王明生. 时间序列分析. 北京：高等教育出版社，1993.

[41] 王梓坤. 随机过程论. 北京：科学出版社，1978.

[42] 陈毅恒. 时间序列与金融数据分析. 北京：中国统计出版社，2004.

[43] 吴令云，吴家祺，吴诚鸥，等. MINITAB 软件入门：最易学实用的统计分析教程. 北京：高等教育出版社. 2012.

[44] Box G E P, Jenkins G M, Reinsel G C. 时间序列分析：预测与控制：英文版：第 3 版. 北京：人民邮电出版社，2005.

[45] Bowerman B L, O'Connell R T. 预测与时间序列：英文版：第 3 版. 北京：机械工业出版社，2003.

[46] Yang K, Trewn J. Multivariate Statistical Methods in Quality Management. New York：McGraw-Hill, 2004.

[47] Montgomery D C. Introduction to Statistical Quality Control. 4th ed. John Wi-

中国人民大学出版社　管理分社

教师教学服务说明

中国人民大学出版社管理分社以出版经典、高品质的工商管理、统计、市场营销、人力资源管理、运营管理、物流管理、旅游管理等领域的各层次教材为宗旨。

为了更好地为一线教师服务，近年来管理分社着力建设了一批数字化、立体化的网络教学资源。教师可以通过以下方式获得免费下载教学资源的权限：

★ 在中国人民大学出版社网站 www.crup.com.cn 进行注册，注册后进入"会员中心"，在左侧点击"我的教师认证"，填写相关信息，提交后等待审核。我们将在一个工作日内为您开通相关资源的下载权限。

★ 如您急需教学资源或需要其他帮助，请加入教师 QQ 群或在工作时间与我们联络。

中国人民大学出版社　管理分社

🔔 教师 QQ 群：648333426（仅限教师加入）

☎ 联系电话：010-82501048，62515782，62515735

✉ 电子邮箱：glcbfs@crup.com.cn

📍 通讯地址：北京市海淀区中关村大街甲 59 号文化大厦 1501 室（100872）